苏州大学年鉴

SOOCHOW UNIVERSITY YEARBOOK
2017

苏州大学档案馆 编

苏州大学出版社

江苏省政协主席张连珍一行莅临老挝苏州大学指导工作

国家外国专家局副局长周长奎一行调研纳米科学技术学院

苏州市委书记周乃翔、市长曲福田一行考察苏州纳米协同创新中心

"对话苏州创新(2016)"高阶论坛在工业园区会议中心举行

国务院农民工工作领导小组原办公室主任杨志明作"中国农民工的发展"专题报告

国家教育咨询委员会省级统筹综合改革组一行来学校调研

江苏省纪委常委、苏州市委常委、市纪委书记周广智来学校调研指导工作

全校干部大会宣布江苏省委关于学校领导班子调整的决定

学校"两学一做"学习教育动员大会举行

校党委书记王卓君宣讲十八届六中全会精神并传达江苏省第十三次党代会精神

校党委十一届十四次全体会议及全校干部大会举行

学校召开纪念中国共产党成立95周年暨党内表彰大会

学校首次院长会议在金螳螂建筑学院北楼学术交流中心举行

学校临床医学专业认证汇报会举行

学校通信工程专业认证专家组现场考察交流会

学校分析测试中心检验检测机构资质认定（计量认证)现场复查评审

第三届太湖知识产权论坛开幕

苏州大学-上海空间推进研究所"智能机器人联合研发中心"举行签约揭牌仪式

学校与江西省抚州市项目合作签约仪式举行

学校"江苏省中国特色社会主义理论体系研究基地"和"中国特色社会主义理论体系研究中心"揭牌

学校举行庆祝第 32 个教师节教师座谈会

优秀毕业生代表为 2016 年苏州大学"我最喜爱的老师"颁奖

校领导检查实验室安全工作

苏州大学 2016 届学位授予仪式

老挝苏州大学举行首届本科生毕业典礼

学校举行2016级本科生开学典礼

2016级新生"大学第一课",同学与王卓君书记交流

熊思东校长为2016级新生上题为"做一个有益于人民的人"的"大学第一课"

学校举行学生学风座谈会

学校举行学生参加里约奥运会总结表彰会

2016年苏州大学王晓军精神文明奖颁奖仪式举行

学校举行 2016 年校友返校欢迎大会

第十届中国社会科学前沿论坛举行

中国心理学会理论心理学与心理学史专业委员会 2016 年学术年会在学校举行

江苏省流行病和卫生统计学年会、江苏省医学会临床流行病学分会第四届年会暨高峰论坛在学校举行

2016中国新型城镇化国际论坛举行

何梁何利基金高峰论坛暨图片展在学校举行

2016年度江苏省骨干研究生导师高级研修班开班仪式在学校举行

2016年全国高校思想政治理论课骨干教师社会实践研修活动江苏组启动仪式在学校举行

老挝教育与体育部代表团一行来校访问

老挝政府总理通伦·西苏里会见熊思东校长

加拿大维多利亚市市长率团访问学校

苏州大学与滑铁卢大学续签合作协议

中法专家代表团一行访问学校

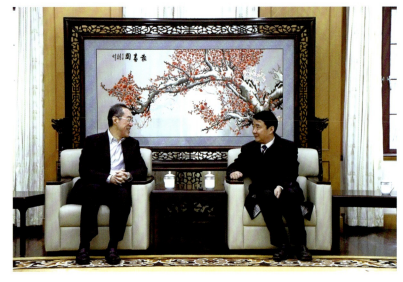

唐英年先生率香港江苏社团总会访问团访问学校

学校和台湾东吴大学签署《苏州大学与东吴大学人文社会科学研究协作倡议书》

学校举行王健先生铜像揭幕仪式

2016苏州大学校园马拉松起跑

"情系苏大"中外学生嘉年华活动

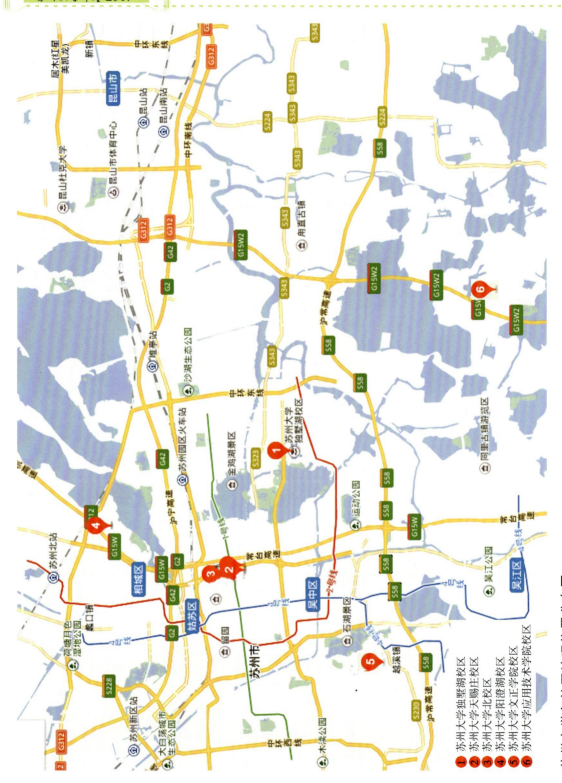

苏州大学各校区地理位置分布图

苏州大学年鉴

2017

苏州大学档案馆 编

苏州大学出版社

图书在版编目(CIP)数据

苏州大学年鉴.2017 / 熊思东主编;苏州大学档案馆编. —苏州:苏州大学出版社,2018.6
 ISBN 978-7-5672-2442-1

Ⅰ.①苏… Ⅱ.①熊… ②苏… Ⅲ.①苏州大学—2017—年鉴 Ⅳ.①G649.285.33-54

中国版本图书馆CIP数据核字(2018)第106164号

苏州大学年鉴2017
苏州大学档案馆　编

责任编辑　王　亮

苏州大学出版社出版发行
(地址:苏州市十梓街1号　邮编:215006)
苏州工业园区美柯乐制版印务有限责任公司印装
(地址:苏州工业园区东兴路7-1号　邮编:215021)

开本 787 mm×1 092 mm　1/16　印张 53.75　插页 10　字数 1361 千
2018年6月第1版　2018年6月第1次印刷
ISBN 978-7-5672-2442-1　定价:168.00元

苏州大学版图书若有印装错误,本社负责调换
苏州大学出版社营销部　电话:0512-67481020
苏州大学出版社网址　http://www.sudapress.com

《苏州大学年鉴 2017》编委会名单

主　　编　熊思东
执行主编　钱万里
副 主 编　张国华　曹　健　姚　炜　吴　鹏
　　　　　王丽燕
编　　委　（以姓氏笔画为序）
　　　　　卜谦祥　叶晓静　刘　萍　张志平
　　　　　徐云鹏　崔瑞芳

学校沿革示意图 ……………………………………………… (1)

学校综述

苏州大学概况(2017年1月) ………………………………… (3)
苏州大学2016年度工作总结 ………………………………… (6)

重要文献

苏州大学2016年度工作要点 ………………………………… (13)
校党委书记王卓君在2016年党风廉政建设工作会议上的讲话
　（2016年3月23日）………………………………………… (22)
校长熊思东在全省教育工作会议上的发言
　（2016年3月24日）………………………………………… (25)
立足新起点 抢抓新机遇 发展再加速 全面开启苏州大学"十三五"
　发展新征程
　——校长熊思东在苏州大学七届二次教职工代表大会上的工作
　　报告(2016年4月13日) ………………………………… (28)
校党委书记王卓君在苏州大学"两学一做"学习教育动员大会上的
　讲话(2016年5月3日) …………………………………… (37)
有一点理想，少一点抱怨，多一点情怀
　——校长熊思东在苏州大学2016届毕业生学位授予仪式上的
　　讲话(2016年6月27日) ………………………………… (42)
关于党委常委会工作的报告
　——校党委书记王卓君在校党委十一届十四次全体会议上的
　　报告(2016年9月4日) ………………………………… (45)
发现你自己
　——校长熊思东在苏州大学2016级本科生开学典礼上的
　　讲话(2016年9月21日) ………………………………… (51)
党委常委会工作报告
　——校党委书记王卓君在校党委十一届十五次全体会议上的
　　报告(2017年2月19日) ………………………………… (54)

2016年大事记

1月 ……………………………………………………………… (65)
2月 ……………………………………………………………… (69)
3月 ……………………………………………………………… (71)

4月	(74)
5月	(80)
6月	(83)
7月	(88)
8月	(91)
9月	(92)
10月	(94)
11月	(97)
12月	(101)

各类机构设置、机构负责人及有关人员名单

苏州大学党群系统机构设置	(107)
苏州大学行政系统、直属单位机构设置	(110)
苏州大学中层及以上干部名单	(120)
苏州大学第十三届工会委员会及各分工会主席名单	(147)
苏州大学共青团组织干部名单	(149)
苏州大学有关人员在各级人民代表大会、政治协商委员会、民主党派、归国华侨联合会、台属联谊会、无党派知识分子联谊会担任代表、委员名单	(154)
苏州大学有关人员在校外机构任职名单	(159)
党政常设非编制机构	(206)
2016年苏州大学及各地方校友会主要负责人情况	(212)

院（部）简介

文学院	(221)
凤凰传媒学院	(223)
社会学院	(226)
政治与公共管理学院	(228)
马克思主义学院	(230)
教育学院	(231)
东吴商学院（财经学院） 东吴证券金融学院	(233)
王健法学院	(235)
外国语学院	(237)
金螳螂建筑学院	(240)

数学科学学院	(243)
物理与光电·能源学部	(246)
材料与化学化工学部	(249)
纳米科学技术学院	(253)
计算机科学与技术学院	(257)
电子信息学院	(260)
机电工程学院	(263)
沙钢钢铁学院	(266)
纺织与服装工程学院	(268)
城市轨道交通学院	(271)
体育学院	(273)
艺术学院	(276)
音乐学院	(278)
医学部	(280)
医学部基础医学与生物科学学院	(284)
医学部放射医学与防护学院	(287)
医学部公共卫生学院	(290)
医学部药学院	(293)
医学部护理学院	(295)
敬文书院	(297)
唐文治书院	(299)
文正学院	(301)
应用技术学院	(304)
老挝苏州大学	(307)

附属医院简介

苏州大学附属第一医院	(311)
苏州大学附属第二医院	(313)
苏州大学附属儿童医院	(316)

表彰与奖励

2016年度学校、部门获校级以上表彰或奖励情况	(321)
2016年度教职工获校级以上表彰或奖励情况	(326)
2016年度学生集体、个人获校级以上表彰或奖励情况	(330)
苏州大学2015—2016学年各学院(部)获捐赠奖学金情况	(353)

重要资料及统计

办学规模 ……………………………………………………………… (357)
    教学单位情况 …………………………………………………… (357)
    成教医学教学点情况 …………………………………………… (359)
    全校各类学生在校人数情况 …………………………………… (360)
    研究生毕业、入学和在校人数情况 …………………………… (360)
    全日制本科学生毕业、入学和在校人数情况 ………………… (361)
    成人学历教育学生毕业、在读人数情况 ……………………… (361)
    各类外国留学生人数情况 ……………………………………… (361)
    全日制各类在校学生的比率情况 ……………………………… (361)
    2016年毕业的研究生、本专科(含成人学历教育、含结业)学生
      名单 …………………………………………………………… (362)

办学层次 ……………………………………………………………… (466)
    博士后流动站以及博士、硕士研究生学位授权点 …………… (466)
    全日制本科专业情况 …………………………………………… (480)
    成人学历教育专业情况 ………………………………………… (484)

教学质量与学科实力 ………………………………………………… (485)
    国家基础科学研究与教学人才培养基地情况 ………………… (485)
    苏州大学国家级、省(部)级重点学科、重点实验室、协同创新中心、
      公共服务平台、工程(技术)研究中心、重点研究基地及实验教学
      示范中心 ……………………………………………………… (485)
    苏州大学2016年度国家、省教育质量工程项目名单 ………… (490)
    苏州大学2016年度全日制本科招生就业情况 ……………… (493)
    苏州大学科研机构情况 ………………………………………… (559)

科研成果与水平 ……………………………………………………… (567)
    2016年度苏州大学科研成果情况 …………………………… (567)
    2016年度苏州大学科研成果获奖情况 ……………………… (568)
    2016年度苏州大学科研成果专利授权情况 ………………… (589)
    2016年度苏州大学软件著作权授权情况 …………………… (641)
    2016年度苏州大学承担的省部级以上项目情况 …………… (658)

教职工队伍结构 ……………………………………………………… (695)
    教职工人员情况 ………………………………………………… (695)
    专任教师学历结构情况 ………………………………………… (695)
    专任教师年龄结构情况 ………………………………………… (696)
    教职工中级及以上职称情况 …………………………………… (696)

2016年获副高及以上技术职称人员名单……………………………………(701)
2016年聘请讲座教授、客座教授、兼职教授名单………………………(706)
院士、博士研究生导师(在职)名单 ……………………………………(708)
各类人才工程入选人员名单 ………………………………………………(744)
2016年博士后出站、进站和在站人数情况………………………………(745)
2016年博士后在站、出站人员情况………………………………………(747)
2016年人员变动情况 ………………………………………………………(750)
2016年离休干部名单 ………………………………………………………(765)
2016年退休人员名单 ………………………………………………………(766)

办学条件 ……………………………………………………………………(767)

办学经费投入与使用情况 …………………………………………………(767)
2016年学校总资产情况 ……………………………………………………(768)
学校土地面积和已有校舍建设面积 ………………………………………(769)
全校(教学)实验室情况 ……………………………………………………(770)
苏州大学图书馆馆藏情况 …………………………………………………(772)

海外交流与合作 ……………………………………………………………(773)

2016年公派出国(境)人员情况 …………………………………………(773)
2016年在聘语言文教专家和外籍教师情况………………………………(812)
2016年苏州大学与国(境)外大学交流合作情况 ………………………(813)
2016年举办各类短期汉语班情况…………………………………………(814)

2016年教师出版书目 ………………………………………………………(815)

2016年苏州大学规章制度文件目录 ………………………………………(827)

2016年市级以上媒体关于苏州大学的报道部分目录 ……………………(830)

后 记 …………………………………………………………………………(845)

学校综述

苏州大学概况

(2017年1月)

苏州大学坐落于素有"人间天堂"之称的古城苏州,是国家"211工程"重点建设高校、"2011计划"首批认定高校、国防科技工业局和江苏省人民政府共建高校,是江苏省属重点综合性大学。苏州大学之前身是Soochow University(东吴大学,1900年创办),开西式教育之先河,融中西文化之菁华,是中国最早以现代大学学科体系举办的大学。在中国高等教育史上,东吴大学最先开展法学(英美法)专业教育,最早开展研究生教育并授予硕士学位,也是第一家创办学报的大学。1952年中国大陆院系调整,由东吴大学文理学院、苏南文化教育学院、江南大学数理系合并组建苏南师范学院,同年更名为江苏师范学院。1982年,学校复名苏州大学(Soochow University)。其后,苏州蚕桑专科学校(1995年)、苏州丝绸工学院(1997年)和苏州医学院(2000年)等相继并入苏州大学。从民国时期的群星璀璨,到共和国时代的开拓创新;从师范教育的文脉坚守,到综合性大学的战略转型与回归;从多校并入的跨越发展,到争创一流的重塑辉煌,苏州大学在中国高等教育史上留下了浓墨重彩的一笔。

一个多世纪以来,一代代苏大人始终秉承"养天地正气,法古今完人"之校训,坚守学术至上、学以致用,倡导自由开放、包容并蓄、追求卓越,坚持博学笃行、止于至善,致力于培育兼具"自由之精神、卓越之能力、独立之人格、社会之责任"的模范公民,在长期的办学过程中为社会输送了40余万名各类专业人才,包括许德珩、周谷城、费孝通、雷洁琼、孙起孟、赵朴初、钱伟长、董寅初、李政道、倪征噢、郑辟疆、杨铁樑、查良镛(金庸)等一大批精英栋梁和社会名流;谈家桢、陈子元、郁铭芳、宋大祥、詹启敏等30多位两院院士,为国家建设与社会发展做出了重要贡献。

苏州大学现有哲学、经济学、法学、教育学、文学、历史学、理学、工学、农学、医学、管理学、艺术学等十二大学科门类。学校设有24个学院(部),各类在校生5万余人,其中全日制本科生26 175人,全日制硕士生9 332人,在职专业学位硕士2 891人,全日制博士生1 601人,各类留学生2 911人。学校现设134个本科专业;49个一级学科硕士学位授权点,24个专业学位硕士点;24个一级学科博士学位授权点,1个一级学科专业学位博士点,29个博士后流动站;4个国家重点学科,1个省级重点学科,8个江苏高校优势学科,12个省级一级学科重点学科(含2个培育学科),5个江苏省重点序列学科,15个"十三五"江苏省一级学科重点学科。截至目前,学校化学、物理学、材料学、临床医学、工程学、药学与毒理学、生物与生物化学、神经科学与行为科学共8个学科进入全球基本科学指标(ESI)前1%。

学校现有2个国家级人才培养基地,4个国家级实验教学示范中心,2个国家级人才培养模式创新实验区,1个国家级大学生校外实践教学基地,1个国家2011协同创新中心(牵头单位),1个教育部人文社科重点研究基地,2个国家体育总局社会科学重点研究基地,1个国家工程实验室,2个国家地方联合工程实验室,1个国家级国际合作联合研究中心,3个国家级公共服务平台,1个国家大学科技园,1个国家重点实验室培育基地,1个江苏省高校国家重点实验室培育建设点,4个江苏高校协同创新中心,17个省部级哲社重点研究基地,29个省部级重点实验室,11个省部级公共服务平台,4个省部级工程中心。

目前,全校教职工5 283人,其中两院院士7人、外籍院士1人、"千人计划"入选者12人、"青年千人计划"入选者41人、"长江学者"特聘教授7人、国家杰出青年基金获得者18人、国家优秀青年基金获得者27人,具有副高职称及以上人员2 437人,一支力量比较雄厚、结构比较合理的师资队伍已初步形成。

苏州大学将人才培养作为学校的中心工作,明确了"育人为本、教学为重"的教育理念,以通才教育为基础,以分类教学为引导,加强基础、拓宽口径、强化应用、重视实践,积极深化人才培养系统化改革,全面实施"卓越人才"教育培养工程,不断提高人才培养质量。学校纳米科学技术学院进入了全国首批17所国家试点学院行列;设立了2个书院,积极探索人才培养新模式,其中敬文书院定位于专业教育之外的"第二课堂",唐文治书院在"第一课堂"开展博雅教育。学校学生每年获得国家级奖项200余人次。2013年学校成功举办第十三届"挑战杯"全国大学生系列科技学术竞赛,并以团体总分全国第二的成绩再捧优胜杯;在2015年第十四届"挑战杯"中,1个项目获一等奖、2个项目获二等奖,再次蝉联优胜杯。在近四届奥运会上,陈艳青、吴静钰、孙杨和周春秀四位同学共获得了"五金一银一铜"的佳绩,国际奥委会主席罗格先生特别致信表示感谢。

学校实施"顶天立地"科技创新战略,学科科研工作取得累累硕果。2016年,自然科学领域获国家自然科学基金297项,立项数位列全国高校第20位,蝉联地方高校第1位;获国家科技部项目25项;1项成果获国家科学技术进步奖二等奖;5项成果获教育部高等学校科学研究优秀成果奖,其中技术发明二等奖1项,科技进步二等奖4项;6项成果获江苏省科学技术奖,其中一等奖1项,三等奖5项。人文社科领域获国家级项目19项,其中重大项目1项,重点项目4项;30项成果获江苏省第十四届哲学社会科学优秀成果奖,其中一等奖5项,二等奖13项,三等奖12项;3项成果获江苏优秀理论成果奖;21项成果获江苏省教育科学研究成果奖,其中一等奖4项,二等奖8项;4项成果获江苏省社科应用研究精品工程奖,其中一等奖1项,二等奖3项;1项成果获江苏省教育科学研究成果奖三等奖。2015年SCIE收录论文2 287篇,位列全国高校第21位,其中"中国卓越国际科技论文"1 035篇,位列全国高校第19位。2016年学校共申报知识产权1 366件,其中国际专利申请68件,授权知识产权1 004件。

学校按照"以国际知名带动国内一流"的发展思路,全面深入推进教育国际化进程。学校先后与30多个国家、地区的170余所高校和研究机构建立了校际交流关系。学校每年招收60余个国家或地区的留学生2 000多名。2007年起学校与美国波特兰州立大学合作建立波特兰州立大学孔子学院。作为教育部"中非高校20+20合作计划"成员学校之一,学校积极推进教育援外。学校于2009年在老挝成功创办了中国第一家境外高校——老挝苏州大学,实现了中国高等教育从"引进"向"输出"、从"开放"向"开拓"的战略转型。

苏州大学现有天赐庄校区、独墅湖校区、阳澄湖校区三大校区,占地面积3 738余亩,建筑面积163余万平方米;学校图书资料丰富,藏书近400万册,中外文期刊30余万册,中外文电子书刊 110 余万册,中外文数据库 82 个。学校主办有《苏州大学学报》哲学社会科学版、教育科学版和法学版三本学报及《代数集刊》《现代丝绸科学与技术》《中国血液流变学》和《语言与符号学研究》等专业学术期刊。其中,《苏州大学学报(哲学社会科学版)》作为全国中文核心期刊,被评为全国高校三十佳社科学术期刊,2015 年被人大复印报刊资料全文转载 33 篇,在全国 1 150 种高等院校学报转载量排名中名列第 4 位,在全国综合性学术期刊中名列第 24 位。

苏州大学正以昂扬的姿态、开放的胸襟、全球的视野,顺天时、乘地利、求人和,人才强校,质量强校,文化强校,依托长三角地区雄厚的经济实力和优越的人文、地域条件,努力将学校建设成为具有学科、区域和国际化特色的国内一流、国际知名的高水平研究型大学,成为区域内高水平创新人才培养、高新技术研究、高层次决策咨询的重要基地,引领区域经济、社会和文化的发展。

苏州大学2016年度工作总结

2016年,苏州大学在省委、省政府的正确领导下,坚持以立德树人为根本,以"双一流"和"高水平大学"建设为引领,以队伍建设为重点,以服务经济社会发展为导向,以深化改革为保障,以落实责任为要求,团结和带领全校师生员工,干事创业,攻坚克难,较好地完成了全年工作目标和任务,保持了学校事业"稳中求进"的发展态势,实现了"十三五"良好开局。

一、坚持社会主义办学方向,牢固增强"四个意识"

坚持把学习作为一项重要政治任务抓紧抓好,通过中心组学习、干部专题教育培训等方式,全面学习贯彻党的十八大和十八届三中、四中、五中、六中全会精神,深入学习贯彻习近平总书记系列重要讲话精神,学习贯彻省第十三次党代会精神,牢固树立政治意识、大局意识、核心意识、看齐意识,特别是核心意识、看齐意识,自觉在思想上政治上行动上同以习近平同志为核心的党中央保持高度一致,坚决维护党中央权威。严格按照中央、省委和市委的统一部署,以"四个合格"为目标要求认真开展"学党章党规、学系列讲话,做合格党员"学习教育,主动提高政治站位、站稳政治立场、查找政治偏差。严肃党内政治生活,提高党内政治生活原则性和战斗性,认真组织召开2016年度民主生活会,着力形成发现问题、纠正偏差的有效机制,不断增强自我净化、自我完善、自我革新、自我提高的能力。坚决落实全面从严治党主体责任,成立学校党建工作领导小组,完善基层党组织主要负责人在党务工作例会上述责述职工作机制,组织开展2015—2016年基层党建工作考核,层层压实党建工作责任。坚持党委领导下的校长负责制,遵守民主集中制原则,规范"三重一大"决策程序,不断完善党委常委会、校长办公会、党务工作例会、院长会议等决策和工作机制,党委领导、校长负责、教授治学、民主管理的内部治理结构进一步优化完善。加强对学校事业发展的顶层设计,形成《苏州大学改革发展"十三五"规划纲要》和《苏州大学综合改革方案》,对学校今后五年的改革发展事业做出全面部署。坚持党管干部,坚持正确用人导向、"二十字"好干部标准和"三严三实"要求,深入推进高素质干部队伍建设。认真落实意识形态工作责任制,牢牢把握学校意识形态工作主导权和话语权,坚持新闻舆论工作正确方向。全面贯彻全国和全省高校思想政治工作会议精神,坚持把立德树人作为中心环节,把思想政治工作贯穿教育教学全过程。结合纪念长征胜利80周年、中国共产党成立95周年等重大历史事件和时间节点,深入开展理想信念教育、爱国主义教育、中华传统文化教育和革命传统教育,积极培育和践行社会主义核心价值观,引导师生坚定中国特色社会主义"四个自信"。

二、系统推进教育教学改革,国际化、研究型人才培养能力进一步提升

聚焦研究型大学的全面转型,以改革创新精神补齐制度短板,相继出台《关于加强研究性教学工作的指导意见》《关于加强与改进基层教学组织建设的若干意见》《制定本科人才培养方案的若干意见》等纲领性文件,从制度层面着力解决研究性教学的理念、实现机制和保障条件等关键问题。科学制订招生计划,加强招生宣传,深化自主招生,本科生生源质量稳中有升。以本科教学审核式评估为引领,进一步健全教学质量保障体系和质量监控体系,完成临床医学、通信工程专业认证工作,开展校内本科专业常态体检与评估,持续优化第三方评价工作。继续做好省品牌专业、省重点专业、卓越计划、重点教材以及MOOCs等建设工作,通识选修课程、新生研讨课程、全英文教学示范课程等各类新型课程数量突破500门,1名教师获评江苏省"教学名师"。跨界人才培养模式已具雏形,校地、校企、校校联合培养扎实推进,本科生国际交流水平明显跃升。加快创新创业教育改革,入选教育部"实践育人创新创业教育基地"。在2016年"创青春"全国大学生创业大赛中荣获1金2银3铜,1名同学摘得第七届全国大学生数学竞赛决赛(数学类)高年级组第一名,6名同学在2016年全国大学生英语竞赛中获得非英语专业类特等奖。国家试点学院拔尖创新人才培养模式改革获 *Nature Index* 专题报道,书院制人才培养模式改革与实践入选省教育改革创新优秀典型案例。以吸引优质生源为导向,制定实施《苏州大学博士生导师上岗招生及指标分配办法》,持续完善"夏令营"、推荐免试、硕博连读、申请—考核制等招生选拔办法。狠抓研究生培养过程管理,做好学籍清理工作,推进研究生培养方案修订工作,参与省学位办"以改革求支持"行动计划,抓好省研究生培养创新工程项目,获评全国专业学位教指委优秀论文2篇、江苏省优秀博士论文7篇,1个工程实践教育中心入选第二届"全国示范性工程专业学位研究生联合培养基地"。深入推进研究生教育国际化进程,39名研究生获国家留学基金委资助,前往斯坦福大学、美国劳伦斯伯克利国家实验室等世界一流大学或研究机构留学深造,全日制博士研究生出国(境)比例达到10.9%。"导师学院"改革实践获2016年中国学位与研究生教育学会研究生教育成果奖一等奖。文正学院、应用技术学院以产教融合为重点的高素质应用型人才培养工作有力推进。

三、深入实施人才强校主战略,人才队伍可持续发展能力进一步提升

以"十三五"重点发展学科和专业为引领,调整师资队伍建设工作重心,更加着力于精准引才和师资结构优化,重点引进在海内外享有盛誉的高端人才和具有强大发展潜力的青年才俊。召开学校师资队伍建设工作会议。制定升级版的特聘教授和讲席教授制度,实施优秀青年学者计划、师资博士后制度、冠名教授制度,修订讲座、客座、兼职教授管理办法,推进建立教师准聘和长聘、系统内双聘以及专职科研人员等制度。建立健全校内人才培养体系和晋升渠道,更加关注对青年教师成长关键期的培养,继续完善助教制度并支持教师出国(境)进修。完善教师专业技术职务评聘办法,组织实施第三轮岗位设置与聘用工作,积极做好全员聘用制的准备工作,持续推进编制核定工作。认真做好博士后招生与管理工作,首次获得"中国博士后创新人才支持计划"资助。一年来,学校新进教学科研人员145人。1个项目入选"国家高等学校学科创新引智计划",3位教授入选"长江学者"青年项目,6位教授入选"青年千人计划",1位教授入选"万人计划"科技创新领军人才,1位教授获得人社部

高层次留学人才回国资助,1位教授荣获"江苏省有突出贡献中青年专家"称号,33人入选省"333工程",7人入选"江苏省双创人才",2个团队入选"江苏省双创团队",5人入选"江苏特聘教授"。

四、加强学科布局和规划,学科生态进一步优化

紧扣《统筹推进世界一流大学和一流学科建设总体方案》与《江苏高水平大学建设方案》,认真做好第四轮学科评估工作,完成江苏高校优势学科二期立项学科及序列学科中期验收工作,积极谋划"双一流"建设。认真做好学位点动态调整工作,撤增结合,进一步优化研究生学位授权点设置,实现教学单位全覆盖。学校ESI全球排名前1%学科达到8个,其中,神经科学与行为科学学科首次进入,材料学进入前100位。15个学科被遴选为"十三五"江苏省重点学科。

五、优化科研组织模式,承担重大科研项目的能力进一步提升

自然科学方面,积极贯彻国家"深化科技体制机制改革,实施创新驱动发展战略"精神,调整优化科研管理部门机构设置,全面修订、制定科技管理条例,主动面向国际学术前沿、国家战略需求和区域产业布局,不断提升协同创新能力,主持科技部项目9项(含国际合作项目5项),承担科技部课题14项;获批国家自然科学基金项目297个,位居全国高校第20位,再次蝉联全国地方高校首位;其中,优秀青年科学基金项目7项,并列全国第10位。全年到账科研经费4.65亿元。积极推进国家级科研平台的培育与建设,入选国防科工局与江苏省"十三五"共建高校,1个国家地方联合工程实验室获批国家发改委立项建设,1个国际联合研究中心获科技部认定,获批省部级平台6个,创历史新高。获各类科技奖项108项,为历年最多,其中获国家科学技术进步二等奖1项、江苏省科学技术奖一等奖1项。自然指数(Nature Index)在全国科研机构与高校中排名第11位,新增Science论文1篇、"中国百篇最具影响国际学术论文"2篇。人文社会科学方面,成功举办"第十届中国社会科学前沿论坛""2016中国新型城镇化国际论坛"等国际国内学术会议。获批国家社科基金项目19项,其中重大项目1项、重点项目4项、成果文库1项。进一步增强科研质量意识,重视加强对项目立项后经费预算、项目成果、中期检查以及结项的管理,获江苏省第十四届哲学社会科学优秀成果奖30项,其中一等奖5项。1位教授获首届中华词学研究终身成就奖,1位教授入选"2015年度中国人文社科最具影响力青年学者",3位教授受聘为江苏省文史研究馆馆员。

六、加大开放办学力度,服务经济社会发展与对外交流合作取得新成效

名城名校融合发展战略实质性推进,市校合作的组织架构、会商机制正式确定。与江西抚州等地方政府建立长期合作关系。苏州纳米科技协同创新中心以优异的成绩顺利通过国家级2011协同创新中心中期绩效检查,2项科技创新成果亮相国家"十二五"科技创新成就展;纳米科技协同创新中心、血液学协同创新中心在江苏高校协同创新中心绩效评估工作中获评A等。与苏大维格等联合申报的江苏省高价值专利培育计划项目顺利获批,成为入选江苏省高价值专利培育计划项目的三所高校之一。国家大学科技园通安分园、吴中分园建设快速推进,校内众创空间投入使用。国家技术转移中心2016年累计新增服务企业500余

家,太仓璜泾科技服务驿站、如东技术转移分中心等产学研创新载体相继建成。"东吴智库"获批"江苏省重点培育智库",以"聚力创新——苏州如何引领"为主题的"对话苏州创新"活动顺利举行。各附属医院医教研水平有力提升,独墅湖医院(苏州大学医学中心)建设顺利推进。扎实推进对口援建工作,新增2所惠寒学校,1名同志赴沭阳县开展帮扶工作。

推进与新加坡国立大学、加拿大滑铁卢大学深层次合作,首次参加在美国举办的NAFSA(国际教育工作者协会)2016年年会暨教育展,积极参与"江苏—加拿大安省大学合作联盟""江苏—澳门·葡语国家大学合作联盟"活动。积极开拓学生国际化培养新渠道,1个项目入选国家留学基金委"与有关国家互换奖学金项目",与英国曼彻斯特大学合作举办的纺织工程专业入选首批江苏省中外合作办学高水平示范性建设工程(项目)。与中国教育国际交流协会签订来华留学质量认证协议,积极承接"留学江苏行动计划",入选首批"留学江苏"目标学校,加强与第三方教育机构在留学生招生和教学方面的合作,优化留学生招生和综合服务系统,加强中国文化体验式教育,全年在校留学生2 213人。认真做好孔子学院、中非项目、大真大学苏州分校等国际合作项目,老挝苏州大学新校区建设加快推进,首届学生顺利毕业。

七、开源节流提升效益,办学支撑条件进一步改善

加强会计核算,创新财务管理理念与机制,强化对重大专项经费的统筹力度,资金使用效率和效益进一步提高。全面完成国有资产清查工作,在江苏省教育厅国有资产管理考核评价中获评优秀。加强招标采购制度化、规范化建设,在全国高校中率先推进"互联网+"物资集中采购改革。强化实验室安全管理,积极推进大型科学仪器设备开放共享。继续教育信息化总体解决方案基本实现,专业技术领域培训实现突破。统筹各校区资源配置,科学部署相关学院、单位搬迁工作,基本建设在建及维修项目有序推进。努力推动新形势下发展工作的转型升级,不断拓展筹资渠道,基金会获评"江苏省示范性社会组织",校友会获评江苏省"5A级社会组织",上海校友会法学分会、宁波校友会和MBA校友会正式成立。高速、移动、安全、泛在的校园信息基础设施建设有力推进,官方信息发布平台"方塔发布"正式启用。调整优化内部机构设置,成立国内合作办公室、医院管理处,调整完善江苏苏大投资有限公司职能。图书馆荣膺"江苏省古籍保护工作先进单位",文献信息保障和学术支撑工作持续抓好。博物馆推出"博物馆记忆"微信专栏,亮点工作被教育部全国高校博物馆育人联盟工作报告推介。档案馆基本实现学校各前身高校相关档案全宗档案文件完整化,干部人事档案、毕业生学籍档案数字化建设快速推进。出版社6种项目入选"十三五"国家重点图书出版规划,2种图书获评"苏版好书"。认真做好学校卫生防疫和食品安全工作,食堂、幼儿园的服务水平稳步提升。

八、以共享发展为目标,和谐校园建设进一步加强

进一步完善助学管理机制和"奖、助、贷、勤、补、减"六位一体的立体化资助工作体系,积极探索"校企合作"资助育人新模式,通过"绿色通道"入学的新生1 098人、学费减免1 013人,连续五年被授予"江苏省学生资助工作先进单位"称号。积极构建全方位的毕业生创就业社会服务网络,带薪实习、优秀实习生项目等有力推进,全年发布招聘招考信息

5 000余条,组织校内大型招聘会22场、校内专场宣讲会152场,提供就业岗位45 000多个,2016届本科、研究生毕业生年终就业率分别为92.81%、94.01%。关注师生身心健康,积极组织开展心理健康节、师生运动会以及各类文体活动。严格按照上级文件规定,稳步推进养老保险制度改革,认真落实老同志的政治和生活待遇。往返新老校区之间的定制公交正式运行。苏州大学实验学校成立,高铁新城教师公寓认购签约工作有序进行。以创建江苏省平安校园建设示范学校为抓手,进一步巩固完善"统一领导、分工明确、分级管理、责任到人"的大安全体系和"人防、物防、技防、制度防"四位一体的大防控体系。

九、坚持惩防并举,推进党风廉政建设和反腐败工作

深入贯彻落实中央、省、市反腐倡廉工作会议精神,坚定不移地抓好党风廉政建设和反腐败工作的各项任务。认真落实党风廉政建设责任制,把党风廉政建设和反腐败工作作为领导班子和干部队伍建设的重中之重,纳入工作重要议题和年度整体工作目标,与人才培养、科学研究、社会服务等重点工作一起部署、一起落实、一起检查、一起考核。党委领导班子主要负责人切实履行第一责任人的职责,对全校党风廉政建设和反腐败工作负总责,领导班子其他成员切实履行好"一岗双责",对分管范围内的党风廉政建设负直接领导责任。坚持领导班子述职述德述廉制度,认真做好校级领导干部述责述廉工作。召开全校党风廉政建设工作会议,与各二级单位主要负责人签订《2016年党风廉政建设责任书》。加强党员领导干部廉洁从政教育,系统做好中纪委六次全会、省纪委六次全会精神以及习近平总书记关于党风廉政建设和反腐败斗争的重要讲话精神的学习宣传贯彻工作,开展好校园廉洁文化系列宣传教育活动。坚持干部任前公示、领导干部上岗廉政谈话和领导干部关爱约谈、诫勉谈话等制度,全年校党委、纪委主要负责人约谈领导干部23人次、诫勉谈话2人次。认真配合做好上级对学校主要领导经济责任审计工作,切实对照发现的问题,强化即知即改、立行立改,积极研究部署做好有关问题整改和责任追究工作。召开学校审计工作会议,完善有关工作制度和机制,推进审计全覆盖,强化内部审计"免疫系统"功能。高度重视和支持学校纪委履行监督责任,落实"转职能、转方式、转作风"的要求,践行"四种形态",保证纪委监督权的相对独立性和权威性。领导和支持纪委依法依纪查办案件,及时听取工作汇报,协调解决重大问题,坚决查处违纪违法问题,对违纪违规问题绝不姑息、"零容忍"。2016年审结违纪案件1起,已立案1起,处理违纪党员干部4人。毫不松懈地抓好中央八项规定和省委十项规定精神落实,严格执行《关于改进工作作风、密切联系群众的有关规定》及有关"实施办法"。认真贯彻执行《党政机关厉行节约反对浪费条例》,严格预算管理,严肃财经纪律,切实加强预算管理,严控"三公"经费支出,进一步规范学校党政办公用房、公务用车等管理。

重要文献

苏州大学2016年度工作要点

一、指导思想

以邓小平理论、"三个代表"重要思想、科学发展观为指导,全面贯彻党的十八大和十八届三中、四中、五中全会精神以及习近平总书记系列重要讲话精神,遵循"四个全面"战略布局和"五大发展"理念,全面加强党的建设,全面深化综合改革,全面推进依法治校,全面推动内涵发展,加快推进国内一流、国际知名高水平研究型大学建设进程,为学校顺利完成"十三五"发展目标奠定坚实基础。

二、工作要点

(一)加强顶层设计,推进一流大学建设

1. 制定实施"十三五"发展规划。完成《苏州大学"十三五"发展规划》编制工作,明确学校"十三五"期间发展目标、发展战略、发展举措与保障措施,实现总体规划与分项规划、学校规划与学院(部)规划相衔接;切实抓好规划落实工作,逐条分解规划目标任务,逐项细化工作措施,明确时间进度和质量要求,将工作责任落实到学院(部)、部门和个人;建立规划实施监测评估机制,实行年度监督、中期评估、终期检查制度,及时掌握规划实施情况,全面评价规划实施效果,确保发展规划落实到位。(责任单位:党委办公室〈规划与政策研究室〉、校长办公室、相关学院(部)与部门;责任人:张国华、曹健、相关学院(部)与部门主要负责人)

2. 全面推进综合改革。完成《苏州大学综合改革方案》的制定工作,加强综合改革组织和领导,明确责任主体和参与单位,科学设定改革实施的路线图、时间表,密切跟踪综合改革进展,加强综合改革检查与评估,确保综合改革取得实效。(责任单位:党委办公室、校长办公室、相关学院(部)与部门;责任人:张国华、曹健、相关学院(部)与部门主要负责人)

3. 加快一流大学和一流学科建设。紧扣国家和江苏省"一流大学与一流学科建设"计划,适时召开"双一流"工作推进会议,科学谋划学校"双一流"建设方案,做好组织申报工作;以"双一流"建设为契机,以学科建设为龙头,全面提升人才培养、科学研究、社会服务和文化传承创新的水平,重点打造多个在国内外具有重要影响的高峰学科,引领高水平研究型大学建设。(责任单位:学科建设办公室、相关学院(部)与部门;责任人:沈明荣、相关学院(部)与部门主要负责人)

(二)推进全面从严治党,提升党建工作科学化水平

4. 加强思想政治理论武装。学习贯彻习近平总书记系列重要讲话精神,引导党员干部坚定理想信念、坚持党性原则、坚守政治规矩,坚决同以习近平同志为总书记的党中央保持

高度一致;牢牢掌握学校意识形态工作领导权、话语权,强化政治意识、责任意识、阵地意识和底线意识;探索思想政治教育新模式,开展专题培训、"两学一做"学习教育等活动,加强马克思主义理论研究和党员干部理想信念教育,进一步培育和践行社会主义核心价值观,为学校健康持续发展提供思想保障和精神动力。(责任单位:党委宣传部、党委组织部、党校、纪委、监察处、马克思主义学院;责任人:陈进华、邓敏、薛凡、施亚东、田芝健)

5. 推进高素质干部队伍建设。严格按照《苏州大学处级干部选拔任用工作条例》完善干部选拔任用机制,大力选拔能够推动学校"双一流"建设的干部、想改革谋改革善改革的干部、尊法学法守法的干部、自觉履行全面从严治党责任的干部;强化领导班子分析研判,做好任期届满处级领导班子换届工作;完善处级干部培训机制,制订年度培训计划,重点开展习近平总书记系列重要讲话精神学习培训;通过轮岗交流、跟岗实践、挂职锻炼等途径,不断提升年轻干部的工作能力;规范考核评价机制,严格执行年度考核实施办法,做好处级领导班子和处级领导干部年度考核工作;强化干部管理监督工作力度,做好领导干部个人有关事项报告工作,继续落实"关爱告知、关爱提醒、关爱约谈"以及干部任期、离任审计等工作。(责任单位:党委组织部、人事处、审计处;责任人:邓敏、刘标、孙琪华)

6. 加强基层党组织建设。加强对基层党建工作的领导,在校、院(部)两级分别成立党建工作领导小组,定期研究、部署党建工作重要任务;落实《中共苏州大学委员会关于加强服务型基层党组织建设的实施意见》,推动服务型党组织建设,建立一批服务型基层党组织示范点;组织开展纪念建党95周年活动和"七一"表彰活动;严格党内政治生活,激发基层党组织和广大党员的内生活力;落实新修订的《苏州大学学院(部)基层党组织建设工作考核实施办法》,开展基层党建工作考评;严格执行发展党员工作细则,推行发展党员工作全程纪实,做好党员发展工作;严格党员日常管理,进一步健全党员"出口"机制;继续做好校党代表联系党员群众工作,探索党代表发挥作用新途径;服务名城名校融合发展战略,立足苏州及周边区域地方党建工作需要,加强基础理论研究和实际指导,推动党建理论研究的成果转化。(责任单位:党委组织部〈党代表联络办〉、党校;责任人:邓敏、薛凡)

7. 加强作风效能建设。进一步深入贯彻中央八项规定和省委十项规定等系列文件精神,巩固和深化"三严三实"专题教育的成效,继续精简会议文件、改进文风会风,推动作风建设常态化、长效化;加强机关作风效能建设,健全领导干部带头改进作风、深入基层调研机制,完善作风效能考评办法,提升服务意识与服务水平。(责任单位:党委办公室、校长办公室、纪委、监察处、党委组织部、人事处、机关党工委、群团与直属单位党工委;责任人:张国华、曹健、施亚东、邓敏、刘标、周玉玲、徐群祥)

8. 推动党风廉政建设。学习贯彻中纪委十八届六次全会精神,按照转职能、转方式、转作风的要求,聚焦中心任务,严格落实党风廉政建设责任制,认真履行"一岗双责";学习宣传《中国共产党廉洁自律准则》《中国共产党纪律处分条例》,充分运用"四种形态"严格执行监督问责;加强日常监督检查,研究重点领域廉政风险防控举措,探索制定责任追究办法,完善预防和惩治腐败制度体系;切实加强对重大基建、维修工程项目、大宗物资采购、招生招聘、干部任免、评优评先、大宗经费支出等工作和关键环节的监督;对领导干部报告个人有关事项进行抽查核实;抓好纪检监察干部的学习教育和业务培训,提升纪律审查工作能力,打造忠诚干净担当的纪检监察干部队伍;深入开展反腐倡廉教育,强化党员干部的党章党规党纪意识和自律意识。(责任单位:纪委、监察处、党委组织部、人事处、审计处;责

任人：施亚东、邓敏、刘标、孙琪华）

9. 加大新闻宣传力度。精心组织推出"贴近实际、贴近校园、贴近广大师生员工"的高质量宣传报道，进一步提升学校的影响力；加强与高端重要媒体的合作与沟通，提升对外宣传报道的层次与质量；加强校园新媒体建设与管理，完善校园网新闻信息发布机制，推进学校宣传影像制作和展示；健全新闻发布会、通气会和接受新闻媒体访谈制度以及突发事件新闻报道应急工作机制；加强对学校舆情的预判、收集、分析和引导工作；继续推进苏大官方微博、微信、微视频建设，重点打造"苏大微视频"系列，汇聚宣传教育合力，为学校改革和发展营造良好的舆论环境。（责任单位：党委宣传部〈新闻中心〉；责任人：陈进华）

10. 深化校园文化建设。加强校风、教风和学风建设，打造和谐的校园文化；深入开展校史研究，充分挖掘和提炼百年苏大名人轶事，大力弘扬名师文化；继续扩大国际合作交流广度与深度，让多元文化在校园内碰撞和交融，营造有利于师生发展的文化软环境；充分利用新媒体的影响力，培育大学生文明道德新风尚；开展各类校园艺术教育活动，提升校园文化品位；加强校友文化建设，增强海内外校友凝聚力。（责任单位：党委宣传部、发展委员会办公室、学生工作部〈处〉、党委研究生工作部、科学技术与产业部、人文社会科学院、团委、艺术教育中心；责任人：陈进华、赵阳、陈晓强、郎建平、宁正法、朱巧明、母小勇、肖甫青、吴磊）

11. 加强统一战线、群众组织和老干部工作。指导帮助民主党派做好基层组织换届工作，做好党外代表人士培养、推荐工作；鼓励和支持校统一战线代表人士建言献策、参政议政；协助各民主党派及统一战线群众组织开展活动，办好"归国学者讲坛"；充分发挥工会、共青团、学生会、研究生会等群众组织和民主党派成员、离退休老干部在学校事业发展中的重要作用。（责任单位：党委统战部、离退休工作部〈处〉、团委、学生工作部〈处〉、党委研究生工作部；责任人：吴建明、余宏明、肖甫青、陈晓强、宁正法）

12. 加强共青团工作。重点围绕"思想、实践、组织、网络"四个育人平台，进一步服务学生成长成才；深入培育和践行社会主义核心价值观主题教育活动，继续完善共青团实践育人工作体系；健全大学生创新创业能力培养体系，做好"创青春"全国大学生创业大赛组织工作；健全志愿服务体系，继续开展"惠寒"等品牌志愿服务活动；加强学生会、研究生会、学生社团等组织建设。（责任单位：团委；责任人：肖甫青）

（三）深化教育教学改革，提高人才培养质量

13. 推进本科人才培养模式改革。围绕"研究型、创新型、国际化"人才培养的总目标，坚持以课程体系改革为主线、以提高课程质量为重点，继续推进"苏大课程"建设项目，充实课程类型和课程资源，建立健全课程退出机制；加强本科研究生课程衔接，探索本硕贯通培养的新路径；启动专业课程改革，参照专业认证与专业质量标准，优化专业课程体系结构与课程内容；开放跨学科跨专业课程，培养学生跨越学科界限的知识视野和思维能力。（责任单位：教务部、研究生院、有关学院〈部〉；责任人：周毅、王剑敏、郎建平、有关学院〈部〉主要负责人）

14. 实施本科教学工程。进一步加强省级品牌专业建设工作，持续推进卓越工程师、卓越医生、卓越法律人才和卓越教师计划；继续实施"优质教学资源建设与共享""教师教学能力提升""大学生实践创新能力提升"等计划，不断提高本科教育教学质量；做好国家级、省级教学成果培育工作；发挥国家级实验教学示范中心的示范和辐射作用，提升实验教学

示范中心整体水平。(责任单位:教务部;责任人:周毅、王剑敏、晏世雷)

15. 健全教学质量保障和监控体系。有序推进专业认证与评估工作,做好通信工程、师范类专业认证前期准备工作;支持纳米科学技术学院开展"纳米材料与技术专业"国际认证工作;做好教育部本科教学审核评估迎评工作,完善教学基本状态数据库及评估系统;建设应届本科毕业生社会需求与培养质量评价系统;促进本科教学工作考评与审核评估的自评自建工作相结合,构建"评估为据、有进有退"的专业动态调整机制。(责任单位:教务部;责任人:周毅、晏世雷)

16. 提升医学教育质量。依据《本科医学教育标准——临床医学专业(试行)》要求,认真做好临床医学专业校内自评与迎评工作;以专业认证为契机,进一步强化教学意识、规范教学管理、提高教学质量,着力引导临床教师参与基础教学;发挥综合性大学的学科优势,全面促进"医学理论与临床实践""临床能力与人文沟通""专业素质与医德素养"相结合,提高医学人才培养质量。(责任单位:教务部、医学部;责任人:周毅、黄瑞)

17. 加强本科生招生就业工作。贯彻落实国家考试招生制度改革文件精神,优化招生计划专业结构与区域结构,完善自主选拔录取考核模式,探索跨学院(部)同类专业大类招生机制;加大招生宣传力度,吸引更多优秀生源;完善招生考试规章制度,加强招生全过程监督和管理,杜绝违纪违规行为发生;探索学生就业校院(部)二级管理机制,健全完善就业工作激励机制;拓宽就业渠道,健全毕业生就业信息服务体系,提高就业质量。(责任单位:招生就业处;责任人:马卫中)

18. 创新学生事务管理模式。围绕立德树人,深入开展大学生思想政治教育,培养"德才兼备,情理兼修"的新时代大学生;不断完善信息化管理手段,探索"互联网+"条件下学生思想政治教育、学生管理服务新模式;继续探索文化育人、实践育人、资助育人新途径;积极推进"创客天堂"行动,不断完善学生创新创业教育体系;坚持职业化、专业化、专家化发展目标,持续提升辅导员队伍的责任意识、担当意识、奉献意识和业务能力;继续做好学生心理健康教育和辅导工作。(责任单位:学生工作部〈处〉〈学生创新创业教育中心〉、党委研究生工作部、团委、大学生心理健康教育研究中心;责任人:陈晓强、宁正法、肖甫青、许庆豫)

19. 加强学校体育工作。进一步完善体育课程体系,加强课外体育活动,鼓励学生积极参加体育锻炼,做好学生体质健康监测工作;注重高水平运动员队伍建设,继续开展校运会、校园马拉松、校园足球、龙舟等形式多样的体育活动,不断提升学校体育工作水平和学生健康水平;不断加大体育基础设施建设投入,改善师生体育运动条件;组织参加全国第十三届学生运动会等赛事。(责任单位:校体委〈体育学院〉、学生工作部〈处〉、党委研究生工作部、教务部、后勤管理处;责任人:陆阿明、陈晓强、宁正法、周毅、李翔)

20. 深化研究生招生模式改革。进一步促进研究生招生计划与研究生教育贡献率相协调,完善研究生招生计划分配办法;探索建立基于能力考核与潜能考察的招生录取办法,推广"夏令营""秋令营""进校招生推介会"等有效做法,广泛吸引优质生源;继续完善硕士推免、预录取、硕博连读、博士申请考核等制度;优化科学学位和专业学位研究生招生互动与协调机制。(责任单位:研究生院、有关学院〈部〉;责任人:郎建平、有关学院〈部〉研究生教育分管负责人)

21. 加强研究生培养过程管理。按照分类培养的原则,完成新一轮研究生培养方案修订工作,制订专业学位研究生培养改革方案;严格执行开题报告、中期考核、预答辩、论文盲审、论文抽检等制度,引入研究生培养质量第三方评估,完善研究生培养质量监控体系;继续推进研究生教育国际化进程,与境外著名大学、科研机构合作开展博士研究生联合培养、联合授予学位工作;完善导师培训制度,建立多层次、个性化的导师岗位培训体系;完善专业学位研究生指导教师评聘办法;做好"江苏省研究生创新工程"项目申报和建设工作,建立研究生工作站绩效考核办法;完成新一届学位评定委员会换届工作。(责任单位:研究生院、学位评定委员会办公室、有关学院〈部〉;责任人:郎建平、有关学院〈部〉研究生教育分管负责人)

22. 完善研究生学术道德建设机制。加强研究生学术规范、学术诚信教育,完成科学道德和学风宣讲案例教材编制工作;坚持道德约束和监管惩处并重,加强学术不端行为的查处力度,强化科学道德和学风建设的系统性、制度性,营造崇尚创新、追求卓越的学术文化。(责任单位:党委研究生工作部、研究生院、有关学院〈部〉;责任人:宁正法、郎建平、有关学院〈部〉研究生教育分管负责人)

23. 加快继续教育转型升级。面向社会需求,主动与地方政府、企事业单位、大(中)专院校合作,探索成人学历教育和自学助考学生培养新模式;坚持质量导向,健全项目开发、课程设计、教师选聘、教学评价等有效机制,打造继续教育品牌;加强"教育部高等学校继续教育示范基地""国家级专业技术人员继续教育基地"建设,积极申报各级专业技术人员培训项目,形成多领域、多层次、多元化的培训新格局;积极组织申报"中组部干部培训基地"及其他部委、行业协会的培训基地;以现有远程教育平台为基础,建设全校优质网络资源共享平台,大力推进数字化资源开放共享,启用"培训管理平台""苏大培训"等在线学习网站;积极推进继续教育国际化。(责任单位:继续教育处;责任人:缪世林)

(四)实施人才强校战略,打造一流人才队伍

24. 建设高水平师资队伍。根据学科发展需要,继续引进培养跻身学术前沿的科学家、知名人文学者以及各类领军人才;实施自然科学类学科"海外博士计划"以及人文社科类"卓越博士计划",储备优秀青年人才;继续完善"特聘教授""东吴学者""东吴名医"等人才制度;继续实施教师能力拓展计划,推进"博士化工程"和青年教师导师制度;加强专职科研队伍建设,制定专职科研人员管理办法;通过"1+1"海外博士后项目,提高统招博士后薪酬待遇等措施,不断提升博士后质量;进一步完善教师专业技术职务评聘办法;继续实施教授学术休假、学术恢复等制度,鼓励教师出国(境)研修,加快推进教师队伍国际化进程。(责任单位:人事处;责任人:刘标)

25. 深化人事管理制度改革。根据江苏省对事业单位养老保险改革的统一部署,积极推进事业单位养老保险制度改革工作,建立健全学校养老保险和职业年金制度;推进第三轮岗位设置与聘用工作,在定编定岗基础上,进一步规范全校教师、管理及工勤岗位的任职标准和工作内容,签订聘用合同;结合专职科研队伍建设,细化对实验技术人员的分类管理;进一步规范、完善绩效分配管理制度。(责任单位:人事处;责任人:刘标)

(五)推进学科集成创新,增强社会服务能力

26. 加大学科建设力度。围绕国家和江苏省"双一流"建设目标与要求,系统梳理整合学科资源,推动学科交叉融合和集成创新,开展一流学科建设的遴选、组织及申报工作,着力培育高峰学科与新兴学科群;做好新一轮学科评估的准备工作,推进和落实学位授权点合

格评估和自我评估方案以及动态调整工作,完成江苏高校优势学科二期立项学科及序列学科的中期验收工作。(责任单位:学科建设办公室、"211工程"建设办公室、研究生院、有关学院〈部〉;责任人:沈明荣、郎建平、有关学院〈部〉主要负责人)

27. 提高科研水平和质量。结合国家科技体制改革意见,做好国家级重点重大项目与军工项目的培育申报工作;加强现有项目的过程管理和经费管理,确保项目高质量完成;加强科研团队建设,鼓励跨学科(学院)协同研究;加快科技成果处置权、分配权和收益权改革,完善科技成果处置、分配和收益制度,建立科技成果转化评价体系,加大对科研人员的奖励力度;建立和完善知识产权申请、保护、运营和服务体系;建立健全分类评价、多元评价、开放评价的科技评价模式,探索建立符合应用型人才、应用型团队特点的管理体系。(责任单位:科学技术与产业部、人文社会科学院、人事处、财务处;责任人:朱巧明、郁秋亚、许继芳、母小勇、刘标、盛惠良)

28. 加强科研平台与基地建设。继续推进省部共建国家重点实验室、教育部国际联合实验室以及各类科研平台、创新团队的培育工作;与境外知名高校、科研机构、企业合作共建实体性研发机构,提升科研国际化水平;加强对省级哲社重点研究基地的日常管理与成果管理;继续加强校级科研机构监管,做好现有科研平台和创新团队建设的管理、监督及考核工作;培育打造特色国防科研团队和平台,完善军工保密监管与质量体系。(责任单位:科学技术与产业部、人文社会科学院;责任人:朱巧明、郁秋亚、许继芳、母小勇)

29. 深化政产学研用协同创新。继续完善"苏州纳米科技协同创新中心"建设机制,凝练总结可复制、可推广的改革经验与措施,在校内推广应用;加快血液学、纳米科技、放射医学、新型城镇化与社会治理等省级协同创新中心的建设,做好中期迎评工作;继续推进江苏体育产业协同创新中心的建设工作;创新校地共建研究院建设发展模式,推进江苏省产业技术研究院纺织丝绸技术研究所建设及体制机制改革,加强张家港工业技术研究院、南通纺织研究院、高新区知识产权研究院等校地合作平台建设;发挥大学科技园和技术转移中心的辐射作用;培育建设高水平应用型团队,推动横向项目向更高层次发展。(责任单位:科学技术与产业部〈"2011计划"办公室〉、人文社会科学院、人事处、体育学院;责任人:朱巧明、郁秋亚、钱福良、母小勇、刘标、陆阿明)

30. 加强东吴智库建设。面向国家和区域重大现实问题,发挥综合性学科与人才优势,在若干重大领域形成理论与对策研究优势,加强与地方政府、企事业单位和国际同行的交流协作,合力打造高水平东吴智库;完善智库运行管理机制,加强智库成果管理和应用,适时出台智库成果奖励办法;继续办好"对话苏州发展"等品牌活动,适时举办优秀研究成果发布会、出版智库成果专集。(责任单位:人文社会科学院〈东吴智库〉;责任人:母小勇)

31. 加强学术支撑平台建设。加快推进数字化图书馆建设,继续做好文献资源保障工作,加强科技查新与信息咨询服务;发挥博物馆文化阵地作用,做好藏品征集、统计、保护和管理工作,深入推进数字虚拟博物馆建设,举办特色专题展览;做好2015年度档案材料归档工作,加快档案信息化建设进程,不断提高档案服务能力和水平;加强与高水平学术期刊的交流合作,不断提升学报办刊质量、层次和水平,深化期刊数字化转型;坚持"创特色、出精品、讲服务、增效益"的目标,继续完善出版社多元经营模式,立足做好传统出版,稳步推进数字出版进程。(责任单位:图书馆、博物馆、档案馆、学报编辑部、出版社;责任人:唐忠明、黄维娟、钱万里、康敬奎、张建初)

（六）扩大对外交流合作，加快教育国际化进程

32. 推进人才培养国际化。将国际化人才培养目标融入人才培养的全过程，探索建立国内培养与国际交流衔接互通的开放式人才培养体系；继续加强与国际知名高校的交流与合作力度，拓展学生海外研修渠道，扩大学生联合培养规模；加大学生出国经费资助力度，提高学生海外学习交流的比例。（责任单位：国际合作交流处〈海外教育学院〉、教务部、研究生院、学生工作部〈处〉；责任人：黄兴、周毅、郎建平、陈晓强）

33. 加强来华留学生教育。加强与国内外教育机构、政府及企业的合作，争取加入相关国际教育组织、大学联盟，拓宽留学生生源渠道，实现外国留学生规模稳定增长；加强全英文授课专业和课程建设，力争成为来华留学生重点目标高校和江苏来华留学生预科学校。（责任单位：国际合作交流处〈海外教育学院〉、教务部、研究生院；责任人：黄兴、周毅、郎建平）

34. 推动境外办学项目建设。完善中外合作办学项目的协调沟通机制，加快推进老挝苏州大学校园建设，支持波特兰州立大学孔子学院建设示范性孔子学院，落实与尼日利亚拉格斯大学合作项目，支持"大真大学苏州分校"发展。（责任单位：国际合作交流处〈海外教育学院〉、老挝苏州大学；责任人：黄兴、汪解先）

（七）优化资源配置机制，提高支撑保障能力

35. 实施名城名校融合发展战略。贯彻落实《苏州市人民政府 苏州大学关于实施名城名校融合发展战略的意见》，建立健全校地战略协商、融合发展新机制，前期重点推进东吴智库、苏州创新研究院、苏州工业研究院、苏州医学中心等重大项目建设，支持相关学院（部）、部门与苏州政府部门、企事业单位开展深度合作，促进学校人才、科研、智力等创新资源与苏州经济社会转型升级需求深度融合；大力推进省部、省市共建工作；进一步加强董事会工作，完善基金会资金募集和捐赠管理办法，推动"苏州大学绿色行动""苏州大学校友林"等特色捐赠项目建设；做好校友会工作，支持海内外校友筹建校友分会，多措并举营造良好的外部发展环境。（责任单位：党委办公室〈规划与政策研究室〉、校长办公室〈对外联络接待办公室〉、发展委员会办公室、学科建设办公室、科学技术与产业部、人文社会科学院、医学部；责任人：张国华、曹健、赵阳、沈明荣、朱巧明、母小勇、黄瑞）

36. 完善学校内部治理结构。落实《苏州大学章程》精神，进一步完善"党委领导、校长负责、教授治学、民主管理"的学校法人治理结构和内部治理模式；深入推进依法治校，全面梳理学校规章制度，继续完善组织原则、议事规则、办事程序等，形成统一规范的制度体系；进一步明晰学术和行政的关系，充分发挥校学术委员会在学术事务上的主导作用；进一步完善教代会、学代会相关制度，充分发挥其民主监督功能；做好七届二次教代会筹备工作，广泛听取教职员工关于学校"十三五"发展规划的意见和建议；建立教学工作、学科工作、科研工作、人才工作、学生工作等例会制度，完善校内协商交流机制；进一步理顺学校和学院（部）的关系，稳步推进向学院（部）管理权限下放工作，促进机关职能部门职能转变，不断完善现代大学制度。（责任单位：党委办公室、校长办公室〈法律事务办公室〉、校学术委员会、工会、相关学院〈部〉与部门；责任人：张国华、曹健、王尧、王安列、相关学院〈部〉与部门主要负责人）

37. 完善财务运行机制。强化学校预算全过程管理，科学编制学校预算，继续加强科研经费、专项经费管理，完善内部监控体系，做好财务管理政策宣传工作；多方筹措办学经费，

科学运筹学校财力,为学校事业发展和重点项目建设提供资金保障;制定学校经济责任制规定,明确各级人员的经济责任;调整修订创收分配等办法,推动财务工作规范化;推进财务管理信息化建设,拓展网上缴费、财务系统功能,提高师生办事效率;深化会计委派工作,协助受派单位建章立制,进一步规范受派单位财务行为。(责任单位:财务处;责任人:盛惠良)

38. 完善审计监督机制。适时召开审计工作会议,学习宣传贯彻国家相关审计文件,弘扬审计文化,增加审计自觉;建立健全领导干部经济责任审计联席会议制度,加强领导班子及个人任中审计;加强工程竣工结算审计,实施基本建设工程项目全过程跟踪审计;完成优势学科、协同创新等专项资金审计工作,稳步开展科研经费审计工作;建立健全审计规章制度;加强审计信息化建设,建立集审计立项、审计实施、资料归档为一体的信息化管理系统,提高审计工作效率;加强对审计结果转化与应用,依法解决审计发现的问题。(责任单位:审计处、纪委、监察处;责任人:孙琪华、施亚东)

39. 健全资产管理机制。进一步完善国有资产管理机制,建立健全经济合同管理制度;加强对学校独资、控股企业的监督、管理与考核,保证国有资产健康安全运行;加强固定资产管理,确保国有资产的安全与完整;定期对学校地产、建筑、设备等动产与不动产进行全面盘点,确保账实相符;继续推进公用房管理改革,提高公用房使用效益;完善大型仪器设备共享机制,提高设备使用效率;进一步规范学校招投标管理工作,推进招标采购工作制度化、规范化和科学化。(责任单位:国有资产与实验室管理处;责任人:陈永清)

40. 加强校园信息化建设。推进校园无线网络全覆盖,进一步提高校园网络的稳定性、可靠性和安全性;探索与完善多媒体教室管理新模式,为师生提供更优质的教学环境;依托大数据平台,挖掘分析在校生学习、生活数据信息,为教学、管理提供辅助数据支撑;部署网站群系统,加强网站建设和管理,提高网站整体安全性;建设信息推送平台,及时、准确推送与师生有关的各类信息。(责任单位:信息化建设与管理中心、后勤管理处、教务部、校长办公室;责任人:张庆、李翔、周毅、曹健)

41. 提升后勤保障水平。根据学校发展规划,适时调整校园建设规划;深入推进后勤社会化改革,进一步完善购买服务模式,细化后勤服务规范标准体系,完成新一轮物业、食堂、水电等委托管理招投标工作;深入推进节约型校园建设,加强宣传教育、实施节能工程改造,健全节能目标任务管理和节能监管制度,着力营造"崇尚节约、摒弃浪费"的校园氛围;继续推进唐仲英医学研究院大楼、青年教师周转公寓、恩玲学生活动中心等基本建设项目;尽快完成与学科建设重大关联以及学生宿舍、食堂、教室等基本保障的各项维修改造任务。(责任单位:后勤管理处;责任人:李翔)

42. 完善校园安全防控体系。建立"统一领导、分工明确、分级管理、责任到人"的大安全体系,构建人防、物防、技防、制度防"四位一体"的大防控体系建设,提升校园安全管理的制度化、规范化和科学化的水平;建立健全安全排查机制,坚持深度专项排查与日常巡查相结合,推进基础设施维护工作,提高安全隐患预见能力和专业排查水平,做到安全工作全覆盖;适时召开学校安全工作会议,对学校安全稳定形势进行全方位分析,保障校园消防、治安、交通、食品和实验室等各方面的安全,构建平安和谐校园。(责任单位:保卫部〈处〉、国有资产与实验室管理处、后勤管理处;责任人:霍跃进、陈永清、李翔)

43. 实施民生幸福工程。更加注重教职工民生,合理改善教职工生活待遇;稳定学生食堂食品价格,完善就餐意见反馈机制,满足各类学生的就餐需求;继续改善幼儿园办学条件,提高办学水平;进一步提高校医院诊疗质量,提高医保与计生管理水平;妥善解决好原南铁院苏州校区部分教职工社保医保转移问题;加快推进相城区高铁新城教师公寓项目。(责任单位:人事处、后勤管理处〈校医院〉;责任人:刘标、李翔、杨秀丽)

44. 做好离退休老同志服务工作。加强离休干部的思想政治建设和党支部建设,落实离退休老同志的政治和生活待遇;继续开展"大走访"活动、加强"暖心工程"建设,为离退休老同志提供个性化、亲情化与精细化服务;推进"文化养老"工作,丰富离退休人员的精神文化生活;完成学校退休教育工作者协会、关心下一代工作委员会换届工作;完善二级关工委组织建设长效机制,充分发挥老同志在学校建设发展和关心教育下一代工作中的作用。(责任单位:离退休工作部〈处〉、学生工作部〈处〉;责任人:余宏明、陈晓强)

45. 深化附属医院改革。以打造苏州医学中心为目标,进一步明确附属医院发展定位,发挥区域诊疗中心优势,科学布局医联体,主动应对分级诊疗;通过构建合理人才梯队,加快重点专科建设步伐;强化医疗质量监管,切实保障医疗安全,提升应急救援能力;全力支持附一院平江分院二期、园区儿童总院二期建设,加快推进独墅湖医院建设的各项工作。(责任单位:医学部、各附属医院;责任人:黄瑞、各附属医院主要负责人)

46. 落实重点专项工作。继续推进阳澄湖校区工作对接和人员融合发展(责任单位:阳澄湖校区管委会;责任人:浦文俍);支持独立学院转型发展、深化内涵建设,打造独立学院特色和品牌(责任单位:文正学院、应用技术学院;责任人:吴昌政、傅菊芬);深入推进语言文字工作,推进校园语言文字使用规范化(责任单位:教务部;责任人:周毅);继续做好对口支援拉萨师范专科学校工作,有效开展与贵州医科大学、淮阴师范学院、湖州师范学院、浙江工商大学、浙江理工大学等高校人才培养交流和联建宿迁学院工作。(责任单位:校长办公室、党委组织部、人事处、教务部、研究生院、医学部;责任人:曹健、邓敏、刘标、周毅、郎建平、黄瑞)

校党委书记王卓君在2016年党风廉政建设工作会议上的讲话

（2016年3月23日）

同志们：

刚才，校党委副书记、纪委书记高祖林同志向大家全面传达了中纪委六次全会、省纪委六次全会精神，重点传达了习近平总书记在中纪委六次全会上的重要讲话精神，总结回顾了学校2015年的纪检监察工作，部署了学校今年党风廉政建设的主要工作，各二级单位主要负责人也向学校递交了党风廉政建设责任书。请大家认真学习领会，并结合各单位、各部门实际，组织做好宣传贯彻工作，层层传导压力，层层压紧压实，务必将党风廉政建设责任书的各项要求落到实处。

2015年，学校党委本着"标本兼治、综合治理、惩防并举、注重预防"的工作方针，突出党风廉政建设责任制，严明党的政治纪律和政治规矩，不断加大管理监督力度，深入开展"三严三实"专题教育，狠抓机关作风效能建设，持之以恒贯彻落实中央八项规定和省委十项规定精神，学校党风廉政建设保持了平稳的态势。这是全校各级党组织、全体党员干部和广大师生员工共同努力的结果，学校纪委、监察、审计、组织、财务、国资等条线、部门的同志们为此付出了辛勤的劳动和不懈的努力。在此，我代表校党委向关心支持和积极参与学校反腐倡廉和作风效能建设工作的各位领导和同志们表示衷心的感谢！

刚才，高书记已经对学校2016年的党风廉政建设和反腐败工作做了很全面的部署，我完全赞成。在此，我想结合当前形势和学校工作实际，再强调、补充三点意见：

一、强化责任担当，牢固树立"不抓党风廉政建设就是严重失职"的政治意识

党的十八大以来，中央着眼于新的形势任务，把全面从严治党纳入"四个全面"战略布局，把党风廉政建设和反腐败斗争作为全面从严治党的重要内容，以八项规定为突破口和切入点，集中解决"四风"问题，强化"两个责任"，高悬巡视利剑，打老虎、拍苍蝇、抓狐狸，猛药去疴、重典治乱，着力构建不敢腐、不能腐、不想腐的体制机制，反腐败斗争压倒性的态势正在形成。从刚才高书记传达的会议精神中，我们可以鲜明地感受到中央"党要管党、从严治党"的坚定决心。今年中央、省委新一轮的巡视工作特别是巡视工作"回头看"，也释放出"巡视工作常态化，越往后执纪越严""反腐利剑时刻高悬"的强烈信号。

全校各级党组织和广大党员干部必须充分认清形势，深刻领会中央对党风廉政建设和反腐败工作形势的科学判断，深刻领会中央、省、市对党风廉政建设和反腐败工作的部署要求，在抓好党风廉政建设工作、推进全面从严治党方面继续保持高度的思想自觉和行动自

党。各党(工)委要牢固树立"抓好党风廉政建设是本职,不抓党风廉政建设就是严重失职"的政治意识,坚持把党风廉政建设与全局工作同部署、同落实、同检查,落实好党风廉政建设主体责任。各级党(工)委书记要做管党治党的书记,要把党风廉政建设这个硬任务记在心上、扛在肩上、抓在手上,坚持原则、敢抓敢管、抓紧抓好,履行好"第一责任人"责任。各党(工)委班子的其他成员和各部门负责人要切实抓好职责范围内的党风廉政建设,认真履行好"一岗双责",做到守土有责、守土负责、守土尽责。纪委和各党(工)委纪检委员要全面履行党章赋予的职责,运用好监督执纪的"四种形态",切实履行好监督责任。

二、强化四个意识,把纪律建设摆在更加突出的位置

加强纪律建设是全面从严治党的治本之策。习近平同志强调"党面临的形势越复杂、肩负的任务越艰巨,就越要加强纪律建设"。管党治党的实践充分表明,把纪律和规矩挺在前面,将关口前移、防线筑牢,实践好监督执纪的"四种形态",多做"咬耳朵、扯袖子"的工作,才能避免小错演变成大错,才能从源头上防治腐败。

加强纪律建设,做好纪律的宣传教育是基础。根据中央部署,今年将在全体党员中组织开展"学党章党规、学系列讲话,做合格党员"学习教育。这是继党的群众路线教育实践活动、"三严三实"专题教育之后,面向全体党员深化党内教育的一次重要实践,是把思想建设、作风建设、纪律建设融为一体的务实举措。全校各级党组织和全体党员干部要把开展好"两学一做"学习教育作为一项重大的政治任务,充分发挥好学校的学科优势、科研平台优势和组织优势,让每一名党员干部都接受严格的纪律教育,引导广大党员干部严格按照党章标准来严格要求自己,坚持高标准和守底线相结合,知边界、明底线、学深悟透、学以致用、以学促行,校正思想之标,调整行为之舵,绷紧作风之弦,进一步增强政治意识、大局意识、核心意识和看齐意识。

三、强化作风建设,以优良作风推进学校事业又好又快发展

习近平同志在中央政治局"三严三实"专题民主生活会上深刻指出:"作风建设永远在路上,反腐倡廉建设永远在路上,必须经常抓、反复抓,一刻也不能放松。""面向未来,恢复和发扬党的优良传统和作风的任务还很重,巩固党风廉政建设成效、防止问题反弹的任务还很重,解决党内作风上深层次问题的任务还很重。"

对学校而言,当前我们的事业正处于承前启后、爬坡迈坎的关键阶段,能否继续深化改革、破解难题、突破瓶颈,能否跨越"中等发达陷阱",很大程度上取决于我们能不能建设一支政治坚定、纪律严明、作风过硬的高素质干部队伍,取决于我们是否拥有一个风清气正、崇廉尚实、干事创业、遵纪守法的政治生态。这要求我们始终保持反"四风"、正党风、反腐败、倡清廉的战略定力,努力做到狠抓作风建设标准不降、要求不松、措施不减。当前及今后一个时期,我们将以习近平总书记提出的"20字"好干部标准和从严管理干部"五个要"要求为引领,持续加强对重要敏感岗位干部的教育、管理、监督,加大换岗交流和实践锻炼的力度,探索建立"治庸治懒治散"的有效机制,畅通干部"下"和"出"的渠道,加强对不胜任、不称职干部的调整力度;充分发挥纪检监察部门职能,加强对领导干部贯彻执行党的纪律和学校政令、工作部署情况的督查,及时发现和解决领导干部工作中不切实、不扎实、不落实的问题,解决政策空转的问题,进一步推进机关作风效能建设,不断提高为师生服务的意识、能

力和效率。

同志们,今年是"十三五"开局之年,机遇在前,责任在肩,任务繁重。反腐倡廉和党风廉政建设事关学校改革发展全局,全校各级党组织、各级领导干部都要充分认识到此项工作的重要性、长期性、艰巨性和复杂性,认真贯彻落实本次会议精神,以更加坚定的信心、更加坚决的态度、更加有力的举措、更加扎实的工作,推动学校党风廉政建设和反腐倡廉工作不断取得新进展、新成效,为学校改革发展提供坚强有力的政治保证!

谢谢大家!

校长熊思东在全省教育工作会议上的发言

(2016年3月24日)

近年来,苏州大学紧紧抓住省部共建教育现代化建设试验区的重要机遇,坚持以立德树人为根本、以队伍建设为关键、以协同创新为路径、以国际标准为引领、以依法治校为保障,全面深化内涵建设,各项工作取得了实质性的进展,也为促进我省教育现代化建设做了一些探索。现将主要做法和成效汇报如下:

一、以立德树人为根本,深化人才培养模式改革

以培养"模范公民"为目标,努力提升学生的创新精神、实践能力和社会责任感。一是加强课程体系建设。构建通识教育与专业教育相融合、本科课程与研究生课程相贯通、课堂教学与实践教学相结合的课程体系。二是构建多样化育人模式。推进小班化、讨论式、启发式、参与式教学改革,引导优秀本科生早进实验室、早进课题、早进团队;以国家试点学院为载体,实施全英文授课,与加拿大滑铁卢大学进行学生互换、学分互认、学位联授互授,建立国际化育人体系;以书院改革为试点,探索跨学科卓越人才培养模式;与企业合作推进"带薪实习"项目,培养学生创新与实践能力。三是实施教学质量文化工程。以建立教学基本工作量制度为抓手,加大教学在职称评定、绩效奖励中的比重,引导教师潜心育人。

二、以队伍建设为关键,提升学校核心竞争力

实施人才强校战略,努力引进和培养高端领军人才。学校现有两院院士7人、外籍院士1人、长江学者7人,国家杰青18人,国家优青22人,"千人计划"入选者12人,"青年千人"入选者36人,以上百余位国家级人才已成为我校学术中坚力量。同时,学校将人事制度改革作为综合改革的突破口,致力于激发人才活力。一是建立教师分类评聘机制。对不同类型岗位制定不同的岗位职称、聘期目标任务、评价标准。二是引入第三方评估机制。探索准聘、长聘机制,对教师实行3~5年的中期考核和期满考核,对考核不合格的教师坚决辞退或降级聘任。三是完善教师培养机制。建立教授学术休假制度,实施校内特聘教授、"东吴学者"等人才计划,加大对年轻教师的支持力度。

三、以协同创新为路径,提升社会服务能力

一是加强学科建设的顶层设计。以"提内涵、重生态、强效率、建高峰"为目标,强固基础学科,扶持新兴交叉学科,布局优势学科群。二是改革科研组织模式。面向区域重大战略需求和学科前沿,组建20个跨学科旗舰式科研平台,着力提升学校承接重大科研项目、培育重大科研成果的能力。三是深化政产学研协同创新。以国家协同创新中心、省高校协同创

新计划、校地研究院为载体,统筹人才、科技、金融、管理等创新要素,打通基础研究、应用研发、成果转化与产业化全链条。目前,学校与苏州市合作启动名城名校融合发展战略,打造校地协同发展升级版。

四、以国际标准为引领,提升整体办学实力

一是提高校际合作水平。与英国剑桥大学、加拿大滑铁卢大学等国际知名高校共建剑桥—苏大基因组资源中心、纳米科技联合研究院等科研机构10余家,加快融入国际学术创新体系。二是扩大留学生规模。加强对外宣传和全英文专业建设,留学生规模维持在2 000人左右,位居全省前列。三是稳步推进境外办学。中国首个境外高校"老挝苏州大学"首批本科毕业生将于今年6月毕业,目前学校正与省内部分兄弟高校协商携手走进东盟,共同打造海外教育集团,服务江苏"一带一路"倡议。

五、以章程建设为核心,完善现代大学制度

全面推进依法治校,制定《苏州大学章程》以及党委全委会、常委会、校长办公会议事规则。坚持学术为魂,修订《学术委员会章程》,明确学术委员会是学校的最高学术机构,建立权力清单和责任清单,厘清学术权力与行政权力的范畴与边界。在国家试点学院积极探索"教授治学"的有效路径,学院事务主要由教授委员会、教学委员会、学位委员会、学术委员会研究决定。行政人员实行职员制,不设行政级别。经过五年实践,基本形成学术权力与行政权力相对独立、相互支撑的工作格局。

通过以上改革,我校综合实力和国际影响力有了一定的提升。2015年学校跻身《QS亚洲大学排行榜》200强、《THE世界大学排名》中国内地高校第17位,在《2016中国最好大学排名》中位居第26位;7个学科进入ESI前1%行列,入选数位居全国高校第27位,其中材料科学位居2016年《US News》世界大学专业排名第70位,化学入选《QS世界大学学科排名》顶尖学科;近三年国家自然基金获批数保持在300项以上,稳居全国高校20强;15位教授入选"中国高被引学者",位居全国第24位;发表SCI"表现不俗"论文占比连续两年位居全国高校首位。

以上成绩的取得,离不开省委、省政府的坚强领导,离不开省教育厅和各部门的有力指导。同时我们也清醒地意识到:学校发展与省内外一流大学相比还有较大的差距,与省委、省政府和人民群众的期盼还有相当大的距离。因此,我们将以此次会议召开为契机,认真贯彻落实会议精神,遵循"四个全面"战略布局和"五大发展"理念,以"办人民满意教育"为宗旨,以推进"江苏教育现代化"为己任,重点做好以下几方面工作:

一是抓学科。按照国家和江苏"双一流"建设方案,以"是否代表学科发展方向、是否呼应社会重大需求、是否具有卓越品质"为导向,遴选一批优势学科重点建设,着力打造若干个具有国际竞争力的高峰学科。

二是抓队伍。保持高端人才队伍建设决心不变、思想不松、力度不减,继续加大战略科学家和中青年学术骨干的引培力度;按照"大师+团队"模式,促进海归人才与本土人才相融合,以增量人才盘活存量人才;逐步建立教师分类管理和聘任制度,完善以质量与绩效为导向的薪酬分配和激励机制,提高人力资源管理精细化、科学化程度,努力构筑人才高地。

三是抓育人。坚持立德树人根本任务,深化人才培养模式改革,建立价值塑造、能力培养和知识传授"三位一体"的教育模式,全面促进师资、学科、科研资源等教学转化,逐步建立以学生学习与发展成效为核心的教育质量观,健全教育质量保障体系,促进教学工作向以学为主转变,建立卓越的人才培养体系。

四是抓贡献。坚持顶天立地的科研宗旨,面向国际学术前沿与区域发展战略需求"两个战场",以实施名城名校融合发展战略为试点,共建以应用为导向的科研创新与成果转化平台,推动科研工作从问题导向转变为问题和市场相结合的导向,鼓励教师与经管人才、生产技术人员共建创新团队,以此促进科技、市场、资本有机结合,更好地发挥大学对经济社会发展的支撑引领作用。

五是抓改革。围绕学校内部治理体系、人事制度、教育教学、科研创新、资源配置等领域开展综合改革,努力破除不符合科学发展要求的体制机制障碍,调动和激发广大师生员工的积极性、创造性,激发学校的内生动力和活力,逐步形成系统完备、富有活力、运行有效的体制机制,实现治理结构和治理能力的现代化。

重任在前,责任在肩。我们将牢记"办人民满意教育"之宗旨,进一步解放思想,开拓进取,扎实工作,把学科、队伍、育人、科研及社会服务等各方面工作抓得更实、更细、更好,早日将苏州大学建设成为国内一流、国际知名高水平研究型大学,为江苏教育现代化做出应有的贡献!

立足新起点 抢抓新机遇 发展再加速 全面开启苏州大学"十三五"发展新征程

——校长熊思东在苏州大学七届二次教职工代表大会上的工作报告

（2016年4月13日）

各位代表：

  现在，我代表学校向大会报告工作，请予审议。

第一部分　2015年工作回顾

  2015年，是"十二五"收官之年，也是"十三五"规划之年。一年来，学校坚持"建设"与"规划"协同并进，一方面回归大学本位，以人才培养为中心，全面深化内涵建设，圆满完成各项工作任务；另一方面系统谋划，启动"十三五"规划和综合改革方案编制工作，力争以一流的改革发展规划引领一流大学建设。下面，我着重报告八个方面的工作：

一、坚持依法治校，完善现代大学制度

  完善学校内部治理结构。以《苏州大学章程》核准实施为契机，进一步健全和完善党委领导下的校长负责制，进一步明晰行政权力与学术权力的关系和边界，开展规章制度"废、改、立、释"工作，废止文件17项，修改文件6项，新制文件33项；制定并实施新的《苏州大学学术委员会章程》，选举产生了新一届校学术委员会、专门委员会和分委员会，设立校学术委员会秘书处，制定出台《苏州大学学术委员会议事规则》等系列文件，以教授为主体、以学术委员会为核心的学术组织架构与治理体系初步形成。

  开展"十三五"规划与综改方案编制工作。2015年3月，学校组建了"十三五"改革发展规划编制工作领导小组和起草工作小组，深入开展调查研究，召开学校第四次发展战略研讨会，广泛征集各方意见，形成"规划纲要"和"综改方案"草案。其中，"规划纲要"系统总结"十二五"以来学校改革与发展的成绩与经验，深入分析新形势下学校事业发展面临的机遇与挑战，初步提出了"十三五"期间，学校发展定位、发展战略、主要任务和保障举措；"综改方案"聚焦学校内部治理、人事制度、教育教学、科研创新、资源配置、党的建设等领域存在的问题，提出了40项改革举措及保障措施，着力破除不符合科学发展要求的体制机制障碍，建立和完善符合时代特征、具有苏大特色的现代大学制度，提升学校总体办学水平和核

心竞争力。经过多轮讨论、修改和完善,两份草案基本成熟,提交本次大会讨论。

二、坚持立德树人,教学质量稳步提高

本科教学改革全面推进。系统实施以课程改革为核心的本科教学改革,扎实推进"苏大课程"建设项目,在人才培养方案中首次嵌入通识教育课程,逐步构建与研究型大学建设目标相适应的本科课程体系;进一步加强专业建设与专业认证工作,7个专业入选"江苏高校品牌专业建设工程",1个项目入选"江苏省卓越教育教改项目","护理学专业"顺利通过国家专业认证。本科教学状态数据库建设稳步推进,教学质量保障体系不断完善。

人才培养模式不断优化。以培养"模范公民"为目标,努力提升学生的创新精神、实践能力和社会责任感。继续推进小班化、讨论式、启发式、参与式教学改革,引导优秀本科生早进实验室、早进课题、早进团队;以国家试点学院为载体,实施全英文授课,与国外知名高校进行学生互换、学分互认、学位联授互授,国际协同育人模式初步建立;进一步深化敬文书院、唐文治书院试点改革,学院与书院协同育人,跨学科人才培养初显成效;卓越工程师、卓越医生、卓越法律人才等各类卓越人才培养计划有序开展;全面深化创新创业教育改革,成立学生创新创业教育中心,着力推进创新创业教育与专业教育相融合。

研究生培养质量稳步提升。深化研究生招生制度改革,推进"申请—考核制",完善硕士生推免、硕博连读等实施办法,获评"江苏省研究生优秀招生单位"称号;深入开展"研究生教学质量年"活动,启动研究生课程建设试点工作;加强研究生培养环节和过程管理,成立研究生教育督查与指导委员会,严格执行学位个人申请制和答辩申请三级审核制度;引入第三方评估,加强研究生培养的外部监控;组织开展"科学道德和学风建设宣讲教育案例教学"试点工作;加强研究生培养创新实践基地建设,新增江苏省研究生工作站49家,累计达224家;积极推进研究生国际联合培养工作,共有79名博士生、127名硕士生参加联合培养项目。

学生事务管理成果丰硕。深入开展社会主义核心价值观培育和践行工作,继续开展优良学风班创建活动,营造良好班风学风,组织标兵评选和宣讲活动;扎实推进"苏州大学本科生学术研究资助计划",57个项目入选国家大学生创新创业训练计划,2个团队获得全国大学生电子设计竞赛一等奖,在第十四届全国"挑战杯"竞赛中再次捧得"优胜杯"。进一步完善"奖、助、贷、勤、补、减"六位一体的资助体系,全年发放国家助学金1 296.9万元,受助学生4 323人,学费减免1 381人次,提供勤工助学岗位1 300余个,学校连续五年被授予"江苏省学生资助工作先进单位"称号。

招生就业工作稳步推进。进一步健全"招生、培养、就业"联动反馈机制,深化自主招生改革,优化各专业招生计划与区域分布结构。2015年共录取本科生6 232人、硕士生3 277人、博士生349人、临床医学专业博士262人。继续完善毕业生创就业工作体系,全年举办大型校园招聘会22场,吸引参会单位1 518家;组织校内专场宣讲会147场,发布就业信息2 300余条。2015年,本科生、研究生就业率分别为94.4%和93.4%。

三、坚持人才强校,队伍结构持续优化

加强优秀人才引进。2015年,学校全职引进教学科研人员125人,柔性引进讲座教授、兼职教授、客座教授79人。全年新增院士1人、"千人计划"入选者1人、"青年千人计划"

入选者8人、"江苏特聘教授"4人,"江苏省双创人才"7人、"江苏省双创团队"3个、"江苏省双创博士"15人,"双创计划"三项入围数均位列全省高校榜首。目前,学校"千人计划"(含"青年千人计划")入选者45人,位居全国省属高校首位。

注重青年人才培养。进一步完善"东吴学者""东吴名医"等人才项目资助机制,为优秀青年教师脱颖而出搭建平台。进一步完善"东吴学者计划"实施办法,遴选第四批"东吴学者计划"20人,资助820万元。大力推进师资队伍国际化,引导并支持教师出国(境)研修,2015年教师出国访学研修共计630人次,其中80位教师获得政府出国项目资助;继续选派4位干部赴滑铁卢大学跟岗研修。

深化人事制度改革。全面实施绩效工资改革,完善教师基本工作量制度、科研绩效考核及奖励办法;支持7位教授开展学术休假、2位"双肩挑"教授回转教学科研岗;制定出台《苏州大学与国(境)外学术机构联合聘用博士后研究人员管理办法》,修订《苏州大学教师公派出国(境)管理暂行办法》;优化教师职务评聘标准与评审机制,在校内高评委下增设了7个学科评议工作小组,实行专业技术职称分类评估,提高职称评审的科学性;支持计算机科学与技术学院先行先试,探索教师岗位分类管理,为教师提供不同的职业发展平台与通道。

四、深化内涵建设,学术水平不断增强

学科实力稳步提升。客观分析学科发展现状,完成《苏州大学学科自我评估报告和发展规划》编制工作;7个学科进入全球学科排名(ESI)前1%行列,其中化学学科顺利入选《QS世界大学学科排名》顶尖学科、材料科学专业跻身US News世界大学专业排名第70位;11个专业学位点通过全国专业学位评估,10个省重点学科通过考核验收;完成学位点动态调整和学科自主设置工作,新增省重点学科1个、一级学科硕士学位授权点1个;5位教授当选第七届国务院学位委员会学科评议组成员。

科研创新能力不断增强。2015年学校获得国家自然科学基金资助项目315项,获批项目数位居全国高校第19位,蝉联全国地方高校首位,其中国家杰出青年科学基金项目4项,排名并列全国第7位,优秀青年科学基金项目5项,排名并列全国第14位,获得国家重大科学仪器研制项目1项;获批科技部"863"课题和"星火计划"项目各1项;获批发改委国家地方联合工程实验室1项;全年实现知识产权授权910项,其中发明专利授权429项,2项专利获得中国专利优秀奖;全年到账科研经费4.83亿元,同比增长12.8%。

科技成果实现新突破。2015年学校被SCIE收录论文2 096篇,位居全国高校第22位,入选数量及排名创历年新高;相关论文在Science等国际权威期刊发表;在教育部公布的"表现不俗的论文占比较高的高校排名"中蝉联全国高校首位;15位教授入选2015年中国高被引科学家名录;全年荣获科技奖励103项,其中,教育部科学技术进步奖一等奖2项,省部级以上奖项17项。

人文社科繁荣发展。2015年学校获得国家社科项目26项、省部级项目31项,其中国家社科基金重大项目1项、重点项目5项。新增江苏高校哲学社会科学重点研究基地1个、江苏高校哲学社会科学优秀创新团队1个,人文社会学院、马克思主义学院入选首批"江苏省中国特色社会主义理论体系研究基地"。相关研究成果入选国家社科基金《成果要报》、中国侨联《侨情专报》,7项成果获得"教育部高等学校科学研究优秀成果奖";东吴智

库荣获"全国社科联创建新型智库先进单位"称号。

五、坚持开放办学,社会服务成效显著

名城名校融合发展扎实推进。经与苏州市协商,共同制定出台《苏州市人民政府苏州大学关于实施名城名校融合发展战略的意见》,提出"学科产业对接""高端人才汇聚""创新平台培育"等十大工程,前期重点推进东吴智库、创新研究院、工业研究院、医学中心建设,全面促进学校事业发展与苏州经济社会发展深度融合,打造校地融合发展共同体;依托东吴智库成功举办第二届"对话苏州发展"论坛,产生广泛影响。附属医院医教研水平不断提升,3所直属附属医院全年共完成诊疗总量605.46万人次,附一院蝉联"中国地级城市医院100强排行榜"榜首;附一院平江新院、附儿院园区总院正式启用;苏州市独墅湖医院(苏州大学医学中心)基本建设与人员招聘工作稳步推进。

协同创新彰显实效。"苏州纳米科技协同创新中心"顺利通过国家"2011协同创新中心"中期绩效检查;"放射医学协同创新中心"等省级协同创新平台在组织管理、科研模式、资源配置方式等方面成效显著。学校与相城区政府合作共建"机器人与智能装备研究院",与中国妇幼保健协会等四方合作共建中国首个"儿童药研究开发与技术转移中心",与江西抚州市政府签署全面合作协议,政产学研用协同创新迈向深入。

成果转化能力持续增强。创新技术转移中心服务模式,发起成立"江苏省技术转移联盟",相继建成辛庄产业化基地、张浦科技服务驿站等服务平台;进一步加强国家大学科技园平台建设,全年新引进科技型中小企业40家;帮助18家企业实现融资3.62亿元;成功举办第二届"苏州创新领袖训练营";成立校内众创空间,为师生提供便利化的创业平台。

继续教育加快转型。在巩固党政干部培训、企业定向委培市场的同时,积极拓展国际合作和网络化教学,着力提升继续教育品牌知名度,全年累计招生、培训8万余人次,收入突破1.71亿元,同比增长15.5%。2015年学校获批"国家级专业技术人员继续教育基地"。

六、坚持国际化战略,国际合作迈向深入

国际交流规模稳步扩大。进一步完善国家、省、校三级学生公派体系,全年共选派285名本科生赴友好学校参加学年交流项目和双学位联合培养项目;落实"留学江苏行动计划",深化与法国SKEMA商学院中国中心、美国代顿大学中国研究院等合作,全年接收各类留学生近2200名,其中学历生730多名;学校获评"江苏省来华留学生教育先进集体"称号。

校际合作层次稳步提升。加强与加拿大滑铁卢大学全方位深层次合作,与美国俄亥俄州立大学、新加坡国立大学等国际知名高校新签或续签合作协议;与英国曼彻斯特大学合作举办的纺织工程专业本科学历教育项目顺利通过教育部评估;学校作为首批高校入选江苏与加拿大安大略省大学合作联盟,被中国教育国际交流协会评为"中美1+2+1人才培养计划"实验基地院校。

海外办学取得新进展。把握国家"一带一路"倡议机遇,积极推进老挝苏州大学基础建设,新校区主楼建设顺利启动;积极落实"中非高校20+20合作计划",与尼日利亚拉各斯大学合作顺利推进,首届"中国学"专业学生来校学习,成功举办"拉各斯大学管理人员综合能力提升培训班"。

七、坚持开源节流,资源效益稳步提升

多方筹集资金。2015年学校共获得各类收入27.29亿元。其中:教育财政拨款14.18亿元(含中央财政支持地方高校发展专项经费4 000万元、"2011计划"及省协同创新中心专项经费6 300万元、优势学科建设专项资金5 690万元、江苏高校品牌专业建设专项资金1 640万元、省住房补贴专项资金765.44万元);科研事业收入3.76亿元;医疗统筹补贴2 000万元;教育事业收入6.02亿元(含学费、住宿费收入4.57亿元);教育发展基金会捐赠2 300万元;独立学院上缴管理费收入7 400万元,经营收入900万元;其他各类收入2.07亿元。

保证重点支出。2015年学校各类支出总计26.46亿元。一是注重学校内涵建设,公用经费支出13.49亿元,其中:配合人才培养系统化改革,教学支出9 200万元,图书设备支出2 100万元;配合科研创新体系建设,科研事业支出2.84亿元;配合人才强校战略实施,师资队伍建设与人才引进支出1.09亿元;配合学科平台建设,"2011计划"及省协同创新中心建设、优势学科建设等支出1.90亿元;后勤保障支出1.32亿元。二是注重提高教职工收入水平,人员经费支出6.54亿元,其中在职人员工资福利支出6.34亿元(含绩效工资4.22亿元)。三是注重和谐校园建设,对个人和家庭补助支出5.63亿元,其中离休费2 500万元、退休费2.28亿元、住房公积金和提租补贴1.28亿元、住房补贴支出1 300万元、学生奖助学金1.41亿元。四是注重校园环境建设,基本建设经费支出7 300万元。五是经营支出700万元。

加强财务审计工作。实施会计委派制度,实现"收单式"报账,建立重大财政专项"月通报"制度,动态监控专项经费的预算执行进度;组建审计处,切实开展内部审计工作,全年完成6名领导干部任期内经济责任审计,68项维修项目竣工结算审计,174项各级各类科研项目、13个优势学科建设工程专项资金的跟踪审计工作,不断提高资金使用效益。

八、坚持民生为重,校园环境持续改善

推进和谐校园建设。关注师生身心健康,积极开展各类心理咨询辅导,成功举办校运会、学生体质健康测试、"校园马拉松"以及"高雅艺术进校园"等文体活动;按照上级文件规定,稳步推进在职人员基本工资调整和养老保险改革工作,积极落实老同志的政治和生活待遇;妥善做好阳澄湖校区教职工融合发展工作;完成高铁新城教师公寓房型设计、内部认购登记工作;不断提升校医院、幼儿园的服务质量与服务水平。

节约型校园建设取得实效。有序推进公用房有偿使用改革,完成学校机关部门行政用房的清查调整工作;全面开展基建维修、能源管理工作,被评为"国家节约型公共机构示范单位";整合并完善仪器设备采购平台,积极参与苏州市大型科学仪器设施共享平台及公共服务平台建设;探索实施"互联网+"的校园服务新模式,扎实推进师生网上事务中心、互动直播教室和视频会议系统等平台建设,图书馆、档案馆、博物馆资源引进与数字化建设成效显著。

巩固平安校园建设。开展"江苏省平安校园示范校"创建活动,进一步完善"统一领导、分工明确、分级管理、责任到人"的大安全体系,进一步巩固人防、物防、技防、制度防"四位一体"的大防控体系,定期组织校园安全检查和安全隐患排查;组建苏州大学特勤队,积极

预防和应对校园突发事件；完善伙食物资大类招标询价定价机制，在"农校对接"基础上探索"校企对接"，进一步降低采购成本；加强安全监管体系建设，保证食品生产管理与卫生监督实效。

加强文化校园建设。充分发挥大学文化的涵育、规范、凝聚和引领功能，东吴艺术团成功完成"2015年全球孔子学院"文艺巡演任务；出版社依托区域和学校资源，推出"新媒介与青年亚文化丛书"等一批精品力作；档案馆完成《苏州大学大事记 1900—2012》出版工作，并通过江苏省档案管理规范三星级测评，荣获"江苏省高校档案工作先进集体"称号；博物馆被推选为中国博物馆协会高等学校博物馆专业委员会常委单位；大力弘扬惠寒精神，新建惠寒学校 2 所，总计达到 23 所。

经过"十二五"期间全校师生员工的共同努力，学校综合实力稳步提升。2015年学校跻身《QS 亚洲大学排行榜》200 强、《THE 世界大学排名 TOP800》中国内地高校第 17 位，在《2016 中国最好大学排名》中位居全国高校第 26 位、地方高校首位。学校化学、材料科学、临床医学等 7 个学科进入全球学科排名（ESI）前 1% 行列，入选数位居全国高校第 27 位、省属"211 工程"高校首位；Nature Index（自然指数）最新排名跻身中国科研机构第 9 位①。以上成绩的取得来之不易，凝聚了全校师生员工的智慧和汗水。在此，我代表学校向各位代表，并通过大家向全校师生员工表示崇高的敬意和衷心的感谢！

各位代表，同志们，在看到学校事业发展的同时，我们也必须清醒地认识到，与国家"双一流"工程建设目标相比、与广大师生员工和海内外校友的期望相比，我们还存在明显的差距和短板，主要表现在：一是从"以教为中心"的知识传授型教学向"以学为中心"的研究型教学转变还须深入探索，拔尖创新人才培养模式有待完善；二是高峰学科、顶尖学科数量不足，跨学科研究和交叉学科发展激励机制有待健全；三是承担国家重大科研项目的能力有待增强，服务和引领国家、区域发展的能力有待提高；四是教师整体学术水平还不适应建设高水平研究型大学的要求，战略科学家与中青年学科骨干还偏少，人才队伍的创新活力有待激发；五是学校内部治理结构和资源配置方式有待进一步优化，学院（部）自主发展能力需要进一步增强；等等。这些问题和不足，是影响学校进一步上层次、上水平的"瓶颈"，也是我们今后工作的着力点，必须采取更加有力的措施认真加以解决。

第二部分　2016 年主要任务

一、基本思路

以邓小平理论、"三个代表"重要思想、科学发展观为指导，全面贯彻党的十八大和十八届三中、四中、五中全会精神以及习近平总书记系列重要讲话精神，遵循"四个全面"战略布局和"五大发展"理念，全面深化综合改革，全面推进依法治校，全面推动内涵发展，加快推进国内一流、国际知名高水平研究型大学建设进程，为学校顺利完成"十三五"发展目标开好头、起好步。

---

① Nature Index 数据统计时间为 2016 年 4 月。

二、重点工作

(一)加强顶层设计,推进一流大学建设

全面实施"十三五"发展规划。完成《苏州大学改革发展"十三五"规划纲要》编制工作,明确学校"十三五"期间发展目标、发展战略、发展举措与保障措施,实现总体规划与分项规划、学校规划与学院(部)规划相衔接;建立规划实施监测评估机制,实行年度监督、中期评估、终期检查制度,及时掌握规划实施情况,全面评价规划实施效果,确保发展规划落实到位。

全面推进综合改革。完成《苏州大学综合改革方案》的制定工作,加强综合改革组织和领导,明确责任主体和参与单位,科学设定改革实施的路线图、时间表,密切跟踪综合改革进展,加强综合改革检查与评估,确保综合改革取得实效。

加快一流大学和一流学科建设。紧扣国家和江苏省"双一流"计划,科学谋划学校"双一流"建设方案,以"双一流"建设为契机,以学科建设为龙头,全面提升人才培养、科学研究、社会服务和文化传承创新的水平,重点打造多个在国内外具有重要影响的高峰学科,引领高水平研究型大学建设。

实施名城名校融合发展战略。贯彻落实名城名校融合发展战略,建立校地战略协商、融合发展新机制,落实好"一库两院一中心"等重大项目建设,支持各学院(部)、部门与苏州政府部门、企事业单位开展深度合作,促进学校人才、科研、智力等创新资源与苏州经济社会转型升级需求深度融合。

(二)深化教育教学改革,提高人才培养质量

着力提高生源质量。按照国家考试招生制度改革文件精神,继续优化招生计划专业结构与区域结构,探索跨学院(部)同类专业大类招生机制;加大招生宣传力度,建立优质生源的评价体系,探索有利于选拔优秀人才的多样化选拔方案。

推进本科人才培养模式改革。围绕"研究型、创新型、国际化"人才培养目标,以课程体系改革为主线,以提高课程质量为重点,继续推进"苏大课程"建设项目,充实课程类型和课程资源,建立健全课程退出机制;加强本科研究生课程衔接,探索本硕贯通培养的新路径;启动专业课程改革,参照专业认证与专业质量标准,优化专业课程体系结构与课程内容;开放跨学科跨专业课程,培养学生跨越学科界限的知识视野和思维能力。

实施本科教学工程。进一步加强省级品牌专业建设工作,持续推进卓越工程师、卓越医生、卓越法律人才和卓越教师计划;继续实施"优质教学资源建设与共享""教师教学能力提升""大学生实践创新能力提升"等计划,建立有利于教学名师和优秀团队脱颖而出的体制机制,健全以提升教学质量、潜心教书育人为导向的管理制度,不断提高本科教育教学质量。

创新学生事务管理模式。围绕立德树人,深入开展大学生思想政治教育,培养"德才兼备,情理兼修"的新时代大学生;不断完善信息化管理手段,探索"互联网+"条件下学生思想政治教育、学生管理服务新模式,建立健全学生事务联席会议制度,提升学生民主议校、学生自治能力;继续探索文化育人、实践育人、资助育人新途径;积极推进"创客天堂"行动,不断完善学生创新创业教育体系。

（三）坚持人才优先战略，打造一流人才队伍

建设高水平师资队伍。继续加强专业教研队伍、支撑队伍、管理队伍建设，妥善处理人才培养与引进、存量与增量的关系。根据学科发展需要，继续引进培养跻身学术前沿的科学家、知名人文学者以及各类领军人才；继续完善"特聘教授""东吴学者""东吴名医"等人才制度；完善中青年教师的发展机制，促进优秀青年人才迅速成长；加强专职科研队伍建设，制定专职科研人员管理办法。

深化人事管理制度改革。根据江苏省对事业单位养老保险改革的统一部署，积极推进事业单位养老保险制度改革工作，建立健全学校养老保险和职业年金制度；推进第三轮岗位设置与聘用工作，在定编定岗基础上，进一步规范全校教师、管理及工勤岗位的任职标准和工作内容，细化对实验技术人员的分类管理；进一步规范、完善绩效分配管理制度。

（四）深化科研管理改革，提升社会服务能力

提高科研水平和质量。结合国家科技体制改革意见，做好国家级重点重大项目与军工项目的布局、培育和申报工作；加强科研团队建设，鼓励跨学科（学院）协同研究；加快科技成果处置权、分配权和收益权改革，完善科技成果处置、分配和收益制度，建立科技成果转化评价体系，加大对科研人员的奖励力度；建立和完善知识产权申请、保护、运营和服务体系；建立健全分类评价、多元评价、开放评价的科技评价模式，探索建立符合应用型人才、应用型团队特点的管理体系。

加强科研平台与基地建设。继续推进省部共建国家重点实验室、教育部国际联合实验室以及各类科研平台、创新团队的培育工作；与境外知名高校、科研机构、企业合作共建实体性研发机构，提升科研国际显示度；加强对省级哲社重点研究基地的日常管理与成果管理；继续加强校级科研机构监管，做好现有科研平台和创新团队建设的管理、监督及考核工作；培育打造特色国防科研团队和平台，完善军工保密监管与质量体系。

（五）扩大对外交流合作，加快教育国际化进程

推进人才培养国际化。将国际化人才培养目标融入人才培养的全过程，探索建立国内培养与国际交流衔接互通的开放式人才培养体系；继续加强与国际知名高校的交流与合作力度，拓展学生海外研修渠道，扩大学生联合培养规模；加大学生出国经费资助力度，提高学生海外学习交流的比例。

加强来华留学生教育。加强与国内外教育机构、政府及企业的合作，争取加入相关国际教育组织、大学联盟，拓宽留学生生源渠道，实现外国留学生规模稳定增长；加强全英文授课专业和课程建设，打造来华留学生重点目标高校和江苏来华留学生预科学校。

建立国际交流合作平台。完善中外合作办学项目的协调沟通机制，加强与世界著名科教机构建立高水平联合研究中心和实验室，鼓励学院与国际高水平大学建立实质性合作伙伴关系；加快推进老挝苏州大学校园建设，支持波特兰州立大学孔子学院建设示范性孔子学院，落实与尼日利亚拉格斯大学合作项目，支持"大真大学苏州分校"发展。

（六）坚持依法治校，提高管理服务水平

完善内部管理结构。进一步完善"党委领导、校长负责、教授治学、民主管理"的学校法人治理结构和内部治理模式；全面梳理学校规章制度，继续完善组织原则、议事规则、办事程序等，形成统一规范的制度体系；进一步理顺学校和学院（部）的关系，稳步推进管理权限向学院（部）下放工作，促进机关职能部门职能转变；进一步加强对二级单位主要负责人的

培训、考核和监督,强化主官意识和主官责任,提高行政服务效能。

完善审计监督机制。建立健全领导干部经济责任审计联席会议制度,加强领导班子及个人任中审计;加强工程竣工结算审计,实施基本建设工程项目全过程跟踪审计;稳步开展科研经费审计工作;加强审计结果的转化与应用,妥善解决审计发现的问题。

推进便利校园建设。加强校园信息化建设,依托大数据平台,挖掘分析在校生学习、生活数据信息,为教学、管理提供辅助数据支撑,为师生提供更优质的教学环境;深入推进节约型校园建设,着力营造"崇尚节约、摒弃浪费"的校园氛围;完善校园安全防控体系,提升校园安全管理的制度化、规范化和科学化的水平。

各位代表、同志们,新的一年孕育新的希望,新的征程谱写新的篇章。今天的苏州大学,正迎着"双一流"的春风再次扬帆远航。我坚信,只要我们以超前的战略眼光谋划未来,以高度的使命意识抢抓机遇,以坚定的信心应对挑战,以务实的作风投身事业,就一定能够开创苏大发展新局面,创造苏大发展新辉煌!

最后,预祝本次教代会圆满成功!祝各位代表、同志们身体健康、工作顺利、万事如意!谢谢大家!

校党委书记王卓君在苏州大学"两学一做"学习教育动员大会上的讲话

（2016年5月3日）

同志们：

在全体党员中开展"学党章党规、学系列讲话，做合格党员"学习教育，是以习近平同志为总书记的党中央为深化党内教育做出的又一重要部署，是今年党的建设工作的"重中之重"。2月28日，中共中央办公厅印发《关于在全体党员中开展"学党章党规、学系列讲话，做合格党员"学习教育方案》，就"两学一做"学习教育做出部署。习近平总书记对开展学习教育高度重视，多次做出重要批示，为开展好学习教育指明了方向。4月6日，中央专门召开"两学一做"学习教育工作座谈会，对"两学一做"学习教育进行具体部署。习近平总书记强调，要突出问题导向，确保取得实效，要把全面从严治党落实到每一个支部。4月19日、21日，江苏省委、苏州市委先后召开"两学一做"学习教育工作座谈会，认真学习贯彻习近平总书记重要指示和中央座谈会精神，对全省、全市开展"两学一做"学习教育进行动员部署。

新学期开学以来，我校党委根据中央、省委、市委的统一要求，认真做好开展"两学一做"学习教育准备工作。3月下旬开始，组织部门在全校范围内开展了党员组织关系集中排查工作，核查党员身份信息，摸清党员组织关系基本情况。4月28日，学校召开党委常委会，对全校开展"两学一做"学习教育工作进行专题研究和部署，讨论通过了《实施方案》及相关工作机构人员组成名单。今天动员大会的召开，标志着学校"两学一做"学习教育正式启动。

下面，我就开展好我校"两学一做"学习教育，讲四点意见，接下来祖林副书记还要就《实施方案》作具体说明。

一、深刻认识开展"两学一做"学习教育的重大意义

党的十八大以来，中央先后部署开展了党的群众路线教育实践活动和"三严三实"专题教育，今年又部署在全体党员中开展"两学一做"学习教育。其特殊意义和现实针对性是什么？习近平总书记的重要指示和中央、省委、市委印发的相关文件对此都做了深刻阐述。结合上级精神及学校实际，我认为有以下几个方面需要重点把握。

1. "两学一做"学习教育是贯彻全面从严治党的重要部署。党的十八大以来，中央着眼于新的形势任务，把全面从严治党纳入"四个全面"战略布局，以八项规定为突破口和切入

点,集中解决"四风"问题,强化"两个责任",高悬巡视利剑,打老虎、拍苍蝇、猛药去疴、重典治乱,打出了一整套组合拳,党风政风为之一新。但目前的成效还只是阶段性的,全面从严治党不可能毕其功于一役。习近平总书记在去年年底召开的中央政治局"三严三实"专题民主生活会上深刻指出,"面向未来,恢复和发扬党的优良传统和作风的任务还很重,巩固党风廉政建设成效、防止问题反弹的任务还很重,解决党内作风上深层次问题的任务还很重。"开展"两学一做"学习教育,就是坚持步步深入、环环相扣,以严肃的态度、严抓的韧劲,把全面从严治党的良好态势巩固发展下去,做到真管真严、长管长严。

2. "两学一做"学习教育是推进思想政治建设常态化制度化的重要实践。加强党的建设,首要任务是加强思想政治建设,关键是做好党员、干部的教育管理工作。党的十八大以来,党的思想政治建设适应新的实践要求,取得许多新的重大成果,党员干部队伍的思想政治素质有了新的提高。但是,我们也应该清醒地看到,少数党员干部把自己混同于一般群众,不作为、不会为、不善为,不起先锋模范作用,组织纪律散漫,政治意识、大局意识、核心意识、看齐意识不强,政治责任感使命感淡薄等问题依然有所表现。实践证明,抓党内教育,针对一个时期的突出问题,开展一些集中教育、专项整治,十分必要,也的确很有成效。但解决日常的党内政治生活中的思想问题,则必须持续发力、久久为功,必须在经常性教育上下功夫、花力气、做文章。开展"两学一做"学习教育,就是要巩固拓展党的群众路线教育实践活动和"三严三实"专题教育成果,推动党内教育由集中性教育向经常性教育延伸,把思想政治建设融入日常的党内政治生活之中。

3. "两学一做"学习教育是推动全面从严治党向基层延伸的有力抓手。全面从严治党,全员、全覆盖、全方位是应有之义。党的十八大以来,从严治党的重点、焦点是在处级以上领导干部这个"关键少数",但还有一个向基层延伸、向全体党员拓展的问题。基层是党的执政之基、力量之源。只有每个基层党组织和每个共产党员都有强烈的宗旨意识和责任意识,都能发挥战斗堡垒作用、先锋模范作用,党的执政基础才能坚如磐石。开展"两学一做"学习教育就是要推动全面从严治党在基层落地生根,解决党员队伍在思想、组织、作风、纪律等方面存在的突出问题,让党的每一个细胞都健康起来、每一个组织都坚强起来,从而为协调推进"四个全面"战略布局、为全面建成小康社会提供坚强的组织保证。

4. "两学一做"学习教育是凝聚推进一流大学建设强大动力的内在需要。"十一五""十二五"以来,围绕创建"国内一流、国际知名高水平研究型大学"的奋斗目标,包括广大党员在内的全体苏大人积极解放思想、抢抓机遇、攻坚克难、负重奋进,有力推动了学校综合实力、办学水平和海内外声誉的显著提升,总体实现了学校由教学研究型大学向研究型大学的重大转型。当前,学校正处在爬坡迈坎的关键阶段,加把劲、冲一冲我们就能再上一个台阶,松一松、歇一歇我们就会被兄弟院校所赶超,今后的发展就会更加被动、更加困难。不进则退、不进则败的现实处境迫切需要全体共产党员、干部,始终保持奋斗者、创业者昂扬奋发的精神状态和追求卓越的优良作风。开展"两学一做"学习教育,就是要进一步提振全校557个党支部、近13 000名党员的精气神,在"十三五"开局之年团结带领全校师生,汇聚起推进改革发展、冲击一流的强大正能量。

可以说,开展"两学一做"学习教育,充分反映了我们党对自身状况和面临形势任务的清醒认识,反映了我们党推进全面从严治党的坚定决心和政治定力。我们一定要按照习近平总书记重要指示精神和中央、省委、市委部署要求,着眼学校改革发展对党的建设提出的新要求、新任务,不断增强责任感、使命感,切实把学习教育抓好、抓实、抓到位。

二、明确主要任务,落实"基础在学、关键在做"要求

习近平总书记强调,"两学一做"学习教育,基础在学、关键在做。学是做的基础,做是学的目的。这次学习教育,中央、省委就全体党员和党员领导干部学什么、怎么做,分别明确了要求,学校《实施方案》也细化了具体安排。全校各级党组织、全体党员要准确理解和把握,切实增强学习教育的针对性和实效性。

一是要学好党章党规,明确基本标准,树立行为规范。党章是党的根本大法,集中体现我们党的性质宗旨、政治主张、奋斗理想和对党员的基本要求。党规党纪是党章的延伸和具体化,明确规定了党员应当严守的纪律和规矩。学习党章党规,对全体党员来说,就是要逐条逐句通读熟读党章,通读熟读廉洁自律准则、纪律处分条例和党员权利保障条例,全面理解党的纲领,牢记入党誓词,牢记党的宗旨,牢记党员义务和权利,牢记党规党纪,进一步明确做合格党员的标准,把握为人做事的基准和底线。对处级以上党员领导干部来说,全体党员应学习掌握的内容,领导干部都要熟知尽知,同时还要掌握好与履职尽责紧密相关的规定和要求,包括发展党员工作细则、高等学校基层组织工作条例、坚持和完善普通高等学校党委领导下的校长负责制的实施意见、加强和改进新形势下高校宣传思想工作的意见等,着力提高做好领导工作所必需的政治素养和政策水平。

二是要学好系列讲话,加强理论武装,统一思想行动。习近平总书记系列重要讲话,深刻回答了新的历史条件下党和国家事业发展的一系列重大理论和实践问题,是新的历史条件下我们党治国理政的行动纲领,为我们在新的历史起点上实现新的奋斗目标提供了基本遵循。对全体党员来说,要结合高等教育发展趋势和学校改革发展实际,认真学习《习近平总书记系列重要讲话读本(2016年版)》等有关书目材料,深入学习习近平总书记关于教育工作的重要论述,准确把握习近平总书记系列重要讲话的基本精神,切实用讲话精神统一思想、提高认识,进一步明确工作的目标和努力方向。对处级以上党员领导干部来说,在以普通党员身份完成上述学习内容的基础上,还要用好《习近平谈治国理政》《习近平总书记重要讲话文章选编(领导干部读本)》等重点教材,要坚持读原著、学原文、悟原理,在全面、系统、深入上下功夫。要带着信念学、带着感情学、带着使命学、带着问题学,尤其是要把领会系列讲话蕴含的治国理政新理念新思想新战略作为学习的重中之重,深入领会系列讲话丰富内涵和核心要义,掌握贯穿其中的马克思主义立场观点方法,更好地指导和推动各项事业发展。

三是要争做合格党员,做到学以致用,实现知行合一。开展学习教育,关键是要把所学所思所悟内化于心、外化于行,自觉按照党员标准规范言行,做"讲政治、有信念,讲规矩、有纪律,讲道德、有品行,讲奉献、有作为"的"四讲四有"合格党员。高等教育是科技第一生产力和人才第一资源的重要结合点,办好高等教育,事关国家发展,事关民族未来。因此,在做合格党员方面,高校党员、干部理应有更高的要求。对处级以上党员领导干部来讲,要按照政治家、教育家要求,做信念坚定、为民服务、勤政务实、敢于担当、清正廉洁的好干部。对教职工党员来讲,要自觉践行"有理想信念、有道德情操、有扎实知识、有仁爱之心"的"四有"好老师标准,自觉爱党护党为党,敬业修德,奉献社会,带头践行社会主义核心价值观,踊跃投身教育创新实践,不断提高业务能力和教育教学质量,做学生健康成长的指导者和引路

人。对学生党员来讲,要做勤学修德明辨笃实的表率,坚定理想信念,练就过硬本领,勇于创新创造,矢志艰苦奋斗,锤炼高尚品格,不断增强社会责任感、创新精神和实践能力。在学习教育中,每一名党员、干部都要自觉以此来衡量、检视自己,把合格的标尺立起来,把党员的先锋形象树起来。

三、把握方法要求,把学习教育引向深入

根据中央、省委和市委部署,我校学习教育《实施方案》就抓好各项工作落实,明确了"六个注重"的方法措施,结合学校实际设置了具体的工作抓手,全校各级党组织和广大党员要逐条逐项、一着不让地抓好落实,注意把握好"三个坚持"。

一是坚持领导带头。坚持领导带头、以上率下,是十八大以来党风廉政建设的一个鲜明特点,是党内教育取得成效的重要经验。这次学习教育,对处级以上党员领导干部学习的内容和要求进行了单列,省委出台了《"两学一做"学习教育一把手职责任务清单》,明确了一把手组织推进学习教育的八项职责和带头参加学习教育的八项任务,学校《实施方案》中也列出了"六个一"的规定动作。各级党员领导干部一定要走在前列、当好表率,要求别人做到的自己首先做到,要求别人不做的自己坚决不做。通过层层示范、层层带动,形成上行下效、整体联动的总体效应,引领整个学习教育扎实有效展开。

二是坚持问题导向。要突出问题导向,切实把解决问题贯穿学习教育全过程。对于"两学一做"要重点解决的问题,中央用"五个着力"做了归纳,在学校的《实施方案》中进一步明确了全体党员"五查摆五强化"、处级以上党员领导干部"七查摆七强化"的要求。对于每个党员、干部来说,这些问题都还是一个总体概括,在深刻检查剖析的基础上,还需要结合各自实际再对照、再细化,这样才能更精准对焦,才能有的放矢解决问题。同时,要坚持边学边改、即知即改,解决好一个个具体问题,做好一件件具体事情,不断实现自我完善、自我提高。

三是坚持融入日常。学习教育不是一次活动,要坚持融入日常,突出经常性教育的特点,这是学习教育的一个基本定位。坚持融入日常,就是要把党支部的作用充分发挥出来。每一个党支部要履行好党章规定的职责任务,担负起从严教育管理党员的主体责任,用心用力、抓细抓实,确保组织到位、措施到位、落实到位。要切实贯彻好"三会一课"、组织生活会、民主评议党员等制度,运用好讲党课评党课、主题学习讨论、主题知识竞赛等教育形式,发挥好苏州大学干部在线培训中心、党校网上学习培训等载体作用,推动思想政治建设抓在日常、严在经常。

四、加强组织领导,确保学习教育取得实效

开展"两学一做"学习教育是今年学校党建工作的龙头任务,全校各级党组织要高度重视,以严实作风和有力举措推进学习教育扎实有效开展。

一要强化组织保障。为加强对学校学习教育的组织领导,校党委成立了由我任组长,高祖林副书记、江作军副书记任副组长的学习教育协调小组,由党委组织部具体负责日常工作,相关部门协同推进。各党委、党工委是抓好本单位学习教育的责任主体,要把学习教育作为重大政治任务,结合本单位实际,精心组织谋划,周密安排部署。党支部作为学习教育的基本单位,要严格落实学习教育的各项要求,确保上级要求在支部层面落地生根。

二要层层落实责任。组织开展好学习教育是各级党组织的重要职责,学校党委将把抓学习教育情况作为各党委、党工委履行党建工作责任制的重要任务,纳入基层党建工作考核的重要内容,严格落实责任。各党委、党工委要对所辖党支部进行全覆盖、全过程指导,要配齐配强党支部班子特别是党支部书记,健全工作制度,确保学习教育有人抓、有人管、不走过场。各党委、党工委书记,各支部书记要切实承担起第一责任人的责任,从严从实抓好学习教育。

三要加强宣传引导。要充分运用校园网、校报校刊等媒体,开设"两学一做"学习专栏、专版,广泛宣传中央、省委、市委和学校关于学习教育的重要精神和决策部署,深度展示学校学习教育的工作进展、特色举措和实际成效,为扎实开展学习教育营造良好舆论氛围。要用好微信、微博、手机报等新媒体,及时推送形象直观、丰富多样的学习资源,引导全校党员利用网络自主学习、互动交流,扩大学习教育覆盖面。要注意发挥典型、榜样的作用,结合建党95周年,做好评选表彰工作,选树、宣传一批先进基层党组织、优秀共产党员和优秀党务工作者。

四要注重统筹兼顾。开展学习教育,必须紧紧围绕学校工作大局,紧密联系各单位、各部门的工作实际,确保学习教育与其他工作有机融合、相互促进。要把学习教育与全面贯彻党的教育方针结合起来,与落实立德树人的根本任务结合起来,与加强内涵建设、提高办学质量结合起来,与强化宣传思想工作结合起来,把学习教育激发出来的干劲与热情,转化为推进学校改革发展的强大动力,以学校"十三五"事业的新成绩来检验学习教育成果。

同志们,开展好"两学一做"学习教育,意义深远、责任重大。大家一定要以高度的政治责任感、良好的精神状态和扎实的工作作风,把学习教育组织好、开展好、落实好,为学校事业发展再上新台阶提供坚强有力的政治保证!

有一点理想，少一点抱怨，多一点情怀

——校长熊思东在苏州大学2016届毕业生学位授予仪式上的讲话

（2016年6月27日）

亲爱的同学们、老师们、嘉宾们：

今天我们相聚在美丽的独墅湖畔，举行盛大的学位授予仪式，为今年顺利毕业并获得学位的5 004位本科毕业生、3 194位硕士毕业生和327位博士毕业生饯行。在此，我代表学校，向学业有成、即将踏上人生新征程的全体毕业生表示最热烈的祝贺！向为同学们成长成才付出汗水、心血和智慧的各位老师和职工们表示最衷心的感谢！向倾力支持你们的父母亲友和社会各界人士表示最诚挚的敬意！

同学们，感谢你们把最美好的青春年华留在了苏大，在这里度过了你们人生中最宝贵的两年、三年、四年、七年，甚至十年，相伴走过了短则560天，长则1 939天，甚至更长的时间。这些年，你们过得好吗？

前几天，我们做了一个小样本的抽样调查，知道我们发现了什么？你们每人每年平均消耗了300多斤粮食，体重却只增重了6两，这是否从侧面反映了各位在苏大只长知识而不长肉呢？但是你们也因为学业的压力每52天多出1根白头发；你们平均每年走了199.5万步，上了720节课，读了31.9本课外书，追了3.6部韩剧，换了0.6部手机，虽然视力每年下降13.6度，但是你们看到了诗和远方；大学期间，你们平均谈了1.09次恋爱，失恋了0.57次，但最终单身的比例仍然达到了令人遗憾的73.95%。

曾记否？这些年，从军训绿茵场上的飒爽英姿到校园马拉松比赛中的挥汗如雨，你们学会了坚持；从图书馆里的埋头苦读到实验室的通宵达旦，你们学会了耕耘；从面对英文文献时的茫然无措到在国际刊物上发表学术论文，你们感受到了研究的乐趣；从"挑战杯"上的过关斩将到维也纳金色大厅的艺惊四座，你们展示了风采；从担任APEC志愿者到成为联合国实习生，你们拓展了视野；从学生议校平台上为学校把脉到研究生联席会议上的献计献策，你们学会了民主协商；从为世乒赛热情服务到为留守儿童众筹爱心，你们懂得了付出；有些同学从只身一人来到学校，到成双成对走出校门，你们懂得了责任。

当然，我知道你们也时常吐槽。四年来，校长信箱收到来自同学的信件1 220封，有报喜的、报忧的，也有抱怨的。面对各校区参差不齐的宿舍条件、相对冷清的阳澄湖校区、转瞬即逝的午休时间、一座难求的图书馆自习室、站无虚席的110路公交车……所有这些，都是我和我的同事们需要进一步努力改进的地方。然而，离别时刻回望这段"艰苦"岁月，你们也许有小小的欣喜、小小的骄傲，毕竟你们克服了这些困难，战胜了自我。感谢这些小小的不完美,让你们变得更加坚强和独立。

当初你们带着一纸录取通知书来到苏大,今天即将带着两张沉甸甸的证书再出发。在出发之际,有一位署名"妞妞"的同学写下了这样的毕业感言:"本科、硕士、博士都在苏大度过。从理工科,到文科,我的学习之路,有幸亲历了苏大的繁荣之势。我理想中苏大人的精神,和我看到、感受到的一样,经典与创新并存,坚韧与进取相承。感恩最美好的十年青春,在苏大没有虚度,不负年华。"看到这样的感言,作为校长,我感到由衷的欣慰。但我依然在思考,如何不让任何一个学生掉队,不辜负任何一个家长的期望,不让任何一位学生为当初的选择而后悔。为此,我们一直在路上。此时此刻,我想问大家一句,如果让大家重新选择一次,你们还愿意再一次选择苏大吗?

谢谢大家!

我想这就是母校最想听到的一句话,这一刻母校为你们所做的一切,都值了!

同学们,毕业了,这就意味着你们即将离开母校的呵护,直接与校门外严苛的社会交手过招。当今的世界正经历着广泛而深刻的变革,科技创新加速发展,社会在竞争中更加开放,各种思潮不断涌现。身处这样环境中的你们,或许将比你们的前辈们承受更大的压力,接受更严峻的挑战。因此,在你们即将启程远行之际,我想和大家分享一些自己的思考和感悟,作为离别的赠言,与大家共勉。

一是我们要有一点理想。理想是什么?理想就是一种让你感到坚持就是幸福的东西。不管各位同学将来做何种选择,都要树立明确的奋斗目标,特别是在理想与现实产生冲突的时候,更要在理想的指引下坚定前行。其实,理想并不在于有多么高远或多么宏大,贵在坚持,古人说"守志如行路,行十里者众,行百里者寡,行终身者鲜"。苏州大学创校116年来,虽几经更名、几度分合,但我们始终坚守"养天地正气,法古今完人"的创校初衷,把促进每一位学生成长、成才、成功视作天职,为天下储人才,为国家育精英。今天,希望同学们带走的不仅仅是苏大的文凭,更要带走苏大人为理想而奋斗的精神,挑战人生、实现自我。若干年后,当大家回首往事时,不会因碌碌无为而悔恨,不会再问自己"理想都去哪儿了"。

二是我们要少一点抱怨。离开学校,同学们都会找到谋生的职业,如果这份职业刚好就是你的兴趣或志向所在,那你是幸运的。然而并非所有的同学都会如此之幸运,有可能学非所用,所用非所喜。"漫漫人生路,总会有弯路。"在弯弯绕绕的"套路"中,大家不免会有些抱怨,但是"牢骚太盛防肠断,风物长宜放眼量",面对弯路时,希望大家少一点抱怨,多一点实干,试着找准生活的重心,把我们眼前每一份小的工作都当作一份事业来完成。"天下大事,必作于细",简单的事情亦可成就不简单的事业,平凡的工作也能铸就不平凡的自己。在经营好当下的职业的同时,我们也可培养一点"非职业"的兴趣。它将是一种甜蜜的牵引,会使我们的精神有所寄托、生活更加丰富,也可能会为我们带来意想不到的机遇和惊喜。

三是我们要多一点情怀。情怀是什么?情怀就是少一些对功利得失的计较,把目光投向无限的远方和远方无数的人们。在你们中间,有一个名叫孟珍的同学,她在家庭接连遭受重创后,依然自强不息,不仅通过打工和奖、助学金,完成了学业、撑起了家庭,而且还为45位农民工子女、36名孤老提供帮助,传递出苏大人满满的正能量。在我看来,情怀不一定做出惊天伟业,多付出一份关爱和温暖就是普通人的大情怀。今天还有一些同学由于种种原因未能如期获得学位,希望大家也给他们一些鼓励和支持。成长的路上苏大人一个都不能少!我相信,只要有一个人做,就会有一群人做,就会有更多的人做。就是这样一点一滴的情怀,积少成多,聚沙为塔,就能汇聚成磅礴的力量。作为未来的建设者,你们多一份情怀,国家就多一份美好;你们多一份情怀,民族就多一份希望!

同学们,你们是我担任校长以来送走的第一批学生,还没来得及与大家有更多交流,有些同学可能还是第一次见面,我就不得不要与大家说再见了,心中充满了无限的不舍与感慨。希望大家常回家看看,当你们疲惫劳累的时候,到钟楼前的南草坪走一走,在情人坡坐一坐,享受绿意葱茏的诗意;当你们浮躁焦虑的时候,回到图书馆看一看书、充一充电,回归理性与安宁;当你们处于事业和人生低谷时,回到母校的跑道跑一跑,重燃拼搏的斗志。母校就是你们人生征程中的一个驿站,在途中走累的时候,回来歇歇脚、加加料,整好行装再出发。

同学们,你们行将带着"苏大印记"奔赴祖国的大江南北,走向世界的角角落落,用你们在苏大聚集起来的智慧与自信,书写自己的精彩人生。未来,无论你们走多远,都希望你们时常关注母校,随时@母校,继续点赞或拍砖;未来,母校也会一直注视着你们,关心着你们,支持着你们!

同学们,毕业了。请收起小桌板、调直座椅靠背、系好安全带,莫犹豫,也莫再迟疑。好同学,鹏程千万里。谢谢大家!

关于党委常委会工作的报告

——校党委书记王卓君在校党委十一届十四次全体会议上的报告

(2016年9月4日)

各位委员、同志们：

现在，受党委常委会的委托，我向大家报告2016年上半年党委常委会的主要工作。

一、以深入开展"两学一做"学习教育为主线，坚定不移推进全面从严治党

（一）坚持社会主义办学方向，加强领导班子办学治校能力建设

坚持用中国特色社会主义理论体系武装头脑，以立德树人为根本，把学习贯彻党的十八大、十八届三中、四中、五中全会和习近平总书记系列重要讲话精神作为重要政治任务，通过中心组学习、干部集中培训、在线学习等方式抓紧抓好，领导班子和各级干部的政治意识、大局意识、核心意识、看齐意识不断增强，办好人民满意高水平大学的思想自觉和行动自觉不断增强。在专题征求校学术委员会意见建议、提交教代会广泛讨论并反复论证修改的基础上，经党委常委会审议、党委全委会审定，形成《苏州大学改革发展"十三五"规划纲要》和《苏州大学综合改革方案》。紧扣《统筹推进世界一流大学和一流学科建设总体方案》与《江苏高水平大学建设方案》，认真做好第四轮学科评估工作，积极谋划"双一流"建设。积极推进《苏州大学章程》实施工作，认真贯彻落实党委领导下的校长负责制，进一步建立健全以学术委员会为核心的学术管理体系，依法落实教代会参与学校民主管理、民主监督职权，召开全校统战工作会议，印发《苏州大学关于进一步加强统一战线工作的意见》，并根据上级规定认真落实统一战线相关政策和保障举措，党委领导、校长负责、教授治学、民主管理的内部治理结构进一步优化完善。

（二）坚持学用结合，组织开展好"两学一做"学习教育

严格按照中央、省委和市委的统一部署，在全体党员中认真开展"学党章党规、学系列讲话，做合格党员"学习教育，进一步巩固党的群众路线教育实践活动和"三严三实"专题教育成果，推动党内教育从"关键少数"向广大党员拓展、从集中性教育向经常性教育延伸。把"两学一做"学习教育作为全校党的建设工作的龙头任务和全校各级党组织、全体党员的重大政治任务来抓，成立协调小组及工作机构，制订并严格执行实施方案，印发辅导手册，明确"一把手"职责任务清单，切实把学习教育抓好抓实抓到位。全校各级党组织自觉把握"六个坚持"，认真做好动员部署，切实做到"四个结合"，实现了规定动作严格执行、自选动作彰显特色。全体党员自觉弘扬理论联系实际的学风，以尊崇党章、遵守党规为基本要求，

以用习近平总书记系列重要讲话特别是视察江苏重要讲话精神武装头脑为根本任务,踊跃参与到"新时期共产党员思想行为规范"主题学习讨论、"学党章党规学系列讲话精神"知识竞赛、"领导干部立家规,共产党员正家风"主题活动以及纪念建党95周年暨"两学一做"学习教育党课评比等活动中来,在学中做、在做中学,进一步坚定理想信念、保持对党忠诚、树立清风正气、勇于担当作为,凝聚起了高水平研究型大学建设的强大动力。

(三)坚持科学选人用人,加强高素质干部队伍建设

严格按照《苏州大学处级干部选拔任用工作条例》规定的原则和程序,按照德才兼备、以德为先原则和"好干部"标准,选优配强干部,为学校事业发展提供坚强保证。上半年,共完成13名同志的民主推荐、考察工作和21名试用期满干部的民主测评、考察工作,完成3个学院(部)行政领导班子换届工作,做好优秀女性领导人才推荐上报工作。紧扣深入学习十八届五中全会和习近平总书记系列重要讲话精神,组织做好全校处级干部集中培训和网络在线学习,做好处级后备干部校内跟岗锻炼,切实提升处级干部和后备干部的综合素质和实际工作能力。积极向省委组织部推荐选派了14名第九批科技镇长团成员,认真做好长三角高校校领导来校挂职工作。从严做好全校处级干部档案专项审核工作和干部个人有关事项报告核实工作,进一步规范做好处级干部出国(境)证照管理。

(四)坚持固本强基,加强党组织和党员队伍建设

强化院级党组织整体功能,狠抓基层党组织管党治党主体责任落实,持续增强基层党组织的政治意识、责任意识和主业意识。组织开展整顿帮扶软弱涣散党支部工作和党员组织关系集中排查,处理各类游离态党员106名。规范院级党委换届选举工作,指导4个院级党委完成换届选举工作。以"六有、六好"为目标,推进服务型党组织建设。实施发展党员"双质量"工程,在全校推行了以"程序记实、责任记实、材料记实"为主要内容的发展党员全程记实制,上半年全校共发展党员718人。制定《苏州大学2016—2020年党员教育培训工作规划》,进一步加强党员教育管理工作,党校第五届读书会系列活动顺利举行。积极发挥党代表在学校日常管理、干部选拔、党的建设等工作中的有效作用;认真做好我校出席苏州市第十二次党代会代表选举工作和出席江苏省第十三次党代会初步人选推荐工作。召开纪念中国共产党成立95周年暨党内表彰大会,1个先进基层党组织、5名优秀共产党员、2名优秀党务工作者获江苏省委教育工委表彰,2个先进基层党组织、2名优秀共产党员、2名优秀党务工作者获苏州市委表彰,一批先进基层党组织、优秀共产党员和党务工作者获校党委表彰。

(五)坚持齐抓共管,加强思想政治教育和精神文明建设

进一步健全完善党委统一领导、党政工团齐抓共管、党委宣传部门牵头协调、有关部门和院(部)共同参与的宣传思想工作机制。积极培育和践行社会主义核心价值观,开展好学习宣传贯彻习近平总书记系列重要讲话精神"四进四信"活动,认真组织做好学位授予仪式、研究生科技文化节、大学生暑期社会实践等活动,做好首届"苏州大学思想政治教育中青年优秀人才支持计划"申报评审工作,不断提升思想政治教育的针对性和实效性。1名同学获评"2015江苏省大学生年度人物",1名教授获评全国"高校思想政治理论课教师2015年度影响力人物",1名辅导员荣获第五届全国高校辅导员职业能力大赛决赛二等奖。牢牢把握学校意识形态工作主导权和话语权,坚持新闻舆论工作正确方向。上半年,以"双一流"建设、创新创业教育等为重点,在中央电视台、《光明日报》《中国教育报》《新华日报》等

国家级媒体发表新闻近100篇(条),深度展示学校改革发展及服务地方的成就;用好学校官方微信、微博等新媒体平台,不断提高新闻舆论传播力引导力。切实打造校园文化建设品牌,深入开展"探讨苏大精神、凝聚发展人心"系列活动,大力弘扬以奋斗者为本、共建共享共荣的大学文化精神,有力推进传统文化工作坊建设,1个项目获评第二届"礼敬中华优秀传统文化"系列活动示范项目。认真组织开展好国防教育,做好适龄大学生兵役登记和征兵工作。推进青年志愿者工作,34名志愿者投身西部计划和苏北计划。加强学校体育工作和高水平运动队建设,3名运动健儿征战巴西里约奥运会并获得1枚金牌和1枚银牌。

(六)坚持全面从严治党,加强党风廉政和作风效能建设

召开全校党风廉政建设工作会议,与各二级单位主要负责人签订《2016年党风廉政建设责任书》,强化"一把手"党风廉政建设第一责任人责任,牢固增强"不抓党风廉政建设就是严重失职"的政治意识。加强党员领导干部廉洁从政教育,系统做好中纪委六次全会、省纪委六次全会精神以及习近平总书记关于党风廉政建设和反腐败斗争的重要讲话精神的学习宣传贯彻工作,开展好校园廉洁文化系列宣传教育活动。坚持干部任前公示、领导干部上岗廉政谈话和领导干部关爱约谈、诫勉谈话等制度,建立党风政风监督工作信息统计月报制度及重大事项季报制度,面向处级干部定期编写印发《纪检监察信息通报》。坚决落实中央八项规定和江苏省委十项规定精神,抓好《党政机关厉行节约反对浪费条例》等各项制度的执行,规范"三公"支出,做好学校党政办公用房的核定和调整工作。纪委紧扣"三转"要求,突出主业主责,运用好监督执纪的"四种形态",强化对基建、招投标、招生、人事招聘、科研经费和专项资金使用的监督。保持惩治腐败的高压态势,上半年,调查审理违纪案件1起,处分违纪党员干部3人。搭建纪检监察干部学习交流平台,举办专兼职纪检监察干部学习会,进一步加强纪检监察干部队伍建设。

二、以深化内涵发展、提高办学质量为着力点,稳步提升学校综合实力和核心竞争力

(一)系统推进教育教学改革,国际化、研究型人才培养能力进一步提升

稳步实施以"课程建设与改革"为核心的本科教学改革,继续推进"苏大课程""本科教学质量工程"项目建设,完成2016年通识选修课程、新生研讨课程、微课程(群)、全英文教学示范课程的申报、评审、立项等工作。继续做好省品牌专业、重点教材以及MOOCs、全程录播课程等建设工作,不断积聚和配置优质教学资源。以迎接本科教学审核式评估为引领,进一步健全教学质量保障体系和质量监控体系。上半年完成了临床医学专业、通信工程专业的认证工作,同时全面启动校内本科专业评估与常态体检,着力完善本科教学基本状态数据库。加快构建创新创业教育体系,积极组织参加各级各类创新创业竞赛,着力提升学生的创业意识、创造能力。规范做好转专业及本科生赴国(境)外大学交流学习课程认定与学分转换工作,176名同学转入新专业进行学习。1名同学摘得第七届全国大学生数学竞赛决赛(数学类)高年级组第一名,6名同学在2016年全国大学生英语竞赛中获得非英语专业类特等奖。国家试点学院、敬文书院、唐文治书院拔尖创新人才培养体系进一步健全完善。文正学院、应用技术学院以产教融合为重点的高素质应用型人才培养工作有力推进。

狠抓研究生培养过程管理,做好学籍清理工作,全面启动研究生培养方案修订工作,积极做好江苏省研究生培养创新工程项目申报及江苏省优秀硕博论文推荐工作,1个工程实

践教育中心入选第二届"全国示范性工程专业学位研究生联合培养基地"。深入推进研究生教育国际化进程,38名研究生获国家留学基金委资助,前往斯坦福大学、美国劳伦斯伯克利国家实验室等世界一流大学或研究机构留学深造,88名研究生获资助参加国际学术会议。

(二)深入实施人才强校战略,人才队伍可持续发展能力进一步提升

以"十三五"重点发展学科和专业为引领,继续加大高端人才引进力度。上半年,共引进教学科研人员34人,其中具有正高职称人员6人(含特聘教授2人,"青年千人计划"入选者2人),海外回国人员8人,外籍专家2人。出台《苏州大学讲座教授和兼职教授管理暂行办法》和《苏州大学名誉教授和客座教授管理暂行办法》,进一步规范柔性引进的聘任与管理,上半年,共聘用讲座教授6人、兼职教授3人、客座教授8人。切实加强师资队伍培养力度,建立"冠名"教授制度,积极开展国家、省、市各类人才工程申报建设工作,1个项目入选国家高等学校学科创新引智计划。组织实施第三轮岗位设置与聘用工作,积极做好全员聘用制的准备工作。认真做好博士后招生与管理工作,上半年招收博士后81人,其中,外籍博士后4人,企业联合培养博士后14人;获中国博士后科学基金第九批特别资助17项,获资助金额位列江苏省高校第一。

(三)优化科研组织模式,承担重大科研项目的能力进一步提升

自然科学方面,积极贯彻国家"深化科技体制机制改革,实施创新驱动发展战略"精神,牵头申报国家重点研发计划各类专项15项、科技部国际合作项目17项。截至目前,获批牵头承担国家重点研发计划各类专项4项、科技部国际科技合作专项2项。着力加大对国家自然科学基金重点重大项目及人才项目申报的组织指导力度,国家自然科学基金项目申报数连续五年突破1000项,达到1102项。截至目前,已有286个项目获得立项资助,其中,优秀青年科学基金项目7项,并列全国第10位。上半年到账科研经费1.95亿元,创历史新高。在自然出版集团发布的2016年最新自然指数排名(统计时间范围2015年5月1日—2016年4月30日)中,位列中国内地高校第10位,在自然指数2016新星榜(*Nature Index 2016 Rising Stars*)中位列全球第9位。1项科研成果成功入选"2015年度中国科学十大进展"。入选国防科工局与地方政府共建高校,获批国家发改委国家地方联合工程实验室1项。

人文社会科学方面,充分发挥综合优势,深入实施"驻院研究团队"计划,多个彰显学校学科学术特色的人文社会科学研究集群已初具规模。完善各类项目专家库,大力组织专家参加各类社科项目选题征集。积极做好各级各类人文社科基金项目的申报工作。进一步增强科研质量意识,重视加强对项目立项后经费预算、项目成果、中期检查以及结项的管理。认真做好江苏省第十四届哲学社会科学优秀成果奖等各类成果奖励的申报工作。

(四)深化政产学研用合作,服务经济社会发展的能力进一步提升

名城名校融合发展战略实质性推进,市校合作的组织架构、会商机制及2016年重点工作初步确定。苏州纳米科技协同创新中心以优异的成绩顺利通过国家级2011协同创新中心中期绩效检查,2项科技创新成果亮相国家"十二五"科技创新成就展;江苏高校协同创新中心建立健全专项资金管理责任制,项目资金使用绩效进一步提高。与苏大维格、广州奥凯等联合申报的江苏省高价值专利培育项目顺利获批,成为入选江苏省高价值专利培育项目的唯一高校。大学科技园上半年新增科技型企业42家,园内累计服务企业达到390多家;校内众创空间投入使用;高新区通安产业基地进入实质性运营,入驻面积过半;大学科技园吴中分园挂牌成立。技术转移中心在江苏省科技厅组织的2016年高校技术转移中心绩效考评中获评优秀,获得中央引导地方科技发展专项资金支持;截至目前,举办产学研专场对接活动34场次,策划建设校企联合实验室10个,获企业建设经费1 000万元,新增服务企业150余家;太仓璜泾科技服务驿站、如东技术转移分中心等产学研创新载体相继建成。"东吴智库"获批"江苏省重点培育智库",在咨政建言、社会服务等方面充分发挥作用。各附属医院医教研水平有力提升,独墅湖医院(苏州大学医学中心)建设顺利推进。扎实推进对口援建工作,新增2所惠寒学校,1名同志赴沭阳县开展帮扶工作。

(五)加大高水平国际交流合作力度,整合国际高等教育资源的能力进一步提升

推进与新加坡国立大学、加拿大滑铁卢大学深层次合作,首次参加在美国举办的NAFSA(国际教育工作者协会)2016年年会暨教育展,积极争取与加州大学伯克利分校等世界一流大学的合作。积极开拓学生国际化培养新渠道,1个项目入选国家留学基金委"与有关国家互换奖学金项目",与英国曼彻斯特大学合作举办的纺织工程专业入选首批江苏省中外合作办学高水平示范性建设工程(项目)。入选首批"留学江苏"目标学校,优化留学生招生和综合服务系统,上半年在校留学生1 850人,其中本科学历教育留学生658人、硕博士研究生留学生86人。认真做好孔子学院、中非项目、大真大学苏州分校等国际合作项目,老挝苏州大学新校区建设加快推进,首届学生顺利毕业。

三、以资源集成和高效利用为引领,不断增强服务保障能力

(一)整合优化资源,改善支撑保障条件

成功举办2016年校友返校日、企业家联谊会等特色校友活动,探索建设"校友组织无边界联盟",进一步拓展资金募集渠道,校友会获评江苏省"5A级社会组织",基金会获评"江苏省示范性社会组织"。全面启动全校范围的国有资产清查工作,进一步推进招标采购制度化、规范化建设,实验材料采购系统与校财务系统实现对接。认真做好高校领导经济责任审计前期准备工作。加强预算科学化、精细化管理,强化对重大专项经费的统筹力度,资金使用效率和效益进一步提高。积极开拓专业技术领域培训,上半年非学历教育(培训)规模超过3万人次。统筹各校区资源配置,科学部署相关学院搬迁工作,唐仲英医学研究院、恩玲学生活动中心、能源大楼、本部7号学生宿舍等在建及维修项目有序推进。

(二)创新供给模式,提升公共服务能力

以"预防为主、标本兼治、重在治本"为原则,以"管理有序、防控有力、环境整洁、校园稳定"为目标,进一步巩固完善"统一领导、分工明确、分级管理、责任到人"的大安全体系和"人防、物防、技防、制度防"四位一体的大防控体系。调整优化内部机构设置,成立国内合作办公室、医院管理处,强化学校管理部门的协调和服务职能。积极筹划智慧校园建设,加快推进高速、移动、安全、泛在的校园信息基础设施建设。大型科学仪器设备资源共享利用率进一步提高,工程训练实践教学过程化考核改革稳步推进。图书馆进一步创新信息服务模式,图书文献的资源引进与数字化建设有力推进。博物馆文化育人功能充分发挥,亮点工作被教育部"2015年全国高校博物馆育人联盟工作报告"推介。档案馆基本实现学校各前身高校相关档案全宗档案文件完整化,编辑完成《苏州大学英烈传》。出版社6种项目入选"十三五"国家重点图书出版规划。食堂、校医院、幼儿园的服务水平稳步提升。

（三）坚持以人为本，有力落实民生工程

进一步完善助学管理机制和"奖、助、贷、勤、补、减"六位一体的立体化资助工作体系，积极探索"校企合作"资助育人新模式，上半年累积发放国家助学贷款 65 万元、生源地助学贷款 1 653 万元，提供校内外勤工助学岗位 1 400 个。重视并拓展校地、校企合作，积极构建全方位的毕业生创就业社会服务网络，上半年发布招聘招考信息 3 250 余条，组织校内大型招聘会 13 场，提供就业岗位 16 000 多个。关注师生身心健康，积极组织开展心理健康节、高雅艺术进校园活动以及各类文体活动。严格按照上级文件规定，稳步推进养老保险制度改革，严格落实老同志的政治和生活待遇。往返新老校区之间的定制公交正式运行。

各位委员、同志们，以上办学成绩的取得，离不开包括离退休老同志在内的全校师生员工的共同努力，在此，我代表党委常委会向各位委员和广大师生员工，对常委会工作的大力支持表示诚挚的谢意，向所有为学校事业发展付出辛劳和智慧的同志们致以崇高的敬意！

在总结成绩的同时，我们也清醒地认识到，在国家深入实施创新驱动发展战略、建设世界科技强国的伟大实践中，立足于当前我国高等教育改革发展的新形势，对照"双一流"建设的新任务，面对一些兄弟高校快速发展的新态势，学校必须在巩固既有发展成绩的基础上，充分发扬苏大人负重拼搏、敢为天下先的精神，进一步解放思想、深化改革创新，努力解决学校下一步发展所面临的诸多困难和问题。

下半年，党委常委会将在党的十八大，十八届三中、四中、五中全会和习近平总书记系列重要讲话精神的指引下，深入贯彻"创新、协调、绿色、开放、共享"五大发展理念，深入开展"两学一做"学习教育，进一步贯彻落实全面从严治党主体责任，全力推动学校事业发展迈上新台阶。

衷心希望各位委员、同志们对党委常委会的工作提出宝贵意见和建议，帮助我们把工作做得更好。

发现你自己

——校长熊思东在苏州大学2016级本科生开学典礼上的讲话

(2016年9月21日)

同学们、老师们：

差不多在三个月前，我们怀着幸福而又不舍的心情欢送走了2016届毕业生；今天，我们在这里举行隆重的仪式，欢迎来自祖国大江南北和世界各地的6 594名新同学。各位同学因共同的理想和选择相聚在美丽的苏州大学，为这所百年老校注入了新的活力。在此，我代表学校向加入苏州大学大家庭的全体新同学表示热烈的欢迎！向辛勤培育你们成长的家长和老师表示崇高的敬意！

这几天，我得空翻阅了新生名册，发现6 594名新同学分别来自13个国家和我国34个省、市、自治区、特别行政区的30个民族，最东的是东至东经132.98度的黑龙江省虎林市姜昕彤同学，最西的是西至东经75.25度的新疆维吾尔自治区乌恰县托玉其别克同学，最南的是南至北纬18.25度的海南省三亚市吴淑怡同学，最北的是北至北纬50.58度的内蒙古自治区鄂伦春自治旗张天屹同学；在你们当中，理科生有4 428位、文科生有1 654位、体育艺术生有512位；在你们当中，有15位是00后，年龄最小的只有15岁，男女性别比为1∶1.2；在你们当中，有7名党员或预备党员，有6 272名共青团员。我知道，这些只是部分的表观数据，你们还有许多的优点和闪光点有待我们去发现，去深入地了解，甚至向你们学习。

同学们与苏大相遇已有十天了，相信你们对学校有了一定的了解。也许你们已经爱上了中西合璧的天赐庄校区，在朋友圈里秀出了巍巍钟楼和小桥流水；也许你们已经喜欢上了本部二食堂的土耳其烤肉饭、独墅湖校区六食堂的烤鸭泡饭，更近距离地接触到了阳澄湖大闸蟹；也许你们偶遇了中学阶段的校友，更有机会邂逅你们的师兄师姐，如蜚声中外的诺贝尔奖获得者李政道先生，新教育实验发起人朱永新教授，中国工程院院士詹启敏教授，奥运冠军孙杨、吴静钰、陈艳青，著名服装设计师马可，著名演员熊黛林等；也许你们还会发现大学里一群群深藏不露的人，他们可能是两院院士、大千人、小千人，也可能是国家重大专项首席科学家、教学名师、师德模范，还可能是保安大叔、宿管阿姨；在这里，也许你们还会发现馆藏丰富的图书馆、设备先进的实验室、久经风霜的参天大树、大师先贤走过的林间小道、口耳相传的苏大故事，它们都将陪伴着你们一起成长。

初至苏大，你们对这里的一切充满了新鲜、好奇与美好的憧憬。然而，慢慢地，你们可能会感到一些"失望"：也许你们以为，大学里的学习生活环境都很优越，实际上，各校区、各学院的硬件条件参差不齐；也许你们以为，高中三年挥汗如雨，到了大学就可以歇一歇，实际上，大学里藏龙卧虎、人才济济，稍有松懈就会落后；也许你们以为，大学课堂精彩纷呈、引人入胜，实际上，有时也会单调枯燥、晦涩难懂；也许你们以为，进入大学可以干很多大事情，实际上，更多的时候你们只是学习者或参与者，还需要慢慢积累；也许你们以为，大学里很自由，实际上，大学也有严肃的一面，有自己的规矩，一旦触碰她的底线就会受到相应的处罚。其实，这些"失望"也是大学生活的一部分，有些需要你们去适应，有些需要我们共同去完善。

　　同学们，今天我们所站立的地方就是苏州大学的起点。1900 年，苏州大学的前身东吴大学在此创立，融中西文化之菁华，首开中国西式教育之先河，率先开办了法学教育和研究生教育。116 年来，苏大人始终秉承"养天地正气，法古今完人"的校训精神，在追寻先辈们教育理想的道路上奋力前行，走出了包括费孝通、雷洁琼、孙起孟、钱伟长、郑辟疆、李政道、谈家桢、章太炎、林语堂、徐志摩、杨绛、金庸等一大批精英栋梁在内的各类专业人才 40 余万。在这里，每座大门、每幢楼宇、每处雕塑都向我们讲述着一代代苏大人奋发图强的故事。今天，这里也将成为你们追寻梦想的新起点。作为校长和老师，我愿意成为你们的向导，带着你们走进"百年苏大之门"，以汗水为墨，借岁月为宣，静心书写最美的青春故事。

　　大学，是人生最为重要的一个阶段，是同学们走向独立、走向成熟的阶段，它一定程度上决定着你们的未来发展和人生走向。我相信在场的每一位同学都非常优秀，但如何继续保持这种优秀并走向卓越，这是需要我们共同思考的问题。

　　我以为，大学之行是认识自我的发现之旅。尼采曾说过："离每个人最远的，就是他自己。"人生中最重要的是认识自己，最难的也是认识自己。同学们十余年寒窗苦读，只待金榜题名。如今这个目标已经实现，未来又该为何而学？值得我们深思。这是因为如果忽略这个问题，随波逐流、习惯性地被动学习，那么你们的大学生活、你们的人生梦想将会黯然失色。大学是一个自主性的学习环境，要靠自己去规划、去努力才能实现新的人生目标。因此，我希望同学们多多倾听自己内心深处的渴望，全面认识自己，坚守自己的理想，唤醒自己的兴趣，发现自己的潜力，正视自己的不足，学会自己做主，真正"成为你自己"。

　　我以为，大学之行是完善自我的成长之旅。大学是一个舞台，在这里你们既是导演也是主角，要想点亮自己的人生，就要学会发展自我、完善自我。完善自我，要制定规划、持之以恒。从今天开始，给自己制订一个行动计划和路线图，坚持从早起晨读做起，坚持从上好每节课做起，坚持从体育锻炼做起，一点一点地积累知识，一天一天地提高本领，一个一个地克服困难，一步一个脚印地成就自己。完善自我，要提升修养、锤炼能力。同学们在注重专业知识学习的同时，还要多读经典名著，以滋养自己的心灵、积累思想的厚度；要多参加各类科研活动和国际交流、多聆听学术讲座，以拓展自己的学术视野；要积极加入学生会、科协、各类社团等组织，参与社会实践和公益活动，以提升自身的综合能力。完善自我，要掌握方法、学会学习。当前人类已进入知识爆炸时代，知识更新的速度越来越快，大学所传授的知识难以满足你们未来发展的需要。希望大家能够总结出特有的、适合自己的学习方法，由"学会"走向"会学"。在未来的几年里，你们也许会慢慢感悟到：大学学习就是获取知识、掌握知识获取办法与路径的过程，是加强自身修养、提升人生境界的过程，是不断战胜自我、成就精彩未来的过程。

　　我以为，大学之行是超越自我的追梦之旅。当前，全国人民正为实现中华民族伟大复兴的中国梦而奋力拼搏。中国梦凝聚了几代中国人的夙愿,是自鸦片战争至今170多年来中华儿女矢志不渝的奋斗目标,也是中国人民的跨世纪梦想。作为新一代的苏大人,你们的未来发展将与中国梦紧密相连,中国梦也必将在你们的奋力拼搏、辛勤工作和共同见证下变成现实。到2020年,你们毕业时候,我们国家将全面建成小康社会,实现第一个"百年目标";到2050年,我们国家基本实现现代化之时,你们正是社会的中流砥柱。全面实现中国梦,需要依靠你们去参与、去开拓、去打拼。到那时,你们今天的所学,将是解决未来社会发展难题的钥匙,是决定国家竞争力、实现中华民族伟大复兴中国梦的力量之源。希望同学们能牢记使命、刻苦学习、掌握本领,把个人理想与国家命运紧密相连,成长为有理想、有情怀、有责任、有担当的苏大新青年。

  同学们,你们来到苏州大学,这里便是你们的第二个家。我们会像你们的父母一样,为你们每一点进步而鼓掌,为你们每一次成功而点赞。如果你们遇到学业问题,可以到凌云楼向教务部请教;如果你们遇到经济困难,可以到东吴桥旁的学生处申请资助;如果你们想出国交流,可以到怡远楼咨询国际合作与交流处;如果你们想继续深造读研究生,可以到蕴秀楼研究生院了解信息。当然,如果你们愿意,也可以到钟楼来寻求帮助,我们共同寻找问题解决的办法。纵有千难万苦,苏大肩膀任你依偎。"此心安处是吾乡",若我们能够携手同行,他乡便是故乡;若你们能够静心求学,苏大便是新家。你们大可自信地写一封家书,告诉家人:"我在苏大,一切安好!"

  同学们,美好的大学生活已经启幕,希望你们把握机遇、珍惜时间,寻找自己的精神家园,对话伟大的心灵,发现最美的自己,成就美好的未来,服务伟大的祖国。我相信,苏大之行将塑造你们的人生,而你们也必将成为苏大的骄傲。愿你们与苏大的这场相约,成为人生中最精彩、最难忘的篇章!

  最后,请主持人再给我一分钟的时间,因为我在新生名册中发现,今天,9月20日,恰巧是医学部陈旭亚、李秋贤、顾梁宇同学,材料与化学化工学部魏晓旭同学,电子信息学院陈宇杰、孟凡泽同学,东吴商学院汪紫珩、李涔、严雅馨同学,纺织与服装工程学院杨振北、刘宇婷同学,机电工程学院施政宇、尹相阁同学,纳米科学技术学院佘嘉霖同学,沙钢钢铁学院杨帆同学,物理与光电·能源学部韦依敏等16位新同学的生日,让我们以热烈的掌声祝福他们生日快乐!

  谢谢大家!

党委常委会工作报告
——校党委书记王卓君在校党委十一届十五次全体会议上的报告

（2017年2月19日）

各位委员、同志们：

现在，受党委常委会的委托，我向大家报告2016年度党委常委会的主要工作。

一年来，党委常委会按照"抓住方向、把握大局、推动改革、建设队伍、凝聚人心、协调各方"的工作理念，认真落实全面从严治党重大政治责任，团结和带领全校师生员工，紧紧围绕立德树人根本任务，干事创业，攻坚克难，保持了学校事业"稳中求进"的发展态势，实现了"十三五"良好开局。

一、以全面从严治党为引领，全面提高党的建设科学化水平

（一）坚持社会主义办学方向，加强党对学校工作的领导

坚持把学习作为一项重要政治任务抓紧抓好，通过各级中心组、干部专题教育培训等方式，全面学习贯彻党的十八大和十八届三中、四中、五中、六中全会精神，深入学习贯彻习近平总书记系列重要讲话精神，学习贯彻江苏省第十三次党代会精神，不断加强领导班子办学治校能力建设，牢固树立政治意识、大局意识、核心意识、看齐意识，特别是核心意识、看齐意识，在思想上政治上行动上同以习近平同志为核心的党中央保持高度一致。坚决落实全面从严治党主体责任，成立学校党建工作领导小组，完善基层党组织主要负责人在党务工作例会上述责述职工作机制，组织开展2015—2016年基层党建工作考核，运用考评结果层层压实党建工作责任。配合上级党组织认真做好学校行政主要领导调整工作，严格遵守《苏州大学章程》，坚持党委领导下的校长负责制，落实民主集中制原则，规范"三重一大"决策程序，不断完善党委常委会、校长办公会、党务工作例会、院长会议等决策和工作机制，进一步建立健全以学术委员会为核心的学术管理体系，依法依规落实教代会参与学校民主管理、民主监督职权，召开全校统战工作会议，出台《苏州大学关于进一步加强统一战线工作的意见》，党委领导、校长负责、教授治学、民主管理的内部治理结构进一步优化完善。加强对学校事业发展的顶层设计，在专题征求校学术委员会意见建议、提交教代会广泛讨论并修改完善的基础上，经党委常委会审议、党委全委会审定，形成《苏州大学改革发展"十三五"规划纲要》和《苏州大学综合改革方案》，对学校今后五年的改革发展事业做出全面部署。

（二）坚持学做结合，组织开展好"两学一做"学习教育

严格按照中央、省委和市委的统一部署，以"四个合格"为目标要求在全体党员中认真

开展"学党章党规、学系列讲话,做合格党员"学习教育,积极推动党内教育从"关键少数"向广大党员拓展、从集中性教育向经常性教育延伸。把"两学一做"学习教育作为全校党的建设工作的龙头任务和全校各级党组织、全体党员的重大政治任务来抓,成立协调小组及工作机构,制订并严格执行实施方案,印发辅导手册,明确"一把手"职责任务清单,切实把学习教育抓好抓实抓到位。全校各级党组织自觉把握"六个坚持",认真做好动员部署,切实做到"四个结合",实现了规定动作严格执行、自选动作彰显特色。全体党员自觉弘扬理论联系实际的学风,以尊崇党章、遵守党规为基本要求,以用习近平总书记系列重要讲话精神武装头脑为根本任务,踊跃参与到主题学习讨论、知识竞赛、"七一上党课""领导干部立家规,共产党员正家风"主题活动等活动中来,在学中做、在做中学,进一步坚定理想信念、保持对党忠诚、树立清风正气、勇于担当作为,凝聚起了高水平研究型大学建设的强大动力。

严格按照中央和省委的精神与部署,结合学校实际,认真组织开好校领导班子民主生活会。坚持把功夫下在会前,认真制订民主生活会实施方案,明确会议的主题、环节步骤及基本要求;深化学习研讨,聚焦政治合格、执行纪律合格、品德合格和发挥作用合格等4个方面进行严肃的党性分析;校党政主要负责同志分别主持召开了5场征求意见座谈会,认真听取了离退休老同志代表、教师代表、中层干部代表、党外人士代表以及学生代表的意见建议;深入开展谈心谈话,落实"四个必谈"要求,把问题谈开谈透,形成思想共识。在深化学习研讨、广泛征求意见、开展谈心谈话、深刻进行党性分析的基础上,校党委主要负责同志主持研究起草领导班子对照检查材料,班子成员自己动手撰写个人发言提纲,个人发言提纲对本人重大事项报告、配偶子女从业情况以及巡视反馈、组织约谈函询的问题说清楚、谈透彻,校党委主要负责同志对班子成员发言提纲进行了审核把关。民主生活会于2017年1月13日召开,校党委主要负责同志主持民主生活会,校级党员领导干部参加了会议,校长(民盟盟员)及党委常委、组织部部长全程列席了会议。省属高校民主生活会第三督导组成员到会指导。校党委主要负责同志汇报了学校"两学一做"学习教育和落实基层党建重点任务情况以及民主生活会准备情况,代表校党委领导班子进行了对照检查。对照检查认真梳理了党委领导班子在思想、组织、作风、纪律等方面存在的突出问题,深刻剖析了存在问题的根源,提出了整改措施。校级党员领导干部依次作个人对照检查发言并按规定程序开展相互批评及表态,自我批评见人见事见思想,不遮掩问题,不回避矛盾;相互批评做到了坦诚相见,直截了当指出问题和不足,真心实意提出改进建议。省督导组组长作点评讲话,他指出苏州大学党委严格按照中央和省委部署要求,紧扣学习贯彻党的十八届六中全会精神这个主题,围绕"两学一做"学习教育要求,精心谋划安排,认真组织推进,严肃认真地开展批评和自我批评,民主生活会开得比较成功,是一次实事求是思想路线的教育课,是严肃党内政治生活的实践课。最后,校党委主要负责同志对民主生活会情况进行总结。

(三)坚持科学选人用人,加强高素质干部队伍建设

按照上级开展"一报告两评议"工作的要求,我代表常委会向全委会报告2016年度干部选拔任用情况,请各位委员进行民主评议。

2016年,党委常委会把全面从严治党要求贯穿干部选拔任用全过程,切实做到坚持原则不动摇、执行标准不走样、履行程序不变通、遵守纪律不放松,不断提高干部选拔任用工作科学化水平,努力建设高素质干部队伍。

1. 坚持正确导向,党委领导把关。坚持正确用人导向、"二十字"好干部标准和"三严三实"要求,以政德过硬、工作实绩、群众公认论英雄,选拔使用政治强、懂专业、愿奉献、善管理、敢担当、作风正的优秀干部,注重选拔年轻干部、女干部、党外干部,切实用好各年龄段干部。坚持党管干部原则,落实学校党委在选人用人上的主体责任、党委书记第一责任人责任、纪委监督责任和组织部门考察责任,切实把好人选的政治关、品行关、作风关、能力关、廉洁关。

2. 执行全程纪实,严格"四必"规定。坚决执行省委组织关于干部选任工作全程纪实要求,规范干部选任所有程序和环节。一是严把条件资格审核关。按照党章规定的干部条件和《苏州大学处级干部选拔任用工作条例》的有关要求,严格选拔任用的基本条件和具体资格。二是严把动议提名关。在党委常委会讨论之前,组织部门根据一定范围的酝酿,对拟选拔任用干部的职位、条件、范围、方式、程序等提出初步建议,经干部工作小组充分讨论、沟通,形成选人用人工作方案后提交常委会审定。三是严把推荐考察关。采取民主推荐、民主测评、谈话考察、德的专项考察等方法,认真做好民主推荐和考察工作,切实提高民主推荐的广泛性、有效性和考察结果的真实性、可靠性。四是严把讨论决定关。在讨论干部任免时,坚决做到群众不公认的不上会、考察不充分的不上会、酝酿不充分的不上会;坚持常委明确表态,坚持常委会无记名票决,切实做到常委会集体决定。严格执行上级有关干部选任工作"四必"规定:干部档案"凡提必审"、个人有关事项报告"凡提必核"、纪检监察部门意见"凡提必听"、线索具体的信访举报"凡提必查",切实防止"带病提拔""带病上岗"。

3. 注重选优正职,配强领导班子。中层干部是各基层单位、部门的"关键少数",其中中层正职是"关键中的关键",学校党委能够按照政治素质过硬、驾驭全局能力强、善于抓班子带队伍的要求,充分考虑人选成熟度和岗位匹配度,选优机关部门、直属单位和学院(部)党政正职,不搞论资排辈、平衡照顾。在处级领导班子的配备上,能够把优化中层领导班子结构、增强整体功能作为重要着眼点,综合考虑年龄、经历、专长、性格等方面的匹配,坚持老中青相结合,注重领导班子专业化水平,实现优势互补、气质相容,切实保证处级领导班子整体质量。

4. 坚决落实"四权",保证选任民主。一是落实群众"知情权",坚持在民主推荐考察前把推荐的职位、条件、范围、考察目的与任务等内容与相关单位进行沟通和征求意见,让教职工先知情,再推荐;坚持考察预告制,给教职工充分发表意见的时间和渠道。二是落实群众"参与权",所有干部提任,都必须在一定范围进行民主推荐,明确告知教职工推荐范围、条件、程序、做法等。三是落实群众"选择权",充分尊重教职工意愿,在民主推荐中做到多数人不同意推荐的不作为提名考察对象。四是落实群众"监督权",将选拔任用的每个环节都公开,特别是在考察阶段,能够广泛听取教职工的意见,确保选人用人在阳光下运行。

一年来,共选拔任用处级干部 25 名,包括正处级领导职务干部 11 名、副处级领导职务干部 14 名;女干部 2 名,党外干部 2 名。共对 38 名处级领导职务干部进行了试用期满考察,完成了 6 个学院行政领导班子换届工作。

(四)坚持固本强基,加强基层党组织和党员队伍建设

强化党组织整体功能,狠抓基层党组织管党治党主体责任落实,持续增强基层党组织的政治意识、责任意识和主业意识。全面开展党员组织关系集中排查、党代会代表和党员违纪违法未给予相应处理情况排查清理、基层党组织按期换届专项检查、党费收缴工作专项检查等重点工作,处理各类游离态党员 106 名。规范院级党委换届选举工作,指导 9 个院级党委完成换届选举工作。以"六有、六好"为目标,推进服务型党组织建设。实施发展党员"双质量"工程,在全校推行了以"程序记实、责任记实、材料记实"为主要内容的发展党员全程记实制,全年全校共发展党员1 530人,接转党员组织关系4 924人次。加强党员教育管理工作,制定《苏州大学2016—2020年党员教育培训工作规划》,党校举办两期预备党员培训班和党的基本知识培训班,第五届、第六届读书会系列活动顺利举行。积极发挥党代表在学校日常管理、干部选拔、党的建设等工作中的有效作用。认真做好我校出席苏州市第十二次党代会代表选举工作和出席江苏省第十三次党代会代表推荐工作,圆满完成姑苏区人大换届选举工作。全校师生党员在苏州市组织的关爱帮扶生活困难群众行动和盐城抗灾赈灾行动中捐款累计达87.9万余元。召开纪念中国共产党成立95周年暨党内表彰大会,表彰了一批先进基层党组织、优秀共产党员和党务工作者。1个先进基层党组织、5名优秀共产党员、2名优秀党务工作者获江苏省委教工委表彰;2个先进基层党组织、2名优秀共产党员、2名优秀党务工作者获苏州市委表彰。

(五)坚持齐抓共管,加强思想政治教育和精神文明建设

贯彻全国和全省高校思想政治工作会议精神,坚持把立德树人作为中心环节,积极培育和践行社会主义核心价值观,引导师生坚定中国特色社会主义"四个自信"。进一步健全完善党委统一领导、党政工团齐抓共管、宣传部门牵头协调、有关部门和学院(部)共同参与的宣传思想工作机制,努力把思想政治工作贯穿教育教学全过程。认真组织做好学位授予仪式、新生开学典礼、新生"大学第一课"、科学道德与学风建设宣讲教育、学生标兵宣讲团"宣讲周"、大学生暑期社会实践等活动,持续推进"青马工程",完成首届"苏州大学思想政治教育中青年优秀人才支持计划"申报评审工作,不断提升思想政治教育的针对性和实效性。1名同学获评"2015江苏省大学生年度人物",1名教授获评全国"高校思想政治理论课教师2015年度影响力人物",1名辅导员荣获第五届全国高校辅导员职业能力大赛决赛二等奖。认真学习贯彻中央和省委关于意识形态工作的决策部署和指示精神,落实意识形态工作责任制,牢牢把握学校意识形态工作主导权和话语权,加强对课堂教学、讲座讲坛、国际交流等的管理,坚持新闻舆论工作正确方向。2016年度,以"双一流"建设、提高人才培养质量等为重点,在中央电视台、《光明日报》《中国教育报》《新华日报》等高端媒体发表新闻200余篇(条),深度展示学校改革发展及服务地方的成就。用好学校官方微信、微博等新媒体平台,不断提高新闻舆论传播力引导力,学校获评2016年中国大学新媒体百强之优秀高校,新媒体平台获评首届全国高校名站名栏评选活动"全国高校优秀网络栏目"。切实打造校园文化建设品牌,深入开展"探讨苏大精神、凝聚发展人心"系列活动,大力弘扬以奋斗者为本、共建共享共荣的大学文化精神。学校获评2013—2015年度"江苏省文明单位"。努力构建面向每一位学生的美育工作体系,扎实推进传统文化工作坊建设,1个项目获评第二届"礼敬中华优秀传统文化"系列活动示范项目。认真组织开展好国防教育,1名教师获江苏省第六届普通高校军事课教师授课一等奖,1名同学获江苏省首届大学生"军训之星"称号,65名学生应征入伍。推进青年志愿者工作,34名志愿者投身西部计划和苏北计划,1个项目荣获第三届中国青年志愿服务项目大赛银奖,学校获江苏省青年志愿服务行动组织奖。加强学校体育工作和高水平运动队建设,3名运动健儿征战巴西里约奥运会并获得1枚金牌和1枚银牌。

(六）坚持惩防并举，加强党风廉政和作风效能建设

深入贯彻落实中央、省、市反腐倡廉工作会议精神，围绕学校中心工作，坚持"标本兼治、综合治理、惩防并举、注重预防"的方针，坚定不移地抓好党风廉政建设和反腐败工作的各项任务。认真落实党风廉政建设主体责任，把党风廉政建设和反腐败工作作为领导班子和干部队伍建设的重中之重，纳入工作重要议题和年度整体工作目标，与人才培养、科学研究、社会服务等重点工作一起部署、一起落实、一起检查、一起考核。党委领导班子主要负责人切实履行第一责任人的职责，对全校党风廉政建设和反腐败工作负总责，领导班子其他成员切实履行好"一岗双责"，对分管范围内的党风廉政建设负直接领导责任，坚持校领导班子和领导干部述职述德述廉制度，根据上级要求认真做好校级领导干部述责述职工作。召开全校党风廉政建设工作会议，与各二级单位主要负责人签订《2016年党风廉政建设责任书》。加强党员领导干部廉洁从政教育，做好中纪委六次全会、省纪委六次全会精神以及习近平总书记关于党风廉政建设和反腐败斗争的重要讲话精神的学习宣传贯彻工作，开展好校园廉洁文化系列宣传教育活动。坚持干部任前公示、领导干部上岗廉政谈话和领导干部关爱约谈、诫勉谈话等制度，全年校党委、纪委主要负责人约谈领导干部23人次、诫勉谈话2人次。毫不松懈地抓好中央八项规定和江苏省委十项规定精神的落实，抓好《党政机关厉行节约反对浪费条例》等各项制度的执行，严肃财经纪律，严格执行上级有关规定，进一步规范党政办公用房、公务用车等管理。推动领导干部加强家风建设，严格教育管理好亲属和身边工作人员。成立苏州大学内部控制建设领导小组，推进会计委派和"互联网+"物资集中采购。认真配合做好上级对学校主要领导经济责任审计工作，切实对照发现的问题，强化即知即改、立行立改，积极研究部署做好有关问题整改和责任追究工作。召开学校审计工作会议，强化使命意识、规范意识和责任意识，完善有关工作制度和机制，推进审计全覆盖，强化内部审计"免疫系统"功能。学校纪委紧扣"三转"要求，突出主业主责，积极探索践行监督执纪"四种形态"的方式方法，加强对基建、招投标、招生、人事招聘、科研经费和专项资金使用的监督，建立党风政风监督信息统计月报制度和重大事项季报制度，面向处级干部定期编印《纪检监察信息通报》；搭建纪检监察干部学习交流平台，举办专兼职纪检监察干部学习会，进一步加强纪检监察干部队伍建设。领导和支持纪委依法依纪查办案件，及时听取工作汇报，协调解决重大问题，对违纪违规问题"零容忍"。2016年立案2起，审结1起，处理违纪党员干部4人。

二、以提高人才培养质量为着力点，稳步提升学校综合实力和核心竞争力

（一）系统推进教育教学改革，国际化、研究型人才培养能力进一步提升

聚焦研究型大学的全面转型，以改革创新精神补齐制度短板，相继出台《关于加强研究性教学工作的指导意见》《关于加强与改进基层教学组织建设的若干意见》《制定本科人才培养方案的若干意见》等纲领性文件，从制度层面着力解决研究性教学的理念、实现机制和保障条件等关键问题。科学制订招生计划，加强招生宣传，深化自主招生，本科生生源质量稳中有升。召开学校本科教学工作审核评估动员大会，对学校"迎评"工作进行全面动员部署。进一步健全教学质量保障体系和质量监控体系，完成临床医学、通信工程专业认证工作，开展校内本科专业常态体检与评估，持续优化第三方评价工作。继续做好省品牌专业、省重点专业、卓越计划、重点教材以及MOOCs等建设工作，通识选修课程、新生研讨课程、全

英文教学示范课程等各类新型课程数量突破500门,1名教师获评江苏省"教学名师"。跨界人才培养模式已具雏形,校地、校企、校校联合培养扎实推进,本科生国际交流水平明显提升。加快创新创业教育改革,努力将创新创业教育融入人才培养全过程,切实增强学生的创新精神、创业意识和创新创业能力,入选教育部"实践育人创新创业教育基地"。在2016年"创青春"全国大学生创业大赛中荣获1金2银3铜,1名同学摘得第七届全国大学生数学竞赛决赛(数学类)高年级组第一名,6名同学在2016年全国大学生英语竞赛中获得非英语专业类特等奖。国家试点学院拔尖创新人才培养模式改革获 Nature Index 专题报道,书院制人才培养模式改革与实践入选江苏省教育改革创新优秀典型案例。文正学院、应用技术学院以产教融合为重点的高素质应用型人才培养工作有力推进。

以吸引优质生源为导向,制定实施《苏州大学博士生导师上岗招生及指标分配办法》,持续完善"夏令营"、推荐免试、硕博连读、申请—考核制等招生选拔办法。狠抓研究生培养过程管理,做好学籍清理工作,推进研究生培养方案修订工作,参与江苏省学位办"以改革求支持"行动计划,抓好江苏省研究生培养创新工程项目,获评全国专业学位教指委优秀论文2篇、江苏省优秀博士论文7篇,1个工程实践教育中心入选第二届"全国示范性工程专业学位研究生联合培养基地"。深入推进研究生教育国际化进程,39名研究生获国家留学基金委资助,前往斯坦福大学、美国劳伦斯伯克利国家实验室等世界一流大学或研究机构留学深造,全日制博士研究生出国(境)比例达到10.9%。"导师学院"改革实践获2016年中国学位与研究生教育学会研究生教育成果奖一等奖。

(二)深入实施人才强校主战略,人才队伍可持续发展能力进一步提升

以"十三五"重点发展学科和专业为引领,调整师资队伍建设工作重心,更加着力于精准引才和师资结构优化,重点引进在海内外享有盛誉的高端人才和具有强大发展潜力的青年才俊。召开学校师资队伍建设工作会议。制定升级版的特聘教授和讲席教授制度,实施优秀青年学者计划、师资博士后制度、冠名教授制度,修订讲座、客座、兼职教授管理办法,推进建立教师准聘和长聘、系统内双聘以及专职科研人员等制度。建立健全校内人才培养体系和晋升渠道,更加关注对青年教师成长关键期的培养,继续完善助教制度并支持教师出国(境)进修。完善教师专业技术职务评聘办法,组织实施第三轮岗位设置与聘用工作,积极做好全员聘用制的准备工作,持续推进编制核定工作。认真做好博士后招生与管理工作,首次获得"中国博士后创新人才支持计划"资助。一年来,学校新进教学科研人员145人。1个项目入选"国家高等学校学科创新引智计划",3位教授入选"长江学者"青年项目,6位教授入选"青年千人计划",1位教授入选"万人计划"科技创新领军人才,1位教授获得人社部高层次留学人才回国资助,1位教授荣获"江苏省有突出贡献中青年专家"称号,33人入选江苏省"333工程",7人入选"江苏省双创人才",2个团队入选"江苏省双创团队",5人入选"江苏特聘教授"。

(三)加强学科布局和规划,学科生态进一步优化

紧扣《统筹推进世界一流大学和一流学科建设总体方案》与《江苏高水平大学建设方案》,认真做好第四轮学科评估工作,完成江苏高校优势学科二期立项学科及序列学科中期验收工作,积极谋划"双一流"建设。认真做好学位点动态调整工作,撤增结合,进一步优化研究生学位授权点设置,实现教学单位全覆盖。学校ESI全球排名前1%学科达到8个,其中,神经科学与行为科学学科首次进入,材料学进入前100位。15个学科被遴选为"十三五"江苏省重点学科。

（四）优化科研组织模式，承担重大科研项目的能力进一步提升

自然科学方面，积极贯彻国家"深化科技体制机制改革，实施创新驱动发展战略"精神，调整优化科研管理部门机构设置，全面修订、制定科技管理条例，主动面向国际学术前沿、国家战略需求和区域产业布局，不断提升协同创新能力，主持科技部项目9项（含国际合作项目5项），承担科技部课题14项；获批国家自然科学基金项目297个，位居全国高校第20位，再次蝉联全国地方高校首位，其中，优秀青年科学基金项目7项，并列全国第10位。全年到账科研经费4.65亿元。积极推进国家级科研平台的培育与建设，入选国防科工局与江苏省"十三五"共建高校，1个国家地方联合工程实验室获批国家发改委立项建设，1个国际联合研究中心获科技部认定，获评省部级平台6个，创历史新高。获各类科技奖项108项，为历年最多，其中获国家科学技术进步二等奖1项、江苏省科学技术奖一等奖1项。自然指数在全国科研机构与高校中排名第11位，新增 Science 论文1篇、"中国百篇最具影响国际学术论文"2篇。

人文社会科学方面，成功举办"第十届中国社会科学前沿论坛""2016中国新型城镇化国际论坛"等高水平学术会议。获批国家社科基金项目19项，其中重大项目1项、重点项目4项、成果文库1项。进一步增强科研质量意识，重视加强对项目立项后经费预算、项目成果、中期检查以及结项的管理，获江苏省第十四届哲学社会科学优秀成果奖30项，其中一等奖5项。1位教授获首届中华词学研究终身成就奖，1位教授入选"2015年度中国人文社科最具影响力青年学者"，3位教授受聘为江苏省文史研究馆馆员。

（五）深化政产学研用合作，服务经济社会发展能力进一步提升

名城名校融合发展战略实质性推进，市校合作的组织架构、会商机制正式确定。与江西抚州等地方政府建立长期合作关系。苏州纳米科技协同创新中心以优异的成绩顺利通过国家级2011协同创新中心中期绩效检查，2项科技创新成果亮相国家"十二五"科技创新成就展；纳米科技协同创新中心、血液学协同创新中心在江苏高校协同创新中心绩效评估工作中获评A等。与苏大维格等联合申报的江苏省高价值专利培育项目顺利获批，成为入选江苏省高价值专利培育项目的三所高校之一。国家大学科技园通安分园、吴中分园建设快速推进，校内众创空间投入使用。国家技术转移中心2016年累计新增服务企业500余家，太仓璜泾科技服务驿站、如东技术转移分中心等产学研创新载体相继建成。"东吴智库"获批"江苏省重点培育智库"，以"聚力创新——苏州如何引领"为主题的"对话苏州创新"活动顺利举行。各附属医院医教研水平有力提升，独墅湖医院（苏州大学医学中心）建设顺利推进。扎实推进对口援建工作，新增2所惠寒学校，1名同志赴沭阳县开展帮扶工作。

（六）加大高水平国际交流合作力度，整合国际高等教育资源的能力进一步提升

推进与新加坡国立大学、加拿大滑铁卢大学深层次合作。首次参加在美国举办的NAFSA（国际教育工作者协会）2016年年会暨教育展，积极参与"江苏—加拿大安省大学合作联盟""江苏—澳门·葡语国家大学合作联盟"活动。积极开拓学生国际化培养新渠道，1个项目入选国家留学基金委"与有关国家互换奖学金项目"，与英国曼彻斯特大学合作举办的纺织工程专业入选首批江苏省中外合作办学高水平示范性建设工程（项目）。与中国教育国际交流协会签订来华留学质量认证协议，积极承接"留学江苏行动计划"，入选首批"留学江苏"目标学校，加强与第三方教育机构在留学生招生和教学方面的合作，优化留学生招生

和综合服务系统,加强中国文化体验式教育,全年在校留学生 2 213 人。认真做好孔子学院、中非项目、大真大学苏州分校等国际合作项目,老挝苏州大学新校区建设加快推进,首届学生顺利毕业。

三、以共享发展为目标,不断增强服务保障能力

(一)优化资源配置,提高支撑保障水平

加强会计核算,创新财务管理理念与机制,强化对重大专项经费的统筹力度,资金使用效率和效益进一步提高。全面完成国有资产清查工作,在江苏省教育厅国有资产管理考核评价中获评优秀。加强招标采购制度化、规范化建设,在全国高校中率先推进"互联网+"物资集中采购改革。强化实验室安全管理,积极推进大型科学仪器设备开放共享。继续教育信息化总体解决方案基本实现,专业技术领域培训实现突破。统筹各校区资源配置,科学部署有关学院、单位搬迁工作,基本建设在建及维修项目有序推进,获评全国节约型公共机构示范单位和江苏省高校节能先进单位。努力推动新形势下发展工作的转型升级,不断拓展筹资渠道,基金会获评"江苏省示范性社会组织",校友会获评江苏省"5A 级社会组织",上海校友会法学分会、宁波校友会和 MBA 校友会正式成立。

(二)创新供给模式,提升公共服务能力

以"预防为主、标本兼治、重在治本"为原则,以"管理有序、防控有力、环境整洁、校园稳定"为目标,进一步健全完善"统一领导、分工明确、分级管理、责任到人"的大安全体系和"人防、物防、技防、制度防"四位一体的大防控体系。调整优化内部机构设置,成立国内合作办公室、医院管理处,调整完善江苏苏大投资有限公司职能,管理部门的综合协调和服务职能进一步强化。高速、移动、安全、泛在的校园信息基础设施建设有力推进,官方信息发布平台"方塔发布"正式启用。图书馆荣膺"江苏省古籍保护工作先进单位",文献信息保障和学术支撑工作持续抓好。博物馆推出"博物馆记忆"微信专栏,亮点工作被教育部全国高校博物馆育人联盟工作报告推介。档案馆基本实现学校各前身高校相关档案全宗档案文件完整化,干部人事档案、毕业生学籍档案数字化建设快速推进。出版社 6 种项目入选"十三五"国家重点图书出版规划,2 种图书获评"苏版好书"。认真做好学校卫生防疫和食品安全工作,食堂、幼儿园的服务水平稳步提升。

(三)坚持以人为本,有力落实民生工程

进一步完善助学管理机制和"奖、助、贷、勤、补、减"六位一体的立体化资助工作体系,积极探索"校企合作"资助育人新模式,通过"绿色通道"入学的新生 1 098 人,学费减免 1 013 人,连续五年被授予"江苏省学生资助工作先进单位"。积极构建全方位的毕业生创就业社会服务网络,带薪实习、优秀实习生项目等有力推进,全年发布招聘招考信息 5 000 余条,组织校内大型招聘会 22 场、校内专场宣讲会 152 场,提供就业岗位 45 000 多个,2016 届本科、研究生毕业生年终就业率分别为 92.81%、94.01%。关注师生身心健康,积极组织开展心理健康节、师生运动会以及各类文体活动。严格按照上级文件规定,稳步推进养老保险制度改革,认真落实老同志的政治和生活待遇。往返新老校区之间的定制公交正式运行。苏州大学实验学校成立,高铁新城教师公寓认购签约工作有序进行。

各位委员、同志们,上述发展成绩的取得,离不开包括离退休老同志在内的全校师生员

工的共同努力，在此，我代表党委常委会向各位委员和广大师生员工，对常委会工作的大力支持表示衷心的感谢，向所有为学校事业发展付出辛劳和智慧的同志们致以崇高的敬意！

在总结成绩的同时，我们也清醒地认识到，在奋力实现"两个一百年"奋斗目标的历史进程中，在"两聚一高"的伟大实践中，面对当前我国高等教育改革发展的新形势新任务新要求，学校下一步发展依然面临着诸多的困难和挑战。我们必须不断弘扬苏大人"敢想敢试敢为"的创新创业精神，持续增强工作的前瞻性主动性有效性，努力走好地方大学争创一流的"长征路"。

2017年，是学校全面推进"十三五"改革发展事业的重要一年。让我们紧密团结在以习近平同志为核心的党中央周围，以党的十八大和十八届三中、四中、五中、六中全会精神为指引，贯彻落实江苏省第十三次党代会精神，解放思想、开拓创新、振奋精神、扎实工作，全力推动学校事业发展和党的建设不断迈上新台阶，以优异的成绩迎接党的十九大胜利召开！

衷心希望各位委员、同志们对党委常委会的工作提出宝贵意见和建议，帮助我们把工作做得更好。

2016年大事记

1月

4日
△ 中国农工民主党苏州大学第四次代表大会在天赐庄校区红楼会议中心举行。

5日
△ 剑桥—苏大基因组资源中心(CAM-SU Genomic Resource Center,简称 CAM-SU)正式成为国际小鼠表型分析计划(IMPC)成员单位,CAM-SU 表型分析技术与数据已经与世界接轨。

△ 学校常州校友会应用技术学院分会成立。

6日
△ 学校研究生教育督查情况通报会在天赐庄校区红楼会议中心举行。

△ 学校2016年度离休干部迎春茶话会在东吴饭店大礼堂举行。

7日
△ 中共苏州大学委员会批复《关于中共苏州大学纺织与服装工程学院委员会选举结果的报告》及《关于中共苏州大学纺织与服装工程学院委员会委员分工的报告》。

△ 学校党委书记、博士生导师王卓君教授为"深化专业学位研究生教育综合改革"专题研究班做题为"当好研究生导师的微体会"的专题报告。

△ 江苏省委教育工委副书记潘漫、江苏省教育厅安全保卫与维护稳定处副处长韩叶祥莅临学校调研后勤工作。

8日
△ 教育部科学技术司司长王延觉、计划处处长邰忠智带领检查工作组、专家组和江苏省教育厅工作组一行莅临学校,学校苏州纳米科技协同创新中心通过中期绩效检查。

△ 苏州大学与苏州独墅湖科教创新区管委会联合举办的"东方慧湖2016新年音乐会"在独墅湖影剧院举行。

△ 江苏省高校后勤协会学生伙食管理专业委员会成立大会暨高校学生食堂规范化管理推进会在天赐庄校区敬贤堂召开。

△ 苏州大学恩玲艺术中心首期工程落成仪式在独墅湖校区恩玲艺术中心举行。

△ 国家社科基金项目申报推进会在天赐庄校区红楼会议中心举行。

△ 7日至8日,学校举办"深化专业学位研究生教育综合改革"专题研究班。

△ 7日至8日,学校获2015年江苏省高校教职工应急救护技能竞赛二等奖。

△ 江苏省新型城镇化与社会治理协同创新中心桠溪国际慢城重点研究基地签约暨揭牌仪式在南京市高淳区桠溪国际慢城管理服务中心举行。

9日
△ 学校法学院史浩明副教授在全国法律专业学位研究生教育指导委

员会会议暨第九届法律硕士教育论坛上获评法律专业学位研究生教育优秀教师,胡育新同志获评优秀管理工作者,由上官丕亮教授指导、王贞仪同学撰写的论文《论治安处罚中诽谤的认定——基于言论自由的视角》获法律专业学位研究生优秀学位论文二等奖。

10日　　△ 全国政协常委、香港江苏社团总会长、香港前政务司司长唐英年先生率领的香港江苏社团总会访问团一行20人莅临学校参观。

11日　　△ 韩国益山教育支援厅女声合唱团、苏州大学教师合唱团联合演出在独墅湖校区601号音乐厅举行。

△ 苏州大学第十四届青年教师课堂教学竞赛获奖名单公布,李瑾等6人获一等奖。

12日　　△ 学校2015年学生工作总结交流会在独墅湖校区炳麟图书馆712会议室举行。

13日　　△ 2015年度党建工作总结交流会在天赐庄校区红楼会议中心举行。

△ 经研究决定,成立苏州大学机器学习与类脑计算国际合作联合实验室,李凡长任主任。

△ 学校印发《关于公布2015年度苏州大学高校省级重点实验室开放课题的通知》。

14日　　△ 学校印发《苏州大学学院(部)基层党组织建设工作考核实施办法》。

15日　　△ 接中共江苏省委通知:熊思东同志任苏州大学校长,免去朱秀林同志苏州大学校长职务。

△ 接中共江苏省委通知,免去朱秀林同志苏州大学党委副书记、常委、委员职务。

△ 根据《苏州大学成人高等教育本科毕业生学士学位授予工作实施细则(修订稿)》(苏大教〔2013〕138号)文件精神,经院(部)审核、校学位评定委员会审定,决定授予刘飞等84名成人高等教育本科毕业生学士学位。

△ 学校在天赐庄校区敬贤堂召开干部大会,宣布中共江苏省委调整学校领导班子的决定。

16日　　△ 学校2015年度科研工作总结表彰大会在天赐庄校区敬贤堂举行。

2015年度科技工作先进单位:

一、最佳进步奖。科技项目最佳进步奖:沙钢钢铁学院;学术论文最佳进步奖:功能纳米与软物质研究院;科技奖励最佳进步奖:电子信息学院;知识产权最佳进步奖:纺织与服装工程学院;产学研最佳进步奖:机电工程学院;军工科研最佳进步奖:物理与光电·能源学部;综合最佳进步奖:机电工程学院。

二、突出贡献奖:医学部。

三、最佳组织奖:材料与化学化工学部、金螳螂建筑学院。

2015年度人文社科科研工作先进单位和个人:

一、科研项目贡献奖:王健法学院。

二、科研成功贡献奖:文学院。

三、科研服务地方贡献奖：政治与公共管理学院。

四、科研建设贡献奖：东吴智库。

五、科研项目最佳进步奖：王健法学院、外国语学院。

六、科研成果最佳进步奖：东吴智库。

七、科研工作组织奖：政治与公共管理学院。

八、个人杰出贡献奖：朱炳元、王群伟。

△ 学校2015年本科教学工作总结大会在天赐庄校区敬贤堂举行。

18日
△ 经研究决定：高技术产业研究院为校级科研机构，挂靠物理与光电·能源学部。高技术产业研究院院长、副院长不设行政职级，研究院设办公室主任1名（正科职）。

△ 学校转发《省教育厅关于全省教育系统做好防范和处置非法集资工作的通知》。

△ 学校印发《关于〈苏州大学学术性学位研究生指导教师任职资格审核办法〉有关论文署名的规定》。

△ 经研究决定，聘任逄成华同志为文学院党委书记。

△ 熊思东校长与退休老领导举行座谈会。

19日
△ 学校第十届学术委员会2015—2016学年第三次全体会议在东校区凌云楼举行。

20日
△ 根据《苏州大学高等教育自学考试本科毕业生学士学位授予工作实施细则（修订稿）》（苏大教〔2013〕137号）文件精神，经院（部）审核、校学位评定委员会审定，决定于2015年12月授予刘红等2283名高等教育自学考试本科毕业生学士学位。

△ 学校印发《关于表彰苏州大学2015年学院（部）本科教学工作考评获奖单位的决定》。

一、本科教学工作综合考评优秀奖：外国语学院、纳米科学技术学院。

二、本科教学工作考评单项奖。专业建设质量奖：文学院；课程建设推进奖：社会学院；实验教学示范奖：材料与化学化工学部；教改教研成果奖：纺织与服装工程学院；人才培养贡献奖：体育学院；年度卓越创新奖：金螳螂建筑学院。

△ 学校2015年度继续教育工作总结会议在博教楼一楼报告厅召开。

△ 学校2016年国家自然科学基金杰出青年基金、优秀青年科学基金项目申报座谈会在天赐庄校区红楼会议中心举行。

△ 学校获省级教师和校长培训先进单位称号。

21日
△ 熊思东校长参加学校学生励志座谈会。

22日
△ 学校印发《苏州大学防范和处置非法集资专项整治实施方案》《苏州大学江苏高校品牌专业建设工程专项资金管理办法》。

△ 21日至22日，中韩第三届纳米技术研讨会在学校纳米科学技术学院举行。

△ 21日至22日，致公党苏州大学委员会被评为2012—2015年度社会

服务工作先进集体,吴磊主委被评为2012—2015年度社会服务工作先进个人。

23日 △学校印发《苏州大学中外合作办学聘用外方教师管理办法》。

24日 △22日至24日,学校分析测试中心通过国家认监委高校评审专家组检验检测机构资质认定(计量认证)现场复查评审。

△学校印发《关于表彰苏州大学2015年研究生工作综合考评获奖单位的决定》:

一、研究生工作综合考评优秀奖

1. 材料与化学化工学部
2. 政治与公共管理学院
3. 计算机科学与技术学院
4. 附属第二医院

二、研究生工作特色奖

1. 东吴商学院
2. 物理与光电·能源学部、公共卫生学院

25日 △学校2015年研究生工作年终总结大会在天赐庄校区天元讲堂举行。

△学校附属理想眼科医院被苏州市残疾人联合会授予"2015年社会组织助残服务特别奖"。

△学校印发《苏州大学防范和处置非法集资专项整治实施方案的通知》《苏州大学江苏高校品牌专业建设工程专项资金管理办法》《关于公布苏州大学通信工程专业认证工作方案的通知》《苏州大学学院(部)基层党组织建设工作考核实施办法》。

28日 △25日、26日、28日,学校"十三五"规划编制工作会议在天赐庄校区红楼217会议室举行。

29日 △学校印发《关于下达2015年度苏州大学科研预研基金项目及经费的通知》《关于下达2015年度国家自然科学基金项目的通知》。

1月 △学校文学院王耘教授著作《江南古代都会建筑与生态美学》入选2015年国家社科基金中华学术外译项目立项名单。

△学校档案馆被江苏省档案局、江苏省教育厅评为江苏省高校档案工作先进集体。

△学校学报编辑部 ALGEBRA COLLOQUIUM(《代数集刊》)入选"中国国际影响力优秀学术期刊"。

△学校材料与化学化工学部2013级强化班团支部、医学部2012级临床医学(本硕连读)2班团支部、文正学院应用心理学专业2012年级应用心理班团支部获全国高校践行社会主义核心价值观"示范团支部"称号。

△学校先进光电材料实验室李耀文副教授与美国加州大学洛杉矶分校(UCLA)Yang Yang教授研究组合作,在超薄、超轻柔性钙钛矿太阳能电池以及长寿命钙钛矿太阳能电池等方面取得了一系列突破性研究成果,分别发表在 Nature Communicaions 和 Journal of the American Chemical Society 上。

△ 学校吴奇俊老师入选1月份"中国好人榜"候选人。

△ 学校城市轨道交通学院张勇副教授申报的《襄阳市中心城区BRT线路布局规划研究》项目获世界银行资助。

△ 学校在2016最新ESI中国大学综合排名中位居第27位。

△ 江苏省毒理学会放射毒理、工业毒理及兽医毒理三个专业委员会成立大会暨第三次江苏省毒理学学术交流会在学校医学楼四楼报告厅召开。

2月

4日　△ 熊思东校长等前往独墅湖校区、阳澄湖校区和天赐庄校区进行校园安全工作检查，慰问寒假坚守岗位教职工。

17日　△ 中国第十四届Jessup国际法模拟法庭比赛在学校王健法学院东吴大讲堂开幕。

20日　△ 中共苏州大学委员会批复《关于中共苏州大学附属儿童医院委员会换届选举结果的报告》及《关于中共苏州大学附属儿童医院纪律检查委员会选举结果的报告》。

21日　△ 学校印发《苏州大学2016年度工作要点》。

△ 学校党委十一届十一次全体会议及全校干部大会在天赐庄校区敬贤堂举行。

22日　△ 学校张朋川、杨海明、周秦三位教授受聘为江苏省文史研究馆馆员。

△ 苏州市人民政府办公室印发《苏州市人民政府 苏州大学关于实施名城名校融合发展战略的意见》。

24日　△ 苏州大学学生学习座谈会在天赐庄校区王健法学院B201会议室举行。

△ 学校东吴智库研究员、马克思主义学院教授方世南和苏州市中科慧盛生态环境研究所所长夏金华的调研报告《关于加强建设用地土壤环境安全风险防控的建议》，刊发在苏州市委研究室《决策参考》第6期，并获苏州市委书记周乃翔重要批示。

25日　△ 经研究决定，对校领导联系基层单位做出调整：

王卓君：凤凰传媒学院、沙钢钢铁学院

熊思东：东吴商学院（财经学院）、材料与化学化工学部、纳米科学技术学院

袁银男：机电工程学院、城市轨道交通学院、阳澄湖校区

路建美：计算机科学与技术学院、电子信息学院、纺织与服装工程学院

田晓明：教育学院、外国语学院、艺术学院

陈一星：金螳螂建筑学院、王健法学院、体育学院

高祖林：物理与光电·能源学部及所辖物理科学与技术学院、光电信息科学与工程学院、能源学院，社会学院、离休党工委

江作军：政治与公共管理学院、马克思主义学院、音乐学院、教服公司党委

杨一心：文学院、数学科学学院

蒋星红：文正学院、应用技术学院

陈卫昌：医学部及所辖基础医学与生物科学学院、放射医学与防护学院、公共卫生学院、药学院、护理学院，附属第一医院、附属第二医院、附属儿童医院

△ 经研究决定，对校领导和校长助理分工做出调整：

王卓君：主持校党委全面工作，分管党委办公室（规划与政策研究室）、党委组织部、党代表联络办公室、党校。

熊思东：主持校行政全面工作，分管人事处、学科建设办公室、"211工程"建设办公室。

袁银男：协助校长分管校长办公室（对外联络接待办公室、法律事务办公室）、审计处、国有资产与实验室管理处、工程训练中心、阳澄湖校区管理委员会、江苏苏大投资有限公司。

路建美：协助校长分管科学技术与产业部、"2011计划"办公室、分析测试中心。

田晓明：协助校长分管人文社会科学院、发展委员会办公室、图书馆、档案馆、博物馆、学报编辑部、出版社有限公司。

陈一星：协助校长分管财务处、离退休工作处、继续教育处（继续教育学院）和对口援扶工作。

高祖林：主持校纪委工作，协助党委书记和校长分管纪委办公室、监察处、党委统战部、离退休工作部、工会和机关党工委。

江作军：协助党委书记和校长分管党委宣传部（新闻中心）、学生工作部（处）（学生创新创业教育中心）、人武部、党委研究生工作部、保卫部（处）、团委、艺术教育中心、群团与直属单位党工委和思想政治理论课及学校体育工作。

杨一心：协助校长分管后勤管理处（校医院）、信息化建设与管理中心。

蒋星红：协助校长分管教务部、招生就业处、国际合作交流处（海外教育学院）、港澳台办公室、研究生院、学位评定委员会办公室。

陈卫昌：协助校长分管医学教育和附属医院工作。

浦文佩：配合有关校领导协管阳澄湖校区工作。

张晓宏：配合有关校领导协管2011协同创新中心工作和国际合作工作。

△ 学校印发《关于常委会工作的报告》《关于公布2015年度苏州大学优秀博士、硕士学位论文名单的通知》。

△ 香港朱敬文教育基金会主席、香港善源基金会会长、苏州大学敬文书院名誉院长朱恩馀先生访问学校。
　　△ 苏州市教育工会高校片工作会议在学校东校区凌云楼901会议室举行。
　　△ 经研究决定，聘任蒋星红同志为导师学院院长(兼)。
　　△ 学校"研制出碳基高效光解水催化剂"科研成果入选"2015年度中国科学十大进展"。
　　△ 学校印发《关于公布2016年度"苏州大学专业学位建设项目"结题验收结果通知》，验收结果优秀4项、合格14项、暂缓结项22项。
　　△ 学校印发《关于成立苏州大学省品牌专业建设工程项目实施领导小组的通知》。
　　△ 学校印发《关于公布2016年度"苏州大学研究生卓越人才培养计划项目"和"江苏省研究生创新工程建设项目"结题验收结果的通知》，验收结果优秀15项、合格36项。

26日　　△ 学校印发《苏州大学2016年度工作要点》。
28日　　△ 学校附属理想眼科医院举行五周年院庆联欢晚会。
29日　　△ 学校印发《苏州大学本科专业设置与调整管理办法(试行)》。
　　△ 学校公布2015年度机关作风效能建设考评结果。
　　△ 江西省抚州市委副书记、市长张鸿星一行莅临学校考察。
　　△ 学校举行临床医学专业认证领导小组第二次工作会议。

2月　　△ 学校民盟主委黄学贤教授当选苏州市第二届十大法治人物。
　　△ 国际著名期刊 *Angew. Chem. Int. Ed.* 作者人物专栏刊登学校材料与化学化工学部曾小庆教授专访。
　　△ 学校UNSOM研究院李述汤院士、刘庄教授入选2015年全球最具影响力科学思想科学家名录。

3月

1日　　△ 学校学生工作部(处)新聘任辅导员上岗动员会在107会议室举行。
　　△ 学校印发《2015—2016学年度第二学期苏州大学党委理论学习中心组学习计划》。
　　△ 学校与尼日利亚拉各斯大学合作建设的拉各斯大学中国学专业第二届学生开学典礼在天赐庄校区东教楼112教室举行。
3日　　△ 2日至3日,2016年度全省高校共青团工作会议在学校召开。
　　△ 学校印发《关于公布2015年度机关作风效能建设考评结果的通知》

《2015—2016学年度第二学期苏州大学党委理论学习中心组学习计划的通知》。

△ 接中共江苏省委通知：朱炳元同志退休。

5日
△ 苏州大学—苏州市总工会成人高等教育2016级校企合作班开学典礼在天赐庄校区敬贤堂举行。

△ 江苏省射阳中学校长戴翰林一行莅临学校交流座谈。

8日
△ 根据《教育部关于公布2015年度普通高等学校本科专业备案和审批结果的通知》（教高函〔2016〕2号），学校申报的"集成电路设计与集成系统""轨道交通信号与控制""作曲与作曲技术理论"等3个本科专业已获教育部备案。

△ 苏州市总工会主席温祥华莅临学校附属第二医院，为苏大附二院工会获全国"模范职工之家"授牌、颁发荣誉证书。

9日
△ 学校印发《关于公布苏州大学获评教育部第八批精品视频公开课名单的通知》，学校《纳米新纪元》被授予"精品视频公开课"称号。

10日
△ 经校党委常委会研究决定并报请苏州军分区批准，胡新华同志任苏州大学人民武装部部长。

11日
△ 北校区校园综合治理第五次联席会在苏大教育服务投资发展集团会议室举行。

△ 学校"十三五"规划编制起草工作小组在天赐庄校区红楼217会议室召开会议。

14日
△ 经研究决定，成立苏州大学细胞治疗研究院，为校级非实体性科研机构，挂靠附属第三医院。

16日
△ 学校工会新学期工作会议在东校区凌云楼举行。

17日
△ 经研究决定，对苏州大学体育运动委员会委员进行调整：

主　任：江作军

△ 由江苏省委宣传部、省委外宣办、省委网信办、省新闻出版广电局和省记协组织开展的第二届"好记者讲好故事·价值观的故事"巡讲活动在学校独墅湖校区炳麟图书馆学术报告厅举行。

△ 16日至17日，由江苏省教育厅主办、江苏省高校辅导员培训与研修苏州大学基地承办的"第五届江苏高校辅导员职业能力大赛复赛"在学校天赐庄校区学术报告厅举行。

18日
△ 本科教学审核评估与专业常态评估自评自建工作动员会在东校区凌云楼举行。

△ 2016年科技目标责任书签订仪式在天赐庄校区红楼会议中心举行。

19日
△ 老挝教育部学生司司长Khamlusa Nouansavanh和国际合作司副司长Sengsaden Bounlavong等一行三人莅临学校访问。

20日
△ 19日至20日，由学校王健法学院承办的"长三角法学研究生论文发布会暨苏州大学王健法学院第十届研究生论文发布会"在天赐庄校区王健法学院中式模拟法庭举行。

21日	△ 校党委理论学习中心组全国"两会"精神学习会在天赐庄校区钟楼举行。
	△ 学校印发《关于评选表彰苏州大学先进基层党组织、优秀共产党员和优秀党务工作者的通知》。
	△ 学校举办2016年处级干部集中培训暨深入学习十八届五中全会和习近平总书记系列重要讲话精神专题培训。
23日	△ 加拿大滑铁卢大学校长Feridun Hamdullahpur率领该校负责国际事务副校长Jean-Jacques Van Vlasselar、纳米研究院院长Arthur Carty、国际关系处中国特别顾问Suping Zhao等一行莅临学校访问。
	△ 2016年党风廉政建设工作会议在天赐庄校区敬贤堂召开。
	△ 庆祝2016年"三八"国际劳动妇女节趣味运动会在东校区田径场举行。
	△ 学校迎接江苏省审计厅来校审计工作布置会在天赐庄校区敬贤堂召开。
	△ 昆山市人力资源和社会保障局组织国轩新能源、国显光电、研华科技等50家企业走进学校,开展"对话高校——昆山市人社局走进苏州大学"活动。
24日	△ 学校党委副书记、副校长江作军,敬文书院师生代表等前往东山华侨公墓,祭奠朱敬文、杨畹珍夫妇以及朱婵英女士。
	△ 23日至24日,学校学生工作处、校医院联合苏州市卫生和计划生育委员会,苏州市、区级疾病预防控制中心等校内外多家单位分别在独墅湖校区和东校区,开展主题为"社会共同努力,消除结核危害"的大型宣传活动。
27日	△ 26日至27日,2016年江苏省高校物理教师教学与人才培养研讨会在学校召开。
29日	△ 江苏省国防教育讲师团赴苏州大学专场报告会在天赐庄校区敬贤堂举行。
	△ 熊思东校长赴金螳螂建筑学院调研并指导工作。
	△ 熊思东校长赴纳米科学技术学院调研并指导工作。
	△ 学校印发《关于进一步规范工作餐报销的通知》《关于调整票据报销时限的通知》。
30日	△ 学校辅导员孔川获第五届江苏高校辅导员职业能力大赛决赛一等奖。
	△ 学校印发《苏州大学关于开展中国共产党成立95周年纪念活动的通知》《关于开展苏州大学2016年处级干部培训暨深入学习十八届五中全会和习近平总书记系列重要讲话精神专题培训的通知》。
31日	△ 中共苏州大学委员会批复《关于中共苏州大学文正学院委员会选举结果的报告》及《关于中共苏州大学文正学院委员会委员分工的报告》。
	△ 经研究决定,聘任姚建林同志为材料与化学化工学部主任。
3月	△ 学校研究生支教团"惠寒·兰花草暖冬行动——为留守儿童众筹新

衣"在2015年度江苏省青年志愿者行动评选中被评为"江苏省优秀青年志愿服务项目",教育学院黄毓琦、文正学院邢丽两名同学被评为"江苏省优秀青年志愿者",外国语学院党委副书记、副院长胡海峰荣获"江苏省青年志愿服务事业贡献奖",苏州大学团委荣获"江苏省青年志愿服务行动组织奖"。

△学校教育发展基金会被评为"江苏省示范性社会组织"。

△学校FUNSOM研究院刘庄教授、唐建新教授入选中青年科技创新领军人才,张晓宏教授领衔的"有机/无机复合光电材料与器件创新团队"入选重点领域创新团队。

△学校马克思主义学院方世南教授入围"高校思想政治理论课教师2015年度影响力人物"候选人。

△苏州大学飞思卡尔国家级工程实践教育中心获第二届"全国示范性工程专业学位研究生联合培养基地"称号。

4月

1日 △苏州大学—抚州市战略合作签约仪式在抚州市举行。

5日 △经研究决定,成立苏州大学审计协调小组:

组　长:熊思东

副组长:袁银男　陈一星

6日 △学校社会主义核心价值观校园明辨会暨校第十五届辩论赛决赛在天赐庄校区敬贤堂举行。

△学校印发《关于组织实施苏州大学2016年运动训练、武术与民族传统体育专业招生考试工作的通知》《关于组织实施江苏省2016年普通高校招生体育专业统一考试有关考务工作的通知》。

8日 △学校印发《关于调整学校教学作息时间的通知》。

10日 △9日至10日,由中国(江苏)高校传媒联盟主办、学校承办、学校附属理想眼科医院赞助的中国(江苏)高校传媒联盟(简称"江苏校媒")2016年年会在天赐庄校区敬贤堂举行。

13日 △学校印发《苏州大学职称评审学术申诉及处理办法(试行)》。

△学校第六次研究生事务联席会在天赐庄校区红楼会议中心201会议室召开。

14日 △学校党委统战部和无党派知识分子联谊会联合举办"校企畅谈·共赢发展"研讨交流活动。

△学校印发《关于表彰2016年"苏州大学生五四青年奖"的决定》,决定授予张苏斌等16个集体和个人2016度"苏州大学五四青年奖"荣誉

称号。

△ 学校印发《关于公布苏州大学2016年"箐政基金"项目的通知》，经对申报项目进行评审，遴选产生了2016年苏州大学"箐政基金"项目41项。

15日   △ 经校长办公会研究决定：一、成立苏州大学儿科临床研究院，挂靠苏州大学附属儿童医院。研究院不设行政建制，院长由附属儿童医院院长兼任，并可根据工作需要设若干副院长。研究院内设办公室，设办公室主任1名，为正科职。二、马克思主义学院管理人员编制调整为4名，增设教学科研办公室，为正科级建制。三、校长办公室撤销接待科，将接待科的相关职能并入综合科。

△ 学校与苏州高铁新城联合办学签约仪式在高铁新城管委会举行。

△ 13日至15日，学校七届二次教职工代表大会在天赐庄校区敬贤堂召开。

18日   △ 苏州大学第六届大学生电影节暨第二十三届北京大学生电影节苏州大学分会场在独墅湖影剧院开幕。

19日   △ 经研究决定，成立苏州大学第九届校学位评定委员会。

主　席：熊思东

副主席：蒋星红

△ 经研究决定，成立苏州大学第九届学部学位评定委员会、院（部、所、中心）学位评定分委员会：

一、苏州大学第九届学部学位评定委员会成员名单

（一）人文社会科学学部

主　席：田晓明

副主席：王家宏

（二）理工学部

主　席：袁银男

副主席：陈国强

（三）医学与生命科学学部

主　席：蒋星红

副主席：杨惠林

二、苏州大学第九届院（部、所、中心）学位评定分委员会成员名单

（一）文学院学位评定分委员会

主　席：王　尧

副主席：曹　炜

（二）凤凰传媒学院学位评定分委员会

主　席：陈　龙

副主席：陈　霖

（三）社会学院学位评定分委员会

主　席：王卫平

副主席：高　峰

（四）政治与公共管理学院学位评定分委员会

主　席：金太军

副主席：邢光晟

（五）马克思主义学院学位评定分委员会

主　席：方世南

副主席：张才君

（六）外国语学院学位评定分委员会

主　席：王腊宝

副主席：孙倚娜

（七）东吴商学院（财经学院）学位评定分委员会

主　席：孙文基

副主席：袁建新

（八）王健法学院学位评定分委员会

主　席：胡玉鸿

副主席：黄学贤

（九）教育学院、教育科学研究院学位评定分委员会

主　席：许庆豫

副主席：周　川

（十）艺术学院学位评定分委员会

主　席：田晓明

副主席：钱孟尧　王泽猛

（十一）音乐学院学位评定分委员会

主　席：吴和坤

副主席：魏正启　刘跃华

（十二）体育学院学位评定分委员会

主　席：陆阿明

副主席：王家宏

（十三）金螳螂建筑学院学位评定分委员会

主　席：吴永发

副主席：王　琼

（十四）数学科学学院及金融工程研究中心学位评定分委员会

数学科学学院学位评定分委员会

主　席：曹永罗

副主席：秦文新　史恩慧

金融工程研究中心学位评定分委员会

主　席：王过京

副主席：岳兴业

（十五）物理与光电·能源学部学位评定分委员会

主　席：王钦华

副主席：高　雷

（十六）材料与化学化工学部学位评定分委员会

主　席：姚建林

副主席：陈　红

（十七）功能纳米与软物质研究院、纳米科学技术学院学位评定分委员会

主　席：刘　庄

副主席：王穗东

（十八）计算机科学与技术学院学位评定分委员会

主　席：李凡长

副主席：张　民

（十九）电子信息学院学位评定分委员会

主　席：赵鹤鸣

副主席：乔东海　胡剑凌

（二十）机电工程学院学位评定分委员会

主　席：孙立宁

副主席：陈　瑶

（二十一）沙钢钢铁学院学位评定分委员会

主　席：董元篪

副主席：钟胜奎

（二十二）纺织与服装工程学院学位评定分委员会

主　席：潘志娟

副主席：唐人成

（二十三）城市轨道交通学院学位评定分委员会

主　席：朱忠奎

副主席：姚林泉

（二十四）医学部及其下属院、所、中心学位评定分委员会

医学部学位评定分委员会

主　席：黄　瑞

副主席：夏超明　龚　政

医学部基础医学与生物科学学院学位评定分委员会

主　席：高晓明

副主席：苏　雄　张洪涛

医学部放射医学与防护学院学位评定分委员会

主　席：曹建平

副主席：华道本

医学部公共卫生学院学位评定分委员会

主　席：张增利

副主席:秦立强

医学部药学院学位评定分委员会

主　席:镇学初

副主席:王剑文

医学部第一临床医学院学位评定分委员会

主　席:侯建全

副主席:陈卫昌　方　琪

医学部第二临床医学院学位评定分委员会

主　席:刘春风

副主席:徐又佳

医学部儿科临床医学院学位评定分委员会

主　席:冯　星

副主席:王晓东

医学部第三及其他临床医学院学位评定分委员会

主　席:何小舟

副主席:张晓膺　吴昌平

医学部生物医学研究院学位评定分委员会

主　席:张惠敏

副主席:郑　慧　彭天庆

医学部唐仲英血液学研究中心学位评定分委员会

主　席:朱　力

副主席:何苏丹　黄玉辉

医学部神经科学研究所学位评定分委员会

主　席:徐广银

副主席:华益民

△江苏省教育工作会议精神宣讲会在天赐庄校区红楼学术报告厅举行。

22日

△经研究决定,对苏州大学创新创业教育改革领导小组成员进行调整:

组　长:熊思东

常务副组长:江作军

副组长:蒋星红

△学校转发《江苏省财政厅关于调整省级机关差旅住宿费标准等有关问题的通知》。

△苏州大学2015年度"协鑫奖"奖学金颁奖仪式在天赐庄校区王健法学院东吴大讲堂举行。

△17日至22日,由江苏省委教育工委主办、学校承办的第二十六期全省高校院(系)党政负责人培训班在学校举办。

△19日至22日,校长熊思东赴台湾地区出席2016海峡两岸及澳洲高

等教育论坛,并访问台湾东吴大学、台湾大学和台北市立大学。

24 日　　△ 以"Easy Learning,Easy Life"为主题的苏州大学第十三届研究生学术科技文化节在天赐庄校区红楼学术报告厅开幕。

　　△ 22 日至 24 日,第六届江苏省工科院校先进制造技术实习教学与创新制作比赛在学校举行。

　　△ 学校举办第十三届研究生学术科技文化节暨研究生东吴论坛(2016)。

27 日　　△ 苏州大学学生学风座谈会在独墅湖校区纳米科学技术学院一楼会议室举行。

　　△ 学校 2016 年第一次院长会议在金螳螂建筑学院北楼学术交流中心顺利召开。

28 日　　△ 经研究决定,成立苏州大学开展"两学一做"学习教育协调小组及工作机构:

　　组　　长:王卓君

　　副组长:高祖林　江作军

　　△ 学校印发《苏州大学关于在全校党员中开展"学党章党规、学系列讲话,做合格党员"学习教育的实施方案》。

　　△ 浙江工业大学校长蔡袁强,副校长华尔天、李小年一行莅临学校访问。

　　△ 学校沙钢钢铁学院专职辅导员孔川获第五届全国辅导员职业能力大赛第六赛区复赛一等奖。

29 日　　△ 经研究决定,对临床医学专业认证工作领导小组作以下调整:

　　组　　长:王卓君　熊思东

　　常务副组长:蒋星红　陈卫昌

　　△ 学校印发《关于加强与改进基层教学组织建设的若干意见》《苏州大学电气工程及其自动化专业认证工作方案》。

4 月　　△ 学校附属第一医院实施苏南地区首例房颤冷冻球囊消融术。

　　△ 学校黎春虹老师入围第八届全国高校辅导员年度人物评选。

　　△ 学校团委获"江苏省五四红旗团委"称号。

　　△ 苏州大学—加拿大滑铁卢大学第三届学术论坛在独墅湖校区举行。

　　△ 学校艺术学院美术系教师吴莹莹系列作品《一个人的 24 节气》获中华区最佳创作插画奖。

5月

3日　　　△ 学校"两学一做"学习教育动员大会在天赐庄校区敬贤堂召开。

4日　　　△ 2016年"苏州大学五四青年奖"表彰大会在天赐庄校区红楼会议中心学术报告厅举行。

5日　　　△ 经研究决定,对苏州大学建行奖教金管理委员会的成员进行调整:
主　任:熊思东
副主任:张伟煜　蒋星红　冯　宇

△ 经研究决定,成立国内合作办公室,撤销对外联络接待办公室。国内合作办公室为正处级建制,人员编制暂定4名。设主任1名,为正处职;副主任1名,为副处职;可根据工作需要,设若干名兼职副主任;设正科职干事1名。

△ 学校印发《苏州大学全资和控股企业财务收支审计办法(暂行)》《苏州大学审计档案管理办法(暂行)》《苏州大学专项经费审计办法(暂行)》《"两学一做"学习教育党(工)委书记一把手职责任务清单》。

△ 经校研究决定,成立医院管理处。医院管理处为正处级建制,人员编制暂定5名。设处长1名,副处长1名,正科职干事1名。

△ 经研究决定,江苏苏大投资有限公司人员编制暂定5名。公司设综合办公室主任1名(正科职)。

△ 经校研究决定,将科学技术与产业部更名为科学技术研究部,其下设的科技产业处更名为科技成果转化处,军工处更名为军工科研处。科学技术研究部人员编制及下设机构建制均保持不变。

调整后,科学技术研究部下设综合办公室、科学技术处、军工科研处(军工保密办公室)、科技成果转化处(国家大学科技园管理中心)。

科学技术处内设基金管理科、重点项目管理科、成果管理科、平台管理科。

军工科研处(军工保密办公室)内设军工科技管理科、军工监管科(军工质量管理办公室)。

科技成果转化处(国家大学科技园管理中心)内设知识产权管理科、产学研合作科、技术转移管理科。

将"2011计划"办公室挂靠科学技术研究部。

△ 贵州医科大学何志旭校长一行赴学校联系对口支援工作。

△ 经研究决定,聘任熊思东同志为老挝苏州大学校长(兼)。

△ 苏州大学教育发展基金会召开二届十次理事会。

6 日　　　△ 学校印发《苏州大学党政办公用房管理实施细则》《苏州大学产业和商业用房管理实施细则(试行)》《苏州大学党政办公用房管理实施细则》《苏州大学党政电子公文处理若干规定(试行)》。

　　　　△ 由学校博物馆、苏州市归国华侨联合会主办,苏州市吴中区归国华侨联合会协办,苏州市华侨书画院承办的"翰墨侨韵——醉美江南"书画作品展开幕暨"苏州市华侨文化交流基地"挂牌仪式在学校博物馆举办。

7 日　　　△ 学校印发《苏州大学名誉教授和客座教授管理暂行办法》。

9 日　　　△ 老挝教育与体育部组织人事司司长占沙母·教诉塔率领老挝教育与体育部民办教育指导委员会主任卡丰·赛宋普、中等教育司副司长班忠·拉塔万,国际司副司长塔纹·乌东辛、民办教育指导委员会副主任普纹·教普翁、办公厅财政处处长哈萨迪·瓦塔纳等一行访问学校。

10 日　　△ 学校印发《苏州大学讲座教授和兼职教授管理暂行办法》。

　　　　△ 校党委书记王卓君赴沙钢钢铁学院,以"学习系列讲话,理解五大理念"为题为学院全体师生党员上专题党课。

11 日　　△ 江苏省高校领导班子建设调研座谈会(片区会)在学校天赐庄校区红楼会议中心举行。

　　　　△ 学校 2014—2015 学年三星奖学金颁奖仪式在天赐庄校区红楼会议中心举行。

12 日　　△ 苏州工业园区教育局教学实习双选会在独墅湖校区二期举行。

　　　　△ 9 日至 12 日,教育部专家组莅临学校对临床医学专业认证进行现场考察与指导,正式启动临床医学专业认证工作,初步报告反馈会在天赐庄校区红楼会议中心 217 会议室召开。

13 日　　△ 学校导师学院深化专业学位研究生导师评聘制度改革研讨会在天赐庄校区红楼会议中心举行。

14 日　　△ 学校印发《苏州大学全资和控股企业负责人薪酬、履职待遇和业务支出暂行办法》。

　　　　△ 学校召开北美校友会第十届校友代表大会。

15 日　　△ 经研究决定,对苏州大学国防教育(学生军训)工作领导小组成员进行调整:

　　　　组　长:江作军　蒋星红

　　　　副组长:胡新华

　　　　△ 经研究决定,对苏州大学征兵工作领导小组成员进行调整:

　　　　组　长:王卓君

　　　　副组长:江作军　蒋星红

　　　　△ 14 日至 15 日,医学部放射医学与防护学院、放射医学及交叉学科研究院第四届战略发展研讨会在独墅湖校区举行。

16 日　　△ 学校对口支持淮阴师范学院教学院长研讨活动启动仪式在天赐庄校区红楼会议中心举行。

17 日　　△ 2016 年无偿献血工作会议在红楼会议中心举行。

△学校阮长耿院士应邀访问巴黎综合理工大学。

18日 △第七届苏州市"三星半导体杯"软件和信息技术专业人才大赛颁奖典礼在天赐庄校区学术报告厅举行。

19日 △经研究决定,成立绿色校园建设领导小组:

组　长:杨一心

副组长:李　翔

△经研究决定,对苏州大学防汛防灾领导小组成员进行调整:

组　长:杨一心

副组长:李　翔

领导小组下设防汛防灾突击队:

队　长:朱剑峰

副队长:蒋安平　徐　华　张宏春　伊卫星

防汛防灾突击队各校区负责人:

天赐庄校区:蒋安平　魏垂涛　孟祥龙　周伟虎

独墅湖校区:徐　华　彭照华

阳澄湖校区:张宏春　芈志坚

后庄公寓:伊卫星　孟祥龙

21日 △学校举办2016年校友返校日系列活动。

△"中博诚通"2016年苏州大学第十一届炫舞之星舞蹈大赛在独墅湖影剧院举行。

△学校老东吴校友莅临法学院参加校友座谈会。

25日 △苏州大学·隆力奇圆梦交流总结会暨隆力奇圆梦助学金捐赠仪式在常熟市隆力奇集团总部举行。

△学校党委书记王卓君赴凤凰传媒学院调研指导"两学一做"学习教育。

26日 △学校印发《苏州大学2016—2020年党员教育培训工作规划》。

△台湾慈济大学王本荣校长一行11人莅临学校交流访问。

27日 △学校沙钢钢铁学院辅导员孔川获第五届全国高校辅导员职业能力大赛决赛二等奖。

29日 △由全国高等学校文科学报研究会主办、学校学报编辑部承办的中国高校学报110周年纪念暨学术期刊高峰论坛在天赐庄校区红楼学术报告厅举行。

△学校在2016年"创青春"江苏省大学生创业大赛中获得"优胜杯"。

△上海师范大学基金会莅临学校交流访问。

30日 △学校党委书记王卓君来到物理与光电·能源学部,为学部师生党员上题为"学习系列讲话,理解五大理念"的专题党课。

△"中国十大青年钢琴家"元杰在独墅湖校区601幢音乐厅举行古典音乐讲座。

△苏州大学东吴证券奖教金、奖学金、助学金颁发仪式在东吴证券大

厦举行。

△ 28日至30日,全国马克思主义青年学者论坛(2016)在学校独墅湖校区举行。

△ 学校印发《关于表彰2016年苏州大学王晓军精神文明奖先进集体和先进个人的决定》,城市轨道交通学院2013级通信工程等3个集体和附属第二医院危少华等3个个人被评为先进集体和个人。

31日

△ 经研究决定,成立苏州大学养老保险制度改革工作领导小组:

组　长:陈一星

△"田家炳基金会苏州学校改进计划"启动会议在天赐庄校区学术报告厅举行。

△ 2016年第二次院长会议在天赐庄校区王健法学院B201会议室举行。

5月

△ 校长熊思东先后赴凤凰传媒学院、材料与化学化工学部、音乐学院、体育学院、东吴商学院、机电工程学院、沙钢钢铁学院、纺织与服装工程学院、计算机科学与技术学院、电子信息学院、外国语学院、文学院、社会学院、教育学院走访调研,召开座谈会指导工作。

△ 学校马克思主义学院方世南教授在教育部社会科学司指导,教育部高校思想政治理论课教学指导委员会、《思想理论教育导刊》编辑部和高校思想政治理论课程研究中心主办的全国"高校思想政治理论课教师2015年度影响力人物"评选活动中获评全国"高校思想政治理论课教师2015年度影响力人物"。

△ 江苏省2016年大学生就业能力提升培训(苏州地区)相关活动在学校全面开展。

△ 学校举办2016年处级干部培训暨深入学习十八届五中全会和习近平总书记系列重要讲话精神专题培训班。

6月

1日

△ 学校印发《苏州大学研究生工作考评方案(修订)》。

△ 金螳螂公益慈善基金会与苏州大学教育发展基金会签署新一轮捐赠协议,再捐1 500万元设立"苏大金螳螂建筑学院教育发展基金"。

2日

△ 中共苏州大学委员会批复《关于中共苏州大学附属第二医院委员会换届选举结果的报告》及《关于中共苏州大学附属第二医院纪律检查委员会选举结果的报告》。中共苏州大学附属第二医院委员会由王宇、王少雄、刘春风、孙光夏、孙亦晖、钱志远、徐博、程永志、魏钦海等9名委员组成,王少

雄任书记。纪律检查委员会由成茂华、杨爱琴、周宝珍、赵晓阳、唐军、程永志、范仲民等7名委员组成,程永志任书记。

△ 苏州大学—上海空间推进研究所"智能机器人技术联合研发中心"签约揭牌仪式在学校机器人与微系统研究中心举行。

△ 学校党委理论学习中心组以"学习党章党规,提高政治素养和政策水平"为主题,在钟楼召开"两学一做"专题学习会议。

3日

△ 学校印发《苏州大学校长办公会议题征集暂行办法》。

△ 学校研究生工作会议在天赐庄校区红楼会议中心召开。

5日

△ 由亚太青年模拟APEC大会组委会、北京市环亚青年交流发展基金会主办,学校承办的2016年MODEL APEC华东地区选拔赛在天赐庄校区红楼学术报告厅举行。

△ 苏州大学沙钢教育基金理事会暨沙钢教育基金评审会在沙钢集团举行。

△ 首届长三角高校思想政治理论教学改革创新研讨会暨高校思想政治理论课区域协同创新中心揭牌仪式在学校马克思主义学院举行。

6日

△ 学校印发《关于聘任2016届苏州大学研究生校友联络员的通知》,聘任李梦洁等222名2016届毕业生为校友联络员。

△ 学校公布2016年本科升转专业名单,共有176名本科生转入相关专业学习。

8日

△ 美国纽约州立石溪大学校长Samuel Stanley博士与副校长刘骏博士一行莅临学校访问。

△ 美国唐仲英基金会工作人员莅临学校。

△ 6日至8日,中国工程教育专业认证协会组织专家组莅临学校对通信工程专业进行工程教育专业认证现场考查。

△ 学校公布2016年苏州大学双学位专业录取学生名单,张宁等552名学生被录取为双学位专业学生。

12日

△ 学校国有资产清查工作动员大会在天赐庄校区红楼学术报告厅举行。

△ 第二届中国"互联网+"大学生创新创业大赛校级初赛暨"双创杯"苏州大学第一届"互联网+"大学生创新创业大赛在独墅湖校区六维空间举行。

△ 学校印发《关于做好我校出席苏州市第十二次党代会代表选举工作的通知》。

13日

△ 江苏省纪委常委、苏州市委常委、苏州市纪委书记周广智莅临学校调研指导苏州廉政建设研究所和"廉石智库"工作。

△ 学校印发《关于加强校领导联系基层单位的工作意见》《关于表彰苏州大学2015—2016学年优秀研究生、优秀研究生干部、优秀毕业研究生、研究生学术标兵的决定》。

14日

△ 经研究决定,对苏州大学统一战线工作领导小组成员进行调整:

组　长：王卓君

副组长：高祖林　江作军

△ 经校党委常委会研究决定，苏州大学张家港工业技术研究院为正处级建制，设院长1名，由物理与光电·能源学部相关负责人兼任；设副院长2名，其中1名为副处职，另1名由化学电源研究所所长兼任。研究院内设办公室，设办公室主任1名，为正科职。

△ 学校公布《苏州大学关于落实财务管理领导责任严肃财经纪律的实施办法（试行）》。

△ 香港中文大学伍宜孙书院师生莅临学校访问。

△ 学校举行2016届校友联络员聘任仪式。

15日

△ 学校2016年本科招生宣传工作会议在王健法学院东吴大讲堂举行。

△ 2016年"筑梦计划"苏州市大学生暑期实习招募会（苏州大学专场）在独墅湖校区二期A05幢三楼招聘大厅举行。

△ 学校党委副书记、副校长江作军，图书馆副馆长冯一，文学院党委副书记、副院长张健等一行参加第三届高校"礼敬中华优秀传统文化"系列活动交流会。

△ 14日至15日，学校举行"未来教师职业体验"系列讲座活动。

16日

△ 经研究决定，对苏州大学岗位设置与聘用工作领导小组成员进行调整：

组　长：王卓君　熊思东

△ 经研究决定，对苏州大学国有资产管理委员会成员进行调整：

主　任：熊思东

副主任：袁银男　陈一星　杨一心

△ 学校印发《2016年苏州大学国有资产清查工作方案》《苏州大学第三轮岗位设置与聘用工作实施办法》。

△ 学校印发《关于表彰先进基层党组织、优秀共产党员和优秀党务工作者的决定》，对全校30个基层党组织、22名优秀共产党员和31名优秀党务工作者予以表彰。

△ 学校孟珍同学、彭晓蓓老师分别获2015年"江苏省大学生年度人物"称号及"江苏高校辅导员年度人物"入围奖。

△ 何梁何利基金高峰论坛暨图片展在独墅湖校区金螳螂建筑学院会议厅举办。

△ 学校举行2016年师范生基本功大赛暨"明日之师"系列活动。

△ 经研究决定，放射医学及交叉学科研究院设立办公室，设主任1名，为正科职。

17日

△ 经研究决定，成立苏州大学转专业工作领导小组：

组　长：蒋星红

△ 学校第七次研究生事务联席会在天赐庄校区红楼会议中心217会议室举行。

△ 学校印发《苏州大学党员领导干部与党外代表人士联谊交友实施办法》。

19 日　　△ 学校龙舟队女队获"2016 年世界名校龙舟大赛"500 米直道竞速第二名、200 米直道竞速第二名、2 000 米环绕赛第三名。

20 日　　△ 学校印发《苏州大学关于校领导参加公务活动的暂行规定》。

21 日　　△ "全球化、就业与农业——世界政治经济学学会第 11 届论坛"在印度旁遮普大学召开,学校马克思主义学院方世南教授荣获 2016 年度"21 世纪世界政治经济学杰出成果奖"。

22 日　　△ 机关纪念建党 95 周年先进表彰会暨"两学一做"学习教育专题党课在天赐庄校区敬贤堂举行。

△ 苏州大学—苏州工业园区教育局"优秀实习生联合培养项目"启动。

△ 由吴中高新区、苏州大学、德合集团三方合作共建的苏州大学国家大学科技园(吴中分园)正式签约。

△ 苏州大学"学党章党规学系列讲话精神"知识竞赛决赛暨颁奖典礼在天赐庄校区学术报告厅举行。

23 日　　△ 21 日至 23 日,江苏省高校辅导员示范培训项目"高校学生突发事件预防与应对"专题研修班第四次在学校举办。

△ 中共苏州大学第十一届委员会第十三次全体会议在天赐庄校区红楼 217 会议室举行。

△ 校党委全委会审议通过学校"十三五"规划纲要和综合改革方案。

24 日　　△ 以色列顶级生殖医学专家 Ami Amit 教授及其团队莅临学校医学中心访问、交流。

△ 澳大利亚莫纳什大学教学与学术委员会主席 Chris Davies 教授莅临学校访问。

△ 2016 年苏州大学"我最喜爱的老师"颁奖典礼在天赐庄校区王健法学院东吴大讲堂举行。

26 日　　△ 中国民主同盟苏州大学第四次代表大会在天赐庄校区红楼会议中心 115 室举行。

27 日　　△ 根据《中华人民共和国学位条例》及《苏州大学硕士、博士学位授予工作细则》,经第九届校学位评定委员会第一次会议审定,决定授予学术学位研究生汤丹磊等 14 人哲学硕士学位,孙晓晴等 32 人经济学硕士学位,李玲等 105 人法学硕士学位,张伊等 110 人教育学硕士学位,马圆圆等 108 人文学硕士学位,朱玲云等 19 人历史学硕士学位,张玮等 377 人理学硕士学位,袁悦等 362 人工学硕士学位,张萍萍等 11 人农学硕士学位,袁徐烨等 284 人医学硕士学位,黄晨等 76 人管理学硕士学位,王慧等 43 人艺术学硕士学位;授予专业学位研究生宋佳佳等 33 人金融硕士学位,纪祥等 11 人应用统计硕士学位,汤蕾税务硕士学位,丁晨蓉等 10 人国际商务硕士学位,邹锷等 124 人法律硕士学位,蒋馥蔚等 37 人社会工作硕士学位,许嫣娜等 108 人教育硕士学位,陈富贵等 39 人体育硕士学位,江子莹等 48 人汉语国际教育硕士学位,邓婉婷等42人应用心理硕士学位,王欣冉等43人翻译硕士学位,刘敏等36人新闻与传播硕士学位,闻寅啸等27人工程硕士学位,陈立军等12人农业推广硕士学位,张永华等342人临床医学硕士学位,周江宏等19人公共卫生硕士学位,顾倩等15人药学硕士学位,陈志锋等186人工商管理硕士学位,郑千丽等121人公共管理硕士学位,程凯莉等63人会计硕士学位,李则超等71人艺术硕士学位;授予同等学力人员仲伟姗经济学硕士学位,金加彬等8人教育学硕士学位,唐志强等153人医学硕士学位,陆叶等14人管理学硕士学位。

△ 根据《中华人民共和国学位条例》及《苏州大学硕士、博士学位授予工作细则》,经第九届校学位评定委员会第一次会议审定,决定授予学术学位研究生翟安康等7人哲学博士学位,鲁莹等5人经济学博士学位,孙红军等21人法学博士学位,顾志勇等8人教育学博士学位,李昂等28人文学博士学位,樊崔花等2人历史学博士学位,王学蕾等45人理学博士学位,吴尚等38人工学博士学位,徐开遵等2人农学博士学位,赵雷等77人医学博士学位,郑锡聪等9人管理学博士学位;授予专业学位研究生叶一舟等85人临床医学博士学位。

△ 学校印发《关于公布2016年度"苏州大学专业学位建设项目"(第二批)结题验收结果的通知》,相关项目验收合格。

△ 学校印发《关于公布"苏州大学2016年度江苏省研究生创新工程项目"结题验收结果的通知》。

28日 △ 日本金泽市市长山野之义率团莅临学校访问。

29日 △ 学校纪念中国共产党成立95周年暨党内表彰大会在天赐庄校区敬贤堂举行。

△ 学校本科教学工作会议在天赐庄校区红楼会议中心217会议室举行。

△ 苏州大学研究生支教团、西部计划、苏北计划学生座谈会在天赐庄校区红楼201会议室举行。

6月 △ 学校出版社申报的《苏州通史》(16册)、《新媒介与青年亚文化》(9册)、《梅兰芳唱腔全集》(10册)、《苏州民族民间音乐集成》(9册)、《当代中国器乐创作研究》(2册)、《全球语境中的多元音乐文化观念研究》等6种项目47部图书入选"十三五"国家重点图书出版规划。

△ 学校微电影作品《梦》获由江苏省学生资助管理中心组织开展的2016年江苏高校大学生"他们——我身边的资助"微电影创作大赛一等奖。

△ 校长熊思东赴马克思主义学院、艺术学院、政治与公共管理学院、王健法学院、城市轨道交通学院、数学科学学院、物理与光电·能源学部、医学部走访调研,并召开座谈会指导工作。

△ 学校计算机科学与技术学院院长李凡长教授、医学部药学院副院长秦正红教授获"科学中国人(2015)年度人物"称号。

△ 国家国防科技工业局举行了国防科技创新基地和共建高校座谈会,

党委书记王卓君代表学校参加了国防科技工业局与江苏省人民政府"共建高校"授牌仪式及相关会议。

△ 学校庄友刚教授当选"2015年度中国人文社科最具影响力青年学者"。

△ 加拿大西安大略大学终身教授、加拿大皇家科学院院士、苏州大学—西安大略大学同步辐射联合研究中心主任、学校功能纳米与软物质研究院讲座教授Tsun-Kong Sham（岑俊江）获加拿大勋章。

7月

5日 △ 苏州大学—东吴人寿保险股份有限公司战略合作协议签约仪式在天赐庄校区红楼会议中心举行。

6日 △ 校党委召开全校统战工作会议。

△ 学校2016年第三次院长会议在阳澄湖校区行政楼300会议室举行。

△ 学校继续教育工作会议在红楼217会议室举行。

7日 △ 中共苏州大学委员会批复《关于中共苏州大学金螳螂建筑学院委员会选举结果的报告》及《关于中共苏州大学金螳螂建筑学院委员会委员分工的报告》。中共苏州大学金螳螂建筑学院委员会由查佐明、陈国凤等5名委员组成，查佐明任书记，陈国凤任副书记。

△ 学校印发《苏州大学信息公开保密审查规定》。

△ 经研究决定，对苏州市独墅湖医院（苏州大学医学中心）有关机构编制事项明确如下：

一、苏州市独墅湖医院为苏州工业园区事业单位、非营利性公立医院，苏州大学医学中心为学校直属的二级教学科研单位，苏州市独墅湖医院与苏州大学医学中心实行"两块牌子、一套班子"的运行模式。

二、苏州大学医学中心为正处级建制，设主任1名，为正处职；设副主任3名，为副处职。学校将医学中心主任、副主任分别作为独墅湖医院院长、副院长的推荐人选，按医院章程履行相关手续后，由医院理事会聘任。

三、苏州市独墅湖医院按有关规定成立党委、纪委，分别隶属于苏州工业园区相应组织。苏州市独墅湖医院党委书记、副书记以及纪委书记人选由苏州工业园区委员会提出，并按医院章程履行相关手续后担任。

四、苏州市独墅湖医院设财务总监1名，由苏州工业园区管委会提出人选，并按医院章程履行相关手续后，由医院理事会聘任。

五、苏州市独墅湖医院按有关规定成立共青团、工会等群团组织。

六、苏州市独墅湖医院内设机构可根据发展需要，由医院理事会研究

| 8日 | △ 校党委理论学习中心组"两学一做"专题学习会在天赐庄校区钟楼召开。 |

△ 学校公布2016年度"苏州大学思想政治教育中青年优秀人才支持计划"支持对象名单。

| 9日 | △ 学校印发《苏州大学优秀教学成果奖励办法》。 |

△ 首届苏州大学校友亲子科技趴活动在环球188天悦会苏州外联出国咨询有限公司举行。

| 10日 | △ 学校印发《关于临床医学硕士专业学位研究生培养与住院医师规范化培训衔接问题若干意见》《苏州大学2016年本科生迎新工作安排》《苏州大学2016年研究生迎新工作安排》《苏州大学体育保健生管理办法》《苏州大学关于进一步加强统一战线工作的意见》。 |

△ 学校2016年暑期社会实践出征仪式在天赐庄校区红楼学术报告厅举行。

| 11日 | △ 学校印发《苏州大学科技成果转化管理办法(试行)》。 |

△ 苏州大学附属中学第二届校务委员会会议在苏州大学附属中学一楼会议室举行。

△ 苏州市独墅湖医院(苏州大学医学中心)首批新职工入职培训在工业园区慧湖大厦三楼报告厅举办。

| 12日 | △ 2016年江苏省骨干研究生导师高级研修班开班仪式在学校天赐庄校区敬贤堂举行。 |

| 13日 | △ 由学校凤凰传媒学院、东吴智库、江苏省传媒艺术研究会联合主办,新华日报苏州办事处、名城商务协办的第二届国际大学生新媒体节暨新媒体原创作品大赛举行。 |

△ 校党委书记王卓君教授做客由学校承办的"2016年度江苏省骨干研究生导师高级研修班",做了题为"认清形势·守住责任·当好导师"的专题报告。

| 14日 | △ 老挝苏州大学首届本科生毕业典礼在老挝首都万象举行。 |

△ 12日至14日,学校校长熊思东率团访问了老挝,先后拜访了老挝前人民革命党中央总书记、前国家主席、苏州大学名誉博士朱马利·赛雅贡和老挝前政府总理、苏州大学名誉博士波松·布帕万,并访问了老挝科技部、老挝国立大学以及中国驻老挝大使馆等。

| 16日 | △ 苏州大学惠寒学校落户沭阳县东小店乡,捐赠、揭牌仪式在东小店乡初级中学举行。 |

| 17日 | △ 根据《苏州大学成人高等教育本科毕业生学士学位授予工作实施细则(修订稿)》(苏大教〔2013〕138号)文件精神,经院(部)审核、校学位评定委员会审定,决定于2016年6月授予金彦怡等1 211名成人高等教育本科毕业生学士学位。 |

△ 根据《苏州大学高等教育自学考试本科毕业生学士学位授予工作实

施细则(修订稿)》(苏大教〔2013〕137号)文件精神,经院(部)审核、校学位评定委员会审定,决定于2016年6月授予刘熙宁等433名高等教育自学考试本科毕业生学士学位。

△根据《苏州大学双学位专业管理规定(修订稿)》(苏大教〔2014〕19号)文件精神,经院(部)审核、校学位评定委员会审定,决定授予马青青等401名同学双学位专业学士学位。

△12日至17日,2016年江苏省骨干研究生导师高级研修班在学校举办。

18日 △2016年全国高校思想政治理论课骨干教师社会实践研修活动江苏组启动仪式在天赐庄校区红楼115会议室举行。

19日 △学校印发《苏州大学"冠名"教授制度暂行办法》。

△苏州市委常委、苏州工业园区党工委书记王翔莅临苏州市独墅湖医院(苏州大学医学中心)进行实地调研。

20日 △"石狮杯"第十六届全国大学生田径锦标赛中,学校运动员获第一名3项、第二名1项、第三名2项、第四名3项、第五名2项、第六名和第七名各1项,团体总分进入前十强,并获得"体育道德风尚奖",徐建荣老师被评为"优秀教练员"。

22日 △根据《苏州大学普通高等教育本科毕业生学士学位授予工作实施细则(修订稿)》(苏大教〔2013〕139号)文件精神,经院(部)审核、校学位评定委员会审定,决定授予汪云翔等6 965名2016届普通高等教育全日制本科毕业生学士学位。

△学校在贵州省铜仁市沿河土家族自治县淇滩镇梅子小学举行惠寒奖学金签约暨惠寒书屋捐建仪式。

24日 △根据《苏州大学关于外国留学本科生教学管理及毕业、学位授予的若干规定》(苏大教〔2015〕26号)等文件精神,经院(部)审核、校学位评定委员会审定,决定授予KIM HYUNBEEN等117名外国留学本科毕业生学士学位。

△第三届海峡两岸网络容错与故障诊断研讨会(CCNFF2016)在学校举行。

27日 △经研究决定,对苏州大学保密委员会组成人员进行调整:
主　任:王卓君
副主任:江作军　路建美

△学校公布2016年优秀思想政治理论课教师和教学先进集体获奖名单。

△中共苏州大学委员会批复《关于中共苏州大学材料与化学化工学部委员会选举结果的报告》及《关于中共苏州大学材料与化学化工学部委员会委员分工的报告》。中共苏州大学材料与化学化工学部委员会由王美珠、严冬生等5名委员组成,严冬生任书记,王美珠任副书记。

△经研究决定,聘任姜竹松同志为艺术学院院长。

28 日	△ 在党委副书记、副校长江作军和副校长杨一心的带领下,相关职能部门先后前往物理与光电·能源学部现代光学楼,计算机科学与技术学院理工楼,材料与化学化工学部 701、907 号楼和医学部 702、703 号楼,开展实验室安全检查。
29 日	△ 苏州大学庆"八一"军民融合发展座谈会在天赐庄校区红楼会议中心 217 会议室举行。
7 月	△ 学校"东吴智库"获批"江苏省重点培育智库"。
	△ 熊思东校长赴附属第一医院、第二医院、儿童医院走访调研,并召开座谈会指导工作。
	△ 由苏州大学、共青团苏州市委联合主办的科大微龙·苏州大学"东吴杯"第五届全国中学生辩论赛在学校举行。
	△ 苏州大学出版社《百年中国马克思主义伦理思想研究述要》《行走苏州园林》两种图书获评"苏版好书"。
	△ 学校计算机科学与技术学院院长李凡长教授、医学部药学院副院长秦正红教授获"科学中国人(2015)年度人物"称号。
	△ 学校纳米与软物质研究院迟力峰教授获 2016 年度 ACS Nano Lectureship Awards。

8 月

5 日	△ 苏州大学—苏州燃气集团能源大数据研发中心签约暨揭牌仪式在苏州市燃气大厦举行。
9 日	△ 根据《中华人民共和国学位条例》及《关于七年制高等医学教育授予医学学位的几点规定》(苏大教〔2007〕81 号)文件精神,经医学部审核、第九届校学位评定委员会第一次会议审定,决定授予许威等 89 名七年制临床医学专业毕业生临床医学专业硕士学位。
	△ 学校体育学院学生孙杨获里约奥运会中国游泳首金。
10 日	△ 8 日至 10 日,学校举行"苏州大学绿色行动"校友林揭牌活动。
11 日	△ 10 日至 11 日,学校副校长田晓明等专家学者一行 15 人赴抚州市调研交流。
12 日	△ 学校参加苏州市实施名城名校融合发展战略暨推进省市共建工作调研座谈会。
14 日	△ 经研究决定,成立苏州大学信息公开领导小组:
	组　　长:熊思东
	副组长:袁银男

20日	△19日至20日,学校维盾纳米创业团队获第二届"协鑫杯"全国大学生绿色能源创新创业大赛特等奖,蚕之宝创业团队获得二等奖,"高效半透全聚合物有机太阳能电池的研究"项目获优秀奖,学校获优秀组织奖。
21日	△15日至21日,淮阴师范学院党委书记朱汉清、校长朱林生带领校领导班子、机关各部门、各院系共160余名处级以上干部莅临学校进行研修培训。
27日	△21日至27日,江苏省高校新任辅导员岗前培训在学校举行。
28日	△江苏省范围内首次直升机空中医疗救援应急演练在学校附一院举行。
31日	△28日至31日,学校在2016年"创青春"全国大学生创业大赛MBA专项赛、电子商务专项赛中获1金2银1铜。
8月	△学校研究生支教团"惠寒·兰花草"——关爱留守儿童网络众筹项目在共青团陕西省委、陕西省委高教工委等单位主办的"携手公益逐梦青春"2016年陕西省青少年公益项目大赛颁奖仪式暨优秀项目推介活动中荣获金奖。
	△中国韵文学会、中国词学会共同授予学校杨海明教授、南开大学叶嘉莹教授"中华词学研究终身成就奖"。

9月

4日	△校党委十一届十四次全体会议及全校干部大会在天赐庄校区敬贤堂举行。
	△学校印发《苏州大学关于加强研究性教学工作的指导意见》。
5日	△学校印发《苏州大学2016年度工作要点(补充部分)》《2016—2017学年度第一学期苏州大学党委理论学习中心组学习计划》。
	△学校熊思东校长与校级老领导举行座谈会,就学校改革发展听取意见和建议。
8日	△苏州大学学生参加里约奥运会总结表彰会在天赐庄校区红楼会议中心举行。
	△学校公布2016年苏州大学教学成果奖获奖项目,共15项,其中一等奖5项,二等奖10项。
9日	△学校印发《关于党委常委会工作的报告》。
	△学校庆祝第32个教师节座谈会在天赐庄校区红楼会议中心举行。
12日	△学校2016年参军学生欢送会在天赐庄校区红楼会议中心举行。
14日	△学校2016级本科生军训动员大会在天赐庄校区存菊堂举行。

△ 校党委党务工作例会暨"两学一做"学习教育工作推进会在天赐庄校区红楼217会议室举行。

18日 △ 学校附属医院院长会议在天赐庄校区红楼217会议室举行。

△ 16日至19日,中国心理学会理论心理学与心理学史专业委员会2016年学术年会在天赐庄校区红楼会议中心召开。

20日 △ 学校2016级本科生开学典礼在天赐庄校区钟楼南草坪举行。

21日 △ 经研究决定,成立苏州大学研究性教学工作领导小组:

组　长:蒋星红

△ 学校2016年第四次院长会议在天赐庄校区红楼学术报告厅举行。

△ 学校党委书记王卓君、校长熊思东分别在天赐庄校区和独墅湖校区为2016级新生讲授"大学第一课"。

23日 △ 经研究决定,成立苏州大学基础教育研究院。该研究院为校级研究机构,挂靠苏州大学实验学校,人员编制暂定5名。苏州大学基础教育研究院设院长1名,聘请知名教育专家担任;设常务副院长1名,由苏州大学实验学校主要负责人兼任;设干事1名。

△ 经研究决定,成立苏州大学实验学校,并对学校运行模式及机构编制相关事宜明确如下:

一、苏州大学实验学校为苏州市相城区事业单位、公办学校,在业务上接受相城区教育局的指导。

二、苏州大学实验学校实行理事会领导下的校长负责制,理事会由联合办学双方有关人员组成。苏州大学实验学校校长由苏州大学提名,经理事会批准后任命;苏州大学实验学校党委书记由理事会推荐并经组织程序考察,报请高铁新城党工委任命。苏州大学实验学校校长和党委书记均作为正处职干部管理。

三、苏州大学实验学校按有关规定成立党委,隶属于苏州高铁新城党工委。苏州大学实验学校按有关规定成立共青团、工会等群团组织。

四、苏州大学实验学校管理团队成员由实验学校校长提名并报请理事会任命。实验学校内设机构可根据发展需要,由管理团队研究设立并报理事会备案。

25日 △ 2016年"梦想开始的地方"苏州大学迎新生专场文艺演出在天赐庄校区存菊堂举行。

△ 24日至25日,中国医学生联合会(IFMSA-China)第四届全国会议在天赐庄校区举行。

△ 23日至25日,由江苏省公共管理院长论坛理事会主办、学校政治与公共管理学院和江苏省新型城镇化与社会治理协同创新中心承办的"第四届江苏省公共管理论坛"在天赐庄校区红楼会议中心召开。

27日 △ 学校2016级大学生军训总结大会在东校区大操场举行。

△ 学校公布2016年江苏省大学生创新创业训练计划立项项目,其中重点项目55项,一般项目20项,指导项目30项,校企合作基金项目10项,创

业训练项目2项,创业实践项目2项。

　　△ 23日至27日,由学校主办的第四届新型高分子材料与控制释放国际会议(4th Symposium on Innovative Polymers for Controlled Delivery,SIPCD 2016)在苏州独墅湖世尊酒店举行。

　　△ 26日至27日,韩国大真大学校长李勉宰率团访问学校并考察大真大学苏州分校。

　　△ 学校2017年国家自然科学基金申报启动会暨首场报告会在独墅湖校区炳麟图书馆学术报告厅举行。

28日　　△ 美国玛希学院(Mercy College)校长Timothy Hall教授一行莅临学校访问。

　　△ 学校图书馆获评江苏省古籍保护工作先进单位,古籍特藏部薛维源和张若雅同志被评为先进个人。

9月　　△ 学校凤凰传媒学院陈一副教授入选第二期全省宣传文化系统青年文化人才。

　　△ 民进苏州大学委员会被民进江苏省委授予"民进全省参政议政工作先进集体"称号。

　　△ 学校材料与化学化工学部、敬文书院、沙钢钢铁学院以及国际合作交流处(海外教育学院)、港澳台办公室被评为"江苏省教育工作先进集体"。敬文书院与纳米科学技术学院教育改革实践分别被评为"江苏省教育改革创新优秀典型案例"和"江苏省教育改革创新典型案例"。

　　△ 学校获评2013—2015年度"江苏省文明单位(社区、校园)"。

　　△ 学校功能纳米与软物质研究院、纳米科学技术学院张晓宏教授领衔的"光功能纳米材料创新引智基地"入选国家外专局正式公布的2016年度地方高校"高等学校学科创新引智计划"(即"111计划")立项名单。

10月

9日　　△ 离退休老同志祝寿会在学校东吴饭店举行。

　　△ 学校公布2016年苏州大学生创新创业训练计划立项项目名单,共有77个项目立项。

　　△ 学校党委理论学习中心组举行第四次集中学习会,深入学习习近平总书记"七一"重要讲话精神。

12日　　△ "青春在实践中闪光"苏州大学2016年暑期社会实践成果汇报交流会分别在天赐庄校区、独墅湖校区和阳澄湖校区举行。

　　△ 经研究决定,成立苏州大学区人大换届选举工作领导小组:

组　　长：江作军

副组长：袁冬梅　陈　美　周玉玲　王云杰

△ 江苏省研究生教育教学改革研究与实践重大课题（委托）"江苏省研究生培养创新工程项目转型发展研究"在天赐庄校区红楼会议中心举行开题会。

△ 2016年本科专业自我评估校内专家培训会在东校区凌云楼902会议室召开。

13日　△ 学校第八次研究生事务联席会在天赐庄校区红楼会议中心201会议室举行。

15日　△ 由学校音乐学院音乐教育系学生组成的星空女声合唱团在科文中心大剧院演出。

18日　△ 经研究决定，消防安全重点保卫部位公布如下：

校本部：东吴大学旧址、红楼、图书馆、存菊堂。

东校区：凌云楼、敬文图书馆、体育馆。

北校区：工科楼、图书馆。

独墅湖校区：化学试剂仓库、炳麟图书馆。

阳澄湖校区：图书馆。

△ 学校印发《苏州大学"申请—考核"制攻读博士学位研究生招生选拔办法（修订）》《苏州大学博士生导师上岗招生及指标配置的实施办法》《苏州大学关于参加苏州市姑苏区第二届人民代表大会代表选举工作的实施意见》。

△ 由苏州市文联主办，苏州市杂技家协会、苏州大学艺术教育中心、苏州大学学生艺术联合会承办的江苏省金奖魔术展演暨苏州大学专场演出在学校天赐庄校区存菊堂上演。

19日　△ 苏州市人民政府印发《苏州市人民政府　苏州大学关于印发2016年名城名校融合发展战略工作计划的通知》。

20日　△ 经研究决定，对苏州大学研究生招生工作领导小组进行调整：

组　　长：熊思东

副组长：蒋星红　高祖林

△ 学校印发《苏州大学科研用房补贴实施意见》。

21日　△ 中法专家代表团一行莅临学校开展访问交流。

△ 由学校发展委员会办公室和招生就业处共同举办的苏州大学2016年董事、校友、直属单位校园专场招聘会在独墅湖校区二期A05幢三楼招聘大厅举行。

△ 学校党委书记王卓君代表学校出席第十七届中国国际教育年会并签订来华留学质量认证协议。

△ 苏州大学·蔚山大学（韩国）第十一届学术研讨会在学校召开。

22日　△ 学校音乐学院魏正启、Aaron Pergram 教授参加克里斯托夫·艾森巴赫（Christoph Eschenbach）领衔的"世界首席乐团"在上海国际艺术节的演出。
△江苏省科学技术厅江苏省先进光学制造技术重点实验室创新平台提升项目验收会在学校举行。
△江苏省重大神经精神疾病诊疗技术研究重点实验室验收会在学校召开。

23日　△江苏省广播电视总台新闻中心《脱口我来秀》苏大站决赛在学校凤凰传媒学院演播大厅举行。

25日　△经研究决定，对苏州大学周氏教育科研奖管理委员会的成员进行调整：
主　任：周严云震　熊思东
副主任：周薇薇　周薇青　田晓明　蒋星红
△学校副校长蒋星红代表学校出席第三届江苏—澳门·葡语国家大学合作联席会并主持了三方高校协议签署仪式。
△学校获评江苏省研究生招生管理"优秀招生单位"。

26日　△学校第二十五届周氏教育科研奖、第十六届周氏音乐奖项颁奖仪式在音乐学院音乐厅举行。
△法国格勒诺布尔市副市长Bernard Marcret先生、国际与欧洲事务部主任Francoise Naturel女士一行莅临学校访问。

27日　△中共苏州大学委员会批复《关于中共苏州大学机电工程学院委员会选举结果的报告》和《关于中共苏州大学机电工程学院委员会委员分工的报告》。
△学校获评2016年全国暑期社会实践活动"优秀单位"。
△学校召开教育发展基金会理事会换届选举大会暨三届一次理事会会议。

28日　△学校印发《苏州大学本科生转专业实施办法（修订稿）》。
△2016年下半年度科技工作会议在独墅湖校区401号楼会议室举行。
△学校第五十四届学生、第二十一届教职工体育运动会在东校区运动场举行。
△26日至28日，由中国力学学会环境力学专业委员会和江苏省力学学会主办、学校承办的全国环境力学学术研讨会在苏州市会议中心召开。
△学校召开"优秀实习生联合培养项目"工作会议。

29日　△学校马克思主义学院郑芸、田芝健的论文《历史虚无主义思潮沉渣再起的传播路径及其危害之克服》在"江苏省哲学社会科学界第十届学术大会"征文活动中获一等奖，许冠亭、姜建成、田芝健、王洁倩的论文《高校思想政治理论课课程实践化教学模式探索——以苏州大学"概论"课为例》，徐雪闪、方世南的论文《用文化自信培植价值共识的精神家园》，王周刚的论文《廉政建设社会监督有机体的"时空"建构》获二等奖。
△27日至29日，由中华医学会血液学分会主办、江苏省医学会承办、苏州大学附属第一医院和北京大学血液研究所协办的中华医学会第14次

全国血液学学术会议在苏州国际博览中心举行。

30日 △ 学校第五十四届学生、第二十一届教职工体育运动会闭幕式在东校区田径场举行。

△ "东吴名家·艺术家系列丛书"首发式暨学术研讨会在天赐庄校区红楼会议中心举行。

△ 2016年学校新生舞蹈大赛在独墅湖影剧院举行。

10月 △ 学校材料与化学化工学部辅导员黄郁健老师的"高校实践育人工作模式探索"获2016年度江苏省高校辅导员工作精品项目二等奖。

△ 王健法学院李中原教授获选"第四届江苏省优秀青年法学家"。

△ 学校承担的2016年度国家重点研发计划"战略性先进电子材料"重点专项"高效大面积OLED照明器件制备的关键技术及生产示范"项目启动会在纳米科学技术学院召开。

11月

1日 △ 学校印发《关于制定本科专业人才培养方案的若干意见》。

△ 学校印发《关于公布苏州大学2016年江苏高校省级外国留学生英文授课精品课程培育课程名单的通知》。

2日 △ 学校印发《苏州大学消防设施、器材管理规定》《苏州大学消防监督管理办法》。

3日 △ 校党委理论学习中心组举行集中学习会,传达学习十八届六中全会精神。

△ 学校"江苏省碳基功能材料与器件重点实验室"、中科院纳米所"江苏省纳米器件重点实验室"联合学术委员会暨双方联合筹建的"功能纳米材料与器件重点实验室"学术委员会第一次会议在学校召开。

5日 △ 由中国社会科学杂志社和学校联合举办的第十届中国社会科学前沿论坛在苏州市召开。

6日 △ 学校第三十四次研究生代表大会于11月6日下午在天赐庄校区召开。

7日 △ 根据《中华人民共和国学位条例》及《苏州大学硕士、博士学位授予工作细则》,经第九届校学位评定委员会第二次会议审定,决定授予学术学位研究生张贺哲学博士学位,顾茜茜等4人法学博士学位,娄欣星文学博士学位,刘泓泉历史学博士学位,李壮等3人理学博士学位,王中卿工学博士学位,钱静艺术学博士学位,宋曼等9人医学博士学位;授予专业学位研究生李晓莉临床医学博士学位。

△ 学校印发《苏州大学博士、硕士学位论文抽检评议结果处理办法》《苏州大学临床医学博士专业学位研究生培养方案总则》《苏州大学专业学位研究生指导教师评聘办法》。

△ 苏州大学"方塔发布"平台启动仪式在天赐庄校区红楼学术报告厅举行。

△ 学校2016年第五次院长会议在独墅湖校区炳麟图书馆举行。

△ 美国亚利桑那大学(University of Arizona)土木与机械工程系主任Kevin Lansey教授、Yi-Chang Chiu副教授一行莅临学校访问,并签署"3+1+1"加速硕士项目合作协议。

8日 △ 老挝教育与体育部民办教育指导委员会主任卡丰·赛宋普先生赴老挝苏州大学校宣读教育与体育部表彰老挝苏州大学的决定和民办教育指导委员会表彰汪解先、冯温格、倪沛红的决定并颁发荣誉证书。

9日 △ 湖北省政府副秘书长刘仲初一行莅临学校调研考察。

10日 △ 国家外国专家局副局长周长奎一行莅临学校纳米科学技术学院调研并举行座谈会。

△ 学校印发《关于做好提名推荐和协商确定区人大代表候选人工作的意见》。

12日 △ 王健先生铜像落成揭幕仪式在天赐庄校区王健法学院前举行。

13日 △ 学校附属第一医院跻身2015年度最佳医院排行榜全国第47位、江苏第3位。

14日 △ 经研究决定,成立中共苏州大学委员会党建工作领导小组:

组　长:王卓君

副组长:高祖林　江作军

△ 经研究决定,成立苏州大学第二届研究生教育督查与指导委员会:

主任委员(1人):姜建成

副主任委员(4人):张克勤　杨建平　秦立强　黄辛隐

△ 学校"碳基功能材料与器件国际合作联合实验室"通过江苏省教育厅立项论证。

15日 △ 经研究决定,成立苏州大学2015—2016年基层党建工作、党校工作、学生工作考核领导小组:

组　长:王卓君

副组长:高祖林　江作军

△ 学校印发《关于2015—2016年基层党建工作、党校工作、学生工作考核的通知》《关于科研仪器设备采购的补充意见》。

16日 △ 经研究决定,对苏州大学全日制本科生奖助学金工作领导小组进行调整:

组　长:熊思东

副组长:江作军

17日 △ 由学校功能纳米与软物质研究院、苏州大学—西安大略大学同步辐射联合研究中心共同主办的"同步辐射X射线谱学在能源材料中的应用"学术研讨会在学校举行。

18日 △ 经研究决定,对苏州大学研究生奖助学金工作领导小组进行调整:

组　　长:熊思东

副组长:江作军

△ 由学校海外教育学院主办,校内多个学院和职能部门以及钟楼社区、苏州工艺美术学院等多家校外友好单位共同参与协办的"情系苏大"中外学生嘉年华活动在东校区举行。

△ 15日至18日,由江苏省委教育工委主办、学校承办的第四期全省高校教职工党支部书记示范培训班在学校举办。

△ 16日至18日,由学校城市轨道交通学院承办的第五届城市轨道交通专业人才培养国际交流会暨轨道交通大学生课外科技作品竞赛活动在阳澄湖校区举行。

19日 △ 6日至19日,苏州市各民主党派代表大会在苏州市会议中心举行。学校钱振明同志当选中国民主促进会苏州市第十一届委员会主任委员,陈林森同志当选九三学社苏州市第十届委员会主任委员,马卫中同志当选中国国民党革命委员会苏州市第十一届委员会副主任委员,黄学贤同志当选中国民主同盟苏州市第十三届委员会副主任委员,邢春根、倪才方同志当选中国农工民主党苏州市第十三届委员会副主任委员,吴磊同志当选中国致公党苏州市第六届委员会副主任委员。

△ 学校推荐的"苏州蚕之宝生物科技有限公司""北京干将路左拐餐饮管理有限公司"两个项目在2016年"创青春"全国大学生创业大赛中获得铜奖。

20日 △ U-run2016苏州大学校园马拉松暨2016国家地理年度探险人物评选中国区"名城名校"路跑挑战赛在天赐庄校区举行。

△ 由新加坡国立大学房地产研究院普洛斯研究中心、苏州大学中国特色城镇化研究中心、浙江大学新型城镇化研究中心、上海交通大学上海高级金融学院主办,江苏省哲学社会科学界联合会、新加坡国立大学苏州研究院、苏州大学东吴智库、上海世界城市日事务协调中心协办的2016中国新型城镇化国际论坛在苏州举办。

21日 △ 学校印发《苏州大学消防监督管理办法》。

23日 △ 学校校友会赴沪看望东吴老校友。

24日 △ 中共苏州大学委员会批复《关于中共苏州大学电子信息学院委员会选举结果的报告》及《关于中共苏州大学电子信息学院委员会委员分工的报告》。

25日 △ 中国纺织职工思想政治工作研究会(院校学组)成立三十周年纪念大会暨2016年年会在天赐庄校区王健法学院举行。

△ 学校学习贯彻党的十八届六中全会及江苏省第十三次党代会精神宣讲报告会举行。

26日	△2016年苏州大学校友工作研讨会在天赐庄校区举行。
27日	△"箑政基金"管理委员会第十八次年会在学校独墅湖校区开幕。
	△学校上海校友会法学分会成立。
	△东吴大学上海校友会、苏州大学上海校友会举行2016年年会。
	△26日至27日,第三届两岸自由贸易法治论坛暨江苏高校区域法治发展协同创新中心区域社会经济法治发展研究平台2016年年会在天赐庄校区王健法学院举行。
28日	△学校授予陈志强等5位同志"苏州大学教学先进个人"称号。
29日	△学校大学生突发事件预防与应对演练暨第二十五期辅导员沙龙在天赐庄校区法学院B201会议室举行。
30日	△国务院农民工工作领导小组原办公室主任杨志明莅临学校访问并做专题报告。
	△苏州大学"助学红娘"张寿华老师社会帮困活动二十周年座谈会在天赐庄校区红楼会议中心201会议室举行。
11月	△《苏州大学报》在2016年中国高校校报好新闻评选中获通讯类二等奖2项、摄影类二等奖1项、消息类三等奖1项。
	△学校"导师学院加强培训供给侧改革的实践探索"获2016年中国学位与研究生教育学会研究生教育成果奖一等奖。
	△学校在2016年全国地方高校UOOC(优课)联盟大会暨MOOC研讨会上获评"突出贡献单位",文学院杨旭辉老师担任主讲的课程"古典文学的城市书写"获得"联盟品牌MOOC"荣誉称号。
	△学校被教育部科技发展中心评为2016年"蓝火计划"博士生工作团优秀组织单位。
	△江苏省流行病和卫生统计学年会、江苏省医学会临床流行病学分会暨高峰论坛在学校举行。
	△由苏州工业园区激光产业联盟协会、广东省激光产业技术创新联盟、《激光制造商情》联合主办,苏州大学、苏州纳米科技协同创新中心、清华大学、中国科学院上海光学精密机械研究所、上海市激光技术研究所、广东省激光行业协会、广东星之球激光科技有限公司联合承办的"中国激光微纳加工技术大会"在苏州独墅湖世尊酒店举行。
	△学校罗时进教授领衔编纂的《明清才子传笺证》入选"十三五"国家重点图书出版规划。

12月

2日 △ 学校党委副书记、副校长江作军参加全国普通高校美育改革发展座谈会并作会议交流发言。

3日 △ 学校宁波校友会成立。

△ 学校凤凰传媒学院承办的中国传播学论坛在学校举行。

4日 △ 学校特聘教授苏雄获第十五届江苏省青年科技奖。

7日 △ 学校省第十三次党代会精神宣讲报告会在天赐庄校区敬贤堂举行。

8日 △ 中共苏州大学委员会批复《关于中共苏州大学医学部公共卫生学院委员会选举结果的报告》及《关于中共苏州大学医学部公共卫生学院委员会委员分工的报告》。

9日 △ 学校思政战线学习习近平总书记全国高校思想政治工作会议重要讲话精神座谈会在天赐庄校区红楼会议中心举行。

△ 由学校计算机科学与技术学院和苏州市计算机学会联合发起、40余家苏州及周边地区 IT 相关企业参与的"苏州大学 IT 校企合作联盟"成立大会在天赐庄校区红楼学术报告厅举行。

△ 江苏省政协主席张连珍一行莅临老挝苏州大学指导工作。

10日 △ 学校东吴书画院院长、研究馆员华人德携书法社历届精英向学校博物馆捐赠了9幅书画作品。

13日 △ 学校党委宣传部、学生工作部(处)、团委联合打造的"激扬青春超越梦想"——苏州大学2016年学生标兵宣讲团"宣讲周"活动闭幕式暨第13场报告会在本部敬贤堂举行。

△ 苏州大学2016年"暖冬行动"启动仪式在天赐庄校区红楼217会议室举行。

△ 学校实验室安全标准化管理培训会议在独墅湖校区医学楼四楼报告厅举行。

14日 △ 经学校研究决定,成立苏州大学工业测控与设备诊断技术研究所,为校级非实体性科研机构,挂靠城市轨道交通学院。

△ 2016年苏州大学王晓军精神文明奖颁奖仪式在独墅湖校区举行。

△ 学校第九次研究生事务联席会在天赐庄校区红楼会议中心201室召开。

△ 第三届太湖知识产权论坛开幕式暨苏州国家知识产权服务业集聚发展示范区揭牌、国家知识产权局专利审查员实践(苏州高新区)基地授牌、苏州市知识产权服务超市平台上线仪式在苏州高新区管委会举行。

△ 香港方树福堂基金会、方润华基金会董事熊方兆怡女士和熊尚文先生莅临学校访问。

△ 13日至14日，尼日利亚拉各斯大学校长贝罗（Rahamon Bello）教授、副校长杜罗奥尼（Duro ONI）教授一行莅临学校访问。

△ 英国威康信托桑格研究所第二批突变小鼠胚胎干细胞资源落户剑桥—苏大基因组资源中心。

15日

△ 学校印发《苏州大学校园交通智能化管理办法（试行）》。

△ "雪舞兰吟——林继凡先生书画作品展"开幕暨捐赠仪式在学校博物馆举办。

△ 学校第十届学术委员会特邀委员受聘仪式在天赐庄校区红楼217会议室举行。

△ 学校在红楼学术报告厅召开2016年审计工作会议。

△ 学校教育发展基金会进行5A等级评估复审。

16日

△ 学校党委理论学习中心组举行集中学习会，学习贯彻习近平总书记全国高校思想政治工作会议重要讲话精神。

21日

△ 苏州大学2016年本科教学工作考评答辩暨审核评估自评自建汇报交流会在天赐庄校区红楼会议中心学术报告厅举行。

△ 苏州大学MBA校友会成立。

22日

△ 中共苏州大学委员会批复《关于中共苏州大学沙钢钢铁学院委员会选举结果的报告》及《关于中共苏州大学沙钢钢铁学院委员会委员分工的报告》。

△ 学校印发《苏州大学校企共建科研平台管理暂行办法》《苏州大学国家大学科技园管理办法》《苏州大学纵向科研项目经费间接费用分配及使用实施细则》《苏州大学纵向科研项目经费管理办法（自然科学类）》《苏州大学纵向科研项目过程管理办法》《苏州大学知识产权保护和管理办法》《苏州大学校地共建研究院管理试行办法》。

23日

△ 经研究决定，对苏州大学校史丛刊编审委员会人员组成进行调整：

主　任：王卓君　熊思东

副主任：田晓明

△ 经研究决定，对学校档案工作委员会成员进行调整：

主　任：熊思东

副主任：田晓明

△ 国家教育咨询委员会省级统筹综合改革组一行莅临学校，开展教育现代化专题调研，考察苏州纳米科技协同创新中心，并在纳米科学技术学院举行座谈会。

△ 首届江苏省高校美食文化节暨苏州大学第十届校园美食节在天赐庄校区莘园餐厅举办。

26日

△ 学校印发《苏州大学深化学生创新创业教育改革实施方案》。

27日

△ "江苏省高价值专利培育示范中心"建设工作启动会在学校天赐庄

校区红楼会议中心举行。

△"苏州大学信息化建设领导小组"更名为"苏州大学网络安全与信息化工作领导小组":

组　长:王卓君　熊思东

△学校印发《关于认真开好2016年度处级党员领导干部民主生活会的通知》。

28日　△由学校主办、苏州市哲学社会科学联合会协办、苏州大学东吴智库承办的"对话苏州创新(2016)"高阶论坛在工业园区会议中心举行。

29日　△经研究决定,成立苏州大学内部控制建设领导小组等机构:

一、苏州大学内部控制建设领导小组

组　长:熊思东

副组长:袁银男　陈一星

二、内部控制建设工作小组

组　长:陈一星

副组长:盛惠良

△学校印发《苏州大学资金管理暂行办法》《苏州大学学生爱心互助基金管理办法》《苏州大学会议费管理暂行办法》《苏州大学国内差旅费管理暂行办法》《苏州大学高分子材料与工程专业认证工作方案》《苏州大学电气工程及其自动化专业认证工作方案》《苏州大学本科教学工作审核评估实施方案》。

30日　△学校师资队伍建设工作会议在天赐庄校区敬贤堂举行。

31日　△根据《苏州大学普通高等教育本科毕业生学士学位授予工作实施细则(修订稿)》(苏大教〔2013〕139号)文件精神,经学生申请、学院(部)审核、校第九届第3次学位评定委员会审定,决定授予苏琬宁等2名普通高等教育全日制本科毕业生学士学位。

12月　△学校王健法学院黄学贤教授获评"2011—2015年全省普法工作先进个人"。

△学校退休教师李鹤云先生再次向博物馆捐赠书法手迹。

△学校入选教育部"全国高校实践育人创新创业基地"。

△学校党委理论学习中心组举行践行"三严三实"与好干部"四有"标准专题学习会。

△学校召开国家社科项目2016年开题暨2017年申报推进会。

△学校物理与光电·能源学部赖耘教授课题组与杭志宏教授课题组合作在 *Physical Review Letters* 上发表封面论文。

△学校金螳螂建筑学院汤恒亮老师作品获"2016年威尼斯建筑双年展""德国科隆国际家具展""2016年亚太室内设计精英邀请赛"等奖项。

△学校华益民教授研发的治疗脊髓性肌萎缩症药物获美国食品药品监督管理局(FDA)批准。

2016 年   学校 2015 年全日制本科学生毕业人数为 5 837 人；新生入学人数为 6 390 人；在校人数为 26 389 人。

硕士研究生毕业人数为 3 035 人；新生入学人数为 3 409 人；在校人数为 13 303 人；授予学位人数为 4 299 人。

博士研究生毕业人数为 337 人；新生入学人数为 361 人；在校人数为 1 777 人；授予学位人数为 452 人。

各类机构设置、机构负责人及有关人员名单

苏州大学党群系统机构设置

苏州大学党群系统机构设置一览表

序号	党群部门、党委、党工委名称		所属科室名称
1	中共苏州大学委员会		
2	中共苏州大学纪律检查委员会		
3	党委办公室	合署办公	综合科
	规划与政策研究室		文秘科
			机要科
4	纪委	合署办公	综合科
	监察处		纪检监察一科
			纪检监察二科
5	党委组织部	合署办公	干部科
	党校		组织科
	社会主义学院		
	党代表联络办		
6	党委宣传部		理论教育科
			宣传文化科
			舆情科
7	党委统战部		
8	保卫部(处)		综合科
			调查研究科
			消防科
			校园安全指挥中心
			校本部治安科
			东校区治安科
			北校区治安科
			独墅湖校区治安科
			阳澄湖校区治安科

续表

序号	党群部门、党委、党工委名称		所属科室名称
9	学生工作部(处)	合署办公	综合科
			思想教育科
	人民武装部		学生资助管理中心
10	离退休工作部(处)		综合科
			离休科
			退休科
11	机关党工委		
12	群团与直属单位党工委		
13	党委研究生工作部		
14	苏大教育服务投资发展有限公司党委		
15	后勤党委		
16	阳澄湖校区党委		
17	离休党工委		
18	工会		综合科
			联络部
19	团委		组织宣传部
			创新实践部
20	图书馆党委		
21	文学院党委		
22	凤凰传媒学院党委		
23	社会学院党委		
24	政治与公共管理学院党委		
25	东吴商学院(财经学院)东吴证券金融学院党委		
26	王健法学院党委		
27	外国语学院党委		
28	教育学院党委		
29	艺术学院党委		
30	音乐学院党委		
31	体育学院党委		

续表

序号	党群部门、党委、党工委名称	所属科室名称
32	数学科学学院党委	
33	物理与光电·能源学部党工委	
34	物理与光电·能源学部物理科学与技术学院党委	
35	物理与光电·能源学部光电信息科学与工程学院党委	
36	物理与光电·能源学部能源学院党委	
37	材料与化学化工学部党委	
38	纺织与服装工程学院党委	
39	计算机科学与技术学院党委	
40	电子信息学院党委	
41	机电工程学院党委	
42	医学部党工委	
43	医学部基础医学与生物科学学院党委	
44	医学部放射医学与防护学院党委	
45	医学部公共卫生学院党委	
46	医学部药学院党委	
47	医学部护理学院党委	
48	医学部第一临床医学院党委	
49	医学部第二临床医学院党委	
50	医学部儿科临床医学院党委	
51	金螳螂建筑学院党委	
52	城市轨道交通学院党委	
53	纳米科学技术学院党委	
54	敬文书院党委	
55	应用技术学院党委	
56	文正学院党委	
57	附属第一医院党委	
58	附属第二医院党委	
59	附属儿童医院党委	

苏州大学行政系统、直属单位机构设置

苏州大学行政系统机构设置一览表

序号	行政部门、学院(系)名称		所属科室名称	备注
1	苏州大学			
2	校长办公室	合署办公	综合科	
			文秘科	
	对外联络接待办公室(2016年5月5日撤销)		信息科	
			接待科	2016年4月13日撤销
	法律事务办公室			挂靠校长办公室
3	国内合作办公室			2016年5月5日成立
4	发展委员会办公室		联络发展部	
			校友部	
			基金会(董事会)管理部(综合科)	
5	新闻中心			与党委宣传部合署办公
6	教务部	综合办公室		
		教学运行处	学籍管理科	
			课程与考试科	
			专业设置与实践教学科	
			通识教育与大类培养科	
		教学质量与资源管理处	教学质量管理科	
			教学资源管理科	
		教学改革与研究处	教学与改革科	
			特色(创新)培养科	
			科研训练与对外交流科	
	教师教学发展中心		办公室	挂靠教务部

续表

序号	行政部门、学院(系)名称	所属科室名称	备注
7	招生就业处	综合科	
		招生科	
		学生就业指导科	
		宣传与信息管理科	
8	科学技术研究部		2016年5月5日由科学技术与产业部更名
	综合办公室		
	科学技术处	基金管理科	2016年5月5日调整
		重点项目管理科	
		成果管理科	
		平台管理科	
	军工科研处(军工保密办公室)	军工科技管理科	2016年5月5日由军工处更名
		军工监管科(军工质量管理办公室)	
	科技成果转化处(国家大学科技园管理中心)	知识产权科	2016年5月5日由科技产业处更名
		产学研合作科	
		技术转移管理科	
	"2011计划"办公室		挂靠科学技术研究部
9	人文社会科学院	综合管理办公室	
		项目管理办公室	
		基地建设办公室	
		成果管理办公室	
		社会服务办公室	
10	国有资产与实验室管理处	综合科	
		产权与产业管理科	
		设备管理科	
		实验室管理科	
		招标管理科	

续表

序号	行政部门、学院(系)名称	所属科室名称		备注
10	国有资产与实验室管理处	实验材料供应中心		
		办公物资供应中心		
11	人事处	综合科		
		人才开发办公室		
		博士后工作管理办公室		
		人事科		
		师资科		
		劳动工资科		
		人事信息与档案管理科		
12	研究生院	综合办公室		
		招生办公室		
		培养办公室	教学管理科	
			质量监控与评估科	
			国际交流科	
		研究生管理办公室	教育与管理科	
			就业指导科	
	学科建设办公室			
	"211工程"建设办公室			
	学位评定委员会办公室	学位管理科		挂靠研究生院
		导师管理科		
	导师学院			
13	保卫部(处)	综合科		
		调查研究科		
		消防科		
		校园安全指挥中心		
		本部治安科		

续表

序号	行政部门、学院(系)名称		所属科室名称	备 注
13	保卫部(处)		东校区治安科	
			北校区治安科	
			独墅湖校区治安科	
			阳澄湖校区治安科	
14	学生工作部(处)		综合科	
			思想教育科	
			学生资助管理中心	
			学生社区事务中心	
	学生创新创业教育中心			挂靠学生工作部(处)
15	国际合作交流处(海外教育学院)(两块牌子、一套班子)	合署办公	综合科	
			外事科	
			学生交流科	
			留学生管理科	
			国际合作项目管理科	
	港澳台办公室			挂靠国际合作交流处
16	离退休工作部(处)		综合科	
			离休科	
			退休科	
17	财务处		综合科	
			会计科	
			预算管理科	
			收费管理科	
			稽核科	
			专项经费管理科	
			基建财务科	
			科研经费管理科	
			会计委派科	

续表

序号	行政部门、学院(系)名称	所属科室名称	备 注
18	审计处	综合审计科	
		财务审计科	
		工程审计科	
19	继续教育处(继续教育学院)	综合科	
		成人学历教育科	
		网络教育科	
		自学考试科	
		培训科	
20	后勤管理处	综合科	
		校产管理科	
		维修管理科	
		医保与计划生育管理科	
		计划管理科	
		信息管理科	
		校园管理科	
		能源管理科	
		项目管理科	
		幼儿园	
		膳食管理科	
		阳澄湖校区后勤管理与服务中心	
	基本建设与维修改造工程管理委员会	综合办公室	
	宿舍管理办公室		挂靠后勤管理处
	校医院		
21	医院管理处		2016年5月5日成立
22	阳澄湖校区管理委员会		
23	江苏苏大投资有限公司	综合办公室	2016年5月5日成立

续表

序号	行政部门、学院(系)名称	所属科室名称	备 注
24	出版社有限公司(简称"出版社")	社长办公室	
		总编办公室	
		出版科	
		财务科	
		营销部	
		读者服务部	
		数字出版部	
		审读与质检中心	
		高教策划部	
		职教策划部	
		基教策划部	
		大众策划部	
		音乐策划部	
		书稿加工中心	
25	学报编辑部	办公室	
		哲学社会科学版	
		代数集刊	
		法学版	
		教育科学版	
		Language & Semiotic Studies(语言与符号学研究)	
26	档案馆	办公室	
		文书档案室	
		科技档案室	
		教学档案室	
		技术管理室	

续表

序号	行政部门、学院(系)名称	所属科室名称	备注
27	博物馆	办公室	
		开放信息部	
		保管陈列部	
28	图书馆	办公室	
		系统技术部	
		公共服务部	
		信息咨询部	
		文献建设部	
		阳澄湖馆读者服务部	
		本部馆读者服务部	
		敬文馆读者服务部	
		炳麟馆读者服务部	
		古籍特藏部	
		数字化建设部	
		教育部科技查新站	
29	分析测试中心		
30	信息化建设与管理中心	办公室	
31	工程训练中心		
32	艺术教育中心(正处级建制)		
33	文学院		
34	凤凰传媒学院		
35	社会学院		
36	政治与公共管理学院		
37	马克思主义学院		
38	东吴商学院(财经学院) 东吴证券金融学院		
39	王健法学院		

续表

序号	行政部门、学院(系)名称	所属科室名称	备 注
40	外国语学院		
41	教育学院		
42	艺术学院		
43	音乐学院		
44	体育学院		
45	数学科学学院		
46	物理与光电·能源学部	综合办公室	
		教务办公室	
		科研办公室	
		学科建设办公室	
		对外合作办公室	
		实验室与资产管理办公室	
		学生工作办公室	
47	物理与光电·能源学部物理科学与技术学院		
48	物理与光电·能源学部光电信息科学与工程学院		
49	物理与光电·能源学部能源学院		
50	材料与化学化工学部	综合办公室	
		教学办公室	
		学科建设办公室	
		学生工作办公室	
		对外合作办公室	
		实验室管理办公室	
		科研管理办公室	
51	纳米科学技术学院		
52	纺织与服装工程学院		

续表

序号	行政部门、学院(系)名称	所属科室名称	备 注
53	计算机科学与技术学院		
54	电子信息学院		
55	机电工程学院		
56	沙钢钢铁学院		
57	医学部	党政办公室	
		教学办公室	
		临床教学质量办公室	
		学生工作办公室	
		科研办公室	
		实验中心	
		实验动物中心	
		研究生办公室	
		国际交流与发展办公室	
58	医学部基础医学与生物科学学院		
59	医学部放射医学与防护学院		
60	医学部公共卫生学院		
61	医学部药学院		
62	医学部护理学院		
63	医学部第一临床医学院		
64	医学部第二临床医学院		
65	医学部儿科临床医学院		
66	金螳螂建筑学院		
67	城市轨道交通学院		
68	敬文书院	学生事务中心	
		团委	
69	唐文治书院(简称文治书院)		
70	应用技术学院		

续表

序号	行政部门、学院(系)名称	所属科室名称	备注
71	文正学院		
72	老挝苏州大学	综合办公室	
		教学与学生事务办公室	合署办公
		招生与就业办公室	
		人力资源与财务管理办公室	
		校园建设与管理办公室	
73	附属第一医院		
74	临床医学研究院(正处级建制)		挂靠附属第一医院
75	附属第二医院		
76	附属儿童医院		
77	学术委员会秘书处		
78	独墅湖医院(苏州大学医学中心)		2016年7月7日成立
79	苏州大学实验学校		2016年9月19日成立

注：根据苏大人〔2013〕85号文件通知,学院内设办公室,以及根据各单位教学工作、科研工作、学科建设等实际情况设立科级建制办公室,报学校机构编制委员会办公室审核并经学校批准后实施。

苏州大学中层及以上干部名单

1. 校领导

  党委书记：王卓君
  校 长：朱秀林   2016年1月免
      熊思东   2016年1月任
  党委副书记：朱秀林   2016年1月免
      高祖林
      江作军
  副校长：袁银男（正校级）
     路建美
     田晓明
     陈一星
     熊思东   2016年1月免
     江作军
     杨一心
     蒋星红
     陈卫昌
  校长助理：浦文倜
      张晓宏
      宋明顺（挂职，2016年3月—2016年6月）

2. 校级调研员

  正校级：夏东民
     任 平

3. 纪律检查委员会

  书 记：高祖林
  副书记：施亚东

4. 党委办公室

  主　　任：张国华
  副主任：姚　炜
     茅海燕　　　　　　　　　　　　　　2016年3月免
     查晓东
     袁冬梅　　　　　　　　　　　　　　2016年3月任
  副调研员：马龙剑

  规划与政策研究室(与党委办公室合署办公)
  主　　任：张国华(兼)
  副主任：姚　炜(兼)

5. 监察处(与纪委合署办公)

  处　　长：施亚东
  副处长：徐映荃

  纪委办公室
  主　　任：陶培之
  正处级纪检员：袁晓通
       高　玲　　　　　　　　　　　　2016年6月免
       鲍　卫
  副处级纪检员：王苏平
       戴璇颖
       陈德斌
       陈　敏
  调研员：肖　平　　　　　　　　　　　　　　2016年9月免

  审计处
  处　　长：孙琪华
  副处长：李　华

6. 党委组织部

  部　　长：邓　敏
  副部长：周玉玲
     王成奎

副处级组织员：李全义
　　　　　　　刘　慧

党　校(与党委组织部合署办公)
校　长：王卓君(兼)
常务副校长：薛　凡

党代表联络办(与党委组织部合署办公)
主　任：李全义

7. 党委宣传部

部　长：陈进华　　　　　　　　　　　　　2016年12月免
常务副部长：孙宁华
副部长：吴　江
　　　　余敏江　　　　　　　　　　　　　2016年6月任

新闻中心(与党委宣传部合署办公)
主　任：陈进华(兼)　　　　　　　　　　　2016年12月免
副主任：冯　一　　　　　　　　　　　　　2016年6月免
　　　　吴　江　　　　　　　　　　　　　2016年6月任

8. 党委统战部

部　长：吴建明
副部长：刘海平

9. 保卫部(处)

部(处)长：霍跃进
副部(处)长：黄水林(调研员)
　　　　　　刘　风
　　　　　　陈晓刚
副调研员：严家江
　　　　　周伟虎
　　　　　虞心德

10. 学生工作部(处)

部(处)长：陈晓强

副部(处)长：陈　平(调研员)
　　　　　董召勤
　　　　　段永锋
　　　　　黄文军(兼)

学生创新创业教育中心
主　　任：陈晓强(兼)
副主任：黄文军
　　　　张振宇(兼)
　　　　王　清(兼)
　　　　俞伟清(兼)
　　　　仇国阳(兼)
　　　　林　萍(兼)
　　　　徐美华(兼)

人武部[与学生工作部(处)合署办公]
部　　长：邓国林　　　　　　　　　　　　　　2016年3月免
　　　　　胡新华　　　　　　　　　　　　　　2016年3月任
副调研员：张镇华

11. 离休党工委

书　　记：余宏明
副书记：秦和鸣　　　　　　　　　　　　　　　2016年11月去世
　　　　史有才(调研员)　　　　　　　　　　　2016年6月免

离退休工作部(处)
部(处)长：余宏明
副部(处)长：史有才　　　　　　　　　　　　　2016年6月免
　　　　　　周佳晔
　　　　　　王季魁　　　　　　　　　　　　　2016年6月任
调研员：史有才
副调研员：石　健

12. 机关党工委

书　　记：周玉玲
副书记：高玮玮　　　　　　　　　　　　　　　2016年4月任

13. 群团与直属单位党工委

书　记：徐群祥　　　　　　　　　　　　　　　2016 年 3 月免
　　　　刘　枫　　　　　　　　　　　　　　　2016 年 3 月任
副书记：陈向民
副调研员：刘炳喜

14. 校工会

主　席：王安列
副主席：冒维东
　　　　陈　洁
调研员：陈亦红　　　　　　　　　　　　　　　2016 年 11 月免
副调研员：谢　健
　　　　　张筱明

15. 校团委

书　记：肖甫青
副书记：肖甫青
　　　　朱　今
　　　　徐美华
　　　　孙　磊

16. 校长办公室

主　任：曹　健
副主任：吴小春
　　　　陈　美
　　　　吴　鹏

对外联络接待办公室（与校长办公室合署办公）（2016 年 5 月撤销，苏大委〔2016〕23 号）
主　任：曹　健（兼）　　　　　　　　　　　　2016 年 5 月免
副主任：吉　伟　　　　　　　　　　　　　　　2016 年 5 月免
　　　　薛　辉（兼）　　　　　　　　　　　　2016 年 5 月免
　　　　刘　标（兼）　　　　　　　　　　　　2016 年 5 月免
调研员：孙建娅　　　　　　　　　　　　　　　2016 年 2 月免

法律事务办公室
  主　任：吴　鹏（兼）

国内合作办公室（2016年5月成立，苏大委〔2016〕23号）
  副主任：吉　伟（主持工作）　　　　　　　　　　2016年5月任

17. 发展委员会办公室

  主　任：赵　阳
  副主任：张海洋
  副调研员：王培钢
　　　　　刘志敏

18. 教务部

  部　长：周　毅
  副部长：倪沛红（兼）

综合办公室
  主　任：杨　柳

教学运行处
  处　长：周　毅
  副处长：陆　丽
　　　　　刘方涛

教学质量与资源管理处
  处　长：晏世雷　　　　　　　　　　　　　　　　2016年6月免
　　　　　冯志华　　　　　　　　　　　　　　　　2016年6月任
  副处长：冯志华　　　　　　　　　　　　　　　　2016年6月免
　　　　　常青伟　　　　　　　　　　　　　　　　2016年12月任

教学改革与研究处
  处　长：王剑敏　　　　　　　　　　　　　　　　2016年2月免
　　　　　茅海燕　　　　　　　　　　　　　　　　2016年3月任
  副处长：张振宇
  副调研员：于竞红
　　　　　蒲曼莉

19. 招生就业处

处　　长：马卫中
副处长：王　清
　　　　瞿惠生

20. 科学技术研究部（2016年5月由科学技术与产业部更名，苏大委〔2016〕26号）

部　　长：路建美（兼）
常务副部长：朱巧明
副部长：龚学锋（兼）　　　　　　　　　　　　　2016年5月免

综合办公室
主　　任：刘海燕

科学技术处
处　　长：郁秋亚
副处长：钱福良　　　　　　　　　　　　　　　2016年4月免
　　　　邹贵付　　　　　　　　　　　　　　　2016年4月免
　　　　张志红
　　　　惠艳烂　　　　　　　　　　　　　　　2016年6月任

军工科研处（军工保密办公室）（2016年5月由军工处更名，苏大委〔2016〕26号）

处　　长：许继芳
副处长：赵一强

军工保密办公室
主　　任：路建美（兼）
常务副主任：许继芳（兼）
副主任：赵一强
　　　　茅海燕（兼）　　　　　　　　　　　　2016年3月免
　　　　袁冬梅（兼）　　　　　　　　　　　　2016年3月任

科技成果转化处(国家大学科技园管理中心)(2016年5月由科技产业处更名,苏大委〔2016〕26号)

  处 长：龚学锋   2016年5月任
  副处长(副主任)：仇国阳
          糜志雄
  副处长：周 村(兼)

"2011计划"办公室(挂靠科学技术研究部)

  主 任：钱福良   2016年4月任
  副主任：唐建新
       钱福良(兼)   2016年4月免

21. 人文社会科学院

  院 长：田晓明(兼)
  常务副院长：母小勇
  副院长：林 萍
       余敏江   2016年6月免
       徐维英   2016年6月任

综合办公室

  主 任：尚 书

中国特色城镇化研究中心

  主 任：胡玉鸿
  副主任：徐维英

22. 国有资产与实验室管理处

  处 长：陈永清
  副处长：魏永前
       仇玉山
       陈中华
       刘丽琴
  副调研员：夏永林

国有资产管理委员会办公室(设立于国有资产与实验室管理处)

  主 任：陈永清(兼)

23. 人事处

处　长：刘　标
副处长：王云杰
　　　　何　峰
　　　　闫礼芝

24. 研究生院

院　长：熊思东(兼)　　　　　　　　　　2016 年 2 月免
　　　　郎建平　　　　　　　　　　　　2016 年 2 月任
常务副院长：郎建平　　　　　　　　　　2016 年 2 月免
副院长：钱振明
　　　　李超德　　　　　　　　　　　　2016 年 6 月任
副调研员：章晓莉　　　　　　　　　　　2016 年 11 月任

综合办公室
主　任：王杰祥

招生办公室
主　任：章晓莉　　　　　　　　　　　　2016 年 11 月免

培养办公室
主　任：蔡远利

研究生管理办公室
主　任：俞伟清

党委研究生工作部
部　长：宁正法

学位评定委员会办公室(挂靠研究生院)
主　任：郎建平(兼)
副主任：金薇吟

学科建设办公室、"211 工程"建设办公室(挂靠研究生院)
主　任：沈明荣
副主任：刘　京

导师学院
 院 长：熊思东（兼）   2016年2月免
      蒋星红（兼）   2016年2月任
 副院长：郎建平（兼）

25. 国际合作交流处（海外教育学院）

 处（院）长：黄 兴
 副处（院）长：陆惠星
       袁 晶
       高明强
 调研员：刘宇琴   2016年5月免

港澳台办公室（挂靠国际合作交流处）
 主 任：黄 兴（兼）
 副主任：茹 翔

26. 财务处

 处 长：盛惠良
 副处长：姚永明
      朱 彦
      姚红美
 副调研员：马智英
       葛 军

27. 继续教育处（继续教育学院）

 处 长：缪世林
 副处长：吴建军（调研员）
      王 健   2016年6月免
      胡龙华
      王建凯   2016年6月任
 副调研员：赵小苓
       沈文英
       王建凯（2014—2015省委帮扶工作队队员，享受副处级领导职务干部待遇）
                               2016年6月免
       王 健（保留副处职待遇）   2016年6月任

28. 后勤党委

书　记：黄志斌
副书记：顾志勇

后勤管理处
处　长：李　翔
副处长：顾明高
　　　　王凤英
　　　　丁　瑶
　　　　顾建忠
　　　　朱剑峰　　　　　　　　　　　　　　　　2016年2月任
副调研员：王振明
　　　　　庄建英
　　　　　蒋安平
　　　　　朱剑峰（保留副处职待遇）　　　　　　2016年2月免

学生宿舍管理办公室（挂靠后勤管理处）
主　任：顾明高（兼）

校医院（挂靠后勤管理处）
院　长：杨秀丽
副调研员：李克夏　　　　　　　　　　　　　　　2016年7月免

医院管理处（2016年5月成立，苏大委〔2016〕24号）
处　长：徐小乐　　　　　　　　　　　　　　　　2016年6月任

29. 阳澄湖校区管理委员会

党委书记：
党委副书记：曹金元（兼副主任）
主　任：浦文俶
副主任：王加华
　　　　邵剑平
　　　　曹　健（兼）

30. 图书馆

党委书记：周建屏

馆　　长：唐忠明
副馆长：周建屏(兼)
　　　　石明芳
　　　　李　峰　　　　　　　　　　　　　　　　2016年6月免
　　　　徐　燕
　　　　冯　一　　　　　　　　　　　　　　　　2016年6月任

31. 档案馆

　　馆　　长：钱万里

32. 博物馆

　　馆　　长：张朋川(兼)
　　常务副馆长：黄维娟(副处职,调研员)
　　副馆长：廖　军(兼)

33. 分析测试中心

　　主　　任：张　勇　　　　　　　　　　　　　2016年10月辞职
　　　　　　　姚志刚　　　　　　　　　　　　　2016年12月任

34. 工程训练中心

　　主　　任：谢志余
　　调研员：卢　伟　　　　　　　　　　　　　　2016年7月免

35. 信息化建设与管理中心

　　主　　任：张　庆
　　副主任：黄　平
　　　　　　陆剑江
　　调研员：杨季文
　　副调研员：汤晶缨

36. 艺术教育中心

　　主　　任：吴　磊
　　副主任：宋海英

37. 东吴饭店

调研员：张荣华
副调研员：何卫星

38. 张家港工业技术研究院

院　　长：龚学锋		2016年5月免
马余强(兼)		2016年6月任
副院长：孙海鹰		
王季魁		2016年6月免
王海波(兼)		2016年6月任

39. 知识产权研究院

院　　长：胡玉鸿
副院长：朱春霞

40. 文学院

党委书记：逄成华	
党委副书记：张　健(兼副院长)	
院　　长：王　尧	2016年12月免
王福利	2016年12月任
副院长：李　勇	2016年12月免
季　进	2016年12月免
张　洁	
丁治民	2016年12月任
调研员：王六一	2016年12月免

41. 凤凰传媒学院

党委书记：于毓蓝	
党委副书记：常青伟(兼副院长)	2016年12月免
院　　长：陈　龙	
执行院长：潘公侠	
副院长：谷　鹏	
徐　舟	

42. 社会学院

党委书记：刘志明
党委副书记：董　娜（兼副院长）
院　　长：王卫平
副院长：郑　庚
　　　　高　峰
副调研员：夏敏杰　　　　　　　　　　　　　　　　2016年6月免

43. 政治与公共管理学院

党委书记：邢光晟
党委副书记：尹婷婷（兼副院长）
院　　长：金太军　　　　　　　　　　　　　　　　2016年12月辞职
　　　　　陈进华　　　　　　　　　　　　　　　　2016年12月任
副院长：潘晓珍
　　　　吉文灿
副调研员：钮立新

44. 马克思主义学院

党委书记：张才君
院　　长：田芝健
副院长：许冠亭

45. 教育学院

党委书记：蒋晓虹
党委副书记：张　芸（兼副院长）
院　　长：许庆豫　　　　　　　　　　　　　　　　2016年7月免
　　　　　冯成志　　　　　　　　　　　　　　　　2016年7月任
副院长：陈炳亮　　　　　　　　　　　　　　　　　2016年7月免
　　　　冯成志　　　　　　　　　　　　　　　　　2016年7月免
　　　　赵蒙成　　　　　　　　　　　　　　　　　2016年7月任
　　　　夏　骏　　　　　　　　　　　　　　　　　2016年7月任
副调研员：王　青

苏南地区大学生心理健康教育研究中心

　　办公室主任：许庆豫　　　　　　　　　　　　　　2016年9月免
　　　　　　　　冯成志　　　　　　　　　　　　　　2016年9月任
　　办公室副主任：王　静（副处职，调研员）

46. 东吴商学院（财经学院）　东吴证券金融学院

　　党委书记：王永山
　　党委副书记：唐文跃（兼副院长）
　　院　　长：冯　博　　　　　　　　　　　　　　　2016年11月任
　　副院长：陆少杰（调研员）
　　　　　　袁建新
　　　　　　孙文基　　　　　　　　　　　　　　　　2016年11月免
　　　　　　段进军　　　　　　　　　　　　　　　　2016年12月任
　　　　　　任少华（兼）

47. 王健法学院

　　党委书记：周国华
　　党委副书记：陆　岸（兼副院长）
　　院　　长：胡玉鸿
　　副院长：方新军
　　　　　　严　俊
　　副调研员：钱春芸

48. 外国语学院

　　党委书记：王　欣　　　　　　　　　　　　　　　2016年9月免
　　　　　　　严冬生　　　　　　　　　　　　　　　2016年12月任
　　党委副书记：胡海峰（兼副院长）
　　院　　长：王腊宝
　　副院长：孙倚娜（正处级）
　　　　　　刘海鸿
　　　　　　朱新福
　　副调研员：刘亚东
　　　　　　　赵　红

49. 金螳螂建筑学院

党委书记：查佐明
党委副书记：陈国凤（兼副院长）
院　　长：吴永发
副院长：茆汉成
　　　　雷　诚
　　　　王　琼（兼）
　　　　张文英（兼）　　　　　　　　2016年6月免
　　　　朱盘英（兼）　　　　　　　　2016年6月任

50. 数学科学学院

党委书记：金　中　　　　　　　　　2016年3月免
　　　　朱建刚　　　　　　　　　　2016年3月任
党委副书记：蒋青芳（兼副院长）
名誉院长：姜礼尚
院　　长：曹永罗
副院长：秦文新　　　　　　　　　　2016年6月免
　　　　史恩慧　　　　　　　　　　2016年6月免
　　　　潘洪亮　　　　　　　　　　2016年3月免
　　　　李　振　　　　　　　　　　2016年4月任
　　　　顾振华　　　　　　　　　　2016年6月任

51. 物理与光电·能源学部

党工委书记：刘　枫　　　　　　　　2016年3月免
　　　　　吴雪梅　　　　　　　　　2016年3月任
党工委副书记：沙丹丹
主　　任：马余强
执行主任：王钦华
副主任：陈林森　　　　　　　　　　2016年1月免
　　　　高　雷
　　　　陶　智　　　　　　　　　　2016年4月免
　　　　郑洪河
　　　　陈建军　　　　　　　　　　2016年4月任
副主任（化学电源研究所所长）：王海波　　2016年3月任
调研员：韩良军

副调研员：董浩然
　　　　　汝坤林

物理与光电·能源学部物理科学与技术学院
党委书记：吴雪梅　　　　　　　　　　　　　　2016 年 4 月免
　　　　　孙德芬　　　　　　　　　　　　　　2016 年 4 月任
院　　长：高　雷
副院长：刘　军
　　　　　赖　耘

物理与光电·能源学部光电信息科学与工程学院
党委书记：孙德芬　　　　　　　　　　　　　　2016 年 4 月免
　　　　　陈建军　　　　　　　　　　　　　　2016 年 4 月任
院　　长：王钦华
副院长：李孝峰

物理与光电·能源学部能源学院
党委书记：陶　智
名誉院长：刘忠范
院　　长：郑洪河
副院长：郑军伟

高技术产业研究院
院　　长：陈林森

52. 材料与化学化工学部

党委书记：严冬生
党委副书记：王美珠（兼副主任）
主　　任：陈　红　　　　　　　　　　　　　　2016 年 3 月免
　　　　　姚建林　　　　　　　　　　　　　　2016 年 3 月任
副主任：戴礼兴　　　　　　　　　　　　　　　2016 年 3 月免
　　　　　姚建林　　　　　　　　　　　　　　2016 年 3 月免
　　　　　姚英明
　　　　　吴　铎
　　　　　朱　健　　　　　　　　　　　　　　2016 年 3 月任
　　　　　沈　勤　　　　　　　　　　　　　　2016 年 4 月任

53. 纳米科学技术学院

党委书记：季　晶
院　　长：李述汤
执行院长：刘　庄　　　　　　　　　　　　2016年9月任
副院长：孙旭辉(兼)

54. 计算机科学与技术学院

党委书记：胡新华　　　　　　　　　　　　2016年3月免
　　　　　杨礼富　　　　　　　　　　　　2016年3月任
党委副书记：沈云彩(兼副院长)
院　　长：李凡长
副院长：陆伟中
　　　　凌　云
　　　　张　民
　　　　赵　雷

55. 电子信息学院

党委书记：杨礼富　　　　　　　　　　　　2016年3月免
　　　　　徐群祥　　　　　　　　　　　　2016年3月任
党委副书记：黄远丰(2016年3月兼副院长)
名誉院长：潘君骅
院　　长：赵鹤鸣
副院长：马国平
　　　　胡剑凌
副调研员：刁爱清

56. 机电工程学院

党委书记：刘鲁庆
党委副书记：王振华(兼副院长)
　　　　　　赵　峰
院　　长：孙立宁
副院长：钮秀山
　　　　尤凤翔
　　　　徐汇音

陈　瑶
陈再良

57. 沙钢钢铁学院

党委书记：宋清华
院　　长：董元篪
副院长：钟胜奎

58. 纺织与服装工程学院

党委书记：孙庆民
党委副书记：潘爱华(兼副院长)
院　　长：潘志娟
副院长：王祥荣
　　　　关晋平
　　　　孟　凯(兼)
副调研员：司　伟
　　　　　周正华

现代丝绸国家工程实验室
执行主任：陈国强
副主任：裔洪根

南通纺织研究院
常务副院长：孟　凯

59. 城市轨道交通学院

党委书记：杨　清
党委副书记：阴　浩(兼副院长)
　　　　　　丁新红
　　　　　　田　雷
名誉院长：王　炜
院　　长：朱忠奎
副院长：戴佩良(调研员)
　　　　李晓村
　　　　蒋志良
　　　　肖为周

副调研员：金菊华

60. 体育学院

  党委书记：朱建刚   2016年3月免
      邓国林   2016年3月任
  党委副书记：李伟文（兼副院长）
  院　　长：陆阿明
  副院长：雍　明
      陶玉流
      王全法
  副调研员：朱　慧

61. 艺术学院

  党委书记：李超德   2016年6月免
      王尔东   2016年6月任
  党委副书记：程晓军（兼副院长）
  名誉院长：张道一
  院　　长：田晓明（兼）   2016年6月免
      姜竹松   2016年7月任
  副院长：顾德学
      钱孟尧   2016年11月免
      王泽猛

62. 音乐学院

  党委书记：
  党委副书记：洪　晔（主持工作）
        胡晓玲（兼副院长）
  院　　长：吴和坤
  副院长：刘跃华
      居　民

63. 医学部

  党工委书记：邹学海
  党工委副书记：解　燕
        黎春虹

名誉主任：阮长耿
　　　　　杜子威
主　　任：吴庆宇　　　　　　　　　　　　　　　2016年2月免
常务副主任：黄　瑞
副主任：龚　政
　　　　徐小乐
　　　　夏超明
　　　　田启明
调研员：戴荣明　　　　　　　　　　　　　　　　2016年2月免
副调研员：施建亚
办公室主任：席拥军
教学办公室主任：钟　慧
科研办公室主任：徐小乐
研究生办公室主任：夏超明
国际交流与发展办公室主任：徐　娴
学生工作办公室主任：温洪波
临床教学质量管理办公室主任：唐　军

实验中心
　　主　　任：陈乳胤
　　副主任：孟华敏（副调研员）

实验动物中心
　　主　　任：

64. 医学部基础医学与生物科学学院

党委书记：王尔东　　　　　　　　　　　　　　　2016年6月免
　　　　　薛　辉　　　　　　　　　　　　　　　2016年9月任
院　　长：高晓明
副院长：戈志强
　　　　杨雪珍

65. 医学部放射医学与防护学院

党委书记：曹建平
院　　长：柴之芳
副院长：许玉杰

66. 医学部公共卫生学院

党委书记：芮秀文
院　　长：张永红
副院长：张增利
副调研员：钟宏良

67. 医学部药学院

党委书记：龚　政
副理事长：顾振纶
院　　长：镇学初
副院长：江维鹏
　　　　黄小波

68. 医学部护理学院

党委书记：沈志清
院　　长：李惠玲
副院长：王海芳
　　　　蒋银芬（兼）
　　　　阐玉英（兼）
调研员：姜海燕

69. 敬文书院

党委书记：王剑敏
名誉院长：朱恩馀
院　　长：罗时进
副院长：王剑敏（保留正处职待遇）

70. 唐仲英医学研究院

党委书记：叶明昌
院　　长：吴庆宇

神经科学研究所
所　　长：刘春风

副所长：姚建萍

骨科研究所
所　长：杨惠林
副所长：杭雪花

心血管病研究所
所　长：沈振亚
副所长：殷为民

呼吸疾病研究所
所　长：黄建安
副所长：

造血干细胞移植研究所
所　长：吴德沛
副所长：徐　杨　　　　　　　　　　　　　　　　　2016年8月任

转化医学研究院
院　长：时玉舫
行政副院长：陈永井

71. 文正学院

党委书记：仲　宏　　　　　　　　　　　　　　　　2016年3月当选
党委副书记：仲　宏（保留正处职待遇）
　　　　　　袁昌兵　　　　　　　　　　　　　　　2016年3月当选
院　长：吴昌政
副院长：施盛威
　　　　蒋　峰（调研员）
　　　　袁昌兵
调研员：宋晓萍　　　　　　　　　　　　　　　　　2016年1月免
副调研员：杜　明
　　　　　钱伟超
　　　　　唐凤珍
　　　　　蔡　琳
　　　　　黄　新

72. 应用技术学院

  党委书记：薛 辉   2016年9月免
       王 欣   2016年9月任
  院 长：傅菊芬
  副院长：朱 跃
       陈建军   2016年4月免
  副调研员：张 卫
        王苏红   2016年3月免

73. 老挝苏州大学

  校 长：朱秀林（兼）   2016年5月免
       熊思东（兼）   2016年5月任
  副校长：谭玉坤
  校长助理：王 栋

  综合办公室
  副主任：

  教学与学生事务管理办公室
  主 任：倪沛红

  招生与就业办公室
  主 任：倪沛红（兼）

  校园建设与管理办公室
  副主任：
  副调研员：薛 晋

74. 社会服务系（宿迁学院）

  主 任：

75. 学报编辑部

  主 任：康敬奎
  副主任：江 波

76. 出版社有限公司

社　　长：张建初　　　　　　　　　　　　　　2016年11月免
总编辑：沈海牧
调研员：张建初　　　　　　　　　　　　　　　2016年11月任
副调研员：王建珍

77. 附属第一医院

党委书记：陈卫昌　　　　　　　　　　　　　　2016年2月免
党委副书记：陈　赞（兼纪委书记）（2016年2月主持党委工作）
　　　　　　丁春忠
院　　长：侯建全
常务副院长：
副院长：沈学伍
　　　　陈　亮
　　　　缪丽燕
　　　　时玉舫
　　　　方　琪
　　　　刘济生
总会计师：贲能富
党委办公室主任：黄恺文（调研员）
人事处处长：丁春忠（保留副处职待遇）
调研员：吴爱勤　　　　　　　　　　　　　　　2016年9月免
副调研员：徐亚英
　　　　　欧阳琴　　　　　　　　　　　　　　2016年3月免
　　　　　许　津
　　　　　洪建娣

血液研究所

医学部第一临床医学院
院　　长：侯建全（兼）　　　　　　　　　　　2016年3月任
副院长：胡春洪

临床医学研究院
院　　长：杨惠林
副院长：吴德沛　　　　　　　　　　　　　　　2016年12月免

杨向军
黄建安

78. 附属第二医院（核工业总医院）

党委书记：王少雄
党委副书记：姜　忠　　　　　　　　　　　　2016年2月免
　　　　　　孙光夏　　　　　　　　　　　　2016年2月任
　　　　　　张国庆（兼纪委书记）　　　　　　2016年2月免
纪委书记：程永志　　　　　　　　　　　　　2016年2月任
院　　长：姜　忠　　　　　　　　　　　　　2016年1月免
　　　　　孙光夏　　　　　　　　　　　　　2016年1月任
常务副院长：孙光夏　　　　　　　　　　　　2016年1月免
副院长：王少雄
　　　　刘春风
　　　　徐　博
　　　　孙亦晖
　　　　钱志远　　　　　　　　　　　　　　2016年2月任
总会计师：魏钦海

医学部第二临床医学院
院　　长：姜　忠（兼）　　　　　　　　　　2016年3月免
　　　　　孙光夏（兼）　　　　　　　　　　2016年3月任
常务副院长：刘春风（兼）

79. 附属儿童医院

党委书记：卢祖元
党委副书记：邱　鸣（兼纪委书记）
院　　长：冯　星
副院长：汪　健
　　　　田健美
　　　　吕海涛
调研员：刘高金
　　　　朱建兴　　　　　　　　　　　　　　2016年10月免
副调研员：唐叶枫
　　　　　阐玉英

医学部儿科临床医学院

院　长：王晓东

医学中心（苏州市独墅湖医院）

主　任（院长）：王晓东

副主任（副院长）：杨志卿　　　　　　　　　　　　2016年3月任

80. **医学部第三临床医学院**

院　长：何小舟（兼）

副院长：吴昌平（兼）

81. **苏州大学附属苏州工业园区娄葑中学党支部**

李建军（正处级）　　　　　　　　　　　　　　　2016年12月免

82. **苏州苏大教育服务投资发展有限公司**

调研员：陈爱萍
　　　　吴小霞

苏州苏大教育服务投资发展有限公司党委

书　记：陈爱萍（兼）

副书记：王丽晓

83. **江苏苏大投资有限公司**

董事长：蒋敬东

总经理：陈彦艳

84. **苏州大学实验学校（2016年9月成立，苏大委〔2016〕45号）**

书　记：陈炳亮　　　　　　　　　　　　　　　　2016年12月任

校　长：陈国安　　　　　　　　　　　　　　　　2016年12月任

注：根据苏大委〔2004〕28号文件的精神，学校事业编制人员在被公司借用期间，学校保留其原身份和职级。

苏州大学第十三届工会委员会及各分工会主席名单

一、苏州大学第十三届工会委员会名单

主　席：王安列
副主席：冒维东　陈　洁
委　员：王丽晓　王国卿　王建军　邓国林　田　飞　朱利平
　　　　庄建英　刘文杰　刘亚东　刘炳喜　孙　涌　杜　明
　　　　李正伟　李丽红　李建祥　何　为　张友九　邵名望
　　　　茆汉成　金菊华　金慧敏　胡明宇　闻振卫　奚启超
　　　　眭建华　崔京浩

二、苏州大学各分工会主席名单

机关分工会：邓国林、夏永林(2016年3月换届)
群团与直属单位分工会：刘炳喜
后勤管理处分工会：庄建英
阳澄湖校区分工会：张筱明
图书馆分工会：李正伟、祁汝峰(2016年12月换届)
苏州苏大教育服务投资发展有限公司分工会：王丽晓(2016年2月换届)
文学院分工会：王建军
凤凰传媒学院分工会：胡明宇
社会学院分工会：夏敏杰、孙友本(2016年12月换届)
政治与公共管理学院分工会：李丽红
马克思主义学院分工会：朱蓉蓉(2016年1月成立)
教育学院分工会：付亦宁
东吴商学院(财经学院)　东吴证券金融学院分工会：俞雪华
王健法学院分工会：上官丕亮
外国语学院分工会：刘亚东
金螳螂建筑学院分工会：郭明友

数学科学学院分工会：闻振卫（2016年6月换届）
物理与光电·能源学部分工会：朱利平（2016年4月换届）
材料与化学化工学部分工会：沈理明
纳米科学技术学院分工会：邵名望
计算机科学与技术学院分工会：孙　涌
电子信息学院分工会：金慧敏（2016年10月换届）
机电工程学院分工会：刘文杰
沙钢钢铁学院分工会：宋滨娜
纺织与服装工程学院分工会：周正华
城市轨道交通学院分工会：金菊华
体育学院分工会：奚启超
艺术学院分工会：张天星、王言升（2016年7月换届）
音乐学院分工会：田　飞
医学部分工会：戴建英
医学部基础医学与生物科学学院分工会：王国卿
医学部放射医学与防护学院分工会：张友九
医学部公共卫生学院分工会：李建祥
医学部药学院分工会：崔京浩
文正学院分工会：杜　明（2016年6月换届）
应用技术学院分工会：何　为

苏州大学共青团组织干部名单

(院部团委书记以上)

校团委

书 记：肖甫青
副书记：朱 今
　　　　徐美华
　　　　孙 磊

研究生团工委

书 记：严 明

校部团总支

书 记：刘春雷(兼)
副书记：宗 琦(兼)

群团与直属单位团总支

书 记：张 昊(兼)

阳澄湖校区团委

书 记：陈 晶

图书馆直属团支部

书 记：丁长荣(兼)

文学院团委

  书 记：胡 萱
  副书记：赵 曜

凤凰传媒学院团委

  书 记：宋 智

社会学院团委

  书 记：郝 珺
  副书记：顾灵枝   2016年5月任

政治与公共管理学院团委

  书 记：甄 勇
  副书记：董筱文   2016年10月任

马克思主义学院团委

  书 记：郑 芸（兼）

东吴商学院（财经学院） 东吴证券金融学院团委

  书 记：丁良超
  副书记：黄 河

王健法学院团委

  书 记：

外国语学院团委

  书 记：薛 曦

金螳螂建筑学院团委

　　副书记：徐　娜（主持工作）

教育学院团委

　　书　记：陈贝贝

数学科学学院团委

　　副书记：周　扬（主持工作）

物理科学与技术学院　能源学部团委

　　书　记：张振华
　　副书记：李雯雯　　　　　　　　　　　　　　2016年6月任

材料与化学化工学部团委

　　书　记：黄郁健
　　副书记：李　睿　　　　　　　　　　　　　　2016年4月任

纳米科学技术学院团委

　　副书记：蔡梦婷（主持工作）

计算机科学与技术学院团委

　　书　记：邝泉声
　　副书记：夷　臻　　　　　　　　　　　　　　2016年10月任

电子信息学院团委

　　书　记：李　莹　　　　　　　　　　　　　　2016年5月任
　　副书记：郁连国　　　　　　　　　　　　　　2016年5月任
　　　　　　李　莹　　　　　　　　　　　　　　2016年5月免

机电工程学院团委

　　副书记：李丽红（主持工作）

沙钢钢铁学院团委

　　副书记：郁佳莉（主持工作）

纺织与服装工程学院团委

书　记：刘　海	2016年4月任
副书记：刘　海	2016年4月免
蒋闰蕾	2016年4月任

城市轨道交通学院团委

　　书　记：钱成一

体育学院团委

书　记：丁海峰	
副书记：王光阁	2016年4月任

艺术学院团委

书　记：卢海粟	2016年4月任
副书记：卢海粟	2016年4月免

音乐学院团委

　　副书记：张　晶（主持工作）

医学部团委

　　书　记：解　笑
　　副书记：胡　洋
　　　　　　王昌伟
　　　　　　舒洪灶

屠雯静

敬文书院团委

书　　记：黄冠平
副书记：孙正嘉　　　　　　　　　　　　　　2016 年 6 月任

文正学院团委

书　　记：祁素萍
副书记：何　玉
　　　　吴旖旎

应用技术学院团委

书　　记：夏　青　　　　　　　　　　　　　2016 年 7 月任
副书记：夏　菲　　　　　　　　　　　　　　2016 年 7 月任
　　　　尹　伊　　　　　　　　　　　　　　2016 年 7 月任
　　　　夏　青　　　　　　　　　　　　　　2016 年 7 月免

附属第一医院团委

书　　记：田一星

附属第二医院团委

副书记：胡明娅（主持工作）

附属儿童医院团委

书　　记：时秋芳
副书记：张兵兵
　　　　金太伟

苏州大学有关人员在各级人民代表大会、政治协商委员会、民主党派、归国华侨联合会、台属联谊会、无党派知识分子联谊会担任代表、委员名单

全国、省、市、区人大代表

第十二届全国人大代表	钱海鑫
第十二届江苏省人大代表	戴洁　兰青
第十五届苏州市人大常委会副主任	钱海鑫
第十五届苏州市人大常委	钱海鑫　马卫中　黄学贤　邢春根　吴磊
第十五届苏州市人大代表	钱海鑫　马卫中　黄学贤　邢春根　吴磊　姜为民　王德山　路建美　杨一心
姑苏区第一届人大常委	尤海章
姑苏区第一届人大代表	尤海章　吴雨平　戚海涓　刘海燕　陆明　傅菊芬　朱谦　李晓强　陈红霞　杨季文　葛建一　崔京浩　钱孟尧　吴昌政　姜忠　冯星
相城区第三届人大代表	浦文倜

全国、省、市、区政协委员

第十二届全国政协委员	熊思东
第十一届江苏省政协委员	曹永罗　周幽心　赵鹤鸣　金太军　陈林森　朱秀林
第十三届苏州市政协副主席	赵鹤鸣
第十三届苏州市政协常委	赵鹤鸣　傅菊芬　叶元土　钱振明　王宜怀　杨同其　李亚东　陈红霞　马亚中
第十三届苏州市政协委员	陈永珍　钱玉英　傅菊芬　田野　沈振亚　冯志华　叶元土　钱振明　姜竹松　明志君　夏春林　袁牧　王宜怀　杨同其　徐建英

	陆士奇	赵鹤鸣	张永泉	李亚东	陈红霞
	金太军	王俊华	许 星	陆 芹	季 伟
	浦金贤	文万信	马亚中	王腊宝	刘跃华
	陶新华	陈 红	李晓明	吴建明	
姑苏区第一届政协常委	刘 海	朱学新	杨俊华	王加俊	董启榕
姑苏区第一届政协委员	刘 海	朱学新	杨俊华	王加俊	董启榕
	李明忠	王文利	郭盛仁	吴 倩	张力元
	陈爱萍				

在全国、省、市各民主党派组织任职

民革十一届苏州市委副主委	马卫中
民革十一届苏州市委常委	姚传德
民革十一届苏州市委委员	刘 海
民盟十一届江苏省委副主委	熊思东
民盟十一届江苏省委委员	曹永罗
民盟十三届苏州市委副主委	黄学贤
民盟十三届苏州市委常委	傅菊芬　姜为民
民盟十三届苏州市委委员	陶 金　居颂光　周海斌
民建八届江苏省委委员	叶元土
民建十四届苏州市委常委	叶元土
民建十四届苏州市委委员	杨 哲
民进十三届中央委员	吴永发
民进九届江苏省委委员	姜竹松
民进十一届苏州市委主委	钱振明
民进十一届苏州市委常委	蒋廷波
民进十一届苏州市委委员	吴玲芳　孙茂民　马中红
农工党十一届江苏省委委员	邢春根　周幽心
农工党十三届苏州市委副主委	邢春根　倪才方
农工党十三届苏州市委常委	王宜怀
农工党十三届苏州市委委员	李建国　徐建英　孙 凌
致公党五届江苏省委常委	赵鹤鸣
致公党五届江苏省委委员	吴 磊
致公党六届苏州市委副主委	吴 磊
致公党六届苏州市委委员	张永泉　王振欣
九三学社十三届中央委员	钱海鑫
九三学社七届省委副主委	钱海鑫
九三学社七届江苏省委委员	金太军
九三学社十届苏州市委主委	陈林森

九三学社十届苏州市委常委	陈红霞　浦金贤
九三学社十届苏州市委委员	文万信　王德山　徐中华　程　江

在省、市台属联谊会及归国华侨联合会、无党派知识分子联谊会任职

江苏省台属联谊会第五届理事	张宏成
苏州市台属联谊会第五届常务理事	张宏成　张　凝
苏州市台属联谊会第五届理事	王文沛
江苏省侨联第六届委员	沈振亚
苏州市侨联第八届常委	沈振亚
苏州市侨联第八届委员	张志琳　王振欣　张永泉
苏州市侨青会副会长	王振欣
苏州市无党派知识分子联谊会副会长	高晓明

在校各民主党派基层组织和校归国华侨联合会、台属联谊会、归国学者联谊会、无党派知识分子联谊会任职

民革苏州大学总支部
　　主　委　　马卫中
　　副主委　　姚传德　刘　海
　　委　员　　陈卫东　吴雨平　谢思明　石　沙　李　艺　施华珍
　　　　　　　戚海涓　薛华勇　薛玉坤

民盟苏州大学委员会
　　主　委　　黄学贤
　　副主委　　曹永罗　冯志华　戈志强　姜为民　李明忠　田　野
　　　　　　　朱　谦　陶　金
　　委　员　　马逸敏　王兴东　王俊敏　朱桂荣　朱　斌　何香柏
　　　　　　　宋煜萍　周　宣　周海斌　居颂光　钟慎斌　郭凌川
　　　　　　　薛　莲
　　秘书长　　郭凌川
　　副秘书长　钟慎斌　马逸敏

民建苏州大学支部
　　主　委　　叶元土
　　副主委　　郑晓玲　杨　哲　沈　能
　　委　员　　陈志强　周雯娟　张乐帅

民进苏州大学委员会
　　主　委　　钱振明
　　副主委　　夏春林　姜竹松　吴玲芳　蒋庭波　刘　庄
　　委　员　　马中红　孙茂民　吴小春　张纪平　张学农　明志君

		金　涛				
	秘书长	孙茂民				
	副秘书长	尚贵华	赵石言			

农工苏州大学委员会

	主　委	王宜怀				
	副主委	周幽心	倪才方			
	委　员	刘一之	陆士奇	徐建英	王春雷	尤海章	郭盛仁
		李建国				

致公党苏州大学委员会

	主　委	吴磊			
	副主委	张永泉	薛群		
	委　员	王加俊	陈志伟	徐苏丹	詹月红

九三学社苏州大学委员会

	主　委	金太军				
	副主委	文万信	陈红霞	浦金贤	王德山	
	委　员	李亚东	季伟	陆芹	黄坚	朱雪珍	金成昌
	秘书长	王艳				

苏州大学归国华侨联合会

	名誉主席	陆匡宙	顾振纶			
	主　席	沈振亚				
	副主席	张昌陆	詹月红	张志琳	倪沛红	王钦华
	秘书长	倪沛红				
	委　员	吴雪映	席于玫	姚祥	叶守恩	王振欣	陈方
		徐苏丹	黄源	沈百荣	徐艳辉	李斌

苏州大学台属联谊会

	名誉会长	周岱				
	会　长	张宏成				
	副会长	王文沛	廖军	李以明	陈作章	
	理　事	彭大真	徐秀雯	金秀珏	沈园园	金璐曼	周金良
		张凝	吴荃			

苏州大学归国学者联谊会

	顾　问	王卓君	白伦	张学光		
	名誉会长	熊思东	蒋星红			
	会　长	王腊宝				
	副会长	朗建平	沈振亚	王卫平	汪一鸣	
	秘书长	刘海平	王鼎			
	常务理事	陈宇岳	贡成良	秦正红	高雷	冯志华	王鼎
	理　事	王钦华	王尉平	田海林	吕强	刘励军	刘庄
		任志刚	李孝峰	吴荣先	杨红英	罗时铭	周民权

　　　　　　　　　　姚建林　陶　敏　曹建平　黄毅生
苏州大学无党派知识分子联谊会
　　　会　长　　高晓明
　　　副会长　　杨季文　郁秋亚　刘跃华　杨旭辉
　　　秘书长　　刘海平　苏　雄
　　　理　事　　刘　文　孙　萌　李凡长　吴荣先　吴翼伟　陈　瑶
　　　　　　　　金薇吟　钮美娥　俞雪华　姚林泉　徐艳辉　郭辉萍
　　　　　　　　屠一锋　梁君林　黄毅生　傅戈燕　董启榕

苏州大学有关人员在校外机构任职名单

全国、省(部)级学术机构、团体及国际学术组织

（据2016年不完全统计，按院部排列、按姓氏笔画排序）

姓 名	机 构 名 称 及 职 务
1. 文学院	
马亚中	中国韵文学会副会长
	江苏省古代文学学会副会长
王 宁	中国艺术人类学理事
	中国俗文学学会理事
	中国戏曲学会理事
王 尧	中国当代文学研究会理事
	江苏省当代文学研究会副会长
	江苏省文艺评论家协会副主席
	江苏省作家协会副主席
王建军	江苏省语言学会常务理事
	江苏省中华成语研究会副会长
王福利	中国乐府学会常务理事
刘锋杰	中国文艺理论学会常务理事
	中国中外文艺理论学会理事
汤哲声	中国俗文学学会常务理事
	中国武侠文学学会副会长
	江苏省现代文学学会常务理事兼副秘书长
	江苏省中国现代文学学会副会长
杨旭辉	中国骈文学会常务理事

续表

姓　名	机　构　名　称　及　职　务
汪卫东	中国鲁迅研究会理事
	江苏省鲁迅研究会副会长
罗时进	东亚学术文化交流会首任会长
	中国明代文学学会理事
	中国唐代文学学会副会长
季　进	国际中国学研究会理事
	中国比较文学学会理事
	中国青年学术委员会副主任
	江苏省当代文学学会副秘书长
钱锡生	中国词学会理事
	中国词学研究会常务理事
徐国源	中国俗文学学会理事
	江苏省写作学会副会长
曹　炜	中国词汇学研究会理事
	中国修辞学会常务理事
鲁枢元	联合国教科文组织人与生物圈计划中国委员会委员
	中国文艺理论学会副会长
	中国作家协会理论批评委员会委员
2. 凤凰传媒学院	
马中红	中国人才研究会青年人才专业委员会常务理事
	中国公共关系学会理事
	中国广告与传媒发展史研究委员会常务理事
王　静	中国新闻史广告与传媒发展研究会理事
	中国广告教育研究会常务理事
王玉明	中国夏衍电影研究会夏衍研究委员会理事
	中国台港电影研究会台湾电影委员会理事
	中国电影文学学会理事

续表

姓 名	机 构 名 称 及 职 务
杜志红	中国高校影视学会微电影专业委员会理事
杨新敏	中国新媒体研究会理事
谷 鹏	中国新闻史学会舆论学研究委员会理事
	中国新闻史学会媒介法规与伦理研究委员会常务理事
张 健	中国高等教育学会新闻学与传播学专业委员会理事
	中国新闻传播思想史研究会常务理事
陈 龙	教育部高职高专广播影视专业委员会委员
	中国传播学研究委员会副会长
	江苏省传媒艺术研究会副会长
倪祥保	中国高教影视教育专业委员会理事
	中国电影家协会委员
	中国电视艺术家协会委员
	中国电影评论学会委员
	长三角地区高校影视戏剧研究会常务理事
	江苏传媒艺术研究会常务理事
董 博	世界经济论坛全球杰出青年基金会董事
曾一果	中国新闻史学会视听传播研究委员会常务理事
	中国新闻史学会应用新闻传播学研究委员会理事
	中国高校影视学会影视教育委员会理事
	江苏省传媒艺术研究会常务理事
	长三角戏剧影视学会理事
	江苏省当代文学研究会理事
3. 社会学院	
王卫平	教育部高校历史学科教学指导委员会委员
	中国地方志协会学术委员会委员
	中国社会史学会常务理事
	中国经济史学会理事

续表

姓 名	机构名称及职务
王卫平	中国太平天国史研究会常务理事
	江苏省历史学会常务理事
	江苏省太平天国史学会副会长
	江苏省农史学会副会长
	江苏省经济史学会副会长
	江苏省地域文化研究会副会长
朱从兵	中国太平天国史研究会副秘书长
	中国近现代史史料学会理事
	江苏省太平天国史研究会副秘书长
池子华	中国红十字会十届理事会理事
	中国太平天国史研究会常务理事
	中国会党史研究会理事
	中国社会史学会理事
	江苏省太平天国史学会副秘书长
吴建华	中国社会史学会常务理事
余同元	国际健康健美长寿学学会常务理事
	国际教科文交流协会副会长兼学术委员会主任
	中国朱元璋研究会副会长
	中国范仲淹研究会理事
	中国近现代史史料学会理事
	中国明史学会理事
	江苏省郑和研究会常务理事
张 明	中国社会思想研究会理事
	中国社会学会理事
	江苏省社会学会副会长
张照余	教育部档案学科教学指导委员会委员
	中国档案学会基础理论委员会委员
	中国档案学会理事

续表

姓　名	机　构　名　称　及　职　务
金卫星	中国美国史研究会常务理事
	江苏省世界史学会副会长
周　毅	中国档案学会基础理论委员会委员
姚传德	中国日本史学会理事
	民革中央孙中山研究会理事
高　峰	中国社会学会理事
	中国社会工作教育学会常务理事
	中国城市社会学会理事
	江苏省邓小平理论研究会常务理事
	江苏省社会学会常务理事
臧知非	中国秦汉史研究会副会长
	中国农民战争史研究会副会长
	江苏省项羽研究会副会长
	江苏省高校历史教学研究会秘书长
魏向东	江苏省旅游学会副会长
4. 政治与公共管理学院	
王俊华	中国卫生法学学会理事
车玉玲	全国国外马克思主义研究会常务理事
	中国俄罗斯哲学学会常务理事
	中国马克思主义哲学史学会理事
叶继红	中国科学学与科技政策研究会理事
	中国社会学会移民专业委员会理事
	中国社会学会科学社会学专业委员会理事
朱光磊	中华孔子学会阳明学研究会理事
乔耀章	中国行政管理学学会理事
	中国政治学会理事
	江苏省政治学会副会长

续表

姓 名	机 构 名 称 及 职 务
庄友刚	江苏省哲学学会常务理事
李继堂	中国自然辩证法研究会物理学哲学专业委员会委员
杨思基	中国马克思主义哲学史学会理事
吴忠伟	江苏省儒学会常务理事
陈进华	中国伦理学会理事
	中国青年伦理学会副会长
	江苏省伦理学会副秘书长
尚虎平	全国政府绩效管理研究会常务理事
	中国行政管理学会理事
周可真	中国哲学史学会理事
	中国企业管理学会常务理事
	中国实学研究会理事
	江苏省儒学研究会副会长
钮菊生	国家"一带一路"智库联盟合作理事会理事
	中国国际关系学会理事
	全国高校国际政治研究会常务理事
施从美	江苏省机构编制管理研究会副秘书长
黄建洪	中国机构编制研究会研究员
	教育部重点基地"中国特色城镇化研究中心"研究员
韩焕忠	中国伦理学会宗教伦理分会常务理事

5. 马克思主义学院

姓 名	机 构 名 称 及 职 务
方世南	中国人学学会常务理事
	中国马克思主义哲学史学会理事
	中国环境保护部环境文化促进会理论干事
田芝健	江苏省领导科研研究会第四届理事会常务理事
张才君	江苏省领导科研研究会第四届理事会常务理事
姜建成	江苏省马克思主义研究会副会长

续表

姓　名	机　构　名　称　及　职　务
6. 教育学院	
母小勇	中国教育学会课程专业委员会理事
	中国教育学会科学教育分会理事
	江苏省高等教育学会教师教育分会常务理事
刘电芝	全国人格心理学会专业委员会委员
	中国教育心理学会专业委员会副会长
	中国心理学会理事
	江苏省心理学会社区心理学专业委员会(筹)会长
	江苏省心理学会常务理事
吴继霞	全国人格心理学会专业委员会委员
	全国社区心理学专业委员会委员
	江苏省心理学会心理学教学工作委员会副主任
	江苏省心理学会社区心理学专业委员会副主任
张　明	教育部心理学教学指导委员会委员
	中国心理学会普通心理和实验心理专业委员会副主任
	中国心理学会心理学教学工作委员会副主任
	中国教育学会脑科学与教育研究分会理事
	中国心理学会理事
	江苏省心理学会常务理事
范庭卫	中国教育学会杨贤江教育思想研究分会常务理事
	中国心理学会理论心理学与中国心理学史专业委员会理事
周　川	中国高等教育学会常务理事
	全国高等教育学研究会常务理事
	全国院校研究会副理事长
赵蒙成	中国教育学会课程专业委员会理事

续表

姓 名	机 构 名 称 及 职 务
陶新华	中国心理卫生协会团体心理治疗委员会常任理事
	中国心理学会临床与咨询心理学注册系统委员
	美国 EAP 学会中国分会理事
	江苏省心理卫生协会常务理事
崔玉平	中国教育学会教育经济学分会副理事长
	江苏省高等教育学会教育经济学分会副理事长
	江苏省教育学会教育管理学分会常务理事
曹永国	中国教育学会中青年理论工作者分会理事
黄启兵	中国高等教育学会高等教育学专业委员会理事
彭彦琴	中国心理学会理论心理学与中国心理学史专业委员会理事
彭彩霞	中华炎黄文化研究会童蒙文化专业委员会理事
童辉杰	国际中华应用心理学会常务理事
	中国社会心理学会常务理事
	江苏省社会心理学会副会长

7. 东吴商学院（财经学院） 东吴证券金融学院

姓 名	机 构 名 称 及 职 务
万解秋	中国金融学会理事
	江苏金融学会常务理事
王则斌	教育部工商管理类专业教学指导委员会委员
	中国会计学会财务管理专业委员会委员
沈 能	中国软科学研究会理事
张雪芬	中国会计学会政府及非营利组织会计专业委员会委员
罗正英	中国软科学研究会理事
	中国会计评论理事会理事
俞雪华	江苏省价格协会常务理事
袁建新	江苏省外国经济学说研究会副会长

8. 王健法学院

姓 名	机 构 名 称 及 职 务
丁建安	中国社会法学研究会理事

续表

姓　名	机　构　名　称　及　职　务
卜　璐	中国国际私法学会理事
上官丕亮	中国法学会比较法学研究会常务理事
	中国法学会宪法学研究会常务理事
	江苏省法学会廉政法制研究会副会长
	江苏省法学会立法学研究会副会长
王克稳	中国行政法学研究会常务理事
	中国水利学会水法研究专业委员会副主任委员
	海峡两岸关系法学会第二届理事会理事
王昭武	江苏省刑法学会副秘书长
方　潇	江苏省法学会法律史研究会副秘书长
	中国法律史学会理事
方新军	中国民法学研究会理事
	江苏省法学会民法学研究会常务理事
艾永明	中国法律史学会常务理事
	江苏省法学会法律史研究会会长
史浩明	中国民法学研究会理事
	江苏省法学会民法学研究会副会长
	江苏省商法学研究会常务理事
冯　嘉	江苏省法学会生态法学研究会常务理事
朱　谦	中国法学会环境法研究会常务理事
	中国环境科学学会环境法分会副会长
	江苏省生态法学研究会副会长
	江苏省环境资源法学研究会副会长
刘思萱	江苏省商法学会常务理事
孙　莉	中国法学会法理学研究会理事
	中国行为法学会理事
	中国法学会立法学研究会理事
	中国法学会比较法学研究会理事
	江苏省法学会法理学、宪法学研究会副会长

续表

姓　名	机　构　名　称　及　职　务
孙国平	中国社会法研究会理事
	江苏省社会法研究会常务理事
李小伟	中国版权协会理事
李晓明	国际刑法学协会中国分会理事
	中国犯罪学研究会常务理事
	中国刑法学研究会理事
	中国刑法学研究会预防犯罪专业委员会副主任
	中国青少年犯罪研究会犯罪学基础理论专业委员会常务理事
	中国预防犯罪专业委员会副主任
	中国监察学会金融检察专业委员会理事
	中国未成年人法制教育专业委员会副主任
	江苏省刑法学研究会副会长
沈同仙	中国法学会社会法学研究会理事、副秘书长
	中国社会法学研究会劳动法学分会副会长
	江苏省经济法研究会副会长
	江苏省法学会社会法学研究会副会长
张　鹏	江苏省农村法制学会常务理事
张永泉	中国民事诉讼法学研究会常务理事
	江苏省民事诉讼法学研究会常务理事
张成敏	中国逻辑学会法律逻辑专业委员会副会长
	江苏省刑事诉讼法研究会副会长
	江苏省法学会检察学研究会常务理事
张利民	中国法学会国际私法学研究会常务理事
	江苏省国际法学会副会长
张学军	中国法学会婚姻法学研究会副会长
陈立虎	中国国际经济法学会常务理事
庞　凌	中国立法学研究会理事
	江苏省法理学与宪法学研究会副秘书长

续表

姓 名	机 构 名 称 及 职 务
赵艳敏	中国法学会世界贸易组织法研究会理事
胡玉鸿	国家司法考试命题委员会委员
	中国法学会法理学研究会理事
	江苏省法学会法理学、宪法学研究会副会长
	江苏省法学会副会长
胡亚球	中国民事诉讼法学研究会常务理事
	中国法学教育研究会理事
	江苏省民事诉讼法研究会副会长
	江苏省法学会检察学研究会副会长
施立栋	中国案例法学会研究会理事
郭树理	中国国际私法学研究会常务理事
	中国体育法学研究会常务理事
	中国仲裁法学研究会理事
	中国国际法学会理事
黄学贤	中国法学会宪法学研究会理事
	中国法学会行政法学研究会理事
	江苏省行政法学研究会副会长
	江苏省法学会港澳台法律研究会副会长
董炳和	中国法学会知识产权研究会常务理事
	江苏省法学会知识产权法学研究会副会长
程雪阳	江苏省农村法制协会常务理事

9. 外国语学院

姓 名	机 构 名 称 及 职 务
王 宇	中国英语教学研究会语音专业委员会理事
王 军	中国认知语言学研究会常务理事
	中国逻辑学会符号学专业委员会秘书长
	法律英语证书(LEC)全国统考专家指导委员会
	江苏省外国语言学会副会长

续表

姓 名	机 构 名 称 及 职 务
王 宏	中国文化典籍翻译研究会副会长
	中国比较文学学会翻译研究会常务理事
	江苏省翻译协会常务理事
王腊宝	教育部高等学校外语专业教学指导委员会英语专业教学指导分委员会委员
	中国外国文学学会英语文学研究分会副会长
	中国语言与符号学研究会副会长
	中国澳大利亚研究会副会长
	江苏省高校外语教学研究会副会长
	江苏省翻译协会副会长
朴明淑	韩国口碑文学研究会国际理事
朴桂玉	韩国口碑文学学会国际理事
	韩国文学治疗学会国际理事
朱新福	全国外国文学学会英语文学研究分会理事
	全国美国文学研究会常务理事
	江苏省外国文学学会常务理事
孙倚娜	教育部大学外语教学指导委员会委员
	江苏省外语教学研究会常务理事
杨彩梅	中国英汉比较研究会形式语言学专业委员会理事
陆 洵	全国法语教学研究会理事
	全国法国文学研究会理事
赵爱国	中国俄语教学研究会常务理事
	中国语言与符号学研究会常务理事
	中国俄罗斯东欧中亚学会常务理事
贾冠杰	全国教育语言学研究会常务理事
	全国二语习得研究会常务理事
	全国语言教育研究会常务理事
	全国神经语言学研究会副会长
	全国教育语言学研究会常务理事

续表

姓　名	机　构　名　称　及　职　务
顾佩娅	中国英语教学研究会教师教育与发展专业委员会常务理事
	中国英语教学研究会计算机辅助外语教学专业委员会副主任委员
徐　卫	日中对比语言学会中国分会理事
高永晨	国际和中国跨文化交际研究学会委员

10. 金螳螂建筑学院

姓　名	机　构　名　称　及　职　务
王　琼	中国饭店协会设计装饰专业委员会常务理事
	中国建筑学会室内设计分会第六届理事会理事
	中国建筑装饰协会设计委员会副主任委员
	江苏省勘察设计协会建筑装饰及环境艺术设计专业委员会副主任委员
吴永发	全国高等学校建筑学专业指导委员会委员
	中国绿色建筑专业委员会绿色校园学组副组长
	安徽省人大常务委员会委员
查佐明	中国村社发展促进会大学生村官专家委员会委员

11. 数学科学学院

姓　名	机　构　名　称　及　职　务
唐　煜	中国数学会均匀设计分会理事
曹永罗	中国数学会常务理事
	江苏省数学会副理事长

12. 物理与光电·能源学部

姓　名	机　构　名　称　及　职　务
马扣祥	全国电池材料标准化技术委员会秘书长
	中国电池工业协会技术委员会秘书长
汝坤林	全国原电池标准化技术委员会委员
吴建宏	中国光学学会光电技术专业委员会委员
余景池	中国光学学会先进光学制造分会副主任委员
	中国空间光学学会委员
狄国庆	全国电磁学教学委员会常务理事
沈为民	中国宇航学会空间遥感专业委员会副主任委员
	中国光学学会红外、光电器件专业委员会委员

续表

姓 名	机 构 名 称 及 职 务
沈明荣	中国材料研究会理事
宋瑛林	宇航学会光电子专业委员会委员
陈林森	全国纳米技术标准化技术委员会委员
	中国光学学会全息与光信息处理专业委员会主任
	中国民营科技企业家协会副会长
	国家微纳加工与制造产业创新战略联盟副理事长
郑军伟	全国电池材料标准化技术委员会副主任
	中国电池工业协会副理事长
袁 孝	中国光学学会激光专业委员会委员
顾济华	江苏省物理学会副理事长
晏世雷	江苏省物理学会副秘书长
钱 煜	中国光学学会光学测试专业委员会委员
	中国宇航学会空间遥感专业委员会委员
陶 洪	中国教育学会物理教学专业委员会理事
魏 琪	江苏省工程热物理协会常务理事
13. 材料与化学化工学部	
邓安平	中国化学会有机分析专业委员会委员
	中国仪器仪表学会化学传感器专业委员会委员
	中国仪器仪表学会食品质量安全检测仪器与技术应用分会第一届理事会理事
白同春	中国化学会化学热力学和热分析专业委员会委员
李永舫	中国化学会常务理事
	英国皇家化学会会士
肖 杰	中国颗粒学会青年理事
沈理明	江苏省教育学会化学教学专业委员会第五届理事会副理事长

续表

姓 名	机 构 名 称 及 职 务
陈 红	英国皇家化学学会会士
	中国生物材料学会再生医学材料分会第一届委员会常务委员
	中国生物材料学会第一届理事会理事
	中国化学会第二十九届理事会理事
	中国生物材料学会青年委员会第一届委员会常务委员
	江苏省化学化工学会第十一届理事会常务理事
	江苏省化学化工学会第十一届理事会高分子化学与物理专业委员会主任委员
陈晓东	中国颗粒学会理事会理事
郎建平	英国皇家化学会会士
	中国化学会无机化学学科委员及晶体化学学科委员会委员
姚建林	中国物理学会光散射专业委员会委员、副主任
黄 鹤	中国材料新技术研究会常务理事
戴礼兴	中国仪器仪表学会仪表功能材料分会理事会常务理事
14. 纳米科学技术学院	
刘 庄	中国材料学会纳米材料与器件分会理事
	中国化学会纳米化学分会委员、副秘书长
	中国生物物理学会纳米生物物理专业委员会委员
孙旭辉	中国物理学会同步辐射专业委员会常务委员
李有勇	中国化学会计算化学委员会委员
张晓宏	中国科学院光化学转换与功能材料重点实验室学术委员会委员
	中国科学院理化技术研究所科技委员会委员
康振辉	中国材料研究学会纳米材料与器件分会理事
15. 计算机科学与技术学院	
马小虎	江苏省计算机学会CAD&CG专业委员会副主任
王 进	中国计算机学会互联网专业委员会委员
	中国计算机学会普适计算专业委员会委员
	中国计算机学会网络与数据通信专业委员会委员

续表

姓　名	机　构　名　称　及　职　务
王宜怀	中国软件行业协会嵌入式系统分会理事
	江苏省计算机学会嵌入式系统与物联网专业委员会主任、常务副主任
朱巧明	中国计算机学会理事
	中国计算机学会系统软件专业委员会委员
	中国计算机学会电子政务与办公自动化专业委员会委员
朱艳琴	全国计算机继续教育研究会江苏委员会理事
刘　全	中国计算机学会委员
	全国石油和化学工业信息技术委员会委员
李凡长	中国计算机学会理论计算机科学专业委员会委员
	中国计算机学会人工智能与模式识别专业委员会委员
	中国人工智能学会理事
	中国人工智能学会粗糙集与软计算专业委员会常务委员
	中国人工智能学会知识工程专业委员会委员
	中国人工智能学会智能系统工程专业委员会委员
	中国人工智能学会机器学习专业委员会常务委员
	中国人工智能学会机器感知与虚拟现实专业委员会委员
	江苏省计算机学会人工智能专业委员会副主任委员
李寿山	中国中文信息学会青年工作委员会委员
	中国中文信息学会社会媒体处理专业委员会委员
	中国计算机学会委员
李直旭	中国人工智能学会智能服务专业委员会委员
	中国计算机学会大数据专业委员会通讯委员
张　民	中国人工智能学会理事
	江苏省计算机学会工委副主任
张　召	中国人工智能学会模式识别专业委员会委员
	中国计算机学会人工智能与模式识别专业委员会通讯委员

续表

姓　名	机　构　名　称　及　职　务
张　莉	中国人工智能学会机器学习专业委员会委员
	中国人工智能学会粗糙集与软计算专业委员会委员
	江苏省计算机学会理事会青年工作委员会副主任
张广泉	中国计算机学会软件工程专业委员会委员
	中国计算机学会系统软件专业委员会委员
	中国计算机学会理论计算机科学专业委员会委员
	中国计算机学会协同计算专业委员会委员
	中国计算机学会形式化方法专业委员会委员
	全国高等学校计算机教育研究会理事
张志强	全国高等院校计算机基础教育研究会理工专业委员会委员
陈文亮	中国中文信息学会青年工作委员会委员
季　怡	中国图像图形学会虚拟现实专业委员会委员
周晓方	中国计算机学会大数据专业委员会委员
	江苏省计算机学会大数据专业委员会副主任
周国栋	中国计算机学会中文信息技术专业委员会副主任委员
赵　雷	中国人工智能学会智能服务专业委员会委员
	江苏省计算机学院计算机教育专业委员会副主任委员
钟宝江	中国人工智能学会机器学习专业委员会委员
洪　宇	中国中文信息学会青年工作委员会委员
徐汀荣	中国高等院校计算机教育研究会理事
	中国微型计算机应用协会理事
黄　河	中国计算机学会物联网专业委员会委员
熊德意	中国中文信息学会青年工作委员会委员
	中国中文信息学会信息检索专业委员会委员
	中国计算机学会中文信息技术专业委员会委员
	中国计算机学会中文信息技术专业委员会青年工作委员会主席
	中国中文信息学会理事

续表

姓　名	机　构　名　称　及　职　务
樊建席	中国计算机学会理论计算机科学专业委员会委员

16. 电子信息学院

姓　名	机　构　名　称　及　职　务
刘学观	中国通信学会电磁兼容委员会委员
	高等学校电磁场教学与教材研究会委员
沈百荣	国际人类基因变异组计划中国区工作委员会副主任
	中国运筹学会计算系统生物学分会副理事长
	中国医药生物技术协会生物医学信息技术分会理事
	中国生物化学与分子生物学会分子系统生物学专业委员会委员
	中国细胞生物学学会功能基因组信息学与系统生物学分会常务委员
	江苏省医学会医学信息学分会主任委员
沈纲祥	中国电子学会光通信与光网络专业技术委员会委员
	江苏省通信学会光通信与线路专业委员会副主任委员
陈新建	中国图像图形学会理事
	中国图学学会医学图像与设备专业委员会委员
	中国生物医学工程学会青年工作委员会副主任委员
	江苏省人才创新创业促进会双创人才分会常务理事
赵鹤鸣	全国信息与电子学科研究生教育委员会委员
	全国信号处理学会委员
	中国人工智能学会神经网络与计算智能专业委员会委员
	江苏省电子学会常务理事
	江苏省电子学会SMT专业委员会主任委员
侯　嘉	中国电子学会网络与通信系统专业委员会委员
	中国通信学会青年工作委员会委员

17. 机电工程学院

姓　名	机　构　名　称　及　职　务
石世宏	中国计量测试学会理事
	中国机械工程学会特种加工分会常务理事
朱刚贤	中国机械工程学会增材制造技术分会委员
	中国机械工程表面工程分会青年工作委员会委员

续表

姓　名	机　构　名　称　及　职　务
孙立宁	中国微米纳米技术学会常务理事
	中国机械工程学会微纳米制造技术分会副主任委员
	中国自动化学会机器人委员会副主任
	中国仪器仪表学会微纳器件与系统技术分会副理事长
	全国微机电技术标准化技术委员会主任
	全国自动化系统与集成标准化技术委员会主任
	全国医用机器人标准化技术委员会工作组组长
陈　琛	中国机械工程学会流体工程分会理事
陈　瑶	全国材料新技术发展研究会常务理事
陈长军	中国光学学会激光加工委员会委员
	中国宇航学会光电技术委员会委员
	中国腐蚀与防护学会涂料涂装及表面防护委员会委员
	中国硅酸盐学会测试技术分会理事
	中国表面工程学会青年委员会委员
	中国表面工程学会委员
	中国表面改性技术委员会委员
陈立国	中国微米纳米技术学会国际合作与交流委员会委员
	中国仪器仪表学会微纳器件与系统分会理事
郭旭红	江苏省工程图学会常务副理事
傅戈雁	江苏省机械工程学会常务理事
	江苏省特种加工分会常务理事
18. 纺织与服装工程学院	
王国和	教育部高等学校纺织类教学指导分委员会委员
	中国丝绸协会理事
	中国长丝织造协会专家委员会委员
	中国纺织工程学会家用纺织品专业委员会副主任、棉纺织专业委员会委员

续表

姓 名	机 构 名 称 及 职 务
王祥荣	中国染料工业协会纺织印染助剂专业委员会副主任
	中国产业用纺织品行业专家委员会委员
	中国保健协会专家委员会委员
	全国专业标准化技术委员会委员
左保齐	全国丝绸标准化技术委员会委员
	中国长丝织造协会技术委员会委员
白伦	中国茧丝绸产业公共服务体系丝绸工业科技转化平台专家委员会主任
孙玉钗	中国工程教育认证协会纺织类专业认证分委员会委员
	中国纺织服装教育学会服装设计与工程教学指导委员会副主任
张克勤	中国功能材料学会理事
陈国强	国务院学位委员会第六届学科评议组委员
	中国印染专业委员会秘书
	中国丝绸协会副会长
尚笑梅	全国计算机辅助技术认证项目专家委员会委员
	中国服装协会专家委员会专家委员
	全国专业标准化技术委员会委员
赵建平	教育部轻工专业指导委员会委员
	中国丝绸学会印染专业委员会秘书长
	中国印染协会理事
胡征宇	中国丝绸协会缂丝分会理事
唐人成	中国化工学会第八届染料专业委员会副主任
	中国纺织工程学会针织专业委员会染整分会委员
	中国纺织工程学会染整专业委员会委员
眭建华	江苏省纺织工程学会丝绸专业委员会秘书长
潘志娟	教育部纺织类教学指导委员会纤维材料分委员会副主任
	江苏省丝绸协会副会长

续表

姓 名	机 构 名 称 及 职 务
19. 城市轨道交通学院	
陈 甦	江苏省岩土工程与力学学会常务理事
20. 体育学院	
王 妍	中国体育科学学会体育史学会委员
	江苏省体育科学学会体育管理专业委员会秘书长
王国志	中国大学生体育协会武术与民族传统体育分会科研部副主任
	江苏省跆拳道协会副监事长
王家宏	全国高等学校体育教学指导委员会委员、技术学科组组长
	全国高等教育学会体育专业委员会副理事长
	全国教育学会体育专业分会委员
	全国博士后管理委员会专家组评审专家委员
	全国体育专业学位研究生教育指导委员会委员
	国家社会科学基金学科评审组专家委员
	中国篮球协会科研委员会副主席
	中国大学生体育协会篮球分会副主席
	中国大学生体育协会网球分会副主席
	中国体育科学学会社会体育科学分会副主任
	江苏省高等教育学会高校体育研究会名誉理事长
	江苏省教育学会理事会体育专业委员会理事长
	江苏省体育教育指导委员会副主任委员
	江苏省跆拳道协会副主席
	江苏省篮球协会副主席
李 龙	国家武术研究院青年学者工作委员会委员
吴明方	江苏省体育科学学会运动医学专业委员会副主任委员

续表

姓 名	机 构 名 称 及 职 务
张 林	北美医学教育基金会常务理事
	全国高校运动人体科学专业委员会常务委员
	中国体育科学学会运动生理与生化学会委员
	中国体育科学学会运动医学委员会学会委员
	中国生理学会运动生理学专业委员会委员
	中国老年学会骨质疏松学会理事
	中国保健学会骨与关节病学会理事
	江苏省生物医学工程学会常务理事
	江苏省运动医学工程专业委员会主任委员
	江苏省运动生理与生化学会副主任委员
陆阿明	中国体育科学学会运动生物力学分会委员
	中国体育科学学会体质研究会委员
	中国高等教育学会体育专业委员会教师教育研究会副理事长
	中国老年学和老年医学学会抗衰老分会常务委员
	中国老年学和老年医学学会运动健康科学分会常务委员
	江苏省体育科学学会常务理事
	江苏省教育学会体育专业委员会副理事长
	江苏省体育科学学会运动生物力学分会主任委员
邰崇禧	全国高等院校体育教学训练研究会副理事长
	全国高校田径理论研究会委员
	江苏省田径运动协会副主席
罗时铭	东北亚体育运动史学会理事
	中国体育科学学会体育史分会常务委员
	江苏省体育科学学会体育管理专业委员会主任委员
胡 原	江苏省体育教育专业校园足球联盟副主席
陶玉流	中国大学生体育协会篮球分会科研委员会副主任
	中国高等教育学会体育专业委员会理事

续表

姓　名	机　构　名　称　及　职　务
雍　明	江苏省体育科学学会体育产业分会副主任委员
熊　焰	中国体育科学学会运动训练学专业委员会委员
戴俭慧	国际社区健康基金会科学咨询委员会委员
	亚洲体育运动科学学会执行委员
21. 艺术学院	
刘　佳	中国文化部青联美术工作委员会副秘书长
	中华全国青年联合委员会委员
许　星	中国服装设计师协会学术委员会委员
	中国服装设计师协会理事
李　明	中国民俗学会理事
李超德	全国艺术专业学位研究生教育指导委员会委员
	教育部设计学专业指导委员会委员
	教育部美术类专业指导委员会委员
	中国流行色协会色彩教育委员会副主任
	上海国际时尚联合会副会长
	中国服装设计师协会副主席
	亚洲时尚联合会中国委员会理事
	中国教育部高校美术教学指导委员会委员
	教育部纺织服装专业指导委员会、服装教学指导委员会委员、副主任
	中国美术家协会服装设计艺术委员会副主任
	教育部服装表演专业指导委员会主任
沈建国	中国工艺美术学会雕塑专业委员会委员
张大鲁	中国包装联合会设计委员会委员
张朋川	中国工艺美术学会理论委员会常务理事
皇甫菊含	教育部高等学校高职高专表演艺术类专业教学指导委员会副主任
	中国纺织教育协会时装表演艺术委员会副秘书长
姜竹松	全国艺术专业学位研究生教育指导委员会委员
	中国流行色协会教育委员会委员

续表

姓　名	机　构　名　称　及　职　务
徐海鸥	中国科普作家协会副秘书长
雍自鸿	中国流行色协会教育委员会委员

22. 音乐学院

姓　名	机　构　名　称　及　职　务
刘跃华	中国声乐家协会副主席
冒小瑛	中国教育学会音乐教育专业委员会委员

23. 医学部基础医学与生物科学学院

姓　名	机　构　名　称　及　职　务
王国卿	中国中西医结合学会时间生物医学专业委员会秘书长
卞士中	中国司法鉴定杂志理事
	中国法医学高等教育指导委员会委员
叶元土	中国水产学会水产动物营养与饲料专业委员会副主任委员
	中国畜牧兽医学会动物营养分会理事
	全国饲料工业标准化技术委员会水产饲料分技术委员会委员
	江苏省动物营养研究会副会长
贡成良	中国蚕学会病理学组副主任委员
	江苏省蚕学会常务理事、病理学组主任委员
吴士良	中国生物化学与分子生物学会复合糖专业委员会常务委员
	中国生物化学与分子生物学会医学分会理事
	江苏省生物化学与分子生物学会副理事长
吴开云	中国解剖学会人体解剖学专业委员会委员
邱玉华	中国病理生理学会第七届免疫专业委员会委员
沈卫德	中国蚕学会常务理事
	江苏省蚕学会副理事长
沈颂东	中国藻类学会常务理事兼副秘书长
张洪涛	中国细胞生物学学会理事
张焕相	中国细胞生物学学会理事
	江苏省细胞与发育生物学学会副理事长
	江苏省生物技术协会副理事长

续表

姓 名	机 构 名 称 及 职 务
陈永珍	中国解剖学会组织胚胎学专业委员会委员
	中国细胞生物学学会医学细胞生物学分会理事
夏春林	江苏省解剖学会副理事长
夏超明	中国动物学会寄生虫学专业委员会理事
	江苏省预防医学会寄生虫学专业委员会副主任委员
徐世清	中国中西医结合学会时间生物医学专业委员会常务委员
	江苏省昆虫学会常务理事
高晓明	江苏省免疫学会常务理事
凌去非	江苏省水产学会常务理事
诸葛洪祥	中国预防医学会寄生虫学分会常务理事
黄 瑞	中国微生物学会理事
	江苏省微生物学会常务理事、学术委员会副主任、医学微生物学专业委员会主任委员
	江苏省微生物与免疫学会常务理事
黄鹤忠	中国海洋生物工程研究会常务理事
傅文青	中国心理卫生协会心理咨询与治疗专业委员会委员
	中国高教学会医学心理学分会理事
	中国心理学医学心理学分会理事
谢可鸣	江苏省病理生理学会副理事长
缪竞诚	中国微生物学会干扰素专业委员会委员
24. 医学部放射医学与防护学院	
王殳凹	中国核学会核化学与放射化学分会环境放射化学专业委员会委员
文万信	国家卫生标准委员会放射卫生标准专业委员会委员
	中国核仪器行业协会理事
	中国辐射防护学会理事
	中国核学会辐射物理分会理事
	中国核学会辐射研究与辐射工艺学会委员

续表

姓　名	机　构　名　称　及　职　务
华道本	中国核学会辐射研究与应用分会理事
	中国核学会核化学与放射化学分会环境放射化学专业委员会委员
	中国生物物理学会辐射与环境专业委员会委员
刘芬菊	中国核学会辐射研究与辐射工艺学会常务理事
许玉杰	全国核能标准化技术委员会放射性同位素分技术委员会委员
	中国核学会同位素分会委员
	中国核工业教育学会副理事长
	中国毒理学会放射毒理专业委员会委员
	中国生物物理学会第十届辐射与环境专业委员会委员
孙　亮	中华预防医学会放射卫生专业委员会青年委员会常务委员
张友九	中国核学会同位素分会委员
	中国核学会核化学与放射化学分会委员
	中国同位素与辐射行业协会副主任委员
张保国	教育部高等学校教学指导委员会（核科学与工程）委员
	中国核物理学会理事
周光明	中国生物物理学会第十届辐射与环境专业委员会委员
	江苏省毒理学会放射毒理专业委员会主任委员
周如鸿	美国科学促进会会士
	美国物理学会会士
柴之芳	基金委重大研究计划"先进核裂变能的燃料增殖和嬗变"专家组副组长
	中国核学会常务理事
	英国皇家化学会会士
涂　彧	中国辐射防护学会天然辐射防护分会理事
	中华预防医学会放射卫生专业委员会常务委员
	江苏省预防医学会放射卫生与防护委员会副主任委员

续表

姓　名	机　构　名　称　及　职　务
曹建平	中国卫生监督协会放射卫生专业委员会常务委员
	中国毒理学会常务委员
	中国生物物理学会辐射与环境专业委员会副主任委员
	中国毒理学会放射毒理专业委员会副主任委员
	中华医学会放射医学与防护学分会常务委员
	中华预防医学会放射卫生专业委员会常务委员
	江苏省预防医学会放射医学与防护专业委员会副主任委员
	江苏省核学会常务理事
崔凤梅	中华预防医学会自由基预防医学专业委员会委员
	中华医学会放射医学与防护学会青年委员
第五娟	中国核学会核化学与放射化学分会环境放射化学专业委员会委员

25. 医学部公共卫生学院

姓　名	机　构　名　称　及　职　务
马亚娜	中华预防医学会卫生事业管理分会青年委员会委员
田海林	中国环境科学学会环境医学与健康分会委员
安　艳	中国环境诱变剂学会活性氧生物学效应专业委员会委员
李红美	中国卫生信息学卫生统计学会青年委员
李建祥	中国毒理学会生化与分子毒理学专业委员会委员
	中国环境诱变剂学会第五届致癌专业委员会委员
肖　卫	全国卫生管理与教育协会理事
	中华医学会劳动卫生与职业病分会理事
沈月平	中国卫生信息学卫生统计学会青年委员
张　洁	中国毒理学会生殖毒理学专业委员会委员
	中国毒理学会神经毒理学专业委员会委员
	中国中西医结合学会时间生物医学专业委员会秘书
	江苏省毒理学会青年委员会副主任委员
	江苏省预防医学会卫生毒理学专业委员会青年委员会副主任委员

续表

姓　名	机　构　名　称　及　职　务
张永红	教育部预防医学与公共卫生教育指导委员会委员
	江苏省预防医学会流行病学专业委员会副主任委员
	中华预防医学会心脏病预防控制专业委员会常务委员
	中华预防医学会公共卫生教育分会委员
张增利	中国毒理学会放射毒理专业委员会委员
	中国毒理学会免疫毒理专业委员会委员
	中国骨质疏松学会常务委员
陈　涛	中国动物学会细胞与分子显微技术专业委员会委员
秦立强	中国研究型医院学会营养医学专业委员会常务委员
	江苏省营养学会常务理事
徐　勇	中华预防医学会儿少卫生专业委员会常务委员
	国家爱卫办专家委员会委员
	国家CDC应急培训专家委员会委员
	卫生部卫生标准委员会委员
	江苏省儿少卫生学会副主任委员
曹　毅	中国毒理学会遗传毒理学专业委员会委员
	中国毒理学会神经毒理学专业委员会委员
	中国生物物理学会电磁生物学专业委员会委员
	江苏省毒理学会常务委员
董　晨	中华医学会医学病毒学分会青年委员会委员
	江苏省预防医学会微生物检验专业委员会常务委员
童　建	中国中西医结合学会时间生物医学专业委员会名誉主任委员
	中国高等教育学会理事
	中国核学会理事
	江苏省毒理学会副理事长
	江苏省诱变剂学会副理事长
滕国兴	江苏省地方病协会常务委员

续表

姓 名	机 构 名 称 及 职 务
26. 医学部药学院	
王光辉	中国神经科学学会理事
	中国神经科学学会胶质细胞分会副主任委员
	中国细胞生物学会神经细胞生物学分会副主任委员
王剑文	中国植物学会植物化学与资源学专业委员会委员
毛新良	中国药理学会生化与分子药理专业委员会委员
	中国药理学会抗炎与免疫药理专业委员会委员
刘江云	世界中医药学会联合会中药新药创制专业委员会理事
李笑然	中国中医药文献学研究会常务理事
杨 红	世界中医药学会联合会中药药剂专业委员会理事
	中国生物颗粒专业委员会委员
汪维鹏	中国高等教育学会医学教育专业委员会药学教育研究会理事
	江苏省执业药师协会常务理事
张 熠	中国药理学会肾脏药理专业委员会委员
张学农	世界中医药学会联合会中药新剂型专业委员会常务理事
	中国药学会药物制剂专业委员会委员
	江苏省药学会药剂学会副主任委员
张洪建	中国药理学会药物代谢专业委员会理事
张慧灵	中国药理学会来华留学生（医学）教学专业委员会常务委员
秦正红	中国药理学会理事
	中国老年学会衰老与抗衰老学术委员会副主任
	中国药理学会生化与分子药理学会委员
	中国神经科学学会神经精神药理学会委员
唐丽华	江苏省药学会常务理事
崔京浩	世界中医药学会联合会中药新剂型专业委员会常务理事、副秘书长
梁中琴	江苏省药理学会教学委员会副主任委员

续表

姓　名	机　构　名　称　及　职　务
谢梅林	中国药理学会抗炎与免疫药理专业委员会委员
	中国老年学和老年医学学会抗衰老分会委员
	江苏省药理学会常务理事
	江苏省药理学会中药药理专业委员会副主任委员
镇学初	中国药理学会神经精神药理学会副主任委员
	中国神经科学学会理事
	江苏省药理学会副理事长

27. 医学部护理学院

姓　名	机　构　名　称　及　职　务
王方星	中国生命关怀协会人文护理专业委员会委员兼秘书
王海芳	中华护理学会护理管理委员会专家委员
	江苏省护理学会护理管理委员会副主任委员
李惠玲	中国生命关怀协会人文护理专业委员会执行主任委员
	中国医院协会护理管理专业委员会委员
	中华医学会骨科学分会第十届委员会护理学组副组长
	江苏省护理学会常务理事
	江苏省健康教育专业委员会主任委员
钮美娥	江苏省护理教育专业委员会主任委员
阐玉英	江苏省护理学会儿科专业委员会副主任委员
	江苏省中西医结合学会护理专业委员会副主任委员
蒋银芬	江苏省护理学会外科护理专业委员会副主任委员
薛小玲	江苏省护理学会常务理事

28. 附属第一医院

姓　名	机　构　名　称　及　职　务
马海涛	江苏省医学会胸外科学分会第一届委员会副主任委员
王　中	江苏省医学会神经外科学分会第九届委员会副主任委员、常务委员
	江苏省医学会神经外科学分会第八届委员会副主任委员
	江苏省抗癫痫协会第一届理事会常务理事
车建丽	江苏省针灸学会第五届临床专业委员会常务委员

续表

姓 名	机 构 名 称 及 职 务
方 琪	中华医学会神经病学分会第五届委员会青年委员会委员
	江苏省医学会神经病学分会第九届委员会副主任委员
	江苏省医学会微循环学分会第五届委员会副主任委员
	江苏省医学会微循环学分会第六届委员会主任委员
邓迎苏	江苏省中西医结合学会风湿病专业委员会常务委员
甘建和	中华医学会感染病学分会第八届委员会肝衰竭与人工肝专业学组副组长
	中华医学会肝病学分会第七届委员会委员
	江苏省医学会感染病学分会第八届委员会副主任委员
	江苏省中西医结合学会新世纪第五届肝病专业委员会副主任委员
	江苏省中医药学会肝病专业委员会常务委员
卢国元	江苏省医学会肾脏病学分会第八届委员会副主任委员
	江苏省医学会肾脏病学分会第七届委员会常务委员
	江苏省医师协会第二届肾脏科医师分会常务委员
兰光华	江苏省中西医结合学会精神卫生分会副主任委员
	江苏省中西医结合学会心身医学与精神卫生专业委员会副主任委员
成兴波	江苏省医学会糖尿病学分会第四届委员会现任主任委员
	江苏省医学会糖尿病学分会第三届委员会副主任委员
	江苏省医师协会第二届糖尿病学医师分会副主任委员
乔美珍	中华预防医学会医院感染控制分会第四届委员会委员
	江苏省医院协会医院感染管理专业委员会副主任委员
刘 健	中华口腔医学会第一届全科口腔医学专业委员会青年委员
刘济生	江苏省医学会耳鼻咽喉科分会第八届委员会副主任委员
许 津	江苏省医学会健康管理学分会第一届委员会副主任委员
许春芳	江苏省医学会消化内镜学分会第五届委员会副主任委员
	江苏省中医药学会脾胃病专业委员会常务委员
	江苏省医学会消化内镜学分会第六届委员会副主任委员

续表

姓　名	机 构 名 称 及 职 务
阮长耿	中华医学会血液学分会第七届委员会血栓止血学组组长
	中华医学会血液学分会第九届委员会荣誉主任委员
	江苏省医学会血液学分会第七届委员会名誉主任委员
	江苏省医学会第九届理事会副会长
孙俊英	江苏省医学会骨科学分会骨关节学组副组长
孙爱宁	中华医学会血液学分会第十届委员会委员
	江苏省医学会血液学分会第七届委员会副主任委员
李　莉	中国康复医学会电诊断专业委员会第三届委员会委员
	江苏省康复医学会教育专业委员会常务委员
李　锐	中国中西医结合学会消化专业委员会第一届内镜与肿瘤专家协作委员会委员
李声宏	江苏省医院协会血液净化中心分会常务委员
李建中	江苏省中医药学会老年医学专业委员会副主任委员
李惠玲	世界中联护理专业委员会第一届理事会常务理事兼副秘书长
	世界中医药学会联合会护理专业委员会常务理事兼副秘书长
	全国中医药高等教育学会护理教育研究会第二届理事会理事
	中华医学会骨科学分会第九届委员会护理学组副组长
	中华医学会骨科学分会第十届委员会护理学组副组长
	中国医院协会护理管理专业委员会委员
	江苏省医院协会医院护理管理专业委员会副主任委员
李德春	江苏省医学会外科学分会第三届营养外科专业学组副组长
杨卫新	江苏省医学会物理医学与康复医学分会第七届委员会副主任委员
	江苏省康复医学会第四届委员会副会长
	江苏省医学会物理医学与康复医学分会第八届委员会候任主任委员
杨子良	江苏省中医药学会医疗美容分会常务委员
杨同其	第五届华裔骨科学会关节外科分会理事

续表

姓　名	机　构　名　称　及　职　务
杨向军	世界中医药学会络病专业委员会理事
	中国生物医学工程学会心率分会常务委员
	江苏省医学会心血管病学分会第七届委员会副主任委员
	江苏省医学会心电生理与起搏分会第一届委员会副主任委员
杨建平	江苏省医学会第九届理事会常务理事
	江苏省医学会麻醉学分会第八届委员会副主任委员
	江苏省医学会麻醉学分会第九届委员会候任主任委员
杨俊华	中国医师协会心血管内科医师分会超声心动图工作委员会委员
	中国医学影像研究会血管浅表器官委员会委员
	中国超声医学工程学会超声心动图专业委员会委员
	江苏省医学会超声医学分会第二届超声心动图学组副组长
杨振贤	江苏省医学会影像技术分会第五届委员会副主任委员
	江苏省中西医结合学会影像技术专业委员会荣誉副主任委员
杨惠林	国际脊柱功能重建学会中国分会副主席
	中国康复医学会脊柱脊髓损伤专业委员会第六届委员会常务委员
	中国健康促进基金会骨病救助专项基金管理专家委员会委员
	中华医学会骨科学分会第八届委员会脊柱外科专业学组副组长
	中华医学会骨科学分会第九届委员会常务委员
	中华医学会骨科学分会第九届委员会微创外科学组副组长
	江苏省医学会骨科学分会第八届委员会前任主任委员
	江苏省医学会骨科学分会第三届创伤学组组长
	江苏省医学会第九届理事会常务理事
	江苏省康复医学会脊柱脊髓损伤专业委员会副主任委员
	江苏省医学会骨科学分会第三届脊柱学组副组长
	江苏省医学会骨科学分会第九届委员会名誉主任委员
肖根生	江苏省医学会耳鼻喉科学分会第七届委员会副主任委员
吴　琛	江苏省针灸学会急诊专业委员会常务委员

续表

姓　名	机　构　名　称　及　职　务
吴爱勤	全国高等学校医学数字教材建设指导委员会委员
	中华医学会心身医学分会第四届委员会副主任委员
	中华医学会心身医学分会第五届委员会主任委员
	江苏省医学会心身与行为医学分会第六届委员会名誉主任委员
	江苏省医学会精神病学分会第八届委员会副主任委员
	江苏省医院协会精神病医院分会委员会常务委员
吴德沛	中国医师协会全国医师定期考核血液科专业编辑委员会副主任委员
	中国医师协会血液科医师第二届委员会副会长
	中华医学会血液学分会第七届委员会造血干细胞应用学组副组长
	中华医学会血液学分会第十届委员会候任主任委员
	中华医学会血液学分会第八届委员会委员兼副秘书长
	中华骨髓库第五届专家委员会委员
	中华医学会血液学分会第九届委员会副主任委员
	江苏省医学会内科学分会第七届委员会现任主任委员
	江苏省医学会内科学分会第六届委员会副主任委员
	江苏省医学会血液学分会第七届委员会前任主任委员
	江苏省医师协会第一届血液科医师分会主任委员
吴翼伟	中华医学会核医学分会第八届委员会临床专业学组组长
	江苏省核学会第七届理事会常务理事
	江苏省核学会核医学专业委员会副主任委员
	江苏省核医学医师分会第一届委员会常务委员
何　军	中华骨髓库第六届专家委员会委员
何　怀	江苏省康复医学会第三届委员会治疗专业委员会常务委员
何广胜	中华医学会血液学分会第八届委员会红细胞疾病学组秘书
沈国良	中国中西医结合学会第三届烧伤专业委员会青年委员
沈宗姬	江苏省医学会妇产科学分会第八届委员会副主任委员
	江苏省中西医结合学会第三届生殖医学分会常务委员

续表

姓 名	机 构 名 称 及 职 务
沈振亚	全国细胞科技应用管理专业委员会委员
	中国医药教育协会第三届理事会常务理事、副会长
	中华医学会医学工程学分会干细胞工程专业委员会副主任委员
	中华医学会组织修复与再生分会第一届委员会副主任委员
	江苏省医学会心血管外科学分会第一届委员会主任委员
	江苏省医学会胸心血管外科学分会第七届委员会副主任委员
沈海林	全国高等医学教育学会医学影像学教育分会理事
	中国抗癌协会神经肿瘤专业委员会第三届委员会委员
	江苏省计量测试学会医学计量专业委员会副主任委员
	江苏省医学会放射学分会第八届委员会磁共振学组副组长
张 玮	中华医学会核医学分会第八届委员会临床专业学组秘书
	中华医学会核医学分会第九届委员会功能显像学组秘书
	中华医学会核医学分会第十届委员会委员
	江苏省医师协会第二届核医学医师分会副主任委员
	江苏省核学会第七届理事会副秘书长
	江苏省核学会第七届理事会核医学专业委员会副主任
	江苏省医学会核医学分会第七届委员会副主任委员
张 玲	江苏省中医药学会肾病专业委员会常务委员
张世明	中国脑血管病外科专家委员会(第二届)副主任委员
	江苏省神经外科医师分会第二届委员会常务委员
张光波	中华医学会微生物学与免疫学分会第九届委员会青年委员
张学光	中华医学会微生物与免疫学分会第八届委员会委员
	江苏省医学会微生物与免疫学分会第七届委员会名誉主任委员
张洪涛	江苏省医学会骨科学分会第七届委员会足踝外科学组副组长
陆士奇	中国人道救援医学学会第一届委员会委员
	江苏省中西医结合学会急症医学专业委员会副主任委员
	江苏省中西医结合学会新世纪第五届急症医学专业委员会副主任委员

续表

姓　名	机　构　名　称　及　职　务
陆培荣	江苏省医学会眼科学分会第九届委员会副主任委员
	江苏省医学会眼科学分会第八届委员会副主任委员
	江苏省中西医结合学会新世纪第五届眼科专业委员会常务委员
	江苏省中医药学会眼科分会常务委员
陈　文	江苏省医学会精神病学分会第八届委员会会诊联络精神医学组副组长
陈　亮	江苏省医学会医学科学研究分会第六届委员会常务委员
	江苏省医学会骨科学分会第八届委员会秘书
陈　罡	江苏省医学会脑卒中分会第一届委员会副主任委员
陈卫昌	中华医学会消化病学分会第九届委员会委员
	江苏省医学会消化病学分会第九届委员会现任主任委员
	江苏省医学会消化病学分会第八届委员会副主任委员
陈子兴	中华医学会血液学分会第七届委员会实验诊断学组副组长
	中华医学会医学细胞生物学分会第三届委员会委员
	中国医药生物技术协会医药生物技术临床应用专业委员会委员
陈友国	江苏省中西医结合学会新世纪第五届妇产科专业委员会常务委员
陈志伟	江苏省中医药学会风湿病专业委员会常务委员
	江苏省中西医结合学会风湿病专业委员会副主任委员
陈苏宁	中华医学会血液学分会第八届委员会青年委员会委员
	中国病理生理学会实验血液学专业委员会第七届委员会委员
	江苏省医学会血液学分会第八届委员会副主任委员
陈爱平	江苏省中医药学会肾病专业委员会常务委员
	江苏省中医药学会基础理论与文献研究专业委员会常务委员
武　剑	江苏省中西医结合学会新世纪第五届风湿病专业委员会常务委员
茅彩萍	江苏省医学会生殖医学分会第一届委员会副主任委员
林　伟	江苏省医学会烧伤整形外科学分会第七届委员会副主任委员
金　钧	江苏省医学会重症医学分会第三届委员会常务委员
	江苏省医学会重症医学分会第二届委员会常务委员

续表

姓　名	机　构　名　称　及　职　务
周　莉	中国医师协会第二届营养医师专业委员会常务委员
周菊英	中华医学会放射医学与防护学分会第九届委员会委员
周菊英	江苏省医学会放射肿瘤治疗学分会第八届委员会候任主任委员
周菊英	江苏省医学会放射肿瘤治疗学分会第七届委员会副主任委员
周菊英	江苏省核学会第七届理事会放射治疗专业委员会副主任
赵　宏	江苏省中西医结合学会大肠肛门病专业委员会常务委员
胡建铭	江苏省中医药学会妇科分会常务委员
胡春洪	中国生物物理学会分子影像学专业委员会第一届委员
胡春洪	江苏省医学会放射学分会第九届委员会副主任委员
胡春洪	江苏省医学会放射学分会第一届心胸乳腺学组组长
胡春洪	江苏省医师协会第二届放射医师分会副主任委员
查月琴	江苏省声学学会第六届理事会医学超声学专业委员会副主任委员
查月琴	江苏省超声医学工程学会常务理事
侯建全	中华医学会泌尿外科学分会第九届委员会委员
侯建全	中国性学会性医学专业委员会常务委员
侯建全	江苏省医学会泌尿外科学会第十届委员会主任委员
侯建全	江苏省医学会泌尿外科学会第九届委员会副主任委员
侯建全	江苏省医学会第九届理事会常务理事
侯建全	江苏省医学会医学科学研究分会第五届委员会副主任委员
施毕旻	江苏省医学会内分泌学分会第八届委员会常务委员
费　梅	江苏省针灸学会耳针专业委员会常务委员
费　梅	江苏省针灸学会第五届耳针专业委员会常务委员
袁苏徐	江苏省中医药学会肿瘤专业委员会常务委员
夏　飞	中国医学影像技术研究会超声分会妇产科专业委员会委员
夏　飞	中华预防医学会出生缺陷预防与控制专业委员会产前超声诊断学组委员
夏　飞	江苏省医学会超声医学分会第七届委员会超声妇产学组副组长

续表

姓　名	机　构　名　称　及　职　务
顾国浩	中华医学会检验医学分会临床微生物学专家委员会委员
	江苏省医学会微生物与免疫学分会第七届委员会副主任委员
	江苏省医学会检验学分会第八届委员会副主任委员
	江苏省医学会医学检验学分会第九届委员会常务委员
	江苏省医院临床检验管理专业委员会副主任委员
顾美华	江苏省中医药学会风湿病专业委员会常务委员
钱齐宏	中华医学会激光医学分会第八届委员会委员
	江苏省中西医结合学会新世纪第五届皮肤科专业委员会常务委员
	江苏省中医药学会皮肤科分会常务委员
	江苏省医学会激光医学分会第一届委员会副主任委员
钱海鑫	江苏省医学会外科学分会第八届委员会顾问
	江苏省医学会外科学分会第七届委员会副主任委员
	江苏省医学会外科学分会第一届肝脏外科学组副组长
倪才方	中国医师协会全国医师定期考核介入放射专业编辑委员会委员
	江苏省医学会放射学分会第八届委员会介入学组组长
	江苏省医学会介入医学分会第一届委员会副主任委员
徐　峰	江苏省医学会创伤医学分会第二届委员会候任主任委员
	江苏省医学会急诊医学分会第八届委员会副主任委员
	江苏省医学会创伤医学分会第一届委员会副主任委员
徐建英	江苏省中医药学会妇科分会常务委员
高颖娟	中国卫生信息学会第二届医院统计专业委员会常务委员
郭　亮	中国医学影像技术研究会放射学分会委员
郭凌川	江苏省医学会病理学分会第九届委员会副主任委员
唐天驷	中国康复医学会脊柱脊髓损伤专业委员会第二届微创脊柱外科学组名誉主任委员
	江苏省医学会骨科学分会第八届委员会名誉主任委员
凌春华	中国中西医结合学会第五届呼吸病专业委员会青年委员
	江苏省中西医结合学会新世纪第五届呼吸系统专业委员会副主任委员

续表

姓　名	机　构　名　称　及　职　务
浦金贤	江苏省医学会男科学分会第六届委员会常务委员
陶　敏	中国抗癌协会大肠专业委员会第四届委员会常务委员
	中国临床肿瘤学会第四届执行委员会委员
	中国临床肿瘤学会肝癌专家委员会委员
	中国临床肿瘤学会肿瘤营养治疗专家委员会委员
	中国老年学学会第一届老年肿瘤专业委员会委员
	中国生物医学工程学会肿瘤分子靶向治疗专业委员会委员
	中国临床肿瘤学会黑色素瘤专家委员会委员
	江苏省抗癌协会第四届理事会常务理事
	江苏省医学会肿瘤学分会第六届委员会肺肿瘤学组组长
	江苏省医学会肿瘤化疗与生物治疗分会第三届委员会常务委员
桑士标	江苏省医学会核医学分会第八届委员会副主任委员
黄建安	江苏省医学会呼吸病学分会第二届肺部肿瘤及内镜学组组长
	江苏省医学会呼吸病学分会第八届委员会副主任委员
	江苏省医学会呼吸病学分会第九届委员会候任主任委员、常务委员
章　斌	中华医学会核医学分会第九届委员会青年委员会委员
	中华医学会核医学分会第十届委员会青年委员
葛自力	江苏省中西医结合学会口腔疾病专业委员会常务委员
董万利	中西医结合医师分会第二届神经病学专家委员会常务委员
	江苏省医学会神经病学分会第八届委员会脑血管病学组副组长
	江苏省中西医结合学会疼痛专业委员会副主任委员
	江苏省中西医结合学会新世纪第五届脑病专业委员会常务委员
	江苏省中西医结合学会新世纪第五届疼痛专业委员会副主任委员
惠　杰	中国医药生物技术协会心电学技术分会委员
	中国医学装备协会第二届医学装备计量测试专业委员会常务委员
	中国心电学会食管心脏电生理学组副主任
	江苏省计量测试学会医学计量专业委员会副主任委员

续表

姓 名	机 构 名 称 及 职 务
惠品晶	卫生部脑卒中筛查与防治工程全国中青年专家委员会委员
	中国老年学学会心脑血管病专业委员会第三届委员会常务委员
	中国超声医学工程学会颅脑超声专业委员会第五届委员会常务委员
惠建华	江苏省中西医结合学会口腔疾病专业委员会荣誉副主任委员
嵇富海	江苏省医学会麻醉学分会第九届委员会常务委员
程宗琦	江苏省中医药学会药学专业委员会常务委员
温端改	江苏省医学会泌尿外科学会第八届委员会名誉主任委员
谢道海	江苏省医学会数字医学分会第一届委员会副主任委员
虞正权	江苏省医学会神经外科学分会第九届委员会常务委员
熊佩华	中国中西医结合学会第六届理事会理事
	江苏省中西医结合学会新世纪第五届肾病专业委员会副主任委员
	江苏省中西医结合学会第七届理事会常务理事
	江苏省中医药学会内科分会常务委员
缪丽燕	中国医院协会药事管理专业委员会第三届委员
	中国医学装备协会药房装备与技术专业委员会副主任委员
	中国药理学会第十届理事会理事
	中国药理学会药物临床试验专业委员会常务委员
	中国药理学会药物监测研究专业委员会常务委员
	中国药学会第五届医院药学专业委员会委员
	江苏省医学会临床药学分会第二届委员会候任主任委员
	江苏省医学会医学伦理学分会第一届委员会副主任委员
	江苏省药学会第七届医院药学专业委员会副主任委员
	江苏省药师协会第一届理事会副理事长
	江苏省临床药理学会专业委员会副主任委员
	江苏省医学会临床药学分会第一届委员会副主任委员
	江苏省中医药学会药剂管理专业委员会常务委员

续表

姓　名	机　构　名　称　及　职　务
薛　群	国际神经修复协会(第二届)委员会委员
	中国医师协会神经修复学专业委员会第一届委员会委员
薛小玲	中国妇幼保健协会"助产专业专家委员会"副主任委员
魏明刚	中国中西医结合学会第六届青年工作委员会委员

29. 附属第二医院

姓　名	机　构　名　称　及　职　务
王培吉	中国修复重建外科专业委员会第二届皮瓣外科专业学组委员
	中华医学会手外科学分会第八届委员会委员
	江苏省医学会骨科学分会手外科显微外科学组副组长
方　晨	中华医学会糖尿病学分会第八届委员会Ⅰ型糖尿病学组委员
田　野	中国医师协会结直肠肿瘤专业委员会常务委员
	中国医师协会结直肠肿瘤专业委员会第一届放射肿瘤专业委员会副主任委员
	中国医师协会结直肠肿瘤专业委员会放射治疗专业委员会副主任委员
兰　青	国家卫生计生委脑卒中防治专家委员会出血性外科专业委员会副主任委员
	中国卒中学会脑血管外科分会第一届委员会常务委员
	中国医疗保健国际交流促进会中老年医疗保健分会委员
	江苏省医学会第九届神经外科学分会常务委员
邢春根	首届中国研究型医院学会肿瘤外科专业委员会委员
	首届中国研究型医院学会数字医学临床外科专业委员会委员
朱维培	首届中国研究型医院学会妇产科学专业委员会委员
朱雅群	中华医学会放射肿瘤治疗学分会第八届委员会近距离治疗学组委员
刘春风	中国医疗保健国际交流促进会华夏医学科技奖理事会理事
	中国医疗保健国际交流促进会睡眠医学分会常务委员
	中华医学会神经病学分会第七届委员会委员
	中华医学会老年医学分会第九届委员会神经学组委员
刘励军	江苏省医学会第八届急诊医学分会常务委员
杜　鸿	中国微生物学会医学微生物学与免疫学专业委员会委员
李　勇	中华医学会骨质疏松和骨矿盐疾病分会第五届委员会诊断与质量控制组(筹)委员

续表

姓　名	机 构 名 称 及 职 务
李承龙	中华医学会组织修复与再生分会血管再生学组委员
李晓强	国家心血管病专家委员会血管外科专业委员会第一届委员会常务委员
杨　茹	中国中西医结合防治风湿病联盟委员
连一新	中国医药教育协会呼吸病康复委员会理事
谷春伟	中国医药教育协会腹部肿瘤专业委员会委员
沈光思	中国医药教育协会肩肘运动医学专业委员会委员
张力元	中华医学会放射肿瘤治疗学分会第八届委员会放射外科学组委员
	江苏省中西医结合学会肿瘤放疗专业委员会常务委员
张弘弘	中国神经科学学会神经内稳态和内分泌分会委员
张海方	中国微生物学会医学微生物学与免疫学专业委员会细菌学组委员
陈　蕾	中国医药教育协会腹部肿瘤专业委员会委员
陈列松	江苏省医学会放射肿瘤治疗学医学分会第二届放疗技术学组副组长
	中华医学会放射肿瘤治疗学医学分会放射治疗学组委员
陈学英	江苏省医院协会第二届医院临床营养管理专业委员会常务委员
陈勇兵	海峡两岸医药卫生交流协会胸外科专业委员会常务委员
范志海	中国医师协会神经修复学专业委员会第一届青年委员会委员
	中国医师协会神经修复学专业委员会组织工程与细胞移植专业委员会委员
范建林	江苏省口腔医学会第二届牙周病学专业委员会常务委员
周晓中	中国医师协会骨科医师分会胸腰椎专业委员会委员
	中华医学会骨质疏松和骨矿盐疾病分会骨与关节学组委员
胡　吉	中国神经科学学会神经内稳态和内分泌分会副主任委员
	中华医学会糖尿病学分会第八届委员会神经并发症学组委员
施　辛	中国中西医结合学会皮肤性病学专业委员会委员
	中华医学会皮肤性病学分会第十四届委员会免疫学组委员
施敏骅	中国医药教育协会呼吸病康复委员会理事
	中国肺癌防治联盟全程管理委员会委员
	江苏省医学会第九届呼吸病学分会常务委员
	江苏省康复医学会第一届呼吸康复专业委员会常务委员

续表

姓名	机构名称及职务
钱志远	江苏省健康管理学会副理事长
	江苏省医院协会第七届医院设备管理专业委员会常务委员
徐跃华	中国医药教育协会呼吸病康复委员会理事
程 龙	首届中国研究型医院学会非血管介入学组青年委员
傅晋翔	中国抗癌协会第四届血液肿瘤专业委员会淋系肿瘤学组委员
薛波新	中国医师协会中西医结合医师分会第二届男科专业委员会委员
	中国中西医结合学会第五届泌尿外科专业委员会委员

30. 附属儿童医院

姓名	机构名称及职务
丁云芳	亚洲微生物与免疫学支原体学会委员
	中华医学会微生物与免疫学分会支原体、衣原体学组委员
王晓东	中华医学会小儿外科学分会青年委员会副主任委员
	中华医学会小儿外科学会骨科学组委员
	江苏省中西医结合学会骨伤科专业委员会副主任委员
古桂雄	中国妇幼保健协会儿童早期发展专业委员会副主任委员
	中华医学会儿科学分会儿童保健学组委员
	中华预防医学会儿童保健分会副主任委员
	江苏省医学会儿科学分会儿童保健学组副组长
卢 俊	中国抗癌协会小儿肿瘤专业委员会青年委员会委员
田健美	中华医学会儿科学分会感染学组委员
冯 星	中华医学会儿科学分会常务委员兼秘书长
	中华医学会儿科学分会新生儿学组副组长
	江苏省医学会儿科学分会前任主任委员
	江苏省医学会常务理事
	江苏省医院协会儿童医院分会副主任委员
吕海涛	中华医学会儿科学分会第十六届委员会心血管学组委员
	江苏省医学会儿科学分会副主任委员
	江苏省医学会医学信息分会副主任委员

续表

姓 名	机 构 名 称 及 职 务
朱 杰	中国妇幼保健协会妇幼微创专业委员会小儿普外微创学组委员
朱雪明	中华医学会病理学组分会第十一届委员会儿科学组委员
	中国抗癌协会小儿肿瘤专业委员会委员
刘高金	江苏省康复医学会儿童康复专业委员会常务委员
刘殿玉	江苏省中西医结合学会儿科专业委员会常务委员
汤继宏	江苏省抗癫痫协会第一届理事会常务理事
孙庆林	中华医学会小儿外科学分会第七届委员会肝胆外科专业学组委员
	中华医学会小儿外科学分会第七届委员会内镜外科专业学组委员
	江苏省医学会小儿外科学分会副主任委员
严文华	江苏省医学会儿科学分会心血管学组副组长
李 岩	中华医学会儿科学分会神经学组委员
	中国抗癫痫协会第一届理事会理事
	江苏省抗癫痫协会第一届理事会副会长
	江苏省康复医学会儿童专业委员会副主任委员
	江苏省医学会儿科学分会小儿神经学组组长
李 巍	中国中西医结合学会医学美容专业委员会激光与皮肤美容专家委员会第一届委员
李晓忠	中国医师协会儿科医师分会儿童风湿免疫专业委员会常务委员
	中华医学会儿科学分会肾脏学组委员
	江苏省医学会儿科学分会肾脏学组副组长
杨晓蕴	中国中西医结合学会变态反应专业委员会儿科专业组委员
肖志辉	江苏省医学会围产医学分会副主任委员
吴嘉伟	中国心胸血管麻醉学会小儿麻醉分会全国委员
	江苏省医学会麻醉学分会小儿麻醉学组副组长
何海龙	中国抗癌协会小儿肿瘤专业委员会委员

续表

姓 名	机 构 名 称 及 职 务
汪 健	中国医师协会小儿外科医师分会常务委员
	中华医学会小儿外科学分会常务委员
	中华医学会肠外肠内营养分会儿科组委员
	中华医学会小儿外科学分会新生儿学组副组长
	中国抗癌协会小儿肿瘤专业委员会委员
	第四届中国医师协会儿童健康专业委员会常务委员
	江苏省医学会小儿外科学分会前任主任委员
	江苏省抗癌协会小儿肿瘤专业委员会主任委员
	江苏省中西医结合学会外科专业委员会常务委员
张 芳	中国生命关怀协会人文护理专业委员会委员
张瑞宣	江苏省中西医结合委员会儿科分会副主任委员
张锡庆	江苏省医学会小儿外科学分会名誉主任委员
陈旭勤	中华医学会儿科学分会第十七届委员会青年委员会委员
陈建雷	中国妇幼保健协会妇幼微创专业委员会小儿普外微创学组青年委员
陈临琪	中华医学会儿科学分会遗传代谢内分泌学组委员
	江苏省医学会儿科学分会小儿内分泌学组副组长
武庆斌	中华医学会儿科学分会消化学组委员
	中华医学会消化病学分会第十届委员会儿科消化协作组委员
	中华医学会消化病学分会第十届委员会微生态协作组委员
	中华预防医学会微生态学分会儿科学组副组长
	江苏省医学会儿科学分会消化感染组组长
季 伟	中华医学会儿科学分会免疫学组委员
	江苏省医学会儿科学分会呼吸学组副组长
周 云	中华医学会小儿外科学分会小儿泌尿外科专业学组委员
	中国医师协会小儿外科医师协会委员
	江苏省中西医结合学会外科分会常务委员
封其华	江苏省医学会儿科学分会风湿病学组组长

续表

姓 名	机 构 名 称 及 职 务
郝创利	中国哮喘联盟委员
	中华医学会儿科学分会第十六届呼吸学组委员
	中华医学会变态反应分会委员
	江苏省医学会变态反应学分会副主任委员
胡绍燕	中华医学会儿科学分会血液学组副组长
	中华医学会儿科学分会临床药理学组委员
	江苏省医学会儿科学分会委员、小儿血液学组组长
顾 琴	江苏省康复医学会儿童专业委员会常务委员
倪 宏	中华医学会行为医学分会青年委员会秘书长
	中国微循环学会理事
	江苏省康复学会儿童康复专业委员会常务委员
徐永根	江苏省医学会胸心血管外科分会第七届委员会先心外科学组副组长
唐叶枫	中国医师协会儿童健康专业委员会儿童单纯性肥胖症防治学组委员
诸 俊	中国心胸血管麻醉学会青年委员会（医疗信息技术分会）委员
黄志见	江苏省整形美容协会颅面与儿童整形专业分会副主任委员
盛 茂	中国医师协会青春期医学专业委员会第一届青春医学临床影像学组委员
	中华医学会儿科学分会第十七届委员会放射学组委员
	江苏省医学会放射学分会儿科学组副组长
阐玉英	中国生命关怀协会人文护理专业委员会委员
	江苏省中西医结合学会护理专业委员会副主任委员
谢敏慧	江苏省医学会儿科学分会小儿急救学组副组长
樊明月	中国妇幼保健协会妇幼微创专业委员会儿童耳鼻咽喉头颈外科微创学组青年委员
潘 江	中国妇幼保健协会妇幼微创专业委员会小儿普外微创学组青年委员
潘 健	江苏省免疫学会第二届青年工作委员会常务委员
31. 机关与其他部门	
马卫中	中国近代文学学会副会长
	中国南社与柳亚子研究会副会长

续表

姓　名	机　构　名　称　及　职　务
华人德	中国书法家协会隶书专业委员会副主任
	中央文史研究馆书画院研究员
张　庆	江苏省高等学校网络专业委员会副理事长
	江苏省高等学校教育技术研究会第八届理事会副秘书长
张建初	中国版权协会理事
	中国大学出版协会理事
陆剑江	中国高等教育学会教育信息化分会第六届理事会理事
陈永清	江苏省高校实验室研究会第六届副理事长
陈兴昌	江苏省出版物发行协会常务理事
	江苏省印刷行业协会常务理事
金　苗	全国电池材料标准化技术委员会委员
周建屏	中国图书馆学会高校分会委员
	全国纺织服装信息研究会副理事长
	江苏省图书馆学会常务理事
	江苏省图书馆学会建筑与设备专业委员会副主任
袁勇志	江苏省民营经济研究会常务理事
钱万里	江苏省高校档案研究会常务理事
盛惠良	中国教育会计学会地方综合大学分会常务理事
	中国教育会计学会高等师范院校分会常务理事、副秘书长
	江苏省教育会计学会常务理事、副秘书长
	江苏省教育会计学会高校苏南片分会常务副会长
康敬奎	全国高等学校文科学报研究会副秘书长
	江苏省高等学校学报研究会第八届理事会理事长
谢志余	华东高校工程训练教学学会副理事长兼秘书长
	华东高校金属工艺教学研究会副理事长兼秘书长
	江苏省高校金属工艺教学研究会副理事长
霍跃进	中国高教保卫学会联络部副部长
	江苏省高等教育学会保卫学研究委员会副理事长

党政常设非编制机构

苏州大学体育运动委员会委员

苏大〔2016〕2号　2016年3月17日

主　任：江作军

副主任：王安列　周　毅　陈晓强　陆阿明

委　员：马卫中　王全法　王　政　王剑敏　王美珠　王振华　尹婷婷　宁正法
　　　　阴　浩　李伟文　肖甫青　沙丹丹　沈云彩　宋清华　张才君　张　卫
　　　　张　芸　张　健　陆　岸　陈进华　陈国凤　季　晶　周亦瑾　胡晓玲
　　　　胡海峰　蒋青芳　袁冬梅　袁昌兵　袁　晶　钱志强　徐建荣　唐文跃
　　　　黄志斌　曹　健　盛惠良　常青伟　董　娜　程晓军　雍　明　黎春红
　　　　潘爱华　霍跃进

办公室主任：王全法　陈　洁

办公室秘书：钱志强　方亚婷

苏州大学审计协调小组

苏大〔2016〕3号　2016年3月28日

组　长：熊思东

副组长：袁银男　陈一星

成　员：党委办公室、校长办公室、纪委、监察处、党委组织部、工会、发展委员会办公室、人事处、财务处、审计处、教务部、招生就业处、学生工作部（处）、研究生院、学科建设办公室、科学技术与产业部、人文社会科学院、国有资产与实验室管理处、继续教育处、国际合作交流处、后勤管理处、江苏苏大投资有限公司、老挝苏州大学、文正学院等部门（单位）主要负责人。

　　协调小组下设办公室于财务处，负责本次审计的综合协调工作。财务处处长兼任办公室主任，审计处处长兼任办公室副主任。

苏州大学创新创业教育改革领导小组

苏大〔2016〕6号　2016年4月8日

组　长：熊思东

常务副组长：江作军

副组长：蒋星红

成　员：教务部、招生就业处、学生工作部（处）、研究生院（党委研究生工作部）、科学技术与产业部、团委、人事处、财务处、人文社会科学院、后勤管理处等部门主要负责人。

领导小组下设四个专项工作组：

1. 学生创新创业课程改革工作组

成员：教务部、研究生院等部门负责人。

2. 学生创新创业实践工作组

成员：团委、教务部、招生就业处、学生工作部（处）、党委研究生工作部等部门负责人。

3. 学生创新创业平台建设工作组

成员：科学技术与产业部、人文社会科学院、招生就业处、团委、后勤管理处、工程训练中心等部门负责人。

4. 学生创新创业师资建设工作组

成员：人事处、财务处、科学技术与产业部、人文社会科学院等部门负责人。

苏州大学开展"两学一做"学习教育协调小组

苏大委〔2016〕21号　2016年4月28日

组　　长：王卓君

副组长：高祖林　江作军

协调小组下设办公室，负责日常工作。

主　　任：邓　敏　张国华

副主任：施亚东　孙宁华　薛　凡

联络员：王成奎

办公室下设综合组、宣传组、督导组，其成员构成分别为：

综合组

组　　长：邓　敏　张国华

组　　员：姚　炜　袁冬梅　周玉玲　王成奎　薛　凡　刘　慧　袁　红　卜谦祥
　　　　　于潜驰　何　菊　马乙玉　陆　蕙

宣传组

组　　长：孙宁华

组　　员：吴　江　冯　一　钟　静　丁　姗　辛　慧　姚　臻　刘金光　华　乐

督导组

组　　长：施亚东

组　　员：徐昳荃　陶培之　肖　平　袁晓通　高　玲　鲍　卫　陈　敏　戴璇颖
　　　　　李显明　辛　颖　杨　菁　辛　洁

苏州大学建行奖教金管理委员会

苏大人〔2016〕42号　2016年5月5日

主　　任：熊思东

副主任：张伟煜　蒋星红　冯　宇

成　　员：刘　标　周　毅　盛惠良　曹　健　陆　彬　陈建平　邵继明　孟坚强

曾　凌

苏州大学养老保险制度改革工作领导小组

苏大人〔2016〕52号　2016年5月31日

组　　长：陈一星
成　　员：党委办公室、校长办公室、纪委(监察处)、党委组织部、人事处、财务处、离退休工作部(处)、档案馆等部门主要负责人。

领导小组下设办公室于人事处，由人事处处长担任办公室主任。

苏州大学统一战线工作领导小组

苏大委〔2016〕32号　2016年6月14日

组　　长：王卓君
副组长：高祖林　江作军
成　　员：党委办公室、党委组织部、党校、党委宣传部、党委统战部、校长办公室、人事处、教务部、人文社会科学院、学生工作部(处)、党委研究生工作部、发展委员会办公室、国际合作交流处(海外教育学院)、港澳台办公室、保卫部(处)、工会、团委等部门负责人。

校统一战线工作领导小组下设办公室，挂靠党委统战部，由党委统战部部长兼任办公室主任。

苏州大学岗位设置与聘用工作领导小组

苏大人〔2016〕59号　2016年6月16日

组　　长：王卓君　熊思东
成　　员：袁银男　路建美　田晓明　陈一星　高祖林　江作军　杨一心　蒋星红
　　　　　陈卫昌　王尧　张国华　曹健　邓敏　刘标

岗位设置与聘用工作领导小组下设办公室于人事处，由人事处处长担任办公室主任，成员由党委办公室、校长办公室、党委组织部、人事处、教务部、科学技术研究部、人文社会科学院、研究生院、国有资产与实验室管理处、财务处、纪委(监察处)、工会、学术委员会秘书处等部门的负责人组成。

苏州大学保密委员会

苏大委〔2016〕39号　2016年7月27日

主　　任：王卓君
副主任：江作军　路建美(主管军工保密相关工作)
委　　员：党委办公室、校长办公室、纪委、监察处、党委组织部、党委宣传部、党委统战部、离退休工作部(处)、工会、团委、发展委员会办公室、人事处、财务处、审计处、教务部、招生就业处、学生工作部(处)、研究生院、科学技术研究部、人文社会科学院、国有资产与实验室管理处、继续教育处、国际合作交流处、保卫部(处)、后勤管理处、图书馆、档案馆、信息化建设与管理中心等单位主要负责人。

学校保密委员会下设办公室于党委办公室。

主　任：张国华

副主任：许继芳（主要负责军工保密相关事务）　袁冬梅　陈　美

秘　书：马龙剑　赵一强（主要负责军工保密相关事务）

各学院（部）党委、党工委书记，机关、群直党工委书记，机关各部门、各直属单位（研究院、所、中心）、工会、团委主要负责人为本单位保密工作责任人。

苏州大学信息公开领导小组

苏大办〔2016〕9 号　2016 年 8 月 14 日

组　长：熊思东

副组长：袁银男

成　员：党委办公室、校长办公室、监察处、党委组织部、党委宣传部、工会、团委、国内合作办公室、发展委员会办公室、人事处、财务处、审计处、教务部、招生就业处、学生工作部（处）、研究生院、科学技术研究部、人文社会科学院、国有资产与实验室管理处、继续教育处、国际合作交流处、保卫部（处）、后勤管理处、医院管理处、档案馆、学术委员会秘书处主要负责人。

信息公开工作由校长办公室负责牵头落实，归口管理。

苏州大学区人大换届选举工作领导小组

苏大委〔2016〕48 号　2016 年 10 月 12 日

组　长：江作军

副组长：袁冬梅　陈　美　周玉玲　王云杰

成　员：王成奎　孙宁华　王季魁　董召勤　陈　洁　孙　磊　宁正法　蒋敬东
　　　　陆惠星　陈晓刚　王　健　黄志斌　陈爱萍　仲　宏　王　欣

领导小组下设办公室以及秘书组、宣传组、选举事务组、选民登记工作组、选民资格审查工作组等五个职能组。

办公室主任：王成奎（兼）

秘书组组长：王成奎（兼）

宣传组组长：孙宁华（兼）

选举事务组组长：周玉玲（兼）

选民登记工作组组长：王云杰（兼）

选民资格审查工作组组长：陈晓刚（兼）

苏州大学周氏教育科研奖管理委员会

苏大人〔2016〕92 号　2016 年 10 月 25 日

主　任：周严云震　熊思东

副主任：周薇薇　周薇青　田晓明　蒋星红

委　员：校长办公室、发展委员会办公室、人事处、财务处、教务部、学生工作部（处）、研究生院、科学技术研究部、人文社会科学院、纪委(监察处)、工会等部门主要负责人。

党建工作领导小组

苏大委〔2016〕53号　2016年11月14日

组　　长：王卓君

副组长：高祖林　江作军

成　　员：党委办公室主任、纪委副书记、党委组织部部长、党校常务副校长、党委宣传部部长、党委统战部部长、离退休工作部部长、学生工作部部长、研究生工作部部长。

领导小组办公室设在党委组织部,办公室主任由党委组织部部长兼任。

各院级党组织按照要求成立本党委、党工委的党建工作领导小组,名单报党委组织部。

苏州大学2015—2016年基层党建工作、党校工作、学生工作考核领导小组

苏大委〔2016〕56号　2016年11月15日

组　　长：王卓君

副组长：高祖林　江作军

成　　员：党委办公室、纪委、监察处、党委组织部、党委宣传部、党委统战部、党校、学生工作部(处)、党委研究生工作部、教务部、招生就业处、团委的主要负责人。

苏州大学校史丛刊编审委员会

苏大档〔2016〕3号　2016年12月23日

主　　任：王卓君　熊思东

副主任：田晓明

委　　员：(以姓氏笔画为序)

王书昭	王国平	王春元	王顺利	王家宏	叶伟衡	白伦	母小勇
朱巧明	朱秀林	朱和生	朱炳元	刘林	江村	江静	江作军
杨一心	吴建明	吴融如	何寿春	沈雷洪	宋锦汶	张云朋	张良田
张国华	张学光	张建初	陆匡宙	陈一星	陈卫昌	陈进华	陈克潜
金均	周炳秋	周毅	郑薇青	郎建平	赵阳	赵经涌	施明干
姜礼尚	姚焕熙	袁沧洲	袁银男	夏昌明	顾钢	顾佩兰	钱万里
钱培德	徐惠德	殷爱荪	高祖林	唐忠明	诸镇南	黄文锦	黄金玉
曹健	盛惠良	葛建一	蒋星红	喻叔英	路建美		

档案工作委员会

苏大档〔2016〕4号　2016年12月23日

主　　任：熊思东

副主任：田晓明

委　　员：党委办公室、校长办公室、党委组织部、党委宣传部、发展委员会办公室、教务

部、招生就业处、科学技术研究部、人文社会科学院、国有资产与实验室管理处、人事处、学生工作部(处)、研究生院、国际合作交流处(海外教育学院)、财务处、继续教育处(继续教育学院)、后勤管理处、档案馆、信息化建设与管理中心等单位主要负责人。

档案工作委员会办公室设在档案馆。

苏州大学网络安全与信息化工作领导小组

苏大委〔2016〕58号　2016年12月27日

组　　长：王卓君　熊思东
副组长：江作军　杨一心
成　　员：党委办公室、校长办公室、党委宣传部、人事处、财务处、教务部、招生就业处、学生工作部(处)、研究生院、科学技术研究部、人文社会科学院、国有资产与实验室管理处、继续教育处(继续教育学院)、国际合作交流处(海外教育学院)、保卫部(处)、后勤管理处、图书馆、档案馆、信息化建设与管理中心等单位主要负责人。

领导小组设办公室于信息化建设与管理中心。

2016年苏州大学及各地方校友会主要负责人情况

一、苏州大学第四届理事会成员

名誉会长：李政道
会　长：熊思东
副会长：王卓君　田晓明　江作军　蒋星红
秘书长：赵　阳
副秘书长：张海洋
常务理事：（按姓氏笔画排序）
　　　　马卫中　王卓君　邓　敏　田晓明　宁正法　江作军　肖甫青
　　　　吴建明　张国华　张海洋　陈进华　陈晓强　周建屏　赵　阳
　　　　钱万里　黄　兴　黄维娟　曹　健　蒋星红　熊思东　缪世林
理　事：（按姓氏笔画排序）
　　　　马卫中　王卓君　王家宏　邓　敏　石福熙　田晓明　白　伦
　　　　宁正法　朱秀林　江作军　肖甫青　吴建明　沈关生　沈雷洪
　　　　张国华　张学光　张海洋　陈少英　陈进华　陈晓强　林　冈
　　　　杭晓平　金琇珏　周建屏　赵　阳　秦和鸣　顾圣成　顾念祖
　　　　钱万里　钱培德　徐回祥　徐惠德　黄　兴　黄维娟　曹　健
　　　　蒋星红　熊思东　缪世林　薛　辉

二、苏州大学校友会各学院（部）分会

文学院
会　长：张　健
秘书长：纪金平

凤凰传媒学院
会　长：于毓蓝
秘书长：常青伟

社会学院
会　长：刘志明

秘书长：郑　庚

政治与公共管理学院
会　　长：张才君
秘书长：骆聘三

教育学院
会　　长：蒋晓虹
秘书长：王　青

东吴商学院（财经学院）　东吴证券金融学院
会　　长：陆少杰
秘书长：李　季

王健法学院
会　　长：周国华
秘书长：范　茜

外国语学院
会　　长：胡海峰
秘书长：蒋莲艳

金螳螂建筑与城市环境学院
会　　长：查佐明
秘书长：陈国凤

数学科学学院
会　　长：曹永罗
秘书长：陈富军

物理与光电·能源学院
会　　长：吴雪梅
秘书长：朱利平

材料与化学化工学部
会　　长：严冬生
秘书长：王美珠

纳米科学技术学院
会　　长：孙旭辉
秘书长：周迎春

计算机科学与技术学院
会　　长：胡新华
秘书长：沈云彩

电子信息学院
会　　长：赵鹤鸣
秘书长：马国平

机电工程学院、沙钢钢铁学院
会　　长：王永山
秘书长：刘鲁庆

纺织与服装工程学院
会　　长：孙庆民
秘书长：司　伟

城市轨道交通学院
会　　长：杨　清
秘书长：阴　浩

体育学院
会　　长：陆阿明
秘书长：张鑫华

艺术学院
会　　长：钱孟尧
秘书长：束霞平

海外教育学院
会　　长：黄　兴
秘书长：谭玉坤

医学部
会　　长：田启明
秘书长：徐　娴

医学部基础医学与生物科学学院
会　　长：戈志强
秘书长：朱　旻

医学部放射医学与防护学院
会　　长：许玉杰
秘书长：朱本兴

医学部公共卫生学院
会　　长：张永红
秘书长：钟宏良

医学部药学院
会　　长：镇学初
秘书长：黄小波

医学部护理学院
会　　长：姜海燕
秘书长：钮美娥

应用技术学院
会　　长：陈建军
秘书长：李恩秀

文正学院
会　　长：徐子良
秘书长：王　淼

老挝苏州大学
会　　长：汪解先
秘书长：薛　晋

音乐学院
会　　长：孙德芬
秘书长：马晓钰

敬文书院
会　　长：罗时进
秘书长：柯　征

三、苏州大学各地方校友会

北美校友会	会　长	陶福明	美国加州大学
	秘书长	李　凯	Endo International Plc (Endo Pharma)
新疆校友会	会　长	张自力	乌鲁木齐市科协
陕西校友会	会　长	刘曼丽	陕西省纺织协会
	秘书长	张志安	陕西德鑫隆物资贸易有限公司
广东校友会	会　长	柯惠琪	广东省丝绸纺织集团
	秘书长	张秀萍	广州医学院附属肿瘤医院
苏州校友会	会　长	王少东	苏州市委
	秘书长	程华国	苏州市人力资源和社会保障局
日本校友会	会　长	郭试瑜	日本昭和大学
	秘书长	杨　涛	日本日立电线株式会社
四川校友会	会　长	陈祥平	四川省丝绸科学研究院
	秘书长	刘季平	四川省丝绸科学研究院
山东校友会	会　长	高亚军	山东省丝绸集团总公司
	秘书长	何　斌	山东广润丝绸有限公司
北京校友会	会　长	何加正	邻里中国网
	秘书长	陈昌文	现代教育出版社教育教材分社
上海校友会	会　长	熊月之	上海社会科学院
	秘书长	余建新	上海市纺织集团公司党校(退休)
辽宁校友会	会　长	于有生	辽宁省丹东丝绸公司
	秘书长	张　夏	辽宁辽东学院高职教育处
南京校友会	会　长	葛韶华	原江苏省委宣传部
	秘书长	陈建刚	江苏省委办公厅
盐城校友会	会　长	谷汉先	盐城市教育局(退休)
	秘书长	盛同新	原盐城市政府接待办(退休)
淮安校友会	会　长	苟德麟	淮安市政协
	秘书长	秦宁生	淮安市委党校
镇江校友会	会　长	尹卫东	句容市委
	秘书长	徐　萍	镇江市人大常委会
广西校友会	会　长	刘炽雄	南宁振宁资产经营公司工业投资公司
	秘书长	邓新荣	广西质检院
扬州校友会	会　长	颜志林	扬州市文广新局
	秘书长	周　彪	扬州市老干部活动中心
江西校友会	会　长	刘琴远	南昌解放军第94医院
	秘书长	郭　斌	南昌大学二附院
常熟校友会	会　长	殷东明	常熟市教育局
	秘书长	顾伟光	原江苏省常熟中学

徐州校友会	会　长	刘　相	原徐州市人大
	秘书长	宋农村	徐州工程学院
南通校友会	会　长	娄炳南	原南通市人大(退休)
	秘书长	景　迅	南通市人大研究室
吴江校友会	会　长	张　莹	原吴江市行政管理学会
	秘书长	朱金兆	吴江区卫生局
无锡校友会	会　长	周解清	无锡市人大(退休)
	秘书长	任明兴	原无锡市滨湖区城市管理局(退休)
常州校友会	会　长	冯国平	原常州纺织与服装职业技术学院
	秘书长	李沛然	常州市人民政府
连云港校友会	会　长	钱　进	连云港师范高等专科学校
	秘书长	龚建华	连云港市委
泰州校友会	会　长	周书国	原泰州市政协(退休)
	秘书长	曹学赋	泰州市人大常委会教科文卫工作委员会
太仓校友会	会　长	邱震德	太仓市政协
	秘书长	陈　伟	原太仓市委党校
内蒙古校友会	会　长	红　胜	内蒙古锡林郭勒职业学院(退休)
	秘书长	吴和平	内蒙古锡林郭勒盟医院
浙江校友会	会　长	李建华	浙江万事利集团
	秘书长	周　颖	浙江丝绸科技有限公司
安徽校友会	会　长	陶文瑞	安徽省天彩丝绸有限公司
	秘书长	张　颖	安徽省天彩丝绸有限公司
张家港校友会	会　长	钱学仁	原张家港市政协
	秘书长	张明国	张家港市政府
湖北校友会	会　长	朱细秋	湖北省武汉女子监狱工厂
	秘书长	王克作	湖北省纤维制品检测中心
湖南校友会	会　长	彭卫平	长沙市第三人民医院
	秘书长	刘卫平	中铁建电气化局四公司
甘肃校友会	会　长	张义江	兰州石化总医院
	秘书长	米泰宇	兰州市第二人民医院普外科
天津校友会	会　长	崔笑飞	天津市经济技术开发区人民检察院
	秘书长	孟令慧	天津市电信公司四分公司
山西校友会	会　长	常学奇	中国辐射防护研究院
	秘书长	赵向南	《山西日报》政法部
重庆校友会	会　长	梁列峰	原西南大学纺织服装学院
	秘书长	张　玲	重庆市纤维织品检验所
福建校友会	会　长	苏庆灿	厦门眼科中心
	秘书长	叶　玲	中国农业银行厦门市分行
河北校友会	会　长	刘立文	中国联通河北省分公司

	秘书长	石 嵘	石家庄市医疗保险管理中心
宿迁校友会	会 长	贡光治	宿迁市政协(退休)
	秘书长	刘立新	宿迁市政府办公室
爱尔兰校友会	会 长	汪江淮	UCC 医学院外科学教研室
	秘书长	陈 刚	都柏林大学附属医院临床外科研究室
英国校友会	会 长	叶 兰	英国威尔士大学
	秘书长	卜庆修	QUB 法学院
法国校友会	会 长	陆肇阳	蒙彼利埃大学医学院血液研究所
黑龙江校友会	会 长	冯 军	哈医大肿瘤医院
	秘书长	邵玉彬	哈尔滨绢纺厂(退休)
河南校友会	会 长	李晓春	河南工程学院
	秘书长	陶建民	河南农业大学教务处
新西兰校友会	会 长	王小选	奥克兰 Brand Works 公司
	秘书长	范士林	新西兰华文文化沙龙
云南校友会	会 长	余化霖	昆明医学院第一附属医院
澳大利亚校友会	会 长	陈宝南	阿德莱德大学医学院
	秘书长	殷建林	悉尼大学医学院
贵州校友会	会 长	赵继勇	贵州省遵义市红花岗区科技局
	秘书长	李 钦	遵义市红花岗区财政局
海南校友会	会 长	孙 武	海口市科学技术工业信息化局
	秘书长	魏承敬	海南千家乐贸易有限公司
德国校友会	会 长	王文利	德国布伦瑞克工业大学高级访问学者,苏州大学纺织服装学院
印度校友会	会 长	Kartikeya Chaturvedi	CHATURVEDI HOSPITAL NAGPUR
	秘书长	Mohit Parekh	MEDANTA HOSPITAL DELHI
青岛校友会	会 长	张声远	青岛科技大学艺术学院
	秘书长	栾强军	青岛汇邦家纺有限公司
宁波校友会	会 长	覃进钊	宁波朗易金属制品公司
	秘书长	董肖宇	浙江纺织服装职业技术学院
MBA 校友会	会 长	田柏忠	苏州渠道通网络科技有限公司
	秘书长	姚 远	苏州半杯水投资管理有限公司
尼日利亚校友会	会 长	金 凯	尼日利亚拉各斯大学
	秘书长	欧莎莉	尼日利亚拉各斯大学

院(部)简介

文 学 院

一、学院概况

学院拥有汉语言文学、汉语言文学(师范)、汉语言文学(基地)、汉语国际教育4个本科专业(专业方向),设古代文学教研室、现当代文学教研室、文艺学教研室、比较文学与世界文学教研室、语言学教研室和文秘教研室,同时还设有比较文学研究中心、中国现代通俗文学研究中心、昆曲研究中心等学术科研机构。

学院拥有1个国家文科基础学科人才培养和科学研究基地,1个国家特色专业——汉语言文学。在原有中国古代文学、中国现当代文学、文艺学3个省级重点学科的基础上,2008年中国语言文学一级学科被批准为省级重点学科,2009年遴选为江苏省国家一级重点学科培育建设点,2014年获批江苏省优势学科重点序列学科,2015年遴选为江苏省品牌专业,本学科连续承担了3期"211"工程重点学科建设项目。

二、教学工作

(1)积极鼓励青年教师参与教学水平竞赛交流。教师教学发展方面,邵雯艳老师获"公共艺术类微课竞赛"省级三等奖,张春晓老师获校级青年教师课堂竞赛三等奖。

(2)支持教师到世界一流大学访学,通过联合举办学术会议、教学活动和海外进修等办法,拓宽教师的国际视野。

(3)通过高水平的学术讲座提升研究生的科研水平和本科生学习的兴趣与积极性。高度重视研究生论文的质量,严格执行研究生论文盲审和抽查,建立预答辩制度。鼓励和支持研究生在核心刊物上发表科研论文。

(4)重视本科生学术科研能力的培养。在苏州大学第十六届"挑战杯"大学生课外学术科技作品竞赛中文学院47件作品获奖。吴桓宇、王靖雯、尚卉等6位同学协助导师进行国家级和省级科研项目。薛述方的论文《民国时期苏州地区的传统文人雅集活动考论》、王宇林的论文《论钱钟书与佛学》获省级优秀论文二等奖。

(5)研究生培养工作以科研和实践为重点,着重培养研究生的创新思维和学术能力。陆亚桢等7位同学获2015—2016学年苏州大学"研究生会先进个人"称号。王慧君等8位同学在第18批大学生课外学术科研基金项目中被评为"优秀"项目。史悠获2015—2016年"陕西省大学生志愿服务西部计划优秀志愿者"称号。李文钰在第二届全国大学生创业实战大赛华东区决赛中获得三等奖,在全国总决赛中获"创业之星标兵"称号。

(6)深入做好博士、博士后常规管理工作,在日常的工作和生活中给予他们关心与支持,充分发挥博士后的作用。

三、科研工作与学术交流

1. 科研项目及成果

(1) 曹炜教授申报的"乾嘉学派——吴派研究"江苏省社科重大项目、王耘教授申报的《江南古代都会建筑与生态美学》中华学术外译项目、博士生袁茹申报的"江南气候的历史状态与生态环境关系研究"项目等3项科研项目立项。

(2) 鲁枢元教授主持的"新时期文艺理论建设与文艺批评研究"国家社科重点项目、王尧教授主持的"中国当代文学'关联性'研究"国家社科项目、王耘教授主持的"作为美学范畴之'空'的历史沿革研究"国家社科一般项目、侯敏教授主持的"唐君毅与现代中国美学研究"国家社科一般项目、钱锡生教授主持的"唐宋词传播史"教育部项目、方汉文教授主持的"世界文学重构与中国话语创建"教育部项目等6项科研项目顺利结项。

(3) 罗时进教授主持的"清代江南文人日常生活与文学创作研究"项目获批为国家社科重点项目。

(4) 2016年文学院教师在核心期刊发表论文97篇,其中北图核刊17种,出版专著33部,科研成果获奖20项。

2. 国内外学术交流情况

学院积极与国际高校交流、合作,培养、引进、输出国际型人才,重视国际学术互动,多次邀请国外知名学者来院举行讲座,提升国际声誉,为学校在世界范围内的影响力增光添彩。

(1) 意大利威尼斯大学副校长Lippiello教授携外事处处长Mauro Cannone、Zhu Yi到访学院,与学院以互派学生的形式启动合作交流。

(2) 由学校与尼日利亚拉各斯大学合作建设的拉各斯大学中国学专业第二届学生开学典礼在学校东教楼举行。

(3) 韩国琴湖工业高中校长孙大星访问学院,洽谈毕业生交流等事宜。

(4) 法国格勒诺布尔—阿尔卑斯大学音乐学副教授德玛丽女士在文综楼1003幢3405室举办题为"法国18世纪音乐中的中国形象"的讲座。

(5) 美国俄亥俄州立大学旗舰项目开学典礼在学校本部第四教室举行。

(6) 美国国务院关键语言奖学金项目开学典礼在学校本部第四教室举行。

四、学院重大事项

(1) 学院杨海明、周秦两位教授受聘为江苏省文史研究馆馆员。

(2) 在河北大学举办的"2016·词学国际学术研讨会"上,中国韵文学会、中国词学会共同授予学校杨海明教授"中华词学研究终身成就奖"。该奖项2016年首度设立,旨在表彰海内外为中华词学研究做出卓越贡献的学者,是词学研究界的最高荣誉。

(3) 王福利教授的《探寻汉唐乐府诗学的神秘宝藏》发表在《中国社会科学报》"国家社科基金"专刊头版头条。

(赵 曜)

凤凰传媒学院

一、学院概况

苏州大学凤凰传媒学院现有二级学科博士点1个：媒介文化与产业，涵盖传媒与文化产业研究、传媒与大众文化研究、新媒介研究三个研究方向；一级学科硕士点2个：新闻传播学、戏剧与影视学；专业硕士学位点2个：新闻与传播、出版。本科专业共5个：新闻学、广播电视学、广告学、播音与主持艺术、网络与新媒体。

学院现有在校全日制学生1 600余人，其中本科生830余人，硕士、博士研究生160人；各类成人教育学生750余人。

学院在职教职工近60人，其中，教授9人（含博士生导师6人）、副教授14人；拥有江苏省"333工程"人才2人，江苏省"青蓝工程"中青年学术带头人1人、优秀青年骨干教师2人，江苏省宣传文化系统青年文化人才1人，姑苏宣传文化领军人才1人，重点人才1人，东吴学者1人，教育部、中宣部新闻媒体机构与高校教师互聘"千人计划"2人。聘请了3位讲座教授以及30余位海内外知名的新闻传播学者和业界人士担任学院的兼职教授或兼职导师。

学院建有江苏省省级实验教学示范中心——传媒与文学实验教学中心，拥有摄影棚、大型演播厅、录音棚、电视节目制作室、报刊编辑实验室、播音主持语言实验室、电视摄像实验室、计算机图文设计实验室、电视鉴赏实验室、非线性编辑实验室、动漫游戏制作实验室和数码艺术工作室、影视艺术工作室、网络与新媒体工作室、新媒体实验室等。学院在新华日报报业集团、苏州广播电视总台等各类新闻媒体和广告公司建立了20余个大学生创新创业教育实践基地，在政府部门和传媒单位建立了14个研究生工作站。每年度举办苏州大学大学生电影节暨北京大学生电影节分会场活动和国际大学生新媒体节，定期聘请学界知名学者和业界资深人士来校举办专场讲座。

二、教学工作

2016年，学院在教学上积极探索应用文科的教改模式，开设了多门传媒实务类课程，受到学生欢迎。学院打破传统课堂教学的形式，调整课程评价机制，鼓励学生探究式、自主式、实战化学习。2013级广告班在董博老师的指导下开展了"Shall we：论坛"；2013级播音主持班41位同学以"光阴的故事"为主题进行汇报演出；胡明宇老师结合2015级《广告学概论》课程的学习，开展了广告创意模仿秀微视频大赛；等等。2016年度，学院新增通识教育课程1门，3I微课程立项2项，校精品课程2门，全年录播课程5门，全年开设过程化考核课程6门。目前，已有录播课程共计20个、3I微课程4个、网络进阶式课程1个、新生研讨课程5个、通识选修课程6个、公共选修课程3个。《新媒体传播概论》（陈龙、张梦晗）、《网络传播学(第2版)》(程洁)入选2016年苏州大学教材培育项目。

2016年度,学院学生共获得各类奖项211项,其中全国性大赛75项、省级57项、市级8项、校级71项;主持科研项目共29项,其中获立"大学生创新训练计划项目"国家项目1项、省级项目1项、校级项目4项,"笃政基金"项目1项,"课外学术科研基金"重点项目4项、一般项目18项。学院本科生共发表论文19篇。

2016年,学院学生作品第一次登上第25届中国金鸡百花电影节微电影展映单元及第五届(国际)大学生微电影盛典,喜获三等奖。第14届中国大学生广告艺术节学院奖春季赛,学院获得了历年参与该赛事取得的最好成绩:2014级广告专业4位同学创作的京润珍珠《变脸篇》杀出重围,从六大提名作品中脱颖而出,最终获得全场5万元大奖的殊荣。学院学子还斩获了第十二届中国国际动漫节声优大赛一等奖、"华夏之声"校园主播大赛金奖、中央人民广播电台主办的第三届全国大学生主持人大赛亚军以及"最受媒体关注女主播"奖等。学院3位老师被授予中国大学生广告艺术节学院奖"杰出指导教师"称号;2位老师被授予中国国际动漫节声优大赛"优秀指导教师"称号。

三、科研工作与学术交流

1. 科研项目及成果

2016年,学院教师获国家级重点项目1项、一般项目1项,省部级一般项目2项,市厅级一般项目8项,横向科研项目14项;在二类以上核心期刊发表论文30余篇,出版专著近20部,获得各级奖励10余项,其中江苏省哲学社科优秀成果奖3项。

2. 国内外学术交流情况

2016年度,本科生出国(境)交流人数为34人,涉及英国、美国、澳大利亚、韩国、我国台湾地区等,有24位同学获得出国(境)交流奖学金。2016届毕业生出国(境)人数为26人,升学出国率为13.40%。

学院建立了传媒工作坊,设立了以"传媒与当代文化"为主题的系列沙龙活动,促进教师参加学术讨论和科研思考,成功打造学院的学术活动品牌。学院主办了2016年"中国传播学论坛"和"江苏省传媒艺术学会年会",得到学术同行的高度评价;策划的"长三角新闻传播学者中青年学术论坛",已连续举办四届,在长三角地区具有重要影响力。学院与上海交通大学媒体技术学院等多个院系开展了学术交流和项目合作;美国威斯康星大学麦迪逊分校潘忠党教授,日本北海道大学应雄教授,浙江大学邵培仁教授,江苏师范大学文学院徐放鸣教授,无锡广播电视集团总裁、中国视协城市台委员会主任严克勤等国内外知名专家学者和业界精英来学院做学术报告,营造了良好的学术氛围。

四、学院重大事项

2016年3月11日,学院举行与阅文集团合作建设的创新创业实训基地的揭牌仪式,聘请上海阅文集团的杨晨、候庆辰(腾讯文学副总裁)、林庭锋(阅文集团高级副总裁)和杨沾(阅文集团高级总监)四位高层管理人员为学院出版专业业界特聘导师。

2016年3月18日,学院与新华报业传媒集团签订战略合作协议。

2016年5月18日,学院播音与主持艺术专业申请学士学位授予权现场评审,顺利通过。

2016年7月12日,学院举办第二届国际大学生新媒体节暨新媒体原创作品大赛。

2016年9月17日,学院承办"当代性:影像建构与传播"——中国东部传媒艺术高端论坛。

2016年9月24日,学院王佳珍同学获中央人民广播电台第三届大学生主持人大赛亚军。

2016年11月8日,教育部语言文字应用管理司姚喜双司长被聘为学院兼职教授。

2016年11月17日,学院与江苏省淡水水产研究所合作签约。

2016年12月3日,学院举行2016年中国传播学论坛。

2016年12月17日,央视新闻主播贺红梅、崔志刚来到学院,与播音主持专业的同学们进行切身交流,指导学生"好好说话"。

(黄艳凤)

社会学院

一、学院概况

社会学院是苏州大学下属的二级学院之一。1953年江苏师范学院设立历史专修科，1955年著名历史学家柴德赓教授受命创建历史学系，1995年历史学系更名为社会学院。

学院现设历史学系、档案与电子政务系（含档案学、图书馆学、信息资源管理）、社会学与社会工作系（含社会学、社会工作）、旅游管理系、劳动与社会保障系共5个系、8个本科专业。学院现有中国史一级学科博士点，历史学博士后流动站和中国史、世界史、社会学、图书情报与档案管理4个一级学科硕士点；中国近现代史、专门史、世界史、社会学、中国古代史、档案学、情报学、社会保障、旅游管理等9个二级学科硕士点以及学科教学（历史）、社会工作2个专业硕士学位点。中国史是江苏省一级重点学科，历史学是江苏省品牌专业，档案学是国家级特色专业。江苏省人文社科重点研究基地"吴文化研究基地"、江苏红十字运动研究基地以及苏州大学（苏州市）人口研究所、苏州大学吴文化国际研究中心、社会与发展研究所等省、校级科研机构附设于本院。

学院现有教职工99人，其中专任教师83人。学院具有副高以上技术职务者52人（教授28人，副教授24人），正、副教授占专任教师比例62.7%；有博士生导师11人，硕士生导师44人。学院还聘任多位国内外著名的专家学者为兼职教授。

二、教学工作

2016年，1人获苏州大学建行奖教金；"苏大课程2015—3I 工程"获立项5项；1人获苏州大学第十五届青年教师课堂教学竞赛三等奖。新立项国家级大学生创新创业训练计划项目1项，江苏省大学生创新创业训练计划项目6项，苏州大学大学生创新创业训练计划项目4项，"箸政基金"项目1项。获2015年江苏省本科生毕业设计（论文）二等奖1项，获评2015年苏州大学优秀硕士论文1篇。

三、科研工作与学术交流

1. 科研项目及成果

2016年，学院教师在国家社科基金项目的申报方面，获批重点项目1项、一般项目1项，1项成果入选国家社科文库。学院教师发表论文情况：在一类权威期刊发表论文9篇（其中2篇为SSCI论文），在二、三类以上核心刊物发表论文60余篇。学院教师承担国家级、省部级、市厅级科研项目近23项，获得各项奖励10多项。

2. 国内外学术交流情况

2016年,学院邀请国内外知名专家来学院进行了学术交流并做学术报告10余次,有东芬兰大学Juha Hämäläinen教授、美国伊利诺伊大学厄巴那—香槟分校(UIUC)阮炼教授、中国台湾政治大学特聘教授陈志铭教授、中国人民大学胡鸿杰教授、山东大学王学典教授、四川大学杨天宏教授、南京大学张生教授、北京大学朱诚如教授、华东师范大学牟发松教授等。

四、学院重大事项

(1)社会学院党政领导班子自觉增强"四个意识",积极参加处级干部培训专题,牢固树立纪律和规矩意识,在"两学一做"学习教育中认真制订学习计划,撰写"七查摆七强化"问题清单,负责联系指导5个党支部,深入基层党支部参与专题讨论,开展专题党课10余讲。

(2)历史系开展"苏州家风家训研究"活动,最终形成了《家国千年:苏州历史上的家风家训》一书,王卫平老师专门接受《中国纪检报》的采访,发表了长篇访谈,其主编的《苏州家训选编》已由苏州大学出版社出版。

(3)2016年新增通识课程5门,增量居全校之首。由于课程建设方面的突出成绩,学院荣获本科教学工作考评的"课程建设推进奖"。

(4)学科建设稳步推进,完成了中国史、世界史、社会学等学科的各种评估工作;中国史重点学科顺利通过"十二五"建设的考核,并被确定为"十三五"一级学科省重点学科。

(包 军)

政治与公共管理学院

一、学院概况

政治与公共管理学院办学历史悠久,最早可追溯到20世纪20年代东吴大学创办的政治学科(东吴政治学),是苏州大学最早(1995年)成立的二级学院之一,也是全国最早以"政治与公共管理学院"命名的高校二级学院。

学院现有2个一级学科博士授权点,2个一级学科博士后流动站,4个一级硕士学位授予点和公共管理硕士(MPA)一级专业硕士授予点,以及16个二级硕士点;地方政府与社会管理为江苏省首期优势学科,政治学为江苏省二期优势学科;哲学为江苏省一级重点学科。以政治学为主要学科支撑的"新型城镇化与社会治理"是江苏省2011协同创新中心,也是学校文科唯一的省级协同创新中心;学院还拥有江苏高校国际问题研究中心"老挝—大湄公河次区域国家研究中心"等十多个省级或校级研究院、所、中心,基本形成了研究型学院的发展态势。

学院下设哲学、公共管理、管理科学3个系科,共有9个本科专业与本科专业方向。教职工106人,其中专业教师87人,教授26人,副教授41人,苏州大学特聘教授1人,国务院特殊津贴专家2人。教师具有博士学位的占70%以上,在26名教授中,二级教授、三级教授数量居全校文科院系以及江苏高校同类院系前列。目前在读全日制本科生1400多人、各类研究生(博士、硕士、专业学位)1000多人。

二、教学工作

1. 本科生教学工作

2016年,学院教授为本科生开设了70门次各类课程;41位副教授为本科生开设了91门次各类课程。本年度学院教授授课比例为100%。2016年度,全院开设学科基础课6门、专业教学课8门、大类基础课40门、专业必修课52门、专业选修课81门、公选课7门、通识选修课3门、新生研讨课5门、人文艺术类10门,有22门全英文课。学院教师积极开展教学研究,参与教学改革与建设,在《中国高等教育》《道德与文明》《光明日报》发表教学论文3篇;出版教材一部——《电子政务概论》;朱光磊获建行教学奖,黄建洪获周氏教学奖,车玉玲获苏州大学教学成果二等奖;吴莉娅老师的《城市规划原理》获得苏州大学2016年微课程(群)立项。

2. 研究生教学工作

研究生教学注重理论联系实际,师生有效互动。每年根据学科建设和学生需要,积极进行学科专业基础课程调整。

在学生科研方面,2016年,学院研究生在省级以上期刊发表论文140余篇,其中一类核心期刊1篇,二类核心期刊12篇,三类核心期刊22篇。另有2位学生参与了2本著作的编写工作。

三、科研工作与学术交流

2016年,新增纵向课题12项,其中国家社科重点项目1项,国家社科一般项目1项,江苏省社科项目3项;横向课题45项;核心期刊论文,包括SSCI等收录论文125篇;各级各类报告批示3篇;出版专著6部;科研成果获奖19项;出版教材1部。

在科研或竞赛获奖方面,有2016年江苏省教育科学研究成果(教育研究类)三等奖1项,第二届江苏省普通高校军事课教师微课教学竞赛一等奖1项,全国第十四届"挑战杯"一等奖1项、二等奖2项,第十六届苏州大学"挑战杯"一等奖7项、二等奖2项、三等奖3项。在主持或参与科研项目方面,主持省级重点项目立项5项,参与国家级重点项目立项7项,参与省级项目立项5项,市级项目立项22项、一般项目立项92项。

学院主办或承办了"第四届江苏省公共管理论坛""中韩第十一届学术研讨会""第二届城市发展论坛""第二届全国物理哲学学术研讨会"等全国有影响力的学术会议。

在交流合作方面,学院积极开展与国内外高校合作交流,派遣学院教师赴境外进行访学、出席学术会议,并与美国阿肯色大学、韩国蔚山大学、我国台湾东吴大学等高校开展学术交流以及联合培养工作。学院周义程老师、胡小君老师、孟晓华老师、朱光磊老师、潘晓珍老师、李慧凤老师分别赴美国、英国、荷兰、我国台湾等国家和地区进行访学。学院也积极开展学生的短期或长期访学活动,国际化程度不断提高。

四、学院重大事项

2016年4月25日,韩国蔚山大学社会科学院李正郧副院长一行来院交流。

2016年9月23—25日,第四届江苏省公共管理论坛在学校天赐庄校区红楼会议中心召开。

2016年10月21—23日,第十一届中韩学术交流会在学院召开。

2016年12月8日,学院召开全院教职工大会,陈进华任学院院长。

(曾永安)

马克思主义学院

2011年3月9日,苏州大学成立马克思主义学院。2015年4月30日,学校决定按照教育部要求单独设置马克思主义学院,成为直属于学校的二级学院,承担全校学生的思想政治理论课教学任务,承担马克思主义理论学科建设及研究生培养工作,承担马克思主义理论与实践科学研究等任务。

学院现有专任思想政治理论课教师46名,其中教授9名,副教授29名,讲师8名,博士生导师6名,硕士生导师21名。为全校本科生开设"马克思主义基本原理概论""毛泽东思想和中国特色社会主义理论体系概论""中国近现代史纲要""思想道德修养与法律基础""形势与政策"等思想政治理论课;为全校硕士生、博士生开设"中国特色社会主义理论与实践研究""马克思主义与社会科学方法论""自然辩证法""中国马克思主义与当代"等课程,形成了马克思主义理论教学体系。

学院现有课程教学论(政治教育)、马克思主义基本原理、思想政治教育硕士点,马克思主义基本原理、思想政治教育博士点,学科教学(思想政治教育)专业学位点,马克思主义理论博士后流动站。2015年5月,马克思主义理论学科获批江苏省重点建设学科。2016年6月,学院获批江苏省示范马克思主义学院。

学院科研服务成效明显。近年来,在马克思主义社会发展理论、中国特色社会主义理论与苏南发展实践、社会主义核心价值体系与人的全面发展、近现代史基本问题等研究领域,主持国家社科基金重大项目1项、重点项目2项,主持并完成国家社科基金项目5项,正在主持国家社科基金项目4项、江苏省社科基金项目8项、江苏省人文社科项目26项。

学院秉承学校办学理念,依托学校优势资源,始终贯彻学校发展战略,以建设与一流苏州大学相适应的马克思主义学院和马克思主义理论学科为目标,努力把马克思主义学院建设成为马克思主义理论人才培养和思想政治理论课教育基地,成为有影响的马克思主义理论科学研究与成果产出基地,成为有马克思主义理论学科特色和苏南区域实践支撑的智库服务与应用转化基地,为促进社会经济发展和党的建设做出新的贡献。

(刘慧婷)

教育学院

一、学院概况

教育学院目前下设3个系：教育学系、心理学系、教育技术学系，现有教职工86人，在校本科生427人，研究生430人。主要研究所与实验室有教育科学研究院、高等教育研究所、应用心理学研究所、苏南地区大学生心理健康教育研究中心、教育科学研究中心、教育与心理综合实验室（中央与地方高校共建）、苏州大学心理与教师教育实验教学中心（江苏省高校实验教学示范中心）和认知与行为科研研究中心。学科点与专业方向包括教育学一级学科博士后流动站、高等教育学博士点、教育学一级学科硕士点、心理学一级学科硕士点、教育硕士专业学位授权点、应用心理学专业学位授权点、教育学本科专业、应用心理学本科专业、教育技术学本科专业，以及教育学和应用心理学本科第二学士学位教育。学院已形成了从本科到博士的完整的人才培养序列，并长期承担全国骨干教师培训、江苏省骨干教师培训、教育与心理职业技能培训等继续教育。

二、教学工作

1. 本科生教学工作

完成每个学期三次教学信息反馈和学期期中教学检查、双学位培养方案及2015级人才培养方案的修订、本科生转专业工作细则以及优秀本科生的研究生推免工作和自主选拔录取等。严格执行学校规定的教学检查和听课制度，得到全院教师的大力支持。

2016年，学院学生在江苏省心理学专业学生学术论文竞赛本科生组中获得一等奖1项、二等奖2项、三等奖1项。1人获得第五届江苏省师范生教学基本功大赛信息技术组三等奖。1人成为苏州大学箓政学者。1个毕业设计团队获评2015年江苏省普通高等学校本专科毕业设计（论文）评优优秀毕业设计团队。在苏州大学第十七届"挑战杯"大学生课外学术科技作品竞赛中荣获特等奖1项、一等奖3项、二等奖3项、三等奖7项。2016年，27人考取北京师范大学、华东师范大学、上海交通大学、苏州大学、西南大学、浙江大学、北京信息科技大学、东北师范大学、华南师范大学、兰州大学、南京师范大学、上海理工大学、英国巴斯大学、伦敦大学学院、诺丁汉大学等高校研究生。

2. 研究生教学工作

2016年度学院共招收学术型硕士生46名，博士研究生10名，全日制专业性硕士生41名，在职专业型硕士生52名；本年度毕业学术型硕士生57名，博士研究生13名，全日制专业硕士生44名，在职专业型硕士生47名，同等学力获硕士学位者11人。

2016年度学院获评省优秀硕士论文1篇；省学位论文抽检2人，未出现不合格论文；1篇博士论文被评为中国高等教育学会优秀论文提名奖。

2016年,学院研究生在各级各类杂志发表论文80篇,以独立作者或第一作者发表48篇,其中核心期刊42篇,以独立作者或第一作者身份发表19篇;参与申报省部级以上科研项目19人次;提交会议论文27篇,获奖10篇;成功申报2016年度江苏省研究生科研创新计划项目和实践创新计划项目共9项,结题江苏省研究生创新计划项目7项;申报苏州大学第十八批大学生课外学术基金24项;43份作品参加苏州大学第十七届"挑战杯"大学生课外学术科技作品竞赛。4名研究生赴我国台湾地区高校交流,2名研究生赴日本立命馆大学短期学习;1名硕士毕业生参加"2016—2017年度与匈牙利政府互换奖学金项目",赴匈牙利罗兰大学攻读博士学位。

2016年学院毕业研究生就业率达到93.2%。

三、科研工作与学术交流

1. 科研项目及成果

2016年,学院获教育部第七届高等学校科学研究优秀成果奖二等奖1项、江苏省社科奖1项、江苏省教育科研成果奖4项、市厅级奖7项,并获评江苏省教科研系统先进集体;成功申报国家级项目1项、省部级项目3项、市厅级项目6项、横向项目17项;出版专著13部;成功申报江苏省"十三五"省级重点学科"教育学"培育点,在江苏省新增硕士学位授权一级学科点评估中教育学、心理学双获优秀;发表论文106篇,其中奖励性期刊11篇,一类核心期刊9篇,二类核心期刊26篇,三类核心期刊27篇;向政府提供政策咨询建议并被采纳1项。

2. 国内外学术交流情况

2016年,学院组织召开了第17届国际多感觉通道研讨会、理论心理学与心理学史专业委员会学术年会、江苏省高教学会教育经济研究委员会学术年会。邀请了美国、德国、英国、日本、加拿大等国以及我国港、澳、台地区和境内多所著名院校学者来学院交流访问,来访学者共为师生做专题学术报告36场。

四、学院重大事项

(1) 通过学科点的不断建设和积极申报,教育学学科成功获批成为"十三五"江苏省重点(培育)学科。

(2) 完成了东校区"心理与行为科学研究中心"建设。

(3) 在前期建设基础上,通过积极申报,"心理与教育虚拟实验教学"项目获评江苏省优质在线虚拟仿真实验教学培育项目。

(王 青)

东吴商学院（财经学院）
东吴证券金融学院

一、学院概况

苏州大学东吴商学院（财经学院）成立于1985年6月，是经江苏省人民政府批准，由江苏省财政厅参与直接投资建设的经济管理类学院，也是苏州大学建立最早的二级学院。2002年更名为苏州大学商学院。2010年4月，苏州大学与东吴证券股份有限公司签订协议共建苏州大学商学院，更名为苏州大学东吴商学院。

学院下设经济系、财政系、金融系、经贸系、工商管理系、会计系、电子商务系7个系科，乡镇经济研究所、世界经济研究所、财务与会计研究所3个研究所以及企业创新和发展研究中心、MBA中心。学院现有博士后流动站2个（应用经济学、工商管理），一级博士授权点1个（应用经济学），二级博士授权点4个（金融学、财政学、区域经济学、企业管理学），硕士点14个[金融学、财政学、企业管理、世界经济、区域经济、政治经济学、产业经济学、国际贸易、会计学、工商管理硕士（MBA）、会计专业硕士、金融专业硕士、税务专业硕士、国际商务专业硕士]。学院拥有金融学、财政学、会计学、经济学、工商管理、财务管理、电子商务、国际经济与贸易、市场营销9个本科专业和国际会计（CGA）专业方向；2011年经教育部批准开设"金融学（中外合作）"本科专业。金融学为省级重点学科、省级品牌专业，会计学专业为省级特色专业，工商管理类专业为省级重点专业（类）。

学院现有教职工169人，其中教师138人，博士生导师14人，教授28人，副教授75人，讲师35人，取得博士学位和正在攻读博士学位的教师61人，享受国务院特殊津贴的专家2人，入选教育部新世纪优秀人才计划1人，江苏省"333工程"培养对象6人，东吴学者高层次人才计划1人，江苏省"青蓝工程"培养对象4人。并聘请国内外40多名专家、学者为兼职教授。目前在读全日制本科生2 000多人，在籍博士、硕士研究生1 000多人。

二、教学工作

1. 本科生教学工作

按照学校要求，对各本科专业教学计划进行全面、重大修改。专门为中外合作办学（金融学）专业学生新增设专项奖学金。鼓励境外教学技能交流。除原有交流项目外，学院与台湾东吴大学商学院联合举办会计学专业本科教学专题研讨活动。继续扩大本科教育国际化平台。在2016年苏州大学本科教学工作考评中荣获"人才培养贡献奖"。

2. 研究生教学工作

完成研究生培育方案的修改，加强研究生培养各环节的工作，不断提高教学质量。会计专业硕士、金融专业硕士生源质量高,培养过程规范,学生就业前景好。积极组织MBA实践教学、企业案例教学、东吴MBA大讲堂等活动。2016年荣获苏州大学研究生教育特色奖。

三、科研工作与学术交流

1. 科研项目及成果

2016年,学院新增科研项目70余项,其中国家级项目3项(包括国家自然科学基金面上项目2项、青年项目1项),教育部基地重大项目1项,教育部青年项目1项,博士后基金项目2项,省级项目4项,横向项目30项。到账科研经费超过564万元。

2016年,学院院教师发表论文83篇,其中SSCI/SCI论文22篇,国家自然基金委管理学部认定的重要期刊论文13篇,人大复印报刊资料全文摘转2篇,苏大TOP期刊论文2篇,苏大核心期刊论文48篇;出版学术专著6部。

2. 海内外学术交流情况

学院选派多名教师赴维多利亚大学等海外高校进修和合作研究。学院代表团赴台湾东吴大学参加第二十届海峡两岸财经与商学研讨会,邀请境外知名学者到学院讲学,收到了良好的学术交流效果。

(李 季)

王健法学院

一、学院概况

苏州大学王健法学院其前身为蜚声海内外的东吴大学法学院,于1915年9月由美籍律师查尔斯·兰金创办,培养了吴经熊、盛振为、丘汉平、孙晓楼、王伯琦、杨兆龙、李浩培、倪征燠、潘汉典等一大批法学大师,当时饮誉海内外,有"南东吴,北朝阳"之称。1952年院系调整时,东吴大学易名为江苏师范学院,法学院随之并入他校;1982年经国务院批准改名为苏州大学,同时恢复法学教育,设法律系;1986年扩建为法学院。2000年,原东吴大学法学院校友王健先生捐巨资支持法学院建设,苏州大学法学院更名为苏州大学王健法学院。

学院现有教职工90人。其中专任教师69人。教师中有教授25人,副教授29人;博士生导师11人,硕士生导师46人。目前在校各类学生近3 000人。

本科设有法学专业和知识产权专业,拥有法学一级学科硕士点及法学一级学科博士学位授予权。目前有法学理论等10个二级学科硕士点招收学术型硕士研究生;法学理论等8个二级学科博士点招收博士研究生。学院拥有法学一级学科博士后流动站。

苏州大学法学学科为江苏省序列重点学科。学院拥有江苏省高等学校哲学社会科学重点研究基地——"公法研究中心",并建有江苏省知识产权(苏州大学)培训基地、苏州大学知识产权研究院。创办了《苏州大学学报(法学版)》。

学院教师具有较强的研究能力,21世纪以来,先后承担了包括国家社科基金重大招标项目在内的国家级科研项目30余项,省部级项目80余项,发表各类学术论文上千篇。

王健法学楼建筑面积16 000平方米,设有中式和西式模拟法庭、国际学术会议厅等,同时为教授配备独立的研究室。图书馆面积3 600平方米,现有藏书7万余册,中外文期刊600多种,可检索的电子图书30多万种,并在收藏、保留港台地区法学期刊和图书方面具有特色。

自1982年以来,法学院已为全国培养博士生、硕士生、本科生、专科生等各类层次的专门人才15 000余人,成为重要的法学人才培养基地,许多校友已成为国家政法部门和法学教育的中坚力量。

二、教学工作

1. 本科生教学工作

2016年共招收本科学生163人,双学位学生129人,教改班5人。完成475名本科生论文答辩工作(包含法学院、文正学院、宿迁学院及双学位学生)。新增通识教育课程1门、过程化考核课程1门。2016级本科人才培养方案有所修改,新增4门选修课,删除3门选修课,1门必修课修改开课学期。卓越班完成第四期学员遴选及班主任选拔,给学员配备相应导师,增开2门课程。完成知识产权专业省新设专业评估。"十二五"省重点专业期末验收。

2. 研究生教学工作

2016年共招收博士研究生8人,全日制学术型硕士研究生74人,法律(非法学)研究生50人,法律(法学)研究生68人,合计200人。完成9名博士生、69名学术型硕士、116名全日制法律硕士的论文答辩工作。成功举办"长三角法学研究生(论坛)论文发布会暨学院第十届研究生论文发布会",为研究生提升科研水平和写作技巧搭建了良好的平台。2016年度获评全国法律硕士专业学位教育指导委员会评选2013—2015年度优秀专业硕士论文奖1篇,优秀指导教师、优秀教育工作者、优秀管理工作者各1人次;获评省级优秀博士论文1篇、优秀硕士论文1篇、优秀专业硕士论文2篇;获评校级优秀博士学位论文1篇、校级优秀硕士论文2篇。江苏省研究生创新工程项目省立省助5项、省立校助13项。研究生教育取得佳绩。

三、科研工作与学术交流

1. 科研项目及成果

2016年度获得国家社科基金项目3项、省部级项目11项。在科研成果方面,在CLSCI刊物上发表论文23篇,1位教授在《中国社会科学》上发表论文,实现零突破。在科研获奖方面,获得江苏省哲学社会科学优秀成果奖一等奖1项、二等奖2项、三等奖1项,钱端升法学研究优秀成果奖三等奖1项、提名奖1项。

2. 国内外学术交流情况

2016年,学院共举办学术讲座24场,黄茂荣、山口厚、简资修、高其才、吴汉东、李明德、朱庆育等国内外知名专家到访讲学;承办学术会议10多个;美国圣约翰大学法学院、日本静冈大学、香港城市大学、英国班戈大学等学校的相关人员到访交流;选派7位老师到美国、日本、意大利以及我国台湾等地进修学习;与日本静冈大学和意大利米兰大学签署了合作协议,为学院师生提供了更广阔的学习空间。

四、学院重大事项

2016年3月,学院在2015年度人大复印报刊资料转载中再创佳绩:王健法学院师生2015年度有21篇论文被中国人民大学复印报刊资料法学类刊物转载,在高等院校二级院所分学科排名中,全文转载量排名及综合指数排名均列全国第6位,保持了在省内高校排名上的第一。

2016年11月12日,王健先生铜像落成揭幕仪式在天赐庄校区王健法学院前举行。王健先生长子、王嘉廉国际基金会创始人王嘉廉先生及夫人、女儿,美国微笑列车基金会全球高级副总裁兼中国项目首席代表薛揄女士,出席了揭幕仪式。

2016年度,学院共引进博士1人、教授2人,2人晋升为副教授。1位教授入选江苏省"333工程"第二层次培养对象,2位教师入选江苏省"青蓝工程"培养对象,1位教授获"第四届江苏省优秀青年法学家"称号。

(肖丽娟)

外国语学院

一、学院概况

外国语学院现有在职教职工240名,其中教授20余名,副教授73名,博士生导师9名,硕士生导师45名。学院现设英、日、俄、法、韩、德、西班牙等7个语种、9个专业,其中,英语专业为江苏省特色专业和重点专业,俄语(俄英双语)专业为苏州大学特色专业。学院所属英语语言文学学科连续在"九五""十五""十一五"期间获批江苏省重点学科,2003年始设博士学位点。2010年,外国语言文学学科整体获批一级学科博士点(下设英语语言专业、俄语语言专业、外国语言学及应用语言学和翻译学等4个二级学科博士点)和一级学科硕士点[下设英语语言文学、外国语言学与应用语言学、翻译学、俄语语言文学、日语语言文学、英语教育专业学位、英语翻译专业学位(口译及笔译)等二级学科硕士点]。2011年,学院所属外国语言文学一级学科获批江苏省重点学科。学院现设博士后流动站,常年对外招收博士后研究人员。学院现有全日制本科专业在校生1200多名,各类在读博士、硕士研究生近400名。

学院现设11个系,同时设有 Language and Semiotic Studies (《语言与符号学研究》)编辑部、苏州大学英语语言研究所(校级)、苏州大学典籍翻译研究中心(校级)、苏州大学语言与符号学研究中心(校级)、澳大利亚研究中心、外国文学研究所、语言学研究所、翻译研究所、计算机辅助外语教学研究所、外语教学研究所等研究机构。学院现为中国语言与符号学研究会秘书处挂靠单位。近5年来,学院教师先后承担国家社科基金项目20多项、省部级科研项目30多项,出版学术专著40多部、译著50多部、教材20多套(部),在国内外权威和核心期刊上发表学术论文300多篇。学院每年承办大型国际性或全国性的学术会议。

二、教学工作

1. 本科生教学工作

学院英语专业被列为省品牌专业培育项目。

在学校公布的2015—2016学年第一学期本科课程教学质量测评中,全校本科教学测评平均分为90.91分,外国语学院为91.67分,在全校24个院系中排名第三,专业老师平均分为92.83分,名列全校第一;第二学期的测评成绩也远超各学院平均成绩。继续推动课程和教材建设,大学外语部启动的《中国特色文化英语课程》(20讲)录制完成。

卫玲等老师选送的微课"Friends and Friendship"获"外研社杯"全国高校外语教学微课大赛江苏赛区二等奖;李东军和赵艳丽获2015年建行教学奖;王静获第七届"外教社杯"全国高校外语教学大赛微课比赛江苏赛区二等奖。方红和朱新福、孙倚娜和黄婷分别获得2016年苏州大学教材培育项目立项;王海贞荣获周氏教学奖优秀奖;王瑞东、张乃禹、郝吉环荣获交行奖；王彩丽、董成如荣获建行奖；大学外语部王静老师在江苏省青年教师讲课比赛综合组的比赛中荣获二等奖；高燕红和曹俊雯在苏州大学第十五届青年教师课堂教学竞赛中分获一、二等奖。

新接受本科保送生12名；接受2015级本科转专业的学生5人（其中3人是本院学生转入本院其他语种专业），6名本院学生申请转出。

夏可（黄洁指导）和高可业（王宇指导）等同学获省重点和省一般2016年大创项目立项，2位同学获校级2016年大创项目立项；在2016年度本科生大创项目结题中，学院同学全部顺利结项；徐婧颖（黄爱军指导）箬政学者结项"优秀"；5名俄英双语专业的同学入选中俄政府奖学金项目；法语系陈云清同学入围中国第一届毕佛听写大赛总决赛；1位同学入选2016年的箬政学者项目。

英语、德语、俄语、西班牙语专业的四级考试优良率均超过80%，西班牙语专业的优秀率为100%。2012级英语专业八级口试2人优秀；笔试成绩的通过率为96.12%（99人），优秀率为11.65%（12人），良好率为46.60%（48人）。2016年全国大学生英语竞赛决赛于5月8日上午在东南大学举行，学校共有7名同学进入决赛，并在决赛中表现突出，取得了喜人成绩，获得C类（非英语专业类）特等奖6名、一等奖1名，其中特等奖获奖人数位列全省高校第一位。

2013级英语专业1位同学获2015—2016周氏优秀学生奖学金。

2. 研究生教学工作

新一届的博、硕士研究生招生和录取工作如期完成，共录取专业型研究生（MTI）43人、学术型研究生38人、教育硕士（2015级）51人、博士生6人（3个非定向）。

学院按照研究生院的部署，对本院博、硕士研究生以及MTI专业学位培养方案进行了调整；举办年轻研究生导师研讨会，邀请有经验的研究生导师介绍指导经验。

98名博、硕士研究生如期毕业，其中12名博士生。88名学术型硕士研究生和专业型研究生、41名教育硕士顺利通过答辩。

多篇硕士论文被江苏省学位论文抽查，被查硕士论文均顺利通过，未出现抽检不合格情况。朱玲和彭芃的论文分别获评2015苏州大学优秀博、硕士论文。

三、科研工作与学术交流

1. 科研项目及成果

2016年度，陆洵、张莉两位老师获国家社科后期资助项目立项，归溢和周春霞获教育部项目立项，潘文东老师获2016省社科项目立项。

董成如副教授的国家项目顺利通过结项，结项结果为良好；宋艳芳教授的国家社科基金项目顺利结项；顾佩娅教授的国家社科项目进入结项，结项专著被收入"中国外语教育：外语教师教育与发展"系列（北京外国语大学研究出版社出版中）。

王腊宝教授的国家哲学社会科学成果文库作品《澳大利亚文学批评史》由中国社会科学出版社出版。汪榕培、张玲老师翻译出版的《汤显祖戏剧全集》（英文版）荣获第十四届上海图书奖一等奖；赵爱国和周民权教授的两项成果获得江苏省优秀科研成果二等奖；朱新福教授的专著《美国经典作家的生态视域和自然思想》获苏州市第十三届哲学社科优秀成果奖二等奖。

2. 学术交流和对外合作

2016年,继续拓展对外学术交流,支持教师外出参加各类各级学术活动;邀请一大批中外著名学者来院讲学。

成功举办"2016年全国高校西班牙语专业教学研讨会暨教育部高校外语专业教学指导委员会西班牙语分委会年会""面向拉美地区的西班牙语专业人才培养圆桌会议"和"2016语言与符号学国际学术研讨会";支持东北师范大学外语学院承办第十二届全国语言与符号学研究会年会,顺利完成研究会新老领导的交接。

继续大力推进学术交流,各语种邀请一些学者前来讲学,西班牙内布里哈大学Tamara Rodil Cuadrado女士、西班牙"黄金世纪"文化研究者Daniel Fernandez来院讲学;美国宾州大学Jean Michel-Rabate教授来院讲学;杰出校友美国圣玛丽学院的徐贲教授回母校讲学;美国威斯康星大学麦迪逊分校张洪明教授来谈合作;加拿大不列颠哥伦比亚大学石玲教授来院讲学;新加坡国立大学石毓智教授来院讲学;北京航空航天大学向明友教授,东南大学李宵翔教授,四川外国语大学德语系秦建华教授,北京外国语大学日文系施建军教授,社会科学院余中先教授,南京师范大学吕俊、扬州大学周领顺教授、吉林大学崔维权教授,广东外语外贸大学党委书记、校长徐真华教授,解放军国际关系学院蔡金亭教授,同济大学张德禄教授,复旦大学姜宏教授,杭州师范大学殷企平教授,法国Marie Demeilliez教授,澳大利亚著名学者Wenche Ommundsen,日本帝京大学文学院长安达义弘教授,吉林大学外国语学院日语系于长敏教授,美国哈佛大学Leo Damrosch教授,福建师范大学刘亚猛教授,北京大学澳大利亚研究中心FASIC负责人Greg McCarthy教授,国际著名语言与符号学家Susan Petrilli和Augusto Ponzio教授,北京外国语大学高级翻译学院姚斌和卢信朝博士、美国Cornell大学George Hutchinson教授、厄瓜多尔驻上海总领事Karina Morales女士等专家学者来院讲学。

学院继续支持各专业外出交流,多位教师出国参加学术会议。

四、学院重大事项

(1) 参与教育部第四轮学科评估。

(2) 参与"十三五"省重点学科申报并成功入选。

(3) 参与江苏省重点专业(英语)的中期验收和部分本科专业(英语和西班牙语)的校内评估。

(蒋莲艳)

金螳螂建筑学院

一、学院概况

苏州大学金螳螂建筑学院坐落在风景秀丽的独墅湖畔,秉承"江南古典园林意蕴、苏州香山匠人精神",肩负延续中国现代建筑教育发端的历史使命。

学院前身是创建于2005年5月的苏州大学城市科学学院。2007年年底,为深化高等教育体制改革,苏州大学与苏州金螳螂建筑装饰股份有限公司合作共建苏州大学金螳螂建筑学院(公办性质不变),成为我国现代高等教育校企合作培养设计类人才的典范。学院院名由中国科学院和中国工程院院士吴良镛先生亲笔题写。

学院设有建筑学(含室内设计方向)、城乡规划、风景园林(含植物应用与设计方向)、历史建筑保护工程4个本科专业,设有1个二级学科博士点(建筑与城市环境设计及其理论)、2个一级学科硕士点(建筑学、风景园林学)、1个二级学科硕士点(城乡规划与环境设计)、1个专业学位硕士点(风景园林),另在艺术设计(专业学位)硕士点下设有建筑与城市专业设计研究方向。

学院现有在校全日制本科生650多名,研究生近150名。有教职工81名,63名专任教师中具有博士学位或博士在读的教师44名,占69.8%;有国外工作、学习经历的教师33名,占52.4%;有高级职称的教师31名,占49.2%。

学院的发展定位和目标:以工科为基础,以建筑类为主导,以设计为特色,各专业协调发展;通过差异化的发展道路和"产、学、研"齐头并进的发展模式,发展成为国际化、职业化的高水平设计学院。

二、教学工作

1. 本科生教学工作

在2016年全国高等学校建筑设计优秀教案和优秀作业评选中,获评优秀教案1项,2份学生作业获评全国优秀作业。在2016年全国高等学校城乡规划学科专业指导委员会主办的城乡社会综合实践调研报告评优中,学生获1项佳作奖。学生参加由国际建筑学会和亚洲太平洋地区人居环境学会主办的2016发展中国家建筑设计大展获银奖1项。学生参加全国高等学校风景园林学科专业指导委员会主办的第七届城市与景观U+L新思维国际学术研讨会全国大学生概念设计竞赛佳作奖1项。在2016创基金4×4(四校四导师)建筑与人居环境"美丽乡村设计"暨中国建筑装饰卓越人才计划奖终期评选中,获1个三等奖、3个佳作奖。学生在"中国吴江·旗袍小镇国际建筑师设计大赛"中获一、二、三等奖各一名。

教师编著教材2本,2人获苏大交行教学奖,1人获建行奖教金(学术支撑类),1人获建行管理奖,1人获校级青年教师课堂教学竞赛二等奖。新增三门2016-3I教改课程微课程立项。5 篇毕业设计(论文)获评校优秀毕业设计(论文),1 个毕业设计小组获评校优秀毕业设计团队,2 名教师获评校毕业设计(论文)优秀指导教师(含外聘教师 1 名),1 篇毕业设计(论文)经学校推荐参加江苏省 2016 年普通高校本专科优秀毕业设计(论文)评选。学院获大学生创新计划 6 项立项:国家级 1 项,省级 2 项,校级 3 项。1 人入选篯政学者项目。2016 年新专业历史建筑保护工程完成首次招生。

2. 研究生教学工作

"景观设计理论前沿"课程获"2016 年度江苏省优秀研究生课程"立项资助;1 名 2013 级硕士毕业生到台湾科技大学攻读博士学位;2 名 2015 级硕士研究生到台湾台北大学公费留学半年;获博士研究生创新计划省立项目 1 项;获硕士研究生创新计划省立项目(含校助)4 项;在全国高等学校风景园林专指委主办的第 7 届城市与景观"U+L 新思维"国际学术研讨会暨"博克·远景"杯全国大学生概念设计竞赛中,获二等奖、佳作奖各一次。

三、科学研究与学术交流

1. 科研项目及成果

纵向科研项目情况:新增国家自然科学基金项目 2 项,省科技厅项目 1 项,住建部项目 4 项,全国高校古籍整理项目 1 项,国家文物局项目 1 项,各类市厅级项目 12 项。

横向科研课题情况:新增横向课题 8 项,新增到账经费 131.05 万元。

2015 年三大检索收录论文 8 篇;出版著作 5 部,参编著作 2 部,参编教材 2 部;发表各类论文 58 篇。2016 年第 15 届威尼斯国际建筑双年展入选作品 1 项;获上海市建材行业技术革新奖一等奖 1 项(第二单位)。

2. 国内外学术交流情况

学术讲座常态进行。2016 年 3 月 9 日至 12 月 28 日,"信义讲堂"在学术交流中心成功举办了 44 场高水平学术讲座。演讲嘉宾分别来自同济大学、清华大学、东南大学、新加坡国立大学、英国卡迪夫大学等国内外知名高校及海内外多个顶级研究机构、设计院和事务所,他们多为国内外建筑、规划、风景园林、历史建筑与保护等学科领域有卓越成就和广泛影响力的知名人士。直接听众达 4 500 人次。44 场学术报告作为第二课堂辅助第一课堂的教学,与教学大纲密切结合,与课程计划紧密关联,紧跟学科前沿知识,切合行业最新动态,对巩固和深化第一课堂教学、拓宽学生知识面起到了显著的促进作用,并在业界取得了良好口碑和巨大影响。

国际合作顺利开展。2016 年 7 月,学院与美国波士顿建筑学院正式签署了初步合作意向书,两校间学生与教师的互换交流项目顺利推进。10 月,学院聘请新加坡国立大学设计与环境学院建筑系博士生导师刘少瑜教授为学院客座教授,两校间合作协议即将签订。

园林年会成功召开。2016 年 11 月 12 日—13 日,由中国风景园林学会理论与历史专业委员会主办、学院承办的"乡建·乡境:理论与历史研究"研讨会暨 2016 中国风景园林学会理论与历史专委会年会在学院召开。本次会议大大提升了学院风景园林学的学术影响力,成果丰硕。

四、学院重大事项

2016 年 1 月,学院召开二届三次教职工大会,研究制定"十三五"发展规划。

2016年5月,学院党委"两学一做"学习教育全面启动。
2016年6月,学院行政领导班子换届。
2016年6月,金螳螂公司再捐1 500万元,设立"苏大金螳螂建筑学院教育发展基金"。
2016年7月,学院党委换届。

(陈　星)

数学科学学院

一、学院概况

苏州大学数学科学学院有着辉煌而悠久的历史,其前身是 Soochow University(东吴大学堂,1900 年创办),1928 年东吴大学文理学院设立数学系。"华罗庚数学奖"获得者姜礼尚教授,华人第一位国际组合数学终身成就奖——"欧拉奖"获得者朱烈教授,全国首批 18 位博士之一、全国优秀教师称号获得者谢惠民教授,国内一般拓扑学研究先驱之一的高国士教授等知名教授都是苏大数科院的荣耀。学院一贯治学严谨,精心育人,至今走出了中科院院士 1 名,中组部"千人计划"入选者 2 名,长江学者特聘教授 2 名,国家杰青 6 名,国家优青 2 名。为江苏培养了一大批中学数学特级教师和教授级高级教师、中小学名校校长、优秀企业家和金融精英。

学院目前拥有 2 个一级学科,数学一级学科博、硕士学位授予点下设基础数学、应用数学、计算数学、概率论与数理统计、运筹学与控制论、数学教育 6 个二级学科博、硕士点,统计学一级学科博、硕士学位授予点下设数理统计、应用概率、金融风险管理、生物统计、经济统计 5 个二级学科博、硕士点;学院还有应用统计、金融工程、学科教育(数学)3 个专业硕士学位点;设有数学和统计学博士后流动站以及全国省属高校中唯一的国家理科基础科学研究和教学人才培养基地(数学);数学、统计学均为江苏省一级重点学科;数学与应用数学为国家"211"重点建设学科。

学院设有数学研究所、应用数学研究所、高等统计与计量经济中心、金融工程研究中心、设计与编码研究中心、系统生物学研究中心、数学与交叉科学研究中心等 7 个研究机构。

学院现有教职工 134 人,其中专任教师 114 人,教授 32 人(含博士生导师 20 人),副教授 54 人。专任教师中有 75 人具有博士学位。现有国家级教学名师奖获得者 1 人,国家自然科学杰出青年基金获得者 1 人,国家自然科学优秀青年基金获得者 1 人,国家"青年千人计划"入选者 1 人,全国优秀教师 2 人,国家级有突出贡献的中青年专家 3 人,享受国务院政府特殊津贴者 8 人,教育部新世纪优秀人才 2 人,江苏省教学名师 1 人,江苏省"333 工程"学术带头人 4 人,省级有突出贡献的中青年专家 2 人,江苏省"青蓝工程"学术带头人 1 人,江苏省"青蓝工程"骨干教师 4 人,江苏省普通高校优秀青年骨干教师 4 人。

学院下设数学与应用数学(基地、师范)、信息与计算科学、金融数学、统计学 4 个本科专业。"数学基础课程群教学团队"被评为国家级教学团队建设点;"数学与应用数学专业"被教育部批准为"第六批高等学校特色专业建设点"并被认定为江苏省品牌专业;数学类专业获评"十二五"江苏省高等学校重点专业;"数学分析与习题课"被评为国家级和省级精品课程建设点;"高等代数"和"抽象代数"被评为江苏省精品课程。目前有全日制在校硕、博士研究生 200 多人,教育硕士 100 多人,本科生近千人。

自2009年参加第一届全国大学生数学竞赛起,累计获得全国总决赛一等奖2人次,二等奖7人次,三等奖1人次。2016年3月,1位同学获得了第七届全国大学生数学竞赛第一名的好成绩。在美国大学生数学建模、国家大学生创新性试验计划、国家基础科学人才培养基金项目、筹政学者等课外科技学术活动中学院学生屡获佳绩。

近年来学院科研成果令人瞩目,先后承担了国家"攀登计划"项目、国家"973"攻关项目、国家自然科学基金重点项目、国家自然科学基金项目、教育部博士点基金项目等一大批科研项目。教师每年在国际、国内权威期刊发表高质量论文100多篇。在组合设计、常微与动力系统、代数、微分几何、函数论、拓扑学等方面的科学研究处于国际知名、国内一流水平。在 Annals of Statistics、Journal of the American Statistical Association 等数学统计顶级期刊上发表多篇高水平论文。科研成果获省部级科技进步奖达10余项。

二、教学工作

1. 本科生教学工作

2016年,学院以课程建设与改革为核心,进一步推进本科教学质量工程建设,深化本科人才培养模式的创新。通过健全制度建设、确立课程负责人、完善排课程序、优化过程化考核、严格阅卷程序和成绩管理来提升教学质量;通过积极开展教师培训、名师论坛,完善本科生导师、学业班主任和助教制度,提升教书育人水平;通过组织建模培训、数学竞赛辅导、筹政学者申报、大学生创新性实验计划申报等确立以科创引领学风的理念,扩大科创活动的覆盖面,提高学生参与率,为高水平人才培养营造气候、培植土壤,提升学生的专业竞赛和科研创新水平。为确保学生培养与社会需要结合,学院积极组织各专业进行专业发展研讨,认真优化人才培养方案,加强各专业核心课程建设和实践基地建设。

学院以江苏省品牌专业"数学与应用数学"建设为契机,积极组织教师参加学校微课、慕课以及翻转课堂等信息化教学方面的尝试,共开设3门本科新生研讨课,录播课程3门,申报建设在线慕课4门,过程化考核课程6门。获得校级教材培育项目1项,拟推荐申报省级重点教材1部,教改项目在研2项,获苏州大学教学成果奖一等奖1项,获苏州大学交行教学个人奖1项。

通过组织召开学科建设研讨会,进一步明确学科建设思路,厘清规划和举措。在数学学科获评江苏省重点序列学科的基础上,积极做好"十三五"省一级重点学科申报准备、省高校优势学科二期项目和省重点学科的建设与管理工作。2016年,"统计学"又被评为江苏省重点学科。

2. 研究生教学工作

学院重视研究生培养质量,通过系列举措完成研究生教育改革创新,在招生模式、培养过程、民主管理上都狠抓规范,获得了良好的效果:2支队伍获全国研究生数学建模竞赛二等奖,2支队伍获全国研究生数学建模竞赛三等奖;9人获得江苏省科研创新计划资助;5人获得苏州大学研究生参加国际学术会议资助;2016年研究生总就业率95.77%,在全校38家研究生培养单位中名列前茅。

2016年7月,与浙江大学数学科学学院共同承担举办了2016全国"基础数学"研究生暑期学校,该项目由国家自然科学基金委数学天元专项资金资助,来自全国各高校的100多名研究生参加了该项目。

三、科研工作与学术交流

1. 科研项目及成果

2016年学院共获批国家自然科学基金14项,其中重点项目1项,面上项目8项,青年基金项目4项,天元基金专项1项;获得江苏省自然科学基金青年项目1项,江苏省高校自然科学研究基金2项。2016年获批基金项目数列全国高校数学类第八。全年共获批纵向基金800余万元。学院教师全年累计发表SCI论文70余篇。

2. 国内外学术交流情况

邀请了国内外专家90余人次(其中院士2名、杰青4名、中组部"千人计划"教授3名、国家级教学名师4名)来院做学术报告。举办了共计十余场次国际、国内高水平学术研讨会。通过营造浓郁的学术科研氛围,极大地开阔教师的学术视野,激发学术灵感。

四、学院重大事项

5月21至22日,"聚焦数学核心素养学术研讨会"暨"2016年全国数学教育研究生论坛"成功召开。

6月16日,学院孟珍同学、彭晓蓓老师分别荣获2015年"江苏省大学生年度人物"称号及"江苏高校辅导员年度人物"入围奖。

6月15日至18日,"第二届国际分子生物学及电生理学的数学建模及模拟研讨会"在学院召开。

7月13日至8月11日,学院成功承办2016年全国"基础数学"研究生暑期学校。

12月1日,加拿大Maplesoft公司与苏州大学数学科学学院共建"Maple联合实验室"的合作签约仪式暨揭牌仪式在学校本部精正楼三楼会议室举行。

(金 贤)

物理与光电·能源学部

一、学部概况

物理与光电·能源学部坐落于风景秀丽的天赐庄校区。学部前身为东吴大学物理系,创建于1914年,是学校历史最为悠久的院系之一。学部现有物理科学与技术学院、光电信息科学与工程学院、能源学院、高技术产业研究院、现代光学技术研究所、信息光学工程研究所和化学电源研究所等学院和学术机构,学校软凝聚态物理及交叉研究中心挂靠学部。学部拥有省部级重点实验室5个、省部级工程研究中心2个、国家及省部级公共服务平台5个、国家级检验检测中心2个、国家级标准委员会2个、国家地方联合工程中心1个。现有在校研究生400多名,本科生1 000多名;教职工265名,其中院士2名,中组部"千人计划"入选者1名,长江学者1名,杰青2名,优青5名,青年千人9名,青年"973"首席专家1名,教育部优秀人才2名,江苏省双创人才6名,江苏省特聘教授4名。全体教职工中具有高级职称的有164名,具有博士学位的有170名。

根据基本科学指标数据(Essential Science Indicator, ESI)分析,学校的物理学学科已跻身全球前1%。英国自然出版集团发布的2015年度自然指数(Nature Index)统计显示,物理学科在全国各大科研机构与高校中排名第11位,在亚太地区各大科研机构与高校中排名第32位。学部先后承接了国家"973"和"863"项目、国家重点科技专项、原总装备部基金项目、教育部基金项目、国家和江苏省自然科学基金项目等一大批科研项目,年度科研经费达6 000多万元。近三年来,学部教师分别在 *Physical Review Letters*、*Nature Materials*、*Nature Communications*、*Advanced Materials* 等国际SCI学术期刊发表论文600余篇。

学部拥有国家特色专业物理学,江苏省特色专业光信息科学与技术,国家级精品课程"普通物理学",江苏省高等学校精品课程"大学物理实验",江苏省高校英文授课精品课程"普通物理学",国家级双语教学示范课程"电磁学",国家级实验教学示范中心物理实验教学中心,国家级教学团队基础物理(实验)教学团队。

二、教学工作

1. 本科生教学工作

(1) 充分发挥学部教学委员会和学部教学督导作用。组织安排学部教学委员会委员和教学督导开展期中课堂听课和评课活动以及期中学生座谈会,2016年度重点听实验课,有力促进实验课堂教学。结合专业认证,重点关注专业培养目标同学校发展目标的契合度、毕业要求同专业培养目标的关系,以及课程设置同毕业要求的相关度等,在这些方面做重点修订。

(2) 继续推进物理学国际班的教学工作,加强对教学过程进行监管、监控;召开教学助理和物理学国际班专业教师的专题座谈会,推进国际班教学,并取得显著成绩。同时积极做好学部与文正学院新能源科学与工程专业培养方案的修订工作。

(3) 重视教学实验室建设和实习基地建设。加强大学物理国家级实验示范中心建设的宣传力度。投入专项经费改善物理学专业实验室、演示实验室,光信息、电子和测控、新能源材料与器件、计算机房等实验室建设。同时,正在建设物理学国际班实验室,提升实验教学工作水平。加强各专业实践实习基地建设,完善合作协议,目前已签订合作协议15份。

(4) 扎实推进本科教学各项工作,启动2016年苏州大学审核式评估自评工作。2016年度,启动3个学院的审核式评估自评报告,并形成学部的审核式评估报告,为2017年苏州大学本科教学审核评估取得优良效果做好各项准备。

(5) 充分利用教学经费和优秀师资,做好学部课程建设与改革工作。推进本科教材、教改课题、3I课程等建设工作。同时制定相关政策激励教师投身本科教学。2016年度启动自编教材培育项目5项、教学成果培育项目2项和教学改革培育项目1项。

2. 研究生教学工作

2016年,学部新增特聘博士生指导教师5人,其中含外籍教授2人,进一步扩大了学部研究生导师队伍,为研究生教育的发展创造了条件。对新增指导教师开展上岗培训,明确导师在研究生的学习指导、思想教育、生活指导等方面的责任,明确培养程序,强化科学道德与学风建设,进一步增强研究生导师责任意识。

学部积极组织和动员教师和研究生申报各类奖项,同时加强学术交流,重视教育国际化,促进研究生对外学术交流,2016年共有4位同学成功入选"2016年国家建设高水平大学公派研究生项目"。研究生参加国际学术会议约40人次,短期海外研修15人次。

学部鼓励研究生积极投身科研工作。2016年,学部共发表高水平论文265篇,其中有研究生署名的246篇,研究生为第一作者的187篇。共申请专利87项,有研究生署名的78项,其中研究生参与申请发明专利授权16项。研究生参与的省部级以上课题有96项,其中由研究生主持的省级以上项目10项。

三、科研项目及成果

积极组织学部科研人员申报国家、省部各级各类科研项目。2016年共获国家自然科学基金30项(资助1 564万元):优秀青年科学基金项目1项,面上项目19项,青年基金项目7项,联合基金项目1项,应急管理项目2项,学部申报成功率为43.4%;获江苏省基础研究计划(自然基金)项目11项(获得资助290万元):江苏省杰青项目1项,面上项目4项,青年项目5项,产学研项目1项;获市厅级项目8项(获得资助109万元)。新增军口项目46项,合同经费2 300万元。2016年,发表各类论文356篇,其中三大检索收录296篇;授权专利97项,其中发明专利61项,美国专利1项;申请专利87项,其中PCT专利4项,发明专利56项;专利转让4项(40万元)。2016年度学部获得教育部科技进步奖二等奖1项,江苏省高校科学技术研究优秀成果奖三等奖2项,江苏青年光学科技奖1项,中国专利优秀奖1项,首届江苏省专利发明人奖1项。

四、学部重大事项

(1) 2016年3月10日,中共苏州大学委员会任命吴雪梅同志为物理与光电·能源学部党工委书记。

（2）2016年3月25日，学校聘任王海波同志为物理与光电·能源学部副主任（化学电源研究所所长），试用期一年。

（3）2016年4月13日，中共苏州大学委员会任命陈建军同志为物理与光电·能源学部光电信息科学与工程学院党委书记，试用期一年。

（4）2016年4月13日，学校聘任陈建军同志为物理与光电·能源学部副主任。

（5）2016年4月28日，中共苏州大学委员会任命孙德芬同志为物理与光电·能源学部物理科学与技术学院党委书记，免去吴雪梅同志物理与光电·能源学部物理科学与技术学院党委书记职务，免去孙德芬同志物理与光电·能源学部光电信息科学与工程学院党委书记职务。

（6）2016年5月30日，王卓君书记为学部党员上"两学一做"专题党课。

（7）2016年6月12日，熊思东校长赴物理与光电·能源学部调研。

（8）2016年6月23日，学校聘任马余强同志为张家港工业技术研究院院长（兼）。

（朱利平）

材料与化学化工学部

一、学部概况

材料与化学化工学部由苏州大学原化学化工学院和原材料工程学院的材料学科合并组建而成。原化学化工学院历史悠久，源远流长，其前身是创建于1914年的东吴大学化学系，它的创始人是东吴大学第一位理科教师、美国生物学家祁天锡教授（美国范德比尔特大学硕士研究生毕业）和东吴大学第一位化学教师、美国化学家龚士博士（1913年来自美国范德比尔特大学）。1917年，龚士博士指导的两名研究生获得化学硕士学位，他们是中国高校授予硕士学位的第一批研究生。材料学科有近40年办学历史，目前已成为国内重要的材料科学研究和人才培养基地之一。

学部涵盖化学、材料科学与工程、化学工程与技术3个一级学科，拥有化学、材料科学与工程、化学工程与技术3个博士后流动站，化学、材料科学与工程2个一级学科博士点以及应用化学二级学科博士点授予权。设有化学、化学工程与工艺、应用化学、化学教育、环境工程、无机非金属材料与工程、材料科学与工程、高分子材料与工程、材料化学、功能材料等10个本科专业。目前在校本科生、研究生约2 500人。

学部下设化学学院、材料科学与工程学院、化工与环境工程学院和实验教学中心、测试中心。化学学院下设无机化学系、有机化学系、分析化学系、物理化学系、公共化学与教育系；材料科学与工程学院下设高分子科学与工程系、材料科学与工程系。学部现有在职教职员工240余人，其中中国科学院院士1人，新西兰皇家科学院院士、澳大利亚工程院院士1人，教育部"长江学者"特聘教授1人，国家杰出青年科学基金获得者5人，国家优秀青年科学基金获得者3人，中组部"千人计划"特聘教授1人，"青年千人计划"入选者10人，国家"百千万人才工程"入选者2人，"万人计划"科技创新领军人才1人，其他省部级人才20余人，同时还聘请了包括诺贝尔奖获得者在内的30余位外籍名誉教授和讲客座教授。

学部学科平台建设成绩斐然，绿色化学与化工过程、材料科学与技术是江苏高校优势学科建设项目。化学专业是"211"工程"十五""十一五""十二五"重点支持学科，为江苏省"十二五"高等学校重点建设专业，"高分子材料与工程"入选教育部"卓越工程师"计划，化学实验教学中心为江苏省实验示范中心。

学部科研条件优越，拥有新型功能高分子材料国家地方联合工程实验室、环保功能吸附材料制备技术国家地方联合工程实验室、智能纳米环保新材料及检测技术国际联合研究中心、江苏省有机合成重点实验室、江苏省先进功能高分子材料设计及应用重点实验室、江苏省新型高分子功能材料工程实验室、江苏省水处理新材料与污水资源化工程实验室及其他20余个省、市、校级重点实验室。

二、教学工作

1. 本科生教学工作

学部加强组织和引导,推动教学改革。"国际化引领下化学类创新人才培养的研究与实践"获苏州大学教学成果一等奖。江苏省"十二五"重点建设专业——化学专业顺利通过专家组的现场验收,高分子科学与工程专业申请工程教育专业认证获得受理,迈出学部工科专业工程教育认证的重要一步。

进一步加强本科教学质量建设工程,提高本科生培养质量。全面梳理和修订了本科生培养方案。1门课程获批江苏高校省级外国留学生英文授课精品课程,2门课程被遴选为新生研讨课,2门课程获全英文教学示范课程立项,2门课程获选为苏州大学全英文教学示范课程,《仪器分析》实验实现了网络化教学。2本教材获批苏州大学教材培育项目,其中1本为重点推荐教材。

以大学生科研训练项目为抓手,着力提高本科生的科研兴趣和水平。学部有3名本科生被遴选为2016年"笃政学者"。获得国家级大学生创新创业训练计划项目3项,省级项目5项,校级项目10项。获得2016年"创青春"全国大学生创业大赛MBA专项赛银奖1项。在第四届江苏省大学生化学化工实验竞赛中获一等奖2名、二等奖1名、三等奖2名、竞赛奖1名,取得参赛以来的最好成绩。在首届江苏省普通高等学校大学生"安莱立思"杯水处理实验邀请赛中获得特等奖、一等奖和二等奖各1项。

2. 研究生教学工作

学部高度重视研究生的生源质量,周密部署招生宣传,重点突破"985"高校生源。2016年学部共招收博士研究生45人,其中硕博连读生34人;共招收硕士研究生270人、专业学位硕士42人,其中推免生18人,12人来自"985"高校。

以学以致用为目标,启动了新一轮培养方案修订工作,推出了模块化的培养方案和课程计划。在保证培养质量的前提下,研究生毕业率、学位率和就业率稳步提升。2016年共毕业硕士研究生208人,首次学位获得率达82.2%;毕业博士研究生38人,首次学位获得率达97%;毕业专业学位硕士研究生32人;补授硕士学位22人,补授博士学位1人。2016年研究生就业率达到95.9%。

2016年材化部研究生以第一作者身份发表SCI论文数及参与专利数在全校名列前茅。获江苏省2016年度优秀博士学位论文奖1篇,江苏省2016年度优秀硕士学位论文奖2篇,18名研究生获得2016年度"江苏省研究生培养创新工程"立项,其中3名博士、1名硕士获省立省助。研究生参与国家级科研项目数达30余项。国家博士论文抽检合格率达100%。学部申报的"江苏省研究生教育教学改革研究与实践课题"获得重点课题资助。

2016年8位企业家被聘为江苏省产业教授,5位企业家申报江苏省第四批产业教授。4家企业获批"江苏省研究生工作站",为进一步深化产学研合作、提高研究生培养质量做出贡献。

三、科研工作与学术交流

截至2016年年底,化学学科在全世界入选ESI排名1%的1 159个研究单位中列130位,材料学科在全世界入选ESI排名1%的776个研究单位中列93位。*Nature Index*最新排名,化学位列世界第 28 名、国内第 10 名。通过进一步推动学科排名提升,利用学校近年来快速发展的有利条件,鼓励师生积极参与科研项目,并制定成果奖励倾斜政策,凝聚学部全面力量,争取早日实现化学、材料学科进入 ESI 排名千分之一。

1. 科研项目及成果

2016 年学部获批国家发改委"环保功能吸附材料制备技术国家地方联合工程实验室(江苏)",国家科学技术部"智能纳米环保新材料及检测技术国际联合研究中心",中国石油和化学工业联合会"石油和化工行业颗粒技术工程实验室"。

2016 年共发表 SCI 论文 520 余篇,其中在 *Science*、*JACS*、*Angew. Chem. Int. Ed.*、*Adv. Mater.* 等 TOP 期刊发表高水平论文 15 篇,一区论文 130 篇。黄小青教授课题组在国际顶尖期刊 *Science* 上发表科研论文,这是学部在科研成果方面取得的重大突破。李永舫院士入选美国汤森路透集团全球"2016 高被引材料与化学科学家名单"。郎建平、钟志远、封心建等教授入选爱思唯尔中国高被引学者榜单。

2016 年度学部共获批国家自然科学基金 30 项(其中重点项目 1 项,面上项目 20 项,青年基金 9 项),科技部重点研发计划项目课题 2 项,江苏省科技厅项目 10 项(其中省杰青项目 1 项,省优青项目 1 项),江苏省高校自然科学基金项目及苏州市科技计划项目 8 项,总经费达 2 280 多万元。申请专利 124 项,授权专利 91 项,专利转化 11 件。获第十八届中国专利优秀奖 1 项。到账横向及专利转化总经费 790 万,军工项目经费 395 万。校企共建科研平台 1 家。

2. 国内外学术交流情况

学部承办了第四届新型高分子材料与控制释放国际会议、第五届 AIChE 国际可持续发展科学与工程大会、第一届苏州大学多学科工程建模与仿真研讨会、第七届苏州大学功能配位材料设计论坛等国内外学术交流会议近 10 次,组织了 130 余场学术报告,加大了科研前沿信息的交流力度,营造了良好的学术氛围。

学部聘任了美国得克萨斯大学埃尔帕索分校 Echegoyen 教授为苏州大学讲座教授。与美国 Akron 大学续签了本科生"3+2"项目的 5 年培养协议,与韩国大邱大学签署了联合培养研究生项目协议。有 52 名教师出国进修或开展学术交流,邀请了 60 余位外籍教授来访。有 13 名研究生和 8 名本科生分别通过交流项目前往美国、新加坡、日本等国高校学习,获学校资助短期出国(境)交流的有 35 人,其中有 20 人获得省级或校级奖学金。14 名外籍学生前来学部进行短期交流学习。

四、学部重大事项

(1) 2016 年 4 月,学部平稳有序地完成了行政领导班子换届。

(2) 2016 年 7 月,学部党委完成了换届工作。

(3) 2016 年 1 月,学部正式获批国家发改委"环保功能吸附材料制备技术国家地方联合工程实验室(江苏)"。该工程实验室围绕环保功能吸附材料的合成与技术、材料规模化生产的过程控制与优化以及成套设备的研发等方向进行关键技术突破,推动新型环保功能吸附材料的研究和在水污染治理中的应用。完善产学研合作机制,为提升地方自主创新能力发挥引领示范作用。

(4) 2016 年 11 月,学部获批国家科学技术部"智能纳米环保新材料及检测技术国际联合研究中心"。该研究中心采用项目、人才、基地相结合的国际科技合作模式,汇聚包括诺贝尔化学奖获得者 Barry Sharpless 教授在内的国际知名科学家,从材料源头分子设计出发,以材料的智能化、纳米结构化为目标,重点研发智能型环境吸附材料、微纳结构材料、生物医用材料及功能材料表面精准修饰等。

(5) 2016 年 11 月,学部获批中国石油和化学工业联合会"石油和化工行业颗粒技术工程实验室"。该实验室围绕颗粒科学与工程,积极开拓包括绿色化工、仿生化工、跨学科多尺度系统工程以及新概念化工等在内的研究新方向,偏重于应用,旨在创造性地为社会服务。

(6) 2016 年 12 月,学部黄小青教授课题组在国际顶尖期刊 *Science* 上发表科研论文。这是材料与化学化工学部首次在 *Science* 这一国际顶级学术期刊上发表自然科学类学术论文。

(蔡 琪)

纳米科学技术学院

一、学院概况

纳米科学技术学院成立于2010年12月,是苏州大学、苏州工业园区政府和加拿大滑铁卢大学携手共建的一所高起点、国际化的新型学院,坐落于风景秀美、设施一流的苏州大学独墅湖校区。2011年10月,学院成功获批为教育部首批设立的17所国家"试点学院"之一,成为我国高等教育改革特区之一。

纳米科学技术学院是根据国家产业转型升级和苏州工业园区大力发展纳米产业的需求,依托苏州大学功能纳米与软物质研究院(FUNSOM)、材料与化学化工学部等学院(部)雄厚的科研和师资力量组建的国内第一家以培养纳米专业人才为主要目标的学院。目前,学院和2008年成立的苏州大学功能纳米与软物质研究院、2011年成立的苏州大学—滑铁卢大学纳米技术联合研究院构建了教学、科研、产业化"三位一体"的组织架构,为集聚人才、科技、产业等多方面的资源提供了有利条件,形成了从本科生、硕士研究生、博士研究生至博士后的全系列纳米专业人才培养体系。学院现有学生847名,其中本科生421名,硕士研究生340名,博士研究生86名。

学院由世界著名纳米与光电子材料学家、中国科学院院士、发展中国家科学院院士李述汤教授担任院长,由加拿大皇家科学院院士、滑铁卢大学纳米技术研究院执行院长亚瑟·卡堤(Dr. Arthur Carty)担任名誉院长。同时,学院凝聚了一支学术声望高、专业理论水平扎实、实践教学经验丰富的精英师资队伍。学院现有教职工99人,其中特聘教授28人、特聘副教授5人、教授5人、副教授12人、副研究员1人、英语语言中心外籍教师5人。在这支队伍中,有中科院院士1人、中组部"千人计划"入选者2人、"青年千人计划"入选者10人、教育部"长江学者奖励计划"特聘教授1人、国家自然科学基金委"杰出青年"基金获得者3人、国家自然科学基金委"优秀青年"基金获得者10人、科技部"中青年科技创新领军人才"3人、人保部"高层次留学人才回国资助对象"2人、教育部高等学校科学研究优秀成果奖二等奖获得者1人、中国化学会青年化学奖获得者2人、"863计划"首席科学家2人、青年"973计划"首席科学家2人、国家重点研发计划重点专项项目负责人2人、国家重点研发计划重点专项课题负责人3人、科技部创新人才推进计划重点领域创新团队1个等。此外,学院组建了阵容强大的学术支撑团队。学术委员会专家由20人组成,其中17人为院士。同时还聘请了国内外30余名著名学者担任学院的名誉教授、国际顾问、讲座教授或客座教授。

二、教学工作

1. 本科生教学工作

学院围绕"具有创新思维能力、具备学科交叉优势、拥有国际化视野"的创新人才培养理念,建立了以个性化培养为导向的学段贯通、学科交叉融合的人才培养机制,建成了以全球视野协同办学的国际资源融合平台,形成了纳米专业创新人才的"三融合"(教科融合、学科融合、国际融合)培养模式,探索出一条适应国家战略性新兴产业相关工科专业创新人才培养的有效路径。

(1)教师发展与教学团队建设:学院采用与国际接轨的薪酬标准,实行"一人一价""按水平定薪"的年薪制。同时,积极鼓励本专业教师到国外名校进修、讲学,邀请国际著名的学者来院讲学,聘请国际知名教师为兼职讲(客)座教授。2016年引进1位特聘副教授(Vincenzo Pecunia)、1位副教授(熊世云)、1位副研究员(袁建宇)。这几位教师都是具有海外背景的博士。100%正高职称教师每学年为本科生授课不少于36学时。

(2)课程资源和教材建设:开启特色课程的网站建设,逐步实现教学的线上线下互动。加强教学成果激励力度,组织成立教学资源建设团队,鼓励并组织全院教师积极参与课程资源与教材的建设。2016年新增国家级精品视频公开课1门,江苏省高等学校重点教材立项项目1项,苏州大学通识教育课程改革项目1项,苏州大学教材培育项目2项,苏州大学第十四届青年教师课堂教学竞赛奖获得者1名,苏州大学2016届本科毕业设计(论文)优秀指导教师1名,全日制普通本科招生宣传优秀个人1名。

(3)实验实训条件建设:依托苏州纳米科技协同创新中心拓展校外实习/实训基地,增设重点实习基地。增设优秀的青年教师为本科生进行分方向的实习/实训指导。将数字化实验教学互动系统引进纳米材料与技术实验教学中心,建成多功能互动实验教学平台。聘请科技领域的高新技术企业负责人为本科生的"企业导师"。目前,学院已与方晟、雷泰医疗、星烁纳米、华威特、华泽、百益倍肯等苏州地区的高科技发展有限公司建立了良好的协作关系,上述几家公司已成为学院长期稳定的实习单位。

(4)学生创新创业训练:以研究性学习为导向,建立学生科研学业奖学金、教师教改激励机制,及时将优势科研资源以新课程、新项目等形式引入培养方案转化为优质教学资源。实行师生双向选择、学段贯通的本科生全程导师制,教授全员参与教学,将科技前沿和创新训练融入教学。建立国家级、省级、校级和院级"四级"创新训练体系,实现全部本科生都有教授导师、全部本科生都参与项目实践、全部科研仪器都向本科生开放,全面提升学生的创新思维和实践能力。2016年,获批国家级、省级大学生创新创业训练计划项目4项;箬政学者项目3项;校级各类项目35项;数学、英语等其他各类奖项21个;本科生以第一作者发表SCI一区文章1篇。

(5)国内外教学交流合作:通过邀请国际知名教授讲学、参加/承办国际会议、科研合作、共建实验室以及互派学生的方式来提升学院的国际影响力。学院建成多方协同的4个国际联合实验室,实现优质教育资源的积聚共享;建设国际化教师队伍,教师全部拥有海外学术经历;构建国际化课程体系,英语语言中心独立教学,使用英文原版教材,专业课实行全英文教学;通过与滑铁卢大学、洪堡大学等国外名校开展"2+2"本科、"3+1+1"本硕连读和CO-OP学生互访等联合培养项目,有效提升学生的国际化视野和交往能力。2016年,共选派51名本科生参加与加拿大滑铁卢大学等国外高校共同开展的国际交流项目,以及英国剑桥大学、美国斯坦福大学等高校的暑期研修项目。毕业生中具有海外研修经历的学生比例达到55%。

(6)教育教学研究改革方面:通过制定并调整《苏州大学纳米科学技术学院教学教改

绩效计算与分配办法》,鼓励教师积极申报校级、省部级、国家级教学成果奖和教改项目,推动教学改革与教育研究。2016年,获苏州市教育教学成果奖一等奖、苏州大学教学成果奖一等奖。国际顶级学术期刊 Nature 的自然指数特刊于2016年11月17日以"中国高等教育的创新先锋"(Innovative Pioneer of Higher Education in China)为题对本成果进行了专题报道,指出苏州大学纳米专业"三融合"培养创新人才的做法是中国大学探索一流人才培养之道的典型缩影,在国际高等教育界引起了广泛关注。

2. 研究生教学工作

在研究生课程方面,为了配合国家试点学院改革的相关工作,2016年研究院进一步完善跨学科的培养方案,并与本科生教学实行了课程共享、学分互认新举措,从而提高整体学院学生培养的综合水平。

研究生科研成果不断,学院研究生在导师的指导下,2016年度,以第一作者身份发表SCI论文208篇,一区论文120篇,影响因子大于10的论文55篇,研究生参与的获批授权发明专利10项。2016年学院有6名博士生、9名硕士生获得了研究生国家奖学金,2名博士生获评江苏省优秀博士学位论文。2名研究生获得了省立省助的"江苏省研究生创新工程项目",7名研究生获得了省立校助的"江苏省研究生创新工程项目"。学院研究生陈倩同学荣获了共青团中央"中国电信奖学金·天翼奖"。

为激励和培养优秀学生,学院继续推进"优博论文培养计划",2016年度共有4名博士生获得该计划的支持。

学院特别重视对学生国际化视野的扩展。2016年度,学院研究生近60人次以国家留学基金资助或以联合培养的方式前往美国、加拿大、我国香港地区等境外的高校攻读博士或进行学术交流。

三、科研工作与学术交流

1. 科研项目及成果

2016年以苏州大学为第一单位共发表SCI论文244篇,一区论文142篇,二区论文77篇,影响因子大于10的论文67篇,其中在国际顶级期刊 Nature Communications 上发表论文3篇,在 Advanced Materials 上发表论文15篇,在 Journal of the American Chemical Society 上发表论文3篇。4人入选"2016年中国高被引用学者名录",2人入选"2016年全球高引用科学家名录"。研究院获批各类纵向科研项目40项,其中国家级项目24项,含国家重点研发计划重点专项2项、课题3项,国家重点研发计划"政府间国际科技创新合作"重点专项2项等。平台建设方面,研究院顺利获批科技部"创新人才推进计划"创新人才培养示范基地、国家高等学校学科创新引智计划("111计划")基地、教育部碳基功能材料与器件国际合作联合实验室。申请专利33项,授权知识产权10项。

2. 国内外学术交流情况

在2016年,学院主承办了5次学术会议,分别是中韩第三届纳米技术研讨会、第四届"有机光电物理"学术研讨会、"同步辐射X射线谱学在能源材料中的应用"学术研讨会、2016华东四校材料青年学者论坛暨第六届江苏省青年科学家年会功能纳米材料分论坛、2016年度国家重点研发计划"战略性先进电子材料"重点专项"高效大面积OLED照明器件制备的关键技术及生产示范"项目启动会。在日常交流方面,学院与加拿大西安大略的同步辐射联合研究中心的工作有了进一步的实质进展,包括启动了苏州大学与西安大略大学间的本科生交流项目,出访学生5人;开展了1次中心成员会议及1次国际学术研讨会;58人次教授互访;资助学生共12人次前往加拿大光源、我国台湾光源等高校或科技机构开展实验或交流学习;此外,中心自主设计的软X射线能源线站已在建设中,预计将在2018年正式投入使用。苏州大学—滑铁卢大学纳米技术联合研究院持续推进产业化工作,第三批双方合作研究项目正在按计划开展。2016年学院与加拿大滑铁卢大学、西安大略大学、魁北克大学国立科学研究院、德国柏林洪堡大学、爱尔兰都柏林圣三一学院的联合培养项目也有了新发展,共接收Co-op本科交流生10人;学院本科生中7人参加"2+2"本科联合培养项目;4人参加"3+1+1"本硕联合培养;17人参加短期交流项目;13人获得教育部留学基金委出国资助项目;7人获江苏省省政府出国资助项目。另有40余人次(学生)参与了各层次的国际会议、短期交流、实验访问等诸多国际交流活动。

四、学院重大事项

2016年1月,苏州纳米科技协同创新中心接受教育部中期绩效评估考察。

2016年2月,康振辉教授课题组、李述汤院士、Yeshayahu Lifshitz教授合作发表的研究成果"碳基高效光解水催化剂"入选"2015年度中国科学十大进展"。

2016年9月,张晓宏教授领衔的"光功能纳米材料创新引智基地"入选国家高等学校学科创新引智计划("111计划")。

2016年11月,"教育部国际合作联合实验室——碳基功能材料与器件国际合作联合实验室"获批立项建设。

2016年12月,纳米科技协同创新中心接受江苏高校协同创新中心绩效评估考察,获评A等。

2016年12月,材料科学领域国际顶级期刊《先进材料》(*Advanced Materials*)以专刊形式报道了苏州纳米科技协同创新中心(NANO-CIC)与苏州大学功能纳米与软物质研究院(FUNSOM)在纳米科技领域取得的杰出科研成果。

(钟 帅)

计算机科学与技术学院

一、学院概况

苏州大学计算机专业开设于1984年,是江苏省高校较早开设的计算机专业之一,1997年成立工学院计算机科学与工程系,2002年正式成立苏州大学计算机科学与技术学院。经过三十多年的建设与发展,学院形成了从本科、硕士到博士的完整高级创新性人才培养体系,已成为长三角区域高级信息技术人才培养的重要基地。

学院现有计算机科学与技术、软件工程2个一级学科博士点,计算机科学与技术、软件工程、管理科学与工程3个一级学科硕士点,计算机技术、软件工程2个专业学位硕士点,计算机科学与技术、软件工程2个博士后流动站,计算机科学与技术、软件工程2个江苏省一级重点学科,计算机信息技术处理江苏省重点实验室,网络空间安全省级工程实验室。学院现设计算机科学与技术(江苏省品牌专业,江苏省重点专业)、软件工程(国家特色专业建设点及教育部"卓越工程师教育培养计划"专业,江苏省重点专业)、网络工程(江苏省重点专业)、物联网工程(江苏省重点专业,国家首批战略性新兴产业相关专业)、信息管理与信息系统、软件工程(嵌入式软件人才培养)6个本科专业。目前,学院共有全日制学生1 700余人,其中本科生1 400余人、硕士研究生280余人、博士研究生31人。

学院现有教职工156人,其中教授26人,副教授55人,博士生导师13人,硕士生导师40余人。教师中有"国家千人计划专家"2人、"国家杰出青年科学基金"获得者1人、"国家级有突出贡献的专家"2人、"国家优秀青年科学基金"获得者1人、江苏省高校教学名师1人、"江苏省杰出青年科学基金"获得者1人,多人次获得江苏省"青蓝工程"学术带头人和"333高层次人才工程"中青年科学技术带头人等称号。

二、教学工作

1. 本科生教学工作

以计算机科学与技术江苏省品牌专业建设为突破口,以工程教育专业认证和审核式教学评估为契机,以提高本科人才培养质量为核心目标,开展专业建设工作。顺利通过"十二五"规划的4个江苏省重点专业的验收工作。经过大量调研、多次讨论,停止软件工程(嵌入式人才培养方向)专业招生,增加计算机科学与技术大类招生名额,进一步整合学院教学力量。修改各专业的培养方案,突出专业特色,精准引导学生培养过程。

梳理教学过程中的重要节点,启用学院教学事务管理平台,通过信息化手段规范调课、听课、毕业设计等教学过程。以规范教学过程环节问题为导向,增强教学意识,将2016年确定为"教学规范建设年"。通过组织公开课、示范课、教学业务讲座、系部主题活动等形式开展学院教师业务培训,对提高教师的教学水平起到了积极的推动作用。一年来,学院新增3

门校级3I课程,新增3部校级培育教材,2部江苏省重点教材立项现在公示中。

2. 研究生教学工作

(1) 首次举办了优秀本科生暑期夏令营,吸引了来自全国各地的近200名优质生源参加,为研究生招生起到了很好的宣传作用。

(2) 修订了研究生培养方案,调整了研究生课程体系,提高了研究生毕业要求,从制度上保证了培养质量。

(3) 完成了两个专业学位授权点的合格式评估的自评工作。

(4) "工科类工程专业学位研究生多维度协同教育模式探索与实践"项目被全国工程专业学位研究生教育指导委员会列为重大教改项目。

(5) 获评教育部研究生教育"全国示范性工程专业学位研究生联合培养基地"1个。

(6) 获批"国家建设高水平大学公派研究生项目"1项。

(7) 获批江苏省普通高校研究生科研创新计划项目11项。

(8) 2篇硕士论文获评校级优秀硕士论文。

三、学科建设与科研工作

1. 科研项目及成果

2012年至2016年,学院年均承担包括"863"子课题、杰青项目、国家自然科学基金项目、江苏省自然科学基金项目等在内的科研项目20余项,年均科研经费1 500余万元;发表论文被SCI、EI、ISTP三大检索收录400余篇。

2016年,获批国家自然科学基金项目11项(其中优秀青年基金项目1项),市厅级项目3项,横向科研经费到账979万元。和上海海加企业联合申报成功"十三五"全军共用信息系统装备预研项目1项,实现了军民融合军工纵向项目的突破,各类军工科研经费已签合同70万元。新发表SCI一区论文2篇,二区论文12篇,三、四区论文24篇;新发表CCF的A类期刊及会议论文9篇,B类期刊及会议论文39篇,C类期刊及会议论文34篇;出版专著2部。获得授权发明专利35项、实用新型专利13项;获得软件著作权登记190项。"面向自然语言文本的句子级与篇章级语义分析研究"获江苏省科学技术奖三等奖;获中国中文信息学会颁发的"钱伟长中文信息处理科学技术奖"一等奖1项。

2. 国内外学术交流情况

近年来,有来自美国、澳大利亚、中国香港等多个国家和地区的专家受邀担任学院的讲座教授和讲学教授,共为学生举办高水平学术报告100余场,受到学生的普遍欢迎。除学校设立的本科生海外交流奖学金外,学院设立专项经费资助研究生参与国内外学术交流和出国(境)短期学习。2012年至2016年,共有60余名学生赴上述国家和地区参加研修和学术交流;学院还与美国、德国、澳大利亚、加拿大等国家的知名高校共建学生互派计划或联合培养项目,为学生的国际化培养开辟了渠道。

四、学院重大事项

(1) 完成系(部、中心)主任调整及各支部换届。

(2) 做好"教学规范建设年"相关工作。奖励性绩效条例中明确教学要求,将教学效果与奖励性绩效挂钩,并通过组织公开课、示范课、教学业务讲座、系部主题活动等形式开展学院教师业务培训。

（3）联合41家IT企业，成立"苏州大学IT校企合作联盟"，为学院与在苏企业建立了新的联系渠道，为学生培养和产学研合作提供了稳定的基地。

（4）首次举办优秀本科生暑期夏令营，吸引了来自全国各地的近200名优质生源参加，为研究生招生起到了很好的宣传作用。

（5）对全院教师进行分类管理试点。通过调研，制定学院教师分类管理的岗位条例，在学校聘任岗位的基础上，结合学院的具体情况，完成全院教师的分类聘任工作。

（6）成功申报计算机科学与技术、软件工程两个学科成为"十三五"期间江苏省重点学科。

（7）新建的"网络空间安全工程实验室"获批省级工程实验室。

（8）学生科技竞赛能力再创新高，共获国家级、省级奖项91个，其中ACM国际大学生程序设计大赛成果创历史新高，获中国赛区总决赛金银铜牌各1枚、亚洲区域赛金牌1枚。

（9）1位教师获得"国家优秀青年基金"，1位教师获得"科学中国人"2015年年度人物称号。

（10）新增100万人民币以上的校企合作平台项目4项，其中500万元人民币及以上的校企合作平台项目2项。

（俞莉莹）

电子信息学院

一、学院概况

电子信息学院始建于1987年的苏州大学工学院电子工程系,随着学科发展和规模扩大,2002年7月更名为电子信息学院。

学院覆盖2个一级学科:信息与通信工程和电子科学与技术,其中信息与通信工程被列为江苏省"十三五"重点学科;1个博士后科研流动站:信息与通信工程;2个博士点:信号与信息处理和生物医学电子信息工程;2个一级学科硕士点:信息与通信工程和电子科学与技术;6个硕士点:通信与信息系统、信号与信息处理、微电子与固体电子学、电路与系统、电磁场与微波技术、物理电子学;2个专业硕士学位点(工程硕士点):电子与通信工程、集成电路工程,其中,电子与通信工程专业硕士学位点2014年被列为教育部"卓越工程师培养计划"试点。

学院现有电子信息工程、信息工程、通信工程、微电子科学与工程、电子科学与技术和集成电路设计与集成系统6个本科专业,其中信息工程、通信工程、电子信息工程和微电子科学与工程被列为"十二五"江苏省高等学校重点专业,通信工程为江苏省特色专业(2011年被确定为江苏省"卓越工程师培养计划"试点专业),微电子科学与工程为校特色专业。2015年,通信工程专业被列为江苏省品牌专业培育点。

学院师资力量雄厚,拥有一支结构合理、充满活力和富有创新意识的高水平教师队伍。中国工程院院士潘君骅先生为学院名誉院长。学院现有在职教职工111人,其中,中组部"千人计划"专家1人,"青年千人计划"专家1人,"973青年科学家"1人,国家"优青"2人,江苏省"杰青"1人,江苏省"双创计划"专家2人,中科院"百人计划"专家1人,博士生导师12人,硕士生导师30多人,教授16人(其中特聘教授5人),副教授51人,专任教师88人,具有博士学位的教师比例达66%,另有外聘院士3人,讲座教授7人,兼职教授10多人。学院现有全日制本科生1258人,硕士、博士研究生近500人。

学院拥有两万多平方米的电子信息楼作为教学实验和科研的场所,并拥有电工电子实验教学省级示范中心和生物医学电子技术、射频与微波毫米波两个苏州市重点实验室,与214研究所共建了"江苏省MEMS工程技术研究中心";建有通信、信号信息处理、微纳电子等相关领域的9个科研机构,在芯片设计、电路与系统设计、通信网络设计以及生物医学信息处理等领域具有较强的研发能力。学院建有光纤通信、程控交换、数字通信、无线通信辐射测试、电子测量、嵌入式教学实验系统、电子设计自动化(与美国Xilinx公司联合建有高速FPGA图像处理实验室,与Altium公司建有联合实验室)、数字信号处理(与美国著名TI公司联合建立)、集成电路设计与测试(与美国著名公司Cadence联合建立)、半导体器件分析等专业实验室。

二、教学工作

1. 本科生教学工作

2016年,积极推进3I课程建设,开设了3门新生研讨课、3门通识课程;完成4门专业课程的录播任务、4门课程17个教学班的过程化考核;出版教材2部;成功申报苏州大学培育教材1部。

学院全面梳理本科人才培养机制,通信工程专业成功完成国家工程教育专业认证专家入校现场考查工作;完成电子信息类"十二五"省重点专业建设期末验收工作;获批集成电路设计与集成系统专业并完成首届招生。

学院注重实习实践环节,2016年按照工程教育专业认证要求以专业系统综合设计课程为切入点实施"解决复杂工程问题能力"的培养计划;新建实习基地4家;暑期开展了12项活动,完成了近500人次的暑期实践组织管理工作。2016年,学院获全国大学生电子设计竞赛模拟电子系统设计专题邀请赛全国二等奖1项;获TI杯江苏省大学生电子设计竞赛省一等奖5项、二等奖7项;获江苏省FPGA设计大赛一等奖1项、三等奖3项;获电子专业人才设计与技能大赛国家一等奖5人、二等奖6人、三等奖5人。

学院以箓政学者、大创计划、学科竞赛、课外科研训练等四大载体提升学生科研能力;第2批本科生科研能力提升计划19个项目顺利结题,第3批39个项目顺利启动;本科生申请专利6项。获国家级、省级、校级大创计划项目分别3项、4项和5项;获箓政学者计划项目3项;7名学生参加了各类出国(境)交流项目;与新加坡国立大学顺利开展了"3+1+1"合作办学计划,2016年学院共有4名学生经综合考试后顺利进入第一个"1"的学习。

学院对专业教师进行梳理,明确了教师与专业的对应关系。2016年,2名教师获建行奖教金,1名教师获交行奖教金;1个团队获评苏州大学优秀毕业论文团队;获青年教师课堂教学竞赛二等奖1项;获苏州大学交行集体奖1项。

2. 研究生教学工作

2016年,学院新建江苏省企业研究生工作站1个;获江苏省研究生创新项目5项;获评中国电子学会优秀硕士论文1篇、苏州大学优秀硕士论文1篇。研究生在国内外学术期刊和国际会议上发表了一批高水平学术论文,其中在国际著名的IEEE汇刊上发表论文5篇。

三、科研工作与学术交流

1. 科研项目及成果

2016年,学院获国家科技支撑计划子课题项目1项,科技部国际(地区)合作与交流项目1项(经费458万元),国家优秀青年基金项目1项,国家自然基金面上项目2项,国家青年基金项目3项;省自然科学基金项目1项,省高校自然科学基金项目3项;苏州市名城名校项目1项,横向项目22项,科研经费达到1 500万元。授权发明专利21项(其中美国专利1项),软件著作权14项,实用新型专利16项。2016年,学院教师发表论文141篇,其中核心期刊论文136篇,在国际权威的IEEE汇刊上发表论文10篇,出版专著1部,学院覆盖的2个一级学科均在国际权威刊物上展示了高水平的成果。另外,2015年学院教师发表的论文中有71篇被SCI(E)、EI、ISTP收录。

2. 国内外学术交流情况

学院在加强教学及科研工作的同时注重国内外的学术交流活动,邀请了美国西北大学、匹兹堡大学、加拿大西安大略大学、英国肯特大学、中国科学院自动化研究所等国内外多位知名专家学者来院做学术报告;学院多名师生分别前往美国、日本、法国、意大利等国进行交流访问,开展合作研究。

四、学院重大事项

2016年3月,苏州大学EE校企联盟2016年会暨通信工程、微电子科学与工程专业认证及人才培养专题研讨会成功举行。

2016年6月,通信工程专业认证现场考查工作顺利完成。

2016年11月,中共苏州大学电子信息学院委员会换届选举大会在校本部敬贤堂举行。

2016年12月,信息与通信工程一级学科被列为江苏省"十三五"重点学科。

机电工程学院

一、学院概况

机电工程学院是苏州大学建院较早、实力较强的工科学院之一,其前身是始建于1977年的苏州丝绸工学院机电系。1999年年底,苏州大学工学院划分成机电系、电子系、计算机系等3个独立系。2001年,苏州大学机电系更名为苏州大学机电工程学院。2012年,南京铁道职业技术学院苏州校区机械系、控制系并入苏州大学机电工程学院。

学院现有教职工161人,其中专任教师130人,在岗正高职21人、副高职71人,苏州大学特聘教授6人,博士生导师9人,硕士生导师51人,在站博士后人员20人。教授和副教授占专任教师总人数的71%,专任教师中具有博士和硕士学位的人数比例达89%。拥有中组部第六批"千人计划"入选者1人,中组部第五批"青年千人计划"入选者1人,长江学者特聘教授1人,国家杰出青年科学基金获得者1人,"百千万人才工程"培养对象(国家级)1人,国家"万人计划"科技创新领军人才1人,"863计划"专家1人,教育部"新世纪优秀人才支持计划"入选者1人,享受国务院政府津贴2人,江苏省"333高层次人才培养工程"培养对象第一层次1人、第三层次2人,江苏省有突出贡献中青年专家1人,"江苏省高层次创新创业人才引进计划"入选者4人,江苏省杰出青年基金获得者1人,江苏省"青蓝工程"中青年学术带头人2人,"江苏省六大人才高峰行动计划"入选者3人。获得江苏省创新团队、国家科技部先进机器人技术重点领域创新团队等团队称号。学院聘请了吴忠俊、孙东、高学山、席宁、李文荣、Sean J Cheng、宋世鹏、付东山、Phillip L. Gould、奚廷斐、Philip V. Bayly等多名国内外知名学者和企业家为客座教授、兼职教授和讲座教授。

学院现有激光制造工程、数字化纺织与装备技术、智能机器人技术3个二级学科博士点。拥有机械工程、仪器科学与技术2个一级学科硕士点以及控制理论与控制工程、工业工程2个二级学科硕士点;拥有机械工程、控制工程2个工程硕士点。现有机械工程、机械电子工程、电气工程及其自动化、工业工程、材料成型及控制工程5个本科专业,其中,机械工程专业通过省级特色专业验收;电气工程及其自动化专业入选教育部第三批"卓越工程师教育培养计划"专业;机械类专业(机械工程、机械电子工程、材料成型及控制工程)为江苏省"十二五"高等学校重点建设专业。形成了新型纺织技术与装备、激光加工与表面技术、超精密加工与检测技术、机械系统动力学及控制、信息检测与处理技术、传感与测控技术等具有特色的研究方向,并开发了生物制造、智能机器人和微纳制造等新的研究方向。目前在校全日制本科生1 000多名,在校研究生600多名。

学院下设机械工程系、自动化工程系、工业工程系等3个系和1个院级中心实验室。院中心实验室含机械基础实验室、先进制造技术实验室、激光加工与快速成型实验室、动态测试与分析实验室、微机电与生物芯片实验室、人因工程实验室、物流工程实验室、SMT实验室、电机拖动实验室、PLC控制实验室、创新设计实验室、生物制造实验室、先进机器人技术实验室和微纳制造实验室等,其中,先进机器人技术实验室为江苏省重点实验室,机械基础实验室为江苏省高等学校实验教学示范中心,先进制造技术实验室为苏州市重点实验室。

学院继承与发扬"厚基础、重实践、求创新"的办学传统,以能力培养为目标,融入现代设计、现代技术理念,着力进行学科专业课程体系改革,培养出的学生具有扎实的学科基础和宽厚的专业知识,动手能力及创新能力强。长期以来应届学生就业率名列学校前茅,应届毕业生年底就业率近100%,学生在全国大学生课外学术科技作品竞赛、机械创新设计大赛、电子设计大赛以及机器人大赛等学科竞赛中屡获大奖。学生团队连续获得第十二届、第十三届"挑战杯"全国大学生课外科技作品竞赛特等奖和一等奖,在第十八届全国机器人锦标赛暨第七届国际仿人机器人奥林匹克大赛中获得1项一等奖、1项二等奖的优秀成绩。"医疗康复机器人团队"获2014年团中央"大学生小平科技创新团队"称号。

学院近年来积极开展对外交流与合作,与英国、德国、日本、法国、加拿大等多个国家和地区的大学建立了长期稳定的交流关系,开展教师进修和学生交流等合作项目;与江南嘉捷(SJEC)、东南电梯(DNDT)、旭电(伟创力)(Flextronics)、捷普(JABIL)、江苏新美星(NEWAMSTAR)、无锡格莱德等众多知名企业建立合作关系,成立共建实验室和学生实践基地,为学生的学习和发展提供更广阔的空间。

二、教学工作

1. 本科生教学工作

电气工程及其自动化专业"卓越工程师"项目继续推进,同时该专业申请工程教育专业认证,申请被受理。工业工程专业参加了学校的专业评估工作,机械类专业也进行了"十二五"省重点专业的验收工作。教师编写教材1部,1部教材入选2016年苏州大学教材培育项目并推荐申报省级重点教材。获2016年苏州大学优秀教学成果奖二等奖1项,并推荐参选江苏省教学成果奖。1名教师获交行奖教金。

2. 研究生教学工作

完成机械工程和仪器科学与技术一级学科点以及控制理论与控制工程二级学科点"全国第四轮学科评估"的申报工作;重新修订了各专业博士、硕士的培养方案;颁布实施《机电工程学院全日制硕士研究生导师招生指标分配实施办法(试行)》;录取博士研究生5名、硕士研究生82名,毕业各类研究生98名,新建苏州大学企业研究生工作站3个。积极引导研究生博学、创新的学术氛围,2016年度获评江苏省优秀专业硕士学位论文1篇、苏州大学优秀硕士学位论文1篇,获高等学校研究生培养创新工程项目1项,研究生参加国内外学术会议31人次。硕士研究生潘鹏获国家公派奖学金资格,前往加拿大麦吉尔大学攻读博士学位。

三、科研工作与学术交流

1. 科研项目及成果

2016年,学院共计承担科技项目107项,纵向项目74项,立项金额2 077.86万元,总到账1 594.830 3万元;横向项目33项,立项金额612.27万元,总到账484.52万元。获批国家重点研发计划重点专项1项,国家自然科学基金项目8项,国家自然科学基金联合基金项目 2 项，江苏省自然科学基金面上项目 1 项，江苏省产学研联合创新基金项目 1 项，江苏省高校自然基金项目 2 项，苏州市应用基础研究计划项目 4 项，苏州市科协软科学项目 1 项，中国博士后基金、省博士后基金项目 4 项。承担国家高技术发展计划（"863 计划"）子课题 9 项。授权专利共 137 件，受理专利共 102 件。发表论文共 151 篇，其中 SCI 论文 35 篇，EI 论文 52 篇。出版论著 4 部。科技获奖 8 项，获"中国专利奖"优秀奖、"高等学校科学研究优秀成果奖（技术发明奖）"二等奖、"中国商业联合会科学技术奖"二等奖、"江苏省教育研究成果（高校科学技术研究类）技术发明奖"三等奖和"中国机械科学技术进步奖"三等奖等。机器人中心获批"江苏省机器人技术及智能制造装备工程实验室"。

2. 国内外学术交流情况

2016 年，学院教师参加各类国内会议约 30 人次。其中，尤凤翔参加 2016 国际智能制造（深圳）高峰论坛、中国（杭州）智能制造大会、第二届智能制造与工业 4.0 国际峰会、第七届工业工程企业应用高峰论坛；陈再良、郭开波参加第八届江苏省机械学院教学院长（系主任）联席会暨第二届江苏省机械工程高等教育研究会。机器人与微系统研究中心承办第一届中国微纳机器人大会（中国微米纳米技术学会微纳机器人分会 2016 年年会）、中美医疗机器人及生物医学工程峰会。激光所承办中国激光微纳加工技术大会。

2016 年，学院教师出国（境）研修及交流、参加国际会议 25 人次。积极邀请境外专家学者来访交流、合作科研，举办学术研讨讲座 10 次，主办"中美生物医学工程与医用机器人融合创新高峰论坛"。其中，新加坡国立大学生物工程学院 GOH Cho Hong 院长等一行到访并与学院商讨合作研究、联合培养学生事宜；美国密西根州立大学董立新副教授，香港中文大学张立博士，剑桥大学材料科学和冶金系高级研究员、英国公开大学材料工程研究室主任 Amir Shirzadi 博士，美国圣路易斯华盛顿大学 Guy M. Genin 教授，美国南卫理公会大学 Xin-Lin Gao 教授，名古屋大学未来社会创造机构邸需助教，美国得克萨斯大学奥斯丁分校 Chung-Hao Lee 博士，飞利浦（Phillips）公司医疗与保健事业部战略开发高级经理 Sean J Cheng 博士等来院做学术报告。陈琛教授赴日参加 ISRBP2016 年会并作基调演讲。

四、学院重大事项

2016 年 4 月，学院承办 2016 中国服务机器人产业推进大会，全方位探讨服务机器人产业的创新发展之路。

2016 年 5 月，学院召开中国微米纳米技术学会微纳机器人分会成立大会暨第一届中国微纳机器人大会，学会挂靠于苏州大学，学院孙立宁院长任分会理事长。

2016 年 10 月，学院承办全国环境力学学术研讨会，进一步加强力学领域的学术交流与合作。

2016 年 12 月，学院电气工程及其自动化专业 2017 年工程教育认证申请获批受理。

2016 年 12 月，学院获批"江苏省机器人技术及智能制造装备工程实验室"。

（姜 曼）

沙钢钢铁学院

一、学院概况

苏州大学沙钢钢铁学院于2010年5月18日正式成立,是苏州大学实行校企合作办学的新型学院。学院下设冶金工程、金属材料工程、资源循环科学与工程、复合材料工程4个系,1个院级实验中心,以及冶金资源综合利用、高性能材料冶金制备技术、冶金过程检测与控制等3个研究所,成立了卓越工程师专家委员会和发展咨询委员会,邀请企业、高校、专家共同研究学院的建设发展。学院在校党委、校行政的正确领导下,建成了本科、硕士、博士三层次完整配套的人才培养体系。

二、教学工作

学院高度重视本科教学质量,进一步加大了教学规范化管理力度,积极推进教学改革,实施"卓越计划"实践教学新模式,形成了实践教学的顶层设计,教师、学生工程实践能力的提升和课程改革为主线的卓越工程师人才培养特色。

学院教学委员会和督导组严格把关教学规范,组织师生定期学习并严格执行学校管理文件规定。严格落实本科生毕业设计工作条例和实习指导书。专业实验由经验丰富的教师把关,达到实验教学要求,才允许青年教师独立讲授及指导教学。严格执行新开课、开新课试讲制度,学院教授全部参与本科生授课。

坚持"实践教学是提高本科教学质量的关键"的理念,以"传授知识、培养能力、提高素质"为宗旨,创新性地系统设计和构造了满足卓越工程师培养计划要求的"全程化、五模块、四层次"实践教学新体系,循序渐进地提升学生的实践创新能力。

在实习过程中实施"师生混合编队"的模式,由富有经验的专业教师带队,将教师编入学生队伍之中,与学生共同实习共同生活,有效提高了教师的工程实践能力和卓越工程师意识。

率先在校外工程实践教学基地开设"铁水预处理"和"连铸铸钢"两门课程实践教学,针对这两门课程与生产工艺、设备紧密结合的特点,采用课堂授课与现场授课相结合的方式,通过创新教学方法提高学生的工程实践能力。

学院支持鼓励全体教师参加学校组织的各类教学竞赛,鼓励教师参加学校各类课程改革项目申报工作,教学改革参与率100%。

拓宽校企合作途径,与无锡福镁轻合金科技有限公司共建联合研发基地,为学生提供就业实习平台,提高学生的实践能力,为企业储备人才和技术力量。与沙钢研究院进行交流对接,双方秉承"资源共享、人才共享、协同发展"的战略眼光,承诺设备共享、人才共享,实现协同发展。

2016年学院教学成果斐然,获得校级教学成果二等奖1项、校级教改项目1项,章顺虎老师获得苏州大学第十四届青年教师讲课比赛一等奖,侯纪新老师获得苏州大学第十四届青年教师课堂教学竞赛三等奖;教师指导学生获得苏州大学第十批大学课外学术科研基金资助项目4项,江苏省大学生创新创业训练计划立项项目5项,"箸政基金"项目2项。

三、科研工作与学术交流

1. 科学研究

学院高度重视科研工作的推进,在个人、系、学院齐抓共管和共同努力下,2016年共获得科研项目21项,其中国家级4项,省部级3项,市厅级6项,横向课题8项,总经费到账200多万元。发表高水平学术论文32篇,申请发明专利18项,取得软件著作权2项,获得苏州市2014—2015年度苏州市自然科学优秀学术论文三等奖一项。人才项目获得突破,1位教师入选江苏省"青蓝工程"中青年学术带头人培养对象;1位博士获得江苏省"双创博士"资助。

2. 对外交流

学院重视学术交流和国际化,已与日本东京大学、英国伯明翰大学、瑞典皇家工学院、澳大利亚新南威尔士大学建立定期访问机制意向,同时邀请国内外知名学者担任兼职教授并来学院交流讲学,开拓师生视野,提高学院在行业领域的知名度和影响力。

四、学院重大事项

(1)成功申报冶金工程一级学科硕士点,为学科发展奠定了坚实的基础。

(2)组织召开学风建设专题研讨会。学院领导班子及骨干教师20余人参加会议,研讨学风建设问题,出台了《沙钢钢铁学院关于进一步加强学风建设的实施意见》,厚植学风建设。学院2011级冶金工程班被评为校级优良学风班。

(管　森)

纺织与服装工程学院

一、学院概况

纺织与服装工程学院（兼丝绸科学研究院）成立于2008年7月，由原材料工程学院按纺织科学与工程一级学科单独组建而成。至2016年年底，学院设有纺织工程系、轻化工程系、服装设计与工程系及非织造材料与工程系，并设有丝绸科学研究院、现代丝绸国家工程实验室、国家纺织产业创新支撑平台、江苏省产业技术研究院纺织丝绸技术研究所、江苏省丝绸技术公共服务平台、江苏省纺织印染节能减排清洁生产工程研究中心、丝绸工程江苏省重点实验室、苏州市生物组织工程材料与技术重点实验室、苏州市丝绸文物测试与复制技术重点实验室、苏州大学纺织经济信息研究所、院总实验室、《现代丝绸科学与技术》编辑部、纺织与服装设计国家级实验教学示范中心、纺织服装省级实验教学中心等科研和教学平台。纺织工程是国家重点学科，江苏省省级重点学科和品牌专业，江苏省优势特色学科。学院现有一级学科博士点1个（纺织科学与工程），二级博士点5个（纺织工程、纺织材料与纺织品设计、纺织化学与染整工程、服装工程与设计、非织造材料与工程），硕士点5个（纺织工程、纺织材料与纺织品设计、纺织化学与染整工程、服装工程与设计、非织造材料与工程），纺织工程领域工程硕士点1个，高校教师在职攻读硕士学位专业硕士点4个（纺织工程、纺织材料与纺织品设计、纺织化学与染整工程、服装工程与设计），纺织科学与工程博士后流动站和江苏省一级重点学科。学院现有教职员工112名，其中专任教师69名，实验技术人员18名。专任教师中，教授32名，副教授27名，博士学位获得者60名，占专任教师总数的83%。国家引进海外高层次人才"千人计划"专家3名。学院在仪征化纤股份公司和江苏吴中集团设有2个江苏省产学研联合研究生培养基地。至2016年年底，学院在册全日制本科学生1 211人，博士、硕士研究生348人，在职专业学位硕士研究生35人。

二、教学工作

1. 本科生教学工作

学院高度重视本科教学。结合学院实际，制定并完善了系列教学文件，如卓越工程师教学管理、督导工作等，提升教学管理水平。同时，各专业按工程教育认证标准修订了各专业培养方案、实验大纲等，并认真学习专业认证相关流程，做好了校内两个专业审核式评估工作。完成了江苏省重点类专业（纺织类）验收工作。

教学质量工程及教学改革有亮点。积极申报"苏大课程-3I工程"建设项目，探索课程教学模式改革。申报4门通识教育课程，申报1门江苏省全英文精品课程。积极推进《丝绸文化与产品》MOOC视频的设计制作，为申报国家级精品在线开放课程做好充分的准备工作；做好"十三五"规划教材的编写出版相关工作，同时做好省级重点教材、国家级规划教材的申报工作,获批省级重点教材1部,校级精品教材、培育教材各1部,部委级规划教材计划20项;获得苏州市教育教学成果奖特等奖1项,苏州大学教学成果奖二等奖1项。

大力加强优质教学资源建设。推进纺织与服装工程国家级虚拟仿真实验教学中心建设,明确了建设目标和建设方向。推进卓越工程师计划建设,优化学生实践基地的地域布局、企业结构,提高实践基地的质量。1名校内、1名校外指导教师获评苏州大学优秀毕业论文指导教师,1名教师获"纺织之光"教师奖,1名教师获茧丝绸行业终身成就奖。

本科人才实践创新获佳绩。1个项目获全国大学生"立达杯"纱线暨面料设计大赛一等奖;3名同学参加第六届全国大学生外贸跟单(纺织)大赛获得个人一等奖3项和团体一等奖;4名同学获得"红绿蓝"杯第八届中国高校纺织品设计大赛一等奖1项、二等奖3项;4名同学获得第四届"金三发杯"全国大学生非织造产品设计及应用大赛二等奖。2个国家级、1个校级"大创"项目结题获得优秀,其中1名项目负责人被派往台湾地区进行学术交流;在研的4个国家级项目中期考核2个优秀。同时,新增国家级项目、省级、校企合作基金共计8项,筹政基金2项。

国际化人才培养有特色。申请了纺织工程(中外合作办学)第二轮合作办学,同时该项目获批江苏省2016年中外合作办学高水平示范性建设工程项目。14名同学获国家留学基金委优秀本科生项目资助,赴英国曼彻斯特大学交流10个月,9名同学成功申请"2+2"交流项目,1名同学成功申请澳大利亚新南威尔士大学"3+1+2"项目,1名同学赴南威尔士大学交流。13名同学获得校国际交流奖学金,其中:全额奖3人、一等奖1人、二等奖8人、三等奖1人。2016届毕业生中26名同学收到帝国理工学院、曼彻斯特大学、利兹大学、伦敦大学学院、澳大利亚国立大学、悉尼大学、墨尔本大学等国外知名高校预录取通知书,其中,有20名同学被世界排名前100的高校录取,1名同学获得了国家留学基金委公派研究生项目资助。

2. 研究生教学工作

学院设置纺织工程、纺织材料与纺织品设计、纺织化学与染整工程、服装设计与工程、非织造材料与工程5个全日制硕士、博士点。研究生培养水平有提升,2016届共有博士毕业生10人,硕士毕业生64人,盲审及答辩通过率均为100%,学术型硕士论文的盲审优秀率26.5%,博士论文盲审优秀率30%。2名硕士研究生获得国家留学基金委2016年国家建设高水平大学公派研究生项目资助,分赴法国和西班牙攻读博士研究生。加大就业指导服务力度,组织60余家单位来校招聘。注重研究生综合素质能力的培养,邀请国际知名专家做高水平学术讲座,积极鼓励研究生参加国内外学术交流会议,已有80余人次参加国内外学术交流。

三、科研工作与学术交流

学院坚持立足纺织工科的办学特色,确立科研为教学服务的理念,继续加强学科方向凝练和研发团队建设。完成了新一轮学科评估工作。共获国家和省自然基金等纵向到账经费近900万元,横向项目30余项(到账经费500余万元);签约联合实验室4个,到账经费185万元;获得中国纺织工业联合会等省级以上科技成果奖4项;SCI收录论文122篇(其中1区22篇),EI收录28篇,ISTP收录19篇,2016年发表SCI源刊论文140篇。申请专利127项,获得专利授权110项;制定国家标准和行业标准各1项;"纺织品生态染整技术的研究与产业化推广"创新类项目获批苏州市2016年名城名校融合发展战略项目,2016年度财政拨款600万元。

加强产学研服务平台建设,努力扩大在行业内的影响力和话语权。江苏省产业技术研究院纺织丝绸技术研究所引进专、兼职管理人员和研发人员等9人。获批省级项目1项、市级项目9项,调研企业100余家次,与企业开展横向合作12项(纵向项目到账经费25万元,横向项目到账经费102.6万元);作为第一单位申请国内发明专利60余项、国际发明专利9项;与澳大利亚迪肯大学签署协议,共建迪肯—南通先进纤维材料联合研究院,并引进迪肯大学林童教授作为兼职特聘教授;引进国内外先进技术成果3项,衍生孵化企业3家。现代丝绸国家工程实验室开展了丝绸行业技术标准的研究与制定工作;协助中国农业科学院蚕业研究所初步完成了商务部茧丝绸科技转化服务项目丝绸工业部分;依托科研成果,协助成立了3家科技公司;承办了第九届中国国际丝绸会议等大型国际学术会议,提升了国际、国内影响力。

四、学院特色与重大事件

学院坚持立足纺织行业背景,以建设国内纺织行业一流的科学研究平台和社会服务平台为目标,为地方经济建设和社会发展服务,完善服务体系,构建服务网络,相互协作,实现共赢。申报江苏省研究生工作站18家,与3家公司签订了校企合作协议。

学院坚持为地方和行业开展高质量、多层次、多方位的各类培训和合作,积极拓展社会服务新途径,进一步拓展学校和学院的影响力。与新疆发展纺织服装产业带动就业工作领导小组办公室、新疆互联网信息办公室联合开展了"苏州大学·艾德莱斯创新创业能力提升班"的培训工作,多家媒体报道了培训班情况,取得良好的社会效益。进一步扩大和巩固自考助学专业生源基地,相关工作提升了入学学生的质量。近年来,学院社会服务质量和影响力稳步提高。

学院坚持立足国内,放眼海外,加强国际交流,切实做好欧盟联合培养博士项目SMDT-ex学生来学院学习的相关工作。目前,已有5名欧盟博士按预定计划来学院学习,较好提升了学院的办学影响力和知名度。鼓励教师参加各类国际学术会议。学院设立了教师短期出国学习交流专项资金,作为国家和省公派出国访问学者的有效补充,2016年已有4位教师赴美国、英国等知名高校进修。

加强学院对外宣传工作。制作了学院宣传视频;编印了学院宣传页;在腾讯网推送了视频《专业的秘密——纺织工程》,点击量近万次;在《姑苏晚报》上进行了招生宣传。同时通过学院微信平台等新媒体积极宣传学院的教学、科研、人才培养等各方面的工作亮点,扩大了学院的办学影响。

(司 伟)

城市轨道交通学院

一、学院概况

城市轨道交通学院是2008年5月成立的一所应用性工科学院。学院成立以来,充分利用苏州大学强大的教学资源和苏州市得天独厚的区域优势,以服务社会发展为目标,以学科建设为龙头,以师资队伍建设为重点,以实验室建设为基础,不断开拓创新,重点建设和发展城市轨道交通相关专业,力争成为全国地方高校城市轨道交通专业的领头羊。2012年8月,学院整体迁入阳澄湖校区办学,原南京铁道职业技术学院城市轨道交通系和建筑环境与设备工程系并入。

学院拥有智能交通科学与技术博士点和车辆工程、测试计量技术与仪器、管理科学与工程(运输管理)3个硕士点,新增交通运输工程一级学科硕士点。现有在校博士生15名,全日制硕士生83名。学院下设土木与环境调控工程系、交通运输工程系、车辆工程系、信号与控制工程系。有交通运输、车辆工程、工程管理、通信工程(城市轨道交通通信信号)、电气工程与智能控制、建筑环境与能源应用工程等6个本科专业或专业方向,现有全日制本科生总计1 244人。

近年来,学院先后组建了苏州市轨道交通关键技术重点实验室、苏州大学交通工程研究中心、苏州大学工业测控与设备诊断技术研究所、苏州大学智能结构与系统研究所、车辆工程研究所、交通运输研究所、地下工程研究所等7个校院级科研机构和科研平台。

学院现有教职工107人,其中专任教师81人。专任教师中正高职9人,博士生导师7人,硕士生导师25人。教师中有50人拥有博士学位。师资专业领域涉及交通工程、工程力学、交通规划、通信信号、电气控制、车辆工程和土木工程等。

二、教学

1. 本科生教学工作

学院积极优化学院本科专业布局,2015年年底申请的本科专业轨道交通信号与控制专业获批,并于2016年首次招收本科生。学院由最初的8个专业方向凝练成具有显著轨道交通特色的6个目录内本科专业。

在2016年年底学校开展的本科教学工作考评中,学院获得专业建设质量奖。

2. 研究生教学工作

18名硕士研究生学位论文全部通过双盲评审,均顺利通过答辩。2016年招收了7名博士研究生和29名硕士研究生,当年毕业的研究生全部在毕业前顺利落实就业。完成交通运输一级学科硕士点的申请工作。

三、科研及对外交流与合作

1. 科研工作

2016年获得国家自然科学基金项目3项,省级科研项目3项,承接了"苏州市轨道交通1号线增购电客车客流预测"等纵向和横向课题20多个,上年度到账项目经费近805.2万元。学院与国内多家著名交通院校和科研院所建立了紧密的教学科研合作关系,为学科建设和人才培养奠定了坚实的基础。学院获得2017年度苏州大学知识产权进步奖。

2. 对外交流与合作

对外合作进展顺利,与韩国又松大学合作的"2+2"项目继续实施。苏州大学与亚利桑那大学CMP项目协议签订。

学院主办第5届城市轨道交通专业人才培养国际交流会暨轨道交通大学生课外科技作品竞赛活动。来自上海工程技术大学城市轨道交通学院、深圳大学城市轨道交通学院、五邑大学轨道交通学院、韩国又松大学铁道与物流学院和苏州大学城市轨道交通学院的近50名师生参加了此次活动。

四、学院重大事项

(1) 2016年1月8日,教代会通过《城市轨道交通学院绩效工资实施方案(暂行)》。

(2) 2016年,学院各系室主任、副主任进行整体换届。

(金菊华)

体育学院

一、学院概况

苏州大学体育学院的前身可以追溯到1924年的东吴大学体育专修科,至今已有90多年的办学历史。1997年成立体育学院。学院现有运动训练、武术与民族传统体育、体育教育、运动人体科学、运动康复(本二招生)等5个本科专业;设有体育教育训练学研究中心、运动科学研究中心、体育文化与奥林匹克研究中心、武术与民族传统体育研究中心等4个研究中心和体育运动系、运动人体科学系、民族传统体育系、社会体育部、公共体育部等5个系、部;拥有体育学博士后流动站和体育学一级学科博士学位授权点、体育学一级学科硕士学位授权点、体育硕士专业学位授权点;拥有国家体育总局体育社会科学重点研究基地、机能评定与体能训练重点实验室等科研平台以及若干国家级、省级和校级精品课程等优质教学资源。长期以来,学院致力于高素质体育人才培养,为国家和社会输送了包括奥运会冠军陈艳青、吴静钰、孙杨在内的一大批高水平体育专业人才,为我国体育事业做出了应有的贡献。

学院共有教职员工146名,其中教授16名,副教授54名,博士生导师803名,硕士生导师46名,国际级裁判3名,国家级裁判10名,另有柔性引进、兼职、客座教授20余名。现有全日制在校本科生690名,博士研究生46名,硕士研究生239名,在职攻读体育硕士专业学位学员近300名。

二、教学工作

1. 本科生教学工作

2016年度,招收本科生171名。教学工作中,抓管理、重建设,落实提升本科教学质量工作;重视优质课程资源和教材建设,以体育教育品牌专业建设为契机,开展了课程与教材建设工作。新增"体育社会现象探析""运动竞赛与科技创新"新生研讨课程2门,"体操(一)"课程被苏州大学微课程(群)项目立项建设。完成录播课程1门,过程化考核课程建设2门。《运动技能学导论》成为苏州大学培育教材,并推荐申报省级重点教材。"体育教育专业学生创新实践能力培养模式的探索与实践"获苏州大学教学成果二等奖;加大投入,做在平时,注重学生实践能力的提高;加强教学就业实践基地建设,提高学生就业率,2016年度建立了2个教学实习基地、2个本科专业生源基地,并签订了共建协议书。

公共体育部不断深化体育教学改革,坚持以培养学生体育兴趣、锻炼能力和习惯为课程教学目标,以突出健身、淡化竞技和着眼未来为教改方向,注重实际、讲究实效,在选项课教学、课外体育俱乐部等方面继续进行改革和实践,完善结构优化体系。充分利用现有的场地器材和人力资源,最大限度地满足教师和学生的教学需求。在完成教学工作的同时,继续推进课外体育俱乐部的工作,收到了较好的效果。

2. 研究生教学工作

2016年度,招收博士研究生6名,全日制硕士研究生91名。2016年共毕业博士8名,硕士86名,在职硕士105名。获评江苏省优秀博士论文1篇;获得研究生培养创新工程项目3项。

2016年度,4名硕士生赴台北市立大学进行为期半年的交流学习;1名博士生赴加拿大进行为期1年的访学;2名博士生和2名硕士生赴巴西、1名硕士生赴美国、1名硕士生赴我国台湾地区参加了国际学术会议。

三、科研工作与学术交流

2016年度,学院师生共发表核心期刊学术论文77篇(其中SCI、SSCI论文5篇,EI论文2篇,一类核心期刊论文5篇,二类核心期刊论文27篇),论文数量较上年度增加了9篇,在SCI、SSCI等收录的高级别期刊上发表的论文数量也有了明显提升;主编、参编教材以及出版专著14部;共获国家社科基金研究项目3项,其中重大招标项目1项,实现了重大项目零的突破;共获得省部级研究项目5项,市厅级研究项目15项,纵向委托项目5项;获得发明专利2项,实用新型专利4项,软件著作权1项;获得江苏省哲学社会科学优秀成果一等奖1项,江苏省教育科学研究成果(高校哲学社会科学研究类)三等奖1项,苏州市第十二次哲学社会科学优秀成果奖二等奖、三等奖各1项,苏州市第十三次哲学社会科学优秀成果奖二等奖1项;获得江苏省高校第三十一届体育科学论文报告会二等奖5项;获得中国体育科学学会科学技术奖二等奖1项,1项成果被国家现代五项队采纳。2016年度,研究生主持江苏省普通高校专业学位研究生实践创新计划项目2项,苏州市体育局体育科研课题7项。5名研究生参加在巴西召开的奥林匹克科学大会。1名研究生获得"江苏省第四届体育学研究生教育创新论坛"优秀论文特等奖,10名研究生获得优秀论文一等奖。

四、学院特色及重大事件

竞赛工作与群体工作方面,积极为学校增光,在重大比赛中获得优异成绩。在巴西里约奥运会上,孙杨、吴静钰、王振东3位运动员在奥运赛场上表现出色,为学校争得了荣誉。张华同学在第二十八届世界大学生夏季运动会跆拳道女子62公斤级比赛中夺冠。参与全国、江苏省内各项高水平竞赛13次,田径、游泳、男女篮球、男子足球、啦啦操、乒乓球、羽毛球、龙舟等项目取得较好成绩,学校的竞技体育水平继续保持"江苏一流、全国领先"地位。目前,学校各高水平运动队及参照执行队伍正积极备战2017年第十三届全国学生运动会,有26人入选江苏省代表团第二批集训运动员名单。

学院圆满承办了公共体育服务标准体系研讨会、体育教育联盟田径交流赛、2016年中国高校科技期刊研究会体育期刊专业委员会第28届年会、第二届体育学科发展青年论坛、苏州市十四届运动会科报会、《运动生物力学》(第四版)教材编写会、《运动损伤与康复》及《体育竞赛学》教材编写会、江苏省学生体协高校工作委员会田径协会年会暨组训工作会议、2016校园足球改革与创新国际研讨会,举办各类论坛、学术讲座十多场。学校与江苏省体育局签署战略合作框架协议,联合组建"江苏体育产业协同创新中心",在科学研究、人才培养、高水平运动队建设等方面全面合作,深度融合。成立"苏州大学江苏体育健康产业研究院",发挥省校共建的决策优势,构建并不断完善理论创新、政策设计、人才培养、高科技企业孵化的创新平台,全力打造体育健康产业高端智库和人才培养基地。响应"健康中国2030"号召,服务大众运动健身和康复需求,由苏州市卫计委、苏州市体育局及苏州大学三方合作,成立了"运动云医院"。

(张鑫华)

艺术学院

一、学院概况

艺术学院始创于1960年,经过几代人的不懈努力与奋斗,已发展为师资力量雄厚、专业方向比较齐全的综合性艺术院系。艺术学院现有在职教职工119人,专任教师91人,博士生导师4人,硕士生导师42人,教授24人,副教授27人,海外专家3人,江苏省教学名师1人,具有博士学历人员19人。学院还聘请了多名国内外著名画家、设计师担任讲座教授、客座教授、兼职教授。目前在校博士研究生、硕士研究生、本科生和成人教育学生约2 450人。学院拥有产品设计、服饰与配饰设计(含时装表演与服装设计)、视觉传达设计、环境设计、美术学(美术教育、插画)、数字媒体艺术、艺术设计学专业等7个专业;拥有艺术研究院、非物质文化遗产研究中心等2个校级研究机构;拥有良好的实验设施,设有计算机、陶艺、染织、服装、数字动画、版画等实验室和工作室,纺织与服装设计实验中心为国家级实验教学示范中心,艺术设计实验教学中心为江苏省实验教学示范中心;拥有设计学一级学科博士授予权和博士后科研流动站;拥有设计学、美术学、艺术学理论等3个一级学科硕士授予权,以及艺术硕士(MFA)和工程硕士专业学位授予权。2010年,艺术学被批准为江苏省首批优势学科建设项目;2014年,设计学再次被批准为江苏省第二批优势学科建设项目。艺术设计专业现为教育部、财政部批准的全国艺术教育类人才培养模式创新实践区、江苏省品牌专业、江苏省"十二五"高等学校重点专业建设点。多年来,学院培养了马可、吴简婴、王新元、赵伟国、邱昊、逄增梅等一大批优秀的艺术与设计人才,毕业生遍及海内外。

二、教学工作

1. 本科生教学工作

以2016年苏州大学校内本科专业评估为契机,继续扎实严谨地开展各项本科教学工作。围绕强化大学生创新创业能力训练、培养高水平创新型人才的培养目标,艺术学院在2016年的国家级、省级大学生创新创业训练计划项目申报中再创佳绩,获批创业项目1项、省级重点项目2项、省级一般项目1项,新增"大创"项目共计6项,累计在研项目17项。本科生培养质量有了明显的提升,学生获奖硕果累累,2016年度在校本科生获得市厅级以上各类竞赛奖项75项,发表学术论文20篇。同时,结合专业特色,进一步深入课程优化和考核模式探索,扩大过程化考试改革范围,遴选产品设计专业"染织纹样史"等课程参与试点和录播;完成1项校级教学成果奖申报工作;1位老师在江苏省高等学校微课比赛和江苏省艺术微课竞赛中代表苏州大学进入省级平台参加遴选。江苏省"十二五"高等学校重点专业建设点项目顺利验收,进一步推进服装与服饰设计专业作为江苏省"品牌专业"培育点建设,扎实推进专业内涵建设。2016年学院教学工作在苏州大学2016年学院(部)本科教学工作考评中获教学实验示范单项奖。

2. 研究生教学工作

启动了苏州大学艺术学院校企合作联合培养卓越设计师美术师计划;与3家设计单位签订协议;如期完成博士和硕士的招生、开题、中期检查、论文内外审、答辩及展览等工作;研究生科研工作再创佳绩,进站博士后3名;研究生积极参加各类赛事,获得奖项20余项。就研究生课程改革专题召开导师座谈会。在各类研究生科研项目申报中喜获丰收。其中,江苏省普通高校学术学位研究生创新计划申报项目获批省助2项、校助1项;专业学位研究生创新计划申报项目获批省助1项、校助8项;江苏省研究生教育教学改革研究与实践课题获批1项;江苏省优秀研究生课程申报1项。成功举办研究生个人展4次。日本留学生顺利入校。鼓励研究生赴境外学习,1名研究生赴海外留学就读双学位,1名研究生赴海外继续攻读学位,10名研究生赴我国台湾地区高校访学。据统计,研究生参展及获奖近百项。

三、科研工作与学术交流

1. 科研项目及成果

1位教授获得国家社科艺术学项目,2位教师获得国家艺术基金项目。组织学院多位教师参加全国各类大赛活动。2位教师分别获江苏省第十四届社科一等奖及三等奖;出版专著6部、教材6部、画册1部;发表二类期刊论文5篇,三类期刊论文27篇,北图期刊论文3篇。另外,组织学院师生积极参与各类艺术类活动,取得了不俗的成绩。

2. 国内外学术交流情况

学院与美国、德国、法国、韩国、中国台湾等国家和地区的境外高校开展交流与合作,先后与犹他大学艺术学院、德国卡塞尔大学艺术与设计学院、匈牙利美术大学国际合作处、韩国大邱大学造型艺术学院、中国台湾云林科技大学设计学院、中国台湾师范大学艺术学院美术系等商讨了合作办学事宜;加入了由中国教育国际交流协会牵头的"卓越艺术人才教育培养高校联盟";参与由中国教育国际交流协会和同济大学中意学院联合启动的2016年师生赴海外进行学术交流与艺术实践项目(AAP项目);与法国图卢兹大学艺术学院进一步加快了合作进程。先后邀请了奥地利、德国等国以及我国各地的学者来院讲学;先后举办艺术学院2016年毕业设计作品展及美术作品展、"建造未来——生态与可持续发展"AAUA苏州论坛、2016年海峡两岸艺术教育交流活动、2016中韩国际视觉设计交流作品展等活动。

四、学院重大事项

(1) 5月30日,学院成立苏州大学艺术学院美术馆。
(2) 6月27日,王尔东任艺术学院党委书记。
(3) 8月4日,姜竹松同志任艺术学院院长。

(束霞平)

音 乐 学 院

一、学院概况

音乐学院成立于2012年10月18日,目前学院拥有音乐与舞蹈学一级学科硕士点,音乐表演、作曲与作曲技术理论和音乐教育3个本科专业。音乐表演专业于学院成立后开设,现有专任教师25名,其中器乐教师20名,涵盖了16个器乐演奏方向,包括钢琴、小提琴、中提琴、大提琴、低音提琴、竖琴、古典吉他、长笛、双簧管、单簧管、巴松管、萨克斯、圆号、长号、声乐;作曲、理论、音乐史学类教师5名,主要从事作曲以及音乐理论、西方音乐史学、民族音乐学的研究。作曲与作曲技术理论专业建立于2016年。音乐教育专业原属艺术学院,学院成立后并入,现有专任教师13名。学院现有各类研究生83名,本科生285名,国际生(含港澳台)13名。

二、教学工作

1. 本科生教学工作

加强本科专业建设。2016年,学院成功申请新专业"作曲与作曲技术理论",还完成了年度本科教学考评暨教学工作审核自评自建。继续加强英文教学,与国际接轨,推广音乐表演专业采用中英双语教学的培养模式。围绕学院"培养具有全面艺术修养的音乐专业人才"的理念,2名本科生成功申请2017春季台湾地区交流项目,1名本科生参加留学基金委优秀本科生交流项目。成功申报1项重点创新创业项目,1项校级创新创业项目。1名本科生在中国东方艺术节2016"正和杯"华乐比赛中获得金奖,1名本科生在马来西亚UCSI钢琴比赛中获得金奖和最佳练习曲奖,1名本科生成功考取亚洲青年交响乐团。

2. 研究生教学工作

2016年新增导师3位。完成了研究生培养方案的修订工作。完成了教育部学科评估和江苏省硕士学位授权评估。

学院积极鼓励研究生"走出去",参加各类学术会议、音乐节等。2016年,2名研究生参加"AAWM2016世界音乐分析方法会议"并在会上发表学术论文。研究生发表论文8篇。2015级研究生成功申报江苏省普通高校学术学位研究生创新计划项目和江苏省普通高校专业学位研究生创新计划项目各1项。

三、科研工作与学术交流

1. 科研项目及成果

2016年成功申报国家级项目1项,在国家核心期刊上发表文章3篇,1名教师获得全国美育成果展演教研成果一等奖,多名教师在国内外比赛中获佳绩。

2. 国内外学术交流情况

2016年学院共接待海外和我国港澳台地区的音乐家、学者32人,举办各种学术交流活动,如澳大利亚联邦大学音乐学教授Brian Chapman来学院演讲;国际著名单簧管大师David Shifrin在学院举办大师课与音乐会;宾夕法尼亚州立大学钢琴教授Jose Ramon Mendez举办专家课与音乐会;来自我国台湾地区的Jacob Sudol博士和Chen-Hui Jen博士举办演讲;香港中文大学音乐学教授麦淑贤举办讲座;德国科隆音乐学院Hubert Kappel举办吉他大师课与音乐会;台湾东吴大学三重奏来学院举办大师课与音乐会;剑桥大学Nicholas Cook教授举办讲座"虚拟世界中的现场演出"。学院邀请的艺术家、学者在国际专业学科和音乐领域中享有威望,遍布五大洲,一方面促进学院与各地音乐领域的学术交流,另一方面也通过这些来访艺术家和学者扩大了学院在国际上的影响。此外,共有13批次的教师赴境内外参加各项音乐节和国际会议进行学术交流。学院吴和坤院长赴法国高师音乐学院进行访问交流;钢琴教师前往德国参加巴赫音乐节并且作为受邀嘉宾举办音乐会;打击乐教师赴台湾东吴大学举办大师课及音乐会。

四、学院重大事项

2016年,学院邀请国内外音乐家、专家学者到学院举办学术讲座、大师课和音乐会共计82场,其中讲座系列论坛、上海交响音乐厅演出、交响音乐会系列等获得了广泛关注。邀请耶鲁大学单簧管教授David Shifrin、英属哥伦比亚大学钢琴教授Corey Hamm开设大师课与音乐会。此外,学院继续推进雅马哈钢琴学生奖学金比赛与周氏奖学金比赛活动,成功申请"苏州市名城名校融合发展战略项目"支持苏州大学交响乐团建设专项资金50万元,对学院的学科建设起到很大支撑和推动作用。5月份,505号楼正式启用,在这里举办的所有艺术、学术活动促进了学生对音乐专业学习的进一步认识,并推动了学院师生之间以及学校其他学院同音乐学院之间的相互交流,营造了学院良好的学术氛围。

(李彦洋)

医学部

一、学部概况

苏州大学医学部坐落于苏州工业园区美丽的独墅湖畔,为学校医学和生命科学教育管理的实体单位。其前身可追溯到张謇先生创立于1912年的南通医学专门学校,1957年迁址苏州后更名为苏州医学院,隶属核工业部;2000年并入苏州大学,于2008年组建医学部。附属医院始于1883年创建的博习医院。生命科学教育可追溯到创办于1901年的东吴大学生物学系及建于1911年的苏州蚕桑专科学校。

秉继"祈通中西,以宏慈善"的良训,医学部传承了悠久的办学历史,积淀了深厚的文化底蕴,不断加大教学改革力度,注重理论与实践相结合,培养了一大批创新型医药和生物科学高层次人才,杰出校友遍布海内外。

目前拥有博士后流动站6个,一级学科博士点6个,一级学科专业学位博士点1个,二级学科博士学位点60个;一级学科硕士点10个,二级学科硕士学位点76个,专业学位硕士点6个;有国家级重点学科3个,国家级重点临床专科8个,国防科工委重点学科2个,江苏省优势学科5个;现有博士生导师248名,硕士生导师642名。

作为教育部卓越医生培养计划首批试点高校,医学部现有本科专业15个,其中有国家级特色专业建设点1个,江苏省品牌专业1个,江苏省特色专业3个,江苏省重点专业1个。附属医院共17所,其中直属附属医院3所,教学实习点100多个;生物类校外实习基地18个,药学类校外实习点10余个。

医学部现有在校生8 300余名,其中本科生5 000余名,硕士生2 400余名(含专业学位),博士生300余名,海外留学生近500名,以及各类继续教育学生近万名。

医学部现有教职工787人,3家直属附属医院具有教学职称的教师985人。其中院士3人,中组部"千人计划"入选者3人,"千人计划"青年人才入选者10人,国家"杰青基金"获得者9人,"优青基金"获得者7人,教育部"长江学者奖励计划"特聘教授2人、青年学者3人,国务院学位评定委员会学科评议组成员4人等。现有教育部创新团队2个,教育部工程技术研究中心1个,江苏省"创新团队计划"引进团队3个,江苏高校协同创新中心2个,江苏高等学校优秀科技创新团队1个,省部级重点实验室8个,省级科技公共服务平台1个,以及市厅级重点实验室和公共服务平台18个。

医学部积极开展国内外学术交流与合作,先后与美国、英国、法国、德国、日本、韩国、澳大利亚、新加坡等国家及我国香港、台湾等地区的高校和科研机构建立了广泛的交流与长期合作关系。

医学部将继续以坚实的人文传统为依托,以学科建设为龙头,致力于创新性人才培养、高水平科学研究,不断追求卓越,引领杏林清风,塑造医学典范。

二、教学工作

1. 本科生教学工作

围绕2016年临床医学专业认证及2017年学校审核式评估,遵循"以评促建、以评促改"的原则,医学部认真分析本科教学存在的问题,全面加强专业内涵建设。

在加强师资队伍建设、革新人才培养模式、改进教学资源和条件、完善教学改革制度等方面做出努力。

2016年,医学部邀请浙江大学、东南大学医学院专家对教师自编的42个PBL、CBL案例进行评审,要求通过评审的案例才能用于教学,并由学部奖励5 000元/个。为促进信息技术和教育教学技术的融合,鼓励教师开展微课、翻转课堂等教学方法改革,举办微课(自制)教学比赛,组织师生对教师自制的40个微课进行评审。

2016年,"十二五"省高等学校重点专业——临床医学类通过验收。省级实验教学中心——药学学科综合训练中心顺利通过验收。江苏省品牌专业建设工程一期项目——临床医学专业建设任务有序推进。

2016年,医学部与南京医科大学等高校联合申报获批江苏省实验教学示范中心——医学教育虚拟仿真共享平台;获批国家来华留学英文授课品牌课程1门,省级外国留学生英文授课培育课程1门,推荐申报省级重点教材3部、省级在线开放课程4门;获校级教学成果奖二等奖2项、校级教材培育项目5项;获"苏大课程2016—3I工程"立项40项,其中通识教育课程18项、新生研讨课程11项、全英文教学示范课程3项、微课程(群)8项。教师在江苏省高校药理学青年教师讲课比赛中获奖3项,其中特等奖1项。教师指导学生获省级优秀毕业论文2项(二、三等奖各1项)。学生获"箜政学者"项目8项,大学生创新训练计划项目36项(国家级11项,省级9项,校级16项),全国大学生英语竞赛获奖12项(特等奖2项),江苏省高校高等数学竞赛获奖5项(一等奖1项)。学生各级各类课外科研项目81项结题与中期检查均获通过,其中优秀19项,占23.5%。

临床与基础教学相融合,推进临床医学教学改革。来自第一、第二临床医学院和儿科临床医学院的27位教师参与了卓越医师班医学基础整合课程9个PBL案例的教学工作,4位临床教师参与了五年制和七年制卓越医师班的局部解剖学课程(生化、运动系统解剖、胸部解剖、腹部解剖和盆腔解剖课)的授课,取得了很好的效果。

2. 研究生教学工作

2016年,医学部(前期)招收全日制硕士研究生341名(其中全日制专业学位硕士研究生26名),博士研究生72名,攻读专业学位的在职人员117名。

医学部(前期)上半年共授予博士学位49人,各类硕士学位343人;下半年共授予博士学位13人,各类硕士学位119人。

医学部2016年获评江苏省优秀博士论文2篇,优秀硕士论文5篇;获评苏州大学优秀博士论文7篇,优秀硕士论文11篇。

三、科学研究与学术交流

1. 科研项目与成果

2016年度,医学部共获得立项支持的各级各类纵向科研项目239项,纵向项目科研经费9 455.47万元。其中国家级项目经费7 920.47万元,省部级项目经费1 315万元,市厅级项目经费220万元。横向项目经费1 045.50万元,获批团队平台经费340万元。

2016年,学部共发表SCI论文886篇(第一单位),其中一区论文119篇(较上年增长95.1%),二区论文258篇(较上年增长27.1%)。医学部2016年共发表SCI论文1 598篇(检索数据库为Web Of Science),其中一区论文261篇,二区论文422篇。时玉舫研究团队在 Nature Reviews Drug Discovery 学术期刊(影响因子47.12)上在线发表了特邀综述文章。

根据2015年9月1日—2016年8月31日的 Nature Index(自然指数)排名,医学部生命科学类论文共27篇,总WFC为5.58,全国排名第31名。

2016年,学部共申请专利120项,获授权103项。获得国家奖科技进步奖1项,教育部高校科研优秀成果奖2项,华夏医疗保健国际交流促进科技奖3项,江苏省科学技术奖3项,国防科学技术进步奖1项。

2016年,学部实现知识产权转让3项;洽谈、签署1项校企合作共建平台:苏州大学—利穗科技(苏州)有限公司天然药物制备色谱生产技术研发中心。

2016年,学部获批建设"江苏省临床免疫学重点实验室"和"苏州市肿瘤微环境病理学重点实验室"。"江苏省重大神经精神疾病诊疗技术研究重点实验室"和"苏州市司法鉴定公共服务平台"通过验收。江苏高校协同创新中心绩效评估中,"血液学协同创新中心"通过现场答辩,最终进入现场考察,获评A等,"放射医学协同创新中心"获评B等。"江苏省干细胞与生物医用材料重点实验室暨省部共建国家重点实验室培育基地"变更主任为时玉舫教授。

2. 国内外学术交流情况

1月23日,江苏省毒理学会放射毒理、工业毒理及兽医毒理三个专业委员会成立大会暨第三次江苏省毒理学学术交流会在苏州大学医学楼四楼报告厅举行。

5月16—18日,以"空间辐射生物交叉学科研究"为主题的香山科学会议第561次学术讨论会在北京香山召开。此次研讨会由苏大医学部放射医学与防护学院、放射医学及交叉学科研究院发起申请并承办,柴之芳教授、顾逸东研究员、张先恩研究员、Tom K. Hei教授、邓玉林教授和周平坤研究员6位专家共同担任执行主席。

11月24—25日,由江苏省预防医学会、江苏省医学会、江苏省卫生信息学会和江苏省疾病预防控制中心主办,医学部公共卫生学院和苏州市疾病预防控制中心承办的"江苏省流行病和卫生统计学年会""江苏省医学会临床流行病学分会暨高峰论坛"在学校独墅湖校区举行。

四、学部重大事项

2月2日,剑桥—苏大基因组资源中心(Cam-Su GRC)英方合作单位英国剑桥大学桑格研究所赠送的总价约70万元的两个大型液氮罐顺利运送至苏州大学。5月23日,"国际小鼠表型分析联盟"(IMPC)执行主席Mark Moore博士访问中心,对中心平台建设工作进行验收并开展座谈。"国际小鼠表型分析联盟"(IMPC)是国际重大科研合作项目,是G7国家科技部部长联席会议认可的国际大科学项目中的唯一一个生命科学项目。

5月9—12日,教育部专家组莅临学校,对临床医学专业认证进行现场考察与指导,正式启动学校临床医学专业认证工作。经过四天的调研考察,教育部专家组对学校临床医学专业认证工作圆满结束。12日上午,学校临床医学专业认证初步报告反馈会在本部红楼会议中心217室举行。

5月13日,科技部基础司副司长郭志伟一行到学校调研考察,重点考察学校省部共建重点实验室培育基地及江苏省放射医学与防护重点实验室的建设情况。

(姜雪琴)

医学部基础医学与生物科学学院

一、学院概况

苏州大学医学部基础医学与生物科学学院于2008年年初由基础医学系和生命科学学院合并组建而成。学院下设12个系,8个校级研究院(所)。

学院现有教职工211人,其中教授44人、副教授79人、讲师50人;具博士学位者142人;博士生导师24人、硕士生导师57人;杰出青年基金入选者2人、教育部长江学者1人、教育部新世纪优秀人才计划入选者2人、农业部岗位科学家3人、江苏省"高层次创新创业人才引进计划"资助者3人、江苏省"333工程"培养对象9人、江苏省"青蓝工程"培养对象12人。另外,学院还聘请刘富友教授(英国皇家科学院院士、英国格拉斯哥大学教授)、赵国屏教授(中国科学院院士)、Peter Delves教授(英国UCL副院长)、虞献民教授(佛罗里达州立大学教授)及卢斌峰教授(美国匹兹堡大学终身教授)等为学院的讲座、客座教授。

学院承担临床医学、医学影像学、护理学、口腔医学、医学检验、放射医学、预防医学、药学、中药学等专业本科生、研究生及留学生基础课程的教学任务,全面负责法医学、生物科学、生物技术、食品质量与安全、生物信息学以及生物技术(免疫工程)等本科专业(含方向)的建设任务。目前已建成国家级双语教学示范课程2门、省级精品课程1门、江苏省品牌特色专业和国防科工委重点建设专业点1个、省级实验教学示范中心2个。

学院负责基础医学、生物学、畜牧学3个一级学科建设工作。现有博士后流动站2个(基础医学、畜牧学)、一级学科博士点1个(基础医学)、二级学科博士点10个;一级学科硕士点3个、二级学科硕士点23个;在读研究生640余人。

学院拥有江苏省一级学科重点学科1个(基础医学)、一级学科重点学科培育点1个(畜牧学)、二级学科重点学科2个(免疫学、特种经济动物饲养);教育部长江学者和创新团队发展计划"创新团队"1个(带头人:高晓明);江苏省重点实验室4个(江苏省干细胞研究重点实验室、江苏省水产动物营养重点实验室、江苏省干细胞与生物医用材料省部共建重点实验室、江苏省感染免疫重点实验室);苏州市重点实验室(苏州市疼痛基础研究与临床治疗重点实验室、苏州市蚕丝生物技术实验室、苏州市癌症分子遗传学重点实验室)3个。同时,学院积极参与国家"211工程"重点学科建设1个,共建国家"211工程"重点建设实验室1个。

近年来,学院促进学科交叉,加强国内外的学术交流与合作,提升学科内涵,获批科研项目层次不断提升,重点重大项目取得突破,科研成果不断丰富。承担科技部重大专项、"973计划""863计划"、国家自然基金重大项目和面上项目等。2016年共发表SCI论文93篇,授权专利42项。

二、教学工作

1. 本科生教学工作

2016年,学院继续做好课程建设与教学管理工作,努力探索科教融合培养创新人才的新途径。

学院共承担课程300门(共497个班),28 514学时。继续推进医学教学改革,尝试在七年制卓越班组成新的教学团队,更好地开展卓越班教学。组织全英文教学团队,为学部开设全英文教学班做好准备。本科生导师制、班主任协会工作不断推进,落实生物科学相关专业的导师制,发挥专业教师对学生学习的指导作用。通过班主任协会加强班主任之间的工作交流,进一步发挥好专业教师在学生管理、指导学习方面的作用。

积极组织教师参加各类微课竞赛,获得较好成绩:获第二届全国高校微课教学比赛二等奖、优秀奖各1名;第二届全国高校(医学类)微课教学比赛一等奖2名,三等奖1名,鼓励奖1名;2016年苏州大学各类奖教金6名。学院组织开展青年教师课堂教学竞赛,2名推荐教师参加苏州大学第十五届青年教师课堂教学竞赛,均获二等奖。

教学改革是学院提高人才培养质量的重要手段,学院积极组织申报各级各类教改项目及大学生创新项目。2016年学院共获得"苏大课程2016-3I工程"项目16项;2016年大学生创新创业训练计划立项项目10项,其中江苏省大学生创新创业训练计划项目6项;苏州大学"箐政基金"项目1项;苏州市教育教学成果奖1项;苏州大学2016年教学成果奖二等奖1项。2016年学院共发表教学论文17篇,主编、参编教材20部。

学院与中科院武汉病毒所联合开办的"高尚荫菁英班"在教学、科研方面的合作进展顺利,病毒所的教授在学校开设病毒学课程获得好评,菁英班部分学生利用假期前往病毒所开展大学生创新实验。中科院设立的"高尚荫菁英班"奖学金顺利评出一等奖6名、二等奖12名、三等奖20名。

2. 研究生教学工作

2016年,学院共招收博士研究生16人,硕士研究生99人。取得学位研究生共135人,其中博士生15人,学术型硕士生99人,专业型硕士生21人。以研究生为第一作者发表SCI论文71篇(其中一、二区30篇)、核心期刊论文10篇。

为提高科研工作质量,学院精心设计制作了精装实验记录本,自2015年5月1日起正式启用,《实验记录规范》条例也同步实施。学院组织了研究生实验记录规范化培训活动,请特聘教授为研究生进行实验记录培训。加强实验记录的管理有利于养成严谨的科研作风,使大家成为遵守科研规范的科学工作者。

三、科学研究与学术交流

1. 科研项目及成果

学院积极组织教师申报各级各类科研项目。在全院教职工的共同努力下,2016年学院在科研项目方面取得了一定突破,获得重大研究计划培育项目1项,优青项目1项,面上项目7项,青年基金项目5项;江苏省杰青项目1项,江苏省社会发展项目、现代农业项目各1项,重大项目追加经费10项。中青年博士教师获省部级项目立项2项、市厅级项目10项。民口纵向项目到账总经费超过1 500万元,横向经费150万余元。

学院教职工2016年共发表SCI论文93篇,其中一区论文10篇,二区论文36篇,三、四区论文47篇;授权知识产权42项。学院特聘教授苏雄荣获第十五届江苏省青年科技奖;李兵、沈卫德教授的研究成果《优质高效养蚕技术体系的建立及其应用》获得首届江苏农业科技一等奖。

2. 学术交流

学院注重学术交流,2016年度共举办院长论坛及学术讲座30余次,主办及承办了第二十九届国际时间生物学大会、苏州市生物学会年会、苏州大学2016年度第五次院长会议等多次大型会议。学院2016年度共有9名教师公派出国留学进修,约30人次出国参加学术会议及交流。

四、学院重大事项

(1) 2016年5月9日至12日,教育部专家组莅临学院对临床医学专业认证进行现场考察与指导。

(2) 2016年5月18日,学院"食品质量与安全"顺利通过新增学士学位授权专业审核。

(3) 2016年7月,学院对各学系正副系主任岗位进行了换届调整;9月2日,召开新上任系主任培训会。

(4) 2016年8月23日,学院陶金老师获国家自然科学基金优秀青年基金,为学院首位国家"优青"获得者。

(5) 2016年9月29日,薛辉任学院党委书记。

(朱 旻)

医学部放射医学与防护学院

一、学院概况

放射医学与防护学院前身是创建于1964年隶属于原核工业部的苏州医学院放射医学系。经过五十多年的建设,已成为适应国防、核事业发展战略需求,培养放射医学专业人才和开展放射医学科学研究的主要教学、科研基地。

放射医学是我国该领域唯一的国家重点学科,同时也是江苏省和国防科工委重点学科及"211工程"重点建设学科,具有鲜明"核"特色的优势学科。拥有江苏省放射医学与防护重点实验室,教学团队多次获评省部级优秀学科梯队,2009年获得教育部长江学者和创新团队发展计划"创新团队"资助建设,于2012年顺利通过教育部验收。2011年成立放射医学与防护学院后,其成为目前国内高等院校中唯一一个专门从事放射医学与防护人才培养的学院。获得江苏省高校优势学科建设工程"特种医学"一期、二期建设项目;2014年获批"放射医学"江苏高校协同创新中心,极大地推动了放射医学国家重点学科建设。

二、教学工作

1. 本科生教学工作

放射医学专业是国家特色专业建设点、江苏省特色专业和苏州大学品牌专业。放射医学专业已形成从本科到博士后乃至就业后继续教育的完整培养体系。

2016年6月13日,学院召开"放射医学专业建设"研讨会,着重在放射医学专业现状、如何提高办学质量、影响放射医学专业人才培养的现存问题、从核医学临床看核医学教育、中国放疗需求与放射医学教育等方面展开深入的研讨,从"本科教学评估"的角度,探讨如何通过审核评估加强全面落实人才培养中心地位,健全质量保障体系,办出水平、办出特色,切实提高人才培养质量。

放射医学专业获批成为江苏省品牌专业培育点,希望经过三年建设,成为江苏省品牌专业,成为我国乃至国际上著名的放射医学人才培养基地,培养创新型放射医学复合人才,以适应国家核能和核技术应用飞速发展的需求。

放射医学MOOC(慕课)建设工作在学校教务部的大力支持下,在世纪超星信息技术公司MOOC制作团队的编导、摄像等技术支撑下,顺利推进拍摄工作。第一期拍摄课程为"放射医学概论"和"放射生物学",已完成拍摄工作。放射医学系列课程的MOOC拍摄是为了通过网络平台让更多的学生及放射医学相关人员共享放射医学教学资源,普及放射医学专业知识,提升放射医学服务行业的能力。

2016年度学院共开设课程51门,约2 508学时;开设新生研讨课5门、全英文教学示范课程1门、通识教育课程3门;获大学生创新创业训练计划立项项目6项,其中省级5

项、校级1项;获评苏州大学第三批校级精品开放课程(网络进阶式课程)1门——辐射与健康;获苏州大学2016年"箬政基金"项目1项;获得苏州大学第十四届青年教师课堂教学竞赛三等奖1项;获医学部学生课外科研项目10项。2011级放射医学专业学生54人顺利毕业并取得学士学位。

学院与上海联影医疗科技有限公司签订合作协议,2017年起设立苏州大学医学部放射医学与防护学院"联影"优秀本科生奖学金。

2. 研究生教学工作

以协同创新为纽带,推动我国放射医学专业人才从本科到博士乃至终身教育的培养体系的形成。完成2016年研究生招生工作:共招博士研究生11人,其中硕博连读3人,直博1人,申请考核1人;招收硕士研究生45人。博士毕业5人,授予博士学位5人;硕士毕业27人,授予硕士学位27人。2016年学院的毕业研究生就业率为100%。2016年,学院成功举办了第三届放射医学夏令营。11月12—19日,开办医学物理的Summer School,聘请国外专家讲学。

在柴之芳院士出资设立奖学金的基础上,吸引泰和诚医疗集团有限公司、江苏华益科技有限公司、江苏超敏仪器有限公司、南京中硼联康医疗科技有限公司、中广核达胜加速器有限公司投入资金,对品学兼优的放射医学专业学生进行嘉奖,以提高学生的培养质量,激励学生的学习积极性和科学创造性,为我国放射医学与防护事业的发展输送高层次人才。6月14日,学院隆重举行奖学金颁奖典礼。7月19—22日,由泰和诚医疗集团有限公司组织,获得"泰和诚"苏州大学放射医学优秀研究生奖学金的6名研究生赴新加坡学习参观。

三、科学研究与学术交流

1. 科研项目及成果

学院各团队在做好现有课题研究的同时,继续抓好国家自然科学基金、江苏省自然科学基金、江苏省高校自然科学基金项目等基金的申报工作。2016年度获批国家重点研发计划数字诊疗装备研发重点专项青年项目1项;科技部"精准医学"重大专项子项目1项;国家自然基金重点项目1项,面上项目4项,青年基金项目11项;江苏省自然科学基金项目8项;江苏省高校自然科学基金重大项目1项,面上项目1项;总计经费约为4 672万元。肿瘤辐射增敏及其应用研究成果正在申报江苏省科学技术奖。2016年发表SCI论文170篇,数量与上年相当,但质量有所提高;其中影响因子大于10的有17篇,大于5的有80篇。2016年授权专利9项,申请专利15项,专利转化也有新进展。

2016年10月,学院召开了首届放射医学科技成果转化交流会议,邀请11家合作企业与会交流,合作企业与医院代表汇报了各自的主营项目、技术需求、合作思路和设想;学院各研究中心的负责人及项目组成员也分别汇报了项目取得的成果和未来的应用前景;与会专家、企业家就如何开展科技成果转化工作、项目的对接、后期项目的推进与管理等展开了热烈讨论,提出了许多建设性的意见和建议,对今后开展成果转化工作具有重要的意义。

2. 国内外学术交流情况

学院积极开展国际学术交流与合作。与国际原子能机构(IAEA)、国际辐射防护委员会(ICRP)等国际组织保持密切联系,与美、德、日、法、加等国建立了人员互访和合作研究渠道;同时积极与国内放射医学主要科研教学机构联系与合作,促进放射医学与防护事业的进步与发展。

5月16—18日,学院承办香山科学会议第561次学术讨论会"空间辐射生物交叉学科研究",探讨空间辐射生物交叉学科研究的发展现状与对策,拓展研究领域。

学院积极加大为行业服务的力度,努力实现科学技术转化为生产力,为相关产业提供技术支撑;先后与江苏超敏仪器有限公司、南京中硼联康医疗科技有限公司、江苏力维检测科技有限公司等签署合作协议。促进人才培养和科研合作,与南华大学核科学技术学院签署合作协议;与日本大阪大学核物理研究所签署合作备忘录。

邀请国内外知名专家来访学院并作学术交流,2016年举办先进放射医学论坛46期。

四、学院重大事项

(1)2016年学院本科生入学的放射医学志愿率为100%。录取的89名本科生均填报了放射医学专业,其中有四分之一为第一志愿,这是学院历史上从未有过的。

(2)通过了江苏省教育厅组织的协同创新中心中期评估,结果良好。

(朱本兴)

医学部公共卫生学院

一、学院概况

苏州大学公共卫生学院是在原苏州医学院1964年创建的卫生学系基础上发展起来的。1985年筹建预防医学系,1986年经国家教委批准招收第一批五年制预防医学专业学生,1991年正式成立预防医学系,2000年并校,成为苏州大学核医学院预防医学系,2002年更名为放射医学与公共卫生学院预防医学系,2008年更名为医学部放射医学与公共卫生学院预防医学系。为适应公共卫生事业和学科发展的需要,学校于2011年6月成立公共卫生学院。

学院设5个系(流行病与卫生统计学系、卫生毒理学系、劳动与环境卫生学系、营养与食品卫生学系、儿少卫生与社会医学系)和1个研究中心(遗传流行病与基因组学研究中心),拥有江苏省老年病预防与转化医学重点实验室、苏州市健康城市研究所、苏州市电磁辐射重点实验室、苏州市出口化工产品检测与评估公共技术服务平台和校级卫生发展研究中心。学院现有教职工57人,专任教师50人,其中教授13人,副教授24人,博士生导师8人,硕士生导师22人。还聘请国内外10多名著名专家作为讲座或兼职教授。

学院现有公共卫生与预防医学博士后流动站、一级学科博士学位授权点、一级学科硕士学位授权点,公共卫生硕士(MPH)专业学位授权点,预防医学本科专业(校特色专业)。公共卫生与预防医学是"十三五"江苏省重点学科,也是国家重点学科(放射医学)和江苏省优势学科(特种医学、系统生物学)的支撑学科。学院是中国中西医结合学会时间生物医学专业委员会的主任委员单位和挂靠单位。目前在校生610余人,其中本科生220余人,硕士研究生、博士研究生130余人,MPH260余人。

近五年来,学院承担国家"973"计划项目、"863"计划项目、"十二五"科技支撑计划子项目、国家自然科学基金重点国际合作项目、国家自然科学基金面上项目/青年项目、世界卫生组织合作项目以及其他国际合作项目等60余项;发表SCI收录论文240余篇,其中一区论文10余篇、发表于国际著名医学期刊JAMA杂志上论文1篇、中国百篇最具影响国际学术论文1篇、ESI高被引论文2篇;获得国家专利授权20多项;获得国家科学技术进步奖二等奖等科研奖励10余项。

学院积极开展国际学术交流与合作,与美国哈佛大学医学院、杜兰大学、哥伦比亚大学、肯特大学、阿拉巴马大学、加拿大萨斯喀彻温大学等建立密切合作关系,与杜兰大学已签订"4+2"联合培养本科—研究生的计划。还建设了一批与公共卫生紧密相关的,以疾病控制中心、卫生监督所、卫生与环境保护部门为主体的教学实习基地。学院十分注重科技开发和成果转化,积极开展医疗用品、药品和食品的辐照灭菌、新药毒性评价、职业安全评价、食品安全和环境有害因素分析等。

二、教学工作

1. 本科生教学工作

学院继续贯彻落实学校关于"回归大学本位,提高办学质量"的精神,举行期中教学检查教师座谈会等,尽全力解决会上提出的问题。学院还举行毕业生座谈会,倾听意见,明晰问题,为进一步深化教育改革、提高人才培养质量打下了良好的基础。

学院采取了一系列切实措施推进教学改革。选派6名骨干教师参加PBL培训。2名教师在课堂上积极使用PBL教学,取得较好的教学效果。卫生毒理学系积极推行双语和全英文教学。继续推进课程整合,在卓越医师班实现了文献检索、医学科研方法、卫生统计学和流行病学融合教学改革,成效显著。

学院继续举办本科生第二课堂系列活动,2016年完成11次"公卫大讲堂"讲座,1 180余人次参与;4次开放实验,共有90余人次参与;174位同学参加了32位导师为他们设计的56个开放课题。

顺利完成本科生教学工作量5 106学时;完成了2011级预防医学专业31名学生的毕业实习、毕业课题和毕业论文答辩工作;获评优秀毕业设计(论文)、优秀论文指导老师、优秀实习指导老师、优秀实习生、优秀实习小组各一项。

积极参与临床医学认证工作,顺利通过了现场认证工作。

成果显著。主编教材3本,参编教材4本,主编指南1本。《医学形式逻辑学》获全国普通高校"十三五"规划教材立项,获评校教材培育项目;2名教师获校通识教育课程改革项目;1名教师获校新生研讨课项目;2名教师获校全英文课程项目。发表教学相关论文7篇。1名教师获全国高校(医学类)微课比赛鼓励奖;获学校第十五届青年教师课堂教学竞赛二等奖1项;获交行教学奖1项;获周氏教育科研奖(教学优胜奖)1项;1名本科生获"人卫杯"第五届全国医药卫生管理专业本科生毕业论文(设计)竞赛优秀论文三等奖;1名教师获评2016年暑期社会实践活动优秀指导老师;1名教师获"苏州市优秀教育工作者"称号;2名教师获医学部"我最喜爱的老师"称号。学部获校本科教学工作考评优秀,学院获学部教学三等奖。

2. 研究生教学工作

37名学术型硕士、8名全日制专业学位硕士和7名博士完成毕业论文答辩顺利毕业,73名在职MPH的学员也顺利通过论文答辩并毕业。2016年招收MPH学员75名。2名教师获省教育厅研究生教改项目2项;获评江苏省优秀博士论文1篇;获评校优秀博士论文1篇;3名硕士和1名博士获国家奖学金;4人获研究生创新计划奖;7名同学获各类校优秀研究生奖助学金;14名同学获评校优秀毕业研究生、优秀研究生、优秀研究生干部、研究生学术标兵;14名同学获评学部优秀毕业研究生、优秀研究生、优秀研究生干部;7名同学获评学院优秀研究生。荣获江苏省第二届"真爱健康杯"演讲比赛优秀团体奖。1名研究生获第七届上海"运动与健康"国际高层论坛暨2016年上海市研究生学术论坛"学术之星"荣誉称号。2016年,学院获校研究生工作考评综合奖。

学院研究生的就业形势好,供不应求,2016年度研究生就业率100%,就业率位居全校前列。

三、科研工作和学术交流

2016年公共卫生与预防医学专业成功获批江苏省重点学科,实现了省级重点学科零的突破；已顺利完成公共卫生与预防医学一级学科博士点评估材料申报工作。获江苏省"基于精准医学生物大数据高级研修班"项目1项。

积极引进高层次人才，提升教学和科研水平。引进博士2名。加强青年教师的培养，有2位教师去国外学习进修，20多位教师参加国内外学术会议。获评"双创博士"1名。继续选派优秀青年教师赴姑苏区、工业园区疾控中心挂职锻炼。

继续抓好国家自然科学基金项目及省市级科研各类基金申报工作。2016年学院获得科研项目26项，国家重点研发计划重大专项课题1项，国家自然科学基金项目8项（面上项目6项，青年项目2项），国家社会科学基金项目1项，卫计委项目1项，江苏省自然科学基金项目4项（面上项目1项，青年项目3项），江苏省社会发展项目1项，江苏省高校自然科学基金项目3项（重大项目1项，面上项目2项），中国博士后基金特别资助项目1项，中国博士后一等资助项目3项，中国博士后二等资助项目1项，市级应用基础项目2项。另外，与放射防护学院联合成功申报的国防科工委重大项目"我国核工业辐射流行病学调查60年"已正式获批，经费1 000万元。

发表三大检索论文75篇，一区6篇，二区26篇。获授权专利10项。出版专著2部，获苏州市科技进步二等奖1项。2名教师分别获评江苏省预防医学会先进副主任委员、先进委员，1名教师入选苏州市独墅湖科教创新区（SEID）高端人才集聚工程（科教杰出人才）、1名教师获评江苏省营养学会优秀理事。

积极参与"名城名校融合发展战略"，健康城市研究项目（社区健康管理中心综合示范区）获苏州市人民政府立项，经费200万元，该项目正在积极实施过程中。

江苏省毒理学会放射毒理、工业毒理及兽医毒理三个专业委员会成立大会暨第三次江苏省毒理学术交流会于2016年1月23日在苏州大学医学楼四楼报告厅隆重召开。学院成为第一届江苏省工业毒理专业委员会挂靠单位和主任委员单位，1名教师当选中国毒理学会免疫毒理专业委员会副主任委员。

2016年11月24—25日，学院成功承办了江苏省预防医学会流行病与卫生统计学会、江苏省医学会临床流行病学专业委员会及江苏省信息学会卫生统计专业年会暨高层论坛。

学院成功获批中国社区健康联盟的"四师"培训基地，并已挂牌，将为培养健康管理师、营养师、心理咨询师和康复师等预防医学专业人才做出应有的贡献。

四、学院重大事项

2016年，公共卫生与预防医学专业成功获批江苏省重点学科，实现了省级重点学科零的突破。

2016年，获国家重大科技专项子课题1项，获国家自然科学基金项目10项，其中1项是公共卫生学院成立以来首次获得的社会科学基金项目；继徐添博士获评省优博以来，张永红团队又1篇博士论文获评省优秀博士论文；坚持核特色专业建设，与放射与防护学院共同申报国防科工局的核工业作业人员辐射流行病学调查重大专项1项，经费1 000万元。

顺利举行了党委换届改选大会，芮秀文同志任党委书记。

学院组队参加校"学党章党规学系列讲话精神"知识竞赛，获得二等奖的好成绩。

（钟宏良）

医学部药学院

一、学院概况

苏州大学药学院是一所立足国际学术前沿,致力于新药研究和优秀药学人才培养的研究型药学院。

学院拥有药学一级学科博士学位授权点、药学一级学科硕士学位授权点、药学专业硕士和工程硕士(制药工程领域)学位授权点,拥有药学博士后科研流动站。建有1个省级重点实验室、2个市级重点实验室、3个校级研究机构。药学学科为江苏省高校优势学科建设工程一期项目支撑学科、"十三五"江苏省重点学科。药理学与毒理学(Pharmacology & Toxicology)学科跻身ESI全球排名前1%。2015年成功入选汤森路透《开放的未来:2015全球创新报告》全球制药领域"最具影响力科研机构",位列第7。

现有教职工100人,专任教师87人,其中,教授29人,副教授39人,讲师19人;博士生导师18人,硕士生导师48人。全院在校学生922人,其中,全日制本科生654人,硕士研究生219人,博士研究生38人。在站博士后11人。

二、教学工作

1. 本科生教学工作

在保障日常教学工作平稳有序基础上,学院紧紧围绕提高人才质量,切实推动教学改革,取得了可喜成绩:完成了省级在线开放课程"药理学"的建设和申报,同时建设了微课程、全英文教学示范课程和新生研讨课各1门;编写教材8部(包括国家规划教材1部,省重点教材1部,苏州大学教材建设项目1项),发表教改论文6篇。1位教师获评第四届苏州工业园区"十杰教师";1位教师获全国首届医学院校MBBS项目青年教师英文讲课大赛三等奖;3位教师在2016年江苏省高校药理学青年教师讲课比赛中获奖;获2016年苏州大学教学成果二等奖1项;获苏州大学2016年交行教学奖和建行教学奖各1项;获评苏州大学毕业设计(论文)优秀指导教师和苏州大学毕业实习优秀指导教师各2名;获评苏州大学优秀毕业实习团队1个;建设苏州大学2016年校外重点教学实习基地1个。获国家级大学生创新创业训练计划项目立项1项,江苏省高等学校大学生实践创新训练计划项目立项3项,苏州大学大学生创新创业训练计划项目立项3项,"箸政学者"基金研修课题2项,医学部课外科研项目13项。本科生获江苏省优秀毕业论文二等奖1项,2016世界大学生药苑论坛暨第九届全国大学生药苑论坛"创新成果三等奖",江苏省药学会首届医药院校大学生化学、药学知识与实验技能邀请赛三等奖;获评苏州大学优秀毕业论文4篇。12名2017届毕业生被推荐免试攻读硕士学位,并被浙江大学、南京大学等高校录取。

本科生出国(境)交流日趋频繁。与爱尔兰皇家外科医学院药学院互派4名本科生进行了为期2个月的暑期交流学习;另有2名学生赴爱进行为期一学期的学习。

药学全英文教学班改革全面铺开,在管理上将全英文教学班设置为独立的行政班级,顺利完成多门专业课的全英文课程建设。同时,药学综合训练中心顺利完成结题。

2. 研究生培养工作

学院高度重视研究生培养工作,扎实推进研究生培养创新工程。在2016年"江苏省研究生培养创新工程"项目评审中,获得江苏省2016年度普通高校研究生科研创新计划项目1项,获评江苏省优秀硕士学位论文1篇。目前,共有江苏省企业研究生工作站12个,苏州大学研究生工作站9个,设立江苏省"产业教授"岗位6个,努力在产学研合作中为研究生培养搭建新的平台。

成功举办了药学院第六届研究生学术论坛,共有15名不同专业的研究生作了学术报告,展示了70份学术墙报。35名表现优异的研究生获得"中联化学制药"奖学金,奖金总额2.5万元。

从2016年起,学院与中科院昆明动物所以"研究生学术论坛"为载体,加强双方师生交流互访,不断探索研究生联合培养的新途径、新方法。

三、科研工作与学术交流

1. 科研项目及成果

2016年,学院获国家级和省部级纵向项目10余项,主持国家级在研项目69项;发表论文142篇(SCI/EI/ISTP三大检索源期刊论文114篇,其中,影响因子5.0以上的论文29篇)。授权专利30项,申请专利13项。

2. 国内外学术交流情况

2016年,药学院承办苏州大学—加拿大滑铁卢大学第三届学术论坛;邀请国际著名科学家Lawrence J Berline教授等10余名外国知名专家来访交流。法国格赫诺布勒阿尔卑斯大学医学中心药学院代表团访问学院并洽谈合作意向;与爱尔兰皇家外科医学院本科生短期交流项目正式启动,已经成功派出2名教师和2名本科生到爱尔兰皇家外科医学院(RC-SI)进行访问学习,与境外高校合作日益频繁和广泛。香港方树福堂基金会、方润华基金会董事熊方兆怡女士和熊尚文先生到访学院,参观了香港方树福堂基金会捐资建设的"苏州大学树华神经退行性疾病研究中心"。

四、学院重大事项

3月25日,药学专业学位授权点通过教育部学位授权点专项评估。

3月26日,承办苏州大学—加拿大滑铁卢大学第三届学术论坛。

7月,苏州大学—爱尔兰皇家外科医学院(SU-RCSI)第二期暑期研修活动顺利完成。

10月22日,江苏省重大神经精神疾病诊疗技术研究重点实验室顺利通过验收。

10月,张熠副教授入选2016年度江苏高校"青蓝工程"优秀青年骨干教师培养对象,张学农教授荣获苏州大学"周氏教育科研奖"。

11月8—10日,学院本科生张鸿瀚获2016世界大学生药苑论坛暨第九届全国大学生药苑论坛"创新成果三等奖"。

12月,药学学科入选"十三五"江苏省重点学科。

12月14日,香港方树福堂基金会代表团访问学院。

(彭 蓓)

医学部护理学院

一、学院概况

苏州大学医学部护理学院始建于1997年(时称苏州医学院护理学系),1999年开始本科招生,2008年成立护理学院。2015年通过教育部专业认证并获评江苏省实验示范中心。

学院从2014年开始筹建护理人文学、基础护理学、临床护理学及社区护理学四个系,下设护理人文学、内科护理学、外科护理学、急危重症护理学、第一临床护理、护理学基础、第二临床护理、妇儿护理学、社区护理学、第三临床护理等10个教研室和1个护理学实践技能中心。实践技能中心设有生命支持中心实验室、健康评估实验室、母婴护理实验室、康复护理实验室以及全真模拟病房、中医养生实验室等,并配置国内先进的多媒体互动教学实验系统和仿真护理教学模型,已达到国内先进水平。另外,该中心也是江苏省专科护士、苏州市卫生局、苏州大学、护理学会及海外留学生培训基地。学院现有临床直属附属医院3家及上海、常州等地的实习基地6家,均为江、浙、沪地区实力雄厚的三级甲等医院。

学院人才培养具有精英化、国际化特色,以心血管护理、急危重症救治和慢病护理作为专业特色。多次成功举办国际学术会议,中、美、英论坛,我国海峡两岸暨香港、澳门论坛。柔性引进英、美等国以及我国香港和台湾等地的国内外知名教授作为学院客座教授。学院每年还选派优秀学生参加由"华夏高等护理教育联盟"提供的境内外学习交流项目。另外,还为本科毕业生开辟了赴英国女王大学以及美国、日本等国学习深造及硕士、博士合作培养途径和优惠学习机会。

二、教学工作

学院采取强有力措施实施人才发展战略,将师资队伍建设重点放在中青年教师队伍建设上。为加强骨干学科带头人的培养工作、加强骨干师资队伍的自身培育和建设,学院以各种方式、多种渠道对不同层次的教师进行培养及培训,如提高学历、国内交流等,并不定期选派优秀教师到京沪、港台等地进行学术交流,提高了师资队伍素质,也扩大了学院的影响力和知名度。

2016年5月7日至6月20日,在学校、学部、学院各级领导的指导和带领下,护理学院参加了教育部学位与研究生教育发展中心组织的全国第四轮学科评估。在准备本轮学科评估材料的过程中,学院领导组织全体专任教师进行多轮座谈,并对所有师资发放相关问卷进行调研,对2012年1月至2015年12月学院在师资队伍建设、研究生课程教学质量、学位授予情况、境外交流、科学研究项目与成果等方面的工作和成效进行了系统的梳理,在完成第四轮学科评估材料网上提交的同时,甄别学院在今后的学科建设中需要进一步完善的地方。

2016年9月中旬至10月中旬,护理学院参加了国务院学位委员会护理学科评议组组织的"2016年护理学一级学科研究生课程建设调研"工作,在完成网上材料提取的同时,对学院研究生培养的各项工作进行系统梳理,甄别今后需要进一步完善的地方。

10月24日,江苏省第二届高校应急救护竞赛苏南片区比赛在江南大学举办。本次比赛共有来自苏南片区高校的30支代表队参赛,每支代表队规定由2名教师和2名在校学生组成,比赛分为徒手心肺复苏和创伤急救两个项目,通过现场抽签决定参赛队员操作的题目。学院2位教师和2位同学组成的代表队赛前刻苦训练,在比赛中发挥稳定,最终获得团体三等奖。

三、科研工作与学术交流

护理学院2016年度科研经费总量继续稳步发展,共获得资助项目10项,其中纵向项目科研经费32万元,横向经费20万元。

2016年,学院获评苏州市优秀自然科学论文二等奖2篇、三等奖3篇;获苏州大学交行教学奖、建行教学奖各1项;获第二届江苏省高校应急救护比赛三等奖1项;出版编著4部、参编人民卫生出版社教材4部;发表论文36篇,其中SCI论文6篇;获专利授权13项,其中发明专利4项,实用新型专利9项。

目前学院已与英国女王大学、我国台湾慈济技术学院签署了合作培养协议,每年邀请美、英、日以及我国港澳台等地的知名专家来校为本科生进行专题讲学、开设工作坊并通过每年一届的"国际护理会议"为在校学生和毕业校友提供学习交流平台,还选送优秀本科生赴英国女王大学、日本以及我国台湾地区进行学习、交流和深造。

四、学院重大事项

2016年9月,学院护理学科通过评审,被评为江苏省"十三五"一级学科省重点学科。

学院成功通过中央与地方财政及省级实验示范中心验收。

(孟红燕)

敬文书院

一、书院概况

为积极推进人才培养改革,探索高等教育大众化条件下的高素质创新人才培养模式,苏州大学借鉴剑桥、哈佛、耶鲁等国外著名大学"住宿学院制"以及香港中文大学"书院制"等管理模式,结合学校实际情况,于2011年6月成立了全校首个以香港爱国实业家朱敬文先生名字命名的书院——敬文书院(英译为:C. W. Chu College,Soochow University)(以下简称"书院")。

书院以"育人为本、德育为先、个性培养、全面发展"为理念,弘扬"为国储材,自助助人"的敬文精神,倡导"明德至善,博学笃行"的院风。

书院以培养具有人文情怀、创造精神的研究型、国际化、高素质创新人才为目标,汇聚不同学科专业背景的学生和导师,共建一个师生亲密互动的学习、生活共同体。

书院推行导师制,内设常任导师、学业导师、助理导师和社区导师。目前,书院共有常任导师6名、学业导师90名、助理导师1名、社区导师1名。

目前,书院从校本部、北校区、东校区9个学院中选拔了407名本科生在读。

书院院舍坐落于粉墙黛瓦、绿树葱郁、方塔傲立、古韵悠然的学校本部校园东北部的一隅。目前主要由南苑楼、北苑楼、内苑楼三幢楼宇组成。书院作为一个学者的家园,有着园林式的院落环境,彰显"贴近、亲和、交融"的育人氛围,导师室、办公室与学生宿舍"同位化、近距离",同时设置图书馆、咖啡吧、谈心室、自修室、演习室、钢琴房、健身房、洗衣房、共膳居等,便于将学生的学习和生活融为一体。

二、党建与学生工作

(一)党建工作

2011年9月,敬文书院迎来了首批学生并成立敬文书院党支部。2015年1月8日,中国共产党苏州大学敬文书院委员会成立。目前书院在籍党员总人数为58名,分别为:在职教职工党员6名,学生党员52名,其中正式党员36名,预备党员22名。

(二)学生工作

自2011年6月成立以来,敬文书院为实现研究型、国际化、高素质创新人才培养这一目标,贯彻了"育人为本、德育为先、个性培养、全面发展"的理念、"为国储材,自助助人"的院训、"明德至善、博学笃行"的院风。

2016年,书院围绕推进内涵建设的"1328"模型,深入实施三大核心计划,进一步推动书院内涵建设。

1. 科技人文融通计划(S计划)方面

(1)隐性融通——文理渗透学科交叉:34个专业的学生在一个社区生活;同一个宿舍

由不同专业的学生入住,拓宽视野,创新思维。2016年,书院开展了"好书悦读""演讲比赛"以及"科研能力培训"等活动,鼓励学生多读书,读好书;鼓励兴趣驱动的创新和学科交叉的创新。

（2）显性融通——通识教育塑造全人：2016年,书院继续邀请和组织校内外名家开设了系统化通识教育课程——艺术审美系列、创新探索系列、文化传承系列、经典会通系列讲座,着力培养学生的人文情怀与科学精神。

（3）自助助人——以德为先储蓄爱心：要求每位学生每学期至少完成18个小时的义工。2016年,书院内部推出20个义工岗位,书院学生在自助的同时,还走出校园,服务社会,奉献爱心。

2. 生涯发展辅导计划(C计划)方面

书院实施生涯发展辅导计划。一方面,书院导师们为学生进行学业和生涯辅导。2016年,书院共举办以高数、概率论与数理统计、普物、工程数学线性代数、工程数学复变函数、热学等基础课程为内容的答疑坊100次,共90人次参加了雅思、托福培训集中授课辅导。其余学业导师为书院学生开展了各类课程学习集体辅导200余次,个别辅导则更多。另一方面,书院为学生提供生涯发展理论与实务方面的指导。2016年,书院组织学生参加学校职业生涯规划大赛,聆听考研、就业、出国留学专场辅导报告,开展"幸福下午茶"生涯辅导工作坊等活动,坚持点面结合,未雨绸缪,促进学生尽早进行生涯规划并早做准备。

3. 领导力培育计划(L计划)方面

书院创新学生组织架构,创新学生活动模式。2016年,通过推出苏大敬文书院英国剑桥大学创新创意和卓越领导力培育交流项目,开设创新创意和卓越领导力课程,提升学生的领导力,丰富其人生经历和文化底蕴,全面提升其未来发展的竞争力。

在全人教育理念引领下,通过深入实施"SCL"三大核心计划,打通了第一课堂与第二课堂。通过开设文化传承、艺术审美、经典会通、创新探索四个系列的通识教育课程,实现深度学习、研讨深化、学科交叉、师生互动,提升了育人实效,使学生在认知、思维、表达和运用方面努力达到融会贯通的新高度。

2011—2014级66%的学生在专业学院获得学习优秀奖学金;2011级30%、2012级33%的学生成功保研,2011级30%、2012级35%的学生积极申请世界名校研究生,2011级30%、2012级5%的学生报考校内外研究生,2011级10%、2012级27%的学生打算就业。学生取向多维,视野拓宽,境界提高。

书院学生五年多来在各级各类学科竞赛中获得了令人喜悦的成绩。其中,获得国家级学科竞赛奖项26人次,获得省级学科竞赛奖项54人次。

书院已经有近50%的学生获得境外研修的机会,分别前往美国哈佛大学、耶鲁大学、斯坦福大学、杜克大学、英国牛津大学、剑桥大学、伦敦政治经济学院、曼彻斯特大学、澳大利亚邦德大学、新加坡南洋理工大学、我国香港中文大学等众多国际名校研修交流、留学深造。

书院2016届毕业生中,33%的学生成功保送研究生;35%的学生成功报考我国清华大学、复旦大学等"985"高校研究生以及英国帝国理工大学、加拿大滑铁卢大学、我国香港中文大学等世界名校研究生。

（孟玲玲）

唐文治书院

为进一步推进苏州大学"卓越人文学者教育培养计划",苏州大学借鉴剑桥大学、哈佛大学等国外著名大学的书院制,参照西方文理学院的本科培养模式,于2011年成立了"唐文治书院"(简称"文治书院")。书院以著名教育家唐文治先生(1865—1954)的名字命名,建立全新的研究型教学模式,探索本科教育和研究生教育的有机结合,体现现代大学制度的基本精神,突出民主办学、敬畏学术、教学相长、自我发展的特征,以培养复合型、学术型的高端文科人才为目标。

1. 全新的培养方案,培养高端文科人才

文治书院优化配置教学科研资源,设计了全新的人才培养方案与教学计划,培养复合型与学术型文科人才。课程设置打通文史哲,回到文史哲专业的基本面,回到中国文化的"原典",强调经典研读,从传统出发并对传统进行创造性的转换,以现代的立场阐释经典。除部分通识课程外,主体课程都是单独编班授课。

文治书院注重发挥学生的学习自主性,训练学生处理和研究问题的动手能力,除课堂教学外,特别重视阅读、讨论、作业等环节,部分课程采取以学生为主体的专题报告、课题讨论等方式,强调学生自主性的发挥。书院第一学年特别设置每周10节的英语课,强化英语训练,提升学生的英语听说读写能力。

2. 独特的管理模式,构建卓越成长平台

文治书院从2016级文史哲三个专业的新生中,择优选拔30名学生进入唐文治书院。书院录取之后学生学籍即转入书院,由书院集中管理。

在生活方面,书院实行集中住宿制度,学生享有相对独立、比较优越的住宿条件,男女生宿舍区各有专门的活动中心、阅览中心、生活间等设施。

在学习方面,学校对书院给予了特别的优惠,每一届学生均拥有一间固定教室,享有优先获得各类奖助学金、各类课外科研项目的机会。书院还设立专项资金,资助学生的学术交流活动,并推荐部分优秀生到国外一流大学研修。书院大力鼓励与资助学生举办各类读书沙龙、文化参访、郊游踏青、社团组织、暑期社会实践活动等,大大丰富了学生的业余生活,拓展了学生的社会视野。由学生主编的《文治学刊》已成为展示学生风采、加强师生交流的开放园地。

3. 强大的师资阵容,培养良好学习习惯

文治书院采取教授联合授课的方式,以高薪聘请文史哲的一流师资为书院学生授课,以小班授课、小班研讨为特色,师生之间互通无间。此外,书院延聘海内外著名教授主持常设性的讲座课程,捷克查理大学的罗然(Olga Lomová)教授,德国海德堡大学的瓦格纳(Rudolf Wagner)教授,哈佛大学的宇文所安(Stephen Owen)教授、李欧梵教授、王德威教授,杜克大学的罗鹏(Carlos Rojas)教授,加州大学的白先勇教授,台湾大学的张小虹教授,香港城市大学的李孝悌教授,复旦大学的葛兆光教授,清华大学的汪晖教授、刘东教授等都亲自为书院学生授课。

同时,文治书院实施全程导师制,由书院选聘具有高级职称或博士学位的文史哲专业优秀教师担任学生四年的学业导师。学业导师会定期地与自己所带的学生进行学术交流与探讨,对学生的学业发展给予最直接的指导。书院为每一级学生选聘了一名班主任,负责引导学生养成良好的学习习惯和健康的生活方式。书院还配备了一名专职辅导员,负责学生的思想政治工作和管理工作。这样三位一体的师资阵容,从学术上、生活上以及日常管理上为学生们带来全方位的保障。

4. 人才培养,初见实效

经过五年多的改革与发展,书院培养了一批优秀的学术研究人才。2011级的王宇林同学获得第五届"新纪元全球华文青年文学奖"短篇小说组二等奖,2015级的张煜棪同学在《钟山》杂志发表小说《没有手腕的河》,2011级的姚在先、2013级的张睿、2014级的史峻嘉等多名同学在全国大学生英语竞赛中获奖,2013级的李嘉铭获第五届全国口译大赛(英语)华东赛区一等奖,2015级的张煜棪同学获得2016"外研社杯"全国英语演讲大赛江苏省一等奖、全国三等奖的好成绩。书院的暑期社会实践调研团队连续两年(2014、2015)进入青年中国行百强团队,两支团队获评2014、2016"调研中国"优秀参与团队,显示了书院学生较强的综合实力。

在已毕业的两届学生中,2015届毕业生中有69.6%的同学选择继续深造,2016届毕业生继续深造的比例更是高达83.3%。继续深造的同学除了选择进入境内的复旦大学、中国人民大学、南京大学、中山大学、华东师范大学和苏州大学等"985""211"高校之外,还有部分同学选择境外的高校进一步完成研究生学业。他们在研究生期间所学专业涵盖文、史、哲等多个方面。有趣的是,书院2016届毕业班B06-224宿舍的3名男生全部进入中山大学读研,却选择了文、史、哲三个方向。

(季　进)

文正学院

一、学院概况

苏州大学文正学院是在我国高等教育大变革、大发展背景下应运而生的。1998年12月经江苏省教育委员会批准成立,时为公有民办二级学院,并于2005年获准改办为独立学院。2012年8月,经江苏省政府批准,学院在省内独立学院中率先由民办非企业登记为事业法人单位。

学院将改革创新作为事业前进的指导思想,将尊重学生的个性发展作为教育教学的基本前提,将多元化人才培养作为坚定不移的中心工作,充分依托苏州大学的优质资源以及长三角地区的区位优势,为经济社会发展输送优秀的应用型本科人才。

学院在校生万余人,设置经济系、法政系、文学系、外语系等12个系科,现设有42个本科专业,涵盖法学、文学、经济学、管理学、理学、工学、艺术学等多个学科;教育教学设施完备,功能齐全,建设标准高,使用效果好;顺应数字化潮流,借力信息化建设,智能化校园建设取得阶段成果,校园管理创新成效显著。

学院努力改进大学生思想政治教育的方式和方法,学生党建的科学化、专业化水平高;为学生的成长成才全面创造条件,人才培养方案个性化,教育教学精品化;注重学生自我管理能力、自我服务能力、学术科研能力以及社会活动能力的培养,通过行为量化考核促进学生的养成教育;大力推进学生职业生涯规划,努力拓宽创新创业视野。"三创工作"有声有色、国际化办学先声夺人,这已经成为文正学院显示度较高的两大特色。

二、教学工作

2016年共有2 598名同学参加毕业论文答辩,答辩一次通过率99.31%,同时产生院级优秀论文47篇,其中不乏已在科技期刊发表的优秀成果和获批授权专利。2016届毕业生毕业率为90.4%,学士学位授予率为84.59%。2016届毕业生中共有181名学生考取境内外高校硕士研究生,考研录取率达7.61%。

截至2016年年底,已与文学院等8家共建学院签订人才培养、师资队伍建设合作协议,引进专任教师52名,其中专业负责人20名(含7名系主任),公共课负责人3名,专业骨干教师20名,公共课教师5名,实验指导教师4名。与艺术学院等8家共建学院的"教师双聘"工作正在进行。完成首批专任教师社会招聘工作,确定了5名教师和2名实习教师。第二批通过社会招聘的专任教师约20名也已基本到位。举办教师研讨会、座谈会,加强教师业务档案建设与管理,积极推进青年教师培养工作。同时做好自有师资建设的相关基础保障、规章制度及实体建设工作。

学院与网易江苏签署战略合作协议,共建网络新闻传播培训基地、网络新闻传播实践与就业基地。与北京蓝鸥科技有限公司、上海微卫汽车设计有限公司、北京市均豪物业管理股份有限公司、苏州贝克微电子公司等四家企业签订专门化人才联合培养协议。与科沃斯机器人有限公司合作开发实验实训提升平台建设方案。

学院开展了在研高等教育改革研究课题中期检查工作。本次检查主要分自查阶段和学院检查阶段。24个项目课题组都汇报了目前取得的阶段性成果、经费使用情况、存在的主要问题及解决方法以及下一阶段工作计划等具体情况。

为进一步加强学院教材建设工作,提升教材建设水平,推进优质教育教学资源共享,落实《省教育厅关于启动"十三五"高等学校重点教材立项建设工作的通知》(苏教高〔2016〕13号)精神,学院组织申报省级重点教材立项建设工作。2016年共组织申报2部教材参评省级重点教材立项,分别为吴丹、陈蕾主编的《LED器件的原理及应用》和涂小马主编的《大学生论文写作纲要》。

《基于学分制人才培养体系下的教学管理创新实践》研究课题获得2016年苏州市教育教学成果奖二等奖。该课题从创新教学管理制度、构建智能教学管理保障平台两个主要方面,介绍并论述了学院围绕学分制积极探索人才培养新途径及与之相适应的教学管理方法,在制度建设与平台保障两方面采取的诸多行之有效的创新举措。

加大学生科研创新投入,营造校园学术氛围,提升学生科研技能。组织大学生科研创新能力训练营,全年共有600余人次参加"雏鹰计划""精鹰计划""鹏鹰计划"三项科创培训活动。组织立项校级以上科研项目共计131项,192人次在省级以上竞赛中获奖。

学院师生在2016年江苏省"创青春"大学生创业大赛、苏州市大学生菁英之星创业创新竞赛、苏州国际教育园创业导师技能大赛总决赛等比赛中连获佳绩。"懒印云打印"被省人社厅认定为"江苏省优秀创业项目",并获10万元创业资金扶持。学院荣获"苏州市优秀高校就业创业指导站"荣誉称号。

三、学术交流

新签友好交流及合作协议9项,新增校际交流项目5项。共接待来自美国、日本、韩国等国外大学以及我国澳门、台湾地区高等学校的代表团及任课教师42批次93人,学生交流团3批次69人。教学管理人员赴海外访问、研修、考察合计5批13人。2016年各类出国(境)留学学生计196人次,其中双学位10人、校际交换学生59人、短期研修83人、友好学校升学15人、学生自行联系29人。电气工程及其自动化"3+1"项目首届班级赴美学习27人,金融学教改班"1+2+1"项目18人正在办理相关申请手续。

四、学院重大事项

1月27日,学院2016年第一次理事会在学校本部红楼会议中心举行。王卓君理事长和盛惠良、刘标、赵阳、吴昌政等理事出席会议,熊思东、仲宏、施盛威、蒋峰、袁昌兵、杨帆列席会议,会议由王卓君主持,杜明记录。会议同意朱秀林不再担任副理事长,徐子良不再担任理事,由熊思东担任副理事长,仲宏担任理事。

3月30日,学院党委召开换届选举党员大会,共有404名党员参会,其中有表决权、选举权的党员227名。会议由党委委员、院长吴昌政同志主持。大会发出选票227张,收回选票227张,有效票227张。按照党内选举的有关规定,卞海勇、仲宏、杜明、吴昌政、胡荣、袁昌兵、蒋峰(按姓氏笔画排列)等7名同志组成新一届党的委员会。

6月14日,苏州大学文正学院学位评定委员会换届暨第二届第一次会议在学校本部红楼会议中心举行。学院第二届学位评定委员会组成：主席吴昌政,副主席郎建平、周毅、施盛威,委员丁睿、方新军、冯成志等18位,共22人。胡荣担任委员会秘书。

（刘　言）

应用技术学院

一、学院概况

苏州大学应用技术学院(Applied Technology College of Soochow University)位于中国第一水乡——昆山周庄,距苏州大学独墅湖校区20公里,毗邻苏州工业园区、昆山经济技术开发区、花桥国际商务城和吴江高新技术开发区,在苏南国家自主创新示范区。校园环境优美,空气清新,设施一流,体现了"小桥、流水、书院"的建筑风格,是莘莘学子理想的求学场所。

学院成立于1997年11月,2005年改制为本科层次的独立学院。学院设有工学院、商学院、时尚学院、中兴通讯电信学院、海外教育学院,设有1个国家职业技能鉴定所、1个应用技术教育研究所,获批江苏省国际服务外包人才培训基地、江苏省服务外包人才培养试点高校、江苏省电子商务人才培训基地、苏州市校园大学生创业孵化基地、昆山市高技能人才培养定点机构、昆山市职业技术教育培训基地等,现设有31个本科专业,在校生7 600余人,担任各类课程的教师中高级职称者占60%以上,双师型专业教师占80%以上。

学院秉承发扬苏州大学百年办学传统、坚持"能力为本创特色"的办学理念,改革、创新、奋斗十多年,形成了依托行业、强化应用、开放办学、高效管理的办学特色。由社会各界和高校百余名专家组成的专业教学指导委员会,在学院专业设置、师资聘请、教学计划审定、实习基地提供、学生就业指导、就业推荐等方面发挥了重要作用。

学院始终坚持以培养高层次应用型人才为宗旨,坚持"加强理论、注重应用、强化实践、学以致用"的人才培养思路,依托苏州大学雄厚的师资力量和本院的骨干教师,利用灵活的办学机制,在加强基础理论教育的同时,突出学生实践能力与现场综合处理问题能力的培养。十多年来,学生在国家级、省级专业技能和学科竞赛中荣获奖项320余项,其中全国大学生电子设计竞赛等全国奖30多项。近五年,毕业生就业率连年超过96%,协议就业率均在94%以上,毕业生质量得到了用人单位的一致好评。

学院积极拓展国际交流,已与美国、英国、德国、韩国、日本等国家的高校开展合作办学、优秀学生出国交流、攻读双学位、本硕连读等项目。

近年来,学院积极把握国家引导一批普通本科高校向应用技术型高校转型的战略机遇,以获批加入应用技术大学联盟和入选首批教育部—中兴通讯ICT产教融合创新基地院校、"互联网+中国制造2025"产教融合促进计划试点院校以及"科学工作能力提升计划(百千万工程)"首批试点院校为契机,积极配合昆山"转型升级创新发展六年行动计划",实施创新驱动发展战略,探索为经济建设和社会发展服务的有效途径,坚持走应用型本科教育的发展之路,将应用型本科教育办出特色、办出品牌,并逐步开展应用型硕士教育,构建完善的应用型创新人才培养体系,力争将学院办成特色鲜明的高水平应用技术大学,让百年学府在千年古镇创造出新的辉煌。

二、教学工作

明晰思路,加强教学质量监测。组建学院第三届教学督导组,强化课堂教学质量评价;组织完成2016年高等教育质量国家数据平台数据采集工作,全面掌握学院教学基本状态数据;完成学院"项目管理平台"系统建设,明晰了基于工作过程的质量监测工作思路。

搭建科研平台,强化师资队伍建设。鼓励教师积极申报各级各类教改、科研项目。2016年度共有9个项目、16项课题立项,在研各级各类项目30多项,在研经费约400万元。曹灿明老师申报的2016年江苏省软科学研究计划项目获得立项,李红喜和胡传江两位老师获批江苏省基础研究计划(自然科学基金)项目。

创新发展,推进教育教学改革。继续推进课程过程化管理,以动态、精准的学习成绩及时进行反馈,新增《中国近现代史纲要》和《毛泽东思想和中国特色社会主义理论体系概论》两个过程化管理试点项目;有序开展江苏省现代职业教育体系建设"3+4"分段培养试点项目,新增物流管理、旅游管理两个专业;制订2016年度教育硕士(职业技术教育)人才培养方案。

凝练特色,强化学院专业建设。培育学院优势专业、品牌特色专业,继续完善各专业人才培养方案,注重课程建设的改革;加强对新专业设置、专业方向调整的研讨,成功申报并获批了电子商务专业,计算机科学与技术和软件工程两个专业获批嵌入式人才培养项目;以江苏省独立学院专业抽检评估为契机,做好"国际经济与贸易"和"工程管理"专业迎评各项工作。

创新思路,提升教学管理与服务水平。加强毕业生毕业设计(论文)管理与评优工作,孙娜等21位同学、董婉婉、黄舒红和王佩瑶团队以及吴文明等6位老师,分别被推荐为苏州大学2016届优秀毕业设计(论文)、优秀团队和优秀指导教师。

三、科学研究与学术交流

1. 科研项目及成果

2016年学院教师成功申报江苏省基金项目3项,江苏省软科学项目1项,江苏省高校自然科学基金项目2项,江苏省哲学社会科学项目4项,"十三五"高等教育科学研究规划课题1项,苏州市社科联项目1项,苏州市教学成果奖2项,昆山市软科学项目2项;学院成功获批2016年软件服务外包类嵌入式培养项目2项——"计算机科学与技术(嵌入式培养)"专业项目和"软件工程(嵌入式培养)"专业项目。

2. 国内外学术交流情况

与国(境)外多所大学维护、拓展合作关系,在带薪实习、学分互认、特色交流、科创研修等方面继续开展合作与交流。在学生海外交流方面,主要形式有:短期交流、"1+2+1"模式、"2+2"模式等。在中外合作办学方面,完成2016级物联网工程(中外合作办学)专业的招生工作,服装设计与工程(中外合作办学)项目获得教育部审批,将于2017年开始招生。

四、学院重大事项

2016年6月,学院申报的中等职业教育与本科教育"3+4"分段培养项目的4个专业再次顺利获批,计划2016年招收280名学生,比2015年增加65个名额。2016年的合作学校在原有3所的基础上,又新增3所国家中等职业教育改革发展示范学校。

2016年7月,学院江苏省服务外包人才培训基地顺利通过省商务厅全面审核和集中评审。

2016年7月,学院被评为2015年度江苏省学生资助工作绩效评价"优秀单位",这也是学院在全省高校学生资助工作绩效评价中第二次获此殊荣。

2016年12月,学院荣膺腾讯网"2016年度综合实力独立学院"与中国网"2016年度中国综合实力独立学院"称号。

(王 静)

老挝苏州大学

一、学校概况

老挝苏州大学(Soochow University in Laos)成立于2011年,是老挝政府批准设立的第一所外资大学,也是中国政府批准设立的第一所境外大学,由苏州大学投资创办,校址位于老挝首都万象市郊,占地面积22公顷(约350亩)。

2006年11月19日,在胡锦涛总书记和老挝国家主席朱马利共同支持下,中国国家开发银行与老挝国家计划与投资委员会签署中国帮助老挝建设第二十五届东南亚运动会公园的框架协议。作为回报,老挝政府提供10平方千米土地用于开发建设万象新城项目。为具体实施此项目,中国国家开发银行邀请苏州工业园区承担万象新城的开发建设,并提供融资支持。苏州工业园区从建设万象新城项目的结构布局和综合发展考虑,邀请苏州大学加盟,筹建一所高等学校,共同参与该项目建设。2008年5月,苏州大学设立老挝代表处,正式开始筹建老挝苏州大学。

2009年1月,苏州大学获得老挝国家投资与计划委员会颁发的"老挝苏州大学设立许可证"。2011年6月,苏州大学获得中国教育部《关于同意设立老挝苏州大学的批复》。2011年7月,老挝苏州大学正式成立。

二、本科教学

2012年,老挝苏州大学获得老挝教育与体育部批准,开设国际经济与贸易、国际金融、中国语言、计算机科学与技术等4个本科专业,并先后开始招生。

由于校园尚未建成,临时租用的办学场地设施有限,为保证正常教学和培养质量,经老挝教育部同意,老挝苏州大学采用"1+3"培养模式,与苏州大学联合培养学生,即学生第一学年在老挝学习汉语和老挝教育部规定的通识课程,从第二学年开始,到中国苏州大学学习专业课程,最终可获得由中国苏州大学和老挝苏州大学分别颁发的毕业文凭。

2012年招收的首批22名学生于2016年7月顺利毕业。

三、汉语培训

除了开展本科教育外,老挝苏州大学于2012年7月获老挝教育部批准成立汉语培训中心,向老挝社会提供不同层次的汉语培训课程。汉语培训班每期为2~3个月,成绩合格者受颁结业证书。截至2016年年底,参加学习的学员累计超过1 900人次。

经向中国国家汉办申请,2012年4月老挝苏州大学获得中国国家汉语推广委员会批准,在老挝万象设立汉语水平考试(HSK)考点,每年组织多次HSK考试。

四、对外交流

5月份,苏州市友好访问团一行6人,在苏州市对外文化交流协会主席缪学为带领下访问老挝,苏州大学东吴艺术团在孙宁华、吴磊、宋海英带领下同期到访。18日晚,东吴艺术团与老挝国立大学学生举行了联合演出。

7月份,熊思东校长在参加老挝苏州大学首届毕业典礼期间,进行了一系列重要外事活动,分别拜会了老挝现任、原任国家领导人:国家总理通伦先生,原国家总理、苏州大学名誉博士波松先生,原国家主席、苏州大学名誉博士朱马利先生。另外,熊校长还拜会了老挝科技部领导,拜访了中国驻老挝大使馆,访问了老挝国立大学,会见了在老侨领姚斌先生。

五、重大事项

(1) 4月份,江苏省人大常委会常务副主任、党组副书记蒋宏坤一行6人访问老挝,访老期间,亲临学校临时办学点,听取了学校情况汇报,并视察了学校建设工地。

(2) 5月份,朱秀林因退休,不再兼任老挝苏州大学校长,改由熊思东兼任老挝苏州大学校长。

(3) 5月份,苏州市友好访问团一行6人与苏州大学东吴艺术团同时到访老挝,访老期间,苏州市友好访问团和孙宁华等领导亲临学校临时办学点,听取学校情况汇报,实地察看了学校建设工地。

(4) 7月份,老挝苏州大学熊思东校长参加老挝苏州大学首届毕业典礼,并颁发毕业证书。

(5) 8月份,李派先生加盟老挝苏州大学,这是老挝苏州大学首位本土教师。

(6) 9月份,国务院总理李克强在万象接见在老中资企业人员及当地华人华侨代表,老挝苏州大学副校长汪解光被接见。

(7) 11月份,老挝教育部民办教育司卡丰司长等领导亲临学校,分别向老挝苏州大学以及汪解先、倪沛红、冯温格3人颁发荣誉证书。

(8) 12月份,江苏省政协代表团一行7人,在江苏省政协主席张连珍带领下访问老挝,访老期间,视察了老挝苏州大学临时办学点及学校建设工地,听取汇报,看望了上课师生,并为老挝苏州大学题字。

(薛 晋)

附属医院简介

苏州大学附属第一医院

一、医院概况

苏州大学附属第一医院始创于1883年(清光绪九年),时称"博习医院",1954年6月易名为苏州市第一人民医院,1957年成为苏州医学院附属医院,2000年苏州医学院并入苏州大学,医院更名为苏州大学附属第一医院。医院于1994年通过江苏省首批卫生部三级甲等医院评审,并成为苏南地区医疗指导中心。2013年10月,医院以优异成绩通过新一轮三级医院评审,被江苏省卫生厅再次确认为三级甲等医院。2012年,医院被确认为江苏省省级综合性紧急医学救援基地,苏州大学第一临床医学院、护理学院设在医院,江苏省血液研究所、江苏省临床免疫研究所挂靠在医院。

医院本部坐落于古城区东部十梓街188号,占地面积64 960平方米;医院南区(人民路地块、竹辉路地块、沧浪宾馆地块)占地面积93 754平方米;建设中的总院坐落在苏州城北平江新城内,占地面积约134 600平方米,核定床位3 000张,将分两期建设,其中一期建设床位1 200张,建筑面积20.16万平方米,已于2015年8月28日正式投入使用;二期规划床位1 800张,建筑面积21.84万平方米。

医院现有国家重点学科2个,国家级临床重点专科建设单位8个,江苏省临床医学研究中心3个,江苏省科教强卫医学中心3个,医学重点学科(实验室)5个,省级临床重点专科28个,省医疗质量控制中心3个,国家药物临床试验资格专业22个。在复旦大学医院管理研究所发布的《中国最佳医院排行榜》中,连续多年进入前50强;在最佳专科排行榜中,血液科连续多年蝉联全国第4名。在香港艾力彼发布的《中国地级城市医院100强排行榜》中连续四年雄踞榜首。

现有中国工程院院士1名(江苏省血液研究所阮长耿)、青年长江学者1名、国家级有突出贡献中青年专家2名,1人获得国家自然科学基金优秀青年科学基金项目资助,44人享受国务院政府特殊津贴。拥有江苏省"双创"团队5个、江苏省"双创"人才8人,江苏省"333工程"一层次培养对象1人、二层次培养对象8人,江苏省"科教强卫"医学领军人才7人,医学重点人才15人,江苏省特聘医学专家8名,江苏省"青蓝工程"培养对象3名,江苏省级有突出贡献中青年专家18名。现有省部共建国家重点实验室1个,卫生部重点实验室1个(血栓与止血重点实验室),国家药物临床试验机构共有药物临床试验专业22个及Ⅰ期临床试验研究基地1个,通过了WHO/SIDCER认证。

医院为苏州大学最大的附属教学医院,内设苏州大学第一临床医学院,设有口腔医学系、46个教研室。有江苏省品牌专业1个、江苏省重点专业2个,临床医学被遴选为"江苏省高校品牌专业"建设工程一期项目,五年制临床医学人才培养模式改革方案被列为教育部卫生部第一批卓越医生教育培养计划项目,《放射影像技能学》被评为省级重点教材。医院现有临床医学博士后科研流动站1个,一级学科博士点1个(临床医学),二级学科博士点19个,一级学科硕士点1个,二级学科硕士点20个。医院现有博士生导师84人,硕士生导师158人。医院是国家住院医师规范化培训基地,下设专业基地24个。

新院一期工程自2015年8月投入运营以来,各项工作有序开展。二期建设面临着公共平台的发展规划、流程优化、功能需求、工程管理等一系列重大课题,需要全院职工的积极参与、献言献策。医院将率先启动综合楼建设,充分考虑教学办公、科研大楼、行政辅助等区域,力争2017年年底实现结构封顶,并积极筹备二期病房建设,尽早建成拥有3 000张床位、医教研功能齐全的现代化、国际性、有特色的新医院。

二、医疗工作

2016年,医院完成诊疗总量317.0万人次,同比增加13.6%;出院12.6万人次,同比增加34.5%;手术3.8万例,同比增加31.5%;病床周转次数44.2次,同比减少1.6次;平均住院日8.3天,与上年同期持平;平均术前住院天数2.4天,同比增加0.1天;病房危重病人抢救成功率95.0%,同比增加0.5%。医院实现总收入42.2亿元,同比增长22.6%;药占比39.0%。

三、教学工作

2016年,医院完成49个班级的教学任务,其中理论教学7 644学时,见习带教1.5万学时,共计2.2万学时。成立口腔系,四大教研室原下属各教学组升格为教研室,架构重建后教研室增至46个;顺利通过国家住院医师规范化培训基地检查评估,培训住院医师规范化培训学员510人。实施继续医学教育项目126项,其中国家级项目30项,省级项目51项,举办院内培训70场,其中邀请院外专家讲座32场,针对中层干部的培训12场。公派医务人员至国内医疗机构进修33名,参加国内各类学术会议450多人次,赴境外研修参加学术交流约130人次。

四、科研与学术活动

2016年,医院获得国家自然科学基金项目57项、国家科技部重点研发计划课题2项,江苏省科技厅社会发展项目5项,江苏省自然科学基金项目16项;获省部级以上奖励6项,其中包括国家科学技术进步二等奖1项,这是医院时隔12年再次获此殊荣;获江苏省科学技术进步三等奖2项,高等学校研究优秀成果奖(科学技术)二等奖1项,华夏医学科技一等奖1项,江苏医学科技二等奖1项。据中国科学技术信息研究所统计,2015年医院发表SCI论文数量位居全国医疗机构第36位,2016年发表北图核刊和统计源期刊论文426篇,SCI论文233篇。

(邵 翀)

苏州大学附属第二医院

一、医院概况

苏州大学附属第二医院,又名核工业总医院、苏州市第六人民医院、中法友好医院,创建于1988年12月30日,由中国核工业集团公司前身中国核工业部投资兴建。医院坐落于苏州市三香路1055号,占地面积7.8万平方米,现建筑面积17.5万余平方米。截至2016年年底,医院本部共有员工2 111名,其中卫生技术人员(含医师、护师、技师、药师)1 732名,含高级卫技331人。医院设有临床科室30个,医技科室7个,教研室19个。现开放床位1 345张,2016年门急诊量154万多人次,年出院60 087人次。医疗设备齐全先进,拥有CT、DSA、MRI、直线加速器、SPECT检查仪等万元以上设备共计2 998台(套)。

医院系部属综合性教学医院,集医疗、教学、科研、预防为一体,师资和科研力量雄厚,医疗设备先进。医院被设为中国核工业辐射损伤医学应急中心、秦山核电核事故应急医疗中心、苏州市创伤抢救中心、苏州大学医学部第二临床医学院,并设有苏州大学神经科学研究所、苏州大学放射肿瘤治疗学研究所、苏州大学骨质疏松症诊疗技术研究所。2002年11月被国家核事故应急办公室列为国家级核事故应急后援单位。医院以优异成绩通过江苏省卫生厅三级医院评审,2011年12月被江苏省卫生厅确定为三级甲等医院;多次获苏州市文明单位及江苏省文明单位等荣誉称号,并被命名为省级"平安医院"。

二、医疗工作

医院特色:神经外科微创锁孔手术技术国内领先;普外科在国内较早开展腹腔镜手术,现已成为卫生部内镜专业技术培训基地;放射治疗科在省内率先以精准治疗的理念开展各类恶性肿瘤的治疗,疗效省内领先;关节镜、胸腔镜、宫腔镜等腔镜微创诊治成为常态。在加强现有学科的基础上,创特色补空白。创建血管外科、整形美容外科,填补苏州地区空白;建立手足外科,改写苏州大型综合医院没有手足外科的历史;影像诊断科、病理科为苏州市质量控制中心牵头单位。2016年11月,医院顺利通过中国胸痛中心认证工作委员会的审查,获得中国胸痛中心授牌;同时,医院创伤中心、卒中中心也分别获得苏州市卫计委授牌。

2016年本部门急诊人数1 540 800人次,同比下降0.80%;出院60 087人次,同比增长8.57%;病床使用率96.69%,床位周转次数44.9次/年;平均住院日7.9天,同比下降0.6天;住院手术26 719例,术前住院日2.9天。

三、教学工作

苏州大学附属第二医院由教学办公室、科教处、护理部三个部门分别承担相应的教学管理工作。医院设有内、外、诊断、外总、妇产、神经病、中医、眼、耳鼻喉、口、影像、放射损伤临床、放射治疗、核医学、医学检验、护理、医院管理等19个教研室。2016年5月,医院各教研室顺利接受了教育部临床专业认证专家的现场考察,圆满完成苏州大学临床医学专业认证工作。

医院教学办公室负责苏州大学医学部第二临床医学院临床教学管理工作。2016年共完成80门次的课程教学任务,共接收实习生196名,接收苏州大学海外留学实习生44人。医院持续做好PBL/CBL教学流程规范化及案例标准化,在原有七年制临床班开设PBL课的基础上,2016年增加了卓越医师班的PBL课。医院还举办了首届"实习生技能大赛",以临床技能中心模型为载体,用模拟临床情境的方式对学生进行了内、外、妇产、急救的临床操作比赛。检验专业成功获得1项教育部教学指导委员会教改课题,获苏州大学2016年建行奖教金,成功申报苏大课程2016-3I工程微课程(群)立项1项:微生物学检验。泌尿外科"前列腺增生"课件获得中华医学会全国医学教育技术优秀成果奖一等奖。

护理部设有苏州大学护理学院的护理教研室。2016年医院参与苏州卫生职业技术学院合作教学,完成教学任务792课时。临床带教工作:医院接收来自苏州大学、大连大学、扬大广陵学院、苏州卫生职业技术学院、江苏护理学院等8个院校的本科(大专)实习生205人;接收苏州卫生职业技术学院临床见习约800人次;接收外院进修护士70名。继续教育工作:组织安排全院护理业务学习50场次,参加人员共计3 935人次;安排见习期护士业务培训11场次,培训1 003人次;安排实习护士业务培训12场次,参加人员约1 400人次。安排2015级护士院内轮转培训15人次,安排2014级护士院内进修(急诊急救)13人次;安排PICC门诊、输液室"百针计划"轮转56人次。

截至2016年年底,医院共有硕导104名,博导28名。医院共招收255名研究生。博士生119名,其中科学性博士13名(含港澳台生1名),临床专业博士生106名(含港澳台生1名)。硕士生136名,其中学术性硕士27名,专业性硕士107名,海外生2名。医院入选江苏省高校创新工程项目13项,其中江苏省普通高校学术学位研究生创新计划项目6项,研究生实践创新计划项目7项。研究生在中华核刊和SCI收录的刊物上发表论文129篇,其中发表在SCI收录的刊物上85篇,中华核刊44篇。获评江苏省优秀学位论文2篇。

作为国家住院医师规范化培训基地,2016年医院招收学员共计265人,完成了国家卫计委组织的2016年度国家级住院医师规范化培训基地自评工作,接受江苏省卫计委对国家级基地的评估督导。

四、科研与学术活动

2016年,医院科研项目共立项125项,科研经费达1 639.76万元,其中国家自然科学基金项目20项、省级项目9项、厅级项目7项、市级项目40项、苏州市卫计委项目共10项。除此之外,医院学术成果丰硕:发表SCI论文195篇,其中一区18篇,二区27篇。获得各级各类科研成果奖50项,其中中核集团科技奖2项,国防科技奖1项,江苏省高校科技奖2项,江苏省卫计委新技术引进奖9项。医院成功举办各级继续医学教育项目81项,其中国家级23项,省级22项,市级36项;成功备案2017年国家和省级继续医学教育项目27项,其中国家级14项,省级13项。

医院在江苏省卫计委十三五"科教强卫工程"建设中,获批重点学科2个(神经内科、神经外科)、创新团队2个(田野、邢春根),重点人才2人,青年人才23人。医院开展优势临床学科群项目建设,组织对学科群进行了第一年度考核,对学科群相关管理文件进行进一步修订完善。

五、高新区医院扩建项目

高新区医院,又名苏州市第七人民医院,始建于1949年11月,系苏州高新区全民事业单位、二级综合医院,2005年3月与苏州大学附属第二医院资产重组。医院位于苏州高新区浒墅关镇康复弄28号,占地41.12亩(27 414平方米),建筑面积14 764平方米,床位206张,员工444人。

2016年3月高新区医院扩建项目裙楼B区封顶,5月裙楼C区封顶,6月10日主楼A区如期封顶,并顺利举行苏大附二院高新区医院扩建项目1期工程封顶仪式。截至9月底,附二院高新区医院扩建项目一期工程主体结构已经全部封顶,二次结构砌筑完成90%;11月18日完成外装幕墙结构验收,安装工程完成60%。为全面落实"五个一"工作方针,医院成立苏大附二院高新区医院一体化工作领导小组和工作小组,力争加快一体化进程。

(张 莉)

苏州大学附属儿童医院

一、医院概况

苏州大学附属儿童医院建于1959年,在原苏州医学院附属第一医院儿科基础上独立组建。经过50余年的发展,现已成为一所集医疗、教学、科研、预防为一体的三级甲等综合性儿童医院,隶属于江苏省卫生和计划生育委员会。2015年被确认为江苏省儿科类紧急医学救援基地。有总院和景德路两个院区。总院占地面积近6万平方米,一期工程建筑面积13.3万平方米。景德路院区占地面积1.8万平方米,建筑面积4.5万平方米。核定床位1 500张,实际开放床位1 003张。现有职工1 527名,其中卫生专业技术人员1 338名。

二、医疗工作

2016年,医院完成门急诊总量188.96万人次,同比增长9.26%;出院病人4.53万人次,同比增长8.38%;完成手术1万余例,同比增长5.47%。实现总收入9.25亿元,同比增长16.38%。其中,业务收入8.78亿元,同比增长17.69%;医疗收入8.42亿元,同比增长18.29%;医院总支出9.36亿元,同比增加18.14%,其中,业务支出9.03亿元,同比增加17.93%。

新增4个省级临床重点专科(小儿心血管内科、小儿呼吸内科、医学影像科、小儿感染科),1个省级临床重点专科建设单位(小儿内分泌科)。全年各专科共申报新技术、新项目30项。成功举办江苏省第二届儿童危重症专科护士培训班。分别从香港玛丽医院和内地三甲医院引进学科带头人2名,加强医院部分薄弱专科的建设。

苏州市新生儿急救分站在医院挂牌。完成门诊统一支付平台建设工作,正式上线使用"医讯通"手机App、微信公众号、支付宝服务窗等3个平台,成为苏州大市范围内首家同时启用以自助机为载体的多种挂号缴费方式的医院,共向社会提供7种预约途径。

2016年考核选拔1人支援新疆伊犁妇幼保健院,2人支援贵州省松桃县人民医院,2人支援宿迁市第一人民医院,对口支援陕西省旬邑县人民医院协议已经签署,即将派员前往;选派8名医师赴沭阳县人民医院、2名医师赴宿迁市第一人民医院对口支援儿科建设;选派26名医师赴高新区人民医院进行城乡对口支援工作。

三、教学工作

以苏州大学儿科临床医学院为依托,配合学校顺利完成教育部"临床医学专业认证"工作。随着江苏省教育厅恢复对临床医学(儿科方向)的全国招生,2016年招收临床医学(儿科方向)本科生32名。2016年医院共招收各类研究生118名(其中全日制研究生73名,学术型博士研究生4名);毕业研究生85名,其中获得博士学位的有12名,招生人数和毕业人数均创历史新高。在教学成果方面,2016年医院积极与人民卫生出版社合作出版了全国高等学校教材《儿科人文与医患沟通》;有1位学生的论文获评江苏省优秀硕士学位论文;研究生荣获江苏省高校研究生创新计划项目6项;完成7项江苏省高校研究生创新计划项目的结题工作。

作为国家级的儿科住院医师规范化培训基地,医院拥有儿内、儿外、麻醉、放射和超声5个国家基地,承担了苏州大市范围内儿科医师的规范化培训任务,2016年接收外院联合培养住院医师30人;完成住院医师2016级社会化规培学员招生工作;基础生命支持BLS培训合格167人,高级生命支持PALS培训合格30人;完成2016级江苏省基地平台信息注册工作。2016年医院30余名带教老师取得国家级和省级师资资质,组织举办住院医师讲座50余场,受教育2 000余人次。

四、科研工作、学术交流情况

科研项目方面,2016年医院获国家自然科学基金11项,连续两年位居全国儿童医院前列;获江苏省重点研发专项资金项目3项;获省厅级科研项目8项、市级科研项目25项。科研成果方面,获江苏医学科技奖二等奖1项,教育部科技奖二等奖1项(首次获得),江苏省教育厅高校科技成果奖三等奖1项,江苏省卫计委医学新技术引进奖、妇幼保健新技术奖8项。全院公开发表论文215篇,其中SCI论文45篇,3篇高质量、高影响力的论文发表在中科院JCR期刊分区一区期刊上。1人入选江苏省医学杰出人才培养对象。

2016年医院完成江苏省第四期"333工程"的期满考核工作;第五期"333工程"获批第二层次1人,第三层次2人;1人入选江苏省有突出贡献中青年专家,1人获江苏省"六大人才高峰"资助,1人次获评"姑苏卫生领军人才",1人次获评"姑苏卫生重点人才";新招聘职工185人,其中医生50人,护理96人,医技27人。

五、重点工作完成情况

全面回顾"十二五",科学规划"十三五"。2015年成立了专门的领导小组和工作小组,明确了规划编制工作的进度安排。2016年编制工作小组按照方案的进度安排,稳步推进编制工作,起草完成医院"十三五"发展规划,并经九届五次职工、工会代表大会主席团审议通过。迎接三甲医院评审和大型医院巡查。运用PDCA持续改进管理工具,不断自查、整改、再自查、再整改,促进医疗安全和管理水平的提升。针对专家组在评审和巡查中提出的问题和建议,医院进行认真分析,积极整改。承办第二十六届全国儿童医院院长会议。此会议是全国儿童医院管理领域最高规格的会议,来自全国89家儿童医院共计约300人参加;同时组织医院总院的参观活动,共计109位参会代表参加,促进了院际交流和地区交流。

(马新星)

表彰与奖励

2016年度学校、部门获校级以上表彰或奖励情况

2016年度学校、部门获校级以上表彰或奖励情况一览表

受表彰、奖励的集体	被授予的荣誉称号与奖励	表彰、奖励的单位与时间
苏州大学	2013—2015年度江苏省文明单位(社区、校园)	江苏省精神文明建设指导委员会 2016.9
苏州大学	2015年度全省共青团工作先进单位	共青团江苏省委 2016.6
苏州大学	2016年度全省共青团工作先进单位	共青团江苏省委 2017.6
苏州大学	2016"创青春"速度中国杯江苏省大学生创业大赛优秀组织奖	共青团江苏省委、江苏省教育厅、江苏省学联等 2016.7
附属第一医院	2016年度高级卒中中心先进单位	国家卫计委脑卒中防治工程委员会 2016.12
附属第一医院	2013—2015年度江苏省文明单位	江苏省精神文明建设指导委员会 2016.9
材料与化学化工学部 敬文书院 沙钢钢铁学院 国际合作交流处(海外教育学院)、港澳台办公室	江苏省教育工作先进集体	江苏省教育厅、江苏省委教育工委 2016.6
计算机科学与技术学院党委	江苏省教育工作先进集体(先进基层党组织)	
团委	2016年江苏省大中专学生志愿者暑期文化科技卫生"三下乡"社会实践活动先进单位	江苏省委宣传部、江苏省文明办、江苏省教育厅、共青团江苏省委等 2016.12

续表

受表彰、奖励的集体	被授予的荣誉称号与奖励	表彰、奖励的单位与时间
附属第一医院	2016年江苏省卫计委综合目标考核优胜奖	江苏省卫生计生委　2017.1
附属第一医院	2015年度江苏卫生计委好新闻评选组织奖	江苏省卫生计生委等　2016.5
附属第一医院门诊挂号收款处 附属第一医院临床检测中心 附属第一医院骨科国际病区护理组	2014—2015年度江苏省卫生计生系统省级青年文明号	江苏省卫生计生委　2016.12
附属儿童医院血液科 附属儿童医院药剂科 附属儿童医院新生儿科	2014—2015年度省卫生计生系统省青年文明号重新认定集体	江苏省卫生计生委、共青团江苏省委　2016.12
附属第二医院	陕西省2013—2015年城乡医院对口支援工作先进集体	陕西省卫生计生委　2016.4
应用技术学院	全省征兵宣传公益口号评选活动先进单位	江苏省政府征兵办公室、江苏省教育厅　2016.5
研究生会	2015—2016年度江苏省"十佳研究生会"	共青团江苏省委、江苏省学联　2016.7
团委	中古音"大创江苏"2015年"我的青春故事"江苏省大学生成长故事会第1片区优秀组织奖	共青团江苏省委、江苏省学联　2016.2
大学生志愿服务苏北计划苏州大学项目办	2015年度大学生志愿服务苏北计划优秀组织奖	共青团江苏省委、江苏省志愿者协会等　2016.7
团委	2015年全省大中学生培育和践行社会主义核心价值观活动先进单位	共青团江苏省委　2016.2
附属儿童医院团委	2015年度"江苏省五四红旗团委"	共青团江苏省委　2016.5
凤凰传媒学院党委 医学部党工委	苏州市先进基层党组织	苏州市委　2016.6
附属第二医院办公室	2012—2015年全市档案工作先进集体	苏州市委、苏州市政府　2016.2
附属第二医院第十一党支部	中国核工业集团公司先进基层党组织	中国核工业集团公司党组　2016.6

续表

受表彰、奖励的集体	被授予的荣誉称号与奖励	表彰、奖励的单位与时间
附属第二医院第十一党支部	中国中核宝原资产控股公司先进基层党组织	中核宝原资产控股公司党委 2016.7
附属第二医院离退休工作处	中国核工业集团公司离退休工作先进集体	中国核工业集团公司 2016.8
附属第二医院	2015年度财务决算管理先进单位	中国核工业集团公司 2016.11
附属第二医院	2013—2016年度军工能力建设先进单位	中国核工业集团公司 2017.5
附属第二医院保卫处	中核控股2015年度安全环保先进集体	中国中核宝原资产控股公司 2016.1
附属第二医院	中核控股2015年度业绩突出贡献奖	中国中核宝原资产控股公司 2016.1
附属第二医院	中核控股2015年度先进单位	中国中核宝原资产控股公司 2016.1
沙钢钢铁学院	2015年度科技工作先进单位(科技项目最佳进步奖)	苏州大学 2016.1
功能纳米与软物质研究院	2015年度科技工作先进单位(学术论文最佳进步奖)	
电子信息学院	2015年度科技工作先进单位(科技奖励最佳进步奖)	
纺织与服装工程学院	2015年度科技工作先进单位(知识产权最佳进步奖)	
机电工程学院	2015年度科技工作先进单位(产学研合作最佳进步奖)	
物理与光电·能源学部	2015年度科技工作先进单位(军工科研最佳进步奖)	
机电工程学院	2015年度科技工作先进单位(综合科技最佳进步奖)	
医学部	2015年度科技工作先进单位(突出贡献奖)	
材料与化学化工学部 金螳螂建筑学院	2015年度科技工作先进单位(最佳组织奖)	
材料与化学化工学部 政治与公共管理学院 计算机科学与技术学院 附属第二医院	2015年研究生工作综合考评优秀奖	苏州大学 2016.1

续表

受表彰、奖励的集体	被授予的荣誉称号与奖励	表彰、奖励的单位与时间
东吴商学院(财经学院) 东吴证券金融学院 物理与光电·能源学部 医学部公共卫生学院	2015年研究生工作特色奖	苏州大学　　　　2016.1
文学院党委2014级研究生第二党支部 凤凰传媒学院党委2012—2014级本科生党支部 社会学院党委本科生旅游管理系党支部 政治与公共管理学院党委哲学系党支部 东吴商学院(财经学院) 东吴证券金融学院党委 外国语学院党委2012、2014级本科生党支部 教育学院党委 体育学院党委教工理论党支部 物理与光电·能源学部党工委研究生第四党支部 物理与光电·能源学部物理科学与技术学院党委大学物理党支部 物理与光电·能源学部能源学院党委新能源教工党支部 材料与化学化工学部党委有机化学教工党支部 纺织与服装工程学院党委本科生轻化工程党支部 计算机科学与技术学院党委电子信息学院党委学生党总支 医学部基础医学与生物科学学院党委 医学部党工委学生第二党总支2012级1支部 医学部药学院党委中药系教工党支部 金螳螂建筑学院党委 城市轨道交通学院党委通信控制学生党支部	苏州大学先进基层党组织	苏州大学　　　　2016.6

续表

受表彰、奖励的集体	被授予的荣誉称号与奖励	表彰、奖励的单位与时间	
敬文书院党委学生党支部 应用技术学院党委工学部学生第一党支部 文正学院党委工商营销党支部 附属第一医院党委第三党总支 附属第二医院党委第十党支部 附属儿童医院党委第五党支部 图书馆党委第四党支部 后勤党委第六党支部 机关党工委财务处党支部 群团与直属单位党工委 学报编辑部党支部	苏州大学先进基层党组织	苏州大学	2016.6
思想道德修养与法律基础教研部 中国近现代史纲要教研部	思想政治理论课教学先进集体	苏州大学	2016.7
大学生电子设计竞赛指导团队	2016年交行教学奖获奖集体	苏州大学	2016.10

2016年度教职工获校级以上表彰或奖励情况

2016年度教职工获校级以上表彰或奖励情况一览表

受表彰者姓名	被授予的荣誉称号与奖励	表彰、奖励的单位与时间
池子华 刘 海 薛 曦 施从美 陈 晶	2016年江苏省大中专学生志愿者暑期文化科技卫生"三下乡"社会实践活动先进工作者	江苏省委宣传部、江苏省文明办、江苏省教育厅、共青团江苏省委等 2016.12
王杭州 余道江	第三届江苏省"百名医德之星"	江苏省委宣传部、江苏省文明办、江苏省卫生计生委 2016.12
严 锋	江苏省教育工作先进个人（优秀教育工作者）	江苏省教育厅、江苏省委教育工委 2016.6
刘跃华	江苏省教育工作先进个人（教学名师）	
王钦华 王国卿 方世南 周 毅 鲍 清	江苏省教育工作先进个人（优秀共产党员）	
张国华 查佐明	江苏省教育工作先进个人（优秀党务工作者）	
陈 燕	江苏省第六届普通高校军事课教师授课竞赛一等奖	江苏省教育厅 2016.12
史 明 龚建平 任琼珍 徐 炜 单海华	陕西省2013—2015年城乡医院对口支援工作先进个人	陕西省卫生计生委 2016.4
谢 凯	2016年江苏省大学生暑期社会实践活动"江苏省道德发展状况调查"专项活动优秀指导教师	江苏省文明办、共青团江苏省委 2016.12
肖甫青	2015年度全省共青团工作先进工作者	共青团江苏省委 2016.1
肖甫青 孙 磊	2016年度全省共青团工作先进工作者	共青团江苏省委 2017.1

续表

受表彰者姓名	被授予的荣誉称号与奖励	表彰、奖励的单位与时间
陈志强　杨天翔	2016"创青春"速度中国杯江苏省大学生创业大赛优秀指导教师	共青团江苏省委、江苏省教育厅、江苏省学联等 2016.7
亚瑟·卡迪	江苏国际合作贡献奖	江苏省政府外事办公室 2017.1
郭彩琴　吴德沛	苏州市优秀共产党员	苏州市委　　　　2016.6
施亚东　唐文跃	苏州市优秀党务工作者	
王丽燕	苏州市档案工作先进个人	苏州市委、苏州市政府 2016.2
徐卫亭	优秀共产党员	中国中核宝原资产控股公司党委　　　　　　2016.7
赵晓阳	优秀党务工作者	
朱维培	中国核工业集团公司劳动模范	中国核工业集团公司、中国国防邮电工会　　2016.1
胡瑞敏	中核控股2015年度先进工作者	中国中核宝原资产控股公司 2016.1
周宝珍	中国核工业集团公司先进工作者	中国核工业集团公司 2016.8
沈关平	中核控股2016年度安全环保先进个人	中国中核宝原资产控股公司 2017.1
危少华	2016年苏州大学王晓军精神文明奖先进个人	苏州大学　　　　2016.5
黄鸿山　郭彩琴　郑　芸　王丹萍　张　鹏　刘海鸿　吴　捷　崔建忠　陈　敏　蔡阳健　乔　文　祝　贺　张正彪　张辛皎　张　莉　刘学观　郭旭红　吕　凡　龙家杰　蒋　宇　王国栋　唐明务　陈乳胤　朱　巍　沈月平　镇学初　何苏丹　罗时进　任　勇　卞海勇　查晓东　吴德沛　朱新国　蔡立春　柏振江　徐　燕　章　宪　种国双　李强伟	苏州大学优秀共产党员	苏州大学　　　　2016.6

续表

受表彰者姓名			被授予的荣誉称号与奖励	表彰、奖励的单位与时间	
钱继云 张才君 肖丽娟 杨朝晖 顾正磊 周亦瑾 芮秀文 侯建全 陈爱萍 陈 平 杨珠英	黄艳凤 张 芸 陈国凤 许宜申 宋清华 孙 静 宋 丹 唐 军 史有才 刘 慧	郝 珺 唐文跃 彭晓蓓 俞莉莹 潘爱华 刘芬菊 曹金元 杨 琦 张国华 徐昳荃	苏州大学优秀党务工作者	苏州大学	2016.6
王 晗 李东军 余 亮 周丽萍 单立冬 陶玉流 章正璋	王 燕 李 晶 沈理明 周国鹍 赵艳丽 黄 沁 章晓芳	朱光磊 李燕领 张 茵 周 超 须 萍 龚明辉	2015年建行奖教金教学类获奖人员	苏州大学	2016.6
刘丽琴 杨婷婷 冒维东 顾德学	朱苏静 沈 勤 钟 静	李 季 郑 霖 钮秀山	2015年建行奖教金管理类获奖人员		
方二喜 祁汝峰 李 刚 疏德明	卢维亮 吴洪兴 陆剑江	孙建平 张晓俊 高国华	2015年建行奖教金学术支撑类获奖人员		
郑 芸 甘剑斌	王晓蕾 罗志勇	林慧平	优秀思想政治理论课教师	苏州大学	2016.7
杨旭辉 张乃禹 徐俊丽 杨 哲 卢神州 李 龙 李 明 王雪峰 胡延维	许冠亭 郝吉环 顾 燕 林 红 戴红钦 戴 岗 王明华 侯云英 刘 超	王瑞东 戴叶子 赵 杰 高 强 江建洪 李 正 姜 岩 李建祥 李 瑾	2016年交行教学奖获奖个人	苏州大学	2016.10

续表

受表彰者姓名	被授予的荣誉称号与奖励	表彰、奖励的单位与时间	
汪卫东　李　斌　蔡阳健	2016年周氏教育科研奖优异奖	苏州大学	2016.10
李艳青　徐又佳　黄爱军	2016年周氏教育科研奖优秀奖		
王建南　张学农　李莹丽	2016年周氏教育科研奖优胜奖		
王大慧　王海贞　黄建洪	2016年周氏教育教学奖优秀奖		
车玉茜　孙　亮　沈月平	2016年周氏教育教学奖优胜奖		
张辛皎　张　健　陈永井	2016年周氏教育卓越管理奖		
陈志强　杨天翔　茆晓颖 谢洪德　李　兵	苏州大学教学先进个人	苏州大学	2016.11
陈贝贝　陈富军　陈江璋 董　娜　黄郁健　唐灯平 唐建新　徐群祥　严　俊 吴　峰　徐　冉　庄友刚 邢光晟	2016年苏州大学全日制普通本科招生宣传工作优秀个人	苏州大学	2016.12

2016年度学生集体、个人获校级以上表彰或奖励情况

2016年度学生集体、个人获校级以上表彰或奖励情况一览表

受表彰、奖励的集体、个人	被授予的荣誉称号与奖励	表彰、奖励的单位与时间
党员惠寒贵州行团队 "医行大别山"实践团队 援疆小分队 "蓝晶灵"暑期社会实践志愿服务团 星儿创YI空间·圆梦行动团 "友行"地方校友会开拓团队 关于"家"和"房子"二者之间关系的调研团	2016年江苏省大中专学生志愿者暑期文化科技卫生"三下乡"社会实践活动优秀团队	江苏省委宣传部、江苏省文明办、江苏省教育厅、共青团江苏省委等　　2016.12
社会学院党员爱行助力团 材料与化学化工学部"绿丝带"公益团 城市轨道交通学院2013级通信工程	2016年苏州大学王晓军精神文明奖先进集体	苏州大学　　2016.5
附属儿童医院小丁青年志愿者营 金螳螂建筑学院绿色协会	2016年苏州大学五四青年奖(文明风尚奖)	苏州大学　　2016.6
刘子辉　王韵洁　鲁薇蕲 陆　婷　程小瑜　胡佳欢 徐逸骢　周　弘	2016年"创青春"中航工业全国大学生创业大赛第十届"挑战杯"大学生创业计划竞赛铜奖(苏州蚕之宝生物科技有限公司)	共青团中央、教育部、人力资源和社会保障部、中国科协、全国学联、四川省政府　　2016.10
李森林　朱万荣　陈羿擎 余　浩　沈　欣　杨　沂 贾翔宇　程　静　庄雅淳	2016年"创青春"中航工业全国大学生创业大赛第十届"挑战杯"大学生创业计划竞赛铜奖(北京干将路左拐餐饮管理有限公司)	

续表

受表彰、奖励的集体、个人	被授予的荣誉称号与奖励	表彰、奖励的单位与时间
聂邵湘　刘诗瑜　叶雪嵩 金晟琦　韩子意　李智鑫 周翔宇	2016年江苏省大中专学生志愿者暑期文化科技卫生"三下乡"社会实践活动先进个人	江苏省委宣传部、江苏省文明办、江苏省教育厅、共青团江苏省委等　　　2016.12
倪健峰　顾志豪　王子欢 张文君　尉文婷　李函玥	2016年江苏省大学生暑期社会实践活动"江苏省道德发展状况调查"专项活动优秀志愿者	江苏省文明办、共青团江苏省委　　　　　　　2016.12
刘子辉　王韵洁　鲁薇薇 陆　婷　程小瑜　胡佳欢 徐逸骢　周　弘	2016年"创青春"速度中国杯江苏省大学生创业大赛金奖（苏州蚕之宝生物科技有限公司）	共青团江苏省委、江苏省教育厅、江苏省学联等　2016.7
李森林　朱万荣　陈羿擎 余　浩　沈　欣　杨　沂 贾翔宇　程　静　庄雅淳	2016年"创青春"速度中国杯江苏省大学生创业大赛金奖（北京干将路左拐餐饮管理有限公司）	
纪文翰　徐逸骢　封　沁 韦　衎　邵　蔚　卢晓能 朱　宁　李婧怡　张　羽	2016年"创青春"速度中国杯江苏省大学生创业大赛银奖（苏州翰云科灵网络信息服务有限公司）	
周新月　金意欣　唐晓俊 季晓佳　朱羽烨　薛思豪 熊　昀　龚雨竹　秦　朗	2016年"创青春"速度中国杯江苏省大学生创业大赛银奖（苏州凯米材料科技有限公司）	
李佩文　朱　彤　徐　路 吴　静　庄雅淳　赵　敏 胡雅然　董　畅　单佳兰	2016年"创青春"速度中国杯江苏省大学生创业大赛银奖（苏州三十一天网络科技有限公司）	
李玉发　袁欣蔚　尚文佳 郑　澜　顾　婧　杨　毅 陶　金　宋　芳	2016年"创青春"速度中国杯江苏省大学生创业大赛银奖（苏州维盾纳米科技有限公司）	
程维俊　周露露　肖叶岚 赵华男　沈霄瑜　朱梦婷 赵梦婷　周　平　周清清	2016年"创青春"速度中国杯江苏省大学生创业大赛铜奖（苏州光威纳米科技有限公司）	

续表

受表彰、奖励的集体、个人	被授予的荣誉称号与奖励	表彰、奖励的单位与时间
陈羿擎　苏福军　姚仕钰 顾剑波　袁子琪　陈　铭 余　浩　杨　桃　周　红 钱星伊	2016年"创青春"速度中国杯江苏省大学生创业大赛铜奖(爱在足下——苏州特殊儿童教育康复联盟)	共青团江苏省委、江苏省教育厅、江苏省学联等　2016.7
李文钰　刘若昊　毛秋怡 钱嘉怡　汪豆豆　陆亭彦 王君旸	2016年"创青春"速度中国杯江苏省大学生创业大赛铜奖(苏州跑跑猪文化传媒有限公司)	
孟　珍	中古音"大创江苏"2015年"我的故事"江苏省大学生成长故事会"校园青春榜样"	共青团江苏省委、江苏省学联　2016.2
张　烨　黄　睿	全省征兵宣传公益口号评选活动先进个人三等奖	江苏省政府征兵办公室、江苏省教育厅　2016.5
张苏斌　殷　鑫	2016年苏州大学五四青年奖(勤勉自强奖)	苏州大学　2016.4
王佳珍　毛　惠　余道江 陈新建	2016年苏州大学五四青年奖(敬业奉献奖)	
纪文翰　鲍　清	2016年苏州大学五四青年奖(创新创业奖)	
邢　丽	2016年苏州大学五四青年奖(文明风尚奖)	
陈小平　戴苏明　王　怡 王　禾　曹幼甫	2016年苏州大学五四青年奖(特别感谢奖)	
李云飞　邢　丽	2016年苏州大学王晓军精神文明奖先进个人	苏州大学　2016.5
李晨笛　孟　珍　王悦斌 施慧萍　赵浩伟	苏州大学优秀共产党员	苏州大学　2016.6

2015年度江苏省普通高校省级三好学生、优秀学生干部、先进班集体名单

一、江苏省三好学生(21人)

江涵婷　戚成超　董晨雪　周　琦　张苏斌　雷　蕾　徐婧颖
欧阳秀琴　何玮钰　王境鸿　张玲玉　刘伊君　孙宝勇　郭瑞琪
周露露　袁家浩　李东屿　朱　轶　陈倩萍　邱渔骋　张静爽

二、江苏省优秀学生干部(14人)

金韬之　周晨姿　肖双　刘子辉　邵蔚　朱百全　贾梦迪
季荣华　吴颖文　陈涵　丁鹏　龙晓云　李娇娇　田润

三、江苏省先进班集体(18个)

凤凰传媒学院	2013级新闻班
社会学院	2013级社会工作班
东吴商学院(财经学院)　东吴证券金融学院	2013级会计班
王健法学院	2013级法学1班
外国语学院	2013级英语2班
教育学院	2013级应用心理学班
艺术学院	2013级艺术设计学班
体育学院	2013级运动人体科学班
数学科学学院	2013级数学与应用数学(师范)班
物理与光电·能源学部	2012级光信息科学与技术班
材料与化学化工学部	2013级强化班
纳米科学技术学院	2013级纳米材料与技术1班
纺织与服装工程学院	2013级服装设计与工程班
医学部	2013级临床医学(本硕连读)卓越医师班
	2012级生物技术(免疫工程)班
金螳螂建筑与城市环境学院	2013级建筑班
城市轨道交通学院	2012级通信工程班
敬文书院	2012级笃行班

2015—2016学年苏州大学校级三好标兵、优秀学生干部标兵、先进班集体名单

一、校级三好标兵(28人)

文学院	马嘉雯
凤凰传媒学院	袁洁
社会学院	陆旻雯
政治与公共管理学院	范依炜
东吴商学院(财经学院)　东吴证券金融学院	杨亚琴　彭雪溶　赵倩
王健法学院	程向文
外国语学院	徐婧颖　徐璐莹
教育学院	蒋月清
艺术学院	赵雯婷
音乐学院	张静爽

数学科学学院	吴　妮
物理与光电·能源学部	徐维泰
材料与化学化工学部	金国庆
纳米科学技术学院	李天琪
计算机科学与技术学院	张　朦
电子信息学院	陈　慧
机电工程学院	朱　凯
沙钢钢铁学院	曾盼林
医学部	王若沁　戴　媛　赵静婷　谭　蓓
金螳螂建筑学院	李朝琪
城市轨道交通学院	李启迪
唐文治书院	史峻嘉

二、校级优秀学生干部标兵(29人)

文学院	吉文丹
凤凰传媒学院	匡晓燕
政治与公共管理学院	陈玟妤
社会学院	陆逸凡
东吴商学院(财经学院)　东吴证券金融学院	冯锦琰　朱万苏　胡　鎣
王健法学院	唐　静
外国语学院	张　珏
教育学院	黄毓琦
艺术学院	查沁怡
音乐学院	朱佳妮
体育学院	王庭晔
数学科学学院	相　鑫
物理与光电·能源学部	张景越　田　润
材料与化学化工学部	李娇娇
纳米科学技术学院	李娇娇
纺织与服装工程学院	毛　莉
计算机科学与技术学院	岳林枫
电子信息学院	刘胜利
机电工程学院	帅　俊
医学部	孙　壮　雷奕辰　闫家辉　殳　洁
金螳螂建筑学院	杜金莹
城市轨道交通学院	徐　文
唐文治书院	莫　涯

三、校级先进班集体(27 个)

文学院	2014 级汉语言文学(师范)班
凤凰传媒学院	2014 级广告班
社会学院	2014 级旅游管理班
政治与公共管理学院	2014 级公共事业管理班
东吴商学院(财经学院) 东吴证券金融学院	2014 级金融学班
	2014 级财务管理班
王健法学院	2013 级法学 1 班
外国语学院	2014 级翻译班
教育学院	2014 级应用心理学班
艺术学院	2014 级艺术设计学班
体育学院	2015 级运动康复班
数学科学学院	2014 级统计班
物理与光电·能源学部	2013 级物理师范班
材料与化学化工学部	2014 级高分子材料与工程班
纳米科学技术学院	2014 级纳米材料班
纺织与服装工程学院	2014 级服装设计与工程班
计算机科学与技术学院	2014 级计算机科学与技术班
电子信息学院	2014 级通信工程(嵌入式)班
机电工程学院	2014 级机械电子工程班
沙钢钢铁学院	2013 级金属材料班
医学部	2013 级临床七年 1 班
	2013 级生物技术(免疫工程)班
	2014 级临床五年 1 班
	2014 级放射医学 1 班
金螳螂建筑学院	2014 级风景园林班
城市轨道交通学院	2013 级通信工程(城市轨道交通通信信号)班
唐文治书院	2015 级汉语言基地班

2015—2016 学年苏州大学三好学生名单

文学院(18 人)

孙 霞	吉文丹	李 彤	李 梅	李金龙	周诗梦	奚 倩
夏晶晶	龚韵怡	陈嘉琳	杨锦非	朱 琰	金晓婷	邢佳玥
马嘉雯	朱蔼如	薛 健	张 羽			

凤凰传媒学院(18人)

吴 迪	陈涵宇	王佳珍	李霖清	陈 玲	张添乐	钱宸越
匡晓燕	张喻澍	吴若琳	姚 姚	罗 楠	周千叶	李雪冰
王 磊	李晨笛	张静琦	袁 洁			

社会学院(21人)

黄 青	邓景峰	覃晓菲	陆逸凡	漆 浩	卢 莹	李 璐
沈锦浩	曹艺聪	陆旻雯	郭 玥	李倩雯	温 阳	陆柳梦
邓喜鸿	曹 玉	孙 悦	薛雨萌	王 盼	吴雨辰	张 颉

政治与公共管理学院(30人)

程心悦	范依炜	吴巧玉	司 梦	卢佳月	薛晓宇	刘 璐
江 姘	李竹馨	赵云云	王蒙怡	赵晓雯	吴 琼	陈鸣珠
吴茜茜	杨子恒	赵絮颖	袁慧琳	邱 振	沈晶晶	顾雨清
朱予同	陈玟妤	吴 珥	李佳桐	施米娜	沈耘辰	关 欣
陈思宇	潘体芳					

东吴商学院(财经学院) 东吴证券金融学院(52人)

侯雪晴	李 雅	华盈悦	冯锦琰	钱鸣欧	陈雨菲	居 璐
顾剑波	谢红阳	刘星辰	吴洪杰	姚艳妮	刘晓庆	朱万苏
杨 莹	陆蓉蓉	杨子其	沈雨菲	王 茜	周方利	季晓佳
陆 婷	杨亚琴	刘予希	圣梦如	朱晨曦	王明月	胡文洁
承 晨	陆彦婕	王 巧	王秋香	张倩倩	彭雪溶	陈 嫣
郑 愉	蒋 凤	陈 璞	陈健萍	杜雅静	张鹏飞	王泽南
胡 鎏	朱铭嘉	蒋雪柔	邹力子	刘逗逗	杨子慧	陈婧晗
刘子辉	单佳兰	赵 倩				

王健法学院(17人)

龚 钰	唐 思	雷 蕾	徐嘉艺	马晓萌	程向文	陈子媛
周 玥	唐 静	陈怡君	钱静瑶	顾 斌	章 金	鲍莹菊
杨梦倩	卢 桐	潘航美				

外国语学院(24人)

李 然	张晓今	刘施琼	胡新宇	林秋晶	潘榆桐	刘 琳
徐廷誉	陈云清	金彦芸	杨曼滢	沈 宵	臧 蕾	沙广聪
葛玉婷	周 雪	鞠 妍	王轶玲	叶 洁	徐婧颖	徐璐莹
管梦婷	张 珏	袁 泉				

教育学院(9人)

焦　郁　　吴怡雯　　邱鸳涵　　黄毓琦　　唐珊珊　　殷　洒　　黄　越
蒋月清　　王楚珺

艺术学院(20人)

朱含辛　　耿　谦　　龙微微　　黄　茵　　曾华倩　　赵梦菲　　曲艺彬
顾航菲　　姚宜玮　　费嘉昱　　肖鸿翔　　贺家琪　　吴　虞　　李　壮
吴　枭　　高　卿　　史抒瑞　　郝　隽　　查沁怡　　赵雯婷

音乐学院(6人)

李　想　　朱佳妮　　何金涛　　徐建晔　　张智超　　张静爽

体育学院(18人)

王梦然　　程　丽　　易　鑫　　王　晨　　王庭晔　　李　建　　赵　晨
韩康康　　王若霖　　宋　静　　汤美华　　袁子琪　　任园园　　陈　爽
张　磊　　许月辉　　陶欣雨　　贾潇彭

数学科学学院(19人)

华　夏　　杨潘烨　　许菁蕾　　李金洋　　何玮钰　　张裕烽　　相　鑫
李嘉琦　　时　间　　唐　伟　　唐鉴恒　　李好学　　司业佳　　吴　妮
郭晓娟　　汤淋荃　　杭诗雨　　刘子歆　　陈柏昱

物理与光电·能源学部(27人)

张景越　　程李丹　　孙玉叶　　戴舒诣　　伍远博　　聂伊婕　　田　润
孙　仪　　邵伟冬　　王飞龙　　孙文卿　　徐维泰　　尉国栋　　盛　卉
戴　成　　戴祖建　　刘　硕　　薛　烨　　陈　超　　王红颖　　张敏玥
孙超祥　　邓先春　　周如玉　　徐　理　　严港斌　　黄子阳

材料与化学化工学部(34人)

周韵露　　宋　佳　　朱佳雯　　贾凌波　　朱羽烨　　周清清　　王少燕
陈启俊　　高　奕　　冯思荻　　张歆悦　　周学军　　杨　贺　　邢　栋
武思宇　　朱百全　　黄佳磊　　李　慧　　戴以恒　　王璐璐　　谭惟轶
樊正宁　　孙　昊　　王　伟　　徐铭丰　　马鑫波　　温慧娟　　刘晓雨
陈　婳　　朱凯成　　金国庆　　徐梦贺　　菅亚亚　　窦悦珊

纳米科学技术学院(10人)

苏鼎凯　　李娇娇　　高　晋　　王舒颜　　李天琪　　周兴武　　李　想
赵　云　　陈思雨　　张秋馨

纺织与服装工程学院(26人)

夏婷婷　董秀丽　孙青梅　陈子阳　林　楠　毕　明　张　昕
顾子莹　顾嘉怡　王毅楷　陈凯丽　叶　超　吴玉婷　冯佳文
张　姝　卫姜烨　杨慧萍　惠兰心　徐奇玉　冯蕊琪　周露露
王娇娇　杨　蓓　毛　莉　陈东敏　李帅兵

计算机科学与技术学院(34人)

章　波　刘珊烨　黄彤彤　岳林枫　潘　洛　张燕娟　王妍佳
李立鑫　干　敏　张亚男　张　朦　刘　欢　黄云云　沈永亮
杨　萧　马　璇　钱胜蓝　徐悠然　张文凌　蒋　婷　陈石松
周　勇　史小静　张　蓉　李伟芳　李　颖　周　倩　宋佳娱
王钰蓉　顾昱丰　东野安然　张一丹　沈佩雯　尹婉秋

电子信息学院(30人)

安景慧　陈灿锐　钱　渝　卞天宇　邱莹钰　李万成　乔梦遥
晏萱藤　于长周　郭　超　陈　慧　王必成　郭宁宁　施若其
朱青橙　孟渲博　丁俊杰　丁广刘　苑兰琳　俞艳东　尹湘嫒
王　凯　陈乐凯　刘胜利　周　旭　刘益嘉　黄文麒　王　安
夏　星　吕露露

机电工程学院(21人)

沈　鑫　陈文斌　朱　凯　陈　蕊　张菁华　卜俊怡　胡　悦
马卫青　傅胜军　谢　杰　刘顺利　孙宝勇　于佳利　帅　俊
尤红曙　冒鹏程　卓北辰　陆炀铭　张乐然　任中国　葛　涵

沙钢钢铁学院(8人)

曾盼林　蔡晓娅　刘　令　施妍伶　郝月莹　左昌坚　王浩浩
孙镜涵

医学部(121人)

史超群　王　嫚　周涟漪　冯　阳　张姗姗　刘　旸　周羽川
李　燕　温冬香　王　婉　王议贤　魏西雅　李佳辰　薛　源
张朵好　张　晶　黎梦丽　孙文琳　顾慧可　马　霏　崔静雯
王　敏　陈晓帆　蔚静宜　王璐璐　叶程心月　黄田雨　陈东来
徐学君　翟云云　古晓燕　王若沁　朱聚墨　陆顺一　王安祺
姬俊燕　蒋昊辰　陈秋帆　岳　萍　钱焱霞　戴　媛　刘　丹
雷奕辰　魏子妤　张卿义　丁佳涵　王静怡　司马一桢　吴　博
胡佳琦　王佐翔　雷张妮　夏青月　金奕滋　彭雪楠　陆嘉伟

孔柯瑜	钮婧歆	肖嘉睿	王　瑞	殷民月	梁晓龙	吴梦娇
谈　心	撒　荣	丁　鹏	蒋淑慧	王玮珍	朱　轶	李赵继
虞　帆	闫家辉	任重远	张　冕	王泽堃	王文杰	程霄霄
王　伟	徐　岚	徐　曦	钱佳乐	许　靖	卞薇洁	姜伟杰
乔叶军	王国宏	谢佳凌	程怡茹	翟婧洁	陈　赟	王云鹏
冯家蓉	许　薇	徐舒怡	周志芸	高子晴	倪　沁	陈珏旭
白雪飞	任晶红	张鸿翰	申卫国	沈淑芳	樊星砚	李静梅
陈　阳	殳　洁	崔晓燕	王一斐	杨琰昭	王震宇	刘丹妮
梅　楠	王广丽	车碧众	仇沁晓	任锦锦	侯馨竹	谢冰莹
谭　蓓	闫　娜					

金螳螂建筑学院(14人)

杜金莹	刘　婧	张　希	汪盈颖	代鹏飞	梁　爽	李斓珺
谢佳琪	朱晓桐	杨菁婧	李朝琪	李　蓉	吴思琳	徐琴琴

城市轨道交通学院(27人)

杜晓闻	李启迪	汪后云	陈　玲	刘　杰	袁雨秋	许佳伦
徐　文	邢光兵	徐瑞龙	胡正豪	周卓筠	刘双劼	王心宇
马　腾	陈志伟	樊　帆	李　彤	任　宸	臧　焱	缪毅君
单　昭	周瑞祥	曹　莲	徐新晨	陈明扬	邓超杰	

唐文治书院(3人)

莫　涯　　史峻嘉　　张煜楸

2015—2016学年苏州大学优秀研究生干部名单

文学院(3人)

徐　阳　　闫思含　　吴　默

凤凰传媒学院(1人)

崔思瑶

社会学院(2人)

杨凤銮　　曹丽江

政治与公共管理学院(3人)

冯城城　　程纬光　　张健荣

东吴商学院(财经学院) 东吴证券金融学院(3人)

  苏琳茹 秦 童 马怀柯

王健法学院(5人)

  张雨琦 姚晓辉 胡至深 蒋璐雅 丁梦迪

外国语学院(2人)

  王 菁 赵黎静

教育学院(2人)

  施嘉逸 邱鑫艳

艺术学院(4人)

  花 雨 谢 婧 廖跃春 杜亚宣

音乐学院(1人)

  赵胜楠

体育学院(2人)

  王 磊 葛 琰

数学科学学院(2人)

  韦恺华 仲文杰

物理与光电·能源学部(4人)

  姜英杰 郭永坤 曹国洋 苏衍峰

材料与化学化工学部(8人)

  陈敏敏 顾天怡 吕 敏 张双双 田 春 林洁茹 张小宝 成雪峰

功能纳米与软物质研究院(4人)

  邓久军 陈爱喜 储彬彬 梁 丰

纺织与服装工程学院(3人)

  韦帆汝 孙 放 刘日平

计算机科学与技术学院(2人)

  罗 升 杜满意

电子信息学院(2人)

　　陈枢茜　　陈　思

机电工程学院(2人)

　　李嘉楠　　林佳宏

沙钢钢铁学院(1人)

　　吴　彬

医学部基础医学与生物科学学院(6人)

　　刘安琪　　杨苏清　　李凡池　　赵金鸽　　俞晓亮　　左宜波

医学部放射医学与防护学院(2人)

　　董爱静　　管　建

医学部公共卫生学院(2人)

　　李雪骥　　卢思琦

医学部药学院(3人)

　　袁　媛　　李　芳　　孟凡义

医学部护理学院(1人)

　　周　坤

金螳螂建筑学院(1人)

　　王伟力

城市轨道交通学院(1人)

　　强　祥

金融工程研究中心(1人)

　　汤可馨

系统生物学研究中心(1人)

　　赵静怡

附属第一医院(7人)

　　陈　彤　　闫　彬　　郗　焜　　刘　菲　　陈春阳　　施　斐　　杨振栋

附属第二医院(4人)
　　李思玥　　黄伟琳　　金　宏　　江　梦
附属第三医院(1人)
　　董友军
附属儿童医院(1人)
　　丁　林
上海第六人民医院(1人)
　　万　青
上海东方肝胆医院(1人)
　　李小勇
上海肺科医院(1人)
　　王　安

2015—2016学年苏州大学优秀研究生名单

文学院(14人)
　　史哲文　　李　晨　　李肖锐　　王希宇　　孟琳达　　郭琳琳　　陆亚桢
　　戚　悦　　缪君妍　　陶映竹　　王　羽　　杨　帆　　唐梦一　　陈　婷
凤凰传媒学院(6人)
　　赫金芳　　伏　晶　　张　彪　　李　亢　　蒋　婷　　鲍相志
社会学院(9人)
　　胡玲玲　　于利民　　姚春晔　　戈　婷　　沙　淘　　王　颖　　沈　灿
　　陈文玉　　顾涵硕
政治与公共管理学院(9人)
　　訾凌寒　　卢明哲　　王　鑫　　洪培源　　张洋阳　　佘明薇　　王　馨
　　孙　都　　王倩颖
东吴商学院(财经学院)　东吴证券金融学院(13人)
　　张晓宇　　顾嵩楠　　陆佳佳　　周　红　　胡　菊　　吴思慧　　陈煜雯
　　顾梦碟　　于申珅　　吴胜男　　杭　叶　　宋　芳　　夏心蕾

王健法学院(18人)

张牧遥　吕森凤　柳一舟　刘宇飞　张　尧　张小丰　韩进飞
阴宇真　诸江虹　陈苏萍　刘晓惠　张晓媛　靳　娜　郑　琳
刘士博　宁梦嘉　顾志伟　冀　卓

外国语学院(9人)

徐舒仪　周弋漪　王　倩　朱佳璇　李雪霞　渠静静　施心恬
刘　星　秦碧敏

教育学院(9人)

钟　帅　齐　杭　许　劼　黄建平　韩　婧　杨　帆　李艾苏
陶苏云　郁　婷

艺术学院(9人)

李细珍　赵　骅　赵　雪　蒋艳俐　王雪梅　李　霖　杨　光
马　俊　闫　超

音乐学院(1人)

赵　源

体育学院(8人)

刘广飞　尹　恒　谢　丹　满现维　文心灵　张海涛　孙慧珍
赵　辰

数学科学学院(7人)

吉晓娟　王　晶　杨艳飞　蔡　利　吴朋程　陈　呈　骆佳琦

物理与光电·能源学部(16人)

卢　豪　李慧姝　陈鸿莉　余佳益　江正华　冯媛媛　石　强
高　天　朱继承　张旭婷　丛　姗　王　艳　万文强　张　程
刘　骞　陈冠锦

材料与化学化工学部(29人)

褚雪强　耿洪波　李丁庆　史意祥　王秀丽　张　应　朱笔峰
武娟娟　茅文彬　李飞龙　刘青青　刘　琦　郭　坤　章冰洁
孙秀慧　余佳佳　王　锦　侯进乐　吴　庄　冯　月　侯俊宇
周　阳　刘伯梅　殷　露　邓瑶瑶　鲍　清　郑　媛　丁家包
李　阳

功能纳米与软物质研究院(14人)

张　磊　　周炎烽　　杨光保　　张军昌　　邓　巍　　郭思杰　　王亚坤
龚秋芳　　吴思聪　　何　华　　惠　飞　　刘晶晶　　刘玉平　　杨　标

纺织与服装工程学院(11人)

张松楠　　杨慕莹　　章燕琴　　赵江惠　　沈　靖　　程献伟　　闫　涛
赖丹丹　　顾一清　　陆　侥　　刘　慧

计算机科学与技术学院(10人)

顾静航　　王　星　　杨　强　　刘曙曙　　张　栋　　李　洋　　沈鑫娣
绪艳霞　　贾荣媛　　王小宁

电子信息学院(8人)

郭　红　　杜先娜　　茅胜荣　　王霞玲　　吴蓉蓉　　肖家文　　陈静蕾
齐栋宇

机电工程学院(7人)

唐秋明　　张家意　　王雅琼　　任　博　　施克明　　赵福英　　陈任寰

沙钢钢铁学院(1人)

洪　炜

医学部基础医学与生物科学学院(23人)

曹婷婷　　汪龙强　　赵浩鑫　　程　巧　　邱剑丰　　王　飞　　许冰清
鹿伦杰　　胡景生　　王守宇　　朱　盈　　王晓娜　　李　萌　　方艺璇
殷旭圆　　张　阳　　李秀明　　陈学东　　颜克鹏　　邵联波　　宋　琳
李华善　　孔　颖

医学部放射医学与防护学院(2人)

张钰烁　　陈碧正

医学部公共卫生学院(4人)

周逸鹏　　程金波　　陈国崇　　朱正保

医学部药学院(9人)

胡　青　　吴书伟　　李继昭　　朱文静　　曾　启　　王　龙　　费　姚
欧文全　　杨　涛

医学部护理学院(1人)

　　王丽丽

金螳螂建筑学院(4人)

　　陈　雪　　陈雪倩　　钱逸馨　　王瑞莹

城市轨道交通学院(3人)

　　王　卿　　徐浩然　　张　洁

金融工程研究中心(3人)

　　金　豆　　刘荃月　　严　寒

附属第一医院(25人)

　　周平辉　　王　涛　　刘佰林　　尹　周　　陈　颖　　冯雪芹　　刁红杰
　　张　密　　王秀杰　　王枫艳　　袁和秀　　丁亚芳　　姚　峰　　徐志华
　　江晓娟　　耿　俊　　杨宇帆　　江丽阳　　陆　雯　　戴菡珏　　冷　霞
　　章茜茜　　杨　甲　　朱　婕　　徐梦丹

附属第二医院(12人)

　　吴昊昊　　包明月　　傅蕴婷　　余　炯　　朱俊佳　　毛洪武　　蔡长松
　　郭凯琳　　高　蓓　　缪敏慧　　任　丽　　葛　州

附属第三医院(4人)

　　李　靖　　杨　燕　　宋　星　　顾佳妮

附属儿童医院(4人)

　　陈　青　　董贺婷　　陈嘉韡　　江　璐

上海第六人民医院(1人)

　　于　敏

上海肺科医院(1人)

　　魏　娟

上海东方肝胆医院(1人)

　　王文超

系统生物学研究中心(1人)

　　陈菲菲

2015—2016 学年苏州大学研究生学术标兵名单

文学院
  王慧君

凤凰传媒学院
  顾亦周

社会学院
  程德年

政治与公共管理学院
  徐　琪

马克思主义学院
  吉启卫

东吴商学院(财经学院)　东吴证券金融学院
  周晶晶

外国语学院
  程颖洁

王健法学院
  李延舜

教育学院
  杨　帆

艺术学院
  韦宝宝

体育学院
  张红露

数学科学学院
  徐　晖

物理与光电·能源学部

　　罗　杰　　卢　豪　　曹国洋

材料与化学化工学部

　　褚雪强　　吴　庄

功能纳米与软物质研究院

　　陈　倩

纺织与服装工程学院

　　葛明政

计算机科学与技术学院

　　江威明

电子信息学院

　　余　倩

机电工程学院

　　陆小龙

医学部基础医学与生物科学学院

　　汪龙强

医学部公共卫生学院

　　陈国崇

医学部药学院

　　夏　琴

城市轨道交通学院

　　胡大盟

金融工程研究中心

　　王希舜

附属第一医院

　　李伟生

附属儿童医院

田　甜

2015—2016学年苏州大学优秀毕业研究生名单

文学院(24人)

蔡　慧　　单丽君　　高春花　　高远民　　葛　培　　李永浩　　刘　湘
龙金金　　娄欣星　　马圆圆　　濮若依　　谭明月　　汪　澄　　王　华
王纬纬　　吴　燕　　谢燕红　　许　丽　　姚玉婷　　张立冰　　张　曼
张　茹　　周小兰　　宗　琪

凤凰传媒学院(9人)

卞娜娜　　纪　艳　　刘振远　　王敬高　　颜　欢　　於嘉伟　　俞　欢
臧　婧　　周　郁

社会学院(15人)

陈　希　　崔龙健　　杜瑾秋　　黄　晨　　黄　腾　　吉顺权　　李　玲
李欣栩　　刘　迁　　刘晓晓　　牛　玉　　孙卓君　　肖　雅　　杨婷婷
张芯子琪

政治与公共管理学院(37人)

曹　军　　陈丽艳　　杜　蔚　　丰正丽　　顾海华　　韩安成　　何　靖
焦华云　　金祖睿　　李　彬　　彭海芳　　浦　香　　祁竹莉　　邵宁妍
石晓峰　　宋亚楠　　汤　晶　　陶淇琪　　田维军　　王　超　　王欢欢
王　琳　　吴常歌　　徐　琪　　徐至寒　　许　可　　杨佳丽　　杨晓明
殷　立　　张　俊　　张青青　　赵肖肖　　郑萌萌　　周玖麟　　周婷婷
朱　悦　　左　昀

东吴商学院(财经学院) 东吴证券金融学院(53人)

曹　妍　　常敏强　　陈春媛　　陈　曦　　丁晨蓉　　丁预立　　杜林芳
范　鹏　　顾　敏　　顾善文　　黄嘉成　　黄　敏　　郏茵佳　　姜达娟
蒋　巍　　冷冰宇　　李昊玥　　李金阳　　李新飞　　李竹林　　陆凤杨
毛雅晴　　梅冰倩　　钮飞虎　　潘　潇　　潘徐静　　孙海天　　孙梦竹
孙晓晴　　汪　洋　　王　岚　　邢晓莉　　熊文景　　胥茜娅　　徐　洁
薛　松　　严典俊　　严金花　　杨玉琳　　姚　远　　叶建慧　　于　挺
袁肖肖　　张阿沛　　张红蕊　　张怀洋　　张建伟　　张静雯　　张　艳
张　玥　　张智慧　　赵晨仪　　赵　昱

王健法学院(29人)

陈康嘉　陈　丽　陈丽华　陈丽君　丁　楚　董　霏　高颖佳
耿晓天　顾　程　金梦洁　李　戈　李若夫　李小菊　刘　聪
卢　怡　钱　麟　邱术运　邵　晶　沈君慧　孙季萌　文清兰
吴梦雅　徐希友　徐业青　臧　成　张大千　张贺棋　张焕然
张　苏

外国语学院(15人)

卜杭宾　陈春红　程颖洁　范　青　古海波　李田梅　强　茜
荣成坤　芮燕清　苏兴亚　王　凤　肖　雅　许斐然　周小涛
朱　煜

教育学院(15人)

查癸森　杜春香　李凤玮　李连连　刘忠玲　茅佳欢　任　岁
沈　蕾　汤　旦　汤荷花　徐　菊　徐梦怡　徐　悦　余姣姣
张　慧

艺术学院(15人)

毕墨代　胡小燕　黄程欣　蒋　鹏　罗　娟　任婧媛　汪　璐
王佳佳　王林清　伍承欢　谢晶晶　杨秋红　杨　雪　张竞研
郑奕骏

音乐学院(1人)

陈春子

体育学院(14人)

曹　贝　曹仪钦　常羽彤　程丽茹　丁　莹　李金娟　李盛村
李　岩　庞尔江　沈　豪　王　敏　薛立强　杨　静　张红露

数学科学学院(11人)

陈超群　纪　祥　李　响　刘　远　缪雪晴　许慧娟　颜　洁
于成磊　张　成　张霏霏　张　虹

物理与光电·能源学部(20人)

程小荣　范荣磊　方　宇　黄　杨　李肃成　梁春豪　刘　琼
陆裕华　罗　杰　侍智伟　唐安琪　王品之　吴　娇　吴　凯
闫文宁　叶晓亚　翟雄飞　张　朵　张　玲　周海彬

材料与化学化工学部(37人)

宾 端	蔡福东	蔡忠建	曾 涛	陈常鹏	陈 洁	董晴晴
冯 贤	付高辉	傅 裕	顾钱锋	管明玉	郭江娜	何丹丹
洪苗苗	胡丹丹	胡俊蝶	李 镇	刘 洁	刘 佩	苏护超
汤强强	王丹丹	吴 冰	吴 丹	吴 阳	熊新红	徐明霞
薛璐璐	杨贝贝	杨 舜	余 浩	张 杰	章 瀚	赵 琳
赵 越	周乾豪					

功能纳米与软物质研究院(16人)

邓雅丽	董慧龙	甘 胜	高苏宁	李 灏	刘蓓蓓	刘 峰
刘玉强	彭 飞	石媛媛	宋 斌	谢跃民	杨漫漫	杨艳梅
袁建宇	赵顺燕					

纺织与服装工程学院(10人)

姜志娟	刘召军	史 雯	田 龙	王 晨	徐燕妮	杨 敏
张旭靖	章 艺	赵楚楚				

计算机科学与技术学院(9人)

范宁宁	方海林	惠浩添	汪 蓉	王晶晶	尤树华	张丽丽
朱 峰	朱 珠					

电子信息学院(6人)

代 华	胡 伟	栗新伟	王 超	叶 伟	张 莉

机电工程学院(7人)

冯笑笑	胡 飘	姜付兵	陆小龙	潘 鹏	孙伏骏	余鹏程

医学部基础医学与生物科学学院(31人)

包璟銮	曹 彦	陈柾柾	程 姣	房建凯	冯悦华	关志勋
胡筱涵	李 芳	李洋洋	林秀秀	刘晴晴	刘文明	卢穹宇
倪 敏	彭 侃	沈 曦	束 慧	孙振丽	陶瑞旸	王 健
韦善文	谢展利	徐港明	徐贵良	徐开遵	杨 燚	张丹丹
张 英	张 云	朱 敏				

医学部放射医学与防护学院(4人)

崇 羽	何 燕	华 松	邰国梅

医学部公共卫生学院(7人)

陈佳红　　陈　能　　焦　俊　　刘　艳　　夏　伟　　徐光美　　杨少春

医学部药学院(14人)

　　曾元英　　季　鹏　　陆娇娇　　孙银星　　王文娟　　王小玉　　王　允
　　夏　琴　　许　新　　易　琳　　周　林　　周　翔　　朱爱军　　欧阳艺兰

医学部护理学院(2人)

　　陈　奕　　王　濯

金螳螂建筑学院(3人)

　　曾　友　　刘莹莹　　陆　菲

城市轨道交通学院(3人)

　　胡大盟　　秦梦阳　　孙　莉

金融工程研究中心(5人)

　　单秋果　　冯玉杰　　汤晨瑶　　徐　宁　　周　祥

系统生物学研究中心(1人)

　　袁徐烨

附属第一医院(21人)

　　包　赈　　蔡文治　　陈东栋　　杜　鹏　　耿德春　　何　芸　　李继会
　　李伟生　　李永梅　　莫建强　　曲　琦　　邵静波　　沈　梦　　沈　维
　　石玉琪　　孙　晗　　王　杰　　邢惟慷　　杨　健　　张海玲　　张小鹏

附属第二医院(21人)

　　曹钰兰　　杜晓龙　　方世记　　顾　俊　　金晓梅　　孔令尚　　李娇娇
　　李　明　　吕　玲　　孟令杰　　苏洪洪　　王奉冰　　王学龙　　魏金荣
　　项　丽　　徐洪涛　　杨紫姣　　张高才　　张　宇　　钟安嫒　　朱宝松

附属第三医院(4人)

　　李文亮　　李园园　　柳　琦　　姚　霜

附属儿童医院(9人)

　　卞馨妮　　曹　岚　　顾文婧　　李丽丽　　唐韩云　　田　甜　　王娜娜
　　王雪芹　　杨清华

上海第六人民医院(1人)

  文孝婷

上海肺科医院(1人)

  杨加伟

上海东方肝胆医院(1人)

  徐 伟

中国人民解放军第二炮兵总医院(1人)

  安 琪

苏州大学 2015—2016 学年各学院（部）获捐赠奖学金情况

制表：苏州大学学生工作部（处）　　　　　　　　　　　　　　　　单位：元

序号	学院（部）名称	捐赠奖
1	文学院	37 000
2	凤凰传媒学院	78 000
3	政治与公共管理学院	69 000
4	社会学院	70 000
5	教育学院	24 000
6	外国语学院	69 800
7	艺术学院	64 000
8	体育学院	41 000
9	数学科学学院	44 000
10	物理与光电·能源学部	102 000
11	材料与化学化工学部	107 000
12	商学院（财经学院）	228 600
13	王健法学院	48 200
14	计算机科学与技术学院	89 000
15	电子信息学院	89 500
16	机电工程学院	228 500
17	沙钢钢铁学院	27 000
18	纺织与服装工程学院	74 000
19	医学部	436 500
20	金螳螂建筑学院	38 000

续表

序号	学院(部)名称	捐赠奖
21	城市轨道交通学院	105 000
22	纳米科学技术学院	39 500
23	音乐学院	7 000
24	唐文治书院	10 000
	合 计	2 126 600

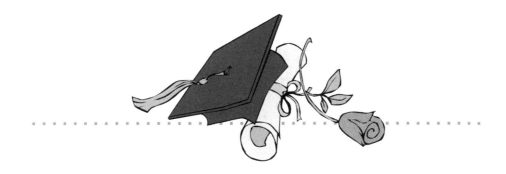

重要资料及统计

办　学　规　模

教学单位情况

教学单位一览表

院　　部		
文学院		
凤凰传媒学院		
社会学院		
政治与公共管理学院		
马克思主义学院		
东吴商学院(财经学院)　东吴证券金融学院		
王健法学院		
外国语学院		
教育学院		
艺术学院		
音乐学院		
体育学院		
数学科学学院		
物理与光电·能源学部	物理科学与技术学院	
	光电信息科学与工程学院	
	能源学院	
材料与化学化工学部		
纳米科学技术学院		

续表

院　　部	
纺织与服装工程学院	
计算机科学与技术学院	
电子信息学院	
机电工程学院	
沙钢钢铁学院	
医　学　部	基础医学与生物科学学院
	放射医学与防护学院
	公共卫生学院
	药学院
	护理学院
	第一临床医学院
	第二临床医学院
	儿科临床医学院
	第三临床医学院
金螳螂建筑学院	
城市轨道交通学院	
敬文书院	
唐文治书院	
应用技术学院	
文正学院	
海外教育学院	
老挝苏州大学	
继续教育学院	

成教医学教学点情况

成教医学教学点一览表

医学教学点名称	专 业 名 称
宜兴卫生职工中等专业学校	临床医学
	护理学
张家港市卫生进修学校	临床医学
	药学
	护理学
昆山市健康促进中心	临床医学
	护理学
	药学
太仓市卫生培训与健康促进中心	临床医学
	护理学
	预防医学
	医学检验
常熟职业教育中心校	临床医学
	护理学
南通卫生高等职业技术学校	护理学
	药学
江苏省武进职业教育中心校	临床医学
	护理学
	预防医学
	医学影像学
	药学
常州卫生学校	护理学
金坛市卫生进修学校	临床医学
	护理学

续表

医学教学点名称	专业名称
溧阳卫生培训中心	临床医学
	护理学
镇江卫生学校	护理学
盐城卫生职业技术学院	护理学
	医学影像学
	食品质量与安全

全校各类学生在校人数情况

全校各类学生在校人数一览表

类别		人数
研究生	硕士研究生	13 303
	博士研究生	1 777
全日制本科生		26 389
外国留学生		2 911
成教	函授生	2 471
	业余	10 312
	脱产	0
合计		57 163

研究生毕业、入学和在校人数情况

研究生毕业、入学和在校人数一览表

类别	毕业生数	授学位数	招生数	在校研究生数
博士生	337	452	361	1 777
硕士生	3 035	4 299	3 409	13 303
总计	3 372	4 751	3 770	15 080

全日制本科学生毕业、入学和在校人数情况

全日制本科学生毕业、入学和在校人数一览表

毕业生数	招生数	在校学生数
5 837	6 390	26 389

注：全日制本科毕业生数为实际毕业人数。

成人学历教育学生毕业、在读人数情况

成人学历教育学生毕业、在读人数一览表

在读学生数			毕业生数		
合计	本科	专科	合计	本科	专科
12 783	12 783	0	3 639	3 639	0

注：此表中成人学历教育学生数未包括自学考试学生。

各类外国留学生人数情况

各类外国留学生人数一览表

总人数	男	女	国家、地区数	高级进修生	普通进修生	本科生	硕士生	博士生	短期生
2 911	1 164	1 747	71	1	1 754	825	88	33	210

全日制各类在校学生的比率情况

全日制各类在校学生的比率一览表

类 别	人 数	占学生总数的比例(%)
研究生	15 080	33.98
本科生	26 389	59.46
外国留学生	2 911	6.56
总 计	44 380	100

注：总计中不含成人教育学生。

2016年毕业的研究生、本专科（含成人学历教育、含结业）学生名单

2016年毕业的博士研究生名单

文学院

比较文学与世界文学(1人)
　　张荣兴

汉语言文字学(2人)
　　孙习成　　王　华

文艺学(2人)
　　石　昭　　许　丽

戏剧影视文学(2人)
　　杨　秋　　胡　芸

中国古代文学(6人)
　　姜　鹏　　张瑞杰　　高春花　　茆　萌　　娄欣星　　马腾飞

中国现当代文学(6人)
　　谢燕红　　王川霞　　沈穷竹　　唐北华　　徐玉松　　龙吟娇

凤凰传媒学院

媒介文化(3人)
　　詹益锦　　庞志龙　　张丽燕

社会学院

中国近现代史(2人)
　　刘　京　　邹桂香

中国史(1人)
　　崔龙健

政治与公共管理学院

地方政府与社会管理(4人)
　　杨书房　　蔡滨　　姚虎　　叶俊

马克思主义基本原理(5人)
　　孔川　　孙德海　　王焕成　　王帆宇　　姜春磊

马克思主义哲学(7人)
　　丁振中　　张宏宇　　马唯杰　　张东平　　傅秀玲　　余国志　　张贺

思想政治教育(5人)
　　石磊　　杨霞　　孙泊　　郑萌萌　　葛谢飞

政治学理论(3人)
　　孙红军　　孙萍　　孟祥瑞

中国哲学(1人)
　　李惠玲

东吴商学院(财经学院)　东吴证券金融学院

财政学(2人)
　　管斌彬　　成涛林

金融学(3人)
　　徐辑磊　　童元松　　李合怡

企业管理(12人)
　　郑锡聪　　阮鹏宇　　赖珍珠　　林秀玲　　吴耀昌　　贺妍　　徐淑敏
　　蔡文修　　张惠玲　　杨传明　　李益娟　　孙建群

王健法学院

法学理论(1人)
　　尹德贵

宪法学与行政法学(8人)
　　康敬奎　　刘为勇　　桂萍　　杨红　　张鑫　　陈多旺　　李清宇
　　汪厚冬

外国语学院

俄语语言文学(1人)
　　陈春红

外国语言学及应用语言学(4人)
　　古海波　周小涛　陶　伟　刘晓环

英语语言文学(7人)
　　李震红　金　琳　林生淑　陈振娇　束慧娟　李大国　张祥亭

教育学院(教育科学研究院)

高等教育学(7人)
　　刘　标　宋东清　顾志勇　王洪法　俞　冰　杨习超　乔浩风

艺术学院

设计学(1人)
　　钱　静

设计艺术学(2人)
　　孟　舒　周　欣

体育学院

体育教育训练学(5人)
　　王秀平　郭　权　杨志华　冯　伟　王雅婷

体育学(3人)
　　李　岩　贺鑫森　李盛村

数学科学学院

概率论与数理统计(2人)
　　吴永锋　王江艳

基础数学(4人)
　　李上钊　陈　琳　胡　韻　陈超群

计算数学(1人)
　　张昌娟

应用数学(3人)
　　颜　洁　　缪雪晴　　包经俊

金融工程研究中心

金融工程(1人)
　　蒋婷婷

物理与光电·能源学部

光学(5人)
　　文　伟　　来娴静　　李肃成　　罗　杰　　方　宇

光学工程(3人)
　　吴　尚　　张　伟　　高　帆

凝聚态物理(6人)
　　王　强　　成珏飞　　程小荣　　黄　杨　　李晓慧　　张　威

新能源科学与工程(2人)
　　吴　娇　　闫文宁

材料与化学化工学部

材料学(3人)
　　周　成　　张志勇　　刘杉杉

分析化学(2人)
　　刘　扬　　赵　群

高分子化学与物理(9人)
　　唐增超　　姜孝武　　王萌萌　　邹　艳　　胡　健　　钟　平　　王来兵
　　赵俊飞　　陆金杰

无机化学(6人)
　　吴　冰　　彭艳芬　　霍　鹏　　戴　铭　　赵　珊　　胡飞龙

物理化学(3人)
　　郭清华　　韦　良　　王彩琴

应用化学(8人)
　　孙栋梁　　朱　婧　　杨　舜　　张　杰　　郭江娜　　刘欢欢　　时二波

刘　全

有机化学(7人)
　　李　壮　　蔡忠建　　晏　宏　　冯　贤　　张　杰　　孙　秋　　孙网彬

功能纳米与软物质研究院

材料科学与工程(9人)
　　王炳昊　　邓久军　　刘泽柯　　董慧龙　　孙晓甜　　袁建宇　　崔　巍
　　章　辉　　杜春苗

材料学(3人)
　　王　涛　　吴仲伟　　张　朵

化学(5人)
　　龚　华　　崔泽群　　彭　飞　　吕晓欣　　李　灏

凝聚态物理(1人)
　　钱　敏

物理学(2人)
　　史晓波　　毛宝华

纺织与服装工程学院

纺织材料与纺织品设计(3人)
　　赵静娜　　陈柔羲　　田　龙

纺织工程(5人)
　　臧传锋　　祁　宁　　王曙东　　赵　兵　　刘召军

纺织化学与染整工程(2人)
　　张　伟　　蔡　露

服装设计与工程(2人)
　　孙菊剑　　顾冰菲

计算机科学与技术学院

计算机科学与技术(2人)
　　艾旭升　　路　梅

计算机应用技术(3人)
    叶　鹏　　刘　钊　　钱利强

软件工程(1人)
    杨梦铎

电子信息学院

信号与信息处理(6人)
    潘欣裕　　吴　迪　　刘舒祺　　周　健　　王槐生　　张忠山

医学部基础医学与生物科学学院

病理学与病理生理学(4人)
    潘燕燕　　郭鹏达　　卢穹宇　　杨　萍

病原生物学(1人)
    周　慧

法医学(2人)
    刘伟丽　　孙会艳

基因组医学(1人)
    仲兆民

免疫学(14人)
    郁　心　　王晓婷　　韩　毓　　许云云　　孙　青　　马世鑫　　包璟鍫
    夏　瑞　　徐贵良　　任晓新　　扈晓敏　　张胤晟　　张　云　　杨　燚

胚胎生理与围产基础医学(1人)
    吴　蕾

人体解剖与组织胚胎学(4人)
    黎晓华　　朱　燕　　邹琳清　　韩　笑

特种经济动物饲养(2人)
    徐开遵　　王海燕

医学神经生物学(1人)
    周友浪

医学生物化学(5人)
　　董　亮　　孙其昌　　沈　力　　胡亚娥　　严茹红

医学细胞与分子生物学(6人)
　　侯　爵　　蒋海娟　　曹　彦　　谢展利　　汤金乐　　王　琦

医学部公共卫生学院

流行病与卫生统计学(4人)
　　汪　胜　　邵　平　　程庆林　　卜晓青

卫生毒理学(3人)
　　沈欧玺　　陈志海　　刘　星

医学部放射医学与防护学院

放射医学(5人)
　　刘一鸣　　黄　培　　邰国梅　　崇　羽　　宋　曼

附属第一医院

内科学(9人)
　　黄小平　　鲍晓晶　　吴爱荣　　田　竑　　王海鹏　　陈　亨　　殷　红
　　尤闻道　　曲　琦

外科学(10人)
　　管华清　　朱雪松　　黄亚波　　徐　露　　华　菲　　史金辉　　吕庆福
　　耿德春　　莫建强　　何志伟

围产医学与胎儿学(1人)
　　张小鹏

影像医学与核医学(1人)
　　米宝明

附属第二医院

神经病学(2人)
　　李娇娇　　秦义人

外科学(6人)
　　李如军　　钱爱民　　李　涧　　孙　超　　朱宝松　　孔令尚

附属第三医院

外科学(2人)
  王志刚 杨 澜

附属儿童医院

儿科学(4人)
  金燕樑 曹岚 李嫣 田甜

医学部

人体解剖与组织胚胎学(3人)
  姚 健 王鸿奎 龚蕾蕾

医学部第一临床医学院

麻醉学(1人)
  侯永恒

内科学(4人)
  费 敏 王元元 周 玲 李 云

外科学(2人)
  王亮良 杨慎敏

医学部第二临床医学院

神经病学(1人)
  辛 宁

外科学(1人)
  朱 进

肿瘤学(1人)
  蒲汪旸

医学部儿科临床医学院

儿科学(1人)
  马亚萍

医学部生物医学研究院

免疫学(1人)

　　张全志

医学部药学院

药剂学(1人)

　　魏　霖

药理学(13人)

　　周建芹　　李凌云　　谭才宏　　茅家慧　　赵　喜　　刘天雅　　曾元英
　　王　允　　陶周腾　　王文娟　　王姝之　　夏　琴　　张　瑜

药物分析学(1人)

　　王美玉

药物化学(3人)

　　王利利　　许芝祥　　马海阔

中国人民解放军第二炮兵总医院

外科学(1人)

　　徐小永

海外教育学院

高等教育学(1人)

　　NGUYEN MANH TOAN

无机化学(1人)

　　IGBARI OMOBOYEDE FEMI

医学细胞与分子生物学(1人)

　　NARGIS RAKSHIT

2016年毕业的硕士研究生名单

文学院

中国语言文学(47人)

　　马圆圆　　蔡　慧　　曹婷婷　　葛　培　　胡单芳　　黄佩佩　　陆　冰
　　钱　佳　　王若玉　　王纬纬　　王云洲　　吴　燕　　肖蓓蓓　　袁　静

张　茹	张逍霄	郑卫晓	郑　晔	朱媛君	蒋思璐	庄德友
周小兰	仓纪红	陈冰彬	单丽君	郭　方	韩　文	何佶颖
江　曼	居婷婷	刘　娇	刘　湘	石　婉	孙　易	张甜甜
周晓丹	罗美娇	陆　松	张　杨	梁心怡	王亚琼	方慧勤
王　维	夏宗平	牛　静	刘　勇	徐　瑛		

课程与教学论(4人)

　　张　伊　　王燕娜　　刘腾腾　　郭咪咪

美学(3人)

　　汤丹磊　　刘晓迎　　张亚飞

凤凰传媒学院

戏剧与影视学(6人)

　　王　慧　　颜　欢　　周　郁　　徐传南　　赵　彤　　程哲幸

新闻传播学(16人)

　　周　璇　　陈德月　　刘振远　　缪培培　　沈晶晶　　闻亦柳　　俞　欢
　　陈　婕　　王　琛　　张晓蕾　　张雨雯　　钟秋嫒　　赵唯伊　　刘晔菲
　　臧　婧　　严洁蕾

社会学院

旅游管理(5人)

　　黄　晨　　陈　希　　应南茜　　牛　玉　　业　云

社会保障(3人)

　　董　莉　　高森丽　　杜瑾秋

社会学(6人)

　　李　玲　　杨婷婷　　靳亚飞　　齐　倩　　贺慧丽　　张　帆

世界史(5人)

　　焦　锐　　朱玲云　　高　雅　　丁倩逸　　黄　腾

图书情报与档案管理(9人)

　　舒　苹　　吉顺权　　刘　迁　　卫　潇　　张肖千　　胡安琪　　潘　虹
　　盛　婷　　葛　婷

中国史(15人)
　　李欣栩　　刘晓晓　　庞向南　　李会霞　　王禹霈　　陈　伟　　刘华明
　　钱　楠　　杨晓君　　董　婧　　张　婉　　肖　雅　　朱跃成　　陈　晨
　　岳梦影

政治与公共管理学院

管理科学与工程(3人)
　　施倩倩　　岳昱星　　黄梦丹

国际关系(3人)
　　宋辰熙　　汤　婧　　阎　楠

行政管理(26人)
　　刘溢春　　王蓝蓝　　徐至寒　　章　静　　陈立书　　金祖睿　　牛　丽
　　柳梦琳　　宋亚光　　王苏苏　　王钰瑶　　章　霞　　周格格　　施雅婷
　　张　婷　　张　俊　　张　瑞　　潘　恒　　秦如亮　　余　玉　　王兰兰
　　王　瑞　　熊雅琦　　周婷婷　　江亚洲　　缪婷婷

伦理学(3人)
　　张　乾　　陈袁园　　曹　军

马克思主义基本原理(8人)
　　曹晨芳　　龚艳华　　王欢欢　　吉启卫　　毛　莉　　窦玉菁　　王真真
　　王　琳

马克思主义哲学(3人)
　　毛　健　　陶淇琪　　刘　薇

社会医学与卫生事业管理(3人)
　　祁竹莉　　徐　琪　　张雪梅

思想政治教育(9人)
　　于　帅　　杨　菁　　赵利芳　　杨　然　　吴常歌　　周　琴　　王晓翠
　　张玉娇　　米杨军

土地资源管理(2人)
　　吴方振　　严智丹

外国哲学(2人)
　　刘辰飞　　董胥琳

政治学(1人)
　　张剑锐

政治学理论(8人)
　　项　皓　　陈旻哲　　莫夕成　　顾　凡　　刘晓晨　　杨　飖　　赵肖肖
　　薛敬侃

中共党史(1人)
　　周　莉

中国哲学(3人)
　　平燕红　　陈昱哲　　王　文

东吴商学院(财经学院)　　东吴证券金融学院

工商管理(15人)
　　毕宇洪　　施松伯　　孙骏可　　胥茜娅　　杨　毅　　张　霞　　徐伊莹
　　沈　杰　　盛丽娅　　董健玮　　余　耀　　李　广　　张　艳　　陈　黎
　　雷星星

农业经济管理(2人)
　　尹伊蓝　　张红蕊

世界经济(2人)
　　孙晓晴　　杨玉琳

应用经济学(27人)
　　管　明　　李昊玥　　李倩倩　　李竹林　　潘徐静　　寿　芸　　田　野
　　王夕婧　　吴恺迪　　袁肖肖　　张　鼎　　赵晨仪　　赵　俊　　何鹤鑫
　　应　辉　　张栋杰　　陆文娟　　王　健　　宋　娟　　李新飞　　汪　森
　　王　顺　　徐欣煜　　邢晓莉　　顾　敏　　许传英　　严　舒

政治经济学(1人)
　　丁预立

王健法学院

法律史(5人)
　　万牧瑶　　陈丽华　　谈冬兰　　董　霏　　蒋蕊蔓

法学(法学理论)(8人)
　　张盼盼　　李婉南　　丁　楚　　卢　怡　　段美玲　　肖贵祥　　李臣锋
　　王晓宇

法学(国际法学)(8人)
　　顾　程　　文清兰　　吕　玥　　胡婉茜　　徐　韬　　刘　聪　　吴洪先
　　董　宁

法学(环境与资源保护法学)(3人)
　　陈康嘉　　戚小乐　　臧　成

法学(经济法学)(6人)
　　王云泽　　程隽怡　　沈妍宏　　潘　双　　孙婷婷　　陆心怡

法学(民商法学)(11人)
　　陈　丽　　陈连杰　　戴　妮　　丁　冬　　秦　榕　　王　蕾　　李小菊
　　陈齐前　　张秀林　　李若夫　　徐函修

法学(诉讼法学)(8人)
　　张舒珍　　冉　鹏　　张　新　　李嘉怡　　吴雪华　　戴文娜　　邢贺贺
　　茹　翼

诉讼法学(民事诉讼法学)(1人)
　　高颖佳

法学(宪法学与行政法学)(12人)
　　张贺棋　　沈君慧　　翟小娜　　连建彬　　马瑞辰　　魏　茹　　詹　妍
　　朱强和　　胡　浩　　张　兵　　张国志　　徐希友

法学(刑法学)(7人)
　　张　雯　　张　剑　　金梦洁　　汪建波　　吴梦雅　　汪鸿哲　　许晓东

外国语学院

俄语语言文学(5人)
苏兴亚　赵　瑞　李　芳　王剑美　林　洁

翻译学(6人)
李伟霞　赖亚玲　周　洁　赵　薇　周　闪　方月红

日语语言文学(8人)
肖　雅　张姝雅　李文佳　钱　静　沈　耀　古效婷　鹿靖靖
朱　煜

外国语言学及应用语言学(15人)
陈秋萍　芮燕清　王　凤　张晴娴　范　青　陆　翔　朱惠智
王晓菲　陈　婧　王　蕾　李雪春　万　莉　刘亚娟　王　柯
马　苗

英语语言文学(11人)
程颖洁　李田梅　许斐然　赵　倩　朱梦蝶　段秀秀　朱佳丽
魏　巍　周丽媛　蔡婉娟　卜杭宾

教育学院

基础心理学(1人)
张　玮

教育经济与管理(5人)
张　弘　南　娜　崔达美　陆　静　任　岁

教育学(21人)
李　平　孙　婷　汤荷花　田瑞向　茅佳欢　朱　颜　涂　鸽
徐平平　李　敏　刘灿灿　彭　媛　李丹阳　何　敏　刘孝亮
李晓雯　刘　旭　李鸾芳　潘宏琴　李凤玮　步滕滕　王明明

心理学(27人)
查癸森　沙小晃　徐　悦　张　珂　陈　璐　陆周琳　朱　静
刘彦超　范舒宇　余姣姣　孙丽霞　丁玉连　王娟娟　钟苗苗
傅鹃花　张　露　吴　玉　黄元娜　孙　伟　张　晨　刘忠玲
董丽娟　赵　星　杜春香　陆　艳　段　越　郭翠玲

艺术学院

美术学(6人)
蒋　鹏　　马　越　　洪敏健　　毛文怡　　周露露　　秦佳佳

设计学(21人)
陈亚萍　　和　琪　　胡小燕　　王　谧　　闫　珂　　谢晶晶　　赵翠翠
高　婧　　韩廷森　　李　婷　　胥　娜　　徐姗姗　　张　娟　　房逸文
陈　丽　　毛燕娟　　王林清　　蔡梦璇　　刘洋洋　　蒋丹青　　狄　升

艺术学理论(3人)
冯律稳　　汪　璐　　张　彬

音乐学院

音乐与舞蹈学(9人)
严雯婷　　齐雪婷　　尹　诗　　杨文煜　　陈春子　　孟　竺　　王一媛
郑　星　　王菊菲

体育学院

体育学(54人)
李雨晴　　刘　蕊　　牛福安　　陶　蓉　　王　鑫　　张　力　　周振国
朱碧波　　时倩雯　　程　英　　梁石云　　刘　伟　　曹仪钦　　程丽茹
郝凌飞　　李金娟　　毛晓锟　　庞尔江　　祁建忠　　张婷婷　　杨　静
张红露　　高晓芳　　张　静　　陈欢欢　　黄亚婷　　唐忠才　　陈玉婷
徐　慧　　王　涛　　江长东　　翟兆娟　　刘昌鑫　　薛立强　　谷祥润
井海波　　孙程燕　　汪　伟　　王　磊　　马士蛟　　陈士君　　胡梦娜
刘　燕　　张立波　　李　帅　　苗海燕　　蔡前鑫　　徐政权　　赵鹏威
买凡瑞　　韩星星　　王　敏　　鲁　博　　金　刚

数学科学学院

数学(36人)
顾晓峰　　江卫军　　荆文军　　李　越　　陆佳晨　　王　慧　　王　锐
徐敏霞　　张　成　　张　虹　　王　瑾　　曹君梅　　曹晓瑞　　王金根
于成磊　　郭　茜　　李　杨　　陆　璐　　臧运涛　　刘江燕　　陆　慧
范秋云　　黄晓晓　　王　珂　　许丽娟　　韩海飞　　许荣好　　刘　燕
王姣姣　　李　响　　杨　也　　宋　宁　　刘双庆　　王秋红　　张霏霏
洪楠坤

统计学(9人)
  孔娟娟 刘远 倪瑞江 田明月 王梦婷 杨松 曾友佳
  李婷 郑伟伟

金融工程研究中心

金融工程(3人)
  单秋果 吴若菲 陈浩

物理与光电·能源学部

材料物理与化学(7人)
  陆裕华 姚楚 杨万里 刘青 苏建敏 李炳辉 王冉冉

光学(1人)
  褚玮

光学工程(30人)
  贺国坛 万晶 许民益 王健 沈栋慧 韩琳 陈宝华
  陈玲华 冯繁荣 郭小祥 姜慧 许汝济 周海彬 顾新宇
  陈育冬 梅启静 夏银香 周文彩 李权 李晓阳 刘青函
  范广飞 毛保奇 姜英杰 王长江 胡静 漆林 吴凯
  查杭 翟雄飞

化学(7人)
  孙岩 汤铭留 张娟 杨波 陈奎 周启林 刘婷婷

检测技术与自动化装置(9人)
  袁悦 常静雅 江兴 林楠 孙焕 吴淼 薛青晨
  张朵 周佳秦

课程与教学论(1人)
  刘力文

物理学(51人)
  王俊 董元 梁春豪 刘仕晨 徐卫 吴强 张玲
  柏萍 陈德亮 陈洁 陈久恺 陈妍 程雪梅 戴佳洪
  范荣磊 傅超 高明伟 顾经伟 何雪梅 何一松 吉秋菊
  李硕 刘琼 卢秋建 沈琪琪 侍智伟 王晨 王广浩
  王俊 王刘勇 王品之 王赛赛 王涛 王余旭 吴杰
  吴星波 杨东瑾 叶晓亚 周峰 周娇娇 王婷 杨玉婷

顾正艮　黄志芳　王　越　胡　月　赵泰磊　贾珍基　闫　强
吴　伟　曹镜声

材料与化学化工学部

材料科学与工程(32人)

祁淑云　王　宏　赵　琳　张　毅　许惊鸿　董鑫怡　付高辉
顾　星　韩　剑　李亚军　李志豪　陆梦娜　马沈昊　王玉峰
徐春曦　姚士跃　余彦霏　袁　晨　袁国涛　张　宁　陈海明
张星星　朱阳光　吴申梅　李绮茹　谢阳志　沈　朦　王　婧
朱丽娟　李　慧　苏护超　郭艳凤

化学(136人)

曹栋玲　房聪维　傅　裕　厉芙伶　裴　浩　祁正航　钱　骏
邵　亚　汤　珊　汤文洁　吴　三　夏　迪　杨韦康　赵　伟
李　瑜　宁晋姣　项丹丹　王丹丹　席丽丽　董晴晴　蔡兆雄
夏怡君　赵晓薇　拜慧雯　蔡福东　陈丹丹　陈冬雪　陈　利
丁丽君　杜海菁　樊　豪　方　毅　高　俊　高　妍　管明玉
侯天媛　胡海艳　季佳敏　季猩猩　姜淦泉　焦岑蕾　李俊驰
李梦吟　李　镇　刘　飞　刘佳骏　卢　敏　陆加林　马一玫
孟　华　潘静静　钱　凯　钱琴琴　尚修娟　汪剑锋　王　梅
王千宇　吴　阳　吴钰锋　徐　慧　徐萍萍　许　健　荀　展
晏雪生　姚　威　曾泽华　张　涛　张亚飞　张　叶　章　瀚
章　祥　赵　鑫　赵　越　郑松林　周鹏骏　朱爱娣　朱　凡
朱　晖　朱甜甜　庄　欢　邹婷婷　樊采薇　陈　洁　吴　丹
俞丽燕　蒋　习　薛丽君　张红梅　曹严方　刘　佩　邱　迅
王　飞　杨丽芳　高鹏飞　岳宗款　颜文波　赵　敏　汤强强
杨贝贝　陈　慧　张国玉　张　皓　曾　涛　欧彩芬　罗　强
钱丽雯　陈常鹏　黄祥翠　王建军　徐明霞　张俊玲　伏志省
刘　洁　周云飞　孙华艳　余　浩　翟庆盼　胡丹丹　胡俊蝶
刘倩倩　王宏祥　李　莉　张明明　方　亚　刘子召　胡沐黎
吴艳红　刘　璐　佘　佩　熊新红　于秋萍　周开奕　宾　端
刘光鑫　何丹丹　王　晶

化学工程与技术(38人)

陈培雷　张春玉　周乾豪　耿凯明　屈　冬　崔悦诚　李　菁
安晓楠　陈黎黎　吴林鑫　徐大伟　张金宇　沙春明　王兵钦
佟　敏　金英芝　洪苗苗　李艳红　王　宇　张　飞　潘卫东
程　啸　顾钱锋　李　帅　孙丙凤　陈桂敏　张　静　韩　杰
薛璐璐　高兴敏　马　峥　冉　文　雷　红　郑旭峰　全景宾

王　珍　　赵　磊　　叶雅仪

课程与教学论(2人)
　　刘天飞　　胡　慧

功能纳米与软物质研究院

材料科学与工程(31人)
　　许鲁海　　沙　漠　　吴　姗　　林　斌　　许卫东　　顾　炜　　刘玉强
　　孙　斌　　王　云　　赵庆成　　相恒阳　　周钰炎　　陆蒙超　　赵斌华
　　史少华　　王　斌　　王晨欢　　周　玉　　乔　石　　高文龙　　葛　亚
　　缪康健　　王　丹　　雷　雨　　商其勋　　杨　奥　　朱　涛　　高苏宁
　　孙　正　　苟先华　　王金城

化学(32人)
　　孙　俊　　孙　颖　　余宁宁　　刘　畅　　朱湘湘　　马淑桢　　沈鹏飞
　　王　卉　　杨艳梅　　甘　胜　　吉艳凤　　司绍戎　　唐丹丹　　宋　斌
　　张小庆　　龚忠苗　　余　钊　　朱丽丽　　刘向阳　　李　驰　　石媛媛
　　赵顺燕　　孙小奇　　周礼涛　　刘蓓蓓　　吴彦燕　　杨漫漫　　石丽丽
　　徐晓娜　　苏妙达　　魏伟佳　　许芮芮

生物学(8人)
　　郝佳丽　　高瑞芳　　吴成程　　詹志雄　　汪　琴　　张　婷　　庞景阳
　　刘　峰

物理学(16人)
　　包仲敏　　娄　霞　　王玉明　　王玉生　　许瑞鹏　　卓冯骏　　邓雅丽
　　顾季南　　鲁　耀　　吕孝鹏　　王　顺　　谢跃民　　徐庆阳　　袁大星
　　胡小蓉　　贺　阳

纺织与服装工程学院

纺织科学与工程(40人)
　　陈思宇　　方　虹　　孙婉莹　　赵楚楚　　李　婷　　朱　天　　董　凯
　　郭少哲　　张　有　　郑海春　　赵　群　　郝云霞　　凌加焱　　杨高强
　　董永生　　杜德壮　　黄　成　　姜志娟　　王　晨　　王　鹏　　杨　康
　　郑步青　　卞　莹　　施美景　　谢　伟　　高建波　　黄惠娟　　袁永强
　　董　猛　　章　艺　　李姣姣　　贾君君　　秦俊霞　　赵思梦　　费久慧
　　刘雅文　　张小霞　　朱　曼　　彭亦康　　杨　蕾

纺织科学与工程(纺织化学与染整工程)(14人)
  黄建益 于鹏美 王　媛 田　淼 张　鑫 张强华 张鸿志
  翟红霞 冯　欢 李晓琼 饶　波 王　卫 文少卿 黄　斌

纺织科学与工程(服装设计与工程)(10人)
  徐燕妮 杨　敏 张旭靖 史　雯 郭盼盼 何　艳 李冰冰
  邱江元 王棋生 高佩佩

计算机科学与技术学院

管理科学与工程(2人)
  陈　露 朱　杰

计算机科学与技术(35人)
  陈亚东 汪　蓉 翟欢欢 朱珊珊 朱　珠 向　丹 鲁亚平
  李　桥 刘春蕊 陈元娟 黄学华 周文杰 朱　峰 朱少华
  陈瑞杰 惠浩添 徐志浩 杨晓峰 曹　峥 蒋　伟 马　良
  王晶晶 祝成豪 张丽丽 张燕华 黄　磊 宋梦也 张夏栋
  曹成远 陈朋飞 刘　昊 李　会 王　磊 沈　可 林宇鑫

软件工程(17人)
  范宁宁 顾玉磊 许　丹 叶　晨 周谊成 罗　升 马春平
  滕佳月 王　剑 吴　扬 尤树华 贾成进 王超超 张红美
  许志鹏 方海林 赵世泉

电子信息学院

电子科学与技术(11人)
  陈　译 栗新伟 卢月娟 王青松 徐思维 樊　波 李梦阳
  石润彬 华振宇 江朝庆 郭雪凯

信息与通信工程(30人)
  曹兆源 代　华 范　程 孔　亮 刘宇杰 王亚萍 叶　伟
  张　辉 查金翔 惠　琳 季　伟 徐　菲 江鸽蓝 高腾飞
  顾亚梅 胡　伟 蒋雪晴 李　想 王　超 徐　佩 薛礼鹏
  薛亚运 赵雪娇 邹　瑶 王海玉 张　莉 张兆阳 贺　理
  孙助力 邱明健

机电工程学院

机械工程(33人)
  姜付兵 刘锦勇 毛方燕 茅莉磊 潘　鹏 孙伏骏 于亚萍

李　晨　　朱小龙　　陈奕霖　　黄柊喻　　李　闯　　李宗伟　　汪上杰
　　　杨俊驹　　张建法　　周嘉骏　　陆小龙　　陆　斌　　庄　猛　　郑　亮
　　　胡　飘　　张　亮　　吴继琸　　张晓飞　　于荣鹏　　孙　东　　贾　帅
　　　谢亚洲　　余鹏程　　汪成伟　　杜　秋　　徐文奎

控制理论与控制工程(8人)
　　　陈　可　　冯笑笑　　吴偏偏　　季重阳　　周　航　　朱云龙　　徐　伟
　　　舒承松

仪器科学与技术(4人)
　　　何　洋　　姚如娇　　周恺俊　　卞雄恒

系统生物学研究中心

医学系统生物学(1人)
　　　袁徐烨

医学部基础医学与生物科学学院

病理学与病理生理学(5人)
　　　房建凯　　刘文婷　　周　群　　谈　炎　　路星星

病原生物学(1人)
　　　徐文婷

动物学(2人)
　　　解帅帅　　韩　涵

发育生物学(2人)
　　　刘安琪　　林雪蛟

法医学(4人)
　　　陶瑞旸　　季萌萌　　马　露　　沈　曦

课程与教学论(1人)
　　　闫亚非

免疫学(45人)
　　　冯　超　　时正朋　　李　根　　陈翰卿　　陶云霞　　邓　旭　　孟　祥
　　　沈　辉　　朱玉强　　朱肖肖　　左静蕊　　张明月　　曹莎莎　　胡筱涵
　　　邓小梅　　冯悦华　　马延超　　吕全省　　唐圣洁　　朱远远　　闫韵秋

梁　坚　　樊玲波　　高晨慧　　郭灵华　　卞　刚　　陆小川　　雷　蕾
　　朱　飞　　张　唯　　任　莹　　徐海燕　　周楠楠　　李　云　　许　丹
　　李乐敏　　李文娜　　叶瑞婕　　张丹丹　　王佩杰　　陈　火　　吴学洁
　　陈　勇　　张鹏善　　芮　立

人体解剖与组织胚胎学(2人)
　　李希文　　刘晴晴

神经生物学(16人)
　　王　妍　　胡书祥　　赵先洋　　王　丹　　段　欣　　赵立亭　　赵　腾
　　姬雯莉　　束　慧　　刘玉珊　　李　迪　　王　义　　韦善文　　杨传来
　　李戎机　　刘媛媛

生理学(2人)
　　柳　笛　　田莉莉

生态学(2人)
　　王玉龙　　孙振丽

生物化学与分子生物学(17人)
　　袁亚琴　　朱　敏　　陆亚红　　邱　浩　　沈方圆　　倪　敏　　张　滨
　　牛盼盼　　王晶晶　　樊丽霞　　李延峰　　邵　建　　张志伟　　徐冬洲
　　孔　潇　　谢晓丽　　张学礼

生物物理学(4人)
　　余晓红　　洪　捷　　万良泽　　刘华瑜

水产养殖(3人)
　　彭　侃　　刘　堃　　陈亚军

水生生物学(4人)
　　柳昭君　　李　婷　　李文龙　　韩晓飞

特种经济动物饲养(1人)
　　王海英

微生物学(4人)
　　蒋卓越　　黄文乔　　王冬华　　岳纹龙

细胞生物学(24人)
  倪程佩 何 渊 曹 蕴 卢俊厚 邓成慧 高 嵩 刘光明
  张 苗 刘云垒 关志勋 石 青 汪显耀 张 英 陈凤梧
  袁 园 陈 婷 赵 琼 刘文明 叶贤涛 郑娜娜 肖 伦
  陈柱柱 高 亮 王 健

医学神经生物学(4人)
  郑 航 姚纯旭 秦文娟 杨苏清

医学心理学(1人)
  杜宏宇

遗传学(11人)
  杨天杰 张云峰 张樊苗 徐倏豪 娄 杰 李 芳 杨庆慧
  龚永昌 叶 强 牛志杰 万 亮

植物学(3人)
  徐港明 焦翠翠 谷 青

医学部放射医学与防护学院

放射医学(14人)
  黄 翔 赵晓岚 刘璨语 敖楠楠 何 燕 高 阳 林温文
  戴春艳 杜傲男 王龙晓 任丽丽 李晓俊 华 松 孙 阳

生物医学工程(4人)
  武士想 叶天南 李 东 董 萍

儿少卫生与妇幼保健学(1人)
  陈 星

劳动卫生与环境卫生学(4人)
  谢金明 郭建峰 史更生 周莉婷

流行病与卫生统计学(16人)
  黄 萍 刘 艳 徐光美 梁 柱 王 岚 夏 伟 杨少春
  朱惠娟 范 伟 张云艳 邴鹏飞 仲晓燕 李菁玲 沈月明
  汤海波 李美芳

社会医学与卫生事业管理(2人)
　　蒋　薇　　马　旭

卫生毒理学(8人)
　　苏志刚　　刘利芝　　王　旭　　朱　震　　裴炜炜　　陈佳红　　王小娟
　　何启娜

营养与食品卫生学(4人)
　　陈　能　　张晶荧　　焦　俊　　张　薇

医学部护理学院

护理学(12人)
　　陈　奕　　刘　璐　　王　濯　　张志英　　匡亚辉　　刘巧艳　　黄　慧
　　谢安慰　　钱淑君　　张艳云　　李艳艳　　马珊珊

医学部药学院

生药学(1人)
　　吴晓萍

微生物与生化药学(4人)
　　李俊北　　王聪慧　　曾　双　　夏倩华

药剂学(10人)
　　郭哲宁　　朱爱军　　刘　迪　　许青青　　杨舒迪　　杨汶雯　　施柳茜
　　宿　露　　曹　悦　　杨　佳

药理学(26人)
　　李琳琅　　陈洁妤　　顾睿南　　贺园园　　周骏浩　　刘　青　　韩美玲
　　周　林　　朱　莹　　周贤用　　张　丽　　陈相慧　　方丽梅　　张　甜
　　李一沛　　高　添　　李　文　　刘　勋　　朱　琪　　朱　尧　　张　荔
　　王小玉　　周　翔　　隽家香　　许　新　　周艳卿

药物分析学(9人)
　　刘　玲　　欧阳艺兰　　徐云婷　　陈　哲　　卢　蕸　　陆娇娇　　卞佳琳
　　孙　雪　　周芯茹

药物化学(14人)
　　李显伦　　季　鹏　　董　燕　　任慧玲　　孙银星　　邓霖芳　　钱彭飞
　　吴江平　　李克煌　　高　飞　　刘奉友　　徐　亮　　谢　瑞　　秦海涛

金螳螂建筑与城市环境学院

风景园林学(20人)
　　宋　娥　　孙　敬　　王雅琼　　曾　友　　张　玲　　顾翘楚　　蒋文杰
　　陆　菲　　方珍珍　　顾　欣　　杨小晗　　华　夏　　王雅乾　　王伟力
　　华梦熙　　张萍萍　　过昱辰　　郭小宇　　祁　伟　　刘莹莹

农业昆虫与害虫防治(2人)
　　鄢思琪　　魏亦寒

城市轨道交通学院

测试计量技术及仪器(10人)
　　胡大盟　　黄亚龙　　姜　伟　　罗　璨　　强　祥　　秦梦阳　　孙　莉
　　游　洋　　刘小林　　胡玉青

车辆工程(5人)
　　程予露　　陈　玲　　范昭益　　罗春艳　　陈　林

管理科学与工程(4人)
　　张逸静　　何娇娇　　沈玮薇　　吾晨晨

附属第一医院

耳鼻咽喉科学(1人)
　　张　丹

妇产科学(7人)
　　李永梅　　蒯玲玲　　何　芸　　池　迟　　朱晓琳　　魏　彬　　李伟生

急诊医学(1人)
　　陈　都

精神病与精神卫生学(1人)
　　游林林

康复医学与理疗学(1人)
　　钮晟佳

老年医学(1人)
　　莫丽亚

临床检验诊断学(3人)
　　丁　洁　　黄宝丽　　赵瑞珂

麻醉学(3人)
　　翟　润　　李军萍　　张静静

内科学(25人)
　　季诗梦　　张其银　　颜　霜　　张　楠　　植立婷　　周颖异　　徐家梁
　　吴　坤　　朱文娟　　阚延婷　　璩　辉　　吴佳茗　　黄晓飞　　康小涛
　　邱　冬　　韩　伟　　田长玉　　丁文静　　顾彩红　　郦梦云　　庄晓惠
　　龚　芳　　郭圆圆　　李　枫　　张　优

神经病学(3人)
　　郭四平　　王怡青　　杨丽慧

外科学(23人)
　　惠　宇　　夏　军　　赵康全　　赵云峰　　胡小辉　　施　臻　　孙树金
　　张　俊　　包　赈　　冯　焘　　耿　玮　　万玉秋　　魏　赫　　彭　展
　　袁　斌　　陈　亮　　万国杨　　夏海峰　　张　旭　　杨侃侃　　邢惟慷
　　周　龙　　胡　秦

眼科学(1人)
　　李萌萌

影像医学与核医学(6人)
　　郝光宇　　黄仁军　　杜　鹏　　付婷婷　　邵静波　　王清波

中西医结合临床(1人)
　　张涵君

肿瘤学(4人)
　　吴　杰　　王　蓉　　许　超　　王　杰

附属第二医院

耳鼻咽喉科学(1人)
　　赵婉君

妇产科学(1人)
　　张　营

麻醉学(1人)
　　赵雯洁

内科学(4人)
　　王　蒙　　曹雪琴　　琚静美　　王颜彩

神经病学(9人)
　　陈　星　　张高才　　曹钰兰　　戴　艳　　赵君焱　　甄体丽　　李梦嘉
　　周蓓群　　孙娟娟

外科学(18人)
　　杜晓龙　　汪　升　　魏金荣　　刘鸿飞　　张　宇　　陈　礼　　李　明
　　陈　超　　王　帅　　周　焱　　陈金生　　马长松　　徐洪涛　　刘　伟
　　王麒龙　　方世记　　何　磊　　虞　丰

影像医学与核医学(3人)
　　李冬飞　　俞丽芳　　王君鑫

肿瘤学(5人)
　　徐　倩　　张奇贤　　郑　旭　　陈　乾　　吕　玲

附属儿童医院

儿科学(12人)
　　周　琦　　顾文婧　　李丽丽　　王雪芹　　韩　星　　颜　青　　王娜娜
　　刘明华　　刘聪聪　　杨清华　　李晋昊　　胡　斌

附属第三医院

临床检验诊断学(1人)
　　李园园

内科学(2人)
　　明　浩　　孔　欣

外科学(5人)
　　吴汝洪　　邢兆宇　　丁　亚　　袁　磊　　梁　云

影像医学与核医学(1人)
　　查婷婷

肿瘤学(1人)
　　谢荃沁

海外教育学院

儿科学(2人)
　　JENHAN PUTRA
　　PETRICE VIENETHA

妇产科学(2人)
　　MICHAEL CHUANVIN
　　SRUTHI KODIDINI

金融学(1人)
　　INPONE CHIENGSAVANG

内科学(1人)
　　MD ABDUR ROB RAYHAN

皮肤病与性病学(1人)
　　KLARA DEWITA STANZIA

区域经济学(1人)
　　FOU SOMPHONE

体育人文社会学(1人)
　　KWAK GAHYEOK

外科学(1人)
　　MOHAMMAD NADEEM AHMED

影像医学与核医学(3人)
　　SYED ADNAN SYED MUSSADDIQUE
　　PADALA SPAVANI
　　REMAAN YOUNIS MOHIUDDIN

2016年取得专业学位的研究生名单

专业学位博士

附属第一医院

临床医学(20人)

凌卓彦　　卢明柱　　刘　栋　　李　嘉　　王琰萍　　朱　伟　　齐晓薇
张　楷　　华　俊　　陈兵乾　　李　洁　　刘慧慧　　孙　晶　　张　恒
孙　屏　　伍丽君　　吴小进　　章建国　　王宜宗　　韩　靓

附属第二医院

临床医学(44人)

叶一舟　　保国锋　　徐　渊　　方向明　　周振宇　　沈曼茹　　袁伟燕
朱颖炜　　李　阳　　潘慧星　　邵剑锋　　汪明灯　　虞亦鸣　　陈晓钢
陈志刚　　吴　毛　　赵加力　　林　刚　　王杭州　　徐达强　　张　弦
程义局　　王永祥　　钱卫庆　　胡元斌　　祁　俊　　胡雪珍　　李　杰
丁　力　　张旭彤　　王超奇　　姜福金　　鲁　燕　　王　刚　　马俊伟
党宝齐　　崔永华　　徐晓丹　　张健锋　　徐　春　　陆志华　　谢文晖
朱彦博　　杨　鹏

附属第三医院

临床医学(5人)

李　翀　　季　枚　　吴　敏　　宁忠华　　杨　璟

上海第六人民医院

临床医学(10人)

华　飞　　王　武　　李军辉　　皇甫小桥　　袁翠华　　王海明　　周祖彬
项守奎　　陆　健　　张丽云

附属儿童医院

临床医学(7人)

范俊杰　　李晓狄　　柏振江　　徐丽华　　杨小燕　　丁　欣　　张福勇

医学部第一临床医学院

临床医学(18人)

王志荣　　崔　磊　　陈传新　　尤小兰　　王　勇　　李晓莉　　李　翔

马　卓　　顾正峰　　顾　俊　　陈金亮　　夏瑾玮　　秦　骏　　俞娅芬
夏　阳　　荣光宏　　邢　茜　　黄志军

医学部第二临床医学院

临床医学(13人)
　　周　纯　　邹汉青　　胡伟东　　刘凯峰　　殷　俊　　张　荣　　周丽娟
　　苏　星　　柏　林　　王卫理　　金留根　　肖跃海　　臧亚晨

医学部第三临床医学院

临床医学(5人)
　　曹赟杰　　王　坚　　易　阳　　戴夕超　　徐　婷

中国人民解放军第二炮兵总医院

临床医学(1人)
　　仇汉诚

专业学位硕士

文学院

教育硕士(83人)
　　陈　佳　　许嫣娜　　王　茜　　徐福全　　宋　伟　　金黎平　　黄萍萍
　　牛敏敏　　王婷婷　　李根云　　陶丽萍　　李　敏　　刘　明　　童　芳
　　刘静华　　陆　萍　　潘　瑾　　蒋治平　　张晓蕾　　安　静　　蔡衡臻
　　陈海燕　　胡倩云　　黄　贝　　黄晓霞　　李　华　　刘　丹　　倪佩芳
　　钱发华　　钱晶晶　　沈晓丽　　孙迎春　　王　芳　　王　静　　王　萍
　　王伟霞　　王　岩　　夏明静　　尹文艳　　张菡亭　　周莉萍　　朱玲玲
　　李乙才　　朱　骐　　朱贵贤　　徐　蕾　　解　嘉　　蒋林玲　　沈金花
　　赵　霞　　袁娟娟　　王永晓　　于珊珊　　高瑞丽　　许庄荔　　黄诗涵
　　史洁冰　　王丽娜　　金　鑫　　陈　颖　　陈　珑　　陈燕华　　龙金金
　　周磊峰　　王相宜　　韩　旭　　汪　澄　　朱　静　　姚玉婷　　张沙沙
　　邢雨青　　王秋霞　　章力丹　　宗　琪　　蒋　浩　　郑　莹　　秦小静
　　俞梦婷　　张梦瑶　　郭晓琳　　吕凌芸　　冯启佳　　张　曼

汉语国际教育硕士(44人)
　　江子莹　　郭佳琪　　陈美玲　　李姝逸　　张燕妮　　朱文筱　　王爽爽
　　李丹玉　　李　丹　　陈　艳　　陈洪秀　　王俊英　　濮若依　　高远民
　　王　敏　　庞　倩　　王旭玲　　闫文婧　　罗舒娅　　张金平　　郭博菡
　　周祎嫕　　祝逸灿　　张立冰　　谭明月　　郭晓彩　　赵燕燕　　王小潞

张正妍　龙新花　雷小雪　黄　娟　宁　丽　李永浩　董璐尧
车红艳　朱思静　薛景媛　李　均　宋钰洁　孙玉琼　李苏苏
王　倩　汪雯婷

凤凰传媒学院

新闻与传播硕士(36人)

刘　敏　王　榕　刘勇然　赵　妞　王丹青　陆佳楠　杨晓曦
邵珠清　王敬高　夏林晨　伏　晶　於嘉伟　周　敏　吕雯青
牛　帆　袁夕冰　纪　艳　生晓云　姚彦静　胡梦顿　陈卓珺
张梓萱　卞娜娜　丁　怡　肖　阳　谢君玮　吴光磊　张　晗
朱欣鑫　朱明霞　徐登月　陈晓蓉　陆晴琦　徐可璐　张新培
杨　柳

社会学院

教育硕士(11人)

张倩云　张瑞梅　沈　灿　韦　茜　吴　琼　沈洁琼　蒋雯燕
刘　洁　王　丹　曹　宇　崔玉蓉

社会工作硕士(37人)

蒋馥蔚　何亚萍　刘师师　刘方茗　赵天雨　姚春晔　张凯琴
孙梦婷　孙帅帅　张舒欣　杨文苑　孙卓君　孔诗逸　张芯子琪
戈　婷　虞　锐　戴　琳　沙　淘　刘　颖　李益倩　李　敏
徐甜甜　王　柯　王亚男　张　丹　张惠文　施玉婷　陈　琦
李还杰　王　颖　李玲玲　杨　桦　解紫丹　赵永波　黄晓晓
邢二兵　黄　鹏

政治与公共管理学院

公共管理硕士(181人)

傅　烨　郑千丽　白天柱　陈文祺　褚清俊　戴浩敏　丁海丰
范　斌　范小秋　费　琨　费玉婷　龚薇薇　顾　贝　顾翌梁
顾　月　季西子　蒋敏军　金琛峰　李　锋　李　婷　刘　崇
罗芸婷　马小加　毛晓艳　闵薇薇　钱　仪　谭先明　汤巍巍
唐　涛　汪　洋　王　彬　王佳瑞　王振芳　吴坚坚　吴　懿
须　鹏　徐秋月　徐善廷　徐梓涵　许　伟　许　轶　薛晓燕
颜　娘　杨建辉　杨　英　应　剑　俞　航　张　杰　张　欣
张志成　赵璟悠　周明华　朱晓峰　吕　品　李　伟　周　峰
王　猛　杨任飞　王　珏　孔巍巍　王树立　柏长青　贝书寒
曹　洋　陈丽艳　陈淑君　陈　昕　陈逸舟　陈　勇　戴颖峰
丁　丹　董大宁　董　渝　杜　蔚　杜夕枫　樊　文　范洪明

范艺芳	方　华	丰正丽	冯静文	葛晓雯	耿　露	龚凌花
顾海华	顾　惠	顾　萍	管　笠	过　正	韩安成	郝良杰
何　靖	胡　锲	季晶晶	蒋　鹏	蒋秋菊	蒋　帅	焦华云
来晓蓉	李　彬	李　亮	李　强	李　鑫	李旭东	李　郁
梁赛红	刘　畅	刘宁宁	刘小芳	陆军军	陆敏娟	罗　臻
骆文珺	毛新宇	莫瑞华	倪艳梅	彭海芳	祁　放	钱春梅
任廷丽	邵宁妍	邵亚芳	沈寒冰	沈慎涵	沈　卓	盛　东
石晓峰	史卫建	宋文翰	宋亚楠	孙大伟	孙　蕾	孙逸翔
汤　晶	唐　赟	田维军	王　超	王　佳	王嘉琦	王丽英
王　梦	王鹏超	王润安	王　祥	王亚静	韦广全	翁美霞
翁淑茹	翁文超	吴　昊	吴　肖	吴　玥	夏雪娟	邢　晰
徐劲实	许佳华	许　可	宣振强	薛景龙	杨　欢	杨梦霞
杨晓明	杨竹一	姚丹铭	姚　怡	殷　立	于晶晶	于　婧
俞新钰	张　岚	张　莉	张　敏	张青青	赵　敏	仲国威
周玖麟	朱　飞	朱　坚	朱晓雪	朱　悦	左　昀	

教育硕士(15人)

季春璐	孔小娟	吴仕涛	叶海潮	卢　琳	李德鹏	浦　香
张　娜	杨佳丽	陈　爽	吉　慧	裴梦婷	陆　莉	顾思敏
吴　婷						

东吴商学院(财经学院)　东吴证券金融学院

工商管理硕士(257人)

陈志锋	陈曦辉	姜云娟	樊文晔	费非白	郭晓静	李孝良
刘建荣	林五福	吴展名	杨立华	师为国	曹　昱	李　辰
李　曦	刘　菁	任　浩	施　磊	唐雪芳	王　丹	姚　茜
张　宇	赵科伟	朱晓慧	陈金章	陈燕峰	成台荣	丁　荣
杜振亮	高　杨	顾金龙	顾利杰	郭一帆	胡安全	黄　德
金俊俊	景江霞	李　兵	林冰玉	林长凤	刘　东	陆　枫
马小飞	钱裕春	邵丽南	孙玉军	汤　旖	田大显	童　君
王　强	王恬恬	王未艾	王　燕	王　勇	王子威	韦有磊
文　泉	吴晓勇	吴心怡	杨　华	杨　钧	翟培羽	张　慧
张梁梁	张　婷	赵宇飞	朱浩平	安立丰	鲍德昌	蔡　玲
曹　坚	常敏强	常学华	陈春媛	陈　丹	陈范玉	陈　钢
陈慧轶	陈龙军	陈　楠	陈星宇	陈旭东	程　超	戴宏骏
丁　丽	董　骏	董　露	杜林芳	范　鹏	范　雄	冯　一
冯元良	傅婷婷	葛正浩	龚晓龙	贡耀新	贡银富	顾　晗
顾善文	顾诗逸	顾思恩	顾　滔	顾逸君	顾　颖	郭唯一
何　斐	何敏刚	何　睦	胡　浪	华苏婷	华　艳	黄宏朝

黄永信　惠　华　季　峰　季　佳　季　岚　郏茵佳　贾园园
姜达娟　姜小平　金爱艳　金　婷　康海慧　李纪宏　李金阳
李　凯　李天保　李小静　李艳侠　李　瑛　李再红　李　塈
李治龙　廖启芝　刘春霞　刘荣明　陆凤杨　陆　明　陆苏彦
吕　琳　栾佳艺　马　婕　孟亦帅　倪　婷　钮飞虎　潘枫扬
潘　潇　祁　超　钱　波　钱金华　钱晓芳　钱星澄　沈金龙
沈婷婷　史晓峰　史嫣洁　孙海天　孙　萌　孙胤胤　汤超超
汤梦稼　汤湘宁　唐　豪　唐　娟　陶心悦　汪浅予　汪　洋
汪振华　王淳娟　王高勤　王　剑　王　岚　王润辰　王天久
王希语　王玺龙　王英子　翁蔚览　翁业飞　吴红霞　吴萍燕
吴少北　吴玮熙　吴晓娟　吴　晔　吴银银　夏　迁　夏晓蔚
熊文景　须幸平　徐　斌　徐　冰　徐　洁　徐乐其　徐晓肆
徐钰晨　许志青　薛　炜　严典俊　严金花　严丝丝　颜文龙
杨　洁　杨开娜　杨　琴　杨鑫奇　姚礼乾　姚文伟　姚　远
叶建慧　易尚书　殷豪思　殷裕彬　尤立波　于　磊　于　挺
郁　开　曾文英　张阿沛　张丹枫　张　帆　张国秀　张建伟
张　杰　张　晶　张　莉　张黎莉　张丽艳　张　楠　张先章
张　扬　张　越　张　韵　张智慧　张竹君　章栋梁　章　健
赵　江　赵军海　赵梦恬　赵　昱　周　磊　周　群　周　倖
周旭东　周　寻　周　鹰　周　颖　周棕桦　朱多多　朱俊明
朱　胜　邹黎明　邹晓荣　邹　蕴　袁焕杰

国际商务硕士(2人)
　　丁晨蓉　秦俏寒

会计硕士(63人)
　　程凯莉　蒋　巍　杨玉佩　黄　敏　赵洋坚　吴　昕　魏纯纯
　　胡姗姗　王　俊　王丹丹　葛文彬　张　婧　鲁　雅　季　侃
　　孙　萍　承彦殊　韩辰杰　蒋一杰　曹　妍　刘　琼　陈　艳
　　张　奕　陆佳妮　陈　曦　黄嘉成　葛燕秋　徐　慈　陆倚晴
　　张　玥　张静雯　包安琪　何睿娴　胡　月　汤珂奇　袁　逸
　　叶晓婷　孙梦竹　徐星迪　霍粉丽　褚云娇　王子娴　徐海玲
　　周丹丹　薛　松　徐冰清　陈　琦　毛雅晴　吴倩瑶　谢佳怡
　　李云鹏　梅冰倩　史兴华　陆春晓　季姗姗　顾君妍　赵雪瑾
　　周　丹　孙月芳　冷冰宇　朱　雯　施倩倩　曹李蓉　徐　琦

金融硕士(7人)
　　宋佳佳　张怀洋　孙　帆　朱　兵　金　敏　马　真　张岳峰

税务硕士(2人)

汤 蕾　宦 淼

王健法学院

法律硕士(195人)

蔡 欢	邹 锷	何 璇	陈俊涛	欧阳欣	胡新伟	沐惠娟
张瑞丰	鞠晓曦	左元成	吴春辉	李 美	陈凯华	李 红
魏 晔	阙一平	赵红霞	张露廷	史忠升	顾玲玲	陆 磊
周 伟	陈珊燕	王海骥	陈 纯	顾斐璞	于 悦	王丽静
徐超群	周 丰	易 军	吴 婷	王 陶	蔡 力	蔡荣花
陈国兰	陈宁怡	单丽华	丁 隽	杜 春	高 阳	高志俊
韩昌志	郝达进	胡瑗斐	胡 奕	黄晓峰	黄晓莉	黄 晔
蒋晨迎	居科峰	李 志	陆守磊	陆体景	邵爱静	邵海峰
施谷苗	王乃莹	王 攀	王同叶	王文雄	吴 鼎	吴月月
徐国华	徐怡辰	严乐凯	严文藻	杨志宏	张洪桃	张云东
赵 波	赵玲洁	阮志敏	蔡科臣	陈天野	吴 欢	温 泉
沈仕芫	龚 圣	吴 楠	张 苏	王小艳	曹旭刚	庞 洁
施 骏	田竹青	王颜颜	赵文婧	周健坤	李 戈	于海燕
杨德泽	朱先鹤	陈丽君	范亚威	李林杰	李 梦	刘丽华
潘筱颖	孙季萌	孙以乔	王红雨	王立新	王 睿	张大千
赵萌蒙	周 燕	经 鹏	宋晓丹	王 新	高 翔	邱术运
李 鑫	吕 婷	张卫勇	朱亚楠	耿晓天	胡少栋	姜新连
丁希胜	方 丹	裴 婷	孙 萌	冯 娟	万诗尧	胡 杰
王 相	李 莉	张艳松	王 珊	鲍海龙	谭远征	王 珂
许 婷	彭莉娟	王 楠	刘洪菊	何婷婷	张 盖	郭华飞
徐业青	杜巧凤	李 浩	张治宁	董文俭	董文华	鲁明玉
钱佳成	朱 旻	徐丹丹	张洁玉	朱思苒	黄 盼	雷思颖
朱彤彤	侯帅帅	王 静	魏金凤	沈纯霞	张 帆	崔 慧
江小燕	王 曦	钱 麟	张 欣	徐 望	周青青	邵 晶
张佳琪	林若愚	任坤慧	王 鑫	徐 萌	缪 昀	王 恒
张 楠	朱玉瑾	周 娜	张焕然	康咏梅	赵锦辉	刘梦楚
张 徐	余静如	金露燕	卜 玲	马 丽	马 进	姚佳璐
王 柳	王 颖	舒 欢	刘 瑾	杨 娟	范晓婷	

教育学院

教育硕士(50人)

陈怡韶	潘立建	姚 赟	顾晓晴	邓 彬	高 吉	张丽珏
蔡 吉	曹 莹	陈 茜	戴悦娜	丁晓慧	耿秋萍	顾文磊
胡 欣	季 霞	季 银	蒋莉莉	金 静	金丽琴	金 萍

马　菁	濮　丹	任　琰	阮文娜	宋　均	吴　菁	吴雪姣
夏莉莉	徐文芬	徐玉姣	许　璐	薛安琦	袁　婧	张静雯
张甦悦	郑　艳	支　珍	周　赟	方丽琴	李　红	陈婧彧
柳万一	王继梅	屠颖婷	陆金晶	袁志气	叶　枫	邵瑛莹
林　卉						

应用心理硕士(43人)

邓婉婷	纪　微	孙冬叶	陈秋璐	边路娜	蒋梦婷	张　慧
欧琪雯	齐宪芬	张玲玲	王　双	汤　旦	韩　婧	杨　阳
刘薇薇	蒋　曦	李　恒	武慧新	牛琦丽	刘东晓	陈祎雯
徐梦怡	张少杰	宋春晓	杨泽璐	张晓芸	李双双	徐　菊
陈毅媛	沈　蕾	李　茜	焦春岚	李连连	董　杰	张元祝
朱玮玮	魏　博	刘白鸽	李月梅	朱梦璐	汤　昊	孙　凯
计丹洁						

艺术学院

工程硕士(4人)

于佳丽　袁　毅　章　寅　赵　迟

艺术硕士(128人)

李　忠	徐　宾	李则超	吕　洋	赵　艳	李苗苗	张　莉
陈　迅	张　梦	陈思蔚	胡　音	马列坚	王其琳	白建强
董若慧	杜　力	冯　丹	江　飞	梁　冬	林晨栎	刘明江
毛翰音	孟凡兵	钱晶菲	邵玉亭	孙　玮	吴丽丽	薛朝婷
翟慧玲	张　燕	郑苗苗	邹　萍	蔡　易	金奕儿	陆凤霞
陆　鹏	祁　飞	钱　祺	钱　瑜	孙光云	孙姣丽	孙晔军
汪露露	王　鹏	王先华	项海林	熊　莹	徐　舒	许　磊
薛苏楠	杨荦方	张　帆	张　慧	赵苏炜	朱艳艳	左婷婷
马肖肖	潘舒婷	史　磊	王　刚	周　茜	陈　珏	李　聪
隋　婧	梁淑娴	周孝贤	王玮琦	张悦若	顾程顺	韩诗睿
何妍羚	戚海洋	余雅婷	张竞研	张译月	闫雪斐	毕墨代
曹　宇	李巧彬	陆　珀	任婧媛	孙明秀	伍承欢	郑佳慧
李　婧	刘　慧	王　鑫	谢晓冬	陈晓霞	官　君	郝若琳
黄程欣	李佳薇	李　靖	李梦园	刘　娴	陆心星	罗　娟
田士俭	王佳佳	谢君娜	杨秋红	叶骏飞	张　聪	张天晴
郑奕骏	沈致中	俞　璐	闫改红	马茹萍	杨　雪	于召富
曹　广	朱桦榕	宋帅文	张　熙	曾夏雨	姚　璇	杨　阳
王旖楠	王　磊	范泽宁	李　秋	汪碧竹	王润泽	周　轩
孙辛怡	钱　峰					

外国语学院

翻译硕士(43 人)

王欣冉	杨晓侠	戚李瑶	裴 蕾	伊 强	马鋆佼	王蓓蓓
孙 钱	童自鹏	邓 政	韦 唯	闫梦园	刘慧婷	王敏娟
严玲玉	蔡 霜	杨家友	马 昊	沈 丽	李 敏	刘梦子
黄佳倩	游晓敏	赵红娇	蔡欣欣	李星星	曹 淼	周易辰
王玙彤	荣成坤	王静云	强 茜	刘文苗	李玲玲	尤赟蕾
夏 天	宗嘉慧	印 娟	卢 冰	郦一彬	仇 逸	郑冉君
胡金锐						

教育硕士(41 人)

戎银霞	叶夕霞	李 萍	王高俊	林 余	冯艳华	谢友心
李 娟	孙 兰	刘建君	李淑敏	陈 攀	丁婷婷	封静毅
顾婷婷	郭晓丽	李 娜	林 芹	刘 涵	刘豪杰	陆春亚
穆林云	潘 虹	浦璇彦	浦英洁	盛晓辉	束艳艳	王红敏
吴明茜	颜素娟	姚美珠	姚倩汝	袁秀英	张 莉	张青青
张 妍	朱小婧	姜 姝	郦丽娟	陈 军	严润婷	

体育学院

体育硕士(136 人)

王建鑫	吕存款	陈富贵	陈 羽	卢 希	应 斌	吴小宝
盛 薇	侍孝政	刘 春	赵建勇	高大冲	顾松涛	邓 磊
张梦倩	文 博	钱一锋	杨亚芹	蔡 强	何 成	成 磊
于 攀	周 琳	缪 嵩	杨 敏	汤卫林	杨 喆	李文明
白 雪	蔡旭芸	陈 燕	冯成胜	冯俊杰	傅新宇	顾 琴
顾添笑	韩广宝	胡傲峰	黄韵玉	吉 平	江纪英	匡 翔
李根坤	李 晶	李 鑫	刘衍顶	刘占霞	马化霞	莫解伟
倪善文	钮 琳	彭峥嵘	钱正宇	秦晓林	施东华	苏 醒
苏永佳	孙 燕	孙银佳	王 超	王建平	王 健	王 靖
王 茜	王文娟	吴 玻	吴冬杰	吴 卿	肖雪武	谢大静
徐小星	杨 涛	杨一新	杨玉遥	杨志勇	杨子辰	叶军华
殷海涛	袁雯娟	岳宁冈	曾 丽	翟国华	张 辉	张菁华
张林燕	张少文	张世良	张淑君	张 颋	张小亮	张 瑜
赵 锋	赵海燕	赵曼芩	周全权	周玉峰	陈 浩	储 茂
董志艳	郭洋洋	唐 菲	谢媛媛	张升高	赵 静	朱 峰
蒋丹妮	杜 庆	马玉凤	高志明	郎宇辉	李德庆	沈 豪
李冬冬	徐 菁	张 华	毋张明	丁 莹	曹 贝	王雯娴
金 蕾	王阿明	苗翰初	戈 成	陈德建	吴俊洋	杜志浩

孔祥振　　朱凤阁　　赵　阳　　刘　稳　　吴炜鑫　　常羽彤　　尹可可
魏仁皓　　张兆睿　　陈伟光

数学科学学院

教育硕士(42人)

李　明　　唐　云　　胡　敏　　张　平　　王永久　　朱本斌　　贾婷婷
卢　峥　　张　伟　　张健敏　　吴　蕾　　杜舒静　　冯　佳　　顾　颖
黄跃华　　李　佳　　李天香　　刘晓洁　　罗　婧　　毛巾钧　　任忠强
邵美珍　　唐　军　　王井华　　吴　婷　　徐　香　　许欣逸　　游小云
张素萍　　张　哲　　朱菊花　　周　玲　　陈燕妮　　孙逸旻　　范帅江
沈　菲　　顾　君　　龚　杰　　许慧娟　　沈徐虹　　李　想　　黄　荣

应用统计硕士(11人)

纪　祥　　吴　菲　　张宇栋　　李亚南　　孙赟生　　汪丹丹　　宋佳莹
伏明月　　臧守芳　　赵　慧　　卞钰祥

金融工程研究中心

金融硕士(26人)

刘　凯　　刘志韬　　杨海波　　周　祥　　张先达　　李春辉　　汤晨瑶
毛从芹　　王　旭　　邢惠惠　　杨　梅　　杨余韵　　程　柳　　曹　宇
纪祖斌　　高铭哲　　常方媛　　史枫林　　唐　然　　张　季　　李小璐
徐　宁　　杨俊帆　　周墨菁　　冯玉杰　　欧阳良昱

马克思主义学院

教育硕士(19人)

夏亚芹　　谢　婷　　王　琪　　赵晶豪　　包颖倩　　蔡小红　　皋　洁
葛永飞　　蒋　娅　　金雪峰　　刘　鹏　　马逸佳　　钱红娟　　施　静
汤小芳　　项　清　　徐晨霞　　杨平华　　周　云

物理与光电·能源学部

工程硕士(1人)

杨　颖

教育硕士(33人)

陈晓冬　　田同志　　杨　静　　王晓娟　　谷卫山　　陆永华　　陆　瑾
石艳慧　　魏传传　　陈哲轩　　杨　鹏　　朱红红　　任丽君　　穆雯婷
刘建娟　　姬小莉　　陆　虹　　濮晨香　　王　洁　　王美芳　　王新锋
吴　娟　　庄林荣　　徐小泉　　陈紫贤　　陈　飞　　吴彩燕　　韩宝玉
石媛媛　　唐安琪　　曹红艳　　葛诗昂　　任梦玥

材料与化学化工学部

工程硕士(14人)

| 黄　萍 | 付　琴 | 贺作为 | 宋　君 | 张　良 | 朱庆麒 | 孙明璐 |
| 韩　扬 | 宋程浩 | 易　强 | 张功会 | 贾海彬 | 沈　菲 | 徐耀中 |

教育硕士(18人)

陆志宏	李玲玉	瞿素芳	雷　洁	惠益花	潘晨洁	徐　敏
蔡芸霞	樊美荣	龚美华	黄燕鹏	靳　梅	陆芳静	钱俐玛
沈佳艳	史　云	束　娟	宋曙波			

纺织与服装工程学院

工程硕士(7人)

| 葛文燕 | 曹生新 | 华玉龙 | 刘　华 | 蔡　琪 | 董　梅 | 夏红霞 |

计算机科学与技术学院

工程硕士(119人)

陈　瑾	范田郴	刘昊江	徐　宏	秦　丰	范　杰	闻寅啸
葛　良	施　耀	周爱睿	丁　晗	陈海华	王小丽	黄志锋
陈　旭	丁　鹏	单　沈	朱颖杰	蔡娟娟	蔡丽鸳	蔡敏慧
曹素燕	陈　娟	陈　霞	陈晓忠	戴涓涓	樊　丽	冯　涛
顾志明	郭文涛	何　锋	黄　丹	黄冬英	蒋群锋	焦　卫
金　鹏	李春红	李红英	李　幸	刘春燕	刘壮平	陆　妙
陆新锋	陆　易	马　明	马雪妮	彭义尚	钱　斌	沙朝树
商景春	沈劲松	沈文渊	施林琰	施伟章	汤东东	王惠平
王　楠	王肖霞	王玄亨	王耀菊	王永红	吴松慧	吴焱焱
奚伟辉	夏　华	邢楠楠	徐　超	徐向楠	徐亚琴	杨　华
杨　娟	杨　丽	杨云飞	尤骏杰	俞　峰	虞　峰	曾　颢
张　成	张立韬	张伟成	张　星	张徐玮	赵　佳	赵　轩
赵　燕	智庆芳	周　硕	周　桐	周武洁	朱春健	朱建华
朱　杰	朱　娟	朱莉玲	丁　浩	段文超	傅　诗	高　清
谷　珺	顾　融	郭　华	黄忆旻	经　辰	马　聪	孟诗寂
沈凯杰	沈小军	盛一栋	孙　政	郜燕燕	王宏达	王　勇
徐锦韬	袁　健	张嘉逸	张　清	赵欢辉	赵曙诚	崔子璐

电子信息学院

工程硕士(66人)

| 田芳杰 | 薛　炜 | 陈　超 | 张　冬 | 何一鸣 | 吴　倩 | 司苏贤 |
| 任云鹏 | 孟维君 | 乔立国 | 倪冬琴 | 吴晨霞 | 夏芸芸 | 杨　杨 |

陈顶	陈栋	陈明明	陈小虎	程黎军	戴立国	丁立薇
丁昱文	葛明伟	龚健	韩敏	胡亚	黄红军	江波
金人杰	刘世洲	马晓波	钱韵	荣晓斌	汤春妹	唐靖
唐磊	王风清	王玲玲	王强	王尧尧	王重天	魏明
吴晓庆	徐花	徐泽贤	严强	杨廷草	叶亚利	余江
张小宝	张银丹	楚文超	郜亮	杭晓晨	黄建波	牛松杰
戚福岩	秦心宇	任斌	田达到	姚琪	游健	郁葱
赵腊玲	钟姝	魏继尧				

机电工程学院

工程硕士(53人)

马德龙	邵玉呈	赵宇	乔卫东	朱海兵	成晨	魏铁军
徐鹏	郭锐	赵毅	曾善海	邢俊杰	曹挺	付月
蔡奇善	向长林	汪剑慧	王成忠	刘欢	李光春	顾振兴
李杰	徐雪海	李庆阳	陈忠新	方伟	吴敬普	方新
齐伟	孙健	王小燕	朱献悦	吴鹏程	王敏峰	王一开
邱磊	秦鑫鑫	倪东华	费少伟	蔡先彬	管春霞	李光辉
王建光	吴剑平	吴书朋	徐伟	徐新玉	余净	蔡坚
何兰	邵娟	仲留寄	侯付来			

医学部基础医学与生物科学学院

教育硕士(19人)

赵森磊	钱懿泠	梁韦韦	周民民	周敏	冒建鹏	陈云
沈若玺	陈蓉芳	王梅洲	石娟	曹文佳	袁正芳	王珏
陈小清	吴猛	俞秋锦	张玉双	程姣		

农业推广硕士(13人)

陈立军	郑庆	刘敏佳	陈冬	江海洋	孙秀丽	朱柯润
李轶群	刘影侠	李洋洋	苏琳瑛	许郑超	林秀秀	

医学部

教育硕士(4人)

周菊民　周娴　唐微　杨静

农业推广硕士(1人)

赵恒

临床医学硕士(95人)

袁菲	许威	许雯	盛文炯	徐亮	刘慧	余常麟
林静	刘昊	邱月	郭子茹	鲁菲菲	李斌	尹勤
陆元基	李昊	陈真	张晓璞	陆彬	陈梦瑶	陆文超
蔡红红	张晓萍	吴晓鎏	顾剑	殷雍杰	钮冰杰	李瑜
卢慧娟	胡凯华	王慧	殷祎	龚子凌	姜卓	钱洲棋
徐鹏伟	黄祚	王奕彬	孙晓欣	俞云芳	邢丽华	曾楚楚
夏菲	薛阳阳	王晟昊	聂小羊	崔莎莎	陈骏翔	李玉婷
张佳楠	顾宇伟	邹萍	姚喆	张晗	王永园	陈明
龚嘉玮	许同龙	孙晓璐	周中鑫	刁文文	黄世春	钟妍玉
闫琪	刁鑫鑫	胡韫赟	史悦	宗赟	潘文英	田昳程
于慕渊	张鑫	吴恺伦	周裔勋	赵晓骏	周敏	王长兴
华骁帆	梅莉莉	林雅雯	王蕾	庄挺	杨汝薇	张楠
王丹	孔弘扬	钱裕顺	张小倩	尤理想	缪志俊	陈恒峰
顾骋圆	华鹏	赵青	曹伟			

医学部第一临床医学院

临床医学硕士(3人)

刘彬　黄曼　殷军锋

医学部公共卫生学院

公共卫生硕士(81人)

周江宏	董民华	夏莹莹	陈东亮	陈思	朱鹏	孔玉林
沈丹	张雁	宗磊	陈淑琦	徐琳	蒋珍	陈曦
徐高洁	朱红	包连燕	陈桂凤	陈慧敏	陈基炜	陈炜
崔桦	丁永娟	顾成忠	韩秀岚	韩志东	何国红	何圣阳
侯江婷	花磊	黄艳	赖怡	李杰	李升华	林小鹏
刘春兴	陆莹	吕钦	马亚	倪强	庞丽娟	钱好
施冰	孙俊	孙丽	王均华	王怡静	王奕	王智
吴惠平	吴茵	吴颖洁	席晓燕	夏美华	徐晓波	许娟
许敏	严一成	姚剑峰	叶茜	殷向志	袁海浪	张鹤
张敏	张希	张燕	赵杰	周宝芹	周超	周靓玥
朱桂菊	朱思千	朱晓玥	宋晓超	龚纯	姜自启	陆芹
林志家	张孟希	路珊珊	钱旭君			

医学部药学院

工程硕士(17人)

黄洁琼	颜 彦	石柳柳	邓建华	唐洪娟	谢玲玲	冯启峰
孙 锋	殷雪芹	刘金英	韩新荣	李 洋	龚逸奕	李伟信
邵佳琦	沈秋月	章明晔				

药学硕士(16人)

顾 倩	许 奇	夏自飞	徐素雅	何 阳	宋 菲	王中奎
欧文全	徐得莱	易 琳	计双双	沈 黎	沈苏南	李 可
杨小莹	季士亮					

附属第一医院

临床医学硕士(159人)

张永华	宋丽丽	李克伟	张欣泽	王亚莉	火 明	杜 婷
屠 清	赵亚丹	苏 蕾	冯永贤	何磊磊	潘 赟	刘晓琴
王瑞琪	陈 钰	陆金花	赵星鹏	陈志强	李 祥	解 进
钱 菊	温 迪	朱亚娟	蔡文治	李 冬	李若莹	马驰千
石玉琪	孙妍珺	徐良静	姚佳璐	胡星星	徐 莉	苏 兰
高晓盼	崔 巍	董宏凯	尹 璐	包文霞	李 卉	李 婷
陶丽华	徐 婷	鲍协炳	贺 阳	张海玲	仲 轶	侍 杰
徐彬彬	胡 芳	宁卫卫	曾 辉	郑佳佳	龙银华	白莎莎
李 标	张广彩	刘 磊	赵勤勤	徐清田	刘 忆	王攀峰
王 凌	曹 晶	张小攀	张敬云	邹 婷	赵文蕊	方富民
郝亚南	洪 婷	单青婷	应鸣翘	解 力	王凤芸	王 晶
杨雯娴	杨 旭	张校铭	陈 科	仇俊毅	王 林	徐振雷
黄擎擎	董汉青	陈周青	钱佳乐	韩 勇	陈东栋	顾海亮
何 骏	蒋 杰	刘义杰	陆 飞	任冠宇	孙 晗	王 飞
王 力	王熠军	奚天益	杨 健	张 炜	张晓飞	孙思炜
徐 凯	朱 昊	李树根	王 晖	李 聪	申国争	梁 林
朱学雨	黄春辉	程 哲	刘传金	程化宾	徐 宁	马 帅
莫秦良	张 旭	孟福伟	高 丹	马 捷	郭凤宝	姜 磊
车晓明	仇志学	李 志	王梦娇	阚丽娟	邵 晨	李永超
沈 维	刘善凯	李继会	刘 凯	张 静	刘玉奇	汪灵杰
李婉慈	方 向	于乐林	仲伟花	华国勇	周丽霞	杨彦裕
柴晓艳	史明慧	包 赟	孟 颖	沈 梦	熊耀祖	印 妮
秦 雅	刘 振	石凤灵	李志敏	石志华		

附属第二医院

临床医学硕士(89人)

褚　叶	王红燕	马　希	王青云	张静怡	邵敏芳	杨　丽
苏洪洪	孙　波	孙易文	何燕玉	钟安媛	项　丽	罗　莉
黄　俊	杨　慧	田云还	王海萍	王强力	佘　由	徐　宁
朱超平	窦文欢	王见宗	王浙凤	董伟华	舒海洲	周东明
经　晶	吴德峰	彭小妍	金晓梅	郑结弟	刘翠梅	张忠文
蔡芳芳	徐加平	张金茹	张　钰	胡文婷	赵薛斌	吴卓丽
罗振中	何培成	杨紫姣	梁迎芝	荣孝慈	蔡淳杰	王海洋
胡明超	冯振宇	吴建平	张祝秋	丁春龙	孙晓飞	王子越
刘玉菁	王德林	王　睿	陈　杰	孟令杰	王学龙	王业强
赵　帅	王奉冰	王　鹏	马德臣	魏　民	魏海浪	顾　俊
曹梦姣	孙兴伟	薛　敏	杨严伟	张　英	孙亚琼	袁姝娅
吉科杰	周梦耘	陈清清	刘晓倩	沈睿智	张璟祵	胡　静
胡　艳	孟　俏	张璐瑶	宋冉冉	张惠钧		

附属第三医院

临床医学硕士(22人)

兰　峰	秦汝渭	陈　阳	熊慧姊	巩金鹏	洪雷鸣	姚　霜
秦　思	季　蓉	吕　欣	马晓霖	王丽东	王婷婷	王彦军
柳　琦	李文亮	孙建鸣	莫　锋	李跃池	刘洪尧	杨彦松
孙明芬						

附属儿童医院

临床医学硕士(40人)

翟　钦	陈佳欢	蒋　玮	李玉琴	袁　静	柴亚惠	李　晓
宋　欢	秦传付	唐韩云	魏玉珍	吴佳慧	王　洋	高　芮
贺晓美	章姝琪	刘丽珍	于乐香	张　盟	孙明英	赵　鹏
赵兴贺	董永超	谷东领	卢美娜	孙亚林	张淑红	刘晓蕾
许秋艳	程　萍	赵浩伟	雷小丽	钱　秋	卞馨妮	周直成
刘　威	冯再勇	卓秋玲	安粉艳	王庭杰		

上海肺科医院

临床医学硕士(6人)

殷兆芳	肖　强	李满会	杨加伟	毛　贝	王　安

上海第六人民医院

临床医学硕士(8人)

陈晓娟　贾　翔　万　青　黄巍峰　白真龙　王伟伟　王　凯
文孝婷

上海东方肝胆医院

临床医学硕士(8人)

马俊永　陈　超　许　矕　徐　伟　叶庆旺　万　伟　黄　剑
刘　华

中国人民解放军第二炮兵总医院

临床医学硕士(10人)

贺　威　郭松喜　杨林林　宿　娟　冯巧婵　安　琪　杨　捷
沈　杰　姜维民　来龙祥

海外教育学院

国际商务硕士(8人)

KLAUDIA KANTORSKA
ABEID LATIFA
SZCZUTOWSKA NINA
AKRAM MUHAMMAD WAQAR
TKACHEVA KRISTINA
JESSE SIMON PARKINSON
BALLANTINE CARL ANTHONY
VITERI TERAN ESTEFANIA ALEJANDRA

汉语国际教育硕士(4人)

KHAMSAVANH NAPHAVONG
SHIN JIEUN
VILAVONG BOUNMY
KHONG HUEY MIN

教育硕士(2人)

VIALAKONE MANIVANH
KIM EUN HO

2016年毕业的同等学力硕士研究生名单

东吴商学院(财经学院) 东吴证券金融学院

会计学(1人)
 南 静

金融学(2人)
 仲伟姗 李宁雁

企业管理(1人)
 于丽雯

社会学院

旅游管理(3人)
 陆 叶 倪 蕊 袁 媛

王健法学院

民商法学(2人)
 王 健 赵广才

宪法学与行政法学(2人)
 王凯德 金 平

教育学院

课程与教学论(16人)
 金加彬 许杨琴 郭明琴 余芳芳 孙晋英 陈 娟 耿成峰
 杨 云 丁 建 朱 莉 张莉芬 雷明春 许 晶 陶 艳
 陈 云 季久洪

应用心理学(3人)
 罗 玲 顾泓漪 林 斌

政治与公共管理学院

行政管理(8人)
 王晔绯 赵 鹏 韩胜虎 骆斌文 王 琼 唐桂兰 杨 妍
 蒋 婧

社会医学与卫生事业管理(2人)
  孙骁立 孟繁昊

医学部基础医学与生物科学学院

病理学与病理生理学(6人)
  唐志强 龚 鸣 周燕芳 胡月梅 顾静凤 张菊平

病原生物学(4人)
  周鹏程 谢艳平 朱 婕 孙少君

法医学(2人)
  吴渊虬 李 丽

免疫学(6人)
  王杜娟 缪美华 庄亦晖 段厚全 叶小英 顾 静

人体解剖与组织胚胎学(4人)
  吴晓峰 储 辉 李 杰 江立群

医学部药学院

药剂学(1人)
  朱艺芳

药理学(7人)
  朱建国 陈桂林 吴玉姣 谢 鋆 王 晖 冯 凯 王生亚

药物化学(2人)
  蔡继平 柏书周

医学部

免疫学(1人)
  尹 飞

医学部第二临床医学院

妇产科学(2人)
  王丽佳 冒晓玲

急诊医学(1人)
  高 叶

临床检验诊断学(1人)
　　毛旭华

麻醉学(2人)
　　王聿加　　肖　英

内科学(6人)
　　孙春意　　左二冬　　丁科枫　　钱洪献　　吴　晓　　庄晓晶

皮肤病与性病学(2人)
　　郭　焱　　吕玲玲

神经病学(1人)
　　李　莎

外科学(7人)
　　王静林　　冯　锐　　王　骏　　朱　陈　　王俊新　　李金祥　　于晓红

眼科学(1人)
　　胡　然

肿瘤学(1人)
　　朱莹莹

医学部第三临床医学院

儿科学(2人)
　　杨　祎　　江剑华

内科学(1人)
　　袁一铭

外科学(4人)
　　陈　欣　　金肇权　　陆　皓　　施倩倩

影像医学与核医学(2人)
　　刘国强　　黄　玲

医学部第一临床医学院

妇产科学(2人)
  李海燕 王　莉

急诊医学(1人)
  陈建军

精神病与精神卫生学(1人)
  胡颖萃

麻醉学(5人)
  高　群 徐雪芬 李素美 马家玲 王　静

内科学(10人)
  钱　林 房　华 葛海珏 陈庆梅 江冬梅 陈　姣 何　磊
  潘　晴 王景晶 徐　芳

神经病学(2人)
  王　宁 邹晓华

外科学(7人)
  姜　郁 周　标 何智勇 王春明 吴东进 杨　剑 郁明惠

眼科学(1人)
  李　函

影像医学与核医学(1人)
  符大勇

肿瘤学(2人)
  倪春霞 王春英

医学部儿科临床医学院

儿科学(7人)
  韦正波 徐　敏 高燕敏 钟　蓓 钱超颖 华美星 毛　艳

医学部放射医学与防护学院

放射医学(1人)
　　范丽华

医学部护理学院

护理学(11人)
　　孙佳佳　　童　飞　　陈　洁　　王　敏　　史珣瑜　　陈晓磊　　徐　艳
　　蒋　骅　　叶芹凤　　莫　兰　　史一欣

附属第一医院

耳鼻咽喉科学(2人)
　　刘烨松　　顾永贵

妇产科学(12人)
　　严菊芳　　杨　华　　刘丽琴　　赵春杨　　谢薇薇　　陆海红　　滕正华
　　毕　红　　耿维维　　袁丽娟　　袁　媛　　郑　琳

急诊医学(2人)
　　沈基伟　　谢　洁

神经病与精神卫生学(1人)
　　邹　凯

麻醉学(2人)
　　俞　郸　　朱建华

内科学(14人)
　　张树东　　周　靖　　王强生　　虞凡丁　　丁　浩　　范永华　　席朝军
　　李　娟　　刘　艳　　金玲娟　　李　迪　　任一欣　　郝　艳　　储美萍

皮肤病与性病学(1人)
　　袁　波

神经病学(2人)
　　李　刚　　刘晓丽

外科学(13人)
　　杨德福　　李秀平　　梁富旭　　刘德俊　　邹国平　　施海华　　孔祥颖

纪兆亮　　马　骏　　宋保东　　徐海宾　　陈海群　　王晓峰

眼科学(2人)
　　沈　健　　孟逸芳

影像医学与核医学(12人)
　　姚飞荣　　秦照军　　朱逸明　　周建国　　陶广宇　　辛立旭　　周卫平
　　周　敏　　李　艳　　华　茜　　蒋　可　　裴昌军

附属第二医院

耳鼻咽喉科学(1人)
　　石建华

妇产科学(2人)
　　赵　娜　　王玉妹

临床检验诊断学(1人)
　　魏　燕

麻醉学(3人)
　　薛　明　　程东群　　方　烨

内科学(3人)
　　居悦俊　　姜黎丽　　张琳琪

皮肤病与性病学(1人)
　　英　丽

神经病学(2人)
　　唐甲凡　　范　佳

外科学(7人)
　　沙卫平　　徐　沁　　谢　涛　　缪健荣　　周　平　　邵雪峰　　刘　滢

影像医学与核医学(7人)
　　桑节峰　　李　虎　　何　杰　　费　莹　　蔡海云　　董　吉　　沈开霞

肿瘤学(1人)
　　钱建军

附属儿童医院

儿科学(20人)
范 伟　杨金龙　华 军　周陈荣　陈大业　钱 前　周 勇
何静雅　朱 敏　邵 艳　倪 育　陈宇宏　顾丹凤　李 健
金 青　陶佳乐　陈蓉蓉　赵 菁　王丽峰　夏 彬

附属第三医院

内科学(2人)
薛 峰　唐文静

神经病学(1人)
刘莉莉

外科学(3人)
陈少华　潘 华　陶文雅

肿瘤学(3人)
王 玮　顾小燕　韩 阳

上海第六人民医院

儿科学(1人)
安 锐

耳鼻咽喉科学(1人)
赵 琰

妇产科学(3人)
张若曦　孙环美　高菲菲

麻醉学(1人)
单 宇

内科学(5人)
李自云　朱 刚　熊伟平　周 渌　曹东华

皮肤病与性病学(1人)
钱 苗

外科学(3人)
　　朱强华　　黄　荣　　姚　龚

影像医学与核医学(1人)
　　闵庆华

2016年本科毕业生名单

文学院

对外汉语(29人)
程茗瑀	梁秋芬	徐珏烨	戴佳炜	王梦雪	魏肖楠	陆嘉熠
张婉婷	柳　鹂	陆梦佳	石　涛	邱雅婷	杨夜依	黄奕丹
王天乐	季晓波	焦如鸣	邓　捷	陈莹雪	张雨霏	张福敏
周　霞	胡　亮	杨　梦	杨　柳	胡敏韬	潘　强	黄卫娜
侯　月						

汉语言文学(64人)
汪云翔	詹丹丹	杨黔徐昊	王优蝶	莫维丽	单丽敏	周楠楠
王虹宇	朱　惠	徐文静	吴若荷	杨　洁	汤明月	周文星
吴燕妮	贺　杰	王一诺	郭　晶	吴桓宇	王　斌	彭思奇
黄　欣	沈　润	杨　素	蒋晨蕾	张　琪	王　蕾	王　钰
侯逸双	刘金玲	李　慧	徐会娟	卢海燕	袁　霞	张雪琪
王　静	孙艺洋	陈　阳	魏静雅	刘　杨	何佳依	陈　茜
李姣姣	洪　敏	陆思佳	王　芳	郝思佳	李　森	潘　慧
叶文军	王　琳	谢　娟	沈璐敏	邵熠璇	董悦昀	俞娇勋
陆　妍	常卓然	袁生碗	马东旭	蒋金军	周宁宁	刘文长
杨爱丽						

汉语言文学(基地)(29人)
张　怡	孙健风	张晓菁	王　娴	杨先云	杨　珂	王　璇
朱继季	耿　静	朱文秀	程　佳	金　晴	李　璐	武迎晗
孙鸿宇	瞿秀纹	赵　秦	陈剑兰	张云云	任媛媛	王雨舟
徐可人	王珊珊	李明媛	唐凌凡	张含笑	郭婷婷	王双双
尹　景						

汉语言文学(师范)(65人)
杜晶晶	陈梦婷	李梦洁	宋　晶	李沁怡	马　旭	钱文婷
鲍　烨	张留娣	盛超楠	杨天波	朱曼倩	严晓静	何芷萱

邹诗怡	梁文倩	华 熠	汤军华	王雨静	姚 佳	董慧敏
王舒羽	毛楚楚	查朝静	黄 静	闵怡慧	刘大远	朱 祺
阮桂萍	王柳菁	黄佳威	蒋露佳	张晨妍	范梦怡	冯心瑶
张 娅	刘 炜	闻 雯	陆 洁	周嘉瑜	潘 陶	许焱文
胡凯琪	周雅文	纪 靖	吴锦程	宋银霜	刘 璐	夏容容
徐俐文	甄珍真	马淑莹	段榕玮	陆叶菲	陶 伟	尚 卉
王 颖	张 铃	徐如月	蒋 玺	葛佳卉	徐竹君	王海盈
茅晨曦	顾炜钰					

凤凰传媒学院

播音与主持艺术（27人）

杜雪柳	李 易	张晨曦	吴雪张美	林锶锶	汪俊男	方 雯
孙婧雯	霍铭姝	林克凡	丁一秀	辛 恬	潘梦琦	赵 巡
于枫璇	郭思彤	王佳佳	沈颂杰	辛 梓	吴昱萱	刘程程
王之韵	殷 昕	张雨婷	仇 玮	祖为婉	杨 柳	

广播电视新闻学（43人）

唐 薇	来 敏	李舒梦	郑 妮	奚梦頔	徐 默	朱 婧
杨吟雨	冯禹桐	陆文华	黄梦婷	刘芳君	许 荞	蔡含露
华 颖	马欣瑜	宋 澄	周轶倩	肖 伟	刘晓彤	常 青
张心羽	张 蝶	蒋梦婷	茅雪明	须嘉君	石雅童	金晨雯
汤 玲	徐梦沁	龚湘江	朱帆晨	王燕燕	汤安佶	韩湫怡
王佳玮	徐 旎	葛婷婷	张广琴	莫 瑶	刘玉薇	郝元优
袁 源						

广告学（32人）

张蕙如	邱蓓蓓	张 依	夏 玥	朱意恒	刘 娜	陈雅男
龚登跃	龚 钰	李贵敏	陶霜霜	李 琪	潘丹蒙	曹安琪
徐亚婷	秦佳玉	齐晴晴	周丹雯	钮 丽	石 宇	陈 宁
刘晶晶	华一丹	钮昕瑜	塔 晗	陈姝鑫	高正翔	陈紫嫣
沈滢洁	殷 洁	邱 臻	李予婕			

广告学（会展广告）（19人）

刘 蓉	高李云	刘昱希	杨晶晶	黄晓潼	杨丹华	赵雯平
姚 钰	许英俊	丁 溢	王怡旭	吴 波	王丝言	阚绪浩
常耀文	周晨姿	马 瑾	陆晓倩	陈君兰		

新闻学（69人）

袁 铨	赵 启	李元慧	张蓓蓓	徐星星	陆羽婷	宋 宇

王雨青	韩 艳	王晓怡	薛 景	王 菲	李爱云	黄亚男
杨梦莹	宋丽萍	刘 旭	于慧敏	刘博宇	袁梦娇	殷茹娟
丁 锐	李沁雯	陈小雨	唐文莉	吴 尚	张 露	吴若瑶
李惜墨	吴雨行	黄苗苗	李思源	杨 洁	黄姝静	杨 琳
郭星星	蔡尧栋	张 婷	刘雪怡	吴宇添	刘丽君	戴欣宇
陆逸珈	陈君婷	刘 晴	王鸿宇	权艺蕾	王艺帆	王卓雅
苏林子	冶婷婷	罗燕波	王皎皎	钱诚艳	赵鑫程	粟 丽
刘俣含	周 奕	吴慧敏	金 晶	许 畅	吴梓源	孟丽娟
杨 娇	程远肖	徐诗逸	张咪咪	王怡菲	邓堉颖	

社会学院

档案学(27人)

周世宇	许蕴娴	杨晶晶	杨昕蒙	刘晓喻	王雪艳	刘 畅
凌云峰	董晔文	胡 水	杨雪君	叶小兰	刘英捷	沈欣瑜
金相茹	熊 敏	陈晓颖	郑灵珠	徐 颖	万广薪	李智江
赵晶晶	沈晨曦	陈佳丽	郭子倞	廖小刚	陈 灼	

劳动与社会保障(76人)

徐 尘	包 涵	王 曦	张 蕊	袁 芸	江 蓓	蒋晨雨
李 阳	周静依	许静燕	陈文君	刘 璇	赵欣迪	史佳韵
欧昀睿	赵 璇	徐琳钰	朱 珠	赵浴悦	邓莹莹	唐雨渧
刘祎蓝	祁露瑶	汪佳雯	张 苏	戴佳佳	徐 埴	蒋益烨
张哲媛	王高娜	袁 洁	李曼洁	施筠倩	尤宇婷	费沁雯
陈子晔	张晶茗	项雪彬	钱致远	王雨莲	吴黛君	史 超
尹 萍	朱正康	徐晓乐	周淑娴	陆宇凡	程 龙	唐晓阳
华诺诗	张家伟	刘曼丽	让琼玮	唐 伟	朱梦琦	徐致凯
崔雨青	陈宁宁	吴 袆	胡灵莉	陈 霞	沈戈田	徐 垚
王 威	蒋 悦	费晓晨	王一帆	石益清	何 莹	王 珂
杨 骁	朱佩莹	倪 嘉	徐雯雯	张天雨	陈 翀	

历史学(师范)(19人)

杨成刚	朱雪薇	陈 莹	敬淼春	俞蓉艳	高 帅	蒋 帆
孙善康	严方晔	申林灵	齐 研	毛 铭	吴 萌	覃雪梅
赵 敏	陈恒悦	夏 玥	赵明敏	陆月月		

旅游管理(29人)

姚 莎	王 艳	王晓婷	张星悦	戈 弋	陈 婷	熊 雪
宋 婵	苏小燕	黄洪铭	雷新蕾	王雄志	鲍志慧	冯 杰
郑钰星	孙 赛	韩 雪	邹义文	杨美凤	陶姝文	何佳美

许梦雅　　冯小菲　　姜雯慧　　唐　盼　　邵婷婷　　郭垣男　　孙晓璐
　　李珏筠

社会工作(1人)
　　常　潇

社会学(28人)
　　邓前林　　邹　易　　宋　莹　　范　婷　　李慧敏　　李冬芹　　刁　燕
　　茅天宇　　包卫玲　　邹高晨　　张　焘　　李嘉丽　　李昀烨　　张秋苑
　　朱　慧　　丁金亮　　刘晓钰　　殷柯柯　　陈转宁　　殷宇扬　　王　梦
　　李　凯　　马晓蓉　　马敏祥　　李垠杏　　王吉祥　　冯志恒　　章　唯

信息资源管理(28人)
　　卢菁菁　　成民安　　姜怡婷　　郭文静　　王　冶　　郭诗意　　张　涛
　　张　馨　　李富强　　陈川宝　　钱　瑜　　戚春梅　　解　梦　　周俊烨
　　张智慧　　高碧影　　季雨桐　　裘惠麟　　吴梦迪　　王佳琪　　施艳萍
　　马智鸿　　应　杨　　刘巧云　　林佩璇　　杜思辰　　曹宇扬　　施明仪

政治与公共管理学院

城市管理(82人)
　　刘瑶琪　　姚智鑫　　曹雪忱　　李世烨　　朱　文　　翁誉心　　孙丽颖
　　顾歆乐　　周　阳　　梁楚欣　　韦瑜佳　　蔡雨晴　　刘敏嫣　　孙曼曼
　　周　瑶　　周靓奕　　赵宇飞　　吴吕露　　朱　巍　　秦瀚波　　蔡梦欢
　　顾博文　　章　敏　　马莉莉　　仇晓忆　　朱　静　　孙玄玄　　朱艺桓
　　曹介尘　　祖　佳　　杨　铭　　薛　楠　　刘苗苗　　张婷婷　　周若兰
　　徐　蕾　　包晨曦　　陈方雪　　宋　婧　　胡雅琪　　朱灵杰　　方玮轩
　　陈　琳　　金佳琦　　吉苏湘　　孙家禹　　车　通　　郭　枫　　汤冬辉
　　葛　祥　　张佳伟　　倪蕴哲　　徐良骊　　高　真　　朱笑君　　赵烨呕
　　陈景妍　　王启恒　　孙一鸣　　陈雅瑶　　张　实　　赵雨璇　　戚　飞
　　张耀文　　贾　蕾　　杨　震　　任思宇　　吴晨晞　　郭　凡　　唐诺亚
　　张涵之　　杨雨琪　　蔡姝阳　　沈　玥　　张娇娇　　唐曼婷　　韩思遥
　　黄程松　　钱玉炀　　王羡阳　　徐　亮　　王晓悦

公共事业管理(9人)
　　华　悦　　胡佳杰　　包雪莉　　黄　刚　　陈鹏钢　　马　涛　　张孙心宜
　　刘　颖　　刘松宾

管理科学(42人)
　　杜　凯　　姚　帅　　徐　伟　　徐丰李　　孙贵苏　　谢秀华　　李晓梦

沈 悦	王雨笛	许楠杰	吴佳园	江军军	杨 敏	王姝月
水冰冰	孙 涵	赵聪颖	杨雯天	沈春怡	袁 媛	谢雨豪
惠晴雯	魏 云	吴 越	林雅文	曹诚丽	张允静	黄 昆
薛 莲	戚雅婷	付加慧	管惠敏	唐 苗	李 娟	方丽玲
王 辉	薛应秉	李梦琪	程明贝	时丽艳	何宗钰	房之脊

行政管理(48人)

赵 亮	曹 钦	叶巧玲	张小钰	吴晓炎	王 悦	吴 婷
黄云婷	李清华	王倩倩	周紫琼	张 琦	申秋思	李 月
金胜男	赵红岩	陈晓颖	孙 珊	强 薇	张国富	曾钰媛梦
丁 爽	梁兵兵	陈予宁	陆 雨	王 浪	苏韵荻	朱青云
宋一潇	凌 苏	陈晓雪	奚 菲	吴星月	浦婧姣	谷晓艺
聂梦琦	尚合冠	张 玮	陈晓丹	顾美玲	朱丽叶	赵俊博
高奕如	陈星恬	游 雅	张 玉	束梦雨	杨云帆	

人力资源管理(16人)

高敏仪	徐 杰	蒋云菲	郑 佳	杨雨虹	包婷婷	宋 妍
单晶晶	苗 凯	郭梦恬	叶宇婷	史金英	叶秋香	黄 瑛
瞿冬雪	羊 楠					

思想政治教育(20人)

卢芋任	黄新佼	李 静	左淑雅	姚 莹	金丽飘	李倩影
姚亦洁	杨 玲	王剑梅	孙玉柳	王洁倩	马天宇	方 丽
徐 凌	徐晶勤	王玉珏	黄 婧	刘欣瑜	王桢烨	

物流管理(82人)

张闻文	王珊珊	沈 潮	周 礽	朱苏胜	张旭红	杨 楠
蒋明泰	顾金星	任丽媛	顾言珍	朱以凡	陈 诚	王伏坤
朱奇彦	范雪怡	王 琰	周轶凡	陶诗悦	张成龙	从美玲
蒋陈杰	方依云	范 蓉	邱 静	张 舒	潘 琳	高一尧
龚 洁	刘 青	杨 洋	汪 琴	袁心怡	杨瑶清	谷 君
葛 萍	龚晓宇	钮尔轩	韩 颖	刘 琳	李佳俊	于 畅
周 蕊	蔡凌锋	石 磊	石珊珊	钱 雨	张之玙	赵 强
黄 琳	吴嘉琦	姚佳佳	吴丽青	周竹君	邹星驰	史可欣
费成兰	朱云丽	沈思怡	陶星丞	过晨佳	黄云云	丁佳杰
陶诗怡	王 涛	朱晓萌	邢汇雅	秦雯雯	寇学娇	瞿 蕴
周星好	顾晓飞	李可耀	杨 柳	李 芸	唐雅倩	朱云青
陈紫宜	李令翘	蔡孟轩	王 莺	常 童		

哲学(19人)

王 敏	朱天涛	李孟洁	吕箐雯	杨 畅	付苏苏	马 妍
杜驿凡	童 强	王 凡	熊 璇	丁芳芳	乔婷婷	蒋晓薇
颜 珺	朱 宁	施 慧	杜 婧	王 睿		

东吴商学院（财经学院） 东吴证券金融学院

财务管理(60人)

张艾桐	伏威威	黄歆程	黄 叶	秦佳钰	周安玉	方 圆
赵柳依	张 迪	吴 冉	沈 琪	徐 苏	邹玮洁	徐乐莹
符安妮	夏 天	周禹彤	李卓佳	夏建华	闵立成	朱雨杰
韩梦湘	沈彧多	田 甜	谷 雨	曹韩冰	周慧敏	陆曦岚
邵 静	金涵惠	陶颖琪	李思逸	魏 秀	徐丹妮	华星超
杨 起	潘德惠	沈佳怡	蔡越敏	徐诗瑶	季韩燕	戴 璇
秦蓓佳	虞小楠	陈嫣然	徐金花	翁 卿	吕岳玲	陈 煜
侯 楠	杨宁馨	黄文婷	翟 慧	周 演	刘雨函	顾佳敏
唐鼎楠	葛慧萍	孙 韵	林彬丽			

财政学(26人)

孙东珣	周 洁	陈凯婷	李倩倩	殷 亮	沈 媛	周 茜
郑思瑀	刘欣辰	李佩瑶	王梓蓉	吴 琪	吕志达	周汝佳
王 萌	周玲林	余粮鱼	赵 林	戚旸旸	蒋霄雨	司小娜
雍 凯	朱媛艺	季逸风	时 濛	朱绍辉		

电子商务(48人)

杨 瑶	杨 运	华星驰	蒋叶英	曹 静	张 露	葛周敏
彭文璇	季亚男	顾 悦	杨 鹏	高思佳	王 路	张 彬
张培培	张 爽	左年雨	傅仁斌	程大鹏	李海玲	钱婷婷
孟玉婷	张芸馨	陈筱阳	李怡凌	楚梦悦	汤明霞	陈 亮
薛雨晴	张洺滔	蒋晓敏	华沛栋	汤 超	马鹏飞	孙 婧
冯天喆	严佳彬	孟娇韵	李 琦	于雪梅	李 立	钱琳婧
马能静	李子怡	薛翔月	万俊杰	许梓健	王 弋	

工商管理(26人)

赵舒悦	张 壮	王义忠	王登科	郁沁馨	姜 华	袁 旺
黄 琳	徐 艳	黄佳静	陈 玲	倪 萍	卞玲玲	张 哲
朱菲菲	邱淏昱	王佳程	牛 璐	李维维	朱一明	谢秋婷
王亚男	朱莉萍	郭 芮	徐晓艳	许 禄		

国际经济与贸易(45人)

王亚萍	陆泽昊	田 林	钱丽珺	王丽媛	杨雨露	邵文娟
朱于蓝	张小露	李坤原	平心怡	顾叶倩	俞林锴	卢泽宇
吴 迪	霍嘉熠	沈佳楠	齐祥佩	谢春侠	柳亦阳	钱良添
陶 珺	唐青青	程梦燕	郭晓丹	张珊珊	范冰清	刘虹利
范静芝	施 倩	许赢男	尤文斌	李英钰	张 溪	陈雪娟
沈莉丽	范逸雯	卢 茜	刘田田	赵冰清	华海潮	张 婷
王亚真	王 又	周嘉苗				

会计学(142人)

沈敏涵	张络怡	刘牧雪	高筱茹	王 菁	沈凯欣	胡雅然
张 蓉	许孙玉	王文琦	卞泽群	肖锐行	许灵曦	李玲艳
陆安捷	陆心怡	刘倩一	吕 喆	罗家豪	张心怡	吴礼杰
徐平章	李 然	王雨嫣	殷 悦	潘一帆	张晓蕾	陈心怡
陈亮宇	赵淑芸	卢暑涛	沈传琪	陈楚琦	安文怡	吴思珉
胥戎忻	胡妍芳	龙一萱	俞渊澄	罗马敏之	许智彦	曹天赜
王 健	姚依然	慎雨晴	许 迟	周 宇	张梦娇	郭千仪
陈盈恬	顾戌庠	朱 麒	沈叶静	石敏佳	顾慧敏	庞晓萌
蔡 洁	王艺烨	姚 舜	府豪亿	何雯洁	闵文婷	王 梓
马倩瑜	陆凯悦	衡以洋	许 宁	吉 莹	沈宇翔	沈诗淇
吴 媛	王 丹	张晟薏	顾 淳	张 晔	王心恒	尹志宇
闫婷婷	傅盈吉	周逸雯	徐昊白	吴雯怡	许嘉宸	谢 月
侯 瑶	徐怡洁	查心娴	翁哲悦	叶梦达	刘海容	张 婷
王晔菲	贡奕宇	章 威	吕家祺	汪滕男	陶 源	郁 欢
印 悦	胡 丹	张沐天	邹雨薇	陈知含	冯嘉琪	谭思琦
徐 言	于 舒	柏雅萍	韦 格	杨 沂	张炎竹	林嘉晨
杨玛丽	高雪刚	姚 瑶	戴琪琪	王钰珏	叶 婧	赵文婕
袁慧梅	苏 敏	苏美琪	钟璐璐	何周圆	杨 烁	刘 悦
郭文婕	陈 莹	杨慧文	王欣怡	王璐瑶	周佳怡	庞 晗
吴婷婷	蒋盼晓	周寒烟	谢尚俊	黄晓宇	蔡文娟	李天欢
袁怡玲	马 飞					

会计学(国际会计)(37人)

陆 瑶	徐佳晖	陶宁旭	樊 星	孙 静	王 炜	黄自勤
陈心怡	周梦倩	吴 蓓	朱昭君	沈 蓉	王墨竹	朱 姝
项 英	周依倩	马慧芸	封倩文	黄 帅	崔倩玉	徐 超
王怡玲	徐 悦	吴 昊	袁 婕	任芊卉	赵凌姿	何紫瑶
马之远	胡 玥	徐博雅	刘 翌	韩 璐	杨 雪	方 月
孙漪沁	张健敏					

金融学(246人)

刘心怡	宋佳琴	周梦娇	王振年	吴鸿权	瞿佳叶	张鹏程
吴　胜	马　涛	赵　健	智毓贤	周川博	钱伟浩	高仲宜
姜恒义	王　罡	夏　蕃	凌　璐	王　昕	刘　驰	金文琦
冯思颖	张昕慈	钱秋雨	李　璐	张遇晓	魏　青	徐　菁
王栋诚	杨泽宇	张明宸	何　波	郭　欢	戚天宇	杨孟瑶
冯　浩	余　嫱	吴泽宇	梅燕平	吴　昳	吴星钰	陈　帆
孙　越	张天翼	姚懿凡	张　轶	赵慧芬	赵　彤	鲁　彬
邹玉顾	陆　易	谭　旺	贾涵钦	李一丹	颜雨欣	王晓晔
刘　情	周汝嘉	盛天池	卢建锡	陈　林	李津金	吴可奕
陈厚铭	吴静远	钱碧莹	任　泓	张凯琳	潘文豪	周珺怡
张　昊	周芷薇	徐敏祎	金宇童	王瑜婷	顾心怡	蒋忱悦
吉睿谌	薛艳秋	陈昱霏	陈　双	孙　逊	贾云霄	周嗣超
王起凡	李琳媛	钱肖辰	周逸星	丁　睿	许　丽	王文阳
马　银	杨　琳	周棋琦	陶　烨	卜怡茜	贾　强	殷振涛
吉奕多	李奕松	李　敏	金　爽	庄　炜	李　颖	张一然
顾航嘉	薛质凡	张　页	张昱顾	周羽薰	陈伊旻	赵　理
曹楚雨	袁小伟	邓　燕	沈一凡	陆梦佳	孙祎雯	辛迪加
臧秋语	马　莉	王雅洁	许　哲	朱吴迪	顾　言	顾峻宇
吕力晗	徐丹杰	陈安然	方　欣	邵墨野	王寅杰	冯　简
程金文	张笑宇	陈　玲	黄汉青	左子剑	吴起闻	冯　亮
周之涵	陆晔芊	陈娇贤	郭　燕	陈治中	张雯睿	赵宗泽
朱雨倩	陈敏达	仲　奕	秦兆林	蒋天琪	钱彦卉	冯园园
朱　睿	顾舒欣	徐　洋	施天成	唐雨琦	吴思琼	唐菽珩
何志伟	金　秋	高宇麟	梁誉豪	郁勇强	贺　熙	马程亦
岳　宸	唐煜庭	密天娇	许双双	苏　童	高鲁影	赵　莹
李　浩	刘　艺	张诗晨	乔　雪	吴　卿	俞舒扬	刘　苑
张　梦	曹馨允	陆心怡	薛梦涛	章崇龄	李沁佩	姚佳琳
王逸飞	何聪颖	吴洁敏	林雨晴	徐因之	王怡沁	吴一凡
陈舒曼	蒋明仪	肖　悦	戴安迪	封　莹	曹　凡	张伶俐
陆　逸	王　曦	陈心浩	吴青航	徐　莹	季　羽	郁侃颖
仲　夏	周雨馨	周　赟	朱欣醉	朱令仪	薛原杰	张欣达
罗敏纳	李　慧	陈　思	张　力	陈　希	庄雅淳	曹黎晔
马静远	卢　婷	张天舒	李苑祯	孙倩雯	李玉俊	严文颖
黄梦琦	陆彦宏	印　靖	程筱宇	苏　谌	亢以宁	周　洋
衡　硕	丁　瑶	李　婧	潘树庭	陈昊洲	杜雨宸	陆亦洲
张靖冬						

经济学(25人)

郭 炜	王 飞	韦 丽	周 薛	陈逸鸣	潘 瑾	张亚楠
唐梓轩	王爱玲	徐梦霞	蔡 超	刘 蒙	杨 帆	张 黎
伏 丹	陆丹婷	顾烨琼	俞欣涛	朱 园	施吟竹	杨 阳
陆 信	王妙怡	沙建丽	李智康			

市场营销(85人)

胡晨星	樊茜茜	余紫雯	陈 一	郁喻茜	刘 菁	葛 扬
严凌霄	叶学群	韩梦澄	张 寻	吴思豪	姜 芸	赵 清
周云菲	张吉丽	许 敏	汪媛馨	朱易凡	任怡雯	王 倩
杨沁灵	徐明星	郁 倩	张凌旻	江启泓	钱力君	单 锋
黄伊蝶	盛章剑	钱 丰	吕明观	陈家秉	沈 璐	朱灶荣
孙 迁	王梦瑶	刘 妍	俞峻丞	周 蕾	马小舒	倪语晴
史骎峰	丁 伟	燕 倩	许浩然	张璐懿	秦思雨	陈梦丹
朱珊姗	沈舒忆	闻 菁	唐秋能	吴佳丽	王旻琰	郭斯达
夏雨希	李欣仪	储逸飞	李安琪	羊水方	惠祥钊	茅嘉姝
龚凡荻	吴东磊	李康靖	刘朦希	彭 伟	李雨虹	单诗竣
蔡 蕊	王惠贤	施 洋	范凌漪	万晓雯	陈昕冉	王 韬
李康文	俞佳铭	徐鹤玲	施鹏程	倪溢穗	刘杰宝	吴紫柔
蔡昭勇						

王健法学院

法学(128人)

邰思琪	何钰莹	方 浩	张玉莹	袁 里	焦光宇	高 洁
陈 玥	沈 琳	邹 倩	王泳茜	叶 秀	杨 蕾	梅慧敏
金纯琦	刘芸芸	王 颖	吴淑慧	李欣玥	杜梦颖	杨博晓
罗丹珺	苗雨鹤	马 天	秦亚卿	徐玉婷	马 婕	李文成
缪磊磊	朱 肖	施伊琳	李秀梅	王怡萱	王凯杰	周 玥
葛燕燕	张雯轩	冯 晔	石宇坤	龚少逸	曹晨曦	王诗文
柳笑宇	刘鸣善	周赟凯	宋明鸣	张佳琦	王子悦	高 柠
李睿莹	陈铭婧	周 俐	吴明慧	郁梦茜	朱 茜	夏林冉
俞泽柠	徐 雯	苗静静	周靓倩	涂 菡	丁炫力	罗艳君
周 晔	王 婷	褚 础	孙 逸	王梦瑶	许 晨	顾一成
李 群	王 丹	阳琪琪	祁 惠	池 畔	徐 霞	朱 琦
孙 雯	杨 柳	徐嘉欢	杨心怡	崔 晶	汪佳蕊	朱悦嘉
封 韬	褚霁雯	王 伟	王佳敏	张亦澄	陈俊生	韦 鑫
苏琪越	徐 颖	王珺蕙	戴若愚	朱怡婷	周 晟	张雅琪
张欣怡	李鸣捷	吕晨璐	张晓蕾	肖 鸽	汤雅婷	高鹏辉
刘 琪	顾庆琪	景雨馨	马雯燕	杨 敏	何宇杰	肖靖雯

岳小青	桑圣楠	陈希哲	姚 璐	赵倩雯	索朗拉姆	董园园
杨 楣	李慧慧	谢 瑜	陈 雅	谢云羽	陈品阳	殷 涛
陈丹阳	孙海文					

法学(法学教改)(4人)

徐玉娟	戴 敏	陈 统	李艺然

法学(知识产权)(33人)

严恒韬	赵 研	夏李扬	曾诗淼	沈 慧	蒋 耀	孟 晶
孙婷婷	万蓓蕾	柏 静	张 宇	卞建国	杨 雨	易 梦
陈 静	郭 涵	孙笠君	宋 慧	王渊海	陆俊玲	尚庆明
于 贺	胡 扬	李 洁	杜 平	邓成康	刘 瑾	张子豪
霍 静	韩新超	拾 珂	石雨鑫	曹昕露		

外国语学院

朝鲜语(21人)

段柏慧	袁利发	赵亚兰	岳 晨	黄李珏	田朋飞	邵秋霞
朱 越	杨 洁	蒋思瑜	陆雯雯	俞 婷	蒋琬瑜	袁 成
王 凯	唐 蜜	陈佳慧	丁言珺	何椿燕	宗金燕	沈 阳

德语(21人)

徐铭涛	金玥成	黄育蓉	周静雯	杨雪姣	冯宇婷	陶 晨
赵 辰	王 畅	张思嘉	饶睿之	邓 莹	许佳丽	蔺 爽
王柯蕾	杨 程	顾晓薇	刘 鑫	张丹青	刘玢怡	王子能

俄语(俄英双语)(22人)

秦 瑶	肖安琦	吴 琪	阚甲宁	郭 莹	陈蓓蓓	李嘉楠
陆 昕	马青青	姜 枫	孔刘雪	金 英	刘 云	黄清慧
余桂芳	管 婷	蒋冰娜	丁佳瑶	蒋楚杰	顾欣梅	郁小钰
华 成						

法语(法英双语)(24人)

张玲玲	孙景先	朱方舟	渠艳珍	荆璐瑜	陆子译	朱梦颖
邓亚苹	吴珺逸	徐 静	盛莹莹	朱 成	朱建云	徐 蔚
刘月华	于凯薇	邵 瑜	王 鹏	张荣瑾	万 青	沈 枫
吴 穹	张继云	王 宁				

日语(45人)

丁正亚	林乐欢	魏雅宁	金 丹	葛桂林	方愉婷	吴 静

张 薇	黄 烨	谈梦芝	欧阳玫	黄佳莹	张 颖	李俊毅
薛 慧	杨 楠	路 楠	张露丹	沈亚平	吴梨桦	黄雨凝
南浩洁	张 艳	杜 宇	张思语	殷嘉琪	杨 东	刘 璐
李玲玉	徐天啸	温 馨	赵晨爽	朱轩仪	薛煜华	毛 琦
崔 杰	祁春弘	戴 婷	徐 悦	刘宇莹	王沁雨	俞潘婷
周 雯	江佳云	董煜琪				

西班牙语(23人)

朱英华	俞晨曦	徐惠子	黄 艺	朱 玮	王孜政	徐孟宁
吴艺梦	项 雪	陆 慧	邹 乐	王大鹏	姚颖岚	沈洋洋
张怡睐	柏 云	陈艺敏	吴尤尤	陈诗怡	张梦姣	林诗雯
何溢佳	陈明辉					

英语(41人)

李 琪	贺雨融	史培培	李 曼	王 斓	朱文焱	朱 熵
高叶鑫	王 婕	杨智程	李 菅	陈 玲	周 全	徐 晶
苏 莉	王彦滢	陈 灿	宣俊鸿	程思齐	徐 露	郗正清
张耀文	叶 帆	赵 元	李艳冬	陶金辉	王星明	吴 燕
蒋舒婷	王 薇	王 优	董文翔	冯长青	温世程	江 珊
葛颖慧	沈梅玉	林桂宇	韩晶晶	王 欠	夏 松	

英语(翻译)(28人)

匡 媛	赵家琳	梁海流	李雪怡	陈娟宇	蒋祺琦	袁玲艳
黄璐璇	胡艳楠	眭 艳	唐艺瑜	丁文亚	林任蕾	唐 优
傅丹丹	陈幸如	仲培艺	钱娅聪	刘嘉颖	高 琦	孙 睿
姚怡洁	黄非凡	仲丹艺	吴 繁	陆宜青	张小雯	吴 莹

英语(师范)(34人)

苏 振	朱姝雯	孙 悦	郝慧珺	徐芸洁	梁为虹	韦 芳
朱佳怡	李冬梅	徐荔雯	王婷婷	汤天添	王晨曦	王 迪
吴菁怡	宋静霏	胡馨文	刘小凡	曹香利	夏 越	郭婷婷
钱 颖	吴怡菲	胡雯雯	蒋雨婷	苏 月	邓 衡	刘慧敏
席 红	朱华润	谢沁辰	何 欢	唐皓秋	周晨娴	

教育学院

教育技术学(21人)

何佳玲	姚尚伟	顾祥荣	晏安利	甘少聪	郭云峰	李 想
张宝利	张雨晨	吉腾飞	濮云飞	樊 宇	沈 杨	牛 严
徐赛赛	李 莉	陆红艳	蔡 晨	李彤彤	车 捷	张梦迪

教育学(师范)(29人)

周英颖	邹 盈	李欣悦	聂凌波	丁新新	杨佳欣	陶 萍
陈吟雨	杨雅萌	金 欢	李 昆	高 雪	孙怡雯	谢洁昕
穆鸿佳	顾 艳	马蓓蓓	赵钰莹	周 颖	宋 妍	徐金花
马晓英	吴 呈	杨文娴	於 林	陶 莉	赵沁怡	袁梦雅
刘泽璇						

应用心理学(40人)

郑 晓	邓永光	陈 洁	毛 莹	顾文婧	蒋 妍	单淳渝
苏 迪	高君彦	欧阳贵美	孟洭尘	吉豫峰	姚英杰	黄 辰
冯子安	李玲菲	陈子月	朱丽娜	赵立权	武晓彬	纪清恬
钱经纬	柏正健	李烨超	胡 娜	张贤飞	栾 瑶	涂 洁
张诗茹	李 威	葛静怡	周志嘉	周乾超	谷雨琦	戴 航
谢梦雅	周 琦	吴俏敏	方俊燕	唐炎程		

艺术学院

美术学(插画)(23人)

张 昕	岳芯羽	仲嘉懿	聂婷婷	胡 静	彭房龄	龙姝慧
郑 峥	郭彦君	祖 萌	袁 慧	王志鹏	霍玉婷	周 丽
付 蔷	张琼芳	麦泳仪	王 玮	胡金柯	陈伊华	曹 佳
朱凯莉	苏亚楠					

美术学(美术教育)(30人)

杨天宇	沙钰颢	肖琳阁	周 磊	吴淑怡	吴云凤	曹 苒
马 玉	李东屿	谭 春	刘广西	江珍珍	骆莉莉	赵彤彤
邵丽丽	陈东林	丁梦丹	戚秋瑾	王佳仪	吕怡静	严亦慧
陈宝玉	廖婕琦	陈露依	许 磊	高 佳	王 璐	吴 娟
谢人雁	吴云扬					

艺术设计(103人)

卢俊杰	张善妮	黄 涛	姚懿修	岳 平	林乃静	董馨韵
刘文影	姚舜禹	林 娜	廖文静	罗天喜	陆月园	方李宇
彭 涵	沈安娜	庄 怡	李成文	谈 静	熊 樱	刘 敏
花 源	杨桂英	王一鸣	陈秋彤	刘雨婷	尹雪婷	王佳慧
龙锦霞	谷洪慧	傅 蓉	罗雯倩	张 正	王 玲	王纤惠
龙 珊	倪天姿	王 冰	王旦鸣	钟 博	许文卓	蔡亚楠
张 琼	孙冰冰	季雅婷	刘晓晴	施柳依	袁 丁	王 颖
刘贤悦	韩 笑	范贤威	杨天牧	陈 佳	叶欣圆	王浩洋
陈映宇	刘雪丽	贺分分	王梦琦	刘燕娟	李艳超	何嘉莹

许冰华	傅彬琅	杨梦雅	蒋昊洲	周　琦	李　玉	张　奇
吴金平	范静琳	侯丽瑶	周晓航	言烨萍	陈　璐	陈盛楠
郭玉娟	芮雪婷	杨久江	陈　舒	杨雅芬	肖玉琴	刘　洁
陆　放	吴莹莹	李亚茹	吴哲文	赵彤彤	余亚军	杨　迪
杨冰心	张　鹏	邱康华	杜芳芳	董桂芳	余心羽	李思颖
付　欢	戚晓烨	郭霖琳	吴翩翩	周恩同		

艺术设计(时装表演与服装设计)(25人)

蔡晓晴	董心慧	苏辰楠	潘　彤	李赛男	戴　频	王天峰
程　斌	万芷萱	王思琴	张　驰	卢　正	杨宁馨	王诗迪
史　欢	韩　侨	王　凯	李伊明	郑　丹	刘天一	张　韵
刘泽汐	魏海洲	孙笑梅	申烽材			

艺术设计(数码媒体艺术设计)(28人)

史天潇	姜忠伟	戴　霖	韩　亮	王超超	李　媛	杨昕茹
陈丁丁	郭文星	纪维维	穆　歌	李佳芮	赵立伟	张　绰
周　鹏	康　煜	闫　聪	王薪杰	朱慧敏	刘　楠	崔靖哲
俞　月	张　蕾	谢鸿明	刘远凤	李文颖	马施雪	周　曼

艺术设计学(18人)

史秀海	颜慧慧	刘　珊	李　会	王彤彤	牛璐璐	白春水
张　凯	刘楚佩	吴　健	张晓文	袁彰蔚	蒋珊珊	王　璇
吴旭翔	蒋婧玥	赖演青	巫朝港			

音乐学院

音乐学(音乐教育)(28人)

吴梦楚	李晓彤	王蒙光	许忆雯	许艺馨	叶慧娟	孙思雨
曹煜婕	祁　鹏	范月明	尤思懿	陈思彤	何明明	王新悦
杨彬森	瞿　磊	吴梦然	陈凌云	闫晓寒	谢　询	吴　妤
朱子君	宋沁辞	李　莹	郑　颖	高紫瑞	杨　雯	霍运哲

体育学院

民族传统体育(16人)

侯　康	易晋竹	王相胆	杨　冉	史偏偏	孟飞飞	吴　蓉
张素雯	沈文婷	张洋洋	于明礼	申得过	闻　武	王　茜
曾　志	韩鹏宇					

体育教育(71人)

丁强胜	楚　凯	张耀宗	陈　功	郑金玮	朱越尘	杨　柳

钱　陶	虞　运	陶章平	陈　萍	朱佳雷	张　茜	卢中旭
刘　昱	朱吟聪	印　笑	臧　景	史开元	朱脉坚	顾　诚
潘　栋	王　琴	王　军	黄　敏	张烨柯	汪　婕	徐梓阳
许振雷	郭栋栋	林志强	吕亚震	张　强	宦　达	蒋志浩
陈　洋	陈厚旭	朱　敏	卢　超	徐思远	吴澜婧	苏海江
蒋礼艳	李　昶	孙　雷	秦　园	刘　微	刘　晨	徐文梅
董红婷	左其正	孙雨乐	蒋悦香	王　晖	陈　坚	夏　清
庞志豪	杨晓宇	吴鑫涛	朱家辉	周　岭	徐　欣	吴亚娟
唐　硕	何牧秋	钱　娇	许欣怡	李东川	徐维嘉	杨依蕾
赵　奇						

运动人体科学(运动休闲与健康)(17人)

耿　雪	徐婷婷	许乔乔	陈伟凡	徐国阳	潘国强	周新星
张培亚	杜红武	陈翔宇	史常佳	耿天祺	王　熙	杨　桃
魏　超	李　然	王　丹				

运动训练(46人)

倪华伦	徐君炎	陈俊鹏	李　梓	朱佳媛	陶　通	糜晓雯
骆亚锋	钱懿天	刘嘉敏	陶曦鸣	杨代强	何雁俊	黄　易
王　浩	王　航	赵　婧	蒋　瀚	谭钦文	苏禹豪	吴一志
吴臣君	黄　麒	陈丽莉	李　卓	张娇娇	朱　明	夏　天
宋子伟	蒋　礼	贾重飞	李　超	贾皓雨	张凯宁	卜春铭
孙　晨	杜泽明	徐枭东	宋庆涛	张蒋飞	范立栋	章秋怡
施圣辰	孙　凌	王壬重	储承驹			

数学科学学院

数学与应用数学(基地)(24人)

丘志达	王　畅	邱家豪	火清羿	钱文玺	戴东亚	熊佳海
张茂祥	常　成	姜　姗	冯逸飞	高翼灵	施　萌	姚鹏程
陈　晨	韩　冬	潘媛媛	朱怡枫	殷　鑫	袁　媛	姜尚飞
方　彦	杨成汉	刘世森				

数学与应用数学(师范)(55人)

苗　杰	汪佳旭	李沛璇	杜丹琼	李　平	陆贝妮	徐子淳
龚　悦	陈　悦	顾晨晨	吴宏玉	高建平	沈培伦	邹　静
陈怡婷	黄紫薇	韩　旭	陈晓悦	吉顺聪	吴文娟	季晓薇
张　燕	吴　迪	陈静燕	王安洲	李瑜晴	陈　谬	谢佳慧
朱燕菲	杨沁蓉	赵玉叶	丁静怡	马雯佳	高雅岚	顾　强
韦倩倩	钱月凤	王　瑜	张潇逸	陶振杰	郭倩倩	张　峰

袁　浩　　赵宏超　　周梦晨　　过　遥　　李卓遥　　薛　愈　　陈　敏
袁　荔　　徐艺荧　　孙　琰　　李倩倩　　张　哲　　孟　珍

统计学(49人)

朱志超　　须祎凡　　朱浩然　　赖展鹏　　王　宁　　周文宇　　王欠欠
苏重庆　　王进健　　沈永健　　袁天浩　　赵向超　　冯　婕　　谢　颖
张　耀　　吴　皓　　盛时杰　　管东莹　　熊　睿　　高　铭　　李　晖
张心怡　　金宇琳　　徐晟波　　王祎睿　　曹晨玉　　陆佳曦　　朱凯华
蒋　杰　　陈赛男　　朱沁心　　吴巧云　　田文玲　　王嘉伟　　何　佳
沈雨嫣　　王　睿　　耿　玮　　胡　磊　　谢　磊　　周璐瑶　　樊　莹
张冠南　　卢桂洋　　沈智强　　侯蒙蒙　　王乔轩　　冯　阳　　吴建楠

信息与计算科学(25人)

秦刘阳　　胡　康　　陈　琼　　陈　阳　　翟璐璐　　曾　杏　　张　圣
马　静　　张　璐　　於晓荻　　马　妍　　王　康　　阚雅丽　　顾雨荷
张　稳　　杨　星　　张　哲　　王叶舟　　杨晓君　　言俐光　　王煜平
李　丹　　徐　凤　　施文豪　　邱心怡

物理与光电·能源学部

测控技术与仪器(25人)

陆城富　　徐智灵　　袁　瑞　　章志龙　　周　栋　　林　嵩　　费晓华
陈　颖　　杨紫珥　　王中元　　赵丹丹　　于畅畅　　周　鑫　　陶　鹏
郎东望　　王斌龙　　陈　雪　　曹晨晨　　魏　晨　　吉　巍　　吕清松
侯亚辉　　邱　阳　　杨晨曦　　马晓月

电子信息科学与技术(23人)

赵　欣　　邹启辰　　赵志凯　　周甜甜　　王昊宇　　刘　网　　丁　丁
王祥伟　　张　帅　　谢　琪　　唐忠雄　　柏君航　　葛　鹏　　钱智德
吴春新　　谢　辉　　王进帅　　闵嘉炜　　阮雯雯　　王　琰　　王　鹏
章　童　　彭　悦

光信息科学与技术(23人)

吴　天　　李博宇　　陈珂骏　　邓佳佳　　连　栋　　刘　莉　　张晗晓
林　喆　　周　群　　薛怡晴　　王心韵　　何　存　　吴云斌　　顾佳新
罗佳欣　　曲　喆　　钟　炜　　邢凯莉　　路雅莉　　朱新蕾　　金　鑫
张洪阳　　孟雪勤

热能与动力工程(36人)

万程龙　　叶天伦　　潘林俐　　施晓炜　　向江川　　俞　行　　姜福银

乐奥雷　陶思康　向俊杰　宋加龙　姚　凯　许　夏　曹健华
时维东　朱光跃　龚　正　蔡海峰　吴　衡　柯妮娜　刘　喜
周冬强　宗　旭　贾佳伟　张　雷　杨德伟　刘常明　陈旭东
黄辉彦　张珂珂　孙文涛　黄　凯　王春阳　王晓亮　侯颖杰
卢锦程

物理学(35人)
　　金文强　盖　迪　伊天成　张剑东　吴冰兰　邵　越　刘　煜
　　仲　雨　康皓清　马玉琼　陈　锋　金　鎏　王慧君　薛　尚
　　钟慧鑫　朱志鹏　潘　祥　汪晓旭　朱　峰　蒋正奇　张晨晨
　　卢　晨　杨　琼　施启涛　霍正宝　王　哲　陈　鑫　周　鹏
　　徐景晔　葛贵国　姚　尧　胡晓阳　周　倩　刘　炎　高　熠

物理学(光伏科学与技术)(23人)
　　黄金诚　耿俊健　林　炜　李阳斌　李凤竹　陈　宇　高　晨
　　江松峻　许亚龙　仝　瑶　贝帮坤　李　昊　王云鹏　童文昱
　　徐益超　吴广娟　张　昕　李心宇　尤一涵　季文杰　刘子维
　　刘　芃　王亚平

物理学(师范)(20人)
　　王　雪　许梦婷　袁　芸　袁　波　冯橼庭　樊　蕾　张月星
　　王珏帆　周志强　高振雅　徐乃尧　张兴超　王学岚　倪戌炎
　　张澄超　曾美茜　许　敏　姜思杰　杨　凯　贺梦成

新能源材料与器件(36人)
　　姚远洲　马翔宇　马佳昕　王羽涵　蒋怡宁　李　群　陈赢男
　　缪圣义　陈　滔　韩毓遥　陈俊梅　张　娜　陆可为　孙志辉
　　孙鹏飞　吴四海　汤　凯　王文聪　李星星　董　帆　蒋　宇
　　陈　宇　张　晔　张　宝　孙　诚　彭　冉　袁　权　王相国
　　张　旭　杨　帆　朱开平　于海洋　别士玉　梁佳祺　胡加鹏
　　王欣媛

材料与化学化工学部

材料化学(14人)
　　沙　锴　段孟祺　朱　宝　张　英　齐晓伟　闫　律　厉　程
　　杨婧莹　赵忠良　杨　静　蒋玉婷　梁曙光　朱楠清　韩国庆

材料科学与工程(21人)
　　黄　艳　许豪琦　关　蕾　张舒婷　宋婉云　朱　柳　姜　斌

| 张　安 | 朱晓尧 | 房红兵 | 徐　飞 | 罗　健 | 俞心宸 | 秦　城 |
| 迟永超 | 陈　崧 | 张宁宁 | 吴　鹏 | 史晓宇 | 黄　涛 | 高　吟 |

高分子材料与工程(45人)
李　楠	程　正	万　瑜	沈　浩	顾家镭	高梦孚	陈炜杰
姚欣媛	刘江心	吴越文	陈新莲	李雨泽	田陈峰	孙　霞
刘雅媛	汪　遐	刘　萌	董杨杨	薛梦娇	魏晶晶	方文龙
骆延静	朱知浩	欧阳雯	陈　瑞	李慧亚	王旭静	徐效飞
常萌萌	方　浩	陈思远	夏海涛	王云凤	吴　玲	路　遥
周　茗	戴　忠	沈子聪	彭方毅	裴　洁	刘亚娟	李争强
邓惠元	敖小虎	涂　凯

化学(57人)
马　源	王志超	吴　胜	范乃贵	张东伟	曹　玲	卢广生
周　荣	裴　超	颜润琦	褚大旺	冯家伟	闫书豪	南　洋
宋梦婷	林莉娜	吴静娴	姜　楠	邹　斌	董相荣	陈　豪
罗　妍	王振雄	施　鹏	周安坤	包嘉靖	刘慧艳	高善夫
王明扬	宋浩杰	崔一凡	许妙苗	马　亮	罗旻川	刘　峥
贾凌杰	周鹏远	朱玉琳	洪韶崟	徐天阳	王　鑫	李　程
杨肖克特	汤海东	吴胜男	姚晓玮	陈　蜜	陈童彤	高碧君
李　杰	潘　楠	刘博文	蔡　菊	左可福	刘慧霞	杨天博
黄　琦

化学(师范)(14人)
| 刘　灿 | 朱正林 | 张筱燕 | 陆佳南 | 许海燕 | 陈红飞 | 卫翔茹 |
| 张丽茜 | 周　璇 | 刘　丹 | 史　沁 | 杜　颖 | 朱　婧 | 倪宇欣 |

化学工程与工艺(38人)
吕圣海	许雪飞	顾慧超	王鹏博	穆加利	周丽芬	唐慧霞
金瑶瑶	金钰欣	钱远美	杨金华	黄　晨	程　辉	张　超
杨笑曦	杭颖婕	韩　嫣	苏玉雯	尚良超	李敏娜	王子卓
戴　然	陈晓瑶	张　程	鲍　敏	梁桃桃	吴　婷	戴　熹
邵钦涟	闫　琪	张磊奇	孙　鑫	黄思淼	冯如妍	周明月
王亭亭	贾　慧	张体凯

环境工程(9人)
| 曹乃莹 | 缪维涛 | 周　苑 | 林　瑞 | 徐　波 | 姚文辉 | 于　峰 |
| 金亦纯 | 秦　凯 |

生物功能材料(19人)

董亦诗	黄学进	孙一鸣	陈春树	胡雨潇	朵旭阳	王周明
葛 彤	胡 成	刘海俊	夏培红	黄 飞	陈兆辉	杨天成
吴 珂	冯笑天	冯晨润	陈新雯	赵 阳		

无机非金属材料工程(13人)

| 陈麓阳 | 郭 静 | 邹 岩 | 朱志远 | 李雨泽 | 李向洋 | 吴 曦 |
| 范 钊 | 宋丽红 | 谢 博 | 王金祥 | 支紫锦 | 刘 虎 | |

应用化学(27人)

尤佳辉	宗杨磊	卢响宇	姜文杰	蔡 盼	吕涵予	徐 彬
刘瑞敏	李焕焕	王 涛	鞠 磊	贾明森	薛 妍	张建国
林必烽	王云彩	樊紫薇	徐鹏耀	庄宇呈	俞灏洋	王梦琪
江 波	崔 程	庄梦媛	石钰婷	赵郁晗	申小莉	

纳米科学技术学院

纳米材料与技术(96人)

曹逸凡	徐 阳	周鹏杰	李 幸	吕 品	涂明汉	王晨晨
宗文颖	孙玉洋	吴 田	葛晓萍	庄明阳	周 旭	仲 原
袁 枭	鲁凯灵	黄 琪	唐雯冬	宋宇翔	刘长安	裘梦遥
张冬梅	沈 雯	沈 杰	杨 慧	杨艳琴	朱鹏鹏	冷雨飞
宋世伟	黄羽晗	张烨锋	周来东	尚云鹏	耿迪雅	柯梦媛
陈 敏	黄 琪	王 强	魏小敏	秦珍珍	封 扬	崔继哲
谷 靓	丰亚楠	赵 娟	张倩楠	谌佳文	陈泽洋	张 磊
赵飞龙	吉 飞	王思雯	洪益军	陶丹蕾	张 珊	顾宏亮
王 亮	朱智杰	韩 潇	谢欣凯	涂义品	谈叶舒	巫玲玲
丁 攀	徐 超	胡嘉欣	朱林翔	曾华杰	牛凯丰	陈杨凯
李速华	薛心仪	马玲子	张思琪	郭宇通	张文玥	唐 斌
金腾宇	樊 星	刘海俐	金 韬	徐伟新	葛鹏程	吴越昊
于子洋	张林夕	牟丹琪	缪仲天	周 天	周 婷	吕 梁
方 欢	黄慧敏	张 康	刘 欢	李孟夏		

纺织与服装工程学院

纺织工程(123人)

和 鎏	江 波	周云鹏	卞婷亭	储 践	贾月玲	利 莉
吴海波	姚坤玘	刘 锦	高寿伟	张 惠	赵 玲	邓佳雯
李 惠	石倩雯	孙梦馥	段娅丽	任敬霞	郑 璐	王小莹
郭紫薇	刘九聪	袁美子	冯光丽	张淑敏	安 祺	殷燕华
李晓红	施佳佳	董佳宁	陈雅洁	薛倩慧	王天芹	吕志文

李茂林	陶文浩	刘露明	张　晓	贺冬艳	陈亚男	王耀蓉
陈　俊	王　琴	朱丽虹	贾　蕊	杨　露	吴虹晓	狄　星
吕　晨	林嘉明	陈　钊	刘　欣	施梦兰	单　瑛	王欧鸿
蔡文静	汪大卫	韩晓杰	赵青青	袁　蕊	袁惠敏	王慧宇
李　轩	胡赛露	徐　立	陆　奔	吴丹丹	严则韩	庄仕成
胡柯豪	史　欣	梁启繁	张煜蓉	黄雨枫	郁庆怡	吴　越
李　翔	陆昀洁	顾　珈	王垠龙	戎　凯	蒋晓妍	朱镇涛
吴辉辉	张　鹏	吴佳诗	谢　丽	仇　娟	王梦佳	丁灵奕
陈思静	丁　曦	曹　璐	顾彦泽	冯成之	于鸿翔	张若依
顾琳紫	叶　涛	陆姿含	杨　帆	邵皖燕	解传芳	郑　昊
孟珼旻	陈凯伦	樊天翼	宋新惠	张昊南	祁振华	周佳佳
金　麟	张珈源	纪　轩	王亦秋	丁　敏	杨润洲	周　烨
施其乐	许泽阳	鲁　易	嵇　晨			

非织造材料与工程(37人)

邵　俊	宋天宇	高　虎	付　月	卜秋芬	范会锋	吴颖晨
崔依琳	张吉磊	王露琪	许文翔	邵云菲	何正洋	魏鹏祥
赵伟东	张　磊	朱禹桦	党娟娟	华　珍	辛经纬	王文彬
周锦涛	朱启东	吕晶晶	王雪笛	朱美琪	淮　佳	陈义东
徐子超	郭青青	张鑫楠	宋喜喜	张　斌	徐路燕	乔宇姗
马思侃	崔琦杭					

服装设计与工程(49人)

李思仪	李　政	李依璇	杨璐嘉	齐　琳	朱晓葛	刘九香
浦雨晴	赵海红	张　阳	令狐绍静	刘新华	何佳炜	李嘉琪
宫鲁蜀	曹月琴	李佳怡	孙艳娇	王　喆	朱　敏	王怡萍
杨晓敏	韦梦娅	王　红	周恒吉	孙慧敏	孙玉萍	黄恩然
刘海伫	胡益明	曹水琴	邓　婧	孙莹莹	陈　康	折梦秋
陈冬梅	雍　纯	常馥欣	陈　思	王彬英	撒丽绢	孙煜垚
赵晨晨	刘松睿	刘玉萍	李兰欣	古秀蓉	唐新竹	李晓泽

轻化工程(50人)

毕昌正	彭传琪	王　祎	祝　坤	张　宇	刘　成	孟筱锦
赵　花	毛伟杰	黄万伦	邓惠清	李　明	岳　银	李月英
周红强	张娇莉	彭温泽	施　响	麦宗昊	张甜甜	孙玉发
张　钰	杨奇琴	蒋碧玉	王　康	高宇韬	董雯凤	王　林
刘　旭	谭皓宇	邓丽君	梁承玺	白瑞生	张　逸	陶　源
任雅平	王　鑫	金子琪	吴佳毅	王鑫浩	王　梦	徐伟伟
玉鹏翔	张丽洁	张　旭	廖杏梅	邱　笛	王冬悦	左小新

胡梦娟

计算机科学与技术学院

计算机科学与技术(63人)

杨柳杰	张明杰	朱力行	陈泳杰	周靖越	苏鹏程	刘至蕙
张国君	王 佳	徐旻睿	蔡子龙	毛家利	杨文彦	沈佳星
魏 通	徐 扬	王 健	钱为家	杨佳莉	李 健	佘友成
徐 洲	赵安琪	何正球	张 敏	马 壮	陈绍峰	王 诚
仇洁澄	时久超	廖佳慧	范英哲	汤 煜	施博文	叶 帆
郑 琦	韩月辉	杨登辉	朱海凤	董 云	杨 仁	周 阳
姚峻峰	朱蒙婷	崔军晓	彭 佳	李美璇	邬忠明	陈 晶
杨 海	孙世元	王 熙	冒海慧	王 超	任 霞	许 恒
朱 烨	吴继超	徐 昇	汪 琪	钱 晴	陈 成	黄 强

软件工程(43人)

李 琛	史东升	周正平	张佳伟	侯亚梅	陈 纬	李 斌
张天硕	季军军	胡瑜隆	吕 程	张新雨	王国伟	张 宇
徐 维	夏庆荣	何子恩	金国锋	陈胜豪	华俊杰	陈范俞
赵浩荡	王思惠	郦鹏征	姜玉斌	胡智慧	吴建忠	张金唯
黄文杰	蒋 鑫	李天一	王欣伟	李欣媛	举 越	郑志豪
何 莹	黄天放	隋婉璐	葛 婷	李长城	范德献	
穆太力扑·麦提亚库普			热孜宛古丽·麦麦提			

软件工程(嵌入式软件人才培养)(113人)

沈易龙	张海兴	毕 成	杨 昊	张云磊	陈小波	郝 昕
严天域	陈 虹	谢孟军	吕春阳	徐 鑫	陈颖哲	陈晓明
张 佳	徐碧莹	杨耀晟	万连鉴	蔡 伟	夏 鸣	龚 晨
孙雨晨	陈 荔	汪笑宇	黄 欣	王雨佳	徐昊清	马 苈
刘宗涛	周德高	陆祥祥	张维阳	张 浩	黄 杰	许孝天
刘厚伟	姜奕丞	蔡丰蔓	张齐升	魏永卿	徐亦楠	许俊仁
刘 镒	马晓石	孙悦容	李家强	燕 然	崔盼盼	罗雅洁
马安娜	张雨田	李凌枫	姚善良	陈盛之	王 璐	刘 磊
周 捷	沈艺庭	陈 杰	朱昶尧	陈旻洲	闫朝伟	吴维淳
陈旭山	吉 毅	黄恃浩	王梓瑞	秦 晴	周 淇	李 杰
蒋 瑾	董 理	赵剑鑫	史才航	陈 郁	盛徐炜	张 强
浦忆宁	朱慕尧	葛高坚	钱奕豪	徐志一	陆 伟	潘致远
吴 文	俞剑飞	李丰豪	华鸣源	赵 畅	葛雪雪	曹嘉尧
杨 宇	倪鹏杭	丁缪睿	刘 顿	吉凌燕	孙维华	邹青青
徐 旺	朱 勇	乔昌泉	杨宁玮	沈帅佳	仲 凯	周寰辰

柏　婷　　盛炜琦　　张天原　　薛鹏翔　　吴　奇　　葛友朋　　孙　枭
顾佳翕

网络工程(34人)
缪　鹏　　张窦军　　张婷婷　　钱涵佳　　魏雯婷　　樊博义　　沈钦倩
孙国艳　　陆　恺　　任培昊　　樊博文　　周铭洁　　卢顺明　　杨　派
徐维涛　　苏　凯　　陈柳伊　　吴志成　　谢云洁　　徐婷婷　　吴　斌
张鎏锟　　崔越涛　　张雨婷　　池晓焱　　府　怡　　庞秋露　　李雪媛
王海燕　　高　蓓　　李　玉　　戚冉冉　　张双玖　　李甜甜

物联网工程(36人)
陈　建　　陈小强　　刘　超　　李松益　　倪冬冬　　姚　远　　杨　帆
孙嘉晖　　陈飞翔　　朱佳炜　　王　磊　　倪筱筱　　时烨波　　路　鹏
邵奔驰　　郭争煜　　李秀平　　许兆龙　　高小冬　　左　琪　　周　承
杨　涵　　张学玮　　张　璐　　刘行云　　朱　婕　　李天晔　　吴新建
张义杰　　周　鹏　　高晓宇　　田净雯　　陈　磊　　缪宇青　　王华杰
贾梦迪

信息管理与信息系统(40人)
王　聪　　刘敏朱　　宋　凯　　郭长永　　王　磊　　王　浩　　简　洁
蔡沈杰　　李益君　　周　雯　　朱　清　　陈春浩　　陆金刚　　黄　婷
田　渊　　方妙之　　侯小凤　　童　超　　梁雨宸　　徐文轩　　蔡　昊
曹云涛　　李　健　　高　锋　　瞿　荣　　李　宁　　罗　璇　　吕　云
倪艺源　　张　妍　　衡　潇　　赵晓春　　邢林子　　刘晓辉　　赵　蒙
庞亚妮　　敖　瑶　　王海南　　王晓晗　　徐执政

电子信息学院

传感网技术(48人)
支晓彬　　喻松松　　金　静　　黄笙倍　　孙　伟　　朱逸帆　　王　媛
戴雅欣　　张　潇　　袁健华　　范存贤　　郭　强　　林羽楠　　孙　昕
史　超　　徐镜斯　　卢之卓　　郭　健　　卢春雨　　金　涛　　郭　喻
杨　洁　　李佩文　　洪　铮　　乐晨俊　　刘　娇　　张一倩　　陆　义
刘钰群　　袁夏强　　赵　辉　　韩　飞　　郑雪娇　　赵婧嫱　　曹　健
孙贝妮　　孙　豪　　陈琪炜　　张　鑫　　钱　俊　　顾幸男　　李念爽
贺龙钰　　戴文剑　　钱金星　　董晓宇　　徐　天　　高伟栋

电子科学与技术(30人)
鲍昌泉　　吴胜兵　　安文明　　陈志强　　吴志斌　　许贵东　　童一鸣
王思傲　　黄　晨　　刘晓宇　　高　婷　　喻　叶　　毛树连　　崔玉妍

李良瑞	孙子恒	高 蓉	沈 凡	黄金龙	胡 磊	周海彦
尹春岩	茅丹磊	景之昊	崔志伟	孙忠茂	张丽娜	陆中杰
王雨婷	丁成源					

电子信息工程(58人)

李晓霏	陶 磊	吴 昊	马 刚	元 帅	张正熙	潘安乐
刘永坤	严 继	赵仕中	章 昊	王浩阳	李健恒	李中伟
严嘉豪	陈 蕾	刘 涛	陈凌伟	金 铭	徐陆婷	赵 伟
鲁桂荣	张 帆	宋 鹏	李学城	王 辉	李 维	柳 明
丁奕心	蒋轶凡	王泽中	曹 刚	杨海艺	宋碧霄	曹 彬
张宇馨	刘嵩涛	王素瑶	李 鑫	李亚格	陆瀛婷	许利特
程亚博	吴子青	周 强	陆 遥	赵 恒	朱俊威	顾鹏伟
周 进	曹 乾	王 辉	彭思伟	马梦诗	曹 肖	沙 峰
阿卜力克木·苏来曼		艾克拜·艾斯卡尔				

通信工程(60人)

王皓冰	王谱豪	文 豪	陈梦迟	张晓青	谢昶霞	詹 鑫
陈 莹	时容容	刘强磊	韦玉婷	陈昊亮	尹良知	赵 生
张夕群	沈雨禾	邵 越	秦 磊	凌 叶	王悦斌	王佳伟
刘俊旭	蒋 涵	马煜辉	史倩晖	周崔阳	许佳琦	谢冉旭
周鹏飞	郝 赫	孙嘉鑫	邢 琳	沙雨纯	朱文文	许 杰
李俊萌	惠 腾	顾颖超	严桃成	李 杨	张 丹	项春钰
崔晶文	刘伊君	江弘九	钟 鹏	黄国捷	余 磊	翟旭东
顾少燃	温 振	纪奇戈	吴 铮	周 颖	钱晨赟	汪志晟
李 硕	李 龙	叶雨静	朱礼阳			

微电子学(58人)

马照朋	赵偲琪	赵明皓	张凯瑞	王柱权	胡晓月	马 轩
刘宇霈	苟文豪	陈 莹	王佳健	吕家力	刘 权	刘 宏
李冒婷	王 旻	曹舒玮	徐瑞晔	盛耀晨	孙桂荣	丁嘉诚
包苏新	程 彪	张 程	裴青松	张玉栋	周苗苗	陈林锋
陆小辉	石永吉	许一飞	宗 琦	江 微	李壮志	肖云潭
李俊燕	陈小琦	王鹏举	董 亢	颜绍锋	张 远	陈文超
黄 平	向应飞	张华秋	朱 尧	张轶恒	吴承勇	祁 响
刘秦华	王 洋	曹 杰	马 骋	赵春蕾	蒋 毅	曹文园
程梦梦	王鹏涛					

信息工程(20人)

王理君	简仪武	王胜男	孔晨晨	刘 宇	李金泽	张显阳

周元华　　周　沛　　张　旭　　唐　榆　　麦月婷　　唐玥玥　　吴　君
单　雷　　张　涵　　廖　菁　　林宇晴　　陈文瑄　　历天泽

机电工程学院

材料成型及控制工程(17人)

张禹超　　王世强　　莫建军　　邓炽裕　　徐小伟　　张忻悦　　芮　进
黄　俊　　王嘉靖　　俞斌琪　　张　源　　王　焱　　张　凯　　万晓彤
胡焱霞　　何桂敏　　王亚民

电气工程与自动化(64人)

田泽鹏　　勇正文　　张辰熠　　江记凯　　唐宇存　　顾春亮　　史凤燕
蒋一菡　　乔　阳　　沈静雯　　潘光强　　胡振飞　　樊小伟　　郄继春
苏玉瑾　　缪晨枫　　徐　恺　　潘天宇　　赵　莹　　周白宇　　徐银波
李海涛　　夏　义　　程青云　　高普安　　夏远哲　　魏　伟　　张　浩
金　日　　张　壮　　张心宇　　钱　程　　龚　琪　　林乐斌　　李琛琛
王生伟　　陈骏超　　冯　洲　　徐成刚　　王　鹏　　朱丰盛　　翟佳炜
闵永涛　　王鹏国　　邹德健　　朱逸凡　　金　宏　　曹城艳　　张　恒
徐晓铭　　孙　成　　黄策星　　陈　晨　　李祥瑞　　钱汝程　　颜景辉
刘世龙　　宋慧丽　　彭　磊　　侯晨阳　　朱晓琳　　徐浩楠　　杨奉麒
石　岩

工业工程(26人)

谢明鑫　　赵梓彤　　田　俊　　王靖文　　郎梓成　　周　瑶　　焦　涛
葛　亮　　林建康　　宋嘉杙　　张玉双　　崔绍化　　李　鹏　　金　岳
倪　婧　　朱明富　　张华坡　　朱英琦　　曹　营　　刘润东　　杨福健
王　强　　程　晓　　哈里亚·赛力克　　麦麦提伊敏·赫克木　　王月红

机械电子工程(52人)

庄博为　　曹俊杰　　骆　放　　谭　优　　吉景伟　　吴金凤　　李子强
周福园　　沈麒麟　　尤志强　　张天奇　　陈添禹　　吕　超　　陈　霄
赵　康　　欧加旺　　王　康　　孟　迪　　陆龙海　　俞　晨　　连小双
许雪妮　　姜春林　　霍　闯　　李　超　　倪添添　　周敏杰　　郭奇雨
罗晓娣　　曹海杨　　李锦忠　　李允凤　　王鹏宇　　陈　兵　　涂富梅
孙贺龙　　蒋　维　　李　姚　　徐　铭　　章晓丽　　谭沃华　　章扬扬
王小康　　翁小祥　　王向军　　毛　东　　丁文馨　　钟红强　　许雨亭
于大儒　　阮晋健　　王定杰

机械工程及自动化(53人)

夏宗悦　　张天星　　孟　凯　　孙宏健　　吕柏禹　　顾玉梃　　连　鑫

杨宗保	毛心宇	浦云杰	唐平文	金晓庆	蒋敏博	樊　健
沙连森	李　磊	何昌贵	钱忠杰	马猛超	王佳俊	朱兆雨
李　超	沈立人	王　涛	李文迪	沈丹琦	陈斌斌	宋　伟
王正军	朱颂恩	褚旭升	单　远	朱岑溪	杨　晖	袁世辉
郭　伟	孙苏磊	赵　余	施　伟	薛雄飞	王　贺	张　凯
钟益开	张　斌	王　贵	郭　峰	张燕俊	徐家欣	袁世杰
赵新维	董　清	牛云鹏	张海涛			

沙钢钢铁学院

冶金工程(49人)

张　翰	丁　浩	孟庆林	卢倩文	魏宗正	戴　赟	郭　媛
邹　睿	马俊杰	洪玉鹏	戴志伟	金　驰	陈开来	刘开元
王婵娜	杨　莹	骆煜豪	盛　元	高　雪	龙学飞	廉正清
李俊峰	巢伟峰	李易谏	潘在飞	张文帝	吕皓璐	费　嘉
张全伟	王　璟	文　璐	梁晓天	葛　昊	王佳琪	管震栋
陈夏明	江豪杰	翟亚楠	侯松岩	肖唯楚	徐俊杰	郭瑞琪
肖　阳	张　诚	袁菁鸿	翟新阳	苟生莲	徐高翔	于　航

医学部

法医学(20人)

常纬力	邵佳欢	王　兵	张英娜	李霞飞	豆修巧	吕　洋
石　磊	陈亭亭	王　璐	张　晴	仲华青	谢宇欣	顾鹏飞
朱晓丹	缪海蓉	潘文举	陆庆艳	吴懂懂	李雪瑶	

放射医学(57人)

巩连棒	许春生	邓言波	吴　魏	索朗旺堆	徐　赛	沈文忠
陈梦遥	孙佳讯	张晨杰	许新颜	汤　鑫	翟舒炜	何　叶
袁　芳	吴　兰	王　璐	周成良	陈芳元	朱运佳	吴　彬
张宝财	王雪珂	么一丹	戚宇锋	谢文晶	孙　莲	翟　鹏
郑丹妮	王雅妮	张恺铄	刘　洋	汪　洁	姚　丹	曾　娅
王　栋	韩晓静	赵国新	章　慧	史云梅	俞　靖	黄家秀
刘　俊	龙泉宇	殷　欣	郭　辉	耿丽君	雷　瑜	李济萌
郭　彬	张梅森	徐　干	黄宇豪	王　俊	刘亚亚	
努热古·阿热甫		芒苏尔江·阿布都热西提				

护理学(57人)

张　筱	曹佳伟	范　轶	张　杰	季冬磊	王　琴	侯程钟
胥　静	刘静玉	田　野	吴　蕾	侯丽娜	顾万里	季旻好
杨文琪	张　怡	印惠彬	王东伟	周宁鹏	曹志伟	王雅苇

马国臻	宋雨瑶	徐远伟	施庆庆	唐苗苗	沈 洁	蒋易辰
何 奇	许 琰	丁 华	邵玉东	朱朦朦	周 姮	邵东梅
徐夏恬	王雯婷	滕可可	嵇秋萍	唐 空	朱艳霞	徐丽娟
房 艳	葛宾倩	陈 青	李 金	钱丹婷	邓樱雅	陈国伟
储瑞清	刘 珂	吴启明	戴志峰	苏 秦	邵 炎	孙鑫波
朱 瑶						

口腔医学(44 人)

张 翀	郭倩云	李凤集	谢文娟	顾蓓君	杨晓洁	陆旻昊
印红玲	陈莉玲	张梦池	李雪倩	杨雪婷	才乐美格	许 星
徐海燕	叶 鑫	周俊玲	毛秋怡	姚佳晨	周 杨	陈圣琰
刘碧吟	张意闻	何 旭	王丁玎	阙蓉蓉	谢琴琴	杨 萌
张家鼎	陈异平	常雅琴	张佳伟	周 欣	巢舒铭	范 磊
刘嘉靓	韩朝莹	刘 婷	张 懿	周洪琴	汤正婷	安俊先
白 昱	朱健男					

临床医学(250 人)

王文军	冯广瑞	华晓阳	王 成	董 浩	俞嘉文	章林峰
石 涛	杨智平	张 彬	朱静静	季帅燕	李佳维	赵 勤
于 越	阿尔达克	卫 新	黄丽菁	曹一舟	李 阳	单丹丹
张 亮	陈福锁	刘 梦	徐姝妮	曹艳华	李小清	何 励
崔笑雯	丁程璐	王 翼	刘佳秋	戴 华	俞 鹏	杨 明
李天一	张小林	顾敏涛	叶 菲	宋 一	于 昕	吴芳芳
钱 楠	宋 润	程天语	林 勤	谢志颖	苏冬妮	姜一鸣
王 恺	李明月	周彦宁	钱傅燕雯	邓 恩	郭成祥	廖友国
肖 波	尹子晗	熊 丹	周佳怡	刘 珂	胡 靖	孙金玲
任 彤	杨慧芬	杜 娟	徐 林	孙 静	伍 星	黄一玲
戴晓虹	吴佩霖	陈 铭	郭晶晶	奚倩兰	汪少文	杨 宇
吴俊成	吴 璃	星昱鸣	潘世远	徐敏健	韩 啸	罗兰兰
王海艳	卢 倩	左乔竹	熊艺彤	黄 珊	朱 圣	张佳佳
陶菁菁	王子谨	王 怡	施 亮	杨兴海	牛雪丽	苏 眺
季佳丽	杨浩钰	严玲玲	程玉文	陆金霞	史小东	张 菁
刘 琴	夏 蓉	仇园洁	殷 瑞	张晓瑜	李思诚	张晓颜
王志霞	张 鼎	戴小娜	沈丹阳	刘嘉奕	金思好	闻 珺
钱 云	曹丽辰	陈凯丽	张慧娴	商光凝	孙 京	吴小宇
盖 宁	郝晓东	陈海峰	马云菊	王 飞	杨毓莹	朱东奇
汪 燕	戴 鸽	周 楠	迮 骁	王伟鹏	叶婷婷	张浩远
沈菡苕	潘 越	张 迪	王树蓉	李梅芬	陈金洪	马慧敏
陆叶婷	张 萌	冯相鑫	邹叶秋	蔡凯君	徐 超	范佩倩

赵敏雯	杨媛淇	姚　钰	高海鸥	王莉彦	郁彬清	赵祥宇
王星星	刘舒苏	陆静波	曹亚森	冯玉灵	张前进	丁　飞
殷如娇	陈　超	刘安步	谭煜炜	焦　垒	徐英杰	翟俊杰
吴依萍	夏　军	刘于秋荷	高　焱	陈维清	周陈艳	葛小慧
朱彩玲	吴师哲	葛孟琦	陈　亮	孙厚义	于　阳	陈荟宇
冯　珺	徐芳露	俞冬梅	张　灵	江喜东	南炜瑾	易云云
陈雅雯	孙亚平	杜　方	杜　静	卞午阳	曹佳妍	范政颖
蒋文静	樊　凤	王旭超	徐　裔	邓维博	吴　丹	孙小桐
赵　双	吕同德	马　敏	任　洁	张　岚	刘永浩	黄高敏
潘俊美	韩　雨	郑宇双	姜华晔	宋智敏	王仁杰	王金枝
顾艳敏	王利琼	束文娟	张顺银	石豪屹	王晨中	贡　辉
林　越	陈赛男	韦成业	陈志忠	梁火奇	李　明	钟恩健
邓予慧	徐宇轩	单波航	闫珊乐	马金玉	沈梦嘉	孙嘉莲
叶荣安	林　瑶	地力牙尔·莫合塔尔		阿斯哈提·努尔买买提		
肖国梁						

生物技术(40人)

朱新婷	陆向东	肖晶晶	安淑丽	刘一峰	刘　晶	龙怡均
张　胜	倪煦东	徐　瑾	陈传凯	嵇云浩	严　俊	钟智建
鲁耀骐	夏　露	缪晨阳	郝彤瑞	黄欣欣	徐文轩	郭紫薇
耿　薇	王艺蓉	苏　宁	曹兴玉	李秋颖	赵　伟	侯梦滢
古　蕾	曲茗琤	杨　婧	王　萌	石　敏	李晓宏	刘恩承
戴红霞	姜　浪	邓凤春	张　倩	李　双		

生物技术(免疫工程)(39人)

浦凌琰	王　蒙	任　炜	李宗蔚	袁雯怡	刘　鑫	龙　艺
陈　欣	郭相春	李　洁	姜羽婷	李　帆	诸云婷	苗　迎
谢亚君	占传棕	王美华	王　禹	冯　茜	陈铭莉	顾丽华
杨　茜	胡孟娜	蒋志慧	贾忠娟	温春媚	王春霞	王　娜
徐　璐	王倩然	戴晓敏	张美荣	张双艳	郭旺昕	余　凯
毕　卓	吴伟威	曹凤璋	韩燕荣			

生物技术(生物制药)(36人)

张超凡	沈　麒	李孟君	何　婷	黄　芸	吴金龙	陈晓芳
陈　哲	宋　宽	姜露露	刘　波	曹　煜	冯婉茹	朱秋琴
王晓彤	赵志明	黄晴晴	宋雪薇	赵珮妍	周凌灵	冷亭甫
叶　子	黄豪雁	吴婷婷	杜长春	刘　煜	杨　启	朱旻璇
郭思敏	王艺璇	邹　垚	聂秋苗	顾　瑾	许君贤	俞琳琳
唐巧燕						

生物技术(食品质量与安全)(1人)
　　杨　帆

生物科学(10人)
　　符　杏　　王鑫鑫　　孙　晶　　赵宇欢　　倪家圆　　刘艺奇　　颜易辰
　　王　跃　　韩慧莹　　王晨羽

生物科学(应用生物学)(14人)
　　陈　曦　　诸蒋鸣　　陈　玲　　胡佳欢　　程小瑜　　杨　瑜　　刘华正
　　陈梦颖　　郭峻源　　赵欣然　　王　菲　　汤轶楷　　周　李　　贺佳雯

生物信息学(15人)
　　朱梦严　　华　良　　张晶晶　　王　玥　　王诗雯　　王　红　　林　子
　　郑雪琴　　徐　星　　杨茂华　　张伟杰　　吴美珍　　袁　媛　　高宇洋
　　陈君才

食品质量与安全(28人)
　　李海毅　　王妍昕　　王炳杰　　洪嘉忆　　刘　雪　　郑时超　　张　聪
　　蒋　茜　　熊　殷　　郭淑珺　　叶明珠　　高敏敏　　张　婷　　韩怡然
　　唐志成　　侯嘉逸　　张　凡　　杨　阳　　周亚琴　　刘　昕　　方玉琢
　　温开乐　　罗婷玉　　徐加英　　董圣娇　　吴昕辉　　张琳琳　　沈向向

药学(78人)
　　蒋　鑫　　刘伟健　　琪美白珍　　刘佳莉　　李　明　　赵佳月　　陈文华
　　吴　颖　　宋　雪　　杨清叶　　邢溪溪　　高佳玉　　尹万龙　　陆凡清
　　何俊强　　赵德凤　　李雪萍　　朱亚东　　楼娇珊　　骆　腾　　李　倩
　　叶晓康　　胡　艳　　肖　潇　　庞桂彬　　唐　艳　　徐忆菁　　金　蕾
　　马雪辰　　万　悦　　黄成宇　　李　想　　陈　伟　　秦楚淳　　罗　群
　　文惠芳　　刘育芳　　凌月娟　　卫明珍　　江丽媛　　梅　亚　　沈亚利
　　黄海月　　吴静悦　　冒志鹏　　王晨曦　　高青青　　刘培玉　　张　娟
　　徐新早　　陈　鑫　　刘锡媛　　高练练　　陆宇琦　　李志真　　沈春美
　　吴梦娇　　周烨娟　　杨　意　　董　超　　陈思婷　　秦萍萍　　陈　醒
　　苏　莹　　舒烨璐　　许　丹　　张　哲　　施天姣　　王桂琴　　陶　佩
　　杨婷婷　　马　霞　　姚　洲　　程琳涵　　陈海芳　　朱欣仪　　扎西白珍
　　张晶晶

医学检验(38人)
　　郭忠琴　　倪　虹　　马　媛　　成　宇　　谭义斌　　冯　蓉　　金　静
　　刘三媛　　李　怡　　陈亦祎　　袁　莹　　张海霞　　冷　静　　潘书贤

孙兰清	张昊琳	张淑贤	张若琛	黄　弘	黄　秀	袁丹丹
赵书静	梅维维	杨　涵	顾嫣琳	于　雪	王吉妍	孙忠慧
高媛媛	党清琳	贾丽媛	高媛媛	钱梦圆	曹　宇	谢　海
王蓉蓉	胡慧婷	李泽易				

医学影像学(40人)

陈耐宏	孙　岳	李青松	于　洋	尚　凯	周　平	蔡莉娜
朱　佳	郑道练	李旭东	陶　赟	陈　超	周佳威	倪　婧
孙　辉	张　晗	汪　伟	李　妍	成欣蕊	贺心怡	靳志嘉
刘国云	张小君	崔雪灵	戴　珂	陈　苗	周丽君	许　颖
冯秋霞	薛丽瑶	芮文婷	孙珮雯	吕　艺	李雅丽	陈　旖
袁沛雯	吴　晗	吕怀芳	王小晔	德吉卓嘎		

预防医学(31人)

吴小波	崔　鹏	侯　闯	石梦瑶	裴冬慧	俞红倩	王　也
曾妮美	赵贝贝	董媛媛	姚　敏	王子阳	张　翔	陈　鑫
邓　姚	伊秋子	刘　飞	巩秀娟	陈　烨	魏雨露	韩　萌
刘　丰	王媛媛	邱臣全	邹　敏	李　盈	孔　超	吴方楠
张成云	哈尼扎旦木·吾斯曼		阿瓦古丽·吐尔孙			

中药学(28人)

刘　博	温芝琪	吴珺艺	史梦凡	陆　焱	徐　彤	陈　浩
盛芳婷	张瑞欣	黄梓勋	董秋雁	刘　宁	邰　靓	郁瑶瑶
陆超毅	武隆迪	贺雨馨	陶　冶	汤伯乐	陈怡琳	黄雪娇
王雅倩	沈文华	刘美琪	王唯祎	田晓蓉	靳　桐	仲婷婷

7年制本硕连读本科段毕业(126人)

狄　岩	许　威	盛文炯	周琛玮	陈　晨	李　渊	张　晨
谢　丹	庄　圣	舒慧泉	张南南	孔　瑞	郏新宇	张子啸
马新仁	黄志伟	刘伟明	杨美红	顾　剑	王　渼	周必琪
黄　颖	施　坦	裴非凡	张勃然	王　颜	范钰晗	陈　燕
汤耀程	孙　琳	孙　亮	章　鹤	陈　敏	陆梓均	施怡浩
江志鸿	孙丽君	徐　龙	向丽洁	吴　敏	吴钰迪	周　壮
王海红	汪雪婷	何芳华	林昌杰	许盈盈	王天琪	施慧萍
韩春艳	沈　磊	王　洁	陈　植	周　雅	戴　婷	姚雨婷
杨易辰	李　娜	叶小军	刘岑涛	王怡恂	蒋雨枫	彭　莉
李　畅	王　璐	李润楠	胡天琪	刘楚灵	吴　婧	徐　峰
顾思婧	杨怡尧	缪晔红	嵇梦玥	王一帆	杨　凯	徐宏威
杨绍玲	王　芸	胡梦天	郝有恒	邹心炜	陆　叶	王煜城

莫向荣	邵雨帆	朱志超	汪晶晶	陈维蓉	严沫琦	李蕴好
赵 洁	刘跃宇	马文秀	范宇欣	苏 波	陆霁航	张舒舒
周伊贝	董笑然	梁钰琳	赵智晶	张 祎	张 平	徐 茗
钱 铖	李巨章	王银玲	吴 霞	陆 威	方 娜	张 扬
张呈宇	顾晨晨	宋梦佳	魏艳玉	李春晓	张 威	祝 超
朱鸣洲	梁人予	李秋瑾	王黎明	郭 帅	李佳席	沈 菲

金螳螂建筑学院

城市规划(34人)

张 婷	费登基	叶 挺	陈德虎	卓玛琪	陶良杰	陈鹏宇
陈 炜	葛洪彬	田志文	施一烽	张百舸	孙 杰	李 鑫
瞿 颖	李向宇	王 翔	王迅雷	郝 丰	曹鹏豪	任 华
袁潇奕	雷 悦	武志伟	顾雨浓	魏学瀚	周文龙	张云飞
汤轶程	田建成	冯 雪	李 昊	郭少春	曹宇佳	

建筑学(38人)

金 鑫	杨 柳	赵东东	丁璐文	陈 沐	潘菲菲	金姝君
侯晓晓	阮杨阳	谢伟斌	程希明	张 琪	段会敏	董书敏
马若诗	刘 磊	陈 涛	徐 雯	许雅涵	夏 赟	孙天一
马 权	杨 桦	王 堤	周于疆	张姿娟	闫婧宇	曹逸春
吴颖婷	伍芳青	铁 云	顾怡欢	李亚霏	陈 诚	刘皓月
陈 刚	赵萍萍	赵雨婷				

建筑学(室内设计)(30人)

沈 洋	纪春燕	刘 欢	张 浩	凌聪聪	张盼盼	钱后荣
吴 鹏	李 德	史丽琴	陈 康	张健雷	陈丽辉	郁腾伟
袁俊成	翟 鹏	施旭炎	刘小奇	庄杰伟	尹嘉辉	杨旭晖
韦海宁	田 丰	鲁天姣	胡欢欢	刘丹阳	李彦伟	李慧萍
张冬卿	董素彤					

园林(城市园林)(29人)

武 斌	王 娜	奇 策	李文超	李治鸿	陆 红	姚群峰
刘浩月	袁瑀苗	施海琳	魏昕平	王 娟	陈书尧	张玲炜
马文奇	陈 柳	高 田	端木雪娇	周凯旋	王心易	王 爽
沈小年	郎文亮	李正春子	燕海南	胡瑶瑶	贾子尧	林静静
布威阿依谢姆·奥布力						

园艺(城市园艺)(20人)

| 杨易青 | 孙漫莹 | 吴莉萍 | 陈鹏行 | 薛益锋 | 熊 竞 | 周祎依 |

| 张亚洲 | 汤雪纯 | 王琦 | 向沛锦 | 吕爱琳 | 林蕊 | 邓晨娇 |
| 许智清 | 蒋利栋 | 钱力鑫 | 罗成洋 | 郑嘉瑞 | 周思聪 | |

城市轨道交通学院

车辆工程(55人)

朱超生	张为庆	葛然	周兴宇	韦健	李凯	曹阳
潘湛东	唐光泽	刘坤	郁馨逸	陈德任	章宁	钱毅
高舟江	黄志强	林兆毅	龚丞	葛宏志	袁志伟	朱浩泉
丁荣梅	江涛	陈治宏	王曹丽	季长剑	张其超	王漪
葛雨	李俊杰	张天威	杜长治	陈逸	季寒琛	吉祥
陆海空	张续	高涵	陆强	钱屹立	姚逸飞	吴兆鑫
曾雪雪	许缪苗	徐胜寒	龙晓云	强嘉康	李磐	梅竹
董佳诚	宋兴平	陈大炜	涂涵	徐加信	朱栩阳	

电气工程与自动化(城市轨道交通控制工程)(44人)

刘杰	周盈凯	张艺之	江一川	钟斌	包永帅	刘翔
符海涛	淦比邻	周洢	张世婕	杨波	刘雨晨	阳海兵
朱晨	王林	余德超	高冠琪	朱子健	刘慧	唐赛花
周菲	蒋帅	昂扬	杨思远	汪洋	谈天之	王德华
龚健	李维浩	徐威	丁嘉俊	陈新宇	曹金城	刘瑞
孙千惠	李玲	谢世雄	刘宁远	杨美兰	周煜	李欣朋
付烨	杨见周					

工程管理(61人)

李月星	严宇凌	周玉婕	陈焱	季帅	张滈	陈凯阳
商秋雨	谢润川	卢铖	吴杰	谢家威	杨慧	毛佳新
丁云	王文宇	熊浩清	王睿萱	陆嘉懿	沈殷婴	陈亚冬
朱春东	张雯冉	李娇燕	刘雨菡	闫晓玲	杨璐铭	孙海鹏
徐丹丹	陆高翔	许江云	吴金磊	沈天宇	李申	唐寅伟
丁洁莹	钱丽	葛猛	周洋	陈子阳	水希文	蒋永生
孙霞青	瞿正鹏	葛卢峰	陶荣	任泽郡	崔云龙	陈洁瑶
石少春	乔忠	孙文祺	卞文宽	蔡臻	郑昊	孔剑飞
严秋实	王浩杰	佘立成	谢浩	张宇		

工业工程(城市轨道交通工程管理)(1人)

周高奎

建筑环境与设备工程(城市轨道交通环境调控)(38人)

| 张少平 | 桑昊欢 | 丁雨啸 | 唐传玉 | 钮晓琳 | 郭睿 | 王婷 |

史中柱	王冰洋	孟洋	张勇	刘芯汝	周门吉	管谦
王志盟	陈晨	魏鑫	刘芹	廖若男	于莹	王琳琳
顾晓莹	董现婷	于少龙	邓华艳	费尚宇	张伟	倪春美
霍怡佳	朱东浩	李欢	冯兆	孙伟伟	唐漪如	顾炎琪
耿海	汪严汇	覃建淳				

交通运输(45人)

李俣辰	钱旭东	黄一帆	王鸣	王梦晴	张赫哲	朱一茗
蒲桂兰	张莉	陈立恒	曾毅中	袁靓	冷钰鹏	曹鹏宇
刘阳	伏明建	沈益礼	刘婧	张智军	唐倩	王泓锐
李鸿睿	沈嘉丽	孙蓓	初治南	高康	张珣杰	杜娟
曹伟康	黄亚格	孟雪	王名仪	陆成祥	王月明	许凯峰
周友伟	吴晓倩	于钟	刘斌	李凯伦	许衡石	姜岚清
潘姝	王紫	张严				

通信工程(城市轨道交通通信信号)(54人)

张雨威	黄波	张傲霜	高雷	王佳新	徐博聪	邵唯唯
沈依韧	王昊	吴锦清	杜俊	李润柳	胡海军	刘建琦
马森	郭诗雨	马颖	朱磊	孙一珉	查雪玮	蒋理
丁显华	程晨	邓倩云	施倩	徐安越	崔耀春	林登峰
朱婷	缪琦	袁红梅	顾蔚	姚琦珂	李碧莹	洪瑞
唐小乐	沈超超	李晔晨	徐夏琳	丁海燕	尹秀秀	孙晨曦
桑胜男	岳嶒	樊佳蓓	严婷	张晨	仲晓磊	沈宇
包在童	曹兢文	张芸榕	姜海波	陈俊涛		

唐文治书院

汉语言文学(基地)(23人)

周雨馨	卢一凡	宋奇论	李子皿	张娜	王昱	吴旻
杨潇潇	刘佳凯	季未春	张晓	胡文逸	丁一凡	冯思远
杨超	贾伊琳	马雪妍	郭清颖	吴家舒	欧润杰	刘鹏飞
谢昌盛	李琪					

哲学(1人)

　　侯宇盈

宿迁学院

法学(1人)

　　王一斌

行政管理(2人)
　　景步阳　　相容舟

劳动与社会保障(1人)
　　沈丰丰

2016年获得双学位学生名单

工商管理(双学位)(48人)
　　马青青　　李梦洁　　查朝静　　戴佳炜　　叶文军　　乔婷婷　　张　焘
　　李嘉丽　　董文翔　　杨　楠　　刘宇莹　　俞潘婷　　周　雯　　江佳云
　　周静雯　　冯宇婷　　许佳丽　　顾晓薇　　王一鸣　　谷洪慧　　薛　愈
　　赵向超　　张晓蕾　　李佳怡　　韦梦娅　　王　红　　祝　坤　　宋新惠
　　祁振华　　谢　涛　　穆丽霞　　沈　焱　　宋春香　　丁新新　　陶　萍
　　徐旻睿　　王雨佳　　俞斌琪　　徐晓铭　　邵东梅　　陈怡琳　　熊　殷
　　韩怡然　　杨　阳　　顾炎琪　　宋　宇　　马欣瑜　　戴欣宇

国际经济与贸易(双学位)(70人)
　　包　涵　　王海盈　　张婉婷　　李　静　　王伏坤　　丁　爽　　戚　飞
　　李智江　　陈文君　　费沁雯　　王雄志　　季雨桐　　刁　燕　　朱　慧
　　李　曼　　苏　莉　　朱　越　　蒋思瑜　　金玥成　　施柳依　　王志鹏
　　冯　婕　　盛时杰　　姚鹏程　　王　睿　　江启泓　　钱力君　　丁　伟
　　夏雨希　　周梦倩　　柳笑宇　　郁梦茜　　王　婷　　许　晨　　吕晨璐
　　肖　鸽　　淮　佳　　刘世森　　赵　玲　　韩晓杰　　王怡萍　　王梦佳
　　冯成之　　陈思瑶　　娄静远　　孙逢曦　　蒋　勤　　项孟婧　　韦凌钰
　　庄晓菲　　王雨婷　　叶姿娇　　张寒丽　　王梦华　　杨佳欣　　陈　晶
　　朱　烨　　李天晔　　丁嘉诚　　张　凯　　张晶晶　　王　玥　　张艺之
　　孙千惠　　陈治宏　　王　紫　　徐梦沁　　钮　丽　　张咪咪　　于枫璇

新闻学(双学位)(37人)
　　李　妍　　徐珏烨　　王梦雪　　蔡雨晴　　申林灵　　夏　玥　　赵晶晶
　　徐琳钰　　苏小燕　　严亦慧　　傅　蓉　　贾皓雨　　王壬重　　李　政
　　吴巧云　　张　哲　　朱菲菲　　牛　璐　　慎雨晴　　柯妮娜　　马佳昕
　　唐新竹　　赵苏楠　　王　琛　　何其玮　　丁　洁　　何沁袁　　程宥郗
　　王儒纲　　刘一帆　　梅艳琳　　马蓓蓓　　丁缪睿　　顾丽华　　孟　雪
　　丁　园　　吴青航

计算机科学与技术(双学位)(11人)
　　杨晶晶　　王雪艳　　沈欣瑜　　张　涛　　徐孟宁　　张　圣　　倪戌炎

王振雄　　王　凯　　张梦迪　　沈　洁

教育学(双学位)(18人)
　　戴　敏　　张留娣　　刘　璇　　沈戈田　　殷柯柯　　李伊明　　沈雨嫣
　　丁　奕　　高志威　　杨　童　　朱　珠　　朱蓉蓉　　单盼盼　　李丹洁
　　陈佳丽　　王晓成　　金　星　　张　怡

应用心理学(双学位)(56人)
　　王　祎　　钟　溦　　殷仁杰　　成欣蕊　　张家鼎　　张英娜　　李雪瑶
　　李倩影　　颜　珺　　杨昕蒙　　李昀烨　　张秋苑　　郝慧珺　　江　珊
　　邓　莹　　朱子君　　王思琴　　张　韵　　季雅婷　　肖玉琴　　陈丁丁
　　胡金柯　　王相胆　　宋庆涛　　王登科　　齐　琳　　孙慧敏　　郑　锴
　　潘曼影　　承灵琳　　潘思谕　　蒋燕妮　　耿衔嬬　　王琦玉　　周雯丽
　　徐　烨　　叶遥佳　　吴俊超　　樊家祯　　尤　肖　　凌雨希　　瞿安琪
　　张宇晨　　廖佳慧　　徐　天　　刘静玉　　吴　蕾　　王雅苇　　蒋易辰
　　杜　娟　　权艺蕾　　邓堉颖　　孙婧雯　　赵　巡　　辛　梓　　杨　柳

法学(双学位)(99人)
　　杨媛淇　　贺心怡　　郭　彬　　吕　洋　　王　璐　　潘文举　　周文星
　　唐凌凡　　陶星丞　　郭　凡　　毛　铭　　欧润杰　　许蕴娴　　赵欣迪
　　钱致远　　徐致凯　　胡灵莉　　陈　霞　　徐　垚　　石益清　　何　莹
　　王　珂　　孙晓璐　　吴　静　　路　楠　　王沁雨　　杨　柳　　阚雅丽
　　许妙苗　　胡　成　　黄伊蝶　　吕明观　　茅嘉姝　　倪溢穗　　陶宁旭
　　陈亮宇　　安文怡　　许智彦　　郭千仪　　姚　舜　　叶梦达　　唐梓轩
　　蔡　超　　陆　信　　曹韩冰　　张芸馨　　杨孟瑶　　顾心怡　　孙志辉
　　邓　婧　　黄雨枫　　李　翔　　吴佳诗　　梅峻华　　陆晓涵　　谈　馨
　　崔潇艺　　王晨一　　凌　宁　　陆薇婷　　肖文璟　　王莹莹　　王　康
　　杨静雯　　谢典含　　张甄茜　　张凯鑫　　钱炜文　　刘　佳　　张　贝
　　郭胜寒　　吴天楠　　王　羽　　徐志康　　冯　玮　　邱林桐　　翁希豪
　　刘至蕙　　董　云　　汪　琪　　许孝天　　张雨田　　芮　进　　曹金城
　　王晓怡　　薛　景　　吴雨行　　黄姝静　　刘雪怡　　陈君婷　　刘　晴
　　王艺帆　　周丹雯　　石　宇　　陈　宁　　杨　娇　　葛婷婷　　方　雯
　　陈慧莹

生物科学(双学位)(6人)
　　耿　雪　　周甜甜　　韩　嫣　　惠韫文　　张雨婷　　刘行云

行政管理(双学位)(56人)
　　郭　莹　　李嘉楠　　梁希文　　张　静　　刘　畅　　陈　灼　　杨　程

吴尤尤	韩 笑	戚晓烨	杨昕茹	朱脉坚	张素雯	张 燕
曹晨玉	张丽茜	宋丽红	赵凌姿	卢倩文	朱美琪	陈雅洁
袁 蕊	于晶晶	戴希妍	徐 璐	朱 叶	万珊珊	何 敏
黄伟杰	徐彦文	蔡晓琴	徐明明	缪嘉蕙	王志文	贺 媛
杨佳琪	冯成辰	凌志翁	何 茨	梅德新	李与伦	俞 琳
戴 娟	王雯琦	沈云辉	周翠莹	李玲菲	钱丹婷	苏 秦
扎西白珍	刘 昕	李沁雯	蒋梦婷	潘梦琦	郭思彤	吴昱萱

2016年获得辅修毕业学生名单

财务管理(15人)

刘欣瑜	马 涛	陆月月	朱佩莹	陈 翀	冯志恒	戴东亚
张雅琪	李依璇	孙艳娇	张燕俊	杨梦莹	须嘉君	黄程松
李 凯						

2016年获得学士学位留学生名单

临床医学(36人)

DEBORA ALOINA ITA TARIGAN
ELBERT KOW
RINDA KUSTIAWATI
ANATASIA AGATHA YULL
MERLIN MUKTIALI
ABBAS ABEDI
ALMAJDUI ARWA ABDULAZIZ S
ROBERT WEI WU
SAGGURTHI ANUSHA JOSEPH
RAUNDAL ROHIT CHANDRAKANT
FAHMIDA BEGUM
SHAIK GHOUSE BASHA
SUNKARA REDDY VINAY
SAKTHIMITHRAN CHANDRASEKARAN
KATOCH ASHISH
BATHAM BANKIM
VEERESH YADAV
BHAVNA KAWADKAR
DIVYA BHARGAVA
NEHA SARWAN
AISHWARYA SHARMA

PILLALA RAMANA RANI
KAMIDI NAVYASRI
MOHAMMED MAJID PASHA
SHEHLA SHAIKH
NEHA PAGARE
RAMAVATHU RAMESH
MUMMINA VENKATA RAMA DEVI
SHARMA POOJA
BELLALA DIVYA
CHEVULA PRADEEP CHANDRA REDDY
MAJID KHAN
HAYDER ALI KHAN
AJMAL KHAN
BILAL HASAN SHEIKH
PATIL SNEHA SUDHAKAR

国际经济与贸易(37人)
BOUNTHANOM SOUVANNAPHOUM
SEPASERD LERDDY
KHANMANY DOUANGPHACHANH
ONMANIVONG DEVITH
HONGSATHILATH MANOSINH
PINO PHOMMALATH
OUDOMSITH NAMMOUNTRY
VANNASENG INSAL
DUANGTAVANE SATHATHONE
ALGALHAM SALEM ABDULAZIZ M
BOUNTHANOOM PHIMMASANE
LAOTHANG SOMTHAVONG
DOUANGPHACHANH SOUTTHIDA
KAWAKAMI KAICHI
NUMANO SHO
ALALWANI ABDULKARIM AWADH S
DINH THI HIEN
TSUTSUI EISHIRO
TOSHBULOV SHOKHRUKH
SOKSAYYA SAYSOMPHOU
PALAMY SIPHANDONE
NHOUTHASIN INTHAKOUMMANE

MINA VIBOUNLEUM
SOUPHAVANH PHANTHAVONG
THIPPHASONG BOUNYASENG
PAVINA KAMSINGSAVATH
ANOTHIP VANPHASENG
KHOUANCHAI CHANDENG
VONGPHET LATSAVONG
PHETCHINDA LOUNMIVONG
WATHANA VANGTHACHANH
LALITA VILAY
SANPAESUTH MOUNIVONG
NOK COUANGVILAY
DAOPHASOUK SOULIYAVONG
PAPAO DOUANGVILAY
APHISITH SENGTHONGKHAM

经济学(1人)
GONG SUNGHOON

建筑学(2人)
ALANSARI MOSSAB MOHAMMED S
ALHARBI ABDULLAH NAJEEB A

广播电视学(1人)
CHOI SUBIN

汉语言文学(40人)
SALERUMSOUK XAYSANA
SOUKSOMBOUN EKAXAY
LEE MINJUNG
SONG YEON JE
SEO DAEUN
KIM JONGHYEOK
YU JIYOUNG
LEE NAYOUNG
CHOI SEOHUI
JO HYEONHO
YOO JUHYUNG
CHUNG DOYONG

NAM JAEHYEOK
SEO HYERYEON
KIM MINKYOUNG
LEE WONKYOUNG
KIM JEEHYUN
CHOI HONGBUM
KIM NAKYUNG
HAN HYUNKYUNG
CHOI HYUNYOUNG
KIM HYUNBEEN
LEE SANGMOOK
CHAE YOONHO
HWANG YOUNSUNG
KIM HANSOL
KO ARA
KIM YUJEONG
WOO SANGEUN
OH SERA
PYEUN KEUNYOUNG
SON JIYEON
KU MINYOUNG
JANG EUNBI
PARK HYELIM
KIM SUNGA
PARK JIHAE
KANG DAHYEON
JEONG EUNYEONG
MOON HEEJIN

2016年结业学生名单

材料与化学化工学部

材料科学与工程(1人)
　　冒　炜

电子信息学院

电子科学与技术(1人)
　　王　庆

东吴商学院(财经学院)　东吴证券金融学院

财政学(税务)(1人)
　　葛协明

经济学(1人)
　　武莉馨

纺织与服装工程学院

非织造材料与工程(1人)
　　陈　杰

服装设计与工程(1人)
　　唐金鹏

机电工程学院

机械电子工程(1人)
　　王　枫

计算机科学与技术学院

计算机科学与技术(1人)
　　宋　奇

软件工程(1人)
　　吴克南

软件工程(嵌入式软件人才培养)(1人)
　　凌　云

信息管理与信息系统(1人)
　　王　伟

沙钢钢铁学院

材料科学与工程(冶金过程自动化)(1人)
　　丁锦州

数学科学学院

数学与应用数学(师范)(2人)
  颜廷庭 倪利阳

体育学院

体育教育(1人)
  沈建清

运动训练(1人)
  徐 冬

物理与光电·能源学部

测控技术与仪器(1人)
  裴逸姿

电子信息科学与技术(3人)
  曹剑峰 丁明勇 秦凯雷

热能与动力工程(3人)
  王 盼 徐爱东 何志鹏

物理学(3人)
  夏彬骏 沈 阳 王 飞

医学部

临床医学(1人)
  陆凯明

7年制本硕连读(1人)
  张旭旭

政治与公共管理学院

城市管理(1人)
  宋佳新

公共事业管理(1人)
  朱拴东

人力资源管理(1人)
　　姜赛龙

2016年12月毕结业学生名单

毕业

东吴商学院(财经学院)　东吴证券金融学院

国际经济与贸易(1人)
　　苏琬宁

纳米科学技术学院

纳米材料与技术(1人)
　　杨佳欢

外国语学院

英语(师范)(1人)
　　李林如

政治与公共管理学院

物流管理(1人)
　　王青宇

结业

东吴商学院(财经学院)　东吴证券金融学院

工商管理(1人)
　　吴钰涵

2016年成人高等学历教育毕业生(3 639人)

电气工程与自动化专升本(业余)(104人)

朱亚民	沈　鹏	刘庆龙	吴承凯	张健兵	蒋小明	寇江涛
花德军	张根利	刘　江	孟子龙	崔江超	姜国鹏	王　赟
李先振	姜才华	杭久康	尤云峰	沈　伟	刘文光	庄小园
张　亮	陆明方	耿俊涛	孙沛忠	夏　俊	吴　俊	史建亮
陈　欣	李建强	姜　华	曹杰杰	许振华	杨　杰	楚大伟

吴巧云	杨国华	芮金荣	李　飞	刘永金	赵　伟	顾　松	
田　稳	翟长帅	朱海波	张　攀	朱潜磊	宋　强	李苏丰	
夏立涛	周晓杰	许春明	敖凯石	卢增援	黄树青	赵维浩	
朱海涛	陆荣贵	张宏武	徐　震	赵广海	夏鹏展	朱　宁	
孙　帅	周　兵	刘定忠	韦庆成	陈　凯	张来兵	时宏彬	
戴　荣	刘　闯	赵　印	邹素丽	王　杨	黄　刚	郁　阳	
崔北平	陈　伟	俞雪冬	冯　帅	卞成才	王诗琪	张静平	
赵新龙	谈　静	秦新新	张爱平	薛　浩	陈　亮	谢　扬	
冯　威	刘　洋	陆小波	李育梁	刘飞飞	周　琳	程　功	
顾　健	王　林	俞　磊	蒋少伟	谢国华	孔繁华		

电子信息工程专升本(业余)(50人)

张　波	王春阳	顾欣平	顾　倩	贺　娟	张晨辉	李琪瑛
周付根	张　炜	刘忠山	朱文豪	刘　渔	姚书营	尹爱华
肖　雨	曹春鹏	冯　峰	王　升	周炳炎	冯海涛	王　松
王淑萍	聂　凯	张　芹	何全兰	梁　微	张　淇	王　健
周　荣	吉鑫鑫	柴晓华	王威通	孙正刚	王亚军	张宏臣
陈业柱	陈牛梁	薛迎春	齐善冲	金晓锋	魏从舫	朱伟琪
刘　晋	韩长朋	王　佩	袁呈呈	高玉辰	谈　超	王孝伟
丁　妮						

法学专升本(函授)(94人)

冯　喆	吴事立	姜春明	马　骑	杨　亮	刘　健	黄　婷
许　辉	高莹杰	马　娟	马致清	陈　诚	马　燕	师龙芳
唐沈琦	王海燕	海岩岩	孙晓丹	刘　慧	陈林艳	陆雯文
金　静	李良展	方　华	顾燕舞	冯　赞	赵　越	孙丹凤
潘文芳	王利斌	朱　元	孙婷婷	范建立	戴小洁	蒋　峥
鲁　平	范钱江	吴云娥	郁　君	孟忍忍	朱立人	刘　浩
荣玉监	缪冬冬	王登科	高玉林	史　寅	唐红燕	周浩威
彭晓俊	孙璧琦	陈　国	王梦婷	周　尧	李生茂	郑东光
谢小飞	朱　音	徐　霞	郑　彬	陆安生	王士心	卢爱胜
张茹稼	方志豪	晏为智	汤敏吉	顾志红	张　强	王　超
庄伟伟	张　婷	张维英	沈　伟	金敏华	姚衍蒙	邱　达
刘　华	谢勇杰	顾明星	房雅萍	周　颖	陈　伟	陆筱晨
王　进	沈晓琳	沈　婧	邹继祖	曹　健	金雪萍	王　刚
陈明珠	张　晶	朱建新				

工程管理专升本(函授)(44人)

郑知名	王春红	蒋　军	邱林侠	李　志	李　婷	周　洲

包　健	顾春平	江　舟	孙永立	刘小英	赵建强	夏铭铭
袁　东	张誉恒	陆占费	陈丽娟	李　涛	黄叶清	肖龙桃
叶　霖	陈建民	韩君文	何耀东	王佩佩	黄　岭	姜　维
周　琴	时菊清	顾晓翠	张学明	姚郑民	皇甫俊雄	杜　元
付贤志	张春风	王锋锋	黄　伟	毛雷生	巩志伟	吴　凯
蒋全娟	徐增军					

工商管理专升本(函授)(80人)

顾彬华	黄　昊	游金城	谭　菲	金　菲	周　鹏	陆文华
杨　晔	王晓莉	汪志清	袁洁琴	李克想	马晓君	刘昌波
陈　婷	陈　伟	杨　涛	王　聪	贾娇娇	李　月	孙家维
单秀群	陈雨莲	蒋轩中	吕　炜	李　娜	陈　成	钟　毅
王振辉	陈　鸣	钱　臻	鲁金洲	陈春燕	朱　庆	王桂芬
徐继敏	高洪飞	蒋远峰	王晨娟	吴金格	孟　瑶	戴浩丞
王　江	吕雪雁	黄旭东	陶津铭	李文竹	周祥娟	项　琪
杨　颜	严　达	朱丽娜	顾漪玲	彭　娟	葛扬帆	薛　姣
韩景超	李梦莎	徐云鹂	程　相	宋恒亮	顾　鑫	张玉峰
尹格格	刘小慧	沈培婧	吴　凡	苏秀芳	叶　珊	张　娟
侯　庆	顾利斌	薛晨静	王爱伟	杨　敏	陈　菲	郭　鹏
钟清峰	张　莉	金　磊				

汉语言文学专升本(函授)(41人)

吕文君	华毓雯	戴佳妮	王荟然	倪慧芸	杨　文	吴娟娟
陆雯娟	朱冬冬	仇玮炜	张　虹	张秋红	金彦怡	戴　莹
徐嘉亮	许　园	杨硕玲	徐　燕	缪　术	向　芳	任丽明
朱雅雯	王书秀	陶　荣	范　磊	陈　惠	侯　梅	吴贤军
顾莉莉	丁　瑶	孙　青	张学坤	朱　园	刘　艳	葛丽霞
章　翔	张　正	张迪光	陈　璜	杨　辰	金惠敏	

行政管理专升本(函授)(1人)

邢　艳

行政管理专升本(业余)(53人)

徐　慧	邹薇薇	周　晨	俞　强	韩佳娟	顾明玉	徐　伟
周福霞	徐　伟	赵晓文	马　军	朱　琴	庄瑜凤	丁　敏
计晓林	周　杰	庞逸君	陈晓锋	李骅枫	马蓉蓉	王　俊
周海燕	仲其闪	吴玉婷	翟　茜	肖　瑜	吴超杰	杨春华
郭　贞	叶肖依	袁漫玲	陈为杰	戴叶平	朱　昌	张　锦
赵　洁	吴双双	朱　挺	邹　飘	赵　涛	马建明	顾文洁

杜沁鸿　　水丽美　　周张敏　　邵永艳　　张　红　　施　翔　　韩美玲
汤　琰　　韩　阳　　朱　敏　　王文善

护理学本科(业余)(181人)
严玉婷　　徐　丹　　姚佳娣　　袁琪琦　　李　群　　姚海燕　　卜　玲
朱华秋　　陆云娟　　王　君　　蒋　莉　　付　培　　张　敏　　武　洁
尹文怡　　陆秋怡　　王蓓蓓　　张　宇　　刘　娟　　谢　露　　刘　慧
陶　莹　　包小琼　　谢婷瑶　　陈　洁　　杨　益　　朱　青　　胡旭琦
何　阳　　杨丽桦　　汤晶晶　　丁　岚　　邵文秀　　张　雪　　赵　晶
徐留华　　蒋文佳　　吴肖雅　　王　颖　　谢晓梅　　潘　洁　　陈姝言
黄　璐　　张雨珂　　周　琴　　袁喻漫　　姚月光　　周林青　　史　炜
王诗雯　　许晓昀　　朱丽丽　　苏玮雯　　宋佳琪　　王梦蕾　　张依梦
陈梦璐　　居娇霞　　贺雯佳　　吕卓骏　　周　静　　黄　倩　　钱龙燕
王　佳　　黄　唯　　钱　婷　　偰　蓓　　周敏娟　　宗　鑫　　史青青
徐　佳　　陈羽馨　　谢　恬　　徐文倩　　欧丽娜　　沈瑜薇　　陈　兰
吴齐晴　　承　佳　　殷　薇　　管淑平　　汪春琴　　毛婉君　　钱俊霞
徐　莹　　张　静　　嵇晨晨　　陆　叶　　孙　艳　　耿　蓉　　黎　媛
刘　甜　　侯　欢　　朱　婷　　周梦园　　庄海萍　　方为露　　贺　阳
季荷瑶　　王梦姣　　王　茜　　颜　婧　　程　燕　　吴　旭　　徐　欢
王丽萍　　顾　楠　　李　杨　　陈　澄　　陈小翠　　高宁宁　　刘秋艳
沈诗怡　　陈　婕　　周　丽　　祁　慧　　范晓晨　　黄　婷　　陶　祎
冯晓梅　　姚文仪　　王淑婷　　朱依婷　　陈　茜　　陈　琳　　田沁园
丰佳丽　　贡倩雯　　谭启迪　　王　汝　　郜小燕　　路小洁　　陈燕芬
杜丽娟　　陆晓琪　　吕嘉琳　　钱丽英　　邓秋怡　　张　瑶　　蒋金凤
徐立英　　朱佳婷　　时凤佼　　任　轶　　周亮平　　孟文静　　王停停
钱　卉　　曹银芬　　贺宇宁　　汤　婷　　杨　蕾　　施佳成　　李燕红
许雪莹　　张　瑜　　王欣芬　　梁华飞　　徐　洋　　冯程程　　袁　粤
成金丽　　蒋华娟　　刘丽娟　　陈　飞　　陶　佳　　李彩虹　　陈雪芳
徐　永　　李　芳　　周天然　　屈雄美　　夏爱婷　　朱菲菲　　王慧娴
丁新娟　　张　娟　　杨佩华　　吉鸿晨　　杨丽珠　　叶芝葳

护理学专升本(业余)(1 530人)
钱　芳　　屠　珏　　宣慕逸　　赵敏乐　　袁叶枫　　周玲琍　　钱　佶
钱奕皓　　沈　倩　　黄梦霞　　徐　颖　　沈雅婷　　薛　娟　　方　蓉
吴　霜　　潘秋漪　　王　亿　　陈　静　　陆　佳　　张晓萍　　金晓洁
朱　叶　　孙怡婷　　徐淑英　　彭雪妮　　张雷鸣　　苏梦丹　　王敬慈
陆晓茜　　邵　燕　　史立娟　　杨斌姣　　于志娟　　张亚茹　　费珍莉
李莹莹　　王　娟　　吴海平　　吴　君　　樊　娇　　吕文静　　周婷婷
徐秀荣　　孙月红　　朱彩虹　　毛蓉蓉　　周月菲　　朱思玥　　王　妍

袁　丹	董术迎	曹媛媛	褚霜霜	殷金鸽	王　芬	沈　茜
刘国梅	隋研洁	江程程	钱玮颖	毛静娅	王丽芳	茅亚娟
李　玲	阮卫平	万雪琴	倪梦花	蒋丽锋	蒋倩倩	文　慧
李　香	薛建凤	谭丽亚	林娅娟	毛海燕	赵邱霞	冯静华
朱燕鸿	姚　雪	羊志娟	钱静怡	包艺文	徐　红	尹佳丽
顾丽君	蒋飞凤	钱怡红	王金香	王当兰	潘　虹	徐　影
华云芬	高　园	徐琳琳	宋海燕	田利苹	吴淑娟	吴雪娟
孙　娜	任文洁	季　莉	李晓雪	严静红	姚梦君	陈婉秋
何雅洁	高静芳	徐　佳	邹丽萍	王　凯	许　周	王梦雅
卢　欢	姚静雅	卫梦娜	姚静亚	龚敏玉	翁丽萍	谭晓莹
叶丽洁	郁慕竹	王　萍	高　展	徐月明	朱秋亚	徐　洁
陈　蕾	周　华	周　丽	杜莉莉	杨金丽	张瑞玲	王　洁
曹峥嵘	李　伟	安　凌	杨红秀	沈　洁	王春苗	仲　岩
熊　佳	姜　丽	谢思双	刘云静	崔秋梅	董亚莉	孙　荣
张丽红	孙　彤	周锡慧	李　影	范　娟	陆　燕	黄　慧
周程程	田　俊	李子伟	宋金艳	于　轶	王　娟	顾　琦
庞丽娟	蒋　婷	王雪慧	华彦娟	宋丁寅	王　艺	高　敏
徐　波	陆素珍	李文娟	朱小咪	曹飞洋	糜可佳	庄　月
许秋菊	曹志萍	未盼盼	张海燕	刘尚玲	陶　玲	李　燕
赵　燕	缪梦丹	叶梅花	陈　晔	羊丽欣	杨　洋	卫贞祺
徐小兰	包薇洁	张　影	吴晓萍	张青青	沈建芳	汪　红
施敏丽	吴安香	陈丽君	石敏华	朱　丽	顾霞婷	钱小琴
庄　琪	浦雪芳	李海春	汪慧敏	顾　丹	陆元松	曹丹萍
蒋成成	侯　萍	柳静虹	杨静雯	王丽君	陆依如	李　娟
沈　晨	吴晓云	王　燕	薛　靓	袁　静	龚　依	顾芳芳
黄枭婷	薛　洁	陈懿君	童丽娟	杨奕琳	徐　优	陈　燕
周华英	徐俞红	陈嘉忆	徐　峥	顾　恬	余心怡	夏洁瑜
张　艳	葛瑞莲	项　婷	汤文决	沈美华	徐燕萍	芮　贤
罗　丹	吴亚玉	郦雯洁	顾梦平	刘丽颖	殷　奋	李维慧
董丽静	郭梅萍	把玲娟	陈君莲	薛　艳	刘　莉	梁　艳
王　丹	谢晶晶	沈　阳	吴芸娴	高　燕	周　娟	徐惠贤
龚丹清	徐　晶	叶雯君	李　洁	龚常英	高　磊	陶　花
杨　佳	余碧玲	秦海青	李俊燕	项　莹	龚晓薇	陶　晔
王　莉	高敏芝	李　娟	周成燕	朱文娟	郭静娅	郎亚芹
孙艳丽	邹乐叶	蔡丹萍	林夏馨	陈　倩	高晓红	朱　红
姚梦娟	许元青	顾小芳	丁　莉	蒋海波	张庆红	陆　燕
叶米雪	徐冰艳	徐　妍	江　汇	袁静静	叶　茜	夏　茜
于天霞	刘　赛	高　敏	胡　静	项雪丹	戴雪芳	张　琰
谢　佳	袁友敏	钱徐君	倪佳雨	朱金玉	王萌萌	闵　丹

屠敏迁	陆朦琳	时利华	马欢欢	陆超	吴婧	钮丽君
陈菲	花莉	谷雪	梅吉英	沭珏	袁莉沙	阮娜
杨丽	戚雨婷	于艳	褚彬	贾晓萍	方敏	钱梦婷
夏秋菊	潘玲玲	李晶	郑燕娟	曹利娜	钟彬	胡雁汶
张露	刘婷	孙竹青	王俐智	汤梦香	沈黎黎	李莹莹
陈玉杰	闫树凤	曹慧娟	施红	杨建萍	周敏	高云
王林焱	陆芸芸	沈琴芹	钱小娟	金凤	朱艳兰	王玥
陆倩雯	徐雅颖	陈希	杨冬梅	叶怡	张娟娟	韩婷
焦贝贝	毛晨艳	沈娟美	钱琴	吴淑君	罗晶文	王莉
沈梦菲	张挺梅	董润芳	刘梦	向海燕	蒋会中	张瑄
李双双	朱从月	王晓丹	杨丹丹	丁昱蕾	张艳	姚慧雯
陆叶	徐璐	施晓燕	黄雪	杨雨薇	杨晓丹	金倩
郑可霞	丁怡	徐文娇	周紫薇	徐晓妍	张敏	金冬梅
张艳	王霞	费敏眉	池荣	陈妹新	王艳秋	王维佳
陈旦萍	马晓斐	温瑜佳	杨琳琳	彭飞	张云	祝怡君
温亦芳	黄春芳	陆丹萍	蔡惠萍	顾靖如	钱丽妹	程宏珍
晋晓娟	周凤	胡佳韵	刘秀梅	高晓丽	盛怡红	周灵君
钱惠芳	滕金凤	杜翠	侯诗怡	朱风倩	张煜	归红霞
张龙梅	饶文娟	孙莉莉	宋红梅	黄霞	姚晨	王小燕
周密	吴娟芳	管苏红	夏佩芳	钱剑蕾	魏欣	陶轲
柯玉萍	高晓丹	刘雯	葛燚红	曹思雯	茅雨婷	潘晴兰
蒋慧	姜吉花	邹丽	周亚亭	季菊香	冯玫	许凤
黄云琴	曹咏	陈霞	顾娟	顾晓蓉	黄怡蕾	沈怡
陆荫	卢华燕	高琴	李嘉薇	王晓洋	吴亚琪	储娴
黄瑜娇	谭锦霞	吴军花	顾秋琳	张美恒	何芳	李婷
章梦婷	张镕	贾晓显	范艳姣	刘琳	浦佳	邹佳
杨卫琴	潘甜圆	方杰	唐晓兰	朱金芳	王亚芳	许鸣奕
凌丽琴	朱韵红	刘昀	王丽	杨晓微	陆敏	张玉
王婷婷	郭梦月	朱丹荔	张文文	张洁	张慧	赵岚俊
朱丹	吴清	周芳秋	王艳晶	沈慧	刘恋	琚筱红
赵峥筝	王洪翠	钱雅	任艳	钱维亚	陆欢	吴奇霞
丁中莉	王颖	陈佳莉	倪丽芳	刘晓波	毛佳敏	肖艳
陆洋	曹秋健	黄思嘉	沈秋慧	李丽君	朱晓丽	宗琴
张虹	郑丽新	张淑艳	谢秋佳	王菊萍	戴丽	徐丽玲
汪富娣	顾莹	俞美玲	尹艳	钱雁	庞沂	秦瑛
金雪梅	王雅萍	周旭	郑淑娇	许晓文	鲁林微	吴美芳
戴薇薇	李宁	戴思怡	袁金娟	朱红	汤芸	薛冬梅
曾晓雪	姚洁	陈璐	杨志亚	马敏湖	姚明珠	朱小芬
卢凯宇	李月	高志佳	张业星	高钰	张烨	祝琰

顾 娜	屠依玫	黄静亚	周萌莉	郭 梅	冯晓菲	浦 丹
张 薇	杨 敏	朱 羚	缪丽花	陈董红	张洋洋	范宇虹
耿璐璐	刘 芳	王爱萍	吕群利	张 欢	王珍珍	王 琨
龚兰娟	惠 萍	顾 杰	刘丽萍	王 利	张雅静	生柳红
秦 颖	郑海棠	刘 璇	胡 爽	周美玲	李 瑛	沈 静
孙 建	魏 青	杜宇超	卫超亚	王林珍	张金婵	吴 静
房莉娜	曹 婕	陈 雯	吴小燕	王 琴	黄佳薇	宗晓丹
李明月	杜李华	徐新利	薛 姣	蒋 丹	金亚琴	王智慧
周 婷	栾笑溪	赵 敏	张 华	王 英	黄 燕	潘 云
张梦洁	黄秋平	黎素萍	陆艳阳	陆 阳	马生月	唐晓凤
郑梦雅	戴新华	吴汝翠	郑丽芳	沈淑芳	毛 华	胥红妹
王利利	沈秀琴	朱 凤	顾 琰	杨珍娟	汪 洋	钱晨静
程晓婷	翁嘉敏	金 环	姚艳瑾	何 芳	朱 莉	李 萍
顾 盼	顾 峰	王 婷	王 超	杨 倩	陈 琳	龚 彦
李胜男	康君秋	奚晓霞	马国芳	宋建琴	万芸芸	汪 华
鲍红梅	张 琴	杨海燕	钱 静	高秀华	杨 军	范亚萍
费碧霞	罗 云	蒋 莹	马 倩	毛国娟	郭银凤	程亚琴
张清云	张轶露	许 悦	周中艳	徐 琼	朱斯悦	诸葛艳
王晓倩	熊珊珊	王 银	黄大燕	郭珊珊	仇燕君	梅莉萍
潘丽亚	朱燕涛	陈 菁	朱玉琴	苏小芬	张红玉	章敏红
高榴红	骆 婷	张凤华	沈超群	蒋明燕	钱志艳	袁 莹
齐苏云	蔡 颖	陈玮芳	徐亚娟	祖慧慧	王 薇	周金荣
顾琪敏	张苗苗	陈光红	江卫艳	陆耀飞	朱 沈	刘 菊
郑 黎	程 静	王 康	王景环	谢亚娟	金沈珏	陶爱霞
刘 静	高群芳	周 静	贾艳华	马松岩	华 丽	金晓华
张 英	陈 玲	黄婷燕	庄 燕	沈 丽	张晨燕	章安秀
康青青	姚 静	邵萍娟	杨 婷	邱 益	顾 雅	许天凤
陈佳佳	谢 丽	施梦霞	鹿艳艳	周月娇	顾莉霞	王 芳
陆月琴	俞建英	马家凤	施 展	肖恺平	张晓超	陈 萍
缪雪兰	王秋月	潘云凤	张议丹	田 野	葛 茜	杨 希
冯心佳	杨越敏	陆晓瑜	夏 琦	王 薇	陈雪莲	陈 菊
杨 丹	沈俊桦	范水亚	李海梅	时玲燕	陆 莉	周 洁
薄瑜婧	丁凤娇	许 婕	蒋金金	刘 凤	恽 娟	高 洁
吴 静	赵小菊	蔡红霞	马 露	毛 娟	冯叶慧	王洪鸣
李婷玉	朱梦婷	柏里梅	沈艳芳	荆 慧	章重菊	刘晶晶
裴 蓓	周 槐	陶君萍	卢 娜	季丛燕	蔡学健	刘 敏
陈 瑜	曹巧娣	杨非非	苗开贵	张 琳	王 丽	顾玲妹
葛小青	蒋冰露	王雪丽	张丽慧	杨 润	顾静谊	刘 娅
林 慧	金 妮	陈敏亚	邹敏敏	杨甜甜	甘玉洁	刘月新

孙坤竹	刘媛媛	唐 梦	马士红	时 田	杨丹丹	徐雨洁
欧秋妹	周菊芬	王 敏	黄 芳	毛晴瑜	徐若婧	钱 艳
王 瑜	王丹萍	陈 静	朱鸿婷	徐海玲	王燕芬	陆 琴
曹孝夏	李 君	张 莲	王 婷	徐 梦	王文斐	潘晓红
陈玉娇	孙 宇	李 媛	高 明	唐华珍	倪雨吉	董丽红
张卫玲	马静怡	蔡慧琪	陆燕华	代小伟	徐 习	陈银珠
顾婷妤	谭佳悦	李 炎	张国怡	张 玲	陈 倩	肖 宁
袁 悦	钱 萍	蒋梦岚	周月红	卞婷婷	谢小芳	陈 旭
陈 萍	张 芸	顾海霞	欧阳丹	陈 云	梅园园	范晓娟
江斯达	周 晶	薛佩玉	程园园	丁 钰	姚 莉	钮晓红
顾 懿	刘苏卿	邹 芸	申 其	戴丽萍	周 燕	费孟霞
李 静	凌 虹	谢建珍	顾 敏	王逸倩	刘 露	程 莉
周琰翡	杨 颖	姚琼霞	顾恩燕	郭 园	刘 丽	周清霞
王晓艳	吴格粉	唐 颖	陈 希	王丹丹	王佳丽	吴佳蓉
方 茜	严 莹	孙 倩	毛琴霞	孙丹霞	是 蓉	王 佳
任 燕	邵 冰	邵春欢	程晓琴	徐文艳	陈 晨	季梦佳
金 莉	武 芹	薛 磊	沈亚平	施 雯	徐 梦	冷佳丽
陈智敏	徐 琳	陈梦迪	徐 梭	陈 蕾	陈雨婷	庄 丽
张红芳	晏 婷	方 婷	谈 佳	张 萍	徐 艳	赵旻玥
张 伊	周学凤	顾建珍	沙 莉	孙丹凤	包丹丹	金 华
杨秀华	蒋振芳	朱童丹	潘盛莲	刘 敏	杜小磊	李 静
王金晶	李 园	丁冠琼	邓凡帆	潘裕羚	王亲亲	倪静华
洪 燕	庄晓林	顾 雪	赵静霞	查静兰	徐 陈	储亚晨
倪亚玮	严 萍	张 琼	程 恺	丰 惠	季 蓓	徐 莉
袁 霞	唐海燕	陈 燕	王 宇	秦晓玲	叶 陶	李国丽
何芳芳	徐 怡	朱 艳	陈 云	张东亚	陈 静	蒋怡云
张梦娇	温敏珠	徐慧兰	陶敏红	宗晓花	周 玫	范殷勤
叶玉兰	金利玉	张丽娜	黄 怡	张灵霞	陶 瑜	曹爱灵
窦春艳	王梦婕	韩梦蕉	巩 倩	钱 益	刘佳丽	季丽华
周燕萍	周水晶	陶易霜	顾敏娜	周 雅	张 兰	刘海棠
汤婷婷	胡逸仙	肖 静	胡得花	姚雁翎	梁青青	李 敏
李照昕	唐秀娟	王晓晴	陆 艳	王京晶	张霞瑾	南 江
于 艳	陈佳佳	陈卫芳	刘 芬	张慧芳	冯家园	郭惠敏
高 岚	陈 丹	李东梅	吴群芳	钱冰琦	李 燚	宋晓镭
邱吕琴	范月芬	秦冬梅	徐梦倩	胡圣娥	顾红娟	孙秀娟
严小娟	黄 蓉	钱玲燕	张笑敏	沈小艳	顾 轶	孙海芬
李雪勤	戴为玲	潘 洋	刘凤梅	于瑞芬	刘 瑾	陈文韵
薛 霞	虞敏晔	徐旖旎	顾佳萍	谢 仪	钱敏霞	付红鸽
黄定维	浦夏青	陈 园	谢丽芳	沈 纯	赵雄英	王 瀛

陈翠娟	张伟伟	周雨阳	郑　云	王　敏	戴宇虹	姜　伶
孙　丽	杨　茜	金文洁	张新月	韦　欢	刘　颖	赵　渊
徐祖妹	洑　银	黄　颖	芦　爽	丁　琪	陈东澧	许梦云
肖　佳	丁丽娟	张梦洁	陆　韵	缪玲霞	胡　婷	虞冬梅
陈小月	姚惠娟	王祎璐	李　梅	王　莹	姜璐璐	殷　娟
芮　雪	张小银	钱慧琴	谢灵芝	蒋　润	高玲玲	郑金津
陈　婷	王　菲	黄明珠	阮梅玲	周　珊	刘　芳	李　微
张　月	吕媛媛	张　慧	史　馨	冯菲飞	金梦佳	朱绕兰
丁雪艳	杨艳竹	唐梦珠	雷　静	张丽敏	王艳青	尹　俊
陈　林	杨　洋	吴春玉	王　月	徐南华	张俊群	陆益玲
孙　洁	王金婷	朱晶晶	李　琴	孙红玉	陈婷花	王文亚
姜亚文	孙　玲	周晨欢	宋　倩	刘　娟	姚红梅	吴月娇
卞芸芸	汤丽娟	田　华	左　敏	计　磊	陆　萍	朱丽萍
李小影	潘艳婷	蔡胜英	丁龙龙	胡丽华	倪　蓉	姜冰婷
孙　聪	王海萍	陆敏珠	郁丽丽	陈　晨	杨　丽	田雪静
秦　艳	丁嫦娥	李　顺	马莉莉	许丽佳	於金静	石庆艳
吴晓露	徐　姣	葛华胜	李　玲	黄　佳	周文佳	王雨佳
李素兰	徐　蓓	朱晔颖	徐　娟	朱勤芬	汪　梅	葛家芳
董丹丹	朱文姬	顾晓琴	朱佳妮	沈金花	许力心	吴　敏
顾　静	钱　菁	温惠娟	孙　苗	王诗仪	胡亚萍	魏莹瑛
虞燕娟	宣　宇	易　敏	唐　倩	秦洁华	高　健	毕晓玲
黄岸笛	丁雅萍	周　叶	陈路英	李　艳	史洋洋	邹丽敏
李红霞	胡佳贤	赵孙丹	袁亚芳	张　莉	陈茹英	胡文秀
巢　洁	严　潇	宜丽娟	钱彩云	彭爱霞	蒋丽霞	孙剑娟
潘健香	吕　晶	钱　佳	赵　越	蒋盈颖	朱　瑛	姜周云
罗　旭	周瑜萍	顾秋亚	朱　莹	虞　静	万雪源	史　瑜
沈韵香	蒋佳玲	钱　怡	严　萍	蒲心艳	朱敏娟	贡雪燕
沈　婷	姚　瑶	庄敏娟	王　静	陈海燕	张婷婷	邹　媛
季红宁	贺　鹏	张慧晶	顾艳露	於凌萍	赵小芹	康孟君
丰梅娟	杨小娟	文　慧	仲　蕊	屠心得	蒋月仙	刘　雨
顾艳红	何　洋	张静燕	金晴琦	唐志娟	钱明珠	郭　引
周　艺	杨丽丽	丁　丹	林月平	周　敏	常　敏	陆文婷
张锦花	汤志颖	石飞飞	熊　珍	曹良荣	陶　怡	宗从明
姜　敏	恽一唯	陶文娟	何　静	林路路	华　娇	李　瑛
周　琳	刘文娟	陆丽霞	孟　雅	徐　娟	张燕萍	恽　菊
朱晓丹	冯　丹	华银芳	沈慕奇	华　怡	陈　笑	储　蕾
凌彩霞	袁　芳	林　梦	李　铭	李　颖	杨立文	周佩奇
傅　倩	冯敏慧	汤彩云	谷　盼	朱利婷	付　敏	孙利庭
葛若娣	刘美萍	顾春芳	陈丽亚	周佩雅	孙瑞娟	马　飞

张满满	刘 方	虞 慧	何文勤	张琪波	朱丽琪	郁斌洪
徐 莉	章慧蕾	罗云霞	李 雯	奚 洁	王 嫚	陈 飞
黄麟凤	葛晓莹	吴雯燕	邹 洁	金晓娟	张 瑜	查丽娟
濮东杰	张 珺	姚叶灵	陈 伟	杨玉玲	陆苏丹	罗慧红
李小艳	韩明琴	徐筱蕾	李 花	顾 菊	朱 晔	顾 琴
陆 瑶	王佩佩	徐美红	顾梦佳	顾青青	姚 旖	钱 红
薛 夏	周黎黎	孙丽娟	徐 悦	顾梦飞	王 婷	陈 丹
钱丽玉	张 敏	张周琴	缪怡娟	杨 静	徐敏娟	韩怡婷
管秋红	巩文婷	吴 融	黄颖华	殷梦娇	唐宏伟	徐 洁
刘亚秋	王秋艳	谢李娜	张慕洁	王梦瑶	朱秋平	陈 洁
孙丹丹	周秋阳	钮建华	谢志琴	刘 琳	刘幼敏	查晓华
崔佳雪	陶夏萍	顾琳琳	朱永珍	陆辰辰	李 莉	徐 进
计彦如	王 婷	蒋梦茜	丁若若	范檬婷	袁 梦	顾瑞琦
刘迎迎	沈月琴	王羿曼	王杏云	何 宏	李婷婷	毛 兰
王怡君	丁咏丽	王 琳	朱明圆	陈全英	徐 欢	李 燕
黄 静	屠丹华	张 熙	成晓玲	陆红娟	张 庆	陈 玲
陈利智	程爱梅	陶晓楠	廖晓佳			

会计学专升本(函授)(149人)

王菲菲	丁 杰	杨海波	夏春凤	吴 斌	曹青兰	熊新媛
熊作虎	师小雷	韩 英	陈晓军	蒋淑芳	何 强	胡冬梅
廖苏杰	张 雯	栾英康	顾 昀	史研研	刘玉玲	朱丽丽
徐珺君	孙欣雯	顾正玉	章婷娅	尹雅倩	顾 骏	马丽丽
朱在慧	曹丽燕	吕 览	郝 丽	孙 林	沈 蓉	张 巧
孙盼盼	陆 薇	朱梦珠	于海艳	金 微	吴小利	朱梦洁
刘 娟	丁 喆	金 菊	陈 娇	魏 楠	叶文娟	闻纯莹
林 琳	孙胆利	崔前方	何 雪	刘春华	朱蓉蓉	王 夏
李 倩	何芳兰	王 焱	周锴雯	郭 珍	李 倩	邓佳慧
张玲丽	蔡金蓉	朱红妹	张 芳	骆海霞	徐菊梅	陆紫华
张晓梦	朱 燕	吕 芳	许逸铭	周留平	王 晶	孙菲菲
章莉莉	杨 慧	马未未	陈飞跃	陈其娟	顾静怡	杨全益
孙丹丹	金晓君	邹晓莉	朱碧玮	陆 洪	薛 豪	李 靖
范晨艳	陈红亮	张熙婷	谢 晨	王耀陈	沈 文	陆燕亭
孙翠平	陈梅芳	张 芸	葛恒密	董海芹	蔡丽松	范晓曦
张金凤	刘凤娟	张曼曼	孟 萍	夏卫萍	顾雪娟	吴晨晨
岳 璇	周 芳	孙仙菊	花庆玲	宋 丹	钟星云	胡鑫岚
张 洁	张琴芳	李丹丹	何 骐	朱 琎	周柏臣	张 苗
崔 哲	孙群红	徐 萍	孙少卿	陈 强	方 莹	马兆捷
江 卉	孔亚洁	吴 燕	薛重金	徐梦怡	李 杨	沈铭月

朱凌姣　徐　丽　刘　婷　徐　珍　吴海霞　屈唯亚　范　琦
张檬丹　王　兰

机械设计制造及其自动化专升本(业余)(161人)
吴德军　刘　卫　周兴峰　侯艳钊　侯　乐　蔡治中　嵇明祥
孙　震　戴红梅　许　强　张　辉　栾粉军　单卫东　王世胜
刘　帅　石刘建　管为为　冯　燕　苗　虎　张海兵　冯子良
马　良　张银龙　李承锦　杨小亮　杨　鑫　朱佳新　徐　滔
杨泗综　曹喜逢　戴　云　袁　瑶　张晓敏　李亚州　高海罗
周振华　陈海洲　冯锡丽　沈金燕　杨　进　王　伟　戈鹏驰
刘　坤　庄夏峰　徐　杰　李　军　曾坤坤　王国庆　苏丽娜
俞　华　沈　帆　嵇正江　邹　晨　徐兆洋　李　洋　邢晓萍
蒲瑞瑞　王苏生　隋　芳　白树梁　刘　桐　李小威　顾明建
卢　洋　邵群峰　鲍仁杰　马世坤　李　娟　徐　虹　葛振元
沈秋晨　刘　群　马路路　王东云　华　娟　陈海洋　章杰东
顾正华　吴　进　金小川　范跃荣　王宗飞　王志国　丁　宠
崔晓勇　赵　磊　杨　双　薛海峰　徐宝江　张　奇　吴　军
龚爱兵　许　磊　陈　建　彭顺豪　刘志强　商晓晨　周文涛
丁桂林　高国平　祝晓春　郭建懂　潘道旺　李宇迪　徐侃锋
黄　蛟　胡海涛　花若霖　陈洪锋　付云龙　蒋玉雷　杨百乐
李小祥　韩　磊　刘　冠　史　宁　李　栋　乐　健　陈　鑫
李慧霞　林建业　胡　洋　孟佳琦　马　高　段宝辉　陈文杰
黄开超　邱大健　郭贤良　姜红岭　周晓峰　张雨顺　张　鑫
殷　欢　唐超祥　张鹏远　顾　禹　徐　晨　王海星　曹志斌
马云宝　田　枫　姜　水　金　梅　贾　辉　徐文军　徐远谋
邵　磊　李　翔　姚明辉　徐红秀　朱桂芳　萧　欢　黎成浩
张　清　徐　军　陈　思　安允科　郜忠良　费晓苏　张　建

计算机科学与技术专升本(业余)(54人)
郁　程　单　兵　徐久秀　季晓波　慕鹏燕　何婷婷　谢香远
曹云鹤　林　俊　钱仁鹤　侯耀伟　杨朝旭　颜　林　陈　刚
赵黛红　赵越超　郑爱涛　朱红叶　施　云　陈志鹏　陆文斌
任琴凤　章　夏　王　力　徐　立　王　涛　徐卫军　高　杨
唐梦菁　李　平　曾光武　张　晶　吴　刚　林　燕　周炯翔
张秋实　陆永金　夏潜力　李　骏　陆兴悦　耿巽之　邓生海
张　尊　殷作伟　张春照　张媛媛　刘文　　潘　斌　吴玲玲
钱志文　周　嘉　王　健　肖志龙　王　峰

建筑环境与设备工程专升本（函授）（35人）

刘　跃	王静静	韩新亚	张欣妤	李东华	胡跃琪	马秀丽
仓基旭	许　云	张小文	李　菊	郑建伟	徐　梅	刘　俭
陈　亮	许　峰	朱　鹏	叶林悦	曹光亮	朱宇斌	张　伟
刘　从	江祥祥	汪乾杰	季克飞	张　勇	张　明	石钦鹏
李　晶	杨宝清	薛凯明	于广铃	徐智杰	周海元	顾怡文

交通运输专升本（函授）（10人）

| 宋　俊 | 罗　勇 | 管心明 | 王建明 | 马银桃 | 谭立群 | 姚智伟 |
| 黄　炜 | 周连迪 | 陆海峰 | | | | |

临床医学专升本（业余）（196人）

陆　叶	史晓峰	张灿军	曹　华	苏许营	黄　燕	程德美
许　伟	兰巧红	魏瑜佳	张菊红	吴　雷	范群斌	廖　磊
吴海军	钱艳婷	张　良	刘　琴	高　亚	李　洁	李朝阳
闻　莺	吴梦云	陈　鹏	邱赟婷	杜　敏	吴旭丽	姚文华
柳宇斌	李玉婷	李　玲	李雪晨	廖丽贤	刘　新	张立慧
武林鹏	张国栋	杭　霞	张春福	顾　迪	陆晓岚	朱　凯
沈　栋	徐　庭	冯洪能	浦艳文	龚炜溇	李晶晶	陈　平
王秀敏	胡　济	曹　培	钱静义	牛媛媛	夏　军	刘　敏
赵秋兰	张小虎	严　杰	陈应勤	邢宝艳	王　艳	王前进
施新芬	袁文君	欧雪美	张棉成	陈小飞	彭　群	张燕如
谢红仙	周建亚	傅迎兄	钱　丽	梁密霞	张晓君	陆春瑜
周文文	梁文凤	顾　彬	季　韬	常敏丹	冯　静	丁　辉
唐建清	徐　进	朱彦澄	薛敏剑	周　军	王　芳	刘雪霜
孙莉君	陈　云	沈　鸥	吴杏华	吴茂华	吴云达	王秀兰
贡明开	杨　栋	葛梓鑫	庄　成	孙　军	胡焕南	陈　肃
李小林	马德勇	孙斯豪	唐　伟	许　莉	张　彬	王　静
虞　红	季　军	丁春辉	敖斯斯	谭长永	杨春兰	尹　建
梁海波	赵　莉	颜维亚	肖合虎	张呢南	黄威威	秦传海
郭　静	沈丽晔	耿　悦	陈洋洋	王晓平	潘　登	骆光琼
居　艳	龚　英	沈志芳	谢榴红	耿　亮	周祺皓	居晓芬
吉　萍	钱　刘	黎　娟	陈琦兵	臧春霞	秦　花	荆　屏
佴群英	陈肃寒	龚长银	王莉萍	陈　磊	郑惠珍	陆雪君
谈科锋	孙伟忠	江　乐	王相元	袁先平	戚东海	沈丽敏
马伟红	刘　燕	孙敏英	陈　静	黄林玲	周佳宇	张　逸
范海英	柏卫清	薛　丰	徐瑞江	周春艳	黄超群	曹艳晴
李静洁	颜　婷	陆喜芳	卞志兰	肖维梅	陶燕红	周　琴
王　强	郭　贤	潘署华	徐　鑫	朱鹏晨	刘春璐	李　勇

柴恒华　潘　婷　李　峰　汪先霞　符晓燕　卢旭冬　钱荣华

人力资源管理本科(业余)(54人)
沈玲宇　向丽娟　芮　娟　金　铭　栾万春　俞雅娟　汪梦娇
汤小燕　葛　莹　王　冬　朱利刚　刘国琴　刘　伟　徐昭娣
熊　灿　徐晨扉　尹驾云　朱　玲　杨倩倩　冯景宇　辛尽霞
潘静秋　徐艳婷　李旭斌　陈梅香　邹　云　胡月红　刘　飞
虞　梅　肖赵森　张　扩　李小倩　周　倩　宋智祥　陈　琴
王　骏　严晓琨　刘巧凤　袁　媛　陈秋萍　朱凤玲　顾　怡
姜丽丽　王　鹏　仲玲玲　潘　虹　管荷玉　余　洋　李冬梅
鲁　亚　高晓慧　杨莉侠　路　红　苏芳芳

人力资源管理专升本(函授)(7人)
余晓彦　何　薇　桂　虹　吴　静　孙　俊　赵洪建　李庆祥

人力资源管理专升本(业余)(144人)
李云霞　奚　琴　姚顺洁　花　慧　金晓莉　杨　红　朱丹云
何亮娟　徐佳明　蒋　燕　王林利　查晓宇　韩萍萍　李政彤
程顺全　吴妍妍　黄　蓉　丁　瑶　俞庭文　蔡玉芹　秦红燕
秦　蓉　武君花　王　芳　温田田　祝雅斌　陆　斌　糜　燕
田　柳　曹小青　王亚平　吴小炼　单开友　吴小燕　靳亚妮
朱　云　唐晓琴　汤　晔　高　为　孙存艳　秦剑云　吕　琮
王　芹　吴锋华　王　勇　左　艳　刘婷婷　蒋利苹　王　敏
奚　骏　徐兰兰　黄庆庆　杨美兰　杜　洁　季文倩　高　静
徐小丽　赵菊琴　朱振华　王爱敏　周小萍　代黎莉　沈娟梅
朱苗苗　张　艳　丁　瑾　渠　玲　闵　捷　张小文　金倩燕
孟　娟　陆丽亚　刘婷玉华　李晋博　周　翔　许秋莲　赵　晓
张玉凤　王　丽　王茜婷　周　丽　仝曼曼　芦迎亚　王月婷
杨丽娜　许吕东　王莹莹　谭　娟　李　静　徐　莹　陈　希
吴艳君　邓文静　丁晓兰　张田田　潘　婕　吴　艳　顾梦怡
陆玉柏　杨文娜　戎　慧　王翠云　王鸣怡　孙玲玲　沈怡静
庄静岚　张　玲　曹　静　樊丽燕　陈　静　刘晶晶　杨丹琪
丁　颖　侯　玥　周　权　张　萍　李静静　张　蕾　韩　晶
吴莉萍　华晓娟　周　峰　王歆桐　刘　洁　刘志丽　张奕璐
李亚平　吴　平　金海燕　李雯佳　陶　娟　阮　清　胡恩鸣
闭祥玲　严　华　夏薏琳　高　莉　胡淑婷　尤　旭　顾月婷
岳洁琪　陆婷婷　沈莹琪　朱晓娅

日语专升本(业余)(31人)

高 丽	马 艳	严蓓津	山 琳	高阳宁	冯辰媛	施青莲
尹 菲	叶 丽	朱莹莹	孙 琼	王倩倩	邱 瑾	顾梦瑶
宋晔豪	陈 松	奚 望	陶督强	陈 旗	鲁 媛	潘 玲
周 丽	沈丽霞	黄仁兰	戚方方	陆萍燕	汪琴仙	马文慧
周子豪	赵 双	季 骞				

网络工程专升本(业余)(25人)

司子棋	严吉新	赵德松	郭岑顾	王 浩	戴 宁	常国祥
张小龙	邱 香	胡建峰	郑 艺	吴 德	高 渊	娄 勇
吴 荻	薛洁阳	王欣辰	刘 斌	朱 冉	谢奕秋	仇华永
侯 晨	刘海波	孙 维	张丹君			

物流管理专升本(业余)(62人)

王 彬	陆晶晶	贺宝军	管冬华	蒋 婧	魏 芬	韩 严
陈阳阳	戴志英	吴培培	赵宏力	陈亚云	赵文字	金丽华
陈 燕	蒋 文	谢春妹	张亚伟	张艳飞	葛芳芳	冯文会
王梅娟	蒋 珍	汤志康	李 利	石永沿	轩 近	刘双凤
刘 丽	陆维洁	张 春	沈科夫	夏 娟	朱学兵	孙 曼
朱 静	罗 键	王 青	樊梦霞	钱秋良	王莹莹	霍大盛
徐群存	熊 凡	纪 娟	张 璐	季 丹	董 新	刘顺麟
马倩影	张鹏程	王健国	石旭枫	曹 云	韩发云	苏 强
李艳玲	张 云	冯 磊	梅媛媛	郭 峰	孙君帅	

药学专升本(函授)(124人)

曾成果	邹晓凤	王燕秋	曹亚娟	卞元捷	苏振宇	陈伟贤
吴瑛娜	周艳青	居兰宁	杨 昕	黄琴丽	蒋沁榆	仲丽佳
柴 咪	姜 岚	侯若飞	陈 洁	李珍宝	田 超	王 伟
朱思渝	胡美翠	代良月	周荣娣	朱苏文	张卫娟	周小燕
高彩亚	王晓媛	金 丹	欧晓燕	梅 芳	季佳玲	宋肖肖
肖 艳	陈 莉	曹菊香	陆颖秋	吴丽萍	季晓丹	缪秋霞
徐丽莉	虞 薇	贾芝娜	周 斌	王 芹	王庆喜	丁一帆
黄艳红	毛彩娟	商海燕	陆晨晓	张 蕾	曹 敏	沈彦彦
姜仁歌	曹 琰	羊 芸	孙敏敏	梅 芹	李茜茜	鲍 妮
杨 芳	成 艳	张 丹	邵 慧	苏 琴	李艳敏	戴娟娟
徐 兰	谢建敏	王 蓉	孙 敏	张晓波	许维维	李 飞
顾海燕	施 展	凌 希	刘 贺	骈思思	王 倩	朱 莲
王平平	吴 丹	章 晨	陈晓纯	徐 颖	高艺萍	卓 林
胡小红	李艳红	陈学荣	沙平娟	潘美兰	林 艳	李 玉

曹媛媛	李培培	褚媛媛	雷 静	张 梅	陈 媛	张 颖
杜荀芝	虞 心	陈 英	许佳卉	徐 茜	单文娟	李 琳
曹佳蕾	管 君	黄冬晴	徐美玉	汪 震	蒋天庆	王智云
李 青	张丽珏	王 涛	董敏毓	丁 岚		

医学影像学专升本（业余）（141人）

梅 皓	王 静	杨凤娟	周海丽	孙婷婷	李 敏	谢 林
李红梅	黄朝欢	吴清阳	侯卫莉	马丽娟	高康亮	陶 渊
张振华	吴胤赟	李 俊	张婷婷	于德鹏	邹玉花	尹跃峰
严雪莹	张婷婷	何雨玲	钱 芳	刘 垚	张 平	侯小萍
宋浩磊	梁玉如	吴珍琪	张 莉	葛骏杰	张玉艳	芦玉婷
陈立波	张 欢	何燕妮	孙 婷	姜晴宇	郝 友	于曼娴
龚锦霞	曹露尹	刘春明	宋昌敏	丁玉姣	乔静娴	孙学能
陈 坤	赵 静	张 领	曹巧玲	侯 莹	余 滔	单鹏年
刘 雯	杜文婷	吴晓妍	张丽君	孙 丽	李宇晴	徐 驰
潘菲菲	陈彦景	娄圆云	严 珊	张静雅	朱桂艳	田 苈
赵龙娣	顾 乾	刘金环	陈小萍	董雨露	沈剑斌	孙 阳
董 峰	杨佳欣	岳 莉	史云峰	左仁智	顾 佳	梅 旖
徐乔玲	蒋 红	王世超	王为苗	宋 炜	衡 秋	陈红艳
刘 鸿	任小平	夏东方	孙西霆	金悦羚	纪凯尧	戴 菲
卢力亚	宋 田	田云杉	张国君	王小翠	林 皓	冯伟硕
王 伟	董贺奎	陈银丽	殷意诚	毛静婷	石 威	丁文美
钱婷婷	金学芹	杨博雅	杜 娟	唐 潮	曹 阳	潘宵君
高桂宝	陈睿韬	韩典甫	郑育冲	孙诚哲	贝楚天	陆蓉容
苏慧琳	吴晓晨	周正先	叶小虎	周 丹	胡晓鹏	司敏芹
俞志伟	吕剑霏	葛新翔	王鑫龙	束 莉	朱梦影	石鑫鑫
周传好						

英语专升本（业余）（227人）

邵护菊	陈 华	郑辉辉	邢淑慧	胡维维	孟静茜	张海峰
徐 燕	陈春炎	史红平	尹 妮	王 静	贺福建	顾娅娅
赵海丽	杨梦迪	陈 刚	葛思师	倪晶晶	马欣悦	胡南南
顾晓盼	陈小祥	董 娟	洪竖云	刘慧慧	王 利	刘 颖
王丽萍	朱秀慧	赵雪玉	李 珍	周方技	王 稀	王 敏
周凤茹	徐 秦	卢蒲楠	吴金燕	胥慧康	施玲娟	孙月霞
刘 青	范群燕	张 朋	梁善成	杨 芳	刘春娟	金怡宏
周月萍	彭丽丽	张程飞	许美灵	李春叶	孔 芬	吴学礼
吴春燕	赵黎菁	范晓羚	许晓霞	赵小丽	周中民	蒋涯萍
蒋 瑛	陈 云	凌 眈	董 琦	程 波	张缝奇	浦骏杰

孟　艳	都志琴	蔄海兰	孟美美	徐　耀	曾莉莉	罗耀珍
丁际磊	冯忠乾	丁迅迅	韦余霞	王星星	王　君	施晓燕
袁小安	张　萍	吴昱颖	刘　琪	吉海霞	石芸芸	张丽霞
朱叶娟	朱　婷	张　允	褚建灵	顾亚明	李沙沙	孙　敏
王顺才	王雅诺	袁文超	王　莹	李　琳	高二兵	王云波
何淑娟	朱双双	曹志洋	李　楠	孙伟瑛	汪吟秋	姚佳骏
孙银兄	潘　丽	韩　云	姚红艳	杨蓉蓉	乐婷婷	曾鹏程
施　蓉	吴梦懿	金　磊	龚卫红	黄海峰	姜启伟	林皎佼
李　莉	姜　涛	缪春明	黄　旅	吕　健	滕倩雯	吕　扬
黄　怡	金　康	曹丹丹	李　骏	胡　洋	马双双	殷　超
贾颖茜	宁文强	张　祥	徐　云	常　红	李忠伟	刘　娜
骆英英	詹国丽	杨　勇	郑丙豹	李　燕	许兰仙	李　玲
张明敏	李艳艳	张琼芝	张春一	李英亮	高　芸	蒋中兰
姚　中	顾　艳	陆善玉	杨玉丹	吴　菲	陆春燕	彭亚飞
胡俏俏	孙　建	吴艳娇	吴翟微	晏　宇	陈亚莉	赵　勇
王　寅	徐友勤	周　军	田　艳	谭晓芬	王姝姝	施正怡
刘锦繁	王蒙蒙	罗镓妮	王　燕	李　燕	许　蕾	吴红艳
陈梁莉	成夏文	唐春龙	赵　利	张姗姗	缪红梅	耿晓丽
孔雪芹	陈莘女	杨凤琴	蒋云云	孙连红	吴　苗	毋惠惠
李瑞英	葛立新	冯　慧	沈春兰	焦　祥	李琪琪	史明芳
柳云云	周秀辉	张　丽	徐凤平	赵燕红	龙　慧	王　静
苏燕琴	张可可	林丽丽	马春香	宣建民	熊微微	刘智慧
顾虹艳	郑　婷	张丽娜				

预防医学专升本(业余)(41人)

钱丽霞	诸　兰	戴　蕾	王越红	周春燕	陶志焕	陆素娟
徐　颖	陈　叶	陆倍花	张春龙	王　娟	陆秋明	秦晓峰
吕　英	陶永良	顾丽玉	王　玲	冯　雁	尹晓霞	张　俭
杨湘琴	庄建国	万海燕	王　静	徐春芳	姚小玉	陆伊丽
蒋秋云	宣小菊	刘菊红	王　丽	陈宝燕	李振华	唐明达
孟华兴	王玲燕	华春彬	刘金芳	贺　薇	沈俊伶	

办学层次

博士后流动站以及博士、硕士研究生学位授权点

2016 年博士后流动站一览表

序号	学科代码	学科名称	序号	学科代码	学科名称
1	0101	哲学	16	0805	材料科学与工程
2	0202	应用经济学	17	0812	计算机科学与技术
3	0301	法学	18	0817	化学工程与技术
4	0302	政治学	19	0821	纺织科学与工程
5	0305	马克思主义理论	20	0905	畜牧学
6	0401	教育学	21	1001	基础医学
7	0403	体育学	22	1002	临床医学
8	0501	中国语言文学	23	1004	公共卫生与预防医学
9	0502	外国语言文学	24	1007	药学
10	0602	中国史	25	1009	特种医学
11	0701	数学	26	1305	设计学
12	0702	物理学	27	1202	工商管理
13	0703	化学	28	0812	软件工程
14	0714	统计学	29	0810	信息与通信工程
15	0803	光学工程			

2016年博士、硕士学位授权点一览表(★为目录外二级学科,▲为交叉学科)

学科代码	学位点名称	硕士点批准日期	博士点批准日期
0101	哲学(一级学科)	2006.1.25	2011.3.16
010101	马克思主义哲学	1981.11	1998.6
010102	中国哲学	2000.12	2003.9
010103	外国哲学	2003.9	2011.3.16
010104	逻辑学	2006.1.25	2011.3.16
010105	伦理学	1998.6	2011.3.16
010106	美学	2003.9	2011.3.16
010107	宗教学	2006.1.25	2011.3.16
010108	科学技术哲学	2006.1.25	2011.3.16
0101Z1	城市哲学★	2011.12	2011.12
0101Z2	管理哲学★	2011.12	2011.12
0201	理论经济学(一级学科)		
020101	政治经济学	2000.12	
020105	世界经济	1996.1	
0202	应用经济学(一级学科)	2006.1.25	2011.3.16
020201	国民经济学	2006.1.25	2011.3.16
020202	区域经济学	2003.9	2011.3.16
020203	财政学	1998.6	2006.1.25
020204	金融学	1996.1	2000.12
020205	产业经济学	2006.1.25	2011.3.16
020206	国际贸易学	2006.1.25	2011.3.16
020207	劳动经济学	2006.1.25	2011.3.16
020208	统计学	2006.1.25	2011.3.16
020209	数量经济学	2006.1.25	2011.3.16
020210	国防经济	2006.1.25	2011.3.16
0202Z1	教育经济学★	2011.12	2011.12
0301	法学(一级学科)	2006.1.25	2011.3.16

续表

学科代码	学位点名称	硕士点批准日期	博士点批准日期
030101	法学理论	1996.1	2011.3.16
030102	法律史	2003.9	2011.3.16
030103	宪法学与行政法学	1993.12	1998.6
030104	刑法学	2003.9	2011.3.16
030105	民商法学	2006.1.25	2011.3.16
030106	诉讼法学	2000.12	2011.3.16
030107	经济法学	2006.1.25	2011.3.16
030108	环境与资源保护法学	2006.1.25	2011.3.16
030109	国际法学	1998.6	2011.3.16
030110	军事法学	2006.1.25	2011.3.16
0302	政治学（一级学科）	2006.1.25	2011.3.16
030201	政治学理论	1996.1	2000.12
030202	中外政治制度	2006.1.25	2011.3.16
030203	科学社会主义与国际共产主义运动	2006.1.25	2011.3.16
030204	中共党史	2006.1.25	2011.3.16
030206	国际政治	2006.1.25	2011.3.16
030207	国际关系	2006.1.25	2011.3.16
030208	外交学	2006.1.25	2011.3.16
0302Z1	地方政府与社会管理★	2011.12	2011.12
0303	社会学（一级学科）	2011.3.16	
030301	社会学	1993.12	
030302	人口学	2011.3.16	
030303	人类学	2011.3.16	
030304	民俗学	2011.3.16	
0305	马克思主义理论（一级学科）		
030501	马克思主义基本原理	2006.1.25	2006.1.25
030505	思想政治教育	2006.1.25	2006.1.25

续表

学科代码	学位点名称	硕士点批准日期	博士点批准日期
0401	教育学(一级学科)	2011.3.16	
040101	教育学原理	2000.12	
040102	课程与教学论	1996.1	
040103	教育史	2011.3.16	
040104	比较教育学	2011.3.16	
040105	学前教育学	2011.3.16	
	教材教法研究(物理)	1986	
040106	高等教育学	1998.6	2003.9
040107	成人教育学	2011.3.16	
040108	职业技术教育学	2011.3.16	
040109	特殊教育学	2011.3.16	
040110	教育技术学	2011.3.16	
0401Z1	教育法学★	2011.12	
0402	心理学(一级学科)	2011.3.16	
040201	基础心理学	2006.1.25	
040202	发展与教育心理学	2003.9	
040203	应用心理学	1993.12	
0402Z1	工业与组织管理心理学★	2011.12	
0402Z2	咨询与临床心理学★	2011.12	
0403	体育学(一级学科)	2011.3.16	2011.3.16
040301	体育人文社会学	2000.12	2011.3.16
040302	运动人体科学	1993.12	2011.3.16
040303	体育教育训练学	1998.6	2000.12
040304	民族传统体育学	2006.1.25	2011.3.16
0501	中国语言文学(一级学科)	2003.9	2003.9
050101	文艺学	1996.1	2003.9
050102	语言学及应用语言学	2003.9	2003.9

续表

学科代码	学位点名称	硕士点批准日期	博士点批准日期
050103	汉语言文字学	1996.1	2003.9
050104	中国古典文献学	2003.9	2003.9
050105	中国古代文学	1981.11	1981.11
050106	中国现当代文学	1986.7	1990.1
050107	中国少数民族语言文学	2003.9	2003.9
050108	比较文学与世界文学	1996.1	1998.6
0501Z1	通俗文学与大众文化★	2011.12	2011.12
0501Z2	汉语言文化国际传播★	2011.12	2011.12
0502	外国语言文学（一级学科）	2011.3.16	2011.3.16
050201	英语语言文学	1986.7	2003.9
050202	俄语语言文学	1998.6	2011.3.16
050203	法语语言文学	2011.3.16	2011.3.16
050204	德语语言文学	2011.3.16	2011.3.16
050205	日语语言文学	2006.1.25	2011.3.16
050206	印度语言文学	2011.3.16	2011.3.16
050207	西班牙语语言文学	2011.3.16	2011.3.16
050208	阿拉伯语语言文学	2011.3.16	2011.3.16
050209	欧洲语言文学	2011.3.16	2011.3.16
050210	亚非语言文学	2011.3.16	2011.3.16
050211	外国语言学及应用语言学	2000.12	2011.3.16
0502Z1	翻译学★	2011.12	2011.12
0503	新闻传播学（一级学科）	2006.1.25	
050301	新闻学	2003.9	
050302	传播学	1998.6	
060101	史学理论及史学史	2006.1.25	
060102	考古学及博物馆学	2006.1.25	
060103	历史地理学	2006.1.25	

续表

学科代码	学位点名称	硕士点批准日期	博士点批准日期
060104	历史文献学	2006.1.25	
060105	专门史	1996.1	
060106	中国古代史	2003.9	
060107	中国近现代史	1986.7	1990.1
060108	世界史	1986.7	
0602	中国史(一级学科)	2011.8.5	2011.8.5
0603	世界史(一级学科)	2011.8.5	
0701	数学(一级学科)	2003.9	2003.9
070101	基础数学	1984.1	2003.9
070102	计算数学	2000.12	2003.9
070103	概率论与数理统计	1996.1	2003.9
070104	应用数学	1986.7	1990.1
070105	运筹学与控制论	2003.9	2003.9
0701Z1	金融数学★	2014.12	2014.12
0702	物理学(一级学科)	2006.1.25	2011.3.16
070201	理论物理	1986.7	2011.3.16
070202	粒子物理与原子核物理	2006.1.25	2011.3.16
070203	原子与分子物理	2006.1.25	2011.3.16
070204	等离子体物理	2006.1.25	2011.3.16
070205	凝聚态物理	1990.1	1996.1
070206	声学	2006.1.25	2011.3.16
070207	光学	1981.11	2006.1.25
070208	无线电物理	2006.1.25	2011.3.16
0702Z1	软凝聚态物理★	2011.12	2011.12
0702Z2	能源与环境系统工程★	2015.12	2015.12
0703	化学(一级学科)	2003.9	2003.9
070301	无机化学	1986.7	2003.9

续表

学科代码	学位点名称	硕士点批准日期	博士点批准日期
070302	分析化学	2003.9	2003.9
070303	有机化学	1981.11	1998.6
070304	物理化学(含化学物理)	1981.11	2000.12
070305	高分子化学与物理	1996.1	2003.9
0710	生物学(一级学科)	2006.1.25	
071001	植物学	2006.1.25	
071002	动物学	2006.1.25	
071003	生理学	1981.11	
071004	水生生物学	2006.1.25	
071005	微生物学	2006.1.25	
071006	神经生物学	2006.1.25	
071007	遗传学	2003.9	
071008	发育生物学	2006.1.25	
071009	细胞生物学	1986.7	
071010	生物化学与分子生物学	1981.11	
071011	生物物理学	2006.1.25	
071012	生态学	2006.1.25	
0710Z1	实验动物学★	2014.12	
0714	统计学(一级学科)	2011.8.5	2011.8.5
0802	机械工程(一级学科)	2006.1.25	
080201	机械制造及其自动化	2003.9	
080202	机械电子工程	2003.9	
080203	机械设计与理论	1986.7	
080204	车辆工程	2006.1.25	
0802Z1	工业工程★	2011.12	
0803	光学工程(一级学科)	1996.1	2003.9
0804	仪器科学与技术(一级学科)	2011.3.16	

续表

学科代码	学位点名称	硕士点批准日期	博士点批准日期
080401	精密仪器及机械	2006.1.25	
080402	测试计量技术及仪器	2011.3.16	
0805	材料科学与工程(一级学科)	2006.1.25	2011.3
080501	材料物理与化学	1996.1	2011.3
080502	材料学	1998.6	2000.12
080503	材料加工工程	2006.1.25	2011.3
0805Z1	材料冶金★	2014.12	2014.12
0806	冶金工程	2016.9.23	
0809	电子科学与技术(一级学科)	2011.3.16	
080901	物理电子学	2011.3.16	
080902	电路与系统	2011.3.16	
080903	微电子学与固体电子学	2003.9	
080904	电磁场语微波技术	2011.3.16	
0810	信息与通信工程(一级学科)	2006.1.25	
081001	通信与信息系统	1993.12	
081002	信号与信息处理	2003.9	2006.1.25
0811	控制科学与工程(一级学科)		
081101	控制理论与控制工程	2003.9	
081102	检测技术与自动化装置	2003.9	
0812	计算机科学与技术(一级学科)	2011.3.16	2011.3.16
081201	计算机系统结构	2011.3.16	2011.3.16
081202	计算机软件与理论	2000.12	2011.3.16
081203	计算机应用技术	1993.12	2000.12
0812Z1	智能机器人技术★	2011.12	2011.12
0812Z2	智能交通科学与技术★	2011.12	2011.12
0813	建筑学	2015.11.10	
0817	化学工程与技术(一级学科)	2011.3.16	

续表

学科代码	学位点名称	硕士点批准日期	博士点批准日期
081701	化学工程	2011.3.16	
081702	化学工艺	2011.3.16	
081703	生物化工	2011.3.16	
081704	应用化学	1996.1	2003.9
081705	工业催化	2011.3.16	
0817Z1	化学冶金★	2011.12	
0821	纺织科学与工程(一级学科)	2003.9	2003.9
082101	纺织工程	1984.1	1998.6
082102	纺织材料与纺织品设计	1998.6	2003.9
082103	纺织化学与染整工程	1986.7	2003.9
082104	服装设计与工程	2000.12	2003.9
0821Z1	数字化纺织与装备技术★	2011.12	2011.12
0821Z2	非织造材料与工程★	2016.12	2016.12
0823	交通运输工程	2016.9.23	
0831	生物医学工程(一级学科)	2003.9	
0834	风景园林学(一级学科)	2011.8.5	
0834Z1	建筑与园林设计★	2013.12	
0834Z2	城乡规划与环境设计★	2013.12	
0835	软件工程(一级学科)	2011.8.5	2011.8.5
0905	畜牧学(一级学科)	2011.3	
090501	动物遗传育种与繁殖	2011.3	
090502	动物营养与饲料科学	2011.3	
090503	草业科学	2011.3	
090504	特种经济动物饲养学	1998.6	2003.9
0908	水产学(一级学科)		
090801	水产养殖学	2003.9	
1001	基础医学(一级学科)	2003.9	2003.9

续表

学科代码	学位点名称	硕士点批准日期	博士点批准日期
100101	人体解剖与组织胚胎学	1990.1	2003.9
100102	免疫学	1986.7	2000.12
100103	病原生物学	1981.11	1990.1
100104	病理学与病理生理学	1981.11	2003.9
100105	法医学	2003.9	2003.9
100106	放射医学	1984.1	1986.7
100107	航空、航天与航海医学	2003.9	2003.9
1001Z1	医学神经生物学★	2011.12	2011.12
1001Z2	医学细胞与分子生物学★	2011.12	2011.12
1002	临床医学(一级学科)	2006.1.25	2011.3.16
100201	内科学	2003.9	2003.9
100201	内科学(心血管病学)	1981.11	1986.7
100201	内科学(血液病学)	1981.11	1981.11
100201	内科学(呼吸系病学)	1996.1	2003.9
100201	内科学(消化系病学)	2003.9	2003.9
100201	内科学(内分泌与代谢病学)	2003.9	2003.9
100201	内科学(肾脏病学)	2003.9	2003.9
100201	内科学(风湿病学)	2003.9	2003.9
100201	内科学(传染病学)	1993.12	2003.9
100202	儿科学	1984.1	2006.1.25
100203	老年医学	2006.1.25	2011.3.16
100204	神经病学	1990.1	2011.3.16
100205	精神病与精神卫生学	1986.7	2011.3.16
100206	皮肤病与性病学	2006.1.25	2011.3.16
100207	影像医学与核医学	1981.11	2011.3.16
100208	临床检验诊断学	2003.9	2011.3.16
100210	外科学	2000.12	2000.12

续表

学科代码	学位点名称	硕士点批准日期	博士点批准日期
100210	外科学(普通外科学)	1981.11	1986.7
100210	外科学(骨外科学)	1981.11	1986.7
100210	外科学(泌尿外科学)	1986.7	2000.12
100210	外科学(胸心血管外科学)	1986.7	2000.12
100210	外科学(神经外科学)	1981.11	1981.11
100210	外科学(整形外科学)	2000.12	2000.12
100210	外科学(烧伤外科学)	1996.1	2000.12
100210	外科学(野战外科学)	2000.12	2000.12
100211	妇产科学	1998.6	2011.3.16
100212	眼科学	2006.1.25	2011.3.16
100213	耳鼻咽喉科学	2006.1.25	2011.3.16
100214	肿瘤学	1996.1	2011.3.16
100215	康复医学与理疗学	2006.1.25	2011.3.16
100216	运动医学	2006.1.25	2011.3.16
100217	麻醉学	2003.9	2011.3.16
100218	急诊医学	2000.12	2011.3.16
1002Z1	围产医学与胎儿学★	2011.12	2011.12
1002Z2	男科学★	2013.12	2013.12
1004	公共卫生与预防医学(一级学科)	2006.1.25	2011.3.16
100401	流行病与卫生统计学	1986.7	2006.1.25
100402	劳动卫生与环境卫生学	1993.12	2006.1.25
100403	营养与食品卫生学	1998.6	2011.3.16
100404	儿少卫生与妇幼保健学	2006.1.25	2011.3.16
100405	卫生毒理学	1996.1	2003.9
100406	军事预防医学	2006.1.25	2011.3.16
1006	中西医结合医学(一级学科)		
100602	中西医结合临床医学	2003.9	

续表

学科代码	学位点名称	硕士点批准日期	博士点批准日期
1007	药学(一级学科)	2006.1.25	2011.3.16
100701	药物化学	2003.9	2011.3.16
100702	药剂学	2006.1.25	2011.3.16
100703	生药学	2006.1.25	2011.3.16
100704	药物分析学	2006.1.25	2011.3.16
100705	微生物与生化药学	2006.1.25	2011.3.16
100706	药理学	1984.1	2003.9
1009	特种医学(一级学科)	2011.8.5	2011.8.5
1011	护理学(一级学科)	2011.8.5	2011.8.5
1201	管理科学与工程(一级学科)	2006.1.25	
1201Z1	运输管理★	2011.12	
1202	工商管理学(一级学科)	2006.1.25	
120201	会计学	2000.12	
120202	企业管理学	1998.6	2006.1.25
120203	旅游管理学	2006.1.25	
120204	技术经济及管理学	2006.1.25	
1204	公共管理学(一级学科)	2006.1.25	
120401	行政管理学	1998.6	
120402	社会医学与卫生事业管理学	2006.1.25	
120403	教育经济与管理学	1996.1	
120404	社会保障学	2003.9	
120405	土地资源管理学	2006.1.25	
1205	图书馆、情报与档案管理(一级学科)	2011.3.16	
120501	图书馆学	2011.3.16	
120502	情报学	2006.1.25	
120503	档案学	2003.9	
1301	艺术学理论(一级学科)	2011.8.5	

续表

学科代码	学位点名称	硕士点批准日期	博士点批准日期
1302	音乐与舞蹈学(一级学科)	2011.8.5	
1303	戏剧与影视学(一级学科)	2011.8.5	
1304	美术学(一级学科)	2011.8.5	
1305	设计学(一级学科)	2011.8.5	2011.8.5
1305Z1	建筑与环境设计及其理论★	2013.12	
99J1	生物医学电子信息工程▲	2011.12	2011.12
99J2	媒介与文化产业▲	2011.12	2011.12
99J3	医学心理学▲	2011.12	
99J4	新能源科学与工程▲	2011.12	2011.12
99J5	金融工程▲	2011.12	2011.12
99J6	医学系统生物学▲	2011.12	2011.12
99J7	激光制造工程▲	2011.12	2011.12
99J8	纳米材料与技术▲	2014.12	2014.12

2016年博士、硕士专业学位授权点一览表

学位点类型	类别、领域			批准时间
博士专业学位授权点	临床医学博士	1051		2000.10.10
硕士专业学位授权点	金融硕士	0251		2010.10.19
	应用统计硕士	0252		2010.10.19
	税务硕士	0253		2010.10.19
	国际商务硕士	0254		2010.10.19
	法律硕士	0351		1998.12.25
	社会工作硕士	0352		2009.7
	教育硕士	045101	教育管理	2003.9.9
		045102	学科教学(思政)	2005.5

续表

学位点类型	类别、领域		批准时间
硕士专业学位授权点	教育硕士	045103 学科教学(语文)	2003.9.9
		045104 学科教学(数学)	2003.9.9
		045105 学科教学(物理)	2003.9.9
		045106 学科教学(化学)	2003.9.9
		045107 学科教学(生物)	2003.9.9
		045108 学科教学(英语)	2005.5
		045109 学科教学(历史)	2005.5
		045120 职业技术教育	2015.7.28
	体育硕士	045201 体育教学	2005.5.30
		045202 运动训练	2005.5.30
	汉语国际硕士	0453	2009.6.9
	应用心理硕士	0454	2010.10.19
	翻译硕士	055101 英语笔译	2009.6.9
		055102 英语口译	2009.6.9
	新闻与传播硕士	0552	2010.10.19
	出版硕士	0553	2014.8.8
	工程硕士	085201 机械工程	2002.5
		085202 光学工程	2002.5
		085204 材料工程	2001.2.12
		085208 电子与通信工程	2002.5
		085209 集成电路工程	2002.5
		085210 控制工程	2010.3.4
		085211 计算机技术	1999.9.24
		085212 软件工程	2002.3.7
		085216 化学工程	2001.2.12
		085220 纺织工程	1998.9.22
		085235 制药工程	2010.3
		085237 工业设计工程	2003.5

续表

学位点类型	类别、领域			批准时间
硕士专业学位授权点	农业推广硕士	095105	养殖	2004.6.11
		095108	渔业	2010.4.20
	风景园林硕士	0953		2014.8.8
	临床医学硕士	1051		2000.10.10
	公共卫生硕士	1053		2001.12.18
	护理硕士	1054		2014.8.8
	药学硕士	1055		2010.10.19
	工商管理硕士	1251		2003.9.9
	公共管理硕士	1252		2003.9.9
	会计硕士	1253		2010.10.19
	艺术硕士	135107	美术	2005.5.30
		135108	艺术设计	2005.5.30

全日制本科专业情况

苏州大学学院(部)及本科专业/专业方向设置一览表

学院(部)	学院(部)代号	本科专业/专业方向名称
文学院	01	汉语言文学 汉语言文学(基地) 汉语言文学(师范) 汉语国际教育 秘书学 戏剧影视文学
政治与公共管理学院	02	哲学 思想政治教育 行政管理 管理科学 人力资源管理 公共事业管理 物流管理 城市管理 物流管理(中外合作办学项目)

续表

学院(部)	学院(部)代号	本科专业/专业方向名称
社会学院	03	历史学(师范) 旅游管理 档案学 劳动与社会保障 图书馆学 社会工作 信息资源管理 社会学
外国语学院	04	英语 英语(师范) 翻译 日语 俄语 法语 朝鲜语 德语 西班牙语
艺术学院	05	美术学(师范) 美术学 产品设计 艺术设计学 视觉传达设计 环境设计 服装与服饰设计 数字媒体艺术
体育学院	06	体育教育 运动人体科学 武术与民族传统体育 运动训练 运动康复
数学科学学院	07	数学与应用数学(基地) 数学与应用数学(师范) 信息与计算科学 统计学 金融数学 应用统计学

续表

学院(部)	学院(部)代号	本科专业/专业方向名称
物理与光电·能源学部	08	物理学 物理学(师范) 电子信息科学与技术 能源与动力工程 光电信息科学与工程 测控技术与仪器 新能源材料与器件 新能源材料与器件(中外合作办学项目)
材料与化学化工学部	09	无机非金属材料工程 高分子材料与工程 材料科学与工程 环境工程 化学工程与工艺 材料化学 化学 应用化学 功能材料
东吴商学院 (财经学院) 东吴证券金融学院	10	经济学 国际经济与贸易 财政学 金融学 工商管理 会计学 市场营销 电子商务 财务管理 经济统计学 金融学(中外合作办学项目)
王健法学院	11	法学 知识产权
沙钢钢铁学院	13	冶金工程 金属材料工程
纳米科学技术学院	14	纳米材料与技术
纺织与服装工程学院	15	轻化工程 纺织工程 服装设计与工程 非织造材料与工程 纺织工程(中外合作办学项目)
教育学院	18	教育学(师范) 应用心理学 教育技术学(师范)

续表

学院(部)	学院(部)代号	本科专业/专业方向名称
音乐学院	21	音乐表演 音乐学(师范) 作曲与作曲技术理论
计算机科学与技术学院	27	计算机科学与技术 信息管理与信息系统 软件工程 网络工程 物联网工程
电子信息学院	28	通信工程 信息工程 微电子科学与工程 电子信息工程 电子科学与技术 集成电路设计与集成系统 通信工程(嵌入式培养)
机电工程学院	29	电气工程及其自动化 工业工程 机械电子工程 机械工程 材料成型及控制工程
医学部	30	生物技术 食品质量与安全 生物科学 生物信息学 放射医学 预防医学 药学 中药学 生物制药 临床医学 临床医学("5+3"一体化) 临床医学(儿科医学) 法医学 医学影像学 口腔医学 医学检验技术 护理学
金螳螂建筑学院	41	建筑学 城乡规划 园艺 风景园林 园林 历史建筑保护工程

续表

学院(部)	学院(部)代号	本科专业/专业方向名称
城市轨道交通学院	42	工程管理 车辆工程 交通运输 电气工程与智能控制 建筑环境与能源应用工程 轨道交通信号与控制
凤凰传媒学院	43	新闻学 广播电视学 广告学 播音与主持艺术 网络与新媒体

本表统计时间截至2016年12月。

成人学历教育专业情况

高中起点本科

人力资源管理	护理学
英语	药学

专科起点升本科

食品质量与安全	护理学
信息管理与信息系统	金融学
汉语言文学	物流管理
人力资源管理	行政管理
会计学	工商管理
法学	英语
日语	网络工程
计算机科学与技术	电子信息工程
机械设计制造及其自动化	电气工程与自动化
工程管理	交通运输
建筑环境与设备工程	临床医学
药学	医学影像学
预防医学	医学检验

教学质量与学科实力

国家基础科学研究与教学人才培养基地情况

2016年国家基础科学研究与教学人才培养基地一览表

归　　属	基 地 名 称
数学科学学院	数学
文学院	中国语言文学

苏州大学国家级、省（部）级重点学科、重点实验室、协同创新中心、公共服务平台、工程（技术）研究中心、重点研究基地及实验教学示范中心

国家级重点学科

1. 放射医学
2. 内科学（血液病）
3. 外科学（骨外）
4. 纺织工程

江苏省优势学科

1. 政治学
2. 绿色化学与化工过程
3. 光学工程
4. 材料科学与工程
5. 纺织科学与工程
6. 临床医学
7. 特种医学
8. 设计学

江苏省重点序列学科

1. 法学
2. 体育学
3. 中国语言文学
4. 数学
5. 系统生物医学

"十三五"江苏省一级学科重点学科

1. 哲学
2. 应用经济学
3. 马克思主义理论
4. 外国语言文学
5. 中国史
6. 物理学
7. 统计学
8. 信息与通信工程
9. 计算机科学与技术
10. 软件工程
11. 公共卫生与预防医学
12. 药学
13. 护理学
14. 教育学(培育学科)
15. 畜牧学(培育学科)

国家工程实验室

现代丝绸国家工程实验室

国家地方联合工程实验室

1. 新型功能高分子材料国家地方联合工程实验室
2. 环保功能吸附材料制备技术国家地方联合工程实验室

国家级国际合作联合研究中心

智能纳米环保新材料及检测技术国际联合研究中心

省部级实验室

1. 省部共建教育部现代光学技术重点实验室
2. 教育部碳基功能材料与器件国际合作联合实验室
3. 江苏省先进光学制造技术重点实验室

4. 卫生部血栓与止血重点实验室
5. 江苏省干细胞与生物医用材料重点实验室——省部共建国家重点实验室培育基地
6. 江苏省干细胞研究重点实验室
7. 江苏省碳基功能材料与器件重点实验室
8. 江苏省薄膜材料重点实验室
9. 江苏省有机合成重点实验室
10. 江苏省计算机信息处理技术重点实验室
11. 江苏省丝绸工程重点实验室
12. 江苏省现代光学技术重点实验室
13. 江苏省放射医学与防护重点实验室
14. 江苏省新型高分子功能材料工程实验室
15. 江苏省先进功能高分子材料设计及应用重点实验室
16. 江苏省感染与免疫重点实验室
17. 江苏省先进机器人技术重点实验室
18. 江苏省水处理新材料与污水资源化工程实验室
19. 全国石油和化工行业有机废水吸附治理及其资源化重点实验室
20. 工业(化学电源)产品质量控制和技术评价实验室
21. 江苏省环境保护水体有机污染物树脂吸附法治理重点实验室
22. 江苏省重大神经精神疾病诊疗技术重点实验室
23. 江苏省老年病预防与转化医学重点实验室
24. 全国石油化工行业导向生物医用功能的高分子材料设计与合成重点实验室
25. 江苏省网络空间安全工程实验室
26. 全国石油和化工行业颗粒技术工程实验室
27. 江苏省先进碳材料与可穿戴能源技术重点实验室
28. 江苏省临床免疫学重点实验室
29. 江苏省机器人技术及智能制造装备实验室

国家"2011计划"协同创新中心

苏州纳米科技协同创新中心

江苏高校协同创新中心

1. 纳米科技协同创新中心
2. 血液学协同创新中心
3. 放射医学协同创新中心
4. 新型城镇化与社会治理协同创新中心

国家级公共服务平台

1. 国家化学电源产品质量监督检测中心
2. 国家纺织产业创新支撑平台

3. 国家技术转移示范机构

省部级公共服务平台

1. 江苏省苏州化学电源公共技术服务中心
2. 江苏省苏州丝绸技术服务中心
3. 江苏省苏州医疗器械临床前研究与评价公共技术服务中心
4. 江苏省节能环保材料测试与技术服务中心
5. 江苏省化学电源公共技术服务创新平台提升项目
6. 江苏省先进光学制造技术重点实验室提升项目
7. 江苏省动力电池及材料创新服务平台
8. 江苏省中小企业环保产业公共技术服务平台
9. 高效树脂型吸附材料治理环境及资源化技术创新服务平台
10. 江苏省骨科临床医学研究中心
11. 工业废水重金属离子污染物深度处理及资源化利用公共技术服务平台

省部级工程(技术)研究中心

1. 数码激光成像与显示教育部工程研究中心
2. 血液和血管疾病诊疗药物技术教育部工程研究中心
3. 江苏省数码激光图像与新型印刷工程技术研究中心
4. 江苏省纺织印染业节能减排与清洁生产工程中心

教育部人文社会科学重点研究基地

中国特色城镇化研究中心

国家体育总局体育社会科学重点研究基地

体育社会科学研究中心

国家体育总局重点实验室

机能评定与体能训练重点实验室

省部级哲学社会科学重点研究基地、创新团队

1. 上海市人民政府发展研究中心—苏州大学"地方政府与城市治理"决策咨询研究基地
2. 新型城镇化与社会治理协同创新中心
3. 江苏省吴文化研究基地
4. 苏南发展研究院
5. 江苏当代作家研究基地
6. 江苏省地方政府与社会治理优秀创新团队
7. 苏州大学公法研究中心
8. 苏州基层党建研究所

9. 老挝—大湄公河次区域国家研究中心
10. 江苏省国际能源法研究中心
11. 苏南政府治理与社会治理现代化研究基地
12. 苏州大学非物质文化遗产研究中心
13. 苏州大学东吴智库
14. 苏州大学东吴智库(培育智库)
15. 江苏省中国特色社会主义理论体系研究基地

国家级实验教学示范中心

1. 物理实验教学中心
2. 纺织与服装设计实验教学中心
3. 计算机与信息技术实验教学中心
4. 纺织与服装虚拟仿真实验教学中心

江苏省高等学校实验教学示范中心

1. 电工电子基础课实验教学中心
2. 化学基础课实验教学中心
3. 计算机基础课实验教学中心
4. 物理基础课实验教学中心
5. 基础医学教学实验中心
6. 艺术设计实验教学中心
7. 机械基础实验教学中心
8. 纺织服装实验教学中心
9. 生物基础课实验教学中心
10. 传媒与文学实验教学中心
11. 心理与教师教育实验教学中心
12. 工程训练中心
13. 临床技能实验教学中心
14. 纳米材料与技术实验教学中心
15. 新能源材料与器件实验教学中心
16. 建筑与城市环境设计实践教育中心
17. 药学学科综合训练中心
18. 轨道交通实践教育中心

苏州大学2016年度国家、省教育质量工程项目名单

苏州大学2016年江苏高校省级外国留学生英文授课精品课程名单

苏教办外〔2016〕19号
2016.10.17
苏大教〔2016〕88号
2016.11.1

序号	课程名（中英文）	主持人	学院（部）
1	热学 Thermal Physics	张泽新	物理与光电·能源学部
2	化工原理 Principles of Chemical Engineering	肖 杰	材料与化学化工学部

苏州大学2016年江苏高校省级外国留学生英文授课培育课程名单

苏教办外〔2016〕19号
2016.10.17
苏大教〔2016〕88号
2016.11.1

课程名（中英文）	主持人	学院（部）
生理学 Physiology	王国卿	医学部

2016年高等学校软件服务外包类专业嵌入式人才培养项目

苏教办高〔2016〕5号
2016.5.6

专业名称（方向）	专业代码	合作企业
通信工程（嵌入式培养）	080703	上海智翔信息科技发展有限公司

2016年苏州市教育教学成果奖

苏教人师〔2016〕31号
2016.9.5

序号	项目分类	成果名称	第一完成人	第一完成单位	获奖等级
1	实践类	纺织卓越人才工程实践能力提升途径与方法	潘志娟	纺织与服装工程学院	特等奖
2	实践类	教学与科研融合的本科人才培养模式的构筑与实践	王穗东	纳米科学技术学院	一等奖
3	实践类	高校思想政治理论课课程实践化教学模式创新	许冠亭	马克思主义学院	二等奖

苏州大学2016年江苏省重点教材立项建设名单和第三、四批出版名单

苏教高〔2016〕22号
2016.12.20
苏大教〔2016〕99号
2016.12.27

苏州大学2016年省重点教材立项建设名单(修订教材)

序号	教材名称	学院(部)	主编姓名	教材适用类型	版次	标准书号	出版社
1	液压与气压传动	机电工程学院	石世宏 盛小明	本科	2014年6月第1版	ISBN 978-7-03-040401-5	科学出版社
2	运动技能学导论	体育学院	宋元平	本科	2015年7月第1版	ISBN 978-7-5672-1413-2	苏州大学出版社
3	简明线性代数	数学科学学院	游宏 顾燕	本科	2015年7月第1版	ISBN 978-7-03-044308-3	科学出版社
4	医学免疫学(第2版)	医学部	高晓明	本科	2011年1月第2版	ISBN 978-7-04-029770-6	高等教育出版社

苏州大学2016年省重点教材立项建设名单(新编教材)

序号	教材名称	学院(部)	主编姓名	教材适用类型	拟出版单位
1	纳米材料专业实验	纳米科学技术学院	邵名望 马艳云	本科	厦门大学出版社
2	织物组织学	纺织与服装工程学院	王国和	本科	中国纺织出版社
3	案例药理学	医学部	镇学初 林芳	本科	人民卫生出版社
4	英语口语新教程:成功交流	外国语学院	孙倚娜 黄婷	本科	高等教育出版社
5	IA-32汇编语言	计算机科学与技术学院	杨季文	本科	清华大学出版社
6	软件系统分析与体系结构设计	计算机科学与技术学院	刘全 杨洋	本科	东南大学出版社

苏州大学第三、四批出版省重点教材名单

编号	教材名称	学院（部）	主编姓名	出版社	教材标准书号	备注
2014-1-033	DSP技术与应用基础（第2版）	电子信息学院	俞一彪	北京大学出版社	ISBN 978-7-301-24777-8	2014年修订教材
2014-1-093	服装画应用技法与服装工艺设计（第二版）	纺织与服装工程学院	施建平	苏州大学出版社	ISBN 978-7-5672-0480-5	
2014-2-037	公共管理案例分析	政治与公共管理学院	金太军	广东人民出版社	ISBN 978-7-218-10318-1	2014年新编教材
2014-2-045	形式化方法导论	计算机科学与技术学院	张广泉	清华大学出版社	ISBN 978-7-302-41161-1	
2015-2-043	电子政务概论	政治与公共管理学院	金太军 张晨	广东人民出版社	ISBN 978-7-218-11121-6	2015年新编教材

江苏省第六届普通高校军事课程教师授课竞赛

无文号（省教育厅发文）

2016.12.30

获奖成果名称	获奖人	所属单位	获奖等级
军事思想概述之孙子兵法	陈燕	人武部	一等奖

江苏省首届高校教师公共艺术课程微课大赛

苏教办体艺〔2016〕12号

2016.7.6

项目分组	获奖成果名称	获奖人	所属单位	获奖等级
本科组	影视声画组合艺术	邵雯艳	文学院	三等奖

苏州大学2016年度全日制本科招生就业情况

一、招生计划执行情况

江苏省发展与改革委员会、江苏省教育厅批准我校2016年度全日制117个本科专业（专业大类）招生计划6 422名，其中在江苏省外29个省（市、自治区）招生计划2 640名（含正常计划1 458名、新疆扶贫定向计划12名、支持中西部地区协作计划918名、国家专项计划249名、南疆单列计划3名）；不分省计划865名（含预留计划61名、体育单招计划70名、艺术不分省计划171名、保送生计划13名、高水平运动队计划61名、自主招生计划300名、高校专项计划127名、内地新疆高中班和内地西藏班毕业生计划42名、新疆双语类少数民族预科生转入本科计划20名）；江苏省招生计划2 917名（含正常计划2 867名、地方专项计划50名）。实际录取新生6 452名。按地区分类：省内3 241名、省外3 211名；按专业属性分类：普通类5 934名、艺术类375名、体育类143名；按计划属性分类：正常计划5 812名、地方专项计划50名、国家专项计划247名、援疆扶贫定向计划12名、南疆单列计划5名、自主招生136名、高校专项计划62名、保送生15名、高水平运动队21名、新疆双语类少数民族预科生转入本科20名、内地新疆高中班和内地西藏班毕业生计划42名、高职与普通本科分段培养转段升学30名。

二、录取新生基本情况

在学校2016年录取的6 452名新生中，男生2 912名，占45.13%，女生3 540名，占54.87%；有少数民族新生430名，占总人数的6.66%；有党员3名、预备党员4名，占总人数的0.11%。

1. 江苏省内录取情况

2016年江苏高考报名人数为36.04万人，比2015年减少3.25万人，减幅为8.27%。学校非中外合作办学专业，从录取最低分与省控线的差值来看，与2015年大致相当，其中本一理科、本二有所提高；从省内高校投档线的排名情况来看，与2015年基本持平，其中本二批理科专业上升明显；从本一批次录取投档分对应考生名次来看，近五年来一直处于上升状态，在省控线对应考生名次有所下降的情况下，学校本一批次录取投档分对应考生名次较上年又有了提高，其中文科提高35名，理科提高1 030名；从近两年省内部分高校在苏本一批次投档线及公布计划情况来看，文科方面，与南京师范大学相比，2015年投档线相同，2016年仅1分之差；理科方面，学校公布计划量大，投档线的校际排名比较理想。

江苏省内录取总体情况汇总（非中外合作办学）

	省控线	最低分	平均分	最高分	最低分超省控线 2016年	最低分超省控线 2015年	投档线省内高校排名 2016年	投档线省内高校排名 2015年
提前体育	342	409	414.2	441	67	68	2	1
提前美术	425	549	555.9	570	124	127	2	2
提前音乐（声乐）	150	190	194.2	200	40	58	4	2
提前音乐（器乐）	150	206	208.3	211	56	58	2	2
本一文科	355	370	375.5	387	15	16	6	5
本一理科	353	371	376.1	396	18	16	8	7
本二文科	325	355	357.2	363	30	28	1	2
本二理科	315	351	353	363	36	24	5	11

注：① 音乐专业2016年投档录取均按照声乐、器乐分开进行，2015年不分声乐、器乐。
② 投档及录取的成绩依据：体育、美术为专业分＋文化分；音乐为专业分。
③ 省内高校指地处江苏的所有高校。

中外合作办学项目，从录取最低分与省控线的差值来看，除金融学文科类与2015年大致持平外，金融学理科类及其余专业均比2015年有所提高。从省内高校投档线的排名情况来看，本一批次文科仍居于第2位，仅次于中国人民大学（苏州校区），但学校公布计划数是中国人民大学（苏州校区）的2倍；本一批次理科居于第5位，比2015年有所上升（2015年为第8位）；本二批次文科仍然是南京邮电大学第1、本校第2，与2015年相比，虽然两校选测科目等级要求未变（南京邮电大学仍为BC）、投档线分值未变（仍相差4分），但学校公布计划数明显增加，2016年为100名，达到南京邮电大学的近4倍（2015年为80名，是南京邮电大学的2.67倍）。

江苏省内录取总体情况汇总（中外合作办学）

	专业名称	省控线	最低分	平均分	最高分	最低分超省控线 2016年	最低分超省控线 2015年
本一文科	金融学	355	368	371.6	383	13	14
本一理科	金融学	353	370	373.7	381	17	15
本一理科	新能源材料与器件	353	364	366.9	373	11	6
本一理科	纺织工程	353	360	362.3	367	7	4
本一理科	纺织工程（含征平降分）	353	353	356.1	363	0	0
本二文科	物流管理	325	347	350.7	360	22	20

近两年的数据表明,因选修测试科目等级较高(达 A+A+、A+A)而享受本校加分政策的新生人数明显增加(增幅为5.19%),增量超过了录取总数的增量,这也说明江苏生源质量获得了进一步的提高。

2. 江苏省外录取总体情况

学校普通文理科非中外合作办学专业省外招生范围涉及29个省份。分析目前所掌握的各省高考成绩分段统计数据发现,学校在省外的生源质量逐年提高,各省录取最低分在同科类考生中的位次居于前列。

文科专业在所有省份的投档一志愿率均为100%;录取最低分超出本一批(重点本科批)控制线40分及以上的省份有27个,超出25分及以上的省份有29个;录取最低分的位次占同科类高考报名人数的比重在前5%以内的省份有21个。

理科专业在所有省份的投档一志愿率均为100%;各省录取最低分均超出本一批(重点本科批)控制线40分及以上;录取最低分的位次占同科类高考报名人数的比重在前10%以内的省份有19个。

近两年公布高考成绩分段统计数据的省份,文科有25个,理科有26个。与2015年相比,2016年录取最低分对应的考生位次提高的省份,文科有吉林、内蒙古、北京、天津、浙江、河北、广西、福建、湖北、山东、辽宁、宁夏、安徽、海南等14个(占56%),理科有山西、内蒙古、重庆、云南、北京、湖北、海南、广东、黑龙江、甘肃、辽宁、河南、天津、新疆、江西、安徽等16个(占61.5%);录取最低分对应的考生位次占同科类高考报名人数的比重提高的省份,文科有吉林、北京、内蒙古、辽宁、广东、山东、云南、浙江、河北、江西等10个(占40%),理科有山西、内蒙古、云南、广东、黑龙江、北京、湖北、新疆、江西、甘肃、重庆、河南、贵州、山东等14个(占53.8%)。部分省份生源质量的提升比较明显,从录取最低分对应的考生位次占同科类高考报名人数的比重来看,文科排名前五位的省份为吉林、内蒙古、北京、辽宁和广东,提高幅度分别为67.63%、56.21%、24.97%、20.61%和18.19%;理科排名前四位的省份为山西、云南、内蒙古和广东,提高幅度分别为47.73%、27.21%、17.43%和15.46%。

三、就业基本情况

2016届本科毕业生(含七年制本硕连读毕业生)共6591名,初次就业率首次突破80%达到80.69%;年终就业率,截至12月底为92.74%。2016届较2015届毕业生在总人数方面基本相当,初次就业率略有提升,年终就业率基本持平。2016届毕业生的初次和年终就业率均已达到教育部和省政府的要求。

四、2016年苏州大学各专业录取情况

2016年苏州大学文理科专业本一批次各省（直辖市、自治区）录取最高分、最低分、平均分一览表（非中外合作办学）

省份	文史					理工				
	省控线	最高分	最低分	平均分	投档一志愿率（%）	省控线	最高分	最低分	平均分	投档一志愿率（%）
北京	583	637	621	624.364	100	548	612	602	606.727	100
天津	532	595	574	577.8	100	512	588	568	574.371	100
河北	535	625	616	617.95	100	525	655	629	633.404	100
山西	518	573	556	560.709	100	519	603	578	583.183	100
内蒙古	477	569	554	561.455	100	484	632	544	589.5	100
辽宁	525	590	583	586.692	100	498	623	593	599.421	100
吉林	531	587	574	579.647	100	530	625	577	595.872	100
黑龙江	481	577	558	566.842	100	486	618	598	603.6	100
上海	368	470	462	464.818	100	360	485	457	463.29	100
浙江	603	661	655	657.609	100	600	676	654	660.229	100
安徽	521	597	589	591.706	100	518	624	611	613.667	100
福建	501	572	561	564.273	100	465	584	565	571.093	100
江西	523	574	570	571.214	100	529	622	594	598.625	100
山东	530	596	587	590.474	100	537	645	629	632.333	100
河南	517	593	578	580.83	100	523	630	606	610.393	100
湖北	520	585	575	578.1	100	512	624	606	611.231	100
湖南	530	594	584	587.778	100	517	599	586	590.256	100
广东	514	574	562	564.25	100	508	603	567	572.594	100
广西	545	615	597	599.567	100	502	629	571	583.614	100
海南	653	773	749	758.833	100	602	746	695	709.32	100
重庆	527	596	588	589.545	100	525	625	605	610.269	100
四川	540	599	585	588.872	100	532	646	606	612.876	100

续表

省份	文史					理工				
	省控线	最高分	最低分	平均分	投档一志愿率（%）	省控线	最高分	最低分	平均分	投档一志愿率（%）
贵州	551	644	614	623.217	100	473	612	569	583.475	100
云南	560	632	615	618.87	100	525	648	594	610.855	100
陕西	511	604	593	596.467	100	470	609	584	590.184	100
甘肃	504	572	554	560.793	100	490	613	566	574.119	100
青海	457	537	521	530	100	416	578	488	519.375	100
宁夏	516	588	577	581.091	100	465	590	542	555.531	100
新疆	487	582	569	573.933	100	464	614	566	575.074	100
江苏	355	387	370	375.546	100	353	396	371	376.149	100

注：1. 江苏省满分为480分，上海市满分为600分，浙江省满分为810分，海南省满分为900分，云南省满分为772分，其余各省满分均为750分。
2. 2016年起，上海市普通高等学校招生实行合并本科第一、第二批次，即统一为"本科普通批"的改革。

2016年苏州大学分省分专业录取情况统计表

省份	专业名称	学制	科类	人数	最高分	最低分	平均分	备注
北京	中国语言文学类	四	文史	2	628	622	625	
北京	新闻传播学类	四	文史	3	625	624	624.667	
北京	旅游管理	四	文史	2	622	621	621.5	
北京	哲学	四	文史	3	622	621	621.333	
北京	国际经济与贸易	四	文史	1	637	637	637	
北京	化学类	四	理工	5	611	602	605.2	
北京	纳米材料与技术	四	理工	2	610	607	608.5	
北京	计算机类	四	理工	3	608	605	606.333	
北京	临床医学（"5+3"一体化）	八	理工	1	612	612	612	
天津	中国语言文学类	四	文史	6	580	574	577	
天津	旅游管理	四	文史	2	574	574	574	
天津	哲学	四	文史	2	574	574	574	

续表

省份	专业名称	学制	科类	人数	最高分	最低分	平均分	备注
天津	国际经济与贸易	四	文史	2	579	579	579	
天津	日语	四	文史	2	580	576	578	
天津	翻译	四	文史	1	595	595	595	
天津	建筑学	五	理工	6	575	568	571.333	
天津	数学类	四	理工	2	585	581	583	
天津	统计学	四	理工	3	585	577	580	
天津	物理学	四	理工	2	577	571	574	
天津	新能源材料与器件	四	理工	1	571	571	571	
天津	化学类	四	理工	2	581	579	580	
天津	材料类	四	理工	3	575	570	571.667	
天津	纳米材料与技术	四	理工	2	574	571	572.5	
天津	计算机类	四	理工	2	588	582	585	
天津	微电子科学与工程	四	理工	2	576	574	575	
天津	机械类	四	理工	1	576	576	576	
天津	轻化工程	四	理工	2	569	568	568.5	
天津	纺织类	四	理工	2	569	568	568.5	
天津	临床医学	五	理工	1	573	573	573	
天津	药学	四	理工	2	576	573	574.5	
天津	生物科学类	四	理工	2	570	568	569	
河北	中国语言文学类	四	文史	4	622	616	618	
河北	新闻传播学类	四	文史	3	620	617	618	
河北	历史学(师范)	四	文史	1	616	616	616	
河北	图书情报与档案管理类	四	文史	1	618	618	618	
河北	哲学	四	文史	2	616	616	616	
河北	思想政治教育	四	文史	1	616	616	616	
河北	公共事业管理	四	文史	2	618	617	617.5	
河北	国际经济与贸易	四	文史	1	625	625	625	

续表

省份	专业名称	学制	科类	人数	最高分	最低分	平均分	备注
河北	会计学	四	文史	2	620	619	619.5	
河北	法学	四	文史	2	618	617	617.5	
河北	英语(师范)	四	文史	1	617	617	617	
河北	城乡规划	五	理工	2	635	629	632	
河北	风景园林	四	理工	2	634	631	632.5	
河北	金融数学	四	理工	1	638	638	638	
河北	数学类	四	理工	3	634	629	631	
河北	物理学	四	理工	1	639	639	639	
河北	能源与动力工程	四	理工	1	636	636	636	
河北	化学工程与工艺	四	理工	1	634	634	634	
河北	化学类	四	理工	2	630	629	629.5	
河北	材料类	四	理工	2	632	631	631.5	
河北	纳米材料与技术	四	理工	2	635	635	635	
河北	计算机类	四	理工	2	639	634	636.5	
河北	电子信息工程	四	理工	1	635	635	635	
河北	微电子科学与工程	四	理工	1	634	634	634	
河北	电气工程及其自动化	四	理工	3	633	632	632.333	
河北	机械类	四	理工	3	631	631	631	
河北	冶金工程	四	理工	2	630	630	630	
河北	轻化工程	四	理工	2	630	629	629.5	
河北	纺织类	四	理工	5	642	631	635.8	
河北	车辆工程	四	理工	1	632	632	632	
河北	电气工程与智能控制	四	理工	1	633	633	633	
河北	建筑环境与能源应用工程	四	理工	2	630	629	629.5	
河北	生物制药	四	理工	1	631	631	631	
河北	临床医学("5+3"一体化)	八	理工	2	655	641	648	
河北	临床医学	五	理工	2	640	635	637.5	

续表

省份	专业名称	学制	科类	人数	最高分	最低分	平均分	备注
河北	医学影像学	五	理工	1	633	633	633	
河北	放射医学	五	理工	5	636	630	634.4	
河北	预防医学	五	理工	3	634	630	631.333	
河北	医学检验技术	四	理工	1	629	629	629	
河北	生物科学类	四	理工	2	630	629	629.5	
河北	播音与主持艺术	四	艺术	1	851	851	851	
河北	视觉传达设计	四	艺术	4	190.1	169.8	176.618	
河北	环境设计	四	艺术	4	187	161.3	170.711	
河北	产品设计	四	艺术	1	192.3	154.7	166.872	
河北	美术学	四	艺术	3	174	154	164.8	
河北	数字媒体艺术	四	艺术	2	176.4	169.9	173.15	
河北	运动训练	四	单招	1	64.07	64.07	64.07	
山西	中国语言文学类	四	文史	6	562	560	560.5	
山西	新闻传播学类	四	文史	6	562	559	560.5	
山西	社会学	四	文史	2	561	558	559.5	
山西	旅游管理	四	文史	4	561	558	559	
山西	图书情报与档案管理类	四	文史	3	561	558	559.333	
山西	哲学	四	文史	2	558	558	558	
山西	思想政治教育	四	文史	3	558	556	557	
山西	管理科学	四	文史	2	559	557	558	
山西	公共事业管理	四	文史	2	558	556	557	
山西	行政管理	四	文史	2	564	559	561.5	
山西	教育学(师范)	四	文史	2	564	560	562	
山西	经济学	四	文史	1	565	565	565	
山西	财政学	四	文史	2	564	563	563.5	
山西	金融学	四	文史	2	567	566	566.5	
山西	国际经济与贸易	四	文史	1	565	565	565	

续表

省份	专业名称	学制	科类	人数	最高分	最低分	平均分	备注
山西	工商管理	四	文史	1	563	563	563	
山西	市场营销	四	文史	2	563	557	560	
山西	会计学	四	文史	3	565	564	564.333	
山西	财务管理	四	文史	1	564	564	564	
山西	法学	四	文史	2	573	565	569	
山西	知识产权	四	文史	2	559	556	557.5	
山西	英语(师范)	四	文史	2	558	558	558	
山西	翻译	四	文史	2	559	558	558.5	
山西	教育技术学(师范)	四	理工	3	583	578	580	
山西	应用心理学	四	理工	2	603	588	595.5	
山西	建筑学	五	理工	4	588	585	586.75	
山西	城乡规划	五	理工	2	580	578	579	
山西	金融数学	四	理工	2	594	588	591	
山西	数学类	四	理工	3	592	585	589.333	
山西	统计学	四	理工	2	586	585	585.5	
山西	物理学	四	理工	3	582	581	581.333	
山西	测控技术与仪器	四	理工	2	579	578	578.5	
山西	新能源材料与器件	四	理工	2	579	579	579	
山西	能源与动力工程	四	理工	2	582	581	581.5	
山西	光电信息科学与工程	四	理工	2	584	582	583	
山西	电子信息科学与技术	四	理工	2	582	581	581.5	
山西	化学工程与工艺	四	理工	2	582	579	580.5	
山西	环境工程	四	理工	2	582	579	580.5	
山西	化学类	四	理工	4	584	579	580.25	
山西	材料类	四	理工	7	586	579	581.286	
山西	纳米材料与技术	四	理工	2	587	585	586	
山西	软件工程	四	理工	3	595	585	589.667	

续表

省份	专业名称	学制	科类	人数	最高分	最低分	平均分	备注
山西	物联网工程	四	理工	2	585	585	585	
山西	信息管理与信息系统	四	理工	2	582	581	581.5	
山西	计算机类	四	理工	3	592	583	586.667	
山西	电子信息工程	四	理工	3	587	584	585.667	
山西	电子科学与技术	四	理工	4	588	582	583.75	
山西	通信工程	四	理工	3	589	585	586.333	
山西	微电子科学与工程	四	理工	4	581	580	580.5	
山西	信息工程	四	理工	2	582	582	582	
山西	电气工程及其自动化	四	理工	2	586	583	584.5	
山西	工业工程	四	理工	3	580	579	579.333	
山西	机械类	四	理工	7	584	580	581.714	
山西	冶金工程	四	理工	3	579	578	578.667	
山西	金属材料工程	四	理工	2	580	580	580	
山西	轻化工程	四	理工	3	586	579	582.333	
山西	纺织类	四	理工	8	589	578	581.25	
山西	车辆工程	四	理工	3	581	580	580.667	
山西	电气工程与智能控制	四	理工	2	583	582	582.5	
山西	建筑环境与能源应用工程	四	理工	3	582	578	579.333	
山西	交通运输	四	理工	2	581	579	580	
山西	工程管理	四	理工	2	583	580	581.5	
山西	生物信息学	四	理工	2	581	579	580	
山西	食品质量与安全	四	理工	2	582	578	580	
山西	生物制药	四	理工	2	584	583	583.5	
山西	临床医学（"5+3"一体化）	八	理工	2	600	596	598	
山西	临床医学	五	理工	4	593	588	590.25	
山西	临床医学（儿科医学）	五	理工	2	593	586	589.5	
山西	医学影像学	五	理工	2	588	586	587	

续表

省份	专业名称	学制	科类	人数	最高分	最低分	平均分	备注
山西	放射医学	五	理工	5	586	585	585.6	
山西	口腔医学	五	理工	3	588	586	586.667	
山西	预防医学	五	理工	3	583	580	581	
山西	药学	四	理工	4	584	578	581.5	
山西	医学检验技术	四	理工	2	582	580	581	
山西	生物科学类	四	理工	6	583	579	580	
山西	视觉传达设计	四	艺术	1	190.1	169.8	176.618	
山西	环境设计	四	艺术	2	187	161.3	170.711	
山西	产品设计	四	艺术	1	192.3	154.7	166.872	
山西	美术学	四	艺术	2	166.3	160.2	163.25	
山西	艺术设计学	四	艺术	1	152.3	152.3	152.3	
山西	武术与民族传统体育	四	单招	1	71.87	71.87	71.87	
内蒙古	中国语言文学类	四	文史	2	568	561	564.5	
内蒙古	新闻传播学类	四	文史	2	569	560	564.5	
内蒙古	图书情报与档案管理类	四	文史	1	559	559	559	
内蒙古	行政管理	四	文史	1	554	554	554	
内蒙古	财政学	四	文史	2	567	558	562.5	
内蒙古	知识产权	四	文史	1	566	566	566	
内蒙古	俄语	五	文史	2	558	556	557	
内蒙古	应用心理学	四	理工	1	578	578	578	
内蒙古	城乡规划	五	理工	1	577	577	577	
内蒙古	数学类	四	理工	2	603	603	603	
内蒙古	物理学	四	理工	1	590	590	590	
内蒙古	新能源材料与器件	四	理工	1	586	586	586	
内蒙古	材料类	四	理工	2	591	588	589.5	
内蒙古	计算机类	四	理工	3	604	589	597	
内蒙古	通信工程	四	理工	1	599	599	599	

续表

省份	专业名称	学制	科类	人数	最高分	最低分	平均分	备注
内蒙古	机械类	四	理工	2	601	589	595	
内蒙古	冶金工程	四	理工	2	585	572	578.5	
内蒙古	金属材料工程	四	理工	1	576	576	576	
内蒙古	轻化工程	四	理工	2	599	572	585.5	
内蒙古	纺织类	四	理工	4	588	544	572.5	
内蒙古	工程管理	四	理工	1	579	579	579	
内蒙古	临床医学（"5+3"一体化）	八	理工	2	632	631	631.5	
内蒙古	临床医学	五	理工	1	608	608	608	
内蒙古	预防医学	五	理工	1	597	597	597	
内蒙古	药学	四	理工	2	588	586	587	
内蒙古	法医学	五	理工	1	575	575	575	
内蒙古	生物科学类	四	理工	1	578	578	578	
内蒙古	产品设计	四	艺术	1	192.3	154.7	166.872	
辽宁	中国语言文学类	四	文史	2	588	588	588	
辽宁	新闻传播学类	四	文史	2	588	586	587	
辽宁	历史学（师范）	四	文史	1	584	584	584	
辽宁	管理科学	四	文史	1	585	585	585	
辽宁	财政学	四	文史	1	587	587	587	
辽宁	会计学	四	文史	2	590	590	590	
辽宁	法学	四	文史	2	589	585	587	
辽宁	朝鲜语	四	文史	2	584	583	583.5	
辽宁	教育技术学（师范）	四	理工	1	600	600	600	
辽宁	建筑学	五	理工	2	599	594	596.5	
辽宁	数学类	四	理工	3	608	599	602.667	
辽宁	物理学	四	理工	1	598	598	598	
辽宁	能源与动力工程	四	理工	1	595	595	595	
辽宁	化学类	四	理工	2	598	596	597	

续表

省份	专业名称	学制	科类	人数	最高分	最低分	平均分	备注
辽宁	材料类	四	理工	1	594	594	594	
辽宁	纳米材料与技术	四	理工	2	604	597	600.5	
辽宁	信息管理与信息系统	四	理工	1	599	599	599	
辽宁	计算机类	四	理工	2	608	607	607.5	
辽宁	电子信息工程	四	理工	2	602	599	600.5	
辽宁	机械类	四	理工	2	601	596	598.5	
辽宁	冶金工程	四	理工	1	593	593	593	
辽宁	纺织类	四	理工	4	596	593	594.5	
辽宁	电气工程与智能控制	四	理工	1	597	597	597	
辽宁	轨道交通信号与控制	四	理工	2	598	595	596.5	
辽宁	交通运输	四	理工	2	596	595	595.5	
辽宁	生物制药	四	理工	1	606	606	606	
辽宁	临床医学("5+3"一体化)	八	理工	2	608	606	607	
辽宁	临床医学	五	理工	1	623	623	623	
辽宁	放射医学	五	理工	2	601	599	600	
辽宁	生物科学类	四	理工	2	595	593	594	
辽宁	视觉传达设计	四	艺术文	2	190.1	169.8	176.618	
辽宁	产品设计	四	艺术文	1	192.3	154.7	166.872	
辽宁	服装与服饰设计	四	艺术文	1	190.4	152.8	164.417	
辽宁	音乐学(师范)	四	艺术文	2	167	147	157	
辽宁	数字媒体艺术	四	艺术理	2	169.8	147.5	158.65	
辽宁	音乐学(师范)	四	艺术理	1	153	153	153	
吉林	中国语言文学类	四	文史	3	576	574	575.333	
吉林	新闻传播学类	四	文史	4	587	578	580.5	
吉林	行政管理	四	文史	2	578	576	577	
吉林	国际经济与贸易	四	文史	2	587	579	583	
吉林	知识产权	四	文史	2	586	580	583	

续表

省份	专业名称	学制	科类	人数	最高分	最低分	平均分	备注
吉林	德语	四	文史	2	586	586	586	
吉林	朝鲜语	四	文史	2	574	574	574	
吉林	应用心理学	四	理工	1	585	585	585	
吉林	建筑学	五	理工	2	598	586	592	
吉林	风景园林	四	理工	2	587	586	586.5	
吉林	数学类	四	理工	3	591	586	587.667	
吉林	统计学	四	理工	2	601	598	599.5	
吉林	物理学	四	理工	1	602	602	602	
吉林	新能源材料与器件	四	理工	2	606	593	599.5	
吉林	化学工程与工艺	四	理工	1	585	585	585	
吉林	材料类	四	理工	3	611	595	602.667	
吉林	纳米材料与技术	四	理工	1	617	617	617	
吉林	软件工程	四	理工	2	600	592	596	
吉林	计算机类	四	理工	2	596	595	595.5	
吉林	信息工程	四	理工	3	592	588	589.667	
吉林	电气工程及其自动化	四	理工	1	589	589	589	
吉林	机械类	四	理工	2	592	587	589.5	
吉林	纺织类	四	理工	5	599	577	587.6	
吉林	车辆工程	四	理工	1	585	585	585	
吉林	交通运输	四	理工	2	587	585	586	
吉林	生物信息学	四	理工	1	604	604	604	
吉林	生物制药	四	理工	1	613	613	613	
吉林	临床医学（"5+3"一体化）	八	理工	2	625	621	623	
吉林	临床医学	五	理工	1	614	614	614	
吉林	放射医学	五	理工	3	613	604	607.667	
吉林	预防医学	五	理工	1	599	599	599	
吉林	生物科学类	四	理工	2	591	586	588.5	

续表

省份	专业名称	学制	科类	人数	最高分	最低分	平均分	备注
吉林	环境设计	四	艺术	1	187	161.3	170.711	
吉林	音乐学（师范）	四	艺术文	2	164	151	157.5	
吉林	音乐学（师范）	四	艺术理	1	175	175	175	
黑龙江	中国语言文学类	四	文史	3	577	568	572	
黑龙江	新闻传播学类	四	文史	4	570	565	566.75	
黑龙江	历史学（师范）	四	文史	3	567	558	562.333	
黑龙江	思想政治教育	四	文史	2	565	558	561.5	
黑龙江	行政管理	四	文史	1	562	562	562	
黑龙江	金融学	四	文史	2	577	575	576	
黑龙江	法学	四	文史	2	572	568	570	
黑龙江	俄语	五	文史	2	562	561	561.5	
黑龙江	建筑学	五	理工	2	598	598	598	
黑龙江	数学类	四	理工	2	611	609	610	
黑龙江	物理学	四	理工	2	601	600	600.5	
黑龙江	化学类	四	理工	2	606	598	602	
黑龙江	材料类	四	理工	8	605	599	600.75	
黑龙江	纳米材料与技术	四	理工	1	610	610	610	
黑龙江	计算机类	四	理工	2	607	607	607	
黑龙江	通信工程	四	理工	2	610	608	609	
黑龙江	信息工程	四	理工	2	607	605	606	
黑龙江	机械类	四	理工	3	606	602	603.333	
黑龙江	轻化工程	四	理工	1	599	599	599	
黑龙江	纺织类	四	理工	4	604	598	600	
黑龙江	车辆工程	四	理工	1	602	602	602	
黑龙江	电气工程与智能控制	四	理工	4	607	599	603	
黑龙江	交通运输	四	理工	2	603	602	602.5	
黑龙江	生物信息学	四	理工	1	600	600	600	

续表

省份	专业名称	学制	科类	人数	最高分	最低分	平均分	备注
黑龙江	临床医学("5+3"一体化)	八	理工	2	618	616	617	
黑龙江	临床医学	五	理工	1	611	611	611	
黑龙江	中药学	四	理工	1	598	598	598	
黑龙江	生物科学类	四	理工	2	611	599	605	
黑龙江	环境设计	四	艺术文	1	187	161.3	170.711	
黑龙江	产品设计	四	艺术文	2	192.3	154.7	166.872	
黑龙江	音乐表演	四	艺术文	1	151	151	151	
黑龙江	音乐学(师范)	四	艺术文	4	158	147	151.5	
上海	新闻传播学类	四	文史	2	468	467	467.5	
上海	公共事业管理	四	文史	2	462	462	462	
上海	经济学	四	文史	1	467	467	467	
上海	国际经济与贸易	四	文史	2	464	463	463.5	
上海	法学	四	文史	2	470	463	466.5	
上海	翻译	四	文史	2	465	462	463.5	
上海	应用心理学	四	理工	2	468	465	466.5	
上海	风景园林	四	理工	2	459	458	458.5	
上海	数学类	四	理工	2	465	464	464.5	
上海	统计学	四	理工	1	462	462	462	
上海	光电信息科学与工程	四	理工	2	468	459	463.5	
上海	材料类	四	理工	2	459	459	459	
上海	纳米材料与技术	四	理工	2	471	467	469	
上海	计算机类	四	理工	2	465	461	463	
上海	通信工程	四	理工	2	459	458	458.5	
上海	机械类	四	理工	2	464	458	461	
上海	纺织类	四	理工	2	458	457	457.5	
上海	食品质量与安全	四	理工	2	459	458	458.5	
上海	临床医学("5+3"一体化)	八	理工	2	485	472	478.5	

续表

省份	专业名称	学制	科类	人数	最高分	最低分	平均分	备注
上海	临床医学	五	理工	2	472	469	470.5	
上海	药学	四	理工	2	463	461	462	
上海	生物科学类	四	理工	2	460	459	459.5	
上海	音乐表演	四	艺术文	1	183	183	183	
上海	音乐学(师范)	四	艺术文	1	146	146	146	
江苏	中国语言文学类	四	文科	96	385	370	372.708	
江苏	新闻传播学类	四	文科	68	381	371	373.971	
江苏	社会学	四	文科	6	370	370	370	
江苏	社会工作	四	文科	21	358	355	355.476	
江苏	历史学(师范)	四	文科	8	375	372	372.875	
江苏	劳动与社会保障	四	文科	18	363	357	358.889	
江苏	旅游管理	四	文科	6	375	370	371.667	
江苏	图书情报与档案管理类	四	文科	13	377	370	372.231	
江苏	哲学	四	文科	4	378	370	374.75	
江苏	思想政治教育	四	文科	5	374	370	372.2	
江苏	管理科学	四	文科	16	375	370	372.125	
江苏	人力资源管理	四	文科	14	379	375	376.214	
江苏	公共事业管理	四	文科	12	376	370	373.333	
江苏	行政管理	四	文科	22	376	371	373.318	
江苏	城市管理	四	文科	29	361	355	356.759	
江苏	物流管理	四	文科	33	361	356	357.788	
江苏	物流管理与工程类(中外合作办学)(物流管理)	四	文科	100	360	347	350.67	
江苏	教育学(师范)	四	文科	4	381	373	376.5	
江苏	经济学	四	文科	5	380	379	379.2	
江苏	财政学	四	文科	9	379	378	378.444	
江苏	金融学	四	文科	24	386	381	382.625	

续表

省份	专业名称	学制	科类	人数	最高分	最低分	平均分	备注
江苏	金融学类（中外合作办学）（金融学）	五	文科	33	383	368	371.606	
江苏	国际经济与贸易	四	文科	19	380	377	377.895	
江苏	工商管理	四	文科	11	380	378	378.636	
江苏	市场营销	四	文科	10	377	374	375.2	
江苏	会计学	四	文科	35	385	379	380.829	
江苏	财务管理	四	文科	13	380	378	378.769	
江苏	法学	四	文科	36	387	379	381.444	
江苏	知识产权	四	文科	7	380	378	378.714	
江苏	英语	四	文科	12	379	375	376.917	
江苏	英语（师范）	四	文科	20	378	373	374.55	
江苏	俄语	五	文科	10	378	370	372.9	
江苏	德语	四	文科	10	381	376	377	
江苏	法语	五	文科	13	378	373	374.769	
江苏	西班牙语	四	文科	10	379	376	377.1	
江苏	日语	四	文科	26	376	370	372.462	
江苏	朝鲜语	四	文科	6	374	370	372.167	
江苏	翻译	四	文科	7	378	374	375.143	
江苏	新闻传播学类	四	理科	19	378	373	375.526	
江苏	社会学	四	理科	3	377	372	374	
江苏	社会工作	四	理科	12	356	352	353.333	
江苏	劳动与社会保障	四	理科	16	359	353	355	
江苏	旅游管理	四	理科	3	380	375	377	
江苏	图书情报与档案管理类	四	理科	9	375	371	372.778	
江苏	管理科学	四	理科	8	375	371	373.125	
江苏	人力资源管理	四	理科	8	378	377	377.5	
江苏	城市管理	四	理科	20	363	353	354.35	

续表

省份	专业名称	学制	科类	人数	最高分	最低分	平均分	备注
江苏	物流管理	四	理科	15	360	354	355.867	
江苏	教育学（师范）	四	理科	5	385	376	378.4	
江苏	教育技术学（师范）	四	理科	10	375	371	372	
江苏	应用心理学	四	理科	20	387	373	374.65	
江苏	经济学	四	理科	7	384	382	383.143	
江苏	财政学	四	理科	6	383	380	381.5	
江苏	金融学	四	理科	16	390	384	386	
江苏	金融学类（中外合作办学）（金融学）	五	理科	33	381	370	373.667	
江苏	国际经济与贸易	四	理科	12	384	380	380.75	
江苏	工商管理	四	理科	10	381	379	379.4	
江苏	市场营销	四	理科	9	379	376	377.667	
江苏	会计学	四	理科	32	387	381	382.188	
江苏	财务管理	四	理科	12	381	379	379.75	
江苏	电子商务	四	理科	9	379	377	377.667	
江苏	法学	四	理科	24	388	378	381.708	
江苏	知识产权	四	理科	13	379	375	376.615	
江苏	英语	四	理科	5	383	379	380.6	
江苏	英语（师范）	四	理科	5	380	377	378.8	
江苏	俄语	五	理科	5	378	371	373.2	
江苏	德语	四	理科	5	383	376	378.6	
江苏	法语	五	理科	5	379	375	376	
江苏	西班牙语	四	理科	5	379	375	377	
江苏	日语	四	理科	6	377	374	374.833	
江苏	朝鲜语	四	理科	2	375	375	375	
江苏	翻译	四	理科	6	381	377	378.667	
江苏	建筑学	五	理科	34	382	376	377.382	

续表

省份	专业名称	学制	科类	人数	最高分	最低分	平均分	备注
江苏	城乡规划	五	理科	15	377	373	374.733	
江苏	风景园林	四	理科	23	377	373	374.174	
江苏	历史建筑保护工程	四	理科	25	374	371	372.32	
江苏	金融数学	四	理科	18	383	378	379.722	
江苏	数学类	四	理科	65	389	375	377.985	
江苏	统计学	四	理科	28	380	375	376.786	
江苏	材料类(中外合作办学)(新能源材料与器件)	五	理科	22	373	364	366.909	
江苏	物理学	四	理科	31	381	372	374.097	
江苏	物理学(师范)	四	理科	13	380	373	374.769	
江苏	测控技术与仪器	四	理科	13	374	371	372.231	
江苏	新能源材料与器件	四	理科	22	377	374	374.955	
江苏	能源与动力工程	四	理科	20	379	374	375.65	
江苏	光电信息科学与工程	四	理科	21	380	375	376.381	
江苏	电子信息科学与技术	四	理科	13	380	375	377.077	
江苏	化学工程与工艺	四	理科	18	378	371	373.611	
江苏	环境工程	四	理科	10	377	374	375	
江苏	化学类	四	理科	69	380	371	373.203	
江苏	材料类	四	理科	69	379	371	373.565	
江苏	纳米材料与技术	四	理科	50	384	377	379.26	
江苏	软件工程	四	理科	43	385	378	379.977	
江苏	物联网工程	四	理科	28	383	375	376.571	
江苏	信息管理与信息系统	四	理科	18	381	374	375.167	
江苏	计算机类	四	理科	77	383	375	377.338	
江苏	电子信息工程	四	理科	30	381	376	376.933	
江苏	电子科学与技术	四	理科	10	377	375	375.6	
江苏	通信工程	四	理科	24	383	377	378.542	

续表

省份	专业名称	学制	科类	人数	最高分	最低分	平均分	备注
江苏	通信工程(嵌入式培养)	四	理科	45	383	372	374.311	
江苏	微电子科学与工程	四	理科	10	375	373	374	
江苏	信息工程	四	理科	24	377	374	374.667	
江苏	集成电路设计与集成系统	四	理科	30	377	371	374.367	
江苏	电气工程及其自动化	四	理科	36	383	377	378.889	
江苏	工业工程	四	理科	12	378	371	373.75	
江苏	机械类	四	理科	80	378	371	373.638	
江苏	冶金工程	四	理科	10	371	371	371	
江苏	金属材料工程	四	理科	13	374	371	371.923	
江苏	纺织类(中外合作办学)(纺织工程)	四	理科	32	367	353	358.594	
江苏	轻化工程	四	理科	15	374	371	372.933	
江苏	纺织类	四	理科	44	375	371	372.318	
江苏	车辆工程	四	理科	23	378	373	374.478	
江苏	电气工程与智能控制	四	理科	28	377	374	375.286	
江苏	轨道交通信号与控制	四	理科	24	378	373	375.125	
江苏	建筑环境与能源应用工程	四	理科	22	374	371	372.273	
江苏	交通运输	四	理科	13	380	371	373.462	
江苏	工程管理	四	理科	14	376	371	372.714	
江苏	生物信息学	四	理科	5	377	372	373.8	
江苏	食品质量与安全	四	理科	7	378	374	375.714	
江苏	生物制药	四	理科	15	376	371	373.667	
江苏	临床医学("5+3"一体化)	八	理科	100	396	378	381.73	
江苏	临床医学	五	理科	51	381	376	377.235	
江苏	临床医学(儿科医学)	五	理科	18	388	375	377.278	
江苏	医学影像学	五	理科	19	380	375	376.053	
江苏	放射医学	五	理科	28	377	373	374	

续表

省份	专业名称	学制	科类	人数	最高分	最低分	平均分	备注
江苏	口腔医学	五	理科	22	383	377	378.773	
江苏	预防医学	五	理科	25	375	371	372.88	
江苏	药学	四	理科	26	379	371	373.154	
江苏	中药学	四	理科	9	375	373	373.889	
江苏	法医学	五	理科	7	384	374	375.429	
江苏	医学检验技术	四	理科	14	376	373	374.214	
江苏	护理学	四	理科	48	354	351	351.458	
江苏	生物科学类	四	理科	28	378	371	373.071	
江苏	运动康复	四	理科	25	353	352	352.04	
江苏	播音与主持艺术	四	艺术	6	871.8	718.4	820.267	
江苏	视觉传达设计	四	艺术	3	562	558	560.333	
江苏	环境设计	四	艺术	5	563	556	559.6	
江苏	产品设计	四	艺术	4	562	553	556.25	
江苏	服装与服饰设计	四	艺术	4	570	555	561.75	
江苏	美术学	四	艺术	7	553	549	551.857	
江苏	艺术设计学	四	艺术	4	556	549	552	
江苏	数字媒体艺术	四	艺术	4	555	552	553	
江苏	音乐表演	四	艺术	9	182	139	163.889	
江苏	音乐学(师范)	四	艺术	7	211	206	208.286	器乐
江苏	音乐学(师范)	四	艺术	11	200	190	194.182	声乐
江苏	体育教育	四	体育	60	441	409	414.15	
江苏	运动训练	四	单招	29	85.67	60.36	76.378	
江苏	武术与民族传统体育	四	单招	3	82.49	68.98	77.367	
浙江	中国语言文学类	四	文史	3	661	658	659	
浙江	新闻传播学类	四	文史	3	657	656	656.667	
浙江	图书情报与档案管理类	四	文史	2	658	658	658	
浙江	思想政治教育	四	文史	1	656	656	656	

续表

省份	专业名称	学制	科类	人数	最高分	最低分	平均分	备注
浙江	教育学（师范）	四	文史	2	658	655	656.5	
浙江	经济学	四	文史	1	659	659	659	
浙江	会计学	四	文史	1	660	660	660	
浙江	法学	四	文史	3	660	656	657.333	
浙江	法语	五	文史	3	660	658	658.667	
浙江	日语	四	文史	2	657	657	657	
浙江	朝鲜语	四	文史	2	656	656	656	
浙江	建筑学	五	理工	1	673	673	673	
浙江	数学类	四	理工	2	671	667	669	
浙江	材料类（中外合作办学）（新能源材料与器件）	五	理工	5	653	632	642.2	
浙江	物理学（师范）	四	理工	1	659	659	659	
浙江	电子信息科学与技术	四	理工	1	667	667	667	
浙江	化学工程与工艺	四	理工	2	662	660	661	
浙江	化学类	四	理工	3	662	657	659.333	
浙江	材料类	四	理工	1	662	662	662	
浙江	纳米材料与技术	四	理工	3	660	656	657.667	
浙江	信息管理与信息系统	四	理工	1	659	659	659	
浙江	计算机类	四	理工	3	661	659	660	
浙江	通信工程	四	理工	3	658	657	657.333	
浙江	电气工程及其自动化	四	理工	1	661	661	661	
浙江	机械类	四	理工	4	657	654	655.5	
浙江	纺织类（中外合作办学）（纺织工程）	四	理工	8	632	627	629.25	
浙江	轻化工程	四	理工	2	657	656	656.5	
浙江	纺织类	四	理工	5	656	654	654.8	
浙江	车辆工程	四	理工	1	659	659	659	
浙江	电气工程与智能控制	四	理工	1	656	656	656	

续表

省份	专业名称	学制	科类	人数	最高分	最低分	平均分	备注
浙江	轨道交通信号与控制	四	理工	2	656	656	656	
浙江	临床医学("5+3"一体化)	八	理工	2	676	674	675	
浙江	临床医学	五	理工	2	671	671	671	
浙江	医学影像学	五	理工	2	661	660	660.5	
浙江	放射医学	五	理工	2	670	660	665	
浙江	药学	四	理工	3	658	655	656	
浙江	运动训练	四	单招	9	83.88	62.54	75.788	
浙江	播音与主持艺术	四	艺术文	2	878	823	850.5	
浙江	视觉传达设计	四	艺术文	2	190.1	169.8	176.618	
浙江	环境设计	四	艺术文	3	187	161.3	170.711	
浙江	产品设计	四	艺术文	1	192.3	154.7	166.872	
浙江	服装与服饰设计	四	艺术文	6	190.4	152.8	164.417	
浙江	美术学	四	艺术文	10	172.4	161.6	165.2	
浙江	艺术设计学	四	艺术文	1	160.1	160.1	160.1	
浙江	数字媒体艺术	四	艺术文	2	164	162.7	163.35	
浙江	音乐表演	四	艺术文	2	178	175	176.5	
浙江	环境设计	四	艺术理	2	187	161.3	170.711	
浙江	服装与服饰设计	四	艺术理	1	190.4	152.8	164.417	
浙江	美术学	四	艺术理	1	169.7	169.7	169.7	
浙江	艺术设计学	四	艺术理	1	158.3	158.3	158.3	
浙江	音乐表演	四	艺术理	1	169	169	169	
安徽	中国语言文学类	四	文史	4	595	589	590.5	
安徽	新闻传播学类	四	文史	5	595	590	591.4	
安徽	国际经济与贸易	四	文史	2	596	593	594.5	
安徽	法学	四	文史	4	590	589	589.5	
安徽	西班牙语	四	文史	2	597	596	596.5	
安徽	建筑学	五	理工	1	614	614	614	

续表

省份	专业名称	学制	科类	人数	最高分	最低分	平均分	备注
安徽	数学类	四	理工	4	617	612	614.5	
安徽	材料类(中外合作办学)(新能源材料与器件)	五	理工	6	609	559	569.667	
安徽	光电信息科学与工程	四	理工	3	614	613	613.667	
安徽	化学类	四	理工	5	614	611	612.4	
安徽	纳米材料与技术	四	理工	2	614	614	614	
安徽	计算机类	四	理工	3	620	615	617	
安徽	机械类	四	理工	6	613	612	612.333	
安徽	纺织类(中外合作办学)(纺织工程)	四	理工	5	556	553	554.4	
安徽	纺织类	四	理工	3	613	611	612	
安徽	车辆工程	四	理工	7	614	611	612.714	
安徽	临床医学("5+3"一体化)	八	理工	2	624	615	619.5	
安徽	播音与主持艺术	四	艺术	10	870	717	797.4	
安徽	视觉传达设计	四	艺术	2	190.1	169.8	176.618	
安徽	环境设计	四	艺术	7	187	161.3	170.711	
安徽	产品设计	四	艺术	7	192.3	154.7	166.872	
安徽	服装与服饰设计	四	艺术	11	190.4	152.8	164.417	
安徽	美术学	四	艺术	14	175.5	153.5	163.157	
安徽	艺术设计学	四	艺术	5	172.6	158.3	165.24	
安徽	数字媒体艺术	四	艺术	2	152.2	152.2	152.2	
安徽	音乐表演	四	艺术	6	175	154	164.333	
安徽	音乐学(师范)	四	艺术	2	152	147	149.5	
安徽	运动训练	四	单招	2	80.47	74.82	77.645	
安徽	武术与民族传统体育	四	单招	7	73.57	68.6	71.149	
福建	中国语言文学类	四	文史	3	568	563	566.333	
福建	新闻传播学类	四	文史	3	570	564	566.667	
福建	社会学	四	文史	1	561	561	561	

续表

省份	专业名称	学制	科类	人数	最高分	最低分	平均分	备注
福建	旅游管理	四	文史	2	562	561	561.5	
福建	哲学	四	文史	1	561	561	561	
福建	人力资源管理	四	文史	2	562	562	562	
福建	会计学	四	文史	2	572	571	571.5	
福建	法学	四	文史	3	564	562	563	
福建	德语	四	文史	2	563	562	562.5	
福建	日语	四	文史	2	567	561	564	
福建	朝鲜语	四	文史	1	561	561	561	
福建	应用心理学	四	理工	1	569	569	569	
福建	建筑学	五	理工	2	574	571	572.5	
福建	风景园林	四	理工	2	570	568	569	
福建	金融数学	四	理工	1	582	582	582	
福建	数学类	四	理工	3	577	572	574.667	
福建	统计学	四	理工	1	573	573	573	
福建	物理学	四	理工	1	571	571	571	
福建	光电信息科学与工程	四	理工	1	571	571	571	
福建	化学类	四	理工	2	584	567	575.5	
福建	材料类	四	理工	3	571	568	569.667	
福建	纳米材料与技术	四	理工	2	571	568	569.5	
福建	信息管理与信息系统	四	理工	1	582	582	582	
福建	计算机类	四	理工	3	575	572	573.333	
福建	电子科学与技术	四	理工	2	572	571	571.5	
福建	电气工程及其自动化	四	理工	1	572	572	572	
福建	机械类	四	理工	3	570	566	567.667	
福建	冶金工程	四	理工	2	566	565	565.5	
福建	轻化工程	四	理工	1	566	566	566	
福建	纺织类	四	理工	3	571	566	568.667	

续表

省份	专业名称	学制	科类	人数	最高分	最低分	平均分	备注
福建	建筑环境与能源应用工程	四	理工	2	568	568	568	
福建	生物信息学	四	理工	2	567	565	566	
福建	临床医学("5+3"一体化)	八	理工	2	583	578	580.5	
福建	临床医学	五	理工	2	584	574	579	
福建	医学影像学	五	理工	2	576	573	574.5	
福建	放射医学	五	理工	2	570	567	568.5	
福建	预防医学	五	理工	2	569	569	569	
福建	药学	四	理工	3	566	565	565.667	
福建	生物科学类	四	理工	2	571	565	568	
江西	中国语言文学类	四	文史	2	571	571	571	
江西	新闻传播学类	四	文史	2	571	571	571	
江西	旅游管理	四	文史	1	570	570	570	
江西	图书情报与档案管理类	四	文史	2	570	570	570	
江西	经济学	四	文史	1	574	574	574	
江西	工商管理	四	文史	1	572	572	572	
江西	法学	四	文史	2	573	573	573	
江西	日语	四	文史	3	571	570	570.333	
江西	风景园林	四	理工	2	599	594	596.5	
江西	数学类	四	理工	2	597	596	596.5	
江西	光电信息科学与工程	四	理工	1	597	597	597	
江西	化学类	四	理工	2	599	594	596.5	
江西	材料类	四	理工	1	594	594	594	
江西	纳米材料与技术	四	理工	1	597	597	597	
江西	计算机类	四	理工	2	601	598	599.5	
江西	电子信息工程	四	理工	1	608	608	608	
江西	电气工程及其自动化	四	理工	1	601	601	601	
江西	机械类	四	理工	6	602	594	596.667	

续表

省份	专业名称	学制	科类	人数	最高分	最低分	平均分	备注
江西	冶金工程	四	理工	1	594	594	594	
江西	轻化工程	四	理工	1	594	594	594	
江西	纺织类	四	理工	3	595	595	595	
江西	车辆工程	四	理工	1	598	598	598	
江西	临床医学（"5+3"一体化）	八	理工	2	622	611	616.5	
江西	临床医学	五	理工	1	609	609	609	
江西	预防医学	五	理工	1	602	602	602	
江西	法医学	五	理工	1	594	594	594	
江西	生物科学类	四	理工	2	598	594	596	
江西	播音与主持艺术	四	艺术文	4	806	720	766.75	
山东	中国语言文学类	四	文史	3	595	591	592.667	
山东	新闻传播学类	四	文史	3	596	588	590.667	
山东	旅游管理	四	文史	2	593	588	590.5	
山东	公共事业管理	四	文史	2	589	587	588	
山东	教育学（师范）	四	文史	1	588	588	588	
山东	金融学	四	文史	2	593	593	593	
山东	法学	四	文史	2	593	593	593	
山东	知识产权	四	文史	2	589	588	588.5	
山东	法语	五	文史	2	588	587	587.5	
山东	应用心理学	四	理工	1	634	634	634	
山东	建筑学	五	理工	1	635	635	635	
山东	金融数学	四	理工	1	645	645	645	
山东	数学类	四	理工	2	637	631	634	
山东	材料类（中外合作办学）（新能源材料与器件）	五	理工	9	611	595	601.222	
山东	化学类	四	理工	3	631	629	630	
山东	材料类	四	理工	3	630	629	629.333	

续表

省份	专业名称	学制	科类	人数	最高分	最低分	平均分	备注
山东	纳米材料与技术	四	理工	3	639	630	633.667	
山东	物联网工程	四	理工	1	633	633	633	
山东	计算机类	四	理工	2	636	632	634	
山东	通信工程	四	理工	4	635	630	631.75	
山东	机械类	四	理工	1	631	631	631	
山东	纺织类（中外合作办学）（纺织工程）	四	理工	8	600	589	593.25	
山东	纺织类	四	理工	3	631	629	630	
山东	电气工程与智能控制	四	理工	1	632	632	632	
山东	轨道交通信号与控制	四	理工	2	630	629	629.5	
山东	工程管理	四	理工	1	633	633	633	
山东	临床医学（"5+3"一体化）	八	理工	2	631	631	631	
山东	临床医学	五	理工	2	644	639	641.5	
山东	放射医学	五	理工	2	631	630	630.5	
山东	药学	四	理工	4	635	630	632	
山东	中药学	四	理工	1	629	629	629	
山东	生物科学类	四	理工	2	632	629	630.5	
山东	运动训练	四	单招	1	61.71	61.71	61.71	
山东	武术与民族传统体育	四	单招	8	82.56	69.19	74.265	
山东	播音与主持艺术	四	艺术文	11	885	675	785.273	
山东	产品设计	四	艺术文	1	192.3	154.7	166.872	
山东	服装与服饰设计	四	艺术文	1	190.4	152.8	164.417	
山东	音乐表演	四	艺术文	1	160	160	160	
山东	播音与主持艺术	四	艺术理	3	862	779	813.333	
山东	数字媒体艺术	四	艺术理	1	161.2	161.2	161.2	
山东	音乐表演	四	艺术理	1	154	154	154	
河南	中国语言文学类	四	文史	6	593	578	583.167	

续表

省份	专业名称	学制	科类	人数	最高分	最低分	平均分	备注
河南	新闻传播学类	四	文史	8	581	578	578.75	
河南	社会学	四	文史	3	578	578	578	
河南	历史学(师范)	四	文史	1	578	578	578	
河南	旅游管理	四	文史	1	581	581	581	
河南	图书情报与档案管理类	四	文史	3	581	579	579.667	
河南	思想政治教育	四	文史	1	578	578	578	
河南	管理科学	四	文史	2	582	578	580	
河南	公共事业管理	四	文史	3	580	578	579.333	
河南	教育学(师范)	四	文史	3	579	578	578.667	
河南	经济学	四	文史	1	589	589	589	
河南	财政学	四	文史	2	580	579	579.5	
河南	金融学	四	文史	1	589	589	589	
河南	国际经济与贸易	四	文史	1	582	582	582	
河南	工商管理	四	文史	1	582	582	582	
河南	市场营销	四	文史	1	583	583	583	
河南	会计学	四	文史	3	589	582	585.667	
河南	财务管理	四	文史	1	582	582	582	
河南	法学	四	文史	2	590	583	586.5	
河南	知识产权	四	文史	1	579	579	579	
河南	英语(师范)	四	文史	2	579	579	579	
河南	日语	四	文史	2	578	578	578	
河南	朝鲜语	四	文史	2	581	580	580.5	
河南	翻译	四	文史	2	581	580	580.5	
河南	教育技术学(师范)	四	理工	2	610	607	608.5	
河南	电子商务	四	理工	1	609	609	609	
河南	建筑学	五	理工	2	608	608	608	
河南	城乡规划	五	理工	3	607	606	606.667	

续表

省份	专业名称	学制	科类	人数	最高分	最低分	平均分	备注
河南	风景园林	四	理工	2	614	611	612.5	
河南	金融数学	四	理工	2	612	609	610.5	
河南	数学类	四	理工	3	613	610	611.333	
河南	统计学	四	理工	2	606	606	606	
河南	材料类(中外合作办学)(新能源材料与器件)	五	理工	7	586	568	577.286	
河南	物理学	四	理工	2	611	607	609	
河南	测控技术与仪器	四	理工	2	607	606	606.5	
河南	新能源材料与器件	四	理工	1	608	608	608	
河南	能源与动力工程	四	理工	2	609	607	608	
河南	电子信息科学与技术	四	理工	2	609	607	608	
河南	化学工程与工艺	四	理工	2	607	606	606.5	
河南	环境工程	四	理工	1	606	606	606	
河南	化学类	四	理工	5	609	606	607.2	
河南	材料类	四	理工	5	618	608	612.2	
河南	纳米材料与技术	四	理工	2	616	611	613.5	
河南	软件工程	四	理工	2	611	611	611	
河南	物联网工程	四	理工	1	614	614	614	
河南	信息管理与信息系统	四	理工	2	608	608	608	
河南	计算机类	四	理工	3	619	611	614	
河南	电子信息工程	四	理工	2	609	609	609	
河南	电子科学与技术	四	理工	2	613	608	610.5	
河南	通信工程	四	理工	2	617	614	615.5	
河南	微电子科学与工程	四	理工	3	613	607	609.667	
河南	信息工程	四	理工	2	612	609	610.5	
河南	电气工程及其自动化	四	理工	2	611	610	610.5	
河南	工业工程	四	理工	2	607	606	606.5	

续表

省份	专业名称	学制	科类	人数	最高分	最低分	平均分	备注
河南	机械类	四	理工	4	615	607	610	
河南	冶金工程	四	理工	3	606	606	606	
河南	金属材料工程	四	理工	2	609	607	608	
河南	纺织类（中外合作办学）（纺织工程）	四	理工	7	582	562	567.857	
河南	轻化工程	四	理工	3	608	606	606.667	
河南	纺织类	四	理工	8	608	606	607	
河南	车辆工程	四	理工	2	607	607	607	
河南	电气工程与智能控制	四	理工	2	608	607	607.5	
河南	轨道交通信号与控制	四	理工	3	607	606	606.667	
河南	建筑环境与能源应用工程	四	理工	3	607	606	606.333	
河南	交通运输	四	理工	1	608	608	608	
河南	工程管理	四	理工	2	612	608	610	
河南	生物信息学	四	理工	2	608	607	607.5	
河南	食品质量与安全	四	理工	2	607	606	606.5	
河南	生物制药	四	理工	2	611	608	609.5	
河南	临床医学（"5+3"一体化）	八	理工	2	630	630	630	
河南	临床医学	五	理工	2	627	625	626	
河南	医学影像学	五	理工	2	621	616	618.5	
河南	放射医学	五	理工	6	615	612	613.167	
河南	口腔医学	五	理工	3	623	621	621.667	
河南	预防医学	五	理工	2	620	617	618.5	
河南	药学	四	理工	3	620	608	612.667	
河南	中药学	四	理工	2	606	606	606	
河南	法医学	五	理工	2	610	609	609.5	
河南	医学检验技术	四	理工	2	616	614	615	
河南	生物科学类	四	理工	6	622	606	610.833	

续表

省份	专业名称	学制	科类	人数	最高分	最低分	平均分	备注
河南	运动训练	四	单招	1	83.2	83.2	83.2	
河南	武术与民族传统体育	四	单招	2	73.68	67.2	70.44	
河南	视觉传达设计	四	艺术文	1	190.1	169.8	176.618	
河南	环境设计	四	艺术文	1	187	161.3	170.711	
河南	产品设计	四	艺术文	2	192.3	154.7	166.872	
河南	服装与服饰设计	四	艺术文	2	190.4	152.8	164.417	
河南	美术学	四	艺术文	3	178	156.4	167.367	
河南	艺术设计学	四	艺术文	1	173.9	173.9	173.9	
河南	数字媒体艺术	四	艺术文	1	170.4	170.4	170.4	
河南	音乐学(师范)	四	艺术文	1	151	151	151	
河南	播音与主持艺术	四	艺术理	2	911	719	815	
河南	服装与服饰设计	四	艺术理	1	190.4	152.8	164.417	
河南	美术学	四	艺术理	1	155.7	155.7	155.7	
河南	艺术设计学	四	艺术理	1	168.3	168.3	168.3	
湖北	中国语言文学类	四	文史	3	585	579	581.333	
湖北	新闻传播学类	四	文史	3	580	577	578	
湖北	图书情报与档案管理类	四	文史	3	584	576	579	
湖北	工商管理	四	文史	3	580	575	577	
湖北	法学	四	文史	3	579	575	576.667	
湖北	英语(师范)	四	文史	1	576	576	576	
湖北	德语	四	文史	2	581	579	580	
湖北	西班牙语	四	文史	2	575	575	575	
湖北	建筑学	五	理工	1	607	607	607	
湖北	风景园林	四	理工	3	622	606	611.333	
湖北	数学类	四	理工	2	617	617	617	
湖北	材料类(中外合作办学)(新能源材料与器件)	五	理工	8	602	600	601.25	

续表

省份	专业名称	学制	科类	人数	最高分	最低分	平均分	备注
湖北	测控技术与仪器	四	理工	1	608	608	608	
湖北	化学类	四	理工	3	611	606	608	
湖北	纳米材料与技术	四	理工	3	614	609	611	
湖北	信息管理与信息系统	四	理工	1	612	612	612	
湖北	计算机类	四	理工	2	616	611	613.5	
湖北	通信工程	四	理工	2	613	610	611.5	
湖北	信息工程	四	理工	2	610	609	609.5	
湖北	机械类	四	理工	3	610	608	609	
湖北	冶金工程	四	理工	1	607	607	607	
湖北	纺织类（中外合作办学）（纺织工程）	四	理工	2	600	596	598	
湖北	纺织类	四	理工	2	611	610	610.5	
湖北	车辆工程	四	理工	1	616	616	616	
湖北	轨道交通信号与控制	四	理工	2	608	607	607.5	
湖北	生物制药	四	理工	2	607	607	607	
湖北	临床医学（"5+3"一体化）	八	理工	2	623	620	621.5	
湖北	临床医学	五	理工	2	624	619	621.5	
湖北	放射医学	五	理工	1	607	607	607	
湖北	法医学	五	理工	1	607	607	607	
湖北	生物科学类	四	理工	2	610	607	608.5	
湖北	环境设计	四	艺术	1	187	161.3	170.711	
湖北	音乐表演	四	艺术	1	152	152	152	
湖北	音乐学（师范）	四	艺术	1	158	158	158	
湖南	中国语言文学类	四	文史	3	590	585	587.667	
湖南	新闻传播学类	四	文史	3	591	586	588	
湖南	思想政治教育	四	文史	1	584	584	584	
湖南	人力资源管理	四	文史	3	589	584	586.333	

续表

省份	专业名称	学制	科类	人数	最高分	最低分	平均分	备注
湖南	经济学	四	文史	1	594	594	594	
湖南	财政学	四	文史	2	590	589	589.5	
湖南	法学	四	文史	3	587	585	585.667	
湖南	法语	五	文史	2	591	589	590	
湖南	建筑学	五	理工	2	591	589	590	
湖南	数学类	四	理工	2	590	588	589	
湖南	物理学	四	理工	1	590	590	590	
湖南	化学类	四	理工	2	589	587	588	
湖南	材料类	四	理工	3	594	591	592.333	
湖南	纳米材料与技术	四	理工	3	596	591	593	
湖南	计算机类	四	理工	2	598	593	595.5	
湖南	通信工程	四	理工	2	594	593	593.5	
湖南	信息工程	四	理工	2	594	592	593	
湖南	机械类	四	理工	2	589	588	588.5	
湖南	冶金工程	四	理工	2	587	586	586.5	
湖南	金属材料工程	四	理工	2	593	588	590.5	
湖南	轻化工程	四	理工	2	589	586	587.5	
湖南	纺织类	四	理工	3	588	586	587	
湖南	车辆工程	四	理工	1	588	588	588	
湖南	轨道交通信号与控制	四	理工	2	587	587	587	
湖南	临床医学（"5+3"一体化）	八	理工	1	596	596	596	
湖南	临床医学	五	理工	1	599	599	599	
湖南	放射医学	五	理工	2	587	587	587	
湖南	预防医学	五	理工	1	595	595	595	
湖南	中药学	四	理工	1	586	586	586	
湖南	法医学	五	理工	1	587	587	587	
湖南	医学检验技术	四	理工	1	588	588	588	

续表

省份	专业名称	学制	科类	人数	最高分	最低分	平均分	备注
湖南	生物科学类	四	理工	2	592	591	591.5	
湖南	视觉传达设计	四	艺术文	1	190.1	169.8	176.618	
湖南	环境设计	四	艺术文	3	187	161.3	170.711	
湖南	产品设计	四	艺术文	2	192.3	154.7	166.872	
湖南	美术学	四	艺术文	5	174.8	159.1	165.42	
湖南	艺术设计学	四	艺术文	2	168.9	164.1	166.5	
湖南	数字媒体艺术	四	艺术文	1	170.9	170.9	170.9	
湖南	音乐表演	四	艺术文	5	184	173	178.4	
湖南	音乐学(师范)	四	艺术文	1	158	158	158	
湖南	数字媒体艺术	四	艺术理	1	153.4	153.4	153.4	
广东	中国语言文学类	四	文史	3	563	563	563	
广东	新闻传播学类	四	文史	4	569	563	564.75	
广东	人力资源管理	四	文史	1	563	563	563	
广东	工商管理	四	文史	2	565	564	564.5	
广东	会计学	四	文史	1	563	563	563	
广东	知识产权	四	文史	3	563	562	562.667	
广东	西班牙语	四	文史	2	574	563	568.5	
广东	建筑学	五	理工	2	575	573	574	
广东	数学类	四	理工	2	578	576	577	
广东	材料类(中外合作办学)(新能源材料与器件)	五	理工	4	565	548	556.5	
广东	光电信息科学与工程	四	理工	2	571	569	570	
广东	材料类	四	理工	4	574	568	571.75	
广东	纳米材料与技术	四	理工	2	579	577	578	
广东	软件工程	四	理工	3	581	569	573.667	
广东	计算机类	四	理工	2	571	571	571	
广东	机械类	四	理工	4	571	568	569.75	

续表

省份	专业名称	学制	科类	人数	最高分	最低分	平均分	备注
广东	纺织类(中外合作办学)(纺织工程)	四	理工	6	527	520	522.667	
广东	纺织类	四	理工	3	568	567	567.333	
广东	临床医学("5+3"一体化)	八	理工	2	603	571	587	
广东	临床医学	五	理工	2	569	567	568	
广东	药学	四	理工	3	577	568	572	
广东	生物科学类	四	理工	1	568	568	568	
广东	播音与主持艺术	四	艺术	4	827	744	783.75	
广东	视觉传达设计	四	艺术	1	190.1	169.8	176.618	
广东	环境设计	四	艺术	9	187	161.3	170.711	
广东	产品设计	四	艺术	14	192.3	154.7	166.872	
广东	服装与服饰设计	四	艺术	12	190.4	152.8	164.417	
广东	美术学	四	艺术	14	171	157.6	163.35	
广东	艺术设计学	四	艺术	5	168.5	155.3	162.16	
广东	数字媒体艺术	四	艺术	4	173.4	155.1	165.275	
广东	音乐表演	四	艺术	15	187	142	171.667	
广东	音乐学(师范)	四	艺术	12	155	147	150.167	
广东	运动训练	四	单招	1	65.05	65.05	65.05	
广东	武术与民族传统体育	四	单招	3	78.75	67.76	74.44	
广西	中国语言文学类	四	文史	3	600	597	598.333	
广西	新闻传播学类	四	文史	3	607	600	604	
广西	社会学	四	文史	1	597	597	597	
广西	历史学(师范)	四	文史	2	597	597	597	
广西	图书情报与档案管理类	四	文史	2	598	598	598	
广西	思想政治教育	四	文史	1	597	597	597	
广西	管理科学	四	文史	1	598	598	598	
广西	人力资源管理	四	文史	1	598	598	598	

续表

省份	专业名称	学制	科类	人数	最高分	最低分	平均分	备注
广西	行政管理	四	文史	2	598	597	597.5	
广西	教育学（师范）	四	文史	1	597	597	597	
广西	财政学	四	文史	2	602	599	600.5	
广西	国际经济与贸易	四	文史	1	602	602	602	
广西	工商管理	四	文史	2	598	598	598	
广西	市场营销	四	文史	1	601	601	601	
广西	财务管理	四	文史	1	605	605	605	
广西	法学	四	文史	2	615	599	607	
广西	英语（师范）	四	文史	2	597	597	597	
广西	日语	四	文史	2	598	597	597.5	
广西	建筑学	五	理工	2	590	590	590	
广西	风景园林	四	理工	4	588	583	585.75	
广西	数学类	四	理工	2	600	591	595.5	
广西	材料类（中外合作办学）（新能源材料与器件）	五	理工	2	579	575	577	
广西	物理学	四	理工	2	590	588	589	
广西	新能源材料与器件	四	理工	2	581	580	580.5	
广西	能源与动力工程	四	理工	3	581	576	579	
广西	光电信息科学与工程	四	理工	2	572	572	572	
广西	电子信息科学与技术	四	理工	2	583	580	581.5	
广西	环境工程	四	理工	2	573	573	573	
广西	化学类	四	理工	4	588	580	583.25	
广西	材料类	四	理工	5	589	579	583.2	
广西	纳米材料与技术	四	理工	1	577	577	577	
广西	软件工程	四	理工	3	602	594	597	
广西	物联网工程	四	理工	2	588	586	587	
广西	计算机类	四	理工	3	586	584	584.667	

续表

省份	专业名称	学制	科类	人数	最高分	最低分	平均分	备注
广西	电子信息工程	四	理工	2	588	582	585	
广西	电子科学与技术	四	理工	2	585	580	582.5	
广西	微电子科学与工程	四	理工	2	573	573	573	
广西	信息工程	四	理工	3	592	581	588.333	
广西	工业工程	四	理工	2	572	571	571.5	
广西	机械类	四	理工	3	601	584	590.667	
广西	冶金工程	四	理工	2	579	577	578	
广西	金属材料工程	四	理工	2	576	572	574	
广西	纺织类（中外合作办学）（纺织工程）	四	理工	1	580	580	580	
广西	轻化工程	四	理工	2	572	571	571.5	
广西	纺织类	四	理工	5	587	572	578.2	
广西	建筑环境与能源应用工程	四	理工	2	577	576	576.5	
广西	工程管理	四	理工	2	596	578	587	
广西	食品质量与安全	四	理工	2	585	578	581.5	
广西	生物制药	四	理工	2	589	576	582.5	
广西	临床医学（"5+3"一体化）	八	理工	2	628	609	618.5	
广西	临床医学	五	理工	2	629	602	615.5	
广西	医学影像学	五	理工	2	594	591	592.5	
广西	放射医学	五	理工	5	589	572	577.8	
广西	口腔医学	五	理工	3	602	594	597.667	
广西	预防医学	五	理工	3	588	577	583.333	
广西	药学	四	理工	3	591	574	581.333	
广西	法医学	五	理工	2	585	577	581	
广西	医学检验技术	四	理工	2	575	573	574	
广西	生物科学类	四	理工	5	577	571	572.8	
海南	中国语言文学类	四	文史	3	769	757	762.333	

续表

省份	专业名称	学制	科类	人数	最高分	最低分	平均分	备注
海南	新闻传播学类	四	文史	3	773	763	769.333	
海南	金融学	四	文史	2	762	751	756.5	
海南	法学	四	文史	2	750	749	749.5	
海南	英语	四	文史	2	750	749	749.5	
海南	建筑学	五	理工	2	699	696	697.5	
海南	数学类	四	理工	1	708	708	708	
海南	物理学(师范)	四	理工	1	703	703	703	
海南	光电信息科学与工程	四	理工	2	713	708	710.5	
海南	化学工程与工艺	四	理工	2	712	701	706.5	
海南	纳米材料与技术	四	理工	1	708	708	708	
海南	计算机类	四	理工	2	717	710	713.5	
海南	电子信息工程	四	理工	2	700	700	700	
海南	电气工程及其自动化	四	理工	1	721	721	721	
海南	轻化工程	四	理工	2	700	695	697.5	
海南	纺织类	四	理工	4	723	703	714.75	
海南	生物制药	四	理工	1	715	715	715	
海南	临床医学("5+3"一体化)	八	理工	1	746	746	746	
海南	临床医学(儿科医学)	五	理工	1	729	729	729	
海南	放射医学	五	理工	1	698	698	698	
海南	法医学	五	理工	1	695	695	695	
重庆	中国语言文学类	四	文史	2	588	588	588	
重庆	新闻传播学类	四	文史	2	589	589	589	
重庆	旅游管理	四	文史	2	588	588	588	
重庆	管理科学	四	文史	2	588	588	588	
重庆	金融学	四	文史	2	596	593	594.5	
重庆	知识产权	四	文史	1	590	590	590	
重庆	城乡规划	五	理工	1	616	616	616	

续表

省份	专业名称	学制	科类	人数	最高分	最低分	平均分	备注
重庆	物理学(师范)	四	理工	1	610	610	610	
重庆	新能源材料与器件	四	理工	1	606	606	606	
重庆	光电信息科学与工程	四	理工	1	611	611	611	
重庆	化学类	四	理工	2	607	606	606.5	
重庆	材料类	四	理工	2	606	606	606	
重庆	纳米材料与技术	四	理工	1	620	620	620	
重庆	软件工程	四	理工	1	609	609	609	
重庆	计算机类	四	理工	2	608	607	607.5	
重庆	信息工程	四	理工	1	608	608	608	
重庆	机械类	四	理工	2	612	606	609	
重庆	纺织类	四	理工	2	607	606	606.5	
重庆	电气工程与智能控制	四	理工	1	608	608	608	
重庆	临床医学("5+3"一体化)	八	理工	1	625	625	625	
重庆	临床医学(儿科医学)	五	理工	2	620	614	617	
重庆	口腔医学	五	理工	1	616	616	616	
重庆	预防医学	五	理工	1	611	611	611	
重庆	药学	四	理工	2	609	608	608.5	
重庆	生物科学类	四	理工	1	605	605	605	
重庆	视觉传达设计	四	艺术	3	190.1	169.8	176.618	
重庆	环境设计	四	艺术	1	187	161.3	170.711	
重庆	产品设计	四	艺术	3	192.3	154.7	166.872	
四川	中国语言文学类	四	文史	6	599	587	590.333	
四川	新闻传播学类	四	文史	4	590	586	588	
四川	社会学	四	文史	2	586	586	586	
四川	历史学(师范)	四	文史	2	586	585	585.5	
四川	图书情报与档案管理类	四	文史	2	592	590	591	
四川	思想政治教育	四	文史	3	586	585	585.667	

续表

省份	专业名称	学制	科类	人数	最高分	最低分	平均分	备注
四川	人力资源管理	四	文史	1	590	590	590	
四川	公共事业管理	四	文史	2	590	587	588.5	
四川	行政管理	四	文史	2	587	587	587	
四川	教育学（师范）	四	文史	1	586	586	586	
四川	金融学	四	文史	2	591	591	591	
四川	工商管理	四	文史	1	588	588	588	
四川	会计学	四	文史	2	594	592	593	
四川	财务管理	四	文史	1	596	596	596	
四川	法学	四	文史	2	592	590	591	
四川	英语	四	文史	2	588	586	587	
四川	英语（师范）	四	文史	2	594	586	590	
四川	德语	四	文史	2	588	587	587.5	
四川	教育技术学（师范）	四	理工	2	610	609	609.5	
四川	应用心理学	四	理工	2	624	616	620	
四川	城乡规划	五	理工	3	608	606	607	
四川	风景园林	四	理工	2	615	613	614	
四川	材料类（中外合作办学）（新能源材料与器件）	五	理工	4	579	572	576.25	
四川	物理学	四	理工	3	610	607	608.667	
四川	测控技术与仪器	四	理工	2	611	608	609.5	
四川	新能源材料与器件	四	理工	1	612	612	612	
四川	能源与动力工程	四	理工	2	613	611	612	
四川	光电信息科学与工程	四	理工	2	609	607	608	
四川	化学工程与工艺	四	理工	1	612	612	612	
四川	环境工程	四	理工	2	608	607	607.5	
四川	化学类	四	理工	4	616	608	611	
四川	材料类	四	理工	3	613	612	612.667	

续表

省份	专业名称	学制	科类	人数	最高分	最低分	平均分	备注
四川	纳米材料与技术	四	理工	1	628	628	628	
四川	软件工程	四	理工	2	616	610	613	
四川	物联网工程	四	理工	2	612	611	611.5	
四川	信息管理与信息系统	四	理工	2	614	612	613	
四川	计算机类	四	理工	2	615	614	614.5	
四川	电子信息工程	四	理工	2	611	610	610.5	
四川	电子科学与技术	四	理工	2	608	607	607.5	
四川	通信工程	四	理工	2	614	611	612.5	
四川	微电子科学与工程	四	理工	2	612	609	610.5	
四川	信息工程	四	理工	2	611	609	610	
四川	电气工程及其自动化	四	理工	2	613	613	613	
四川	工业工程	四	理工	2	609	608	608.5	
四川	机械类	四	理工	3	616	610	612.667	
四川	冶金工程	四	理工	3	607	606	606.667	
四川	金属材料工程	四	理工	2	609	607	608	
四川	纺织类(中外合作办学)(纺织工程)	四	理工	10	575	566	568.5	
四川	轻化工程	四	理工	3	610	607	608	
四川	纺织类	四	理工	6	617	607	609.167	
四川	建筑环境与能源应用工程	四	理工	3	609	607	607.667	
四川	交通运输	四	理工	2	610	609	609.5	
四川	工程管理	四	理工	1	611	611	611	
四川	生物信息学	四	理工	2	612	610	611	
四川	食品质量与安全	四	理工	3	616	608	612.333	
四川	生物制药	四	理工	2	609	609	609	
四川	临床医学("5+3"一体化)	八	理工	2	646	633	639.5	
四川	临床医学	五	理工	2	627	627	627	

续表

省份	专业名称	学制	科类	人数	最高分	最低分	平均分	备注
四川	医学影像学	五	理工	2	626	624	625	
四川	放射医学	五	理工	2	621	616	618.5	
四川	口腔医学	五	理工	2	627	626	626.5	
四川	预防医学	五	理工	2	625	620	622.5	
四川	药学	四	理工	3	617	616	616.333	
四川	中药学	四	理工	2	609	608	608.5	
四川	法医学	五	理工	1	613	613	613	
四川	生物科学类	四	理工	5	623	607	616.2	
四川	服装与服饰设计	四	艺术	1	190.4	152.8	164.417	
贵州	中国语言文学类	四	文史	7	627	623	625.143	
贵州	新闻传播学类	四	文史	5	627	622	624	
贵州	社会学	四	文史	2	624	621	622.5	
贵州	历史学(师范)	四	文史	2	622	621	621.5	
贵州	旅游管理	四	文史	3	622	619	620.667	
贵州	图书情报与档案管理类	四	文史	5	624	620	620.8	
贵州	哲学	四	文史	1	620	620	620	
贵州	思想政治教育	四	文史	2	621	621	621	
贵州	管理科学	四	文史	2	623	622	622.5	
贵州	人力资源管理	四	文史	3	622	614	618.667	
贵州	公共事业管理	四	文史	1	623	623	623	
贵州	行政管理	四	文史	3	624	623	623.333	
贵州	教育学(师范)	四	文史	2	623	622	622.5	
贵州	经济学	四	文史	1	626	626	626	
贵州	财政学	四	文史	2	644	624	634	
贵州	国际经济与贸易	四	文史	2	624	624	624	
贵州	工商管理	四	文史	1	626	626	626	
贵州	市场营销	四	文史	2	622	621	621.5	

续表

省份	专业名称	学制	科类	人数	最高分	最低分	平均分	备注
贵州	财务管理	四	文史	1	625	625	625	
贵州	法学	四	文史	4	629	625	626.25	
贵州	知识产权	四	文史	2	620	619	619.5	
贵州	英语	四	文史	2	633	624	628.5	
贵州	英语(师范)	四	文史	3	622	620	621	
贵州	朝鲜语	四	文史	2	622	620	621	
贵州	教育技术学(师范)	四	理工	2	583	583	583	
贵州	应用心理学	四	理工	3	588	582	586	
贵州	电子商务	四	理工	1	590	590	590	
贵州	建筑学	五	理工	2	596	593	594.5	
贵州	城乡规划	五	理工	2	579	578	578.5	
贵州	风景园林	四	理工	4	591	582	585.75	
贵州	金融数学	四	理工	1	604	604	604	
贵州	数学类	四	理工	3	593	586	589.333	
贵州	统计学	四	理工	1	590	590	590	
贵州	物理学	四	理工	3	592	586	589.333	
贵州	物理学(师范)	四	理工	2	577	572	574.5	
贵州	测控技术与仪器	四	理工	3	575	574	574.667	
贵州	新能源材料与器件	四	理工	2	575	575	575	
贵州	能源与动力工程	四	理工	4	579	576	577.5	
贵州	光电信息科学与工程	四	理工	3	577	576	576.333	
贵州	电子信息科学与技术	四	理工	3	581	576	579.333	
贵州	化学工程与工艺	四	理工	4	582	574	577.5	
贵州	环境工程	四	理工	3	602	582	591	
贵州	化学类	四	理工	8	587	575	579.75	
贵州	材料类	四	理工	8	581	574	575.75	
贵州	软件工程	四	理工	3	602	593	596.667	

续表

省份	专业名称	学制	科类	人数	最高分	最低分	平均分	备注
贵州	物联网工程	四	理工	3	593	587	589.667	
贵州	信息管理与信息系统	四	理工	4	581	575	577.75	
贵州	计算机类	四	理工	4	590	582	584.75	
贵州	电子信息工程	四	理工	3	576	575	575.333	
贵州	电子科学与技术	四	理工	4	579	576	577.75	
贵州	通信工程	四	理工	3	584	580	582	
贵州	微电子科学与工程	四	理工	4	593	574	579.75	
贵州	信息工程	四	理工	4	595	576	582.5	
贵州	电气工程及其自动化	四	理工	3	596	586	590.333	
贵州	工业工程	四	理工	3	578	575	576	
贵州	机械类	四	理工	7	583	575	578.143	
贵州	冶金工程	四	理工	4	580	578	579.25	
贵州	金属材料工程	四	理工	3	575	569	573	
贵州	轻化工程	四	理工	3	584	581	582	
贵州	纺织类	四	理工	9	582	575	577.111	
贵州	车辆工程	四	理工	4	581	576	579.25	
贵州	电气工程与智能控制	四	理工	3	583	578	581	
贵州	建筑环境与能源应用工程	四	理工	3	578	574	575.667	
贵州	交通运输	四	理工	2	579	578	578.5	
贵州	工程管理	四	理工	3	585	578	581.333	
贵州	生物信息学	四	理工	3	585	580	582	
贵州	食品质量与安全	四	理工	3	588	586	587	
贵州	生物制药	四	理工	3	583	578	581	
贵州	临床医学("5+3"一体化)	八	理工	3	612	607	609.667	
贵州	临床医学	五	理工	5	607	599	602	
贵州	临床医学(儿科医学)	五	理工	3	606	592	597.667	
贵州	医学影像学	五	理工	3	592	590	591.333	

续表

省份	专业名称	学制	科类	人数	最高分	最低分	平均分	备注
贵州	放射医学	五	理工	6	590	584	586.667	
贵州	口腔医学	五	理工	3	607	600	602.667	
贵州	预防医学	五	理工	4	591	586	588.5	
贵州	药学	四	理工	6	595	584	588.5	
贵州	中药学	四	理工	3	584	576	580.667	
贵州	法医学	五	理工	3	583	580	581.667	
贵州	医学检验技术	四	理工	3	599	589	592.333	
贵州	生物科学类	四	理工	8	586	575	581.375	
云南	中国语言文学类	四	文史	3	620	615	617	
云南	新闻传播学类	四	文史	3	619	615	616.667	
云南	历史学(师范)	四	文史	1	624	624	624	
云南	图书情报与档案管理类	四	文史	1	615	615	615	
云南	思想政治教育	四	文史	1	615	615	615	
云南	管理科学	四	文史	1	617	617	617	
云南	行政管理	四	文史	1	617	617	617	
云南	金融学	四	文史	2	632	626	629	
云南	会计学	四	文史	2	628	621	624.5	
云南	财务管理	四	文史	1	620	620	620	
云南	法学	四	文史	2	617	617	617	
云南	知识产权	四	文史	1	616	616	616	
云南	英语(师范)	四	文史	2	618	615	616.5	
云南	翻译	四	文史	2	619	616	617.5	
云南	教育技术学(师范)	四	理工	2	608	601	604.5	
云南	应用心理学	四	理工	1	609	609	609	
云南	城乡规划	五	理工	2	606	603	604.5	
云南	物理学	四	理工	3	611	600	604.667	
云南	测控技术与仪器	四	理工	1	601	601	601	

续表

省份	专业名称	学制	科类	人数	最高分	最低分	平均分	备注
云南	新能源材料与器件	四	理工	2	607	606	606.5	
云南	能源与动力工程	四	理工	2	610	602	606	
云南	光电信息科学与工程	四	理工	2	611	609	610	
云南	化学类	四	理工	2	610	601	605.5	
云南	材料类	四	理工	2	615	608	611.5	
云南	软件工程	四	理工	2	617	611	614	
云南	物联网工程	四	理工	2	620	614	617	
云南	信息管理与信息系统	四	理工	1	617	617	617	
云南	计算机类	四	理工	2	615	610	612.5	
云南	电子信息工程	四	理工	1	616	616	616	
云南	微电子科学与工程	四	理工	1	602	602	602	
云南	电气工程及其自动化	四	理工	1	623	623	623	
云南	工业工程	四	理工	2	604	601	602.5	
云南	机械类	四	理工	3	611	605	608.667	
云南	冶金工程	四	理工	2	603	594	598.5	
云南	金属材料工程	四	理工	1	600	600	600	
云南	纺织类	四	理工	6	610	600	604	
云南	车辆工程	四	理工	2	606	599	602.5	
云南	建筑环境与能源应用工程	四	理工	3	601	599	600	
云南	交通运输	四	理工	1	609	609	609	
云南	生物信息学	四	理工	3	614	602	606.667	
云南	生物制药	四	理工	2	611	603	607	
云南	临床医学（"5+3"一体化）	八	理工	2	648	637	642.5	
云南	临床医学	五	理工	2	636	634	635	
云南	医学影像学	五	理工	2	628	626	627	
云南	放射医学	五	理工	2	625	613	619	
云南	口腔医学	五	理工	2	633	632	632.5	

续表

省份	专业名称	学制	科类	人数	最高分	最低分	平均分	备注
云南	预防医学	五	理工	2	625	613	619	
云南	药学	四	理工	3	610	606	607.333	
云南	中药学	四	理工	2	612	602	607	
云南	法医学	五	理工	2	609	608	608.5	
云南	医学检验技术	四	理工	1	623	623	623	
云南	生物科学类	四	理工	2	627	606	616.5	
陕西	中国语言文学类	四	文史	2	604	601	602.5	
陕西	新闻传播学类	四	文史	3	601	595	597.333	
陕西	图书情报与档案管理类	四	文史	2	595	595	595	
陕西	公共事业管理	四	文史	2	593	593	593	
陕西	经济学	四	文史	1	600	600	600	
陕西	财政学	四	文史	1	595	595	595	
陕西	知识产权	四	文史	2	595	593	594	
陕西	西班牙语	四	文史	2	596	595	595.5	
陕西	城乡规划	五	理工	2	586	585	585.5	
陕西	物理学	四	理工	1	591	591	591	
陕西	化学类	四	理工	2	592	585	588.5	
陕西	材料类	四	理工	1	599	599	599	
陕西	纳米材料与技术	四	理工	2	586	586	586	
陕西	计算机类	四	理工	2	592	589	590.5	
陕西	通信工程	四	理工	1	591	591	591	
陕西	信息工程	四	理工	3	605	588	594	
陕西	电气工程及其自动化	四	理工	1	593	593	593	
陕西	机械类	四	理工	3	588	584	585.333	
陕西	冶金工程	四	理工	1	588	588	588	
陕西	轻化工程	四	理工	2	584	584	584	
陕西	纺织类	四	理工	3	586	584	584.667	

续表

省份	专业名称	学制	科类	人数	最高分	最低分	平均分	备注
陕西	临床医学("5+3"一体化)	八	理工	2	609	603	606	
陕西	临床医学	五	理工	1	601	601	601	
陕西	放射医学	五	理工	2	601	594	597.5	
陕西	预防医学	五	理工	1	590	590	590	
陕西	药学	四	理工	3	598	587	591	
陕西	中药学	四	理工	3	587	585	586	
陕西	生物科学类	四	理工	2	588	587	587.5	
甘肃	中国语言文学类	四	文史	3	569	562	564.667	
甘肃	新闻传播学类	四	文史	3	564	559	560.667	
甘肃	社会学	四	文史	2	557	555	556	
甘肃	历史学(师范)	四	文史	2	556	554	555	
甘肃	旅游管理	四	文史	1	566	566	566	
甘肃	图书情报与档案管理类	四	文史	2	564	558	561	
甘肃	思想政治教育	四	文史	1	561	561	561	
甘肃	公共事业管理	四	文史	2	558	557	557.5	
甘肃	行政管理	四	文史	2	561	559	560	
甘肃	教育学(师范)	四	文史	2	560	558	559	
甘肃	市场营销	四	文史	2	562	559	560.5	
甘肃	财务管理	四	文史	1	572	572	572	
甘肃	法学	四	文史	2	561	560	560.5	
甘肃	英语(师范)	四	文史	2	558	557	557.5	
甘肃	日语	四	文史	2	569	565	567	
甘肃	建筑学	五	理工	2	571	570	570.5	
甘肃	数学类	四	理工	2	583	581	582	
甘肃	物理学	四	理工	1	581	581	581	
甘肃	测控技术与仪器	四	理工	2	571	567	569	
甘肃	能源与动力工程	四	理工	2	577	574	575.5	

续表

省份	专业名称	学制	科类	人数	最高分	最低分	平均分	备注
甘肃	光电信息科学与工程	四	理工	1	586	586	586	
甘肃	电子信息科学与技术	四	理工	1	575	575	575	
甘肃	化学类	四	理工	6	570	567	568.5	
甘肃	材料类	四	理工	5	575	571	572.8	
甘肃	信息管理与信息系统	四	理工	1	573	573	573	
甘肃	计算机类	四	理工	2	577	572	574.5	
甘肃	电子信息工程	四	理工	3	580	572	575	
甘肃	电子科学与技术	四	理工	2	579	571	575	
甘肃	通信工程	四	理工	2	577	575	576	
甘肃	微电子科学与工程	四	理工	4	570	568	569	
甘肃	信息工程	四	理工	2	577	570	573.5	
甘肃	工业工程	四	理工	2	572	569	570.5	
甘肃	机械类	四	理工	3	573	567	569.333	
甘肃	冶金工程	四	理工	3	570	567	568.667	
甘肃	金属材料工程	四	理工	2	569	566	567.5	
甘肃	轻化工程	四	理工	2	573	567	570	
甘肃	纺织类	四	理工	6	575	567	568.667	
甘肃	车辆工程	四	理工	2	567	567	567	
甘肃	轨道交通信号与控制	四	理工	2	571	571	571	
甘肃	建筑环境与能源应用工程	四	理工	3	586	566	573.667	
甘肃	生物信息学	四	理工	2	571	567	569	
甘肃	生物制药	四	理工	2	571	570	570.5	
甘肃	临床医学("5+3"一体化)	八	理工	2	613	599	606	
甘肃	临床医学	五	理工	3	595	591	593.333	
甘肃	临床医学(儿科医学)	五	理工	2	585	576	580.5	
甘肃	医学影像学	五	理工	2	579	579	579	
甘肃	放射医学	五	理工	4	589	574	580	

续表

省份	专业名称	学制	科类	人数	最高分	最低分	平均分	备注
甘肃	口腔医学	五	理工	2	599	589	594	
甘肃	预防医学	五	理工	2	575	572	573.5	
甘肃	药学	四	理工	4	579	569	574.75	
甘肃	中药学	四	理工	3	572	566	568	
甘肃	法医学	五	理工	2	578	569	573.5	
甘肃	医学检验技术	四	理工	2	575	574	574.5	
甘肃	生物科学类	四	理工	6	581	567	570	
甘肃	音乐表演	四	艺术	2	175	155	165	
青海	中国语言文学类	四	文史	2	536	533	534.5	
青海	图书情报与档案管理类	四	文史	1	521	521	521	
青海	人力资源管理	四	文史	2	534	531	532.5	
青海	行政管理	四	文史	1	530	530	530	
青海	市场营销	四	文史	1	524	524	524	
青海	财务管理	四	文史	1	537	537	537	
青海	知识产权	四	文史	1	524	524	524	
青海	教育技术学(师范)	四	理工	1	490	490	490	
青海	城乡规划	五	理工	1	568	568	568	
青海	物理学	四	理工	1	515	515	515	
青海	新能源材料与器件	四	理工	2	534	514	524	
青海	材料类	四	理工	2	521	511	516	
青海	软件工程	四	理工	2	518	515	516.5	
青海	信息管理与信息系统	四	理工	1	527	527	527	
青海	电子科学与技术	四	理工	2	561	514	537.5	
青海	电气工程及其自动化	四	理工	2	526	517	521.5	
青海	机械类	四	理工	1	508	508	508	
青海	冶金工程	四	理工	2	504	488	496	
青海	纺织类	四	理工	2	503	495	499	

续表

省份	专业名称	学制	科类	人数	最高分	最低分	平均分	备注
青海	临床医学	五	理工	2	578	575	576.5	
青海	预防医学	五	理工	1	488	488	488	
青海	生物科学类	四	理工	2	501	494	497.5	
宁夏	中国语言文学类	四	文史	2	582	580	581	
宁夏	新闻传播学类	四	文史	2	588	583	585.5	
宁夏	图书情报与档案管理类	四	文史	2	578	577	577.5	
宁夏	管理科学	四	文史	2	579	579	579	
宁夏	市场营销	四	文史	1	578	578	578	
宁夏	财务管理	四	文史	1	580	580	580	
宁夏	法学	四	文史	1	588	588	588	
宁夏	物理学	四	理工	2	552	542	547	
宁夏	能源与动力工程	四	理工	1	555	555	555	
宁夏	材料类	四	理工	1	564	564	564	
宁夏	软件工程	四	理工	2	560	560	560	
宁夏	计算机类	四	理工	2	557	555	556	
宁夏	通信工程	四	理工	1	563	563	563	
宁夏	电气工程及其自动化	四	理工	1	559	559	559	
宁夏	机械类	四	理工	2	552	550	551	
宁夏	冶金工程	四	理工	1	542	542	542	
宁夏	纺织类	四	理工	2	561	543	552	
宁夏	工程管理	四	理工	2	552	545	548.5	
宁夏	生物信息学	四	理工	2	551	551	551	
宁夏	临床医学("5+3"一体化)	八	理工	1	590	590	590	
宁夏	临床医学	五	理工	2	583	561	572	
宁夏	放射医学	五	理工	1	553	553	553	
宁夏	口腔医学	五	理工	2	568	556	562	
宁夏	预防医学	五	理工	2	553	551	552	

续表

省份	专业名称	学制	科类	人数	最高分	最低分	平均分	备注
宁夏	药学	四	理工	2	551	547	549	
宁夏	中药学	四	理工	2	546	544	545	
宁夏	生物科学类	四	理工	1	560	560	560	
新疆	中国语言文学类	四	文史	3	574	570	572	
新疆	新闻传播学类	四	文史	1	574	574	574	
新疆	旅游管理	四	文史	1	573	573	573	
新疆	思想政治教育	四	文史	1	569	569	569	
新疆	管理科学	四	文史	1	580	580	580	
新疆	财政学	四	文史	1	581	581	581	
新疆	会计学	四	文史	2	577	576	576.5	
新疆	财务管理	四	文史	1	582	582	582	
新疆	法学	四	文史	2	571	571	571	
新疆	俄语	五	文史	2	570	569	569.5	
新疆	教育技术学(师范)	四	理工	2	575	567	571	
新疆	电子商务	四	理工	1	572	572	572	
新疆	城乡规划	五	理工	2	577	568	572.5	
新疆	物理学	四	理工	2	569	568	568.5	
新疆	能源与动力工程	四	理工	1	572	572	572	
新疆	电子信息科学与技术	四	理工	2	570	569	569.5	
新疆	化学类	四	理工	2	570	568	569	
新疆	材料类	四	理工	2	569	568	568.5	
新疆	软件工程	四	理工	2	568	568	568	
新疆	计算机类	四	理工	2	570	568	569	
新疆	电子科学与技术	四	理工	1	571	571	571	
新疆	机械类	四	理工	3	573	566	570.333	
新疆	冶金工程	四	理工	2	567	567	567	
新疆	金属材料工程	四	理工	2	589	567	578	

续表

省份	专业名称	学制	科类	人数	最高分	最低分	平均分	备注
新疆	轻化工程	四	理工	2	567	566	566.5	
新疆	纺织类	四	理工	3	567	566	566.333	
新疆	电气工程与智能控制	四	理工	2	573	568	570.5	
新疆	工程管理	四	理工	1	567	567	567	
新疆	生物信息学	四	理工	1	568	568	568	
新疆	食品质量与安全	四	理工	2	578	574	576	
新疆	临床医学("5+3"一体化)	八	理工	2	614	603	608.5	
新疆	临床医学	五	理工	1	597	597	597	
新疆	临床医学(儿科医学)	五	理工	1	586	586	586	
新疆	放射医学	五	理工	2	596	593	594.5	
新疆	预防医学	五	理工	2	590	587	588.5	
新疆	药学	四	理工	4	583	574	578.5	
新疆	法医学	五	理工	1	573	573	573	
新疆	医学检验技术	四	理工	2	585	583	584	
新疆	生物科学类	四	理工	2	578	567	572.5	

五、2016年苏州大学本科生就业情况

2016届毕业生就业情况统计表

院部	专业	总就业率	协议就业率	其中		升学出国率
				灵活就业率		
合计		92.81%（6 117/6 591）	63.80%（4 205/6 591）	2.88%（190/6 591）		26.13%（1 722/6 591）
沙钢钢铁学院	冶金工程	98.15%（53/54）	66.67%（36/54）	0.00%（0/54）		31.48%（17/54）
	材料科学与工程（冶金过程自动化）	98.08%（51/52）	65.38%（34/52）	0.00%（0/52）		32.69%（17/52）
		100.00%（2/2）	100.00%（2/2）	0.00%（0/2）		0.00%（0/2）
城市轨道交通学院		93.80%（333/355）	70.70%（251/355）	3.10%（11/355）		20.00%（71/355）
	机械工程及自动化（城市轨道交通车辆工程）	100.00%（2/2）	100.00%（2/2）	0.00%（0/2）		0.00%（0/2）
	车辆工程	97.26%（71/73）	76.71%（56/73）	1.37%（1/73）		19.18%（14/73）
	通信工程（城市轨道交通通信信号）	96.61%（57/59）	69.49%（41/59）	3.39%（2/59）		23.73%（14/59）
	电气工程与自动化（城市轨道交通控制工程）	93.33%（56/60）	73.33%（44/60）	0.00%（0/60）		20.00%（12/60）
	建筑环境与设备工程（城市轨道交通环境调控）	93.02%（40/43）	69.77%（30/43）	0.00%（0/43）		23.26%（10/43）
	交通运输	83.67%（41/49）	59.18%（29/49）	2.04%（1/49）		22.45%（11/49）

续表

院 部	专 业	总就业率	协议就业率	其 中		
				灵活就业率	升学出国率	

院 部	专 业	总就业率	协议就业率	灵活就业率	升学出国率
	信息管理与信息系统（城市轨道交通运营管理）	100.00% (1/1)	100.00% (1/1)	0.00% (0/1)	0.00% (0/1)
	工业工程（城市轨道交通工程管理）	100.00% (2/2)	100.00% (2/2)	0.00% (0/2)	0.00% (0/2)
	工程管理	95.45% (63/66)	69.70% (46/66)	10.61% (7/66)	15.15% (10/66)
纺织与服装工程学院		96.98% (289/298)	70.81% (211/298)	3.02% (9/298)	23.15% (69/298)
	轻化工程	96.67% (58/60)	80.00% (48/60)	1.67% (1/60)	15.00% (9/60)
	纺织工程	97.78% (132/135)	65.93% (89/135)	2.22% (3/135)	29.63% (40/135)
	服装设计与工程	95.16% (59/62)	75.81% (47/62)	3.23% (2/62)	16.13% (10/62)
	非织造材料与工程	97.56% (40/41)	65.85% (27/41)	7.32% (3/41)	24.39% (10/41)
音乐学院	音乐学（音乐教育）	100.00% (33/33)	48.48% (16/33)	12.12% (4/33)	39.39% (13/33)
电子信息学院		99.35% (304/306)	72.22% (221/306)	0.98% (3/306)	26.14% (80/306)
	微电子学	98.39% (61/62)	61.29% (38/62)	1.61% (1/62)	35.48% (22/62)
	电子信息工程	98.46% (64/65)	80.00% (52/65)	0.00% (0/65)	18.46% (12/65)
	传感网技术	100.00% (55/55)	74.55% (41/55)	1.82% (1/55)	23.64% (13/55)
	通信工程	100.00% (60/60)	65.00% (39/60)	0.00% (0/60)	35.00% (21/60)

续表

院 部	专 业	总就业率	协议就业率	其 中 灵活就业率	升学出国率
	电子科学与技术	100.00% (41/41)	80.49% (33/41)	2.44% (1/41)	17.07% (7/41)
	信息工程	100.00% (23/23)	78.26% (18/23)	0.00% (0/23)	21.74% (5/23)
王健法学院	法学	85.06% (148/174)	53.45% (93/174)	0.57% (1/174)	31.03% (54/174)
	法学(知识产权)	86.52% (122/141)	51.77% (73/141)	0.71% (1/141)	34.04% (48/141)
		78.79% (26/33)	60.61% (20/33)	0.00% (0/33)	18.18% (6/33)
材料与化学化工学部	化学	92.70% (292/315)	55.87% (176/315)	0.63% (2/315)	36.19% (114/315)
	应用化学	93.33% (84/90)	50.00% (45/90)	1.11% (1/90)	42.22% (38/90)
	材料化学	91.43% (32/35)	62.86% (22/35)	0.00% (0/35)	28.57% (10/35)
	无机非金属材料工程	93.33% (14/15)	80.00% (12/15)	0.00% (0/15)	13.33% (2/15)
	高分子材料与工程	90.48% (19/21)	80.95% (17/21)	0.00% (0/21)	9.52% (2/21)
	材料科学与工程	93.88% (46/49)	34.69% (17/49)	0.00% (0/49)	59.18% (29/49)
	生物功能材料	88.00% (22/25)	60.00% (15/25)	0.00% (0/25)	28.00% (7/25)
	环境工程	91.67% (22/24)	70.83% (17/24)	0.00% (0/24)	20.83% (5/24)
	化学工程与工艺	100.00% (16/16)	93.75% (15/16)	6.25% (1/16)	0.00% (0/16)
		92.50% (37/40)	40.00% (16/40)	0.00% (0/40)	52.50% (21/40)

续表

院部	专业	总就业率	其中		
			协议就业率	灵活就业率	升学出国率
机电工程学院		100.00% (248/248)	79.44% (197/248)	0.00% (0/248)	20.56% (51/248)
	材料成型及控制工程	100.00% (32/32)	96.88% (31/32)	0.00% (0/32)	3.13% (1/32)
	机械工程及自动化	100.00% (56/56)	76.79% (43/56)	0.00% (0/56)	23.21% (13/56)
	机械电子工程	100.00% (57/57)	77.19% (44/57)	0.00% (0/57)	22.81% (13/57)
	电气工程与自动化	100.00% (75/75)	76.00% (57/75)	0.00% (0/75)	24.00% (18/75)
	工业工程	100.00% (28/28)	78.57% (22/28)	0.00% (0/28)	21.43% (6/28)
凤凰传媒学院		94.85% (184/194)	69.07% (134/194)	0.52% (1/194)	25.26% (49/194)
	新闻学	94.37% (67/71)	61.97% (44/71)	0.00% (0/71)	32.39% (23/71)
	广播电视新闻学	97.73% (43/44)	70.45% (31/44)	2.27% (1/44)	25.00% (11/44)
	广告学	93.55% (29/31)	80.65% (25/31)	0.00% (0/31)	12.90% (4/31)
	广告学(会展广告)	100.00% (19/19)	73.68% (14/19)	0.00% (0/19)	26.32% (5/19)
	播音与主持艺术	89.66% (26/29)	68.97% (20/29)	0.00% (0/29)	20.69% (6/29)
教育学院		90.63% (87/96)	57.29% (55/96)	5.21% (5/96)	28.13% (27/96)
	教育学	96.77% (30/31)	48.39% (15/31)	9.68% (3/31)	38.71% (12/31)
	教育技术学	81.82% (18/22)	63.64% (14/22)	4.55% (1/22)	13.64% (3/22)

续表

院部	专业	总就业率	协议就业率	其中 灵活就业率	升学出国率
	应用心理学	90.70% (39/43)	60.47% (26/43)	2.33% (1/43)	27.91% (12/43)
东吴商学院（财经学院）东吴证券金融学院		92.08% (756/821)	63.34% (520/821)	2.07% (17/821)	26.67% (219/821)
	经济学	87.10% (27/31)	64.52% (20/31)	0.00% (0/31)	22.58% (7/31)
	国际经济与贸易	84.91% (45/53)	64.15% (34/53)	3.77% (2/53)	16.98% (9/53)
	财政学	83.33% (25/30)	73.33% (22/30)	0.00% (0/30)	10.00% (3/30)
	财政学(税务)	50.00% (1/2)	50.00% (1/2)	0.00% (0/2)	0.00% (0/2)
	金融学	94.74% (252/266)	50.75% (135/266)	1.88% (5/266)	42.11% (112/266)
	工商管理	94.12% (32/34)	73.53% (25/34)	2.94% (1/34)	17.65% (6/34)
	市场营销	89.00% (89/100)	64.00% (64/100)	3.00% (3/100)	22.00% (22/100)
	会计学	92.67% (139/150)	72.67% (109/150)	0.67% (1/150)	19.33% (29/150)
	会计学(国际会计)	90.00% (36/40)	50.00% (20/40)	2.50% (1/40)	37.50% (15/40)
	财务管理	100.00% (64/64)	82.81% (53/64)	0.00% (0/64)	17.19% (11/64)
	电子商务	90.20% (46/51)	72.55% (37/51)	7.84% (4/51)	9.80% (5/51)
社会学院		87.27% (192/220)	59.55% (131/220)	4.09% (9/220)	23.64% (52/220)
	社会学	75.86% (22/29)	44.83% (13/29)	3.45% (1/29)	27.59% (8/29)
	社会工作	100.00% (1/1)	100.00% (1/1)	0.00% (0/1)	0.00% (0/1)

续表

院部	专业	总就业率	其中		
			协议就业率	灵活就业率	升学出国率
	历史学（师范）	89.47%(17/19)	26.32%(5/19)	10.53%(2/19)	52.63%(10/19)
	旅游管理	90.00%(27/30)	80.00%(24/30)	0.00%(0/30)	10.00%(3/30)
	劳动与社会保障	86.75%(72/83)	68.67%(57/83)	6.02%(5/83)	12.05%(10/83)
	档案学	82.14%(23/28)	64.29%(18/28)	3.57%(1/28)	14.29%(4/28)
	信息资源管理	100.00%(30/30)	43.33%(13/30)	0.00%(0/30)	56.67%(17/30)
数学科学学院	数学与应用数学	89.25%(166/186)	61.29%(114/186)	0.00%(0/186)	27.96%(52/186)
	数学与应用数学（基地）	95.31%(61/64)	78.13%(50/64)	0.00%(0/64)	17.19%(11/64)
	信息与计算科学	96.67%(29/30)	33.33%(10/30)	0.00%(0/30)	63.33%(19/30)
	统计学	81.25%(26/32)	71.88%(23/32)	0.00%(0/32)	9.38%(3/32)
体育学院	体育教育	83.33%(50/60)	51.67%(31/60)	0.00%(0/60)	31.67%(19/60)
	运动训练	91.63%(186/203)	77.83%(158/203)	1.48%(3/203)	12.32%(25/203)
	运动人体科学（运动休闲与健康）	91.01%(81/89)	78.65%(70/89)	0.00%(0/89)	12.36%(11/89)
		91.18%(62/68)	79.41%(54/68)	2.94%(2/68)	8.82%(6/68)
		91.67%(22/24)	75.00%(18/24)	0.00%(0/24)	16.67%(4/24)
	民族传统体育	95.45%(21/22)	72.73%(16/22)	4.55%(1/22)	18.18%(4/22)

续表

院 部	专 业	总就业率	协议就业率	其 中		
				灵活就业率	升学出国率	
外国语学院	英语	92.16%(247/268)	64.55%(173/268)	0.00%(0/268)	27.61%(74/268)	
	英语(翻译)	95.18%(79/83)	60.24%(50/83)	0.00%(0/83)	34.94%(29/83)	
	俄语(俄英双语)	96.55%(28/29)	65.52%(19/29)	0.00%(0/29)	31.03%(9/29)	
	德语	91.30%(21/23)	65.22%(15/23)	0.00%(0/23)	26.09%(6/23)	
	法语(法英双语)	86.36%(19/22)	54.55%(12/22)	0.00%(0/22)	31.82%(7/22)	
	西班牙语	95.65%(22/23)	60.87%(14/23)	0.00%(0/23)	34.78%(8/23)	
	日语	95.24%(20/21)	71.43%(15/21)	0.00%(0/21)	23.81%(5/21)	
	朝鲜语	84.78%(39/46)	67.39%(31/46)	0.00%(0/46)	17.39%(8/46)	
文学院	汉语言文学	90.48%(19/21)	80.95%(17/21)	0.00%(0/21)	9.52%(2/21)	
	汉语言文学(文秘)	92.19%(177/192)	58.33%(112/192)	8.85%(17/192)	25.00%(48/192)	
	汉语言文学(基地)	91.30%(63/69)	69.57%(48/69)	7.25%(5/69)	14.49%(10/69)	
	对外汉语	91.53%(54/59)	72.88%(43/59)	13.56%(8/59)	5.08%(3/59)	
纳米科学技术学院	纳米材料与技术	100.00%(29/29)	37.93%(11/29)	0.00%(0/29)	62.07%(18/29)	
		88.57%(31/35)	28.57%(10/35)	11.43%(4/35)	48.57%(17/35)	
艺术学院		92.45%(98/106)	35.85%(38/106)	7.55%(8/106)	49.06%(52/106)	
		96.03%(242/252)	70.63%(178/252)	6.75%(17/252)	18.65%(47/252)	

续表

院部	专业	总就业率	协议就业率	灵活就业率	升学出国率
	美术学(美术教育)	90.63%(29/32)	53.13%(17/32)	15.63%(5/32)	21.88%(7/32)
	美术学(褡画)	100.00%(24/24)	79.17%(19/24)	0.00%(0/24)	20.83%(5/24)
	艺术设计学	94.44%(17/18)	72.22%(13/18)	0.00%(0/18)	22.22%(4/18)
	艺术设计	94.87%(111/117)	70.09%(82/117)	7.69%(9/117)	17.09%(20/117)
	艺术设计(时装表演与服装设计)	100.00%(29/29)	79.31%(23/29)	3.45%(1/29)	17.24%(5/29)
	艺术设计(数码媒体艺术设计)	100.00%(32/32)	75.00%(24/32)	6.25%(2/32)	18.75%(6/32)
政治与公共管理学院		90.43%(312/345)	66.38%(229/345)	2.03%(7/345)	22.03%(76/345)
	哲学	94.74%(18/19)	31.58%(6/19)	5.26%(1/19)	57.89%(11/19)
	思想政治教育	90.48%(19/21)	57.14%(12/21)	0.00%(0/21)	33.33%(7/21)
	管理科学	95.24%(40/42)	80.95%(34/42)	2.38%(1/42)	11.90%(5/42)
	人力资源管理	100.00%(22/22)	81.82%(18/22)	4.55%(1/22)	13.64%(3/22)
	物流管理	93.10%(81/87)	74.71%(65/87)	1.15%(1/87)	17.24%(15/87)
	行政管理	89.80%(44/49)	63.27%(31/49)	0.00%(0/49)	26.53%(13/49)
	公共事业管理	90.91%(10/11)	54.55%(6/11)	0.00%(0/11)	36.36%(4/11)

续表

院部	专业	总就业率	其中		
			协议就业率	灵活就业率	升学出国率
医学部	城市管理	82.98%(78/94)	60.64%(57/94)	3.19%(3/94)	19.15%(18/94)
	生物科学	91.10%(952/1 045)	55.98%(585/1 045)	6.22%(65/1 045)	28.90%(302/1 045)
	生物科学(应用生物学)	70.59%(12/17)	47.06%(8/17)	0.00%(0/17)	23.53%(4/17)
	生物技术	85.71%(18/21)	57.14%(12/21)	0.00%(0/21)	28.57%(6/21)
	生物技术(食品质量与安全)	86.75%(72/83)	31.33%(26/83)	4.82%(4/83)	50.60%(42/83)
	生物技术(生物制药)	75.00%(3/4)	75.00%(3/4)	0.00%(0/4)	0.00%(0/4)
	生物信息学	85.00%(34/40)	65.00%(26/40)	2.50%(1/40)	17.50%(7/40)
	食品质量与安全	100.00%(16/16)	68.75%(11/16)	6.25%(1/16)	25.00%(4/16)
	临床医学(七年制)	100.00%(28/28)	67.86%(19/28)	7.14%(2/28)	25.00%(7/28)
	预防医学	96.04%(97/101)	87.13%(88/101)	1.98%(2/101)	6.93%(7/101)
	临床医学(五年制)	91.18%(31/34)	55.88%(19/34)	5.88%(2/34)	29.41%(10/34)
	医学影像学	90.91%(270/297)	40.40%(120/297)	7.41%(22/297)	43.10%(128/297)
	医学检验	97.56%(40/41)	78.05%(32/41)	2.44%(1/41)	17.07%(7/41)
	放射医学	94.87%(37/39)	51.28%(20/39)	10.26%(4/39)	33.33%(13/39)
	口腔医学	95.89%(70/73)	57.53%(42/73)	15.07%(11/73)	23.29%(17/73)
		95.65%(44/46)	63.04%(29/46)	17.39%(8/46)	15.22%(7/46)

续表

院 部	专 业	总就业率	协议就业率	其 中 灵活就业率	升学出国率
	法医学	76.19% (16/21)	61.90% (13/21)	4.76% (1/21)	9.52% (2/21)
	护理学	90.63% (58/64)	78.13% (50/64)	3.13% (2/64)	9.38% (6/64)
	药学	88.51% (77/87)	57.47% (50/87)	3.45% (3/87)	27.59% (24/87)
	中药学	87.88% (29/33)	51.52% (17/33)	3.03% (1/33)	33.33% (11/33)
计算机科学与技术学院	计算机科学与技术	98.07% (406/414)	78.74% (326/414)	0.48% (2/414)	18.84% (78/414)
	物联网工程	97.10% (67/69)	63.77% (44/69)	1.45% (1/69)	31.88% (22/69)
	软件工程	97.56% (40/41)	75.61% (31/41)	0.00% (0/41)	21.95% (9/41)
	软件工程(嵌入式软件人才培养)	96.72% (59/61)	88.52% (54/61)	0.00% (0/61)	8.20% (5/61)
	网络工程	98.10% (155/158)	82.28% (130/158)	0.63% (1/158)	15.19% (24/158)
	信息管理与信息系统	100.00% (35/35)	74.29% (26/35)	0.00% (0/35)	25.71% (9/35)
金螳螂建筑学院		100.00% (50/50)	82.00% (41/50)	0.00% (0/50)	18.00% (9/50)
	建筑学	90.48% (152/168)	70.83% (119/168)	2.98% (5/168)	16.67% (28/168)
	建筑学(室内设计)	84.62% (33/39)	61.54% (24/39)	0.00% (0/39)	23.08% (9/39)
	城市规划	94.12% (32/34)	88.24% (30/34)	0.00% (0/34)	5.88% (2/34)
		92.50% (37/40)	75.00% (30/40)	7.50% (3/40)	10.00% (4/40)

续表

院部	专业	总就业率	其中		
			协议就业率	灵活就业率	升学出国率
	园艺(城市园艺)	95.65%(22/23)	60.87%(14/23)	4.35%(1/23)	30.43%(7/23)
	园林(城市园林)	87.50%(28/32)	65.63%(21/32)	3.13%(1/32)	18.75%(6/32)
物理与光电·能源学部		86.86%(238/274)	47.08%(129/274)	1.46%(4/274)	38.32%(105/274)
	物理学	87.84%(65/74)	43.24%(32/74)	1.35%(1/74)	43.24%(32/74)
	物理学(光伏科学与技术)	76.67%(23/30)	53.33%(16/30)	0.00%(0/30)	23.33%(7/30)
	电子信息科学与技术	84.38%(27/32)	56.25%(18/32)	3.13%(1/32)	25.00%(8/32)
	光信息科学与技术	95.83%(23/24)	41.67%(10/24)	4.17%(1/24)	50.00%(12/24)
	新能源材料与器件	87.50%(35/40)	20.00%(8/40)	0.00%(0/40)	67.50%(27/40)
	测控技术与仪器	89.66%(26/29)	62.07%(18/29)	0.00%(0/29)	27.59%(8/29)
	热能与动力工程	86.67%(39/45)	60.00%(27/45)	2.22%(1/45)	24.44%(11/45)
唐文治书院	哲学	91.67%(22/24)	12.50%(3/24)	0.00%(0/24)	79.17%(19/24)
		100.00%(1/1)	0.00%(0/1)	0.00%(0/1)	100.00%(1/1)
	汉语言文学(基地)	91.30%(21/23)	13.04%(3/23)	0.00%(0/23)	78.26%(18/23)

苏州大学科研机构情况

2015年校级科研机构一览表

序号	机构归属	科研机构名称	负责人	成立时间	批文号
1	苏州大学	放射医学研究所	童建	1983.8.30	核安字〔1983〕136号
2	江苏省卫生厅	江苏省血液研究所	阮长耿	1988.6.18	苏卫人〔1988〕20号
3	苏州大学	教育科学研究中心	母小勇	1988.10.4	苏大科字〔1988〕73号
4	苏州大学	蚕学研究所	沈卫德	1989.12.22	苏蚕委字〔1989〕26号
5	苏州大学	医学生物技术研究所	张学光	1990.2.29	核总安发〔1990〕35号
6	苏州大学	中药研究所	顾振纶	1991.2.26	核总安发〔1991〕32号
7	中国核工业集团公司	中核总核事故医学应急中心	姜忠	1991.12.7	核总安发〔1991〕213号
8	苏州大学	生化工程研究所(原保健食品研究所)	吴士良	1993.6.15	核总安发〔1993〕99号
9	苏州大学	比较文学研究中心	方汉文	1994.4.9	苏大科字〔1994〕16号
10	苏州大学	核医学研究所	吴锦昌	1994.6.1	核总人组发〔1994〕184号
11	苏州大学	纵横汉字信息技术研究所	钱培德	1994.6.21	苏大科字〔1994〕26号
12	苏州大学	神经科学研究所	刘春风	1995.4.3	核总人组发〔1995〕110号
13	苏州大学	社会与发展研究所	张明	1995.5.10	苏大〔1995〕28号
14	苏州大学	信息光学工程研究所	陈林森	1995.10.30	苏大〔1995〕52号
15	苏州大学	物理教育研究所	陶洪	1995.11.2	苏大科字〔1995〕53号
16	苏州大学	邓小平理论研究中心	朱炳元	1996.10.5	苏大〔1996〕20号
17	苏州大学	吴文化国际研究中心	王卫平	1996.12.5	苏大〔1996〕28号
18	苏州大学	辐照技术研究所	朱南康	1996.12.19	核总人组发〔1996〕515号

续表

序号	机构归属	科研机构名称	负责人	成立时间	批文号
19	苏州大学	苏南发展研究院	田晓明（顾建平）	1997.4.7	苏大科字〔1997〕6号
20	苏州大学	卫生发展研究中心	徐勇	1998.4.10	核总人组发〔1998〕133号
21	苏州大学	丝绸科学研究院	陈国强	1999.8.23	苏大委〔1999〕35号
22	苏州大学	信息技术研究所	朱巧明	1999.11.25	苏大委〔1999〕55号
23	苏州大学	现代光学技术研究所	王钦华	2000.5.12	苏大科字〔2000〕14号
24	苏州大学	多媒体应用技术研究室	待定	2000.8.28	苏大科字〔2000〕23号
25	苏州大学	江苏省数码激光图像与新型印刷工程研究中心	陈林森	2000.9.20	苏科技〔2000〕194号 苏财工〔2000〕131号
26	苏州大学	领导科学研究所	夏东民	2001.3.22	苏大〔2001〕14号
27	苏州大学	功能高分子研究所	朱秀林	2001.3.22	苏大〔2001〕14号
28	苏州大学	儿科医学研究所	陈军	2001.3.22	苏大〔2001〕14号
29	苏州大学	数学研究所	万哲先	2001.12.4	苏大办〔2001〕22号
30	苏州大学	中国昆曲研究中心	周秦（副）	2001.12.12	苏州大学与苏州市政府协议
31	苏州大学	水产研究所	凌去非	2002.5.14	苏大科〔2002〕18号
32	苏州大学	中国特色城镇化研究中心	陈忠	2003.4.28	苏大科〔2003〕26号
33	苏州大学	英语语言学研究所	顾佩娅	2003.12.27	苏大科〔2003〕84号
34	苏州大学	体育社会科学研究中心	王家宏	2003.2.17	体政字〔2003〕4号
35	苏州大学	妇女发展研究中心	李兰芬	2006.10.27	苏大办复〔2006〕32号
36	苏州大学	非物质文化遗产研究中心	李超德	2006.10.24	苏大人〔2006〕102号
37	苏州大学	应用数学研究所	姜礼尚	2006.10.29	苏大人〔2006〕126号
38	苏州大学	化学电源研究所	郑军伟	2007.10.9	苏大人〔2007〕91号

续表

序号	机构归属	科研机构名称	负责人	成立时间	批文号
39	苏州大学	金融工程研究中心	姜礼尚（王过京）	2007.12.13	苏大人〔2007〕121号
40	苏州大学	系统生物学研究中心	沈百荣	2007.12.13	苏大人〔2007〕122号
41	苏州大学	马克思主义研究院	朱炳元	2007.3.22	苏大人〔2007〕25号
42	苏州大学	东吴书画研究院	华人德	2007.3.23	苏大人〔2007〕27号
43	苏州大学	苏州基层党建研究所	王卓君	2007.6.26	苏大委〔2007〕26号
44	苏州大学	生态批评研究中心	鲁枢元	2007.7.6	苏大人〔2007〕69号
45	苏州大学	地方政府研究所	沈荣华	2007.7.7	苏大人〔2007〕71号
46	苏州大学	人口研究所	王卫平	2007.10.11	苏大人〔2007〕93号
47	苏州大学	科技查新工作站		2008.1.8	苏大科技〔2008〕1号
48	苏州大学	出版研究所	吴培华	2008.1.21	苏大社科〔2008〕1号
49	苏州大学	人力资源研究所	田晓明	2008.4.9	苏大社科〔2008〕3号
50	苏州大学	唐仲英血液学研究中心	吴庆余	2008.5.19	苏大〔2008〕28号
51	苏州大学	功能纳米与软物质研究院	李述汤	2008.6.5	苏大科技〔2008〕25号
52	苏州大学	新药研发中心	杨世林	2008.6.25	苏大科技〔2008〕28号
53	江苏省哲社规划办	吴文化研究基地	王卫平	2008.10.26	苏社科规划领字〔2008〕1号
54	苏州大学	高性能计算与应用研究所	陈国良	2008.12.8	苏大科技〔2008〕62号
55	苏州大学	骨科研究所	杨惠林	2008.12.31	苏大〔2008〕102号
56	苏州大学	苏州节能技术研究所	沈明荣	2009.1.5	苏大科技〔2009〕1号
57	苏州大学	纺织经济信息研究所	白伦	2009.1.8	苏大科技〔2009〕2号
58	苏州大学	嵌入式仿生智能研究所	王守觉	2009.4.20	苏大科技〔2009〕9号
59	苏州大学	社会公共文明研究所	芮国强	2009.6.8	苏大〔2009〕21号
60	苏州大学	廉政建设与行政效能研究所	王卓君	2009.6.24	苏大委〔2009〕37号

续表

序号	机构归属	科研机构名称	负责人	成立时间	批文号
61	苏州大学	东吴公法与比较法研究所	王克稳	2009.10.27	苏大科技〔2009〕49号
62	苏州大学	生物制造研究中心	卢秉恒	2009.10.27	苏大科技〔2009〕50号
63	苏州大学	机器人与微系统研究中心	孙立宁	2010.1.5	苏大科〔2010〕3号
64	苏州大学	高技术产业研究院	陈林森	2010.1.12	苏大人〔2010〕6号
65	苏州大学	生物医学研究院	熊思东	2010.1.16	苏大科〔2010〕8号
66	苏州大学	又松软件外包开发中心	杨季文（拟定）	2010.5.24	苏大科〔2010〕11号
67	苏州大学	台商投资与发展研究所	张明	2010.6.8	苏大科〔2010〕14号
68	江苏省教育厅	公法研究中心	胡玉鸿	2010.9.15	苏大科〔2010〕21号
69	苏州大学	国家心血管病中心—苏州大学分中心	胡盛寿（沈振亚）	2010.10.13	苏大科〔2010〕28号
70	苏州大学	社会发展研究院	王卓君	2010.10.26	苏大〔2010〕58号
71	苏州大学	交通工程研究中心	汪一鸣	2010.12.29	苏大科〔2010〕46号
72	苏州大学	农业生物技术与生态研究院	沈卫德	2011.4.6	苏大科〔2011〕23号
73	苏州大学	转化医学研究中心	熊思东	2011.4.25	苏大科〔2011〕25号
74	苏州大学	生物钟研究中心	王晗	2011.5.3	苏大科〔2011〕26号
75	苏州大学	人才测评研究所	田晓明	2011.6.8	苏大〔2011〕21号
76	苏州大学	环境治理与资源化研究中心	路建美	2011.6.30	苏大科〔2011〕32号
77	苏州大学	高等统计与计量经济中心	唐煜	2011.7.13	苏大科〔2011〕34号
78	苏州大学	盛世华安智慧城市物联网研究所	朱巧明	2011.9.28	苏大科〔2011〕36号
79	苏州大学	激光制造技术研究所	石世宏	2011.10.28	苏大科〔2011〕43号
80	苏州大学	老挝研究中心	钮菊生	2011.11.2	苏大科〔2011〕47号

续表

序号	机构归属	科研机构名称	负责人	成立时间	批文号
81	苏州大学	地方政府与社会管理研究中心	金太军	2011.12.31	苏大科〔2011〕57号
82	苏州大学	古典文献研究所	罗时进	2011.12.31	苏大科〔2011〕58号
83	苏州大学	新媒介与青年文化研究中心	马中红	2012.1.10	苏大社科〔2012〕1号
84	江苏省教育厅	苏州基层党建研究所	王卓君	2012.1.11	苏教社政〔2012〕1号
85	苏州大学	智能结构与系统研究所	毛凌锋	2012.1.20	苏大科技〔2012〕8号
86	苏州大学	典籍翻译研究所	王腊宝	2012.3.2	苏大社科〔2012〕3号
87	苏州大学	检查发展研究中心	李乐平	2012.4.1	苏大社科〔2012〕6号
88	苏州大学	百森互联网公共服务研究中心	芮国强	2012.4.1	苏大社科〔2012〕4号
89	苏州大学	汉语及汉语应用研究中心	曹炜	2012.4.1	苏大社科〔2012〕4号
90	苏州大学	东吴哲学研究所	李兰芬	2012.4.27	苏大社科〔2012〕8号
91	苏州大学	苏州大学·现代快报地产研究中心	芮国强	2012.6.7	苏大社科〔2012〕9号
92	苏州大学	放射医学及交叉学科研究院	柴之芳	2012.6.22	苏大科技〔2012〕28号
93	苏州大学	心血管病研究所	沈振亚	2012.7.1	苏大人〔2012〕54号
94	苏州大学	苏州大学·邦城未来城市研究中心	段进军	2012.7.7	苏大社科〔2012〕10号
95	苏州大学	网络舆情分析与研究中心	周毅	2012.9.21	苏大社科〔2012〕13号
96	苏州大学	苏州广告研究所	芮国强	2012.9.21	苏大社科〔2012〕14号
97	苏州大学	唐仲英医学研究院	吴庆宇	2012.10.11	苏大委〔2012〕34号
98	苏州大学	城市·建筑·艺术研究院	吴永发	2012.10.22	苏大社科〔2012〕15号
99	苏州大学	苏州大学—西安大略大学同步辐射联合研究中心	T. K. Sham	2012.11.12	苏大科技〔2012〕45号

续表

序号	机构归属	科研机构名称	负责人	成立时间	批文号
100	苏州大学	数学与交叉科学研究中心	鄂维南	2012.11.12	苏大科技〔2012〕46号
101	苏州大学	ASIC芯片设计与集成系统研究所	乔东海	2012.11.28	苏大科技〔2012〕49号
102	苏州大学	食品药品检验检测中心	黄瑞	2012.12.21	苏大科技〔2012〕59号
103	苏州大学	跨文化研究中心	王尧	2013.3.7	苏大社科〔2013〕5号
104	苏州大学	呼吸疾病研究所	黄建安	2013.5.9	苏大委〔2013〕29号
105	苏州大学	艺术研究院	田晓明	2013.6.19	苏大社科〔2013〕6号
106	苏州大学	知识产权研究院	胡玉鸿	2013.9.22	苏大委〔2013〕56号
107	苏州大学	苏州基层统战理论与实践研究所	王卓君	2013.9.27	苏大社科〔2013〕10号
108	苏州大学	先进数据分析研究中心	周晓芳	2013.9.27	苏大科技〔2013〕17号
109	苏州大学	先进制造技术研究院	孙立宁	2014.1.21	苏大科技〔2014〕3号
110	苏州大学	现代物流研究院	钮立新	2014.3.11	苏大办复〔2014〕60号
111	苏州大学	新教育研究院	朱永新	2014.3.11	苏大办复〔2014〕61号
112	苏州大学	剑桥—苏大基因组资源中心	徐璎	2014.3.12	苏大科技〔2014〕6号
113	苏州大学	苏州历史文化研究所	王国平	2014.3.14	苏大办复〔2014〕62号
114	苏州大学	造血干细胞移植研究所	吴德沛	2014.3.18	苏大委〔2014〕9号 苏大人〔2014〕169号
115	苏州大学	东吴智库文化与社会发展研究院	田晓明	2014.4.2	苏大办复〔2014〕91号
116	苏州大学	功能有机高分子材料微纳加工研究中心	路建美	2014.4.14	苏大科技〔2014〕14号
117	苏州大学	江苏省产业技术研究院纺织丝绸技术研究所	陈国强	2014.4.17	苏大科技〔2014〕16号
118	苏州大学	人类语言技术研究所	张民	2014.5.19	苏大科技〔2014〕21号

续表

序号	机构归属	科研机构名称	负责人	成立时间	批文号
119	苏州大学	等离子体技术研究中心	吴雪梅	2014.6.17	苏大科技〔2014〕23号
120	苏州大学	电影电视艺术研究所	倪祥保	2014.6.23	苏大办复〔2014〕207号
121	苏州大学	东吴国学院	王锺陵	2014.10.30	苏大办复〔2014〕443号
122	苏州大学	苏州市公共服务标准研究中心	江波	2014.12.8	苏大办复〔2014〕484号
123	苏州大学	海外汉学研究中心	季进	2015.1.7	苏大办复〔2015〕3号
124	苏州大学	中国现代通俗文学研究中心	汤哲声	2015.1.20	苏大办复〔2015〕14号
125	苏州大学	转化医学研究院	时玉舫	2015.5.22	苏大委〔2015〕32号 苏大人〔2015〕171号
126	苏州大学	放射肿瘤治疗学研究所	田野	2015.5.24	苏大科技〔2015〕22号
127	苏州大学	骨质疏松症诊疗技术研究所	徐又佳	2015.5.24	苏大科技〔2015〕23号
128	苏州大学	能量转换材料与物理研究中心	李亮	2015.6.7	苏大科技〔2015〕24号
129	苏州大学	新媒体研究院	胡守文	2015.8.4	苏大办复〔2015〕218号
130	苏州大学	国际骨转化医学联合研究中心	杨惠林 Thomas J. Webster	2015.10.13	苏大科技〔2015〕29号
131	苏州大学	语言与符号学研究中心	王腊宝	2015.11.6	苏大办复〔2015〕296号
132	苏州大学	中国历史文化名城（苏州）研究院	吴永发	2015.11.7	苏大办复〔2015〕297号
133	苏州大学	机器学习与类脑计算国际合作联合实验室	李凡长	2016.1.7	苏大科技〔2016〕1号
134	苏州大学	细胞治疗研究院	蒋敬庭	2016.3.11	苏大科技〔2016〕7号
135	苏州大学	儿科临床研究院	冯星	2016.4.13	苏大人〔2016〕28号

续表

序号	机构归属	科研机构名称	负责人	成立时间	批文号
136	苏州大学	基础教育研究院	陈国安	2016.9.19	苏大委〔2016〕46号
137	苏州大学	空间规划研究院	严金泉	2016.11.14	苏大办复〔2016〕325号
138	苏州大学	工业测控与设备诊断技术研究所	朱忠奎	2016.12.16	苏大科技〔2016〕20号

科研成果与水平

2016年度苏州大学科研成果情况

2016年度苏州大学科研成果一览表

单 位	获奖成果	SCIE	EI	ISTP	核心期刊论文	授权专利及软件著作权
文学院	18	0	0	0	93	0
凤凰传媒学院	8	0	0	0	39	0
社会学院	14	0	0	0	69	0
政治与公共管理学院	15	0	0	0	115	0
外国语学院	10	0	0	0	44	0
体育学院	5	0	0	0	71	0
教育学院	8	0	0	0	73	0
王健法学院	14	0	0	0	94	0
东吴商学院（财经学院） 东吴证券金融学院	15	0	0	0	71	0
马克思主义学院	8	0	0	0	20	0
艺术学院	6	0	0	0	19	0
音乐学院	0	0	0	0	5	0
数学科学学院	1	44	6	1	0	0
物理与光电·能源学部	6	197	47	20	0	76
材料与化学化工学部	2	533	37	2	0	91
计算机科学与技术学院	1	37	29	51	0	244
电子信息学院	1	39	9	18	0	45
机电工程学院	10	20	29	16	0	140
沙钢钢铁学院	0	17	6	1	0	5

续表

单 位	获奖成果	SCIE	EI	ISTP	核心期刊论文	授权专利及软件著作权
纺织与服装工程学院	10	115	27	18	0	86
城市轨道交通学院	0	24	14	4	0	72
金螳螂建筑学院	0	1	3	4	0	17
功能纳米与软物质研究院	3	195	25	0	0	18
医学部	17	453	10	2	0	104
附属第一医院	37	334	7	0	0	0
附属第二医院	19	169	2	0	0	0
附属儿童医院	14	53	0	0	0	0
系统生物学研究中心	0	8	0	0	0	1
其他部门	1	0	0	0	0	14
合 计	243	2 239	251	137	713	913

2016年度苏州大学科研成果获奖情况

科技成果获奖情况

一、国家科学技术进步奖(1项)

序号	项目名称	获奖等级	完成单位	主要完成人
1	恶性血液肿瘤关键诊疗技术的创新和推广应用	二等奖	苏州大学附属第一医院、中国医学科学院血液病医院(血液学研究所)、苏州大学	吴德沛 薛永权 陈苏宁 肖志坚 陈子兴 仇惠英 唐晓文 韩悦 徐杨 阮长耿

二、国防科学技术进步奖(1项)

序号	项目名称	获奖等级	完成单位	主要完成人
1	非小细胞肺癌手术及放化疗疗效的生物学标志物预测及相关机制研究	三等奖	苏州大学附属第二医院、苏州大学	陈勇兵 陆雪官 施敏骅 张洪涛 段善州 殷黎晨 邢鹏飞

三、教育部高等学校科学研究优秀成果奖(科学技术)(6项)

序号	项目名称	获奖等级	完成单位	主要完成人
1	重要功能分子及新型支气管镜技术在肺癌中的转化应用研究及其推广	科技进步二等奖	苏州大学	黄建安 陈成 蒋军红 张光波 刘泽毅 凌春华 朱晔涵 陈延斌 雷伟 穆传勇 曾园园 朱健洁
2	肺癌综合诊疗关键技术创新与临床推广应用	科技进步二等奖	苏州大学、浙江省肿瘤医院、苏州大学附属第一医院、浙江大学医学院附属第一医院	毛伟敏 马海涛 胡坚 马胜林 陶敏 苏丹 谢宇锋 许亚萍 张沂平 凌志强 郑智国 黄海涛 卢红阳 范云 宋正波 徐海苗 陈文虎 倪斌 张翀
3	儿童感染免疫机制及临床转化研究	科技进步二等奖	苏州大学、苏州大学附属儿童医院	汪健 冯星 季伟 陈旭勤 郭万亮 黄洁 王宇清 陈正荣 李毅平 朱国际 刘琳 黄顺根 柏振江 方芳 许云云
4	高性能微纳传感器批量化封装测试装备研发及应用	技术发明二等奖	苏州大学、哈尔滨工业大学、苏州迪纳精密设备有限公司	孙立宁 陈立国 荣伟彬 潘明强 王乐锋 陈涛
5	新型透明导电薄膜的制造方法及应用	科技进步二等奖	苏州大学、苏州苏大维格光电科技股份有限公司、苏州维业达触控科技有限公司	周小红 陈林森 方宗豹 浦东林 朱鹏飞 彭长四 谢文 王涛
6	基于纳米复合材料的干细胞神经损伤修复关键技术体系的创建和应用	科技进步二等奖	大连医科大学、苏州大学、辽宁师范大学	刘晶 吕强 李韶 宋智琦 邹伟 韩杰 董春波 邢永恒 刘洋 李晓艳 孙瑜 马静云 沈丽明 李颖 李晓飞

四、江苏省科学技术奖(7项)

序号	项目名称	获奖等级	完成单位	主要完成人
1	肿瘤光学治疗与新型诊疗技术中的功能纳米材料研究	一等奖	苏州大学	刘庄 杨凯 程亮 汪超 冯良珠

续表

序号	项目名称	获奖等级	完成单位	主要完成人
2	烧创伤创面修复相关材料的基础及应用研究	二等奖	无锡市第三人民医院、苏州大学、江南大学、无锡贝迪生物工程股份有限公司	吕国忠 吕 强 陈敬华 赵 朋 朱宇刚 虞俊杰 任伟业 邓 超 张 逸 过 云 许淑琴
3	肿瘤辐射增敏机制及其临床应用研究	三等奖	苏州大学、上海交通大学医学院附属瑞金医院、常州市第二人民医院	刘芬菊 王忠敏 俞家华 于静萍 张昊文 杨 巍 刘海燕 孙苏平
4	聚合物挤出法非织造气流拉伸关键技术及应用	三等奖	苏州大学、东华大学	陈 廷 吴丽莉 李立轻 黄秀宝 陈 霞 汪 军
5	面向自然语言文本的句子级与篇章级语义分析研究	三等奖	苏州大学	周国栋 朱巧明 李培峰 孔 芳 钱龙华 李军辉 洪 宇
6	血管狭窄性疾病治疗干预的创新与应用	三等奖	苏州大学附属第一医院、华东理工大学	缪丽燕 李 剑 马 晟 闫兆威 丁肖梁 陈之遥 朱 进
7	孕期尼古丁对宫内胎儿发育影响的评估及胎源性心血管疾病编程机制的研究应用成果	三等奖	苏州大学附属第一医院	茅彩萍 徐智策 伯 乐 吕娟秀 周安稳

五、广西壮族自治区科学技术奖(1项)

序号	项目名称	获奖等级	完成单位	主要完成人
1	非光滑动力系统的动力学	三等奖	桂林电子科技大学、苏州大学	蒋贵荣 刘期怀 马忠军 王志国 凌 琳

六、江苏省国际科技合作奖(1项)

序号	项目名称	完成单位	获奖人
1	江苏省国际科技合作奖	苏州大学	John L. Brash

七、中国纺织工业联合会科学技术奖(4项)

序号	项目名称	获奖等级	完成单位	主要完成人
1	基于成衣数据和产业知识库的智能制造关键技术研究及产业化	二等奖	苏州大学、利诚服装集团股份有限公司	尚笑梅 卢业虎 厉 旗 陈建明 嵇味琴 潘瑞玉 乐逸朦 蔡 兰
2	服装用人体数据验证方法（GB/T 30548—2014）	二等奖	苏州大学、上海纺织集团检测标准有限公司	尚笑梅 祁 宁 杨秀月 周双喜 卢业虎 陈 娜
3	新型真丝绸产品工业化加工关键技术开发及应用	三等奖	苏州新民纺织有限公司、苏州大学	张振雄 唐人成 顾益民 计红梅 刘维特 许 虹
4	多场耦合静电纺纳米纤维关键制备技术及其应用开发	三等奖	苏州大学、东华大学、南通博丝纳米科技有限公司	徐 岚 刘福娟 王 萍 何吉欢 张 岩 何春辉

八、华夏医学科技奖(2项)

序号	项目名称	获奖等级	完成单位	主要完成人
1	微创椎体后凸成形术关键技术及临床应用	一等奖	苏州大学附属第一医院	杨惠林 陈 亮 孟 斌 王根林 朱雪松 邹 俊 耿德春 周 军 郭炯炯 施 勤 毛海青 钮俊杰 宋达玮 姜为民 唐天驷
2	肿瘤辐射生物学效应及临床应用	二等奖	上海交通大学医学院附属瑞金医院、苏州大学、上海交通大学医学院附属瑞金医院卢湾分院	王忠敏 陈克勤 刘芬菊 丁晓毅 吴志远 陆 健 贡 桔 黄 蔚 张丽云 陈志瑾

九、中国商业联合会科学技术奖(2项)

序号	项目名称	获奖等级	完成单位	主要完成人
1	金属高效多功能精密抛光技术及其应用	二等奖	苏州大学、江南大学	王永光 赵永武 倪自丰 陈 瑶 刘秀波
2	气泡静电纺纳米纤维膜工业化生产的关键技术	三等奖	苏州大学、南通百博丝纳米科技有限公司	何吉欢 王 萍 刘福娟 杨 坤 徐 岚 张 岩 何春辉

十、中国专利奖(2项)

序号	项目名称	获奖等级	完成单位	主要完成人
1	激光加工成形制造光内送粉工艺与光内送粉喷头	优秀奖	苏州大学	石世宏 傅戈雁 王安军 张赟 朱鹏飞 胡进
2	一种改性双马来酰亚胺-三嗪树脂及其制备方法	优秀奖	苏州大学	梁国正 卓东贤 顾嫒娟 曹雷 袁莉 胡江涛

十一、中国机械工业科学技术奖(1项)

序号	项目名称	获奖等级	完成单位	主要完成人
1	大型数控高精动梁龙门加工中心技术与装备	三等奖	苏州江源精密机械有限公司、苏州大学	王传洋 吉文正 郭旭红 杨威 高旭

十二、中核集团科技奖(2项)

序号	项目名称	获奖等级	完成单位	主要完成人
1	低剂量X射线对骨组织修复重建的影响及其机理	三等奖	苏州大学附属第二医院	董启榕 周晓中 徐炜 佘昶 艾红珍 周震涛 单冰晨 邓晔坤 顾军
2	非小细胞肺癌手术及放化疗疗效的生物学标志物预测及相关机制研究	三等奖	苏州大学附属第二医院、苏州大学	陈勇兵 陆雪官 施敏骅 张洪涛 段善州 殷黎晨 邢鹏飞

十三、中国化学会青年化学奖(1项)

序号	获奖人	完成单位
1	王殳凹	苏州大学

十四、江苏青年科技奖(1项)

序号	获奖人	完成单位
1	苏雄	苏州大学

十五、中国出生缺陷干预救助基金会科学技术奖(1项)

序号	项目名称	获奖等级	完成单位	主要完成人
1	孕期不良因素诱导心血管功能性出生缺陷（胎源性疾病）研究	科技成果奖	苏州大学附属第一医院	徐智策 孙森 吕娟秀 高芹芹 李娜 李凌君 周秀文 张鹏杰 汤佳奇

十六、苏州市科学技术奖(25项)

序号	项目名称	获奖等级	完成单位	主要完成人
1	儿童感染免疫机制及临床转化研究	一等奖	苏州大学附属儿童医院	汪健 黄洁 郭万亮 黄顺根 刘琳 柏振江 朱国际
2	生长抑制因子ING4肿瘤基因治疗的实验研究	一等奖	苏州大学附属第一医院、苏州大学	谢宇锋 陶敏 吴杰 张海涛 刘济生 周秀敏 杨吉成 缪竞诚 盛伟华
3	右美托咪定的临床应用及器官功能保护的实验研究	一等奖	苏州大学附属第一医院、南京市第一医院	嵇富海 鲍红光 彭科 斯邢娜 刘华跃 王玉兰 成浩
4	低温高性能等离子体处理关键技术研发及应用	一等奖	苏州工业职业技术学院、苏州大学、苏州市奥普斯等离子体科技有限公司	温贻芳 芮延年 刘开强 刘鑫培 王红卫 候旭 杨扬 周信 陈歆
5	缺血性脑中风神经细胞自噬性死亡及凋亡的信号机制、相互作用及药物干预	一等奖	苏州大学	张慧灵 王琛 乔世刚 敖桂珍 倪勇
6	人脑胶质瘤干细胞的研究	二等奖	苏州大学附属第二医院	兰青 董军 黄强 王爱东 沈云天 费喜峰 王之敏 陈延明 孙超
7	线粒体功能与老年心肌保护机制的研究	二等奖	苏州大学附属第二医院	朱江 谢红 曹建方 常留辉 王文娟
8	TIGAR在缺血性脑损伤中的作用及机制探讨	二等奖	苏州大学附属儿童医院	李梅 秦正红 王梅 钱光辉 杨纯 丁胜 李根
9	基于多模态力学刺激和细胞片叠层组装的椎间盘纤维环组织再生	三等奖	苏州大学	李斌 过倩萍 朱彩虹 韩凤选 周平辉 李俊 刘晨

续表

序号	项目名称	获奖等级	完成单位	主要完成人
10	注塑模全自动热流道系统	三等奖	苏州好特斯模具有限公司、苏州大学	严杰 陈再良 沈坚 陈文龙 周义 张霞 董建香
11	牛奶及其成分预防慢性病	三等奖	苏州大学	秦立强 徐加英 童星 董加毅 韩淑芬 陈国崇
12	高精度立体光固化快速成型工艺与成套装备的研发及产业化	三等奖	吴江中瑞机电科技有限公司、苏州大学、苏州江南嘉捷机电技术研究院有限公司	周宏志 邢占文 梁银生 王锐刚 周洪波
13	高功率绿激光在前列腺及膀胱疾病中的临床应用研究	三等奖	苏州大学附属第二医院	薛波新 陶伟 孙传洋 崔勇
14	骨髓间充质干细胞参与多发性骨髓瘤耐药机制的研究	三等奖	苏州大学附属第二医院	李炳宗 傅晋翔 张晓慧
15	儿童血液肿瘤临床预后判断新型标志物的筛选和预后判断体系的优化	三等奖	苏州大学附属儿童医院	潘健 胡绍燕 卢俊 曹戌 李之珩 徐利晓 吴怡 陶燕芳
16	B7-H3在胰腺癌诊疗中的基础与临床研究	三等奖	苏州大学附属第一医院	赵鑫 周进 李德春 张子祥 朱东明 王运良 赵华 周健 张逸
17	Crotoxin在非小细胞肺癌治疗中的基础和应用研究	三等奖	苏州大学附属第一医院	何靖康 唐兴 谢燕 于晓军 张晨
18	特络细胞损伤致输卵管性不孕的机制研究	三等奖	苏州大学附属第一医院、苏州大学	杨孝军 沈宗姬 杨刚 刘珍 江晓娟
19	褪黑素保护脑卒中后神经损伤的分子机制研究	三等奖	苏州大学附属第一医院	李海英 贡伟一 祝海平 马超 吴凌云 申海涛 王中 陈罡
20	新型miRNA分子靶向调控结直肠癌的基础与临床研究	三等奖	苏州大学附属第一医院	何宋兵 胡浩 朱新国 王振欣 支巧明 杨晓东 周国强 高凌 宋世铎

续表

序号	项目名称	获奖等级	完成单位	主要完成人
21	重要分子机制在急危重肺部疾病中的研究和临床运用	三等奖	苏州大学附属第一医院	郭强 徐华 杨新静 赵大国 刘盛兰 孙雪
22	重要功能分子和适宜技术在常见呼吸系疾病中的转化和应用研究	三等奖	苏州大学附属第一医院	陈成 曾大雄 朱晔涵 穆传勇 瞿秋霞 王昌国 黄建安
23	免疫分子B7-H3在类风湿性关节炎早期诊断和治疗中的应用基础研究	三等奖	苏州卫生职业技术学院、苏州大学附属第一医院	孙静 孙中文 刘翠平 沈东 傅丰庆
24	炎症恶性转化致儿童危重病的免疫学及遗传学机制	三等奖	苏州大学附属儿童医院	李毅平 方芳 陈旭勤 李刚 周卫芳 李晓狄 陈财龙
25	新型真丝绸产品工业化加工关键技术开发及应用	三等奖	苏州新民纺织有限公司、苏州大学	张振雄 唐人成 顾益明 计红梅 柳维特

十七、江苏省高等学校科学技术研究成果奖(16项)

序号	项目名称	获奖等级	完成单位	主要完成人
1	右美托咪定在围术期应用及其对心脏保护作用的研究	一等奖	苏州大学、苏州大学附属第一医院	嵇富海 彭科 刘华跃 王玉兰 李健
2	薄膜/织物等离子体辉光放电关键技术研发及应用	一等奖	苏州工业职业技术学院、苏州大学、苏州市奥普斯等离子体科技有限公司	温贻芳 刘开强 刘鑫培 王红卫 芮延年 候旭 杨扬 于霜 鹿霖
3	神经胶质瘤细胞中GDNF基因高表达的调控机制研究	二等奖	徐州医科大学、苏州大学附属第一医院	高殿帅 虞正权 张宝乐 李亨 熊晔
4	光网络的优化设计方法	二等奖	苏州大学	沈纲祥
5	大型数控高精动梁龙门加工中心技术与装备	三等奖	苏州大学、苏州江源精密机械有限公司	王传洋 张明利 马国城 郭旭红 陈再良

续表

序号	项目名称	获奖等级	完成单位	主要完成人
6	靶向MIF及其功能受体CXCR的药物设计和分子模拟研究	三等奖	江苏理工学院、苏州大学	许磊 田盛 张瑜
7	可溶性B7-H3的来源机制及其在自身免疫病诊断治疗中的应用基础研究	三等奖	苏州卫生职业技术学院、苏州大学附属第一医院	孙静 傅丰庆 刘翠平 张学光 吴萍萍
8	优质高效养蚕技术体系的建立及其应用	三等奖	苏州大学、南通市新丝路蚕业有限公司、如皋市蚕桑技术指导站	李兵 沈卫德 周家华 严松俊 钱忠兵 杨斌 黄俊明 周慧勤 王军
9	低维纳米材料与器件表界面调控及其应用	三等奖	苏州大学、合肥工业大学	揭建胜 张秀娟 罗林保 张晓宏
10	高效节能太阳能LED照明驱动控制新技术研究及应用	三等奖	苏州市职业大学、苏州大学	汪义旺 杨勇 张波
11	微纳材料等离子体形成机理及特性研究	三等奖	苏州大学	吴雪梅 金成刚 诸葛兰剑
12	微纳光电转换器件光电耦合仿真、设计与调控	三等奖	苏州大学	李孝峰 詹耀辉 吴绍龙
13	乳腺癌保乳术后放疗新技术与上肢并发症防治的临床研究	三等奖	苏州大学、苏州大学附属第二医院	朱雅群 孙彦泽 田野
14	铁蓄积对绝经后骨质疏松症的影响研究及其临床应用	三等奖	苏州大学、苏州大学附属第二医院	徐又佳 王啸 李光飞 贾鹏 张鹏 沈光思 姜宇 陈斌 杨帆
15	儿童功能性胃肠病（FGID）的基础与临床研究	三等奖	苏州大学、苏州大学附属儿童医院、苏州大学附属第一医院	朱雪萍 陈卫昌 朱晓黎 武庆斌 朱增燕
16	输卵管病变中特络细胞损伤的基础与临床研究	三等奖	苏州大学、苏州大学附属第一医院	杨孝军 沈宗姬 杨刚 杨建 刘珍 池迟

十八、江苏省卫生计生医学新技术引进奖(29项)

序号	项目名称	获奖等级	完成单位	主要完成人
1	ICU床边重症超声在心肺功能不全患者中的应用	一等奖	苏州大学附属第一医院	陈 军 张玉坤 王 扬
2	褪黑素在改善蛛网膜下腔出血患者预后中的应用研究	一等奖	苏州大学附属第一医院	陈 罡 王 中 孙 青
3	小分子RNA在儿童急性髓细胞白血病中的应用	一等奖	苏州大学附属儿童医院	胡绍燕
4	新型(乐奥)尼龙绳联合金属夹内镜下闭合胃壁全层缺损的临床应用	一等奖	苏州大学附属第一医院	李 锐 史冬涛 陈卫昌
5	新型淋巴细胞亚群检测技术在重要呼吸系统疾病诊疗中的新运用	一等奖	苏州大学附属第一医院	陈 成 朱晔涵 黄建安
6	导管溶栓治疗急性深静脉血栓形成的规范化研究	一等奖	苏州大学附属第二医院	李晓强 桑宏飞 钱爱民
7	经甲床缘切口甲床组织瓣治疗手指末节血管球瘤的临床应用	一等奖	苏州大学附属第二医院	王培吉 江 波 周凯龙
8	早期卵巢癌腹腔镜全面分期手术	一等奖	苏州大学附属第一医院	沈芳荣 陈友国 周金华
9	改良单孔腹腔镜技术在泌尿外科的临床应用	二等奖	苏州大学附属第二医院	薛波新 陈 崇 阳东荣
10	B7-H3检测在胰腺癌诊疗中的临床应用	二等奖	苏州大学附属第一医院	赵 鑫 周 进 朱新国
11	儿童血管内皮功能障碍评价——肱动脉超声评估技术	二等奖	苏州大学附属儿童医院	丁粤粤
12	颅内复杂动脉瘤的锁孔微创手术治疗	二等奖	苏州大学附属第二医院	兰 青 朱 卿 李国伟

续表

序号	项目名称	获奖等级	完成单位	主要完成人
13	基于气候参数的预警技术在儿童常见感染性疾病防治中的应用	二等奖	苏州大学附属儿童医院	陈正荣
14	改良硼替佐米注射法在多发性骨髓瘤患者治疗中的应用	二等奖	苏州大学附属第一医院	朱霞明 葛永芹 刘明红
15	基于组织相似度图谱磁共振灌注成像在脑胶质瘤中的应用	二等奖	苏州大学附属第一医院	胡春洪 胡粟 王希明
16	经皮加压钢板治疗中青年股骨颈骨折	二等奖	苏州大学附属第一医院	徐耀增 耿德春 朱锋
17	前列腺癌多参数磁共振成像（Mp-MRI）及前列腺影像报告数据系统（PI-RADS）的临床应用	二等奖	苏州大学附属第二医院	沈钧康 赵文露 杨毅
18	生物学标志物在非小细胞肺癌多学科治疗疗效评估中的应用	二等奖	苏州大学附属第二医院	陈勇兵 杨文涛 段善州
19	提高肿瘤放射治疗精确度的临床应用研究	二等奖	苏州大学附属第二医院	周钢 陈列松 孙彦泽
20	经皮克氏针撬拨复位结合Metaizeau法治疗儿童难复桡骨颈骨折	二等奖	苏州大学附属儿童医院	张福勇
21	狭长窄蒂皮瓣在皮肤癌治疗中的应用	二等奖	苏州大学附属第二医院	赵天兰 余道江 伍丽君
22	免疫紊乱在过敏性紫癜患儿发病中的临床意义	二等奖	苏州大学附属儿童医院	李晓忠
23	锁核酸探针实时PCR病毒分型在分析住院儿童呼吸道合胞病毒流行特点及与气候因素相关性研究中的应用	二等奖	苏州大学附属儿童医院	徐俊

续表

序号	项目名称	获奖等级	完成单位	主要完成人
24	心脏超声结合基因筛查对家族性肥厚型心肌病临床预后的判断	二等奖	苏州大学附属第一医院	周亚峰 杨向军 杨俊华
25	血气分析网络化实时在线质量管理体系的建立及临床应用	二等奖	苏州大学附属第一医院	邱骏 何军 顾国浩
26	血糖异常及其干预与恶性肿瘤诊断和预后的关系	二等奖	苏州大学附属第一医院	毛一香 陶敏 袁苏徐
27	胰腺癌患者围手术期并发症的风险评估与管理	二等奖	苏州大学附属第一医院	朱东明 李德春 周健
28	影像智能导引改良经皮同轴穿刺活检术在复杂解剖部位病变诊断中的应用	二等奖	苏州大学附属第一医院	陈珑 朱晓黎 倪才方
29	MOSFET在乳腺癌胸壁照射质量保证和控制中的应用	二等奖	苏州大学附属第一医院	秦颂兵 周菊英 徐晓婷

十九、江苏医学科技奖(4项)

序号	项目名称	获奖等级	完成单位	主要完成人
1	儿童胰胆管合流异常相关脏器损伤的机制及防治研究	二等奖	苏州大学附属儿童医院	汪健 郭万亮 黄顺根 陈凤 刘琳 盛茂 刘小波
2	免疫调节结合人工肝支持技术治疗重型乙型肝炎(肝衰竭)的应用研究	二等奖	苏州大学附属第一医院、江苏大学附属镇江三院	甘建和 谭友文 黄小平 陆忠华 陈丽 孙蔚 赵卫峰 江敏华 黄燕
3	肺癌重要功能基因的作用机制研究及其应用	三等奖	苏州大学附属第一医院、苏州大学	朱晔涵 凌春华 赵大国 衡伟 杨吉成
4	基因及相关microRNA诊断治疗胰腺癌的基础与临床研究	三等奖	苏州大学附属第一医院	李德春 周进 高凌 赵鑫 周健

二十、江苏省妇幼保健引进新技术奖(2项)

序号	项目名称	获奖等级	完成单位	主要完成人
1	早产极低体重儿住院期间营养管理策略的临床应用	一等奖	苏州大学附属儿童医院	朱雪萍 肖志辉 丁晓春
2	Kisspeptin及相关免疫耐受指标在不明原因复发性流产诊疗中的临床应用	二等奖	苏州大学附属第二医院	张 弘 胡燕荣 周 玲

二十一、江苏省轻工业科学技术奖(1项)

序号	项目名称	获奖等级	完成单位	主要完成人
1	苏罗珠光粉印花及其文化艺术用品的制备技术	三等奖	苏州大学	丁志平 朱立群 李笑苏 苗海青 钮 伟 吴芝其 万丽君

二十二、第四届江苏省海洋与渔业科技创新奖(2项)

序号	项目名称	获奖等级	完成单位	主要完成人
1	泥鳅养殖技术示范与推广	二等奖	苏州大学、淮安市水产技术指导站、宿迁市水产技术推广站、淮海工学院、徐州市水产技术推广站、灌云县水产渔业技术指导站、泗阳县水产技术指导站	凌去非 张晓君 强晓刚
2	河蟹良种选育与产业化关键技术研究及应用	三等奖	江苏省淡水水产研究所、中国水产科学研究院淡水渔业研究中心、南京师范大学、苏州大学、苏州市阳澄湖现代农业发展有限公司	夏爱军 周 刚 陆金平 李跃华 周 鑫 周 军 孟庆国 李旭光 蔡春芳 邓燕飞 沈建明

二十三、江苏农业科学技术奖(1项)

序号	项目名称	获奖等级	完成单位	主要完成人
1	优质高效养蚕技术体系的建立及其应用	一等奖	苏州大学、南通市新丝路蚕业有限公司、如皋市蚕桑技术指导站	李 兵 沈卫德 周家华 严松俊 钱忠兵 杨 斌 黄俊明 周慧勤 王 军

二十四、江苏省农机工业科学技术奖（1项）

序号	项目名称	获奖等级	完成单位	主要完成人
1	空地一体化植保装备关键技术发明与产业推广	三等奖	苏州博田自动化技术有限公司、无锡汉和航空技术有限公司、中国农业大学、苏州大学、江苏省农业机械推广站、苏州市农业机械推广站、张家港市植保植检站、泰安友邦汉和航空科技有限公司	李伟　沈建文　王蓬勃　耿长兴　张俊雄　马铿宏　张春龙　袁挺　谭豫之　张硕　卢青　张文强　张文斌　陆彦　张鹏

二十五、江苏中医药科学技术奖（1项）

序号	项目名称	获奖等级	完成单位	主要完成人
1	吴门医派调脂颗粒治疗高脂血症及抗动脉粥样硬化的系列研究	二等奖	苏州市中医学院、苏州大学	赵笑东　陈竞纬　张国兴　戴悦晴　范晶晶

二十六、江苏省青年颗粒学奖（1项）

序号	项目名称	获奖人	所在单位
1	无机光电子材料制备及其性能研究	李伟峰	苏州大学

人文社科研究成果获奖情况

一、江苏省第十四届哲学社会科学研究优秀成果奖（30项）

序号	成果名称	所属学科	获奖等级	负责人	所在单位
1	舆论监督与地方政府网络舆情应对	政治学	一等奖	叶战备	政治与公共管理学院
2	《永乐大典》小学书辑佚与研究	语言学	一等奖	丁治民	文学院
3	《韩熙载夜宴图》图像志考	艺术学	一等奖	张朋川	艺术学院
4	天学与法律	法学	一等奖	方潇	王健法学院
5	当代中国体育对外关系史	体育科学	一等奖	罗时铭	体育学院

续表

序号	成果名称	所属学科	获奖等级	负责人	所在单位
6	马克思环境思想与环境友好型社会研究	马克思主义	二等奖	方世南	马克思主义学院
7	马克思主义虚拟资本理论与金融危机	马克思主义	二等奖	朱炳元	马克思主义学院
8	文件政治与乡村治理	政治学	二等奖	施从美	政治与公共管理学院
9	俄汉社会性别语言的语用对比研究	语言学	二等奖	周民权	外国语学院
10	当代俄罗斯人类中心论范式语言学理论研究	语言学	二等奖	赵爱国	外国语学院
11	明清钓鱼岛诗歌及其相关文献考述	文学	二等奖	罗时进	文学院
12	中国新时期小说的"城市想象"	文学	二等奖	曾一果	凤凰传媒学院
13	新中国成立前后苏州地区企业年奖制度的演变	历史学	二等奖	王卫平	社会学院
14	论行政审批的分类改革与替代性制度建设	法学	二等奖	王克稳	王健法学院
15	中国宪法上国家所有的规范含义	法学	二等奖	程雪阳	王健法学院
16	当代传媒中的民粹主义问题研究	新闻学与传播学	二等奖	陈龙	凤凰传媒学院
17	无法忽视的另一种力量:新媒介与青年亚文化研究	新闻学与传播学	二等奖	马中红	凤凰传媒学院
18	"一带一路"关键词	社科普及	二等奖	尚虎平	政治与公共管理学院
19	公众参与社会治理:基础、障碍与对策	哲学	三等奖	宋煜萍	政治与公共管理学院
20	历史唯物主义的当代反思与建构	哲学	三等奖	车玉玲	政治与公共管理学院

续表

序号	成果名称	所属学科	获奖等级	负责人	所在单位
21	十九世纪下半期俄国反虚无主义文学研究	文学	三等奖	朱建刚	文学院
22	二十世纪中西文论史:百年中的难题、主潮、多元探求、智慧与失误:六卷本	文学	三等奖	王钟陵	文学院
23	海外中国现代文学研究的再反思	文学	三等奖	季 进	文学院
24	彬彬衣风馨千秋:宋代汉族服饰研究	艺术学	三等奖	张蓓蓓	艺术学院
25	近代中国"打工妹"群体研究	历史学	三等奖	池子华	社会学院
26	秦汉赋役与社会控制	历史学	三等奖	臧知非	社会学院
27	我国民法上的占有保护——基于人民法院占有保护案例的实证分析	法学	三等奖	章正璋	王健法学院
28	马克思人学视野中的大学创新人才培养机制	教育学	三等奖	母小勇	教育学院
29	企业社会责任与股价崩盘风险:"价值利器"或"自利工具"?	经济学	三等奖	权小锋	东吴商学院
30	农户过量施用农药的非理性均衡:来自中国苏南地区农户的证据	管理学	三等奖	朱 淀	东吴商学院

二、第六届钱端升法学研究成果奖(1项)

序号	成果名称	所属学科	获奖等级	获奖者	所在单位
1	试论法律位阶划分的标准	法学	三等奖	胡玉鸿	王健法学院

三、江苏高校哲学社会科学研究成果奖(21项)

序号	成果名称	成果形式	获奖等级	获奖者	所在单位
1	中国基础教育课程政策三十年(1978—2008)——基于政策语境视角	著作	一等奖	彭彩霞	教育学院
2	马克思环境思想与环境友好型社会研究	著作	一等奖	方世南	马克思主义学院

续表

序号	成果名称	成果形式	获奖等级	获奖者	所在单位
3	审美碰撞辉煌的朝代——魏晋南北朝设计艺术与文化研究	著作	一等奖	范英豪	艺术学院
4	国家认同视域下的公民道德建设	论文	一等奖	李兰芬	政治与公共管理学院
5	企业社会责任与股价崩盘风险:"价值利器"或"自利工具"?	论文	二等奖	权小锋	东吴商学院
6	无法忽视的另一种力量——新媒介与青年亚文化研究	著作	二等奖	马中红	凤凰传媒学院
7	爱弥儿与教育理想	著作	二等奖	曹永国	教育学院
8	新中国成立前后苏州地区企业年奖制度的演变	论文	二等奖	王卫平	社会学院
9	政府信息资源管理研究:视域及主题深化	著作	二等奖	周毅	社会学院
10	多数人侵权责任分担机制研究	著作	二等奖	李中原	王健法学院
11	《永乐大典》小学书辑佚与研究	著作	二等奖	丁治民	文学院
12	茅茨:一种道教符号的传播与适应	论文	二等奖	陈铮	艺术学院
13	江苏省区域低碳创新系统研究	调研报告	三等奖	张斌	东吴商学院
14	中国现代文学广告研究述评	论文	三等奖	胡明宇	凤凰传媒学院
15	民国时期北京大学的管理变革:从"教授治校"到"校长治校"	论文	三等奖	黄启兵	教育学院
16	本科生深层学习过程及教学策略研究	著作	三等奖	付亦宁	教育学院
17	深层断裂与视域融合:中国传统武术进入现代视域的文化阐释	著作	三等奖	李龙	体育学院
18	俄汉社会性别语言的语用对比研究	著作	三等奖	周民权	外国语学院
19	土地发展权与土地增值收益的合理分配	论文	三等奖	程雪阳	王健法学院
20	我国民法上的占有保护——基于人民法院占有保护案例的实证分析	论文	三等奖	章正璋	王健法学院
21	探寻"诗心":《野草》整体研究	著作	三等奖	汪卫东	文学院

四、苏州市第十三次哲学社会科学优秀成果奖(74项)

序号	成果名称	成果形式	获奖等级	申报人	所在院系
1	企业社会责任与股价崩盘风险:"价值利器"或"自利工具"?	论文	一等奖	权小锋	东吴商学院
2	《天学与法律》	著作	一等奖	方 潇	王健法学院
3	政府绩效评估中"结果导向"的操作性偏误与矫治	论文	一等奖	尚虎平	政治与公共管理学院
4	本科生深层学习过程及教学策略研究	著作	一等奖	付亦宁	教育学院
5	苏州艺术通史	著作	一等奖	朱栋霖	文学院
6	《永乐大典》小学书辑佚与研究	专著	一等奖	丁治民	文学院
7	新中国建立前后苏州地区企业年奖的演变	论文	一等奖	王卫平	社会学院
8	科学社会主义的基本原则不能丢	论文	二等奖	石镇平	马克思主义学院
9	逻辑哲学与哲学逻辑	著作	二等奖	朱建平	政治与公共管理学院
10	全球价值链、附加值贸易与中美贸易利益测度	论文	二等奖	王 俊	东吴商学院
11	汇率调整与制造业产业升级	著作	二等奖	徐 涛	东吴商学院
12	区域协同创新的多维溢出效应	论文	二等奖	赵增耀	东吴商学院
13	货运代理转委托行为的类型区分和法律效力	论文	二等奖	方新军	王健法学院
14	我国行政审批制度的改革及其法律规制	论文	二等奖	王克稳	王健法学院
15	政府服务合同外包:公共治理的创新路径	论文	二等奖	施从美	政治与公共管理学院
16	城镇化战略的正当性论证:一个理论框架	论文	二等奖	余敏江	政治与公共管理学院
17	体育科学量表编制中的几个主要问题探究——一种方法优化的思考	论文	二等奖	戴俭慧	体育学院

续表

序号	成果名称	成果形式	获奖等级	申报人	所在院系
18	陌生人社会志愿行动的价值基础	论文	二等奖	龚长宇	政治与公共管理学院
19	居游之间	著作	二等奖	王俊敏	社会学院
20	利益博弈视阈下我国校园足球政策执行研究	专著	二等奖	邱　林	体育学院
21	六朝礼乐文化与礼乐歌辞研究	专著	二等奖	王福利	文学院
22	汪东年谱	专著	二等奖	薛玉坤	文学院
23	尤侗集	古籍整理	二等奖	杨旭辉	文学院
24	当代俄罗斯人类中心论范式语言学理论研究	专著	二等奖	赵爱国	外国语学院
25	十九世纪下半期俄国反虚无主义文学研究	专著	二等奖	朱建刚	文学院
26	美国经典作家的生态视域和自然思想	专著	二等奖	朱新福	外国语学院
27	近代中国"打工妹"群体研究	专著	二等奖	池子华	社会学院
28	中美关系史纲(1784—2010)	专著	二等奖	金卫星	社会学院
29	打造"水乡明珠、生态黎里"的调研和思考	调研报告	二等奖	方世南	马克思主义学院
30	家风传承对培育和践行社会主义核心价值观的意义	论文	三等奖	陆树程	马克思主义学院
31	马克思主义基本原理前沿问题研究	著作	三等奖	吴声功	马克思主义学院
32	在唯物史观中批判现代性意味着什么	论文	三等奖	庄友刚	政治与公共管理学院

续表

序号	成果名称	成果形式	获奖等级	申报人	所在院系
33	基于现代化轨道交通条件下长江三角洲城市旅游一体化发展研究	专著	三等奖	陈建军	物理与光电·能源学部光电信息科学与工程学院
34	基于DEA模型的群众体育财政投入绩效分析	论文	三等奖	邵伟钰	东吴商学院
35	组织双元性的培育与效应：组织学习视角	论文	三等奖	周 俊	东吴商学院
36	基于负面IPA的入境游客对华环境风险感知研究	论文	三等奖	周永博	社会学院
37	网络嵌入、信息共享与中小企业信贷融资	论文	三等奖	周中胜	东吴商学院
38	农户施用农药过量的非理性均衡：来自中国苏南地区农户的证据	论文	三等奖	朱 淀	东吴商学院
39	产业结构、技术创新与碳排放实证研究——基于我国东部15个省(市)面板数据	论文	三等奖	韩 坚	东吴商学院
40	民营企业的股权结构对R&D投资行为的传导效应研究	论文	三等奖	罗正英	东吴商学院
41	阿奎流斯法——大陆法系侵权法的罗马法基础	著作	三等奖	黄文煌	王健法学院
42	共犯论的基础及其展开	著作	三等奖	钱叶六	王健法学院
43	合意型行政争议解决机制刍议	论文	三等奖	施立栋	王健法学院
44	中国开发区治理与地方政府体制改革研究	著作	三等奖	黄建洪	政治与公共管理学院
45	优化消费环境建设的实践与思考——苏州创建消费放心城市十年之路	专著	三等奖	沈志荣	政治与公共管理学院
46	生态型区域治理中地方政府执行力研究	著作	三等奖	宋煜萍	政治与公共管理学院
47	大学生群体中价值观、感知环境质量与环境意识的关系研究	论文	三等奖	李 亮	社会学院

续表

序号	成果名称	成果形式	获奖等级	申报人	所在院系
48	中国公共体育服务体系:模式选择与机制建设	论文	三等奖	李燕领	体育学院
49	子女迁移对农村老年人心理福利的影响	论文	三等奖	宋璐	社会学院
50	苏州生态文明建设:理论与实践	著作	三等奖	宋言奇	社会学院
51	如何度过有尊严、幸福的老年生活——苏州公共养老居住环境状况调查报告	调研报告	三等奖	徐莹	金螳螂建筑学院
52	高职院校办学经费多元化与地方产业发展的关联度研究:基于30个省市面板数据	论文	三等奖	屠立峰	东吴商学院
53	民国时期北京大学的管理变革:从"教授治校"到"校长治校"	论文	三等奖	黄启兵	教育学院
54	民国时期国立大学治安保卫工作机构及人员之研究	论文	三等奖	黄水林	保卫处
55	导师学院:生成因·功能质·机制群——以哲学视角观照苏州大学的实践探索	论文	三等奖	金薇吟	研究生院
56	职前教师实践性知识发展研究	著作	三等奖	李利	教育学院
57	中国戏曲:从备受攻击到重建自信——以1925年《申报》关于梅兰芳出洋讨论为考察对象	论文	三等奖	艾立中	文学院
58	中国大学生跨文化交际能力测评体系的理论框架构建	论文	三等奖	高永晨	外国语学院
59	英语专业研究生毕业论文分析与研究	专著	三等奖	贾冠杰	外国语学院
60	无法忽视的另一种力量——新媒介与青年文化研究	著作	三等奖	马中红	凤凰传媒学院
61	日本近代小说理论研究——多维视域下的《小说神髓》研究	著作	三等奖	潘文东	外国语学院
62	卡里尔·丘吉尔女性戏剧研究	专著	三等奖	钱激扬	外国语学院
63	从独语到对话——当下女性电影创作的美学转向	论文	三等奖	邵雯艳	文学院

续表

序号	成果名称	成果形式	获奖等级	申报人	所在院系
64	中国新时期小说的城市想象	著作	三等奖	曾一果	凤凰传媒学院
65	探寻"诗心":《野草》整体研究	专著	三等奖	汪卫东	文学院
66	南北宋之争与清代浙西词派的发展演进	论文	三等奖	陈昌强	文学院
67	刀尖上的艺术——苏作核雕	著作	三等奖	袁 牧	艺术学院
68	彬彬衣风馨千秋:宋代汉族服饰研究	著作	三等奖	张蓓蓓	艺术学院
69	新小说与旧体裁:《新小说》著译作品论	论文	三等奖	张 蕾	文学院
70	俄汉社会性别语言的语用对比研究	专著	三等奖	周民权	外国语学院
71	电视的命运:媒介融合与电视传播范式变革	著作	三等奖	杜志红	凤凰传媒学院
72	党治体制下的社团冲突与社团管理——以1934年苏州弹词男女拼档纠纷案为例	论文	三等奖	许冠亭	马克思主义学院
73	厘金源于林则徐"一文愿"考	论文	三等奖	黄鸿山	社会学院
74	综合标准化与公共服务提升——来自苏州市的创新实践	专著	三等奖	田晓明	校长办公室

2016年度苏州大学科研成果专利授权情况

2016年度苏州大学科研成果专利授权情况一览表

序号	专利号	专利名称	第一发明人	类别	学院(部)	授权公告日
1	201110432639.3	一种多孔微细旦锦纶6预取向丝、制备方法及其设备	管新海	发明	纺织与服装工程学院	2016/1/20
2	201310748532.9	一种数字可控光谱光源系统及其调控方法	马锁冬	发明	物理与光电·能源学部	2016/1/20

续表

序号	专利号	专利名称	第一发明人	类别	学院（部）	授权公告日
3	201310081429.3	一种 Yb^{3+} 激活的硼钨酸盐上转换发光材料及其制备方法	黄彦林	发明	材料与化学化工学部	2016/1/20
4	201310565137.7	一种静电拉伸薄膜反射镜的制备方法	蒋龙军	发明	物理与光电·能源学部	2016/1/20
5	201410039356.6	一种手性3-(2-硝基乙基)四氢呋喃化合物及其制备方法	张士磊	发明	纺织与服装工程学院	2016/1/20
6	201310284364.2	一种阻燃真丝绸及其制备方法	关晋平	发明	纺织与服装工程学院	2016/1/20
7	201410031921.4	一种生物质改性热固性树脂及其制备方法	顾嫒娟	发明	材料与化学化工学部	2016/1/27
8	201310336485.7	一种无机基质的磷酸盐黄色颜料及其制备方法	黄彦林	发明	材料与化学化工学部	2016/1/27
9	201410080480.7	一种具有抗菌功能的天然纤维织物及其制备方法	李战雄	发明	纺织与服装工程学院	2016/1/27
10	201310742999.2	用于大规模高分辨率遥感相机的光学成像方法及其系统	季轶群	发明	物理与光电·能源学部	2016/1/27
11	201410032295.0	一种圆片磷酸铝/热固性树脂复合材料及其制备方法	梁国正	发明	材料与化学化工学部	2016/1/27
12	201310233173.3	一种石墨烯的制备方法	诸葛兰剑	发明	分析测试中心	2016/1/27
13	201410060001.5	一种蛋白-染料复合物及其应用	陈倩	发明	功能纳米与软物质研究院	2016/1/27
14	201410125223.0	一种三频高密度等离子体辅助磁控溅射薄膜的制备方法	叶超	发明	物理与光电·能源学部	2016/1/27

续表

序号	专利号	专利名称	第一发明人	类别	学院(部)	授权公告日
15	201410118745.8	一种基于植草板的生态护坡方法	翟 俊	发明	金螳螂建筑学院	2016/1/27
16	201410018133.1	一种制备聚丙交酯的方法	孙宏枚	发明	材料与化学化工学部	2016/1/27
17	201410341346.8	来自罗丹明B、二亚乙基三胺和异硫氰酸苯酯的荧光探针及其制备方法和应用	徐冬梅	发明	材料与化学化工学部	2016/1/27
18	201310245108.2	以内容为中心的无线网状网络中继节点布置方法	王 进	发明	计算机科学与技术学院	2016/1/27
19	201520795783.7	一种无二次遮拦面视场同轴三反望远物镜	韩 琳	实用新型	物理与光电·能源学部	2016/1/27
20	201520741141.9	一种位相编码的宽带光子筛	王钦华	实用新型	物理与光电·能源学部	2016/1/27
21	201520750825.5	含阿基米德螺旋线的亚波长圆偏振光检偏器及其制备方法	王钦华	实用新型	物理与光电·能源学部	2016/1/27
22	201520627980.8	一种组装式革兰氏阴性菌细胞壁模型教具	朱越雄	实用新型	医学部	2016/1/27
23	201520695143.9	荧光共振能量转移模型教具	曹广力	实用新型	医学部	2016/1/27
24	201410300355.2	一种碱性阴离子交换膜及其制备方法	严 锋	发明	材料与化学化工学部	2016/1/20
25	201310492543.5	一种电动双手揉搓仿生装置	王传洋	发明	机电工程学院	2016/1/20
26	201310503895.6	一种电动双手揉搓仿生装置	窦云霞	发明	机电工程学院	2016/1/20
27	201520719974.5	智能饮水机和基于其的饮水系统	吴 澄	实用新型	城市轨道交通学院	2016/1/20

续表

序号	专利号	专利名称	第一发明人	类别	学院(部)	授权公告日
28	201520696975.2	电磁-永磁驱动式双向冲压机	王金娥	实用新型	机电工程学院	2016/1/20
29	201520696520.0	一种电磁-永磁双向驱动式人工心脏	王明娣	实用新型	机电工程学院	2016/1/20
30	201520696560.5	电机-双向螺旋驱动式人工心脏泵	王明娣	实用新型	机电工程学院	2016/1/20
31	201520696684.3	一种双柱塞气缸驱动式人工心脏	窦云霞	实用新型	机电工程学院	2016/1/20
32	201520697033.6	人工心脏用弹性血囊及气囊驱动式人工心脏泵	窦云霞	实用新型	机电工程学院	2016/1/20
33	201520696973.3	电磁-永磁驱动式滚动轴承多点润滑泵	王金娥	实用新型	机电工程学院	2016/1/20
34	201520793905.9	新型多单管半导体激光器光纤耦合模块	袁 孝	实用新型	物理与光电·能源学部	2016/1/20
35	201520654577.4	电池测试装置	周新明	实用新型	工程训练中心	2016/1/20
36	201410161213.2	一种主链型偶氮苯聚合物及其制备方法	张 伟	发明	材料与化学化工学部	2016/1/27
37	201520397462.1	一种移液枪加样校准器	郑 栋	实用新型	医学部	2016/1/20
38	201520741713.3	一种制备医用管状支架的装置	李 刚	实用新型	纺织与服装工程学院	2016/1/20
39	201210524604.7	一种川楝子提取物及用途	刘江云	发明	医学部	2016/1/13
40	201110171828.X	一种植物提取的动态循环提取方法及其用途	刘江云	发明	医学部	2016/2/3
41	201520355318.1	基于石墨烯微环结构的热光调制器	鲍桥梁	实用新型	功能纳米与软物质研究院	2016/1/20

续表

序号	专利号	专利名称	第一发明人	类别	学院(部)	授权公告日
42	201520580962.9	一种用于长距离隧道、管道渗漏监测的传感光缆	唐永圣	实用新型	城市轨道交通学院	2016/1/20
43	201310282964.5	一种基于身份签名的安全电子投票系统	朱艳琴	发明	计算机科学与技术学院	2016/2/24
44	201310245486.0	一种基于卫星定位的环境监测数据采集方法	曹洪龙	发明	电子信息学院	2016/2/24
45	201210294888.5	一种具有自动补偿功能的多路模拟信号采集系统	胡剑凌	发明	电子信息学院	2016/1/20
46	201520076186.9	一种自供电无线立式鼠标	刘会聪	实用新型	机电工程学院	2016/1/20
47	201210329966.0	PLZT铁电光伏器件及其制备方法	苏晓东	发明	物理与光电·能源学部	2016/1/20
48	201310062122.9	产生拉盖尔-高斯关联的部分相干高斯光束的系统和方法	袁扬胜	发明	物理与光电·能源学部	2016/1/20
49	201210428299.1	一种应用于存储单元的延时控制电路以及静态随机存储器	张立军	发明	城市轨道交通学院	2016/1/20
50	201310329272.1	一种高吸液速率的高吸水性树脂及其制备方法	杨占山	发明	医学部	2016/1/20
51	201210556449.7	AZO包覆锰酸锂二次锂电池正极材料及其制备方法	李德成	发明	物理与光电·能源学部	2016/1/20
52	201410044619.2	一种油茶皂苷化合物、其制备方法、应用及其制备的抗肿瘤药物	许琼明	发明	医学部	2016/1/13

续表

序号	专利号	专利名称	第一发明人	类别	学院(部)	授权公告日
53	201310718883.5	异噻唑类染料组合物及其用于聚酯纤维织物短流程碱性染色的方法	朱亚伟	发明	纺织与服装工程学院	2016/1/20
54	201310628880.2	一种制备电离辐射防护材料的方法	刘福娟	发明	纺织与服装工程学院	2016/1/20
55	201410044617.3	一种油茶皂苷化合物、其制备方法、应用及其制备的抗肿瘤药物	许琼明	发明	医学部	2016/1/20
56	201310259825.0	一种认知无线电节点组网方法	贾俊铖	发明	计算机科学与技术学院	2016/1/20
57	201310178647.9	有机-二维晶体-无机杂化的异质结太阳能电池器件及其制备方法	张杰	发明	功能纳米与软物质研究院	2016/1/20
58	201310313800.4	一种三维纳米纤维组合体的静电纺丝装置以及方法	汝长海	发明	机电工程学院	2016/1/20
59	201310272060.4	一种有机太阳能电池	唐建新	发明	功能纳米与软物质研究院	2016/1/20
60	201520592934.9	多功能智能鞋垫	李云飞	实用新型	计算机科学与技术学院	2016/1/20
61	201210501592.6	苯乙醇苷类单体化合物的应用	刘艳丽	发明	医学部	2016/1/20
62	201310308179.2	一种微电池用薄膜电极的制备方法以及薄膜电极和微电池	鞠华	发明	物理与光电·能源学部	2016/1/20
63	201520398187.5	一种上部预紧式粘滑驱动跨尺度精密运动平台	汝长海	实用新型	机电工程学院	2016/1/20
64	201310096658.2	基于PCA-SC算法的形状匹配和目标识别方法	黄伟国	发明	城市轨道交通学院	2016/1/20

续表

序号	专利号	专利名称	第一发明人	类别	学院(部)	授权公告日
65	201310395325.X	一种透射式分光光栅及干涉光刻系统	胡进	发明	物理与光电·能源学部	2016/1/20
66	201520668688.0	一种T型三电平三相储能逆变器系统	杨勇	实用新型	城市轨道交通学院	2016/1/20
67	201310313867.8	一种静电纺丝的接收装置	汝长海	发明	机电工程学院	2016/1/20
68	201520619092.1	一种带刻度的儿童足球球门	张宝峰	实用新型	体育学院	2016/1/20
69	201210536767.7	用于非水二次电池的负极材料及其制备方法、非水二次电池负极和非水二次电池	李德成	发明	物理与光电·能源学部	2016/1/20
70	201310033982.X	有机太阳能电池及其制作方法	唐建新	发明	功能纳米与软物质研究院	2016/1/20
71	201410044524.0	一种油茶皂苷化合物、其制备方法、应用及其制备的抗肿瘤药物	许琼明	发明	医学部	2016/1/20
72	201410043589.3	一种油茶皂苷化合物、其制备方法、应用及其制备的抗肿瘤药物	许琼明	发明	医学部	2016/3/2
73	201310462688.0	一种拦水装置	任建锋	发明	物理与光电·能源学部	2016/3/2
74	201310395256.2	一种光学加工系统和方法	胡进	发明	物理与光电·能源学部	2016/3/2
75	201310153383.1	可调节聚合物射流速度的静电纺丝装置	徐岚	发明	纺织与服装工程学院	2016/3/2
76	201310560145.2	闭环压电薄膜泵及其流量控制方法	潘明强	发明	机电工程学院	2016/3/2

续表

序号	专利号	专利名称	第一发明人	类别	学院(部)	授权公告日
77	201410348932.5	一种着装接触感觉测定装置及测定方法	刘国联	发明	机电工程学院	2016/3/2
78	201410102765.6	一种软壳蟹的养殖用蟹屋及由该蟹屋组成的蟹塔	陈剑兴	发明	医学部	2016/3/2
79	201520455197.8	一种盆底修复网片及其相应的植入系统	崔文国	实用新型	医学部	2016/3/2
80	201310512500.9	基于苯环的新型共聚物、制备及制成的三进制电存储器件	路建美	发明	材料与化学化工学部	2016/3/2
81	201310083875.8	柱面面型检测系统及方法	郭培基	发明	物理与光电·能源学部	2016/3/2
82	201310582361.7	一种等离子体空气净化器及其净化方法	吴玺	发明	物理与光电·能源学部	2016/3/2
83	201520718287.1	一种气泡静电纺丝装置	何吉欢	实用新型	纺织与服装工程学院	2016/3/2
84	201520717324.7	一种游泳用整理箱	张宝峰	实用新型	体育学院	2016/3/2
85	201310313827.3	有机薄膜钝化的有机-无机杂化太阳能电池及其制备方法	孙宝全	发明	功能纳米与软物质研究院	2016/3/2
86	201310533239.0	一种回乳内衣	万慎娴	发明	医学部	2016/3/2
87	201410191824.1	一种化合物及其制备与用途	毛新良	发明	医学部	2016/3/2
88	201310160661.6	一种文本连贯性检测方法和装置	朱巧明	发明	计算机科学与技术学院	2016/3/2
89	201310155823.7	雷公藤内酯酮在抗血管新生药物中的应用	周泉生	发明	医学部	2016/1/20

续表

序号	专利号	专利名称	第一发明人	类别	学院(部)	授权公告日
90	201520873279.4	一种人体胸腹腔三维呼吸运动模拟装置	郁树梅	实用新型	机电工程学院	2016/3/9
91	201410172328.1	一种质心可调式平衡头及安装有该平衡头的摇头的摇匀装置	冯志华	发明	机电工程学院	2016/3/2
92	201310392347.0	一种材料表面功能化的改性方法	陈红	发明	材料与化学化工学部	2016/3/2
93	201310412178.2	微型机器人及微型移动机构	李伟达	发明	机电工程学院	2016/3/2
94	201410031566.0	磁悬浮人工心脏磁浮电源及其控制方法	尹成科	发明	机电工程学院	2016/1/27
95	201310361954.0	一种基于聚磷酸酯的无规共聚物、其制备方法及应用	倪沛红	发明	材料与化学化工学部	2016/2/3
96	201310313367.4	夹层式静电纺丝喷头及制备再生丝素纳米纤维纱的方法	窦皓	发明	纺织与服装工程学院	2016/2/3
97	201310081421.7	一种钨酸盐稀土光转换材料、制备方法及应用	黄彦林	发明	材料与化学化工学部	2016/2/3
98	201410304276.9	钼酸盐上转换发光材料、制备方法及其应用	黄彦林	发明	材料与化学化工学部	2016/2/3
99	201310749621.5	一种制备表面增强红外光谱银基底的方法	郑军伟	发明	物理与光电·能源学部	2016/2/3
100	201410202965.9	一种合成三芳胺的方法	孙宏枚	发明	材料与化学化工学部	2016/2/3
101	201410221068.2	一种含砜基的全取代吡唑的制备方法	万小兵	发明	材料与化学化工学部	2016/2/10

续表

序号	专利号	专利名称	第一发明人	类别	学院(部)	授权公告日
102	201520748381.1	跨膜线粒体融合素的模式结构模型教具	曹广力	实用新型	医学部	2016/2/3
103	201410054812.4	基于聚乙二醇的酸敏感性阿霉素前药及其制备方法与应用	倪沛红	发明	材料与化学化工学部	2016/2/17
104	201310494988.7	一种多孔材料及其制备方法	杨磊	发明	医学部	2016/2/17
105	201410222024.1	一种银—膦配合物及其制备方法和应用	郎建平	发明	材料与化学化工学部	2016/2/17
106	201310245152.3	高效筒状气体净化器	蒋涛	发明	医学部	2016/2/3
107	201520774383.8	两用型救生器具	胡子刚	实用新型	金螳螂建筑学院	2016/2/3
108	201310664874.2	一种改性碳纳米管及其制备方法	戴礼兴	发明	材料与化学化工学部	2016/2/3
109	201520863041.3	一种由呼吸引起的人体胸腹腔运动模拟装置	郁树梅	实用新型	机电工程学院	2016/4/6
110	201520937617.6	一种提高重建光声图像信噪比的装置	黄鹤	实用新型	材料与化学化工学部	2016/4/6
111	201410088873.2	可调整腔内动平衡的磁悬浮转子及其动平衡调整方法	尹成科	发明	机电工程学院	2016/4/6
112	201520795832.7	一种鼠笼式磁化水设备	俞卫刚	实用新型	物理与光电·能源学部	2016/3/2
113	201520806856.8	一种地下连续墙与混凝土结构底板的整体抗浮结构	史培新	实用新型	城市轨道交通学院	2016/3/2
114	201520791905.5	一种大口径凹镜面面形的测量装置	马锁冬	实用新型	物理与光电·能源学部	2016/3/2

续表

序号	专利号	专利名称	第一发明人	类别	学院（部）	授权公告日
115	201410237318.1	一种光谱定标方法	周建康	发明	物理与光电·能源学部	2016/3/2
116	201410278615.0	一种单手螺旋碳纳米管的制备方法	李艺	发明	材料与化学化工学部	2016/3/2
117	201310518085.8	一种聚氨酯脲水凝胶及其制备方法	郭明雨	发明	材料与化学化工学部	2016/3/2
118	201410221899.X	一种具有催化光降解污染物性质的金配合物及其制备方法和应用	郎建平	发明	材料与化学化工学部	2016/3/2
119	201410627239.1	一种激光打孔方法及其装置	殷路安	发明	物理与光电·能源学部	2016/3/2
120	201410032568.1	一种膨胀型阻燃剂、合成方法及其应用	周向东	发明	纺织与服装工程学院	2016/3/9
121	201410102205.0	一种水下蛇形机器人关节模块	胡海燕	发明	机电工程学院	2016/3/9
122	201310442652.6	一种工业流量计的手机调校系统	邵雷	发明	电子信息学院	2016/3/9
123	201410237325.1	一种基于低品位锰矿制备锰铁合金的方法	王德永	发明	沙钢钢铁学院	2016/3/9
124	201410313899.2	一种合成高分子量及窄分子量分布的聚醋酸乙烯酯的方法	张丽芬	发明	材料与化学化工学部	2016/3/9
125	201520859271.2	拆装式细胞骨架结构模型	郑小坚	实用新型	医学部	2016/3/9
126	201520858614.3	昆虫江氏弦音器拆装模型	郑小坚	实用新型	医学部	2016/3/9
127	201410170198.8	氮掺杂三氧化二铟纳米棒/氧化石墨烯复合光催化剂的制备方法	杨平	发明	材料与化学化工学部	2016/3/16

续表

序号	专利号	专利名称	第一发明人	类别	学院(部)	授权公告日
128	201410168991.4	一种抑制家蚕体内BmNPV病毒增殖的方法	李兵	发明	医学部	2016/3/16
129	201310207660.2	一种洁净手术室变风量变级别的送风装置	俞卫刚	发明	物理与光电·能源学部	2016/3/16
130	201310744762.8	一种自修复氰酸酯树脂体系及其制备方法	袁莉	发明	材料与化学化工学部	2016/3/16
131	201410477484.9	一种桑树穴盘育苗方法	陆小平	发明	金螳螂建筑学院	2016/3/16
132	201520343954.2	一种可翻转记忆板	赵英伟	实用新型	医学部	2016/3/30
133	201520859323.6	昆虫鼓膜听器组合拆装模型	郑小坚	实用新型	医学部	2016/3/30
134	201520858615.8	拆装式昆虫微孢子虫结构模型	郑小坚	实用新型	医学部	2016/3/30
135	201510057938.1	一种制备手性聚芴螺旋纳米纤维的方法	张伟	发明	医学部	2016/3/30
136	201410552990.X	一种三维多孔纤维支架、制备方法及应用	高春霞	发明	医学部	2016/3/30
137	201410061578.8	一种丝素蛋白凝胶微针系统及其制备方法	卢神州	发明	纺织与服装工程学院	2016/3/30
138	201310575461.7	一种基于位移传感器测距的电梯轨距偏差分析方法	余雷	发明	机电工程学院	2016/3/30
139	201310015631.6	一种HfO_2薄膜/Hf-SiNO界面层/Si衬底栅介质的制备方法	诸葛兰剑	发明	分析测试中心	2016/3/30
140	201410125282.8	一种采用螺旋波等离子体溅射技术制备硅纳米晶薄膜的方法	诸葛兰剑	发明	分析测试中心	2016/3/30

续表

序号	专利号	专利名称	第一发明人	类别	学院(部)	授权公告日
141	201410350903.2	一种水溶性单体的活性/可控自由基聚合方法	程振平	发明	材料与化学化工学部	2016/3/30
142	201410231697.3	含双硫五元环功能基团的环状碳酸酯单体及其制备方法	孟凤华	发明	材料与化学化工学部	2016/3/30
143	201410118987.7	一种原子转移自由基聚合催化剂分离和回收利用方法	程振平	发明	材料与化学化工学部	2016/3/30
144	201410121805.1	一种具有保健功能的苦荞壳及其制备方法	郑敏	发明	材料与化学化工学部	2016/3/30
145	201410102191.2	一种水下蛇形机器人	胡海燕	发明	机电工程学院	2016/3/30
146	201310749572.5	一种制备表面增强红外光谱钴基底的方法	闫月荣	发明	物理与光电·能源学部	2016/3/30
147	201310713911.4	刺绣或者缂丝用丝线的制备方法	丁志平	发明	艺术学院	2016/3/30
148	201410173731.6	一种手性含磷吡唑啉酮化合物的合成方法	王兴旺	发明	材料与化学化工学部	2016/3/2
149	201520833189.2	生物软组织力学特性测试仪	冯原	实用新型	机电工程学院	2016/4/27
150	201410255895.3	超临界CO_2流体专用偶氮活性分散染料前驱体的制备方法	龙家杰	发明	纺织与服装工程学院	2016/3/2
151	201520647224.1	惯性粘滑平台	钟博文	实用新型	机电工程学院	2016/2/10
152	201520508246.X	生物软组织力学特性测试仪	冯原	实用新型	机电工程学院	2016/3/9
153	201520753105.4	新型微操作平台	钟博文	实用新型	机电工程学院	2016/3/2
154	201520528058.3	一种室内立面绿化装置	张亚洲	实用新型	金螳螂建筑学院	2016/1/13

续表

序号	专利号	专利名称	第一发明人	类别	学院(部)	授权公告日
155	201520407993.4	一种注塑机的双R支撑结构	王传洋	实用新型	机电工程学院	2016/3/2
156	201520131434.5	一种等离子射流装置和组件	辛 煜	实用新型	物理与光电·能源学部	2016/2/3
157	201520291229.5	压电式物镜驱动台	钟博文	实用新型	机电工程学院	2016/1/13
158	201520537213.8	集中型高速公路及集中型高速公路系统	余 亮	实用新型	金螳螂建筑学院	2016/1/13
159	201520741829.7	一种浮力辅助磁悬浮泵的转子及磁悬浮泵	武晓莉	实用新型	机电工程学院	2016/3/2
160	201520876918.2	结合面抗剪切力测试装置	胡增荣	实用新型	城市轨道交通学院	2016/4/27
161	201520627666.X	空地配合滴喷灌机及宽地配合滴喷灌群	余 亮	实用新型	金螳螂建筑学院	2016/4/13
162	201520856532.5	盘式无刷电机的双层PCB板线圈绕组结构	张友军	实用新型	机电工程学院	2016/4/20
163	201520839212.9	激光光电密码开关	胡增荣	实用新型	城市轨道交通学院	2016/4/20
164	201520793690.0	一种射线定量皮肤辐照实验装置	李建祥	实用新型	医学部	2016/4/20
165	201520793136.2	老鼠用染毒实验设备	李新莉	实用新型	医学部	2016/4/13
166	201520895632.9	细胞培养试剂瓶架	李新莉	实用新型	医学部	2016/4/13
167	201310698707.X	铰杆液压增压装置及液压压力机	吴冬敏	发明	机电工程学院	2016/4/6
168	201410159885.X	一种改性石墨烯/热固性树脂复合材料及其制备方法	顾嫒娟	发明	材料与化学化工学部	2016/4/20
169	201410319514.3	含三环己基膦的单膦单氮杂环卡宾镍(II)配合物及其应用	孙宏枚	发明	材料与化学化工学部	2016/4/20

续表

序号	专利号	专利名称	第一发明人	类别	学院(部)	授权公告日
170	201410225821.5	一种含二硒醚结构的乙烯基聚合物的制备方法	朱 健	发明	材料与化学化工学部	2016/4/20
171	201410037275.2	一种碱金属谐振器及其制备方法	张忠山	发明	电子信息学院	2016/4/20
172	201410102214.X	一种蛇形搜救机器人	胡海燕	发明	机电工程学院	2016/4/20
173	201410061568.4	一种具有细胞相容性的丝素蛋白水凝胶及其制备方法	张 芳	发明	纺织与服装工程学院	2016/4/20
174	201410381312.1	基于连续制备无皂聚合物乳液的聚甲基丙烯酸甲酯合成法	张丽芬	发明	材料与化学化工学部	2016/4/20
175	201310677577.1	一种纳米羟基磷灰石及其制备方法	明津法	发明	纺织与服装工程学院	2016/4/20
176	201410341369.9	基于罗丹明B、四亚乙基五胺和异硫氰酸苯酯的荧光探针及其制备方法和应用	徐冬梅	发明	材料与化学化工学部	2016/4/20
177	201410226345.9	西地那非口腔速溶膜剂及其制备方法	曹青日	发明	医学部	2016/4/20
178	201310388644.8	N型乙酰胆碱受体结构模型教具	郑小坚	发明	医学部	2016/4/20
179	201410125283.2	一种基于射频和甚高频的双频磁控溅射薄膜的制备方法	叶 超	发明	物理与光电·能源学部	2016/4/20
180	201210340345.2	人类DCX基因在制备胶质瘤放疗增敏剂中的应用	刘芬菊	发明	医学部	2016/4/20
181	201310663479.2	一种为离子阱质谱仪定量供给缓冲气的装置和方法	李晓旭	发明	机电工程学院	2016/4/20

续表

序号	专利号	专利名称	第一发明人	类别	学院（部）	授权公告日
182	201310587200.7	一种金纳米粒子单层膜的制备方法及其装置	姚建林	发明	材料与化学化工学部	2016/4/20
183	201310079713.7	一种 Littrow-Offner 型分光成像系统	沈为民	发明	机电工程学院	2016/4/27
184	201520876107.2	一种基于钳位电路的碳纳米管薄膜声源系统	李 双	实用新型	城市轨道交通学院	2016/4/6
185	201410076821.3	液泡自动发送器	李 凯	发明	医学部	2016/4/6
186	201520858198.7	一种机床检测专用施力装置	郭旭红	实用新型	机电工程学院	2016/4/13
187	201310749963.7	多功能针头针筒分离器	王小莉	发明	医学部	2016/4/20
188	201310751733.4	医用注射器的针头针筒分离器	王小莉	发明	医学部	2016/4/20
189	201410767151.X	使用冶金级硅制备多孔硅纳米线的方法	晏成林	发明	物理与光电·能源学部	2016/4/20
190	201410272896.9	滚珠丝杠驱动的杠杆—肘杆二次增力压力机	王金娥	发明	机电工程学院	2016/4/20
191	201410272804.7	一种气动增力式拉杆压力机	王明娣	发明	机电工程学院	2016/4/20
192	201410272897.3	直线电机驱动的二级增力数控压力机	王金娥	发明	机电工程学院	2016/4/20
193	201520983706.4	一种小型硬币分离装置	杨桂林	实用新型	机电工程学院	2016/4/20
194	201410203398.9	一种电磁蓄能式无针注射器	王明娣	发明	机电工程学院	2016/4/13
195	201410232639.2	一种便携式打气筒	王明娣	发明	机电工程学院	2016/4/13
196	201310635708.X	同步带—蜗轮及其传动装置	钱志良	发明	机电工程学院	2016/4/20

续表

序号	专利号	专利名称	第一发明人	类别	学院(部)	授权公告日
197	201520667708.2	集成式的两自由度机械手及其控制系统	王阳俊	实用新型	机电工程学院	2016/1/20
198	201520843786.3	听诊器胸件加温装置	贠 航	实用新型	医学部	2016/3/23
199	201520829722.8	一种关节运动角度的测量器	赵 鑫	实用新型	医学部	2016/3/23
200	201210294936.0	具有自动补偿功能的多路模拟信号采集系统的采集方法	胡剑凌	发明	电子信息学院	2016/3/23
201	201210294950.0	一种基于多摄像头数据融合的智能视频监控系统	胡剑凌	发明	电子信息学院	2016/3/30
202	201210191981.3	基于查询接口属性特征的Deep Web数据表面化方法	赵朋朋	发明	计算机科学与技术学院	2016/4/13
203	201410482285.7	一种拒水拒油超疏织物表面的制备方法	赖跃坤	发明	纺织与服装工程学院	2016/5/18
204	201410338989.7	一种光解水催化结构及其制造方法	钟 俊	发明	功能纳米与软物质研究院	2016/4/13
205	201520921268.9	可预防结露的图像传感器半导体热电制冷装置	蔡志坚	实用新型	物理与光电·能源学部	2016/3/30
206	201310557600.3	一种具高度肿瘤识别和环境响应释药能力的树状聚合物递药系统及其构建方法	程丽芳	发明	医学部	2016/3/16
207	201310593995.2	一种配位功能的有机杂化Pb-Ag混合金属碘化物及其制备方法	贾定先	发明	材料与化学化工学部	2016/3/16
208	201310616751.1	一种牛蛙抗菌肽CRC及其改造体、编码核酸和应用	王义鹏	发明	医学部	2016/3/2

续表

序号	专利号	专利名称	第一发明人	类别	学院（部）	授权公告日
209	201310364752.1	一种超低玻璃化温度的掺铕氟硅丙烯酸酯红色荧光剂及其制备方法	谢洪德	发明	材料与化学化工学部	2016/3/2
210	201410153351.6	一种具有形状记忆功能的绢丝/PTT混合纺织物的制备方法	眭建华	发明	纺织与服装工程学院	2016/2/3
211	201310547215.0	一种稀土金属芳胺基化合物及其制备方法和应用	姚英明	发明	材料与化学化工学部	2016/2/3
212	201310586961.0	一种基于二价镍的硅酸盐无机黄色颜料、制备方法及应用	黄彦林	发明	材料与化学化工学部	2016/3/30
213	201310141020.6	一种有机杂化的稀土银碘四元化合物及其制备方法	贾定先	发明	材料与化学化工学部	2016/3/16
214	201310397660.3	胺基桥联双芳氧基稀土金属胍基化合物及其制备方法和应用	姚英明	发明	材料与化学化工学部	2016/1/20
215	201310141018.9	一种有机杂化的稀土铅银碘四元化合物及它的制备方法	贾定先	发明	材料与化学化工学部	2016/1/20
216	201310141158.6	一种有机杂化的稀土铅银碘四元化合物及它的制备方法	贾定先	发明	材料与化学化工学部	2016/1/20
217	201410312953.1	一种多效应烂花机织物的加工方法	眭建华	发明	纺织与服装工程学院	2016/2/3
218	201210166848.2	一种夹紧装置	吴冬敏	发明	机电工程学院	2016/3/16
219	201410154633.8	一种全息凹面闪耀光栅的母板及其制备方法	李朝明	发明	物理与光电·能源学部	2016/5/11
220	201410318789.5	一种骨架中含有亚芳基的手性聚倍半硅氧烷及其制备方法和应用	杨永刚	发明	材料与化学化工学部	2016/5/11

续表

序号	专利号	专利名称	第一发明人	类别	学院(部)	授权公告日
221	201410082524.X	一种芯片级原子钟气室及其制备方法	张忠山	发明	电子信息学院	2016/5/11
222	201310437747.9	一种基于形态学分析的布匹瑕疵检测方法	何志勇	发明	机电工程学院	2016/5/18
223	201410221063.X	一种异收缩聚酰胺6 POY/FDY复合纤维及其制备方法	管新海	发明	纺织与服装工程学院	2016/5/18
224	201410205044.8	一种光电材料的制备方法	赵 杰	发明	物理与光电·能源学部	2016/5/18
225	201410627236.8	一种具有交联壳结构的表面羧基化荧光微球及其制备方法	范丽娟	发明	材料与化学化工学部	2016/5/18
226	201410391618.5	一种同步送粉空间激光加工与三维成形方法及装置	石世宏	发明	机电工程学院	2016/5/18
227	201521022898.9	基于近似球面波照明的裸眼三维显示系统	楼益民	实用新型	物理与光电·能源学部	2016/5/18
228	201310506821.8	一种含两性侧链荧光共轭聚电解质、制备方法及应用	范丽娟	发明	材料与化学化工学部	2016/5/25
229	201520988765.0	车削式电子对刀装置	谭 洪	实用新型	工程训练中心	2016/5/4
230	201410015022.5	变参数比例自适应滤波器	倪锦根	发明	电子信息学院	2016/5/4
231	201310663468.4	一种碳纳米管改性聚乙烯醇纳米纤维纱及其制备方法	戴礼兴	发明	材料与化学化工学部	2016/5/11
232	201410153354.X	一种丙纶工业丝布接枝改性方法	刘 颖	发明	纺织与服装工程学院	2016/1/6
233	201310483432.8	一种两性纤维素材料及其应用	陈宇岳	发明	纺织与服装工程学院	2016/1/20

续表

序号	专利号	专利名称	第一发明人	类别	学院(部)	授权公告日
234	201210526760.7	一种硬质塑料件的高频扭转疲劳测试方法及装置	朱新生	发明	纺织与服装工程学院	2016/1/20
235	201520905118.9	一种用于体外模拟循环系统的动脉顺应性模拟装置	徐博翎	实用新型	机电工程学院	2016/3/23
236	201410565199.2	一种用于铺设二极管焊锡片的机械手	李相鹏	发明	机电工程学院	2016/3/23
237	201310547607.7	糖类在制备治疗血小板数量相关疾病的药物中的应用	戴克胜	发明	医学部	2016/4/6
238	201520947038.X	一种仿生智能能风面料	张成蛟	实用新型	纺织与服装工程学院	2016/4/27
239	201520947056.8	具有作业适应性和穿着舒适性女性消防服	赖丹丹	实用新型	纺织与服装工程学院	2016/4/27
240	201410187800.9	一种基于河岸格宾网挡墙的植物生态系统的构建方法	李蒙英	发明	医学部	2016/2/17
241	201510207483.7	一种无动力滨河景观人工湿地水质净化系统	李蒙英	发明	医学部	2016/4/17
242	201310135955.3	基于二维层状原子晶体材料的光探测器	鲍桥梁	发明	体育学院	2016/6/8
243	201410105904.0	一种啮合空腔无棉消声器	李双	发明	城市轨道交通学院	2016/3/23
244	201410281605.2	多功能机器人手爪	王蓬勃	发明	机电工程学院	2016/3/23
245	201310325446.7	一种医用利器盒	阮爱超	发明	医学部	2016/3/23
246	201210151574.X	一种变长编码、解码方法及装置	李领治	发明	计算机科学与技术学院	2016/3/23
247	201410187452.5	一种用于人工器官表面凝血检测的装置及检测方法	陈涛	发明	机电工程学院	2016/3/23

续表

序号	专利号	专利名称	第一发明人	类别	学院(部)	授权公告日
248	201210535245.5	一种柱偏振矢量光束紧聚焦光斑的产生方法及装置	董一鸣	发明	物理与光电·能源学部	2016/3/23
249	201310147898.0	一种分布式数据流上的K-Skyband连续查询方法及系统	赵雷	发明	计算机科学与技术学院	2016/3/23
250	201410044618.8	一种油茶皂苷化合物、其制备方法、应用及其制备的抗肿瘤药物	许琼明	发明	医学部	2016/3/23
251	201410504519.3	直驱式自动平衡振荡器及其调节装置	冯志华	发明	机电工程学院	2016/3/23
252	201210422932.6	静电纺丝装置	何吉欢	发明	纺织与服装工程学院	2016/3/23
253	201520807582.4	一种秸秆焚烧监测装置	李云飞	实用新型	计算机科学与技术学院	2016/3/23
254	201410188568.0	一种用于人工器官表面凝血在线检测的装置及检测方法	陈涛	发明	机电工程学院	2016/3/23
255	201410046651.4	一种两亲性聚合物及其制备、磁性中空纳米药物载体和其制备方法	路建美	发明	材料与化学化工学部	2016/3/23
256	201310329273.6	一种主轴结构的油气润滑管路	王传洋	发明	机电工程学院	2016/3/23
257	201310263784.2	微驱动装置及包含该装置的电磁控制驱动的微型冲压机	王传洋	发明	机电工程学院	2016/3/23
258	201520536343.X	一种气泡静电纺丝装置	何吉欢	实用新型	纺织与服装工程学院	2016/3/23
259	201410076822.8	一种并行激光直写系统及光刻方法	浦东林	发明	物理与光电·能源学部	2016/3/23
260	201520536342.5	一种气流气泡纺丝装置	何吉欢	实用新型	纺织与服装工程学院	2016/3/23

续表

序号	专利号	专利名称	第一发明人	类别	学院(部)	授权公告日
261	201310130090.1	超级电容纤维电极及其制备方法	张克勤	发明	纺织与服装工程学院	2016/4/13
262	201520815766.5	一种电梯控制器状态监测系统	李云飞	实用新型	计算机科学与技术学院	2016/4/20
263	201410012281.2	一种传感器装配封装系统及装配封装方法	潘明强	发明	机电工程学院	2016/4/20
264	201310188622.7	一种单轴运动控制实训装置及上下料方法	王振华	发明	机电工程学院	2016/4/20
265	201310529630.3	氮掺杂石墨烯复合半导体纳米粒子的光催化剂及制备方法	杨平	发明	材料与化学化工学部	2016/4/20
266	201410046246.2	一种三电平电压空间矢量脉宽调制方法	杨勇	发明	物理与光电·能源学部	2016/4/20
267	201520838810.4	一种聋哑患者交流装置	张宝峰	实用新型	体育学院	2016/4/20
268	201310268736.2	一种用于医用管接头消毒的装置	庞建红	发明	医学部	2016/4/20
269	201310263646.4	一种基于热致线膨胀的自锁夹紧装置	王传洋	发明	机电工程学院	2016/4/20
270	201520709999.7	一种微型示波器	许宜申	实用新型	物理与光电·能源学部	2016/4/20
271	201520876939.4	可降解支架	崔文国	实用新型	医学部	2016/4/20
272	201310123085.8	手写体数字识别方法及装置	张莉	发明	医学部	2016/4/20
273	201310058854.0	一种硅基氮化铌薄膜超导材料及其制作方法	苏晓东	发明	物理与光电·能源学部	2016/4/20
274	201310336786.X	一种旋转薄膜气泡静电纺丝装置	何吉欢	发明	纺织与服装工程学院	2016/4/20

续表

序号	专利号	专利名称	第一发明人	类别	学院（部）	授权公告日
275	201310743432.7	枸骨皂苷化合物、其制备方法及应用	刘艳丽	发明	医学部	2016/4/20
276	201520883210.X	一种气泡静电纺丝装置	何吉欢	实用新型	纺织与服装工程学院	2016/4/20
277	201210338379.8	一种无线Mesh网络机会路由方法及路由器	孙玉娥	发明	城市轨道交通学院	2016/4/20
278	201310288524.0	一种无线传感器网络节点定位方法	郑建颖	发明	城市轨道交通学院	2016/5/18
279	201310572974.2	弹性光网络的保护方法及装置	沈纲祥	发明	电子信息学院	2016/5/25
280	201410044521.7	一种化合物、其提取方法、其制备抗肿瘤药物的应用及其制备的抗肿瘤药物	许琼明	发明	医学部	2016/5/25
281	201210303885.3	遮挡人脸认证方法及系统	徐汀荣	发明	计算机科学与技术学院	2016/5/25
282	201310204344.X	一种最小化IP over WDM网络能耗的方法	沈纲祥	发明	电子信息学院	2016/5/25
283	201310617524.0	一种底部预紧式粘滑驱动跨尺度精密运动平台	钟博文	发明	机电工程学院	2016/5/25
284	201310224508.5	一种目标对象的目标数据的获取方法及装置	李寿山	发明	计算机科学与技术学院	2016/5/25
285	201520976856.2	一种基于投影键盘和智能识别的电梯按键系统	李云飞	实用新型	计算机科学与技术学院	2016/5/25
286	201310163074.2	一种打标装置、打标系统及打标方法	陈涛	发明	机电工程学院	2016/5/28
287	201410222663.8	乳铁蛋白单克隆抗体及其应用以及相关产品	高晓明	发明	医学部	2016/5/25

续表

序号	专利号	专利名称	第一发明人	类别	学院(部)	授权公告日
288	201410169153.9	Kovar 合金与玻璃的焊接方法	张敏	发明	机电工程学院	2016/5/25
289	201520963586.1	一种能量采集器、电源和无线传感器网络系统	刘会聪	实用新型	机电工程学院	2016/5/25
290	201520798299.X	一种三维位置感应系统	杨璐	实用新型	计算机科学与技术学院	2016/5/25
291	201520987276.3	一种纤维制备用熔喷喷嘴结构	陈廷	实用新型	纺织与服装工程学院	2016/5/25
292	201520950855.0	一种气泡静电纺丝装置	徐岚	实用新型	纺织与服装工程学院	2016/5/25
293	201410016290.9	一种反射镜波前编码成像系统	王钦华	发明	物理与光电·能源学部	2016/5/25
294	201410057485.8	一种冬暖夏凉可调温的恒温垫	孙玉钗	发明	机电工程学院	2016/5/25
295	201410047815.5	一种防血管痉挛纳米纤维膜及其制备方法	崔文国	发明	医学部	2016/5/25
296	201521029472.6	一种新型烟雾报警系统	顾晓辉	实用新型	机电工程学院	2016/6/8
297	201521030202.7	一种实验室动物颗粒饲料自制装置	徐加英	实用新型	医学部	2016/6/1
298	201310302437.6	一种血球计数板教具	朱越雄	发明	医学部	2016/6/1
299	201410156989.5	一种 1,8-萘酰亚胺衍生物作为多离子光谱探针的应用	徐冬梅	发明	材料与化学化工学部	2016/6/1
300	201410121768.4	抗人 B7-H4 单克隆抗体及其制备和应用	张学光	发明	医学部	2016/6/1
301	201410316386.7	一种基于共轭高分子的荧光编码微球及其制备方法	范丽娟	发明	材料与化学化工学部	2016/6/1

续表

序号	专利号	专利名称	第一发明人	类别	学院(部)	授权公告日
302	201620011717.0	一种夜间智能杯	姜敏	实用新型	电子信息学院	2016/6/8
303	201410285373.8	一种铂纳米线催化合成酰胺类化合物的方法	顾宏伟	发明	材料与化学化工学部	2016/6/8
304	201410352300.6	一种环状对苯二甲酸丁二醇酯齐聚物/热固性树脂及其制备方法	顾嫒娟	发明	材料与化学化工学部	2016/6/8
305	201620014970.1	一种离轴三反射镜前置光学系统	陈新华	实用新型	物理与光电·能源学部	2016/6/15
306	201620011718.5	一种干发披肩	姜敏	实用新型	电子信息学院	2016/6/15
307	201410341939.4	由罗丹明B、三亚乙基四胺和异硫氰酸苯酯合成的荧光探针及其制备方法和应用	徐冬梅	发明	材料与化学化工学部	2016/6/15
308	201310144195.2	一种纳米颗粒阵列的偏振出光发光二极管	曹冰	发明	物理与光电·能源学部	2016/6/15
309	201310653843.7	一种干式转移印花纺织品及其制备方法	陈国强	发明	纺织与服装工程学院	2016/6/29
310	201410221064.4	一种聚酰胺6 POY/FDY复合纤维及其制备方法	管新海	发明	纺织与服装工程学院	2016/6/29
311	201510121881.7	钯—膦化合物在催化Suzuki反应中的应用	郎建平	发明	材料与化学化工学部	2016/6/29
312	201310527557.6	一种金鱼藻围网种植的方法	史全良	发明	医学部	2016/6/29
313	201620079785.0	提高金属熔液内夹杂物去除率的装置	屈天鹏	实用新型	沙钢钢铁学院	2016/6/29
314	201410378196.8	落地镗铣床主轴箱动态平衡补偿装置	郭旭红	发明	机电工程学院	2016/6/15

续表

序号	专利号	专利名称	第一发明人	类别	学院（部）	授权公告日
315	201410274250.4	一种动力下置式拉杆压力机	王明娣	发明	机电工程学院	2016/6/15
316	201310617143.2	一种氧化还原电对及其应用	严锋	发明	材料与化学化工学部	2016/6/15
317	201410418105.9	一种导线外皮的激光剥离方法	王明娣	发明	机电工程学院	2016/6/22
318	201620022764.5	具有充气浮圈的救生绳	胡子刚	实用新型	金螳螂建筑学院	2016/6/15
319	201510160519.0	发光百叶窗帘	倪锦根	发明	电子信息学院	2016/6/15
320	201410093368.7	一种染料敏化太阳能电池固态电解质及其制备方法	赵杰	发明	物理与光电·能源学部	2016/6/29
321	201620009458.8	多层导线的一体化自动剥离装置	杨桂林	实用新型	机电工程学院	2016/6/29
322	2014102002794.X	一种人力驱动的蓄能式无针注射器	孙万平	发明	机电工程学院	2016/6/15
323	201410203372.4	电磁蓄能式无针注射器	王明娣	发明	机电工程学院	2016/6/15
324	201620198866.2	一种诊断试纸盒	郑栋	实用新型	医学部	2016/8/17
325	201620153430.1	一种由呼吸引起的人体脊柱三维运动模拟装置	王传洋	实用新型	机电工程学院	2016/8/24
326	201620081085.5	一种被试伤人机器人	余亮	实用新型	金螳螂建筑学院	2016/8/31
327	201620109947.0	太阳射电频谱仪模拟接收机	窦玉江	实用新型	电子信息学院	2016/8/31
328	201620110409.3	太阳射电频谱仪的信号接收装置	窦玉江	实用新型	电子信息学院	2016/8/31
329	201410664601.2	一种N-苯基富勒吡咯烷衍生物及其制备方法和用途	冯莱	发明	材料与化学化工学部	2016/7/20

续表

序号	专利号	专利名称	第一发明人	类别	学院(部)	授权公告日
330	201620016420.3	一种高温度稳定性电感	支萌辉	实用新型	电子信息学院	2016/7/20
331	201620152719.1	一种全固态锂—空气电池	金超	实用新型	物理与光电·能源学部	2016/7/27
332	201310319328.5	一种基于双咪唑型离子晶体的太阳能电池用准固态电解质	赵杰	发明	物理与光电·能源学部	2016/7/6
333	201410274404.X	气缸下置式肘杆—杠杆二级增力压力机	王金娥	发明	机电工程学院	2016/7/13
334	201310278472.9	一种基于离子晶体的染料敏化太阳能电池用固态电解质	赵杰	发明	物理与光电·能源学部	2016/7/13
335	201310713095.7	染料印花用液态糊料及其制备方法和用途	丁志平	发明	艺术学院	2016/7/6
336	201310205438.9	一种叶酸修饰甲斑素隐形泡囊及其制备方法	杨红	发明	医学部	2016/3/23
337	201310518367.8	柔性衬底上制备石墨烯基光电晶体管的方法	鲍桥梁	发明	体育学院	2016/8/17
338	201410440176.9	一种基于RF能量检测的Sub-1G射频前端电路设计及参数调整方法	王宜怀	发明	计算机科学与技术学院	2016/8/31
339	201410504871.7	一种定量检测水样汞离子浓度的SERS传感器及其制备方法	何耀	发明	功能纳米与软物质研究院	2016/8/24
340	201410458367.8	一种基于WSN的水质监测节点	王宜怀	发明	计算机科学与技术学院	2016/5/25
341	201521104428.7	平面关节型机器人及其控制系统	刘吉柱	实用新型	机电工程学院	2016/5/25

续表

序号	专利号	专利名称	第一发明人	类别	学院（部）	授权公告日
342	201521104429.1	内转子电机	刘吉柱	实用新型	机电工程学院	2016/5/25
343	201521107534.0	外转子电机	刘吉柱	实用新型	机电工程学院	2016/5/25
344	201410145219.0	一种苯并呋咱衍生物在作为抗植物病原真菌的药物中的应用	乔春华	发明	医学部	2016/8/17
345	201410235322.4	一种无损测量纳米线阵列比表面积和密集度的装置及方法	李孝峰	发明	计算机科学与技术学院	2016/6/15
346	201310547139.3	一种Salan型前过渡金属胺化物及其制备方法和应用	姚英明	发明	材料与化学化工学部	2016/6/15
347	201310572372.7	抗癌荧光含糖银纳米团簇的制备方法	陈高健	发明	物理与光电·能源学部	2016/6/29
348	201310101556.5	一种有机杂化的稀土砷硫化合物及其制备方法	贾定先	发明	材料与化学化工学部	2016/6/22
349	201410133374.0	一种串珠状多孔PLA纳米纤维及其制备方法和应用	潘志娟	发明	纺织与服装工程学院	2016/6/22
350	201310034744.0	一种Salalen型稀土金属胺化其制备方法和应用	姚英明	发明	材料与化学化工学部	2016/6/22
351	201410259369.4	一种调温型绢丝混纺织物及其制备方法	潘志娟	发明	纺织与服装工程学院	2016/6/29
352	201310114357.8	一种STAT3信号通路小分子抑制剂及其应用	毛新良	发明	医学部	2016/8/3
353	201410102219.2	一种蛇形搜救机器人关节模块	胡海燕	发明	机电工程学院	2016/8/3
354	201410327372.5	一种三嵌段聚合物胶束、制备方法及应用	张学农	发明	医学部	2016/8/3

续表

序号	专利号	专利名称	第一发明人	类别	学院(部)	授权公告日
355	201410167522.0	一种含纳米TiO_2桑蚕丝的制备方法	李兵	发明	医学部	2016/8/3
356	201620187124.X	一种基于MEMS技术的磁通门探头	支萌辉	实用新型	电子信息学院	2016/8/3
357	201620141709.8	一种测量光束涡旋的装置	刘显龙	实用新型	物理与光电·能源学部	2016/8/3
358	201620166726.7	一种锥衍射装架Offner型分光装置	潘俏	实用新型	机电工程学院	2016/8/3
359	201310348676.5	用于测定汞离子的LSPR传感膜及其制备方法	狄俊伟	发明	材料与化学化工学部	2016/8/10
360	201620175334.7	一种自动灭火机器人	高超禹	实用新型	计算机科学与技术学院	2016/8/17
361	201410606181.2	一种大鳞副泥鳅良种选育方法	凌去非	发明	医学部	2016/8/17
362	201410634388.0	一种阳离子化丝素蛋白、制备方法及其应用	李秀芳	发明	纺织与服装工程学院	2016/8/17
363	201510445241.1	含单酚功能化咪唑啉阳离子的离子型铁(Ⅲ)配合物及其制备方法与应用	孙宏枚	发明	材料与化学化工学部	2016/8/17
364	201410527186.6	一种温室气体遥感探测方法及其装置	靳阳明	发明	机电工程学院	2016/8/17
365	201410089532.7	一种N-脂肪酰基氨基酸钠表面活性剂及其制备方法	张雨青	发明	医学部	2016/8/24
366	201410696001.4	一种手性季碳恶唑啉酮化合物的合成方法	王兴旺	发明	材料与化学化工学部	2016/8/24
367	201410221588.3	一种锦纶用吸湿排汗整理剂及其制备方法	周向东	发明	材料与化学化工学部	2016/8/24

续表

序号	专利号	专利名称	第一发明人	类别	学院(部)	授权公告日
368	201410304277.3	一种硼硅酸钙生物材料、制备方法及其应用	黄彦林	发明	材料与化学化工学部	2016/8/24
369	201410735970.6	一种手工焊接快速取元件的装置及其方法	邵雷	发明	电子信息学院	2016/8/17
370	201620253262.3	一种新型无线环境监测系统	周颖	实用新型	电子信息学院	2016/8/10
371	201620140951.3	多功能眼镜式汽车钥匙	时蓉蓉	实用新型	电子信息学院	2016/8/10
372	201620185563.7	可移动型智能多向旋转窗	孙忠茂	实用新型	电子信息学院	2016/8/10
373	201620147680.4	一种面向MEMS的三维封装装置	陈立国	实用新型	机电工程学院	2016/7/27
374	201310520874.5	一种基于塑性晶体的疏水固体电解质及其应用	严锋	发明	材料与化学化工学部	2016/8/17
375	201510572201.3	电磁—永磁驱动式双向冲压机	王金娥	发明	机电工程学院	2016/8/17
376	201310493671.1	电动双手揉搓仿生装置	王传洋	发明	机电工程学院	2016/8/17
377	201510141884.7	一种聚离子液体抗菌复合膜及其制备方法	严锋	发明	材料与化学化工学部	2016/8/17
378	201510075013.X	刺形金纳米粒子的制备方法及用该方法制备的刺形金纳米粒子	江林	发明	功能纳米与软物质研究院	2016/8/17
379	201310495301.1	双手揉搓仿生机构	窦云霞	发明	机电工程学院	2016/8/17
380	201620283939.8	可穿戴式智能机械外骨骼	于佳利	实用新型	机电工程学院	2016/8/17
381	201510255355.X	4-氨基-3-酰基-2-萘酚类化合物及其制备方法和用途	朱永明	发明	医学部	2016/8/31

续表

序号	专利号	专利名称	第一发明人	类别	学院(部)	授权公告日
382	201310541314.8	一种电化学电源和电化学储能器件电极阻抗的测试方法及装置	金成昌	发明	物理与光电·能源学部	2016/8/31
383	201510060389.3	用于降解苯酚的微生物与纳米粒子复合体系的制备方法	路建美	发明	材料与化学化工学部	2016/8/31
384	201620091435.6	防止冶金浇注产生旋涡卷渣的装置	屈天鹏	实用新型	沙钢钢铁学院	2016/8/31
385	201620284039.5	堤坝截流网	胡子刚	实用新型	金螳螂建筑学院	2016/8/31
386	201620267906.4	多叶轮风力发电机	胡子刚	实用新型	金螳螂建筑学院	2016/8/31
387	201620267816.5	风力发电机组的拉绳加强结构	胡子刚	实用新型	金螳螂建筑学院	2016/8/31
388	201521126813.1	一种光伏LED广告牌	黄克亚	实用新型	机电工程学院	2016/6/29
389	201620066164.9	压缩式制冷系统冷凝热驱动的溶液除湿空调系统	龚伟申	实用新型	城市轨道交通学院	2016/6/22
390	201210287976.2	一种矩阵全同态加密方法	朱艳琴	发明	计算机科学与技术学院	2016/6/15
391	201410214337.2	一种叶酸和TAT肽修饰的载药脂质体及其制备方法	程亮	发明	医学部	2016/8/17
392	201210193883.3	基于特征信息的Blog自动摘要方法	赵朋朋	发明	计算机科学与技术学院	2016/8/17
393	201210330860.2	一种基于唯一性约束的Deep Web实体识别方法	赵朋朋	发明	计算机科学与技术学院	2016/6/15
394	201310354432.8	数码相机镜筒塑胶模具精密组合件加工工艺	刘进明	发明	机电工程学院	2016/7/6

续表

序号	专利号	专利名称	第一发明人	类别	学院(部)	授权公告日
395	201310485605.X	一种电催化废水处理系统	刘德启	发明	材料与化学化工学部	2016/6/1
396	201310123349.X	手写体数字识别方法及装置	何书萍	发明	计算机科学与技术学院	2016/6/1
397	201310246733.9	基于图像协方差特征的手写体数字识别方法及装置	张莉	发明	计算机科学与技术学院	2016/6/1
398	201310482550.7	一种论元抽取方法和系统	李培峰	发明	计算机科学与技术学院	2016/6/22
399	201521054472.1	一种基于人脸识别和智能推荐的电梯控制系统	李云飞	实用新型	计算机科学与技术学院	2016/6/22
400	201410024905.2	一种天气变化门窗关闭提醒系统及方法	严建峰	发明	计算机科学与技术学院	2016/6/22
401	201521071902.0	一种地磁信号检测装置	徐斌	实用新型	城市轨道交通学院	2016/6/22
402	201310669471.7	勘探电机	刘吉柱	发明	机电工程学院	2016/6/22
403	201410072457.3	一种空调压缩机噪声有源控制装置	李双	发明	机电工程学院	2016/6/22
404	201520816090.1	电动汽车行走充电装置及系统	刘会聪	实用新型	机电工程学院	2016/6/22
405	201310653258.7	一种包覆零价纳米铁的聚甲基丙烯酸甲酯及其制备方法	张正彪	发明	材料与化学化工学部	2016/6/22
406	201521076587.0	一种制备纳米复合纤维的气泡纺丝装置	刘福娟	实用新型	纺织与服装工程学院	2016/6/22
407	201110318455.4	一种全息双闪耀光栅的制作方法	刘全	发明	物理与光电·能源学部	2016/6/22
408	201410088043.X	多孔钽工件的制造方法及相应装置	张敏	发明	机电工程学院	2016/6/22

续表

序号	专利号	专利名称	第一发明人	类别	学院(部)	授权公告日
409	201310446340.2	应用于制备纳米纤维的熔喷喷嘴部件及喷嘴装置	陈廷	发明	纺织与服装工程学院	2016/6/29
410	201310300229.2	一种激光宽带熔覆装置	石世宏	发明	机电工程学院	2016/7/6
411	201410175208.7	一种两亲性聚合物、其制备方法、复合纳米药物载体及其制备方法	路建美	发明	材料与化学化工学部	2016/6/29
412	201310557851.1	一种微小RNA拮抗剂及其应用	镇学初	发明	医学部	2016/7/6
413	201521076084.3	一种制备纳米多孔纤维的气泡纺丝装置	刘福娟	实用新型	纺织与服装工程学院	2016/7/6
414	201310613635.4	余弦-高斯关联光束的产生系统、产生方法及其测量装置	刘显龙	发明	物理与光电·能源学部	2016/7/20
415	201210506423.1	一种电子可编程熔丝电路	张立军	发明	城市轨道交通学院	2016/7/20
416	201310421218.X	一种基于最近距离向量场直方图的避障路径规划方法	厉茂海	发明	机电工程学院	2016/5/25
417	201410174786.9	一种单电机驱动的两自由度机器人视觉系统	陈国栋	发明	机电工程学院	2016/5/25
418	201210555365.1	锂离子二次电池正极材料及其制备方法	李德成	发明	物理与光电·能源学部	2016/8/3
419	201410198242.6	信号中瞬态成分稀疏表示检测方法及装置、故障检测方法	李成	发明	城市轨道交通学院	2016/8/24
420	201310495947.X	利用静电纺丝技术制备有序纳米磁性复合材料的方法	徐岚	发明	纺织与服装工程学院	2016/8/17

续表

序号	专利号	专利名称	第一发明人	类别	学院(部)	授权公告日
421	201310308250.7	一种微波辐射制备水溶性多色碳量子点的方法	何耀	发明	功能纳米与软物质研究院	2016/8/10
422	201310617608.4	一种上下预紧式粘滑驱动跨尺度精密运动平台	钟博文	发明	机电工程学院	2016/8/17
423	201410044523.6	一种化合物、其提取方法、其制备抗肿瘤药物的应用及其制备的抗肿瘤药物	许琼明	发明	医学部	2016/8/17
424	201410044676.0	一种化合物、其提取方法、其制备抗肿瘤药物的应用及其制备的抗肿瘤药物	许琼明	发明	医学部	2016/8/17
425	201410239183.2	多孔高硼硅酸盐及其制备方法	陈长军	发明	机电工程学院	2016/8/24
426	201310597148.3	批量制备静电纺丝管状纤维支架的收集装置及收集方法	崔文国	发明	医学部	2016/8/17
427	201310438640.6	一种家蚕茧天然色素色牢度的鉴别方法	徐世清	发明	医学部	2016/8/10
428	201310147599.7	一种有机电致发光二极管及其制作方法	李艳青	发明	功能纳米与软物质研究院	2016/8/3
429	201310533755.3	多孔低介电常数薄膜材料及其制备方法	叶超	发明	物理与光电·能源学部	2016/8/17
430	201310286336.4	一种可降解组织工程三维支架的制备方法及设备	汝长海	发明	机电工程学院	2016/8/10
431	201310336834.5	一种面向同态加密的密文定序方法及系统	朱雨	发明	计算机科学与技术学院	2016/8/10

续表

序号	专利号	专利名称	第一发明人	类别	学院(部)	授权公告日
432	201410340144.1	一种光伏系统并网电流的谐波抑制方法、装置及光伏系统	杨勇	发明	城市轨道交通学院	2016/8/24
433	201310495051.1	一种笼式水草培养装载系统	任建锋	发明	物理与光电·能源学部	2016/8/17
434	201210294437.1	一种中文实体间语义关系抽取方法	钱龙华	发明	计算机科学与技术学院	2016/8/3
435	201410399025.3	一种车辆到站时间的获取方法及系统	李培峰	发明	计算机科学与技术学院	2016/8/24
436	201410051694.1	热轧纳米强化钢板的焊接方法	王晓南	发明	沙钢钢铁学院	2016/8/17
437	201410766155.6	一种温度调节与运动舒适面料及成型服装	孙玉钗	发明	纺织与服装工程学院	2016/8/24
438	201410119646.1	一种无线传感器密封盒固定装置	郑建颖	发明	计算机科学与技术学院	2016/8/24
439	201520944507.2	一种自动拖地清洁装置及拖地机器人	孙荣川	实用新型	机电工程学院	2016/8/3
440	201410078562.8	基于LED系统的照明效率和光通量的预测方法	陶雪慧	发明	城市轨道交通学院	2016/8/24
441	201310308226.3	文本分类方法、装置及处理器	李寿山	发明	计算机科学与技术学院	2016/8/24
442	201410004981.7	一种气隙可调式无铁芯直线电机	刘吉柱	发明	机电工程学院	2016/8/24
443	201410657264.4	一种荧光传感材料及其制备方法和应用	纪顺俊	发明	材料与化学化工学部	2016/8/24
444	201620135599.4	一种实验数据采集设备	徐斌	实用新型	城市轨道交通学院	2016/8/24
445	201310625222.8	恒温水阀	吴玺	发明	物理与光电·能源学部	2016/8/24

续表

序号	专利号	专利名称	第一发明人	类别	学院（部）	授权公告日
446	201310201627.9	一种光网络优化方法	沈纲祥	发明	电子信息学院	2016/8/24
447	201620146388.0	一种应急自供电移动电源	孙立宁	实用新型	机电工程学院	2016/8/24
448	201310516117.0	碳纳米管阵列的电镀修饰方法	王蓬勃	发明	机电工程学院	2016/8/24
449	201410288842.1	四极子完全动平衡培养液摇匀装置	冯志华	发明	机电工程学院	2016/8/24
450	201310256884.2	一种薄膜气泡静电纺丝装置	何吉欢	发明	纺织与服装工程学院	2016/8/24
451	201410640016.9	Au/TiO$_2$纳米管复合结构的光电极及其制备方法	董雯	发明	物理与光电·能源学部	2016/8/24
452	201410719389.5	可调预紧力式惯性粘滑驱动跨尺度精密定位平台	钟博文	发明	机电工程学院	2016/8/24
453	201310693050.8	一种气泡静电纺丝装置	何吉欢	发明	纺织与服装工程学院	2016/8/24
454	201310286449.4	手写体数字识别方法及系统	张莉	发明	计算机科学与技术学院	2016/8/24
455	201620183540.2	一种热光伏发电装置	徐其琛	实用新型	物理与光电·能源学部	2016/8/24
456	201410038119.8	玻璃和可伐合金的封接方法及封接体	张敏	发明	机电工程学院	2016/8/24
457	201410198159.9	部分相干多模高斯光束的产生系统、产生方法及测量装置	梁春豪	发明	物理与光电·能源学部	2016/8/24
458	201620189136.6	太阳能供电装置	张晓静	实用新型	物理与光电·能源学部	2016/8/24
459	201310511647.6	一种医用取药车	阮爱超	发明	医学部	2016/8/24
460	201310339906.1	纳米薄膜的制备方法	何吉欢	发明	纺织与服装工程学院	2016/8/24

续表

序号	专利号	专利名称	第一发明人	类别	学院(部)	授权公告日
461	201410211483.X	一种两亲性聚合物、其制备方法、复合纳米药物载体及其制备方法	路建美	发明	材料与化学化工学部	2016/8/24
462	201310597327.7	用于制备纳米多孔纤维的静电纺丝装置	徐岚	发明	纺织与服装工程学院	2016/8/17
463	201310597147.9	可调聚合物溶液粘度的静电纺丝装置	徐岚	发明	纺织与服装工程学院	2016/8/17
464	201620390291.4	一种可提高离子控测效率的质谱分析系统	李晓旭	实用新型	机电工程学院	2016/9/21
465	201620297627.2	一种家鸽条件反射行为箱	车轶	实用新型	医学部	2016/9/7
466	201521122782.2	一种加宽半齿测量齿轮	钱志良	实用新型	机电工程学院	2016/9/7
467	201410026725.8	一种复合电极型离子阱质量分析器	李晓旭	发明	机电工程学院	2016/9/7
468	201410732302.8	一种表面改性芳纶纤维及其制备方法	梁国正	发明	材料与化学化工学部	2016/9/7
469	201510193105.8	一种利用青霉菌吸附回收污水中的三氯生的方法	王剑文	发明	医学部	2016/9/7
470	201410159886.4	一种超支化聚硅氧烷液晶改性热固性树脂及其制备方法	梁国正	发明	材料与化学化工学部	2016/9/7
471	201410159890.0	一种带活性端氨基的超支化聚硅氧烷液晶及其制备方法	梁国正	发明	材料与化学化工学部	2016/9/28
472	201410136439.7	微电子芯片用低介电常数薄膜层的制造工艺	孙旭辉	发明	功能纳米与软物质研究院	2016/8/10
473	201410040355.3	一种协同频谱感知中认知用户的选择方法	欧扬	发明	城市轨道交通学院	2016/8/24

续表

序号	专利号	专利名称	第一发明人	类别	学院(部)	授权公告日
474	201510152359.5	一种利用豆渣制备钠离子电池电极碳材料的方法	晏成林	发明	物理与光电·能源学部	2016/8/24
475	201310492635.3	一种电动双手揉搓仿生装置	窦云霞	发明	机电工程学院	2016/8/24
476	201310492631.5	电动双手揉搓仿生装置	窦云霞	发明	机电工程学院	2016/8/24
477	201510098983.1	一种银纳米线的制备方法	严锋	发明	材料与化学化工学部	2016/8/24
478	201310492542.0	电动双手揉搓仿生装置	王传洋	发明	机电工程学院	2016/8/24
479	201510098982.7	基于有机盐的3D多孔碳材料、制备方法及其应用	严锋	发明	材料与化学化工学部	2016/9/7
480	201310493283.3	双手揉搓仿生机构	王传洋	发明	机电工程学院	2016/9/7
481	201410357194.0	具有梯度弹性模量的生物可降解聚氨酯及其制备的组织工程纤维支架	李斌	发明	医学部	2016/9/21
482	201620105754.8	微纳机器人末端执行器自动更换装置	陈涛	实用新型	机电工程学院	2016/9/28
483	201410468361.9	一种紫外光辐射制备荧光硅纳米颗粒的方法	何耀	发明	功能纳米与软物质研究院	2016/8/17
484	201620147864.0	一种多频段合路器	谢志余	实用新型	工程训练中心	2016/10/5
485	201620245655.X	基于PCB和LED技术的电子频闪装饰挂件	郑鹏	实用新型	纺织与服装工程学院	2016/8/31
486	201620225376.7	一种便携式智能管道液体冷却服	韦帆汝	实用新型	纺织与服装工程学院	2016/8/3
487	201310180105.5	一种提取LED系统热容和热时间常数的方法	陶雪慧	发明	城市轨道交通学院	2016/8/3

续表

序号	专利号	专利名称	第一发明人	类别	学院（部）	授权公告日
488	201510144834.4	空气等离子体处理废气的装置及方法	金成刚	发明	物理与光电·能源学部	2016/8/24
489	201410028448.4	双锁定内钉结构	杨惠林	发明	医学部	2016/8/17
490	201310299270.2	一种合金量子点PbSxSe1-x及其制备方法和在太阳能电池中的应用	马万里	发明	功能纳米与软物质研究院	2016/8/10
491	201310381889.8	模板辅助挥发诱导自组装构筑有机微米线阵列的方法	揭建胜	发明	功能纳米与软物质研究院	2016/6/29
492	201410621321.3	水蛭采收药粉及采收方法	陈剑兴	发明	医学部	2016/8/31
493	201410152683.2	一种将电极图形转移在任意基底上并构建电子器件的方法	揭建胜	发明	功能纳米与软物质研究院	2016/8/31
494	201410066419.7	基于三维图搜索浆液性色素上皮层脱离的视网膜分割方法	陈新建	发明	电子信息学院	2016/8/31
495	201410079706.1	基于3D-OCT的视网膜层间灰度分析方法	陈新建	发明	电子信息学院	2016/8/24
496	201620245677.6	基于相变材料与微型风扇的智能冷却服	韦帆汝	实用新型	纺织与服装工程学院	2016/9/14
497	201310669758.X	一种基于K近邻的视网膜内节/外节缺失自动检测方法	陈新建	发明	电子信息学院	2016/9/14
498	201620590518.X	一种无人机自动喷绘装置	余亮	实用新型	金螳螂建筑学院	2016/11/16
499	201620386918.9	一种蚕盒	许雅香	实用新型	医学部	2015/10/5
500	201620250285.9	一种基于MEMS技术的磁力梯度仪	支萌辉	实用新型	电子信息学院	2015/10/5

续表

序号	专利号	专利名称	第一发明人	类别	学院（部）	授权公告日
501	201620299560.6	一种雏鸡旱迷宫	车轶	实用新型	医学部	2015/10/5
502	201620109434.X	一种用于激光熔覆的激光光内送丝装置	傅戈雁	实用新型	机电工程学院	2016/10/5
503	201410167803.6	一种具有阻燃功能的毛纺面料的制备方法	邢铁玲	发明	纺织与服装工程学院	2016/10/5
504	201410061566.5	一种环状偶氮苯两亲性嵌段共聚物及其制备方法	周年琛	发明	材料与化学化工学部	2016/10/5
505	201410221710.7	一种电聚丝素水凝胶膜的制备方法、装置及其应用	王海燕	发明	医学部	2016/10/5
506	201410762913.7	用于吸附重金属离子、有机污染物的改性纤维素材料及制备方法	焦晨璐	发明	纺织与服装工程学院	2016/10/5
507	201510118552.7	一种纳米碳化锆感应蓄热保温聚酯假捻变形丝及其制备方法	管新海	发明	纺织与服装工程学院	2016/10/5
508	201410006382.9	一种用于光学加工抛光的标示方法	陈曦	发明	物理与光电·能源学部	2016/10/5
509	201410051210.3	一种双波浪线形锦纶6长丝及其制备方法	管新海	发明	纺织与服装工程学院	2016/10/5
510	201620145908.6	热红外分孔径偏振成像光学系统	黄绪杰	实用新型	物理与光电·能源学部	2016/10/12
511	201620118094.7	用于加工矩形离轴非球面镜的镜体	陈曦	实用新型	物理与光电·能源学部	2016/10/12
512	201620442471.2	一种沉管隧道接头装置	史培新	实用新型	城市轨道交通学院	2016/10/12
513	201510249003.3	一种锌配位聚合物及其刚果红复合物的制备方法和用途	郎建平	发明	材料与化学化工学部	2016/10/12

续表

序号	专利号	专利名称	第一发明人	类别	学院(部)	授权公告日
514	201310040215.1	一种基于Ad Hoc网络形式的认知路由方法	王尚	发明	城市轨道交通学院	2016/10/12
515	201410409307.7	一种基于液/液两相催化体系的原子转移自由基聚合方法	程振平	发明	材料与化学化工学部	2016/10/19
516	201310529338.1	一种双烯丙基三碳酯二茂铁单体及其制备方法	王建军	发明	材料与化学化工学部	2016/10/26
517	201620504259.4	一种基于空间划分的彩色全息三维显示装置	苏衍峰	实用新型	物理与光电·能源学部	2016/11/16
518	201520915212.2	基于参数化多普勒瞬态模型的列车轮对轴承故障瞬态特征检测装置	沈长青	实用新型	机电工程学院	2016/5/25
519	201520943897.1	激光光整加工车床	胡增荣	实用新型	城市轨道交通学院	2016/6/1
520	201520891265.5	路面车道可调系统	胡增荣	实用新型	城市轨道交通学院	2016/6/1
521	201520820025.6	自推进杀菌微米马达	董彬	实用新型	功能纳米与软物质研究院	2016/6/1
522	201520944047.3	激光加工中心	胡增荣	实用新型	城市轨道交通学院	2016/6/15
523	201521035888.9	超声强化复合焊接设备	胡增荣	实用新型	城市轨道交通学院	2016/7/6
524	201521035981.X	电力内燃双动力源捣固车	胡增荣	实用新型	城市轨道交通学院	2016/7/13
525	201410252133.8	专用偶氮活性分散染料的前驱体及用途	龙家杰	发明	纺织与服装工程学院	2016/7/13
526	201410256338.3	测定酸性染料在色浆中扩散性能的方法	龙家杰	发明	纺织与服装工程学院	2016/8/24

续表

序号	专利号	专利名称	第一发明人	类别	学院(部)	授权公告日
527	201521018642.0	小范围激光平动扫描镜装置	张来峰	实用新型	机电工程学院	2016/8/3
528	201620121634.7	染毒实验装置	聂继华	实用新型	医学部	2016/8/31
529	201620095712.0	一种磁悬浮轴承定子	孙宏健	实用新型	机电工程学院	2016/8/31
530	201620133659.9	一种回转体零件再制造清洗机	胡增荣	实用新型	城市轨道交通学院	2016/8/31
531	201620046273.4	带清洗液的眼镜盒	胡增荣	实用新型	城市轨道交通学院	2016/8/31
532	201410796950.X	基于物联网和人工智能游泳系统	严建峰	发明	计算机科学与技术学院	2016/8/31
533	201410445585.8	动态式发光顶棚演绎装置及动态式发光演绎室	余亮	发明	金螳螂建筑学院	2016/8/24
534	201410673609.5	全瓷义齿磨削系统及制作义齿的方法	范立成	发明	机电工程学院	2016/8/24
535	201410778223.0	基于智能算法的机器人力位柔顺控制方法	谢小辉	发明	机电工程学院	2016/8/24
536	201410308230.4	3-氨基-4-氰基异喹啉-1(2H)-酮衍生物的制备方法	曾润生	发明	材料与化学化工学部	2016/8/17
537	201521099882.8	一种智能发热防寒服	卢业虎	实用新型	纺织与服装工程学院	2016/8/10
538	201520964435.8	一种具有高温自适应性结构的热防护服	卢业虎	实用新型	纺织与服装工程学院	2016/8/16
539	201620169756.3	一种带冷却装置的真空烧结炉	胡增荣	实用新型	城市轨道交通学院	2016/9/28
540	201620169603.9	一种车位监控系统	姜敏	实用新型	电子信息学院	2016/9/28
541	201620189339.5	一种汽车车灯控制器	陈庆	实用新型	机电工程学院	2016/9/28

续表

序号	专利号	专利名称	第一发明人	类别	学院(部)	授权公告日
542	201620046272.X	一种驾车瞌睡报警眼镜	胡增荣	实用新型	城市轨道交通学院	2016/9/28
543	201620133887.6	钻孔灌注桩清孔装置	江建洪	实用新型	城市轨道交通学院	2016/9/7
544	201620158790.0	一种摇床	张洁	实用新型	医学部	2016/9/14
545	201620158786.4	一种用于离心机的套管装置	张洁	实用新型	医学部	2016/9/14
546	201620133188.1	魔法棒遥控玩具	胡增荣	实用新型	城市轨道交通学院	2016/9/14
547	201620134014.7	一种回转体零件再制造增减材一体机	胡增荣	实用新型	城市轨道交通学院	2016/10/5
548	201620197711.7	接地气鞋底	胡增荣	实用新型	城市轨道交通学院	2016/10/5
549	201620169705.0	一种风扇取暖器	胡增荣	实用新型	城市轨道交通学院	2016/10/5
550	201620197364.8	一次性洗头防湿衣塑料薄膜罩衣	胡增荣	实用新型	城市轨道交通学院	2016/10/5
551	201620278711.X	双温水瓶	王丽丽	实用新型	医学部	2016/10/12
552	201620248862.0	一种袜子烘干器	胡增荣	实用新型	城市轨道交通学院	2016/10/12
553	201620261050.X	一种带激光验钞功能的手机	胡增荣	实用新型	城市轨道交通学院	2016/10/12
554	201620189338.0	一种加湿器控制装置	陈庆	实用新型	机电工程学院	2016/10/12
555	201620261937.9	邮轮自稳定送餐车	樊明迪	实用新型	城市轨道交通学院	2016/10/12
556	201620248863.5	一种高效钻孔装置	胡增荣	实用新型	城市轨道交通学院	2016/10/12
557	201620285610.5	带无线视频信号发射的货车	胡增荣	实用新型	城市轨道交通学院	2016/10/19

续表

序号	专利号	专利名称	第一发明人	类别	学院(部)	授权公告日
558	201410795847.3	一种三维Fricke凝胶剂量计的制备方法	文万信	发明	医学部	2016/11/2
559	201410274326.3	聚乙二醇修饰的硫化亚铁磁性纳米诊疗剂及其制备方法和应用	杨凯	发明	物理与光电·能源学部	2016/9/28
560	201310123686.9	弱光照条件下的列车转向架边缘检测方法	黄伟国	发明	城市轨道交通学院	2016/9/28
561	201620210840.5	一种环境控制系统	李云飞	实用新型	计算机科学与技术学院	2016/9/28
562	201410101482.X	基于脑机交换技术的密码锁及其加密解密方法	严建峰	发明	计算机科学与技术学院	2016/9/28
563	201310188523.9	串并混联式三自由度平动搬运机构	李娟	发明	机电工程学院	2016/9/28
564	201620179504.9	一种肿瘤组织移植用装置	殷荣平	实用新型	医学部	2016/9/28
565	201510366793.3	一种盆底修复网片及盆底修复的植入系统	崔文国	发明	医学部	2016/9/28
566	201620262158.0	一种气流气泡纺丝装置	何吉欢	实用新型	纺织与服装工程学院	2016/9/28
567	201310737955.0	一种基于链接的双语平行网页识别方法及系统	洪宇	发明	计算机科学与技术学院	2016/9/28
568	201620267180.4	一种制备复合纤维材料的气泡静电纺丝系统	何吉欢	实用新型	纺织与服装工程学院	2016/9/28
569	201410655407.8	大尺寸工件表面Ti_3SiC_2基复合材料涂层及等离子堆焊制备方法	陈瑶	发明	机电工程学院	2016/9/28

续表

序号	专利号	专利名称	第一发明人	类别	学院(部)	授权公告日
570	201410363359.5	用于钛合金表面的自润滑耐磨复合涂层及其制备方法	刘秀波	发明	机电工程学院	2016/9/28
571	201310752850.2	一种基于多阶段分层采样的层次聚类方法和系统	赵朋朋	发明	计算机科学与技术学院	2016/9/28
572	201310727349.0	一种永磁电机控制回路和永磁电机	刘吉柱	发明	机电工程学院	2016/9/28
573	201410339732.3	奥氏体耐热钢及其制备方法	夏志新	发明	沙钢钢铁学院	2016/9/28
574	201620268123.8	一种基于喷雾冷冻塔的新型收集装置	吴铎	实用新型	材料与化学化工学部	2016/9/28
575	201310589362.4	一种异常检测训练集的构建方法及装置	赵朋朋	发明	计算机科学与技术学院	2016/9/28
576	201620179396.5	新型喷雾冷冻设备	吴铎	实用新型	材料与化学化工学部	2016/9/28
577	201310351171.4	基于弹性匹配的目标识别方法	黄伟国	发明	城市轨道交通学院	2016/9/28
578	201410318455.8	基于手机传感器的智能玩具及其控制方法	贾俊铖	发明	计算机科学与技术学院	2016/9/28
579	201210315360.1	基于粒子滤波的运动行人视频自动跟踪方法及系统	徐汀荣	发明	计算机科学与技术学院	2016/9/28
580	201620210939.5	一种数据在线测量系统	李云飞	实用新型	计算机科学与技术学院	2016/9/28
581	201310521260.9	基于多能场耦合的复合式阳极键合系统及方法	潘明强	发明	机电工程学院	2016/9/28
582	201310682688.1	一种传感器密封保护盒	郑建颖	发明	城市轨道交通学院	2016/9/28

续表

序号	专利号	专利名称	第一发明人	类别	学院(部)	授权公告日
583	201410017878.6	一种基于统计模型检测的CPS属性验证方法	张广泉	发明	计算机科学与技术学院	2016/9/28
584	201410142674.5	一种活性可控自由基聚合的方法和乙烯基聚合物	张正彪	发明	材料与化学化工学部	2016/9/28
585	201620256771.1	一种关注度统计系统、信息投放装置及电子广告显示屏	李云飞	实用新型	计算机科学与技术学院	2016/9/28
586	201310445953.4	一种句子级情感分类方法及装置	李寿山	发明	计算机科学与技术学院	2016/10/5
587	201620410739.4	用于设备软件维护更新的认证系统	朱斐	实用新型	计算机科学与技术学院	2016/11/30
588	201620209055.8	一种利用自传感FRP筋加固的混凝土柱	唐永圣	实用新型	城市轨道交通学院	2016/9/28
589	201310245563.2	基于卫星定位的环境监测数据采集系统	曹洪龙	发明	电子信息学院	2016/9/28
590	201510826624.3	一种利用自传感FRP筋加固的混凝土柱	唐永圣	发明	城市轨道交通学院	2016/9/14
591	201410325384.4	一种整合素 $\alpha v \beta 3$ 靶向给药载体及其制备方法	程亮	发明	医学部	2016/9/14
592	201310224293.7	基于图像的试剂检测方法	罗喜召	发明	计算机科学与技术学院	2016/10/19
593	201310682146.4	以HSP65为表位支架的多T细胞表位结核基因疫苗	徐薇	发明	医学部	2016/10/19
594	201310475546.8	公开可验的线性代数委托计算系统	罗喜召	发明	计算机科学与技术学院	2016/10/26
595	201620554783.2	免疫荧光玻片	潘璐	实用新型	医学部	2016/11/16

续表

序号	专利号	专利名称	第一发明人	类别	学院(部)	授权公告日
596	201620532829.0	固定动物夹具	俞辰逍	实用新型	医学部	2016/11/23
597	201620471854.2	春秋装男生裤缝型结构系统	尚笑梅	实用新型	纺织与服装工程学院	2016/12/7
598	201620471772.8	夏装男生下裤缝型结构系统	尚笑梅	实用新型	纺织与服装工程学院	2016/12/7
599	201620471785.5	夏装女生裤缝型结构系统	尚笑梅	实用新型	纺织与服装工程学院	2016/12/7
600	201620732224.6	一种大幅面复消色差F-theta	任建锋	实用新型	物理与光电·能源学部	2016/12/7
601	201620525387.7	一种光场光谱显微成像装置	许峰	实用新型	物理与光电·能源学部	2016/12/7
602	201620506515.3	一种基于时分复用的彩色全息三维显示装置	苏衍峰	实用新型	物理与光电·能源学部	2016/12/7
603	201510046236.3	一种织物拒水拒油整理剂及其制备方法	蔡露	发明	纺织与服装工程学院	2016/11/2
604	201410353083.2	一种链端修饰的聚酰胺6、制备方法及应用	戴礼兴	发明	材料与化学化工学部	2016/11/2
605	201410352789.7	一种阳离子化丝素蛋白及其制备方法	刘雨	发明	纺织与服装工程学院	2016/11/9
606	201620646321.3	一种百叶式墙面垂直绿化装置	赵贞	实用新型	金螳螂建筑学院	2016/11/30
607	201620307278.8	一种基于空间光调制器的全息三维显示装置	苏衍峰	实用新型	物理与光电·能源学部	2016/11/30
608	201620637310.9	全介质超薄二维圆偏振二色性器件	胡敬佩	实用新型	物理与光电·能源学部	2016/11/30
609	201510118653.4	一种纳米碳化锆聚酯全拉伸丝及其制备方法	管新海	发明	纺织与服装工程学院	2016/11/30

续表

序号	专利号	专利名称	第一发明人	类别	学院(部)	授权公告日
610	201620511102.4	一种硬币自动计数分拣装置	刘进明	实用新型	机电工程学院	2016/11/9
611	201510036777.8	并排导线外皮的激光自动剥离装置及剥离方法	杨桂林	发明	机电工程学院	2016/10/12
612	201620332127.8	遥控飞行式室内环境数据采集器	陈昊亮	实用新型	电子信息学院	2016/11/23
613	201620287272.9	多功能智能电子菜板	李俊萌	实用新型	电子信息学院	2016/11/9
614	201410232597.2	一种电磁柱塞泵	王明娣	发明	机电工程学院	2016/11/9
615	201410605077.1	一种应用于制备纳米纤维的气流转盘纺丝装置	陈廷	发明	纺织与服装工程学院	2016/11/23
616	201620323099.3	一种叶片式复合风动能量收集器	刘会聪	实用新型	机电工程学院	2016/11/23
617	201620323066.9	一种复合式风能收集器	刘会聪	实用新型	机电工程学院	2016/11/23
618	201620216240.X	一种监控系统及罐车系统	李云飞	实用新型	计算机科学与技术学院	2016/11/23
619	201620345637.9	电子负载装置	谢门喜	实用新型	城市轨道交通学院	2016/11/23
620	201620290224.5	一种旋转气流气泡纺丝装置	何吉欢	实用新型	纺织与服装工程学院	2016/11/23
621	201620216644.9	一种具有无线充电功能的中医热敷艾灸理疗装置	刘会聪	实用新型	机电工程学院	2016/11/23
622	201620441321.X	一种基于磁场辅助制备有序纤维材料的气流气泡纺丝装置	何吉欢	实用新型	纺织与服装工程学院	2016/11/30
623	201620034941.1	一种气流气泡纺丝装置	何吉欢	实用新型	纺织与服装工程学院	2016/11/30

续表

序号	专利号	专利名称	第一发明人	类别	学院(部)	授权公告日
624	201620440829.8	一种多喷头气流气泡纺丝装置	何吉欢	实用新型	纺织与服装工程学院	2016/11/30
625	201620434083.X	一种超音速气泡纺丝装置	何吉欢	实用新型	纺织与服装工程学院	2016/11/30
626	201510134234.X	一种平衡动作测试装置及方法	鲍捷	发明	体育学院	2016/11/30
627	201210392356.5	跟踪窗口尺寸自适应调整的粒子滤波跟踪方法	赵勋杰	发明	物理与光电·能源学部	2016/11/30
628	201510137188.9	一种面向外骨骼助行机器人的重心调节机构	李娟	发明	机电工程学院	2016/11/30
629	201410784696.1	Z轴正向放大一维精密定位平台	钟博文	发明	机电工程学院	2016/11/30
630	201620466565.3	一种房屋采光检测系统	贾俊铖	实用新型	计算机科学与技术学院	2016/11/30
631	201310152411.8	一种手写体数字识别方法及装置	张莉	发明	计算机科学与技术学院	2016/12/7
632	201510043448.6	一种内衣罩杯的成型模具及其成型方法	倪俊芳	发明	机电工程学院	2016/12/7
633	201310210372.2	一种基于支持向量机的人脸识别方法及系统	张莉	发明	计算机科学与技术学院	2016/12/7
634	201620433897.1	一种制备功能性纳米纤维的装置	何吉欢	实用新型	纺织与服装工程学院	2016/12/7
635	201410471971.4	一种电梯远程故障检测方法	陈小平	发明	电子信息学院	2016/11/23
636	201310403684.5	联吡啶钌络合物共价功能墨烯光催化剂及其制备方法	杨平	发明	材料与化学化工学部	2016/12/7
637	201410133162.2	一种网围套养模式及其养殖方法	宋学宏	发明	医学部	2016/11/9

续表

序号	专利号	专利名称	第一发明人	类别	学院(部)	授权公告日
638	201410464525.0	一种防治茉莉白绢病的专用有机肥的制备方法	王杰青	发明	金螳螂建筑学院	2016/9/14
639	201620725567.X	一种三相三电平Buck型AC-AC变换器	张友军	实用新型	机电工程学院	2016/12/21
640	201620424548.8	一种生物质纤维素/高聚物复合纤维及面料	王国和	实用新型	纺织与服装工程学院	2016/12/7
641	201620610756.2	多功能自动控制生态室	万骏	实用新型	医学部	2016/11/30
642	201620412047.3	一种地基加固用桩套管	唐强	实用新型	城市轨道交通学院	2016/11/30
643	201620158787.9	一种抽拉式细胞培养箱	张洁	实用新型	医学部	2016/11/23
644	201620261131.X	一种织物弯曲性能检测仪的自动送样装置	张长胜	实用新型	纺织与服装工程学院	2016/11/23
645	201620248864.X	一种智能调温电加热手套	卢业虎	实用新型	纺织与服装工程学院	2016/11/23
646	201620260280.4	一种防止足下垂的U形枕装置	张媛媛	实用新型	医学部	2016/11/23
647	201620305448.9	护理内裤	吴振云	实用新型	医学部	2016/11/23
648	201620150463.0	一种声控发光花盆	姜敏	实用新型	电子信息学院	2016/11/23
649	201620248861.6	一种样品涂层均匀化装置	胡增荣	实用新型	城市轨道交通学院	2016/11/23
650	201620285884.4	带视线盲区摄像头的货车	胡增荣	实用新型	城市轨道交通学院	2016/11/23
651	201620260714.0	一种多功能手机支架	胡增荣	实用新型	城市轨道交通学院	2016/11/23
652	201620183946.0	一种用于动物尾部静脉注射装置	聂继华	实用新型	医学部	2016/11/23

续表

序号	专利号	专利名称	第一发明人	类别	学院(部)	授权公告日
653	201410326097.5	织物防护性能测评装置	卢业虎	发明	纺织与服装工程学院	2016/11/23
654	201410255673.1	测定染料在色浆中扩散性的模型	龙家杰	发明	纺织与服装工程学院	2016/11/30
655	201410554543.8	一种以超临界二氧化碳为介质的淀粉浆退浆方法	龙家杰	发明	纺织与服装工程学院	2016/12/7
656	201410798188.9	基于RSSI无线定位技术的智能游泳手环	严建峰	发明	计算机科学与技术学院	2016/11/30
657	201620497451.5	一种超临界流体无水染整的打样染杯	龙家杰	实用新型	纺织与服装工程学院	2016/12/7
658	201620497501.X	一种超临界流体无水染整的一种移动式染杯	龙家杰	实用新型	纺织与服装工程学院	2016/12/7
659	201310152954.X	一种紫外固化微纳米结构拼版装置及拼版工艺	申溯	发明	物理与光电·能源学部	2016/1/20
660	201110136699.0	一种反射式彩色滤光片	周云	发明	物理与光电·能源学部	2016/8/3
661	201620287528.6	一种便携式智能加热睡袋	张成蛟	实用新型	纺织与服装工程学院	2016/11/23
662	201620451446.0	螺旋波等离子体化学气相沉积装置	於俊	实用新型	物理与光电·能源学部	2016/11/30
663	201620802147.7	ICP增强多靶磁控溅射装置	杨佳奇	实用新型	物理与光电·能源学部	2016/12/14
664	201620512162.8	面向轨道交通的环境参数无线监测系统	查光圣	实用新型	城市轨道交通学院	2016/11/23
665	201620523574.1	多纤毛磁力微机器人及其控制系统	黄海波	实用新型	机电工程学院	2016/11/23
666	201620106353.4	一种力学生物学耦合测试系统	杨磊	实用新型	医学部	2016/11/23

续表

序号	专利号	专利名称	第一发明人	类别	学院(部)	授权公告日
667	201620590413.4	网络化磁传感器交通车辆检测系统	郑建颖	实用新型	城市轨道交通学院	2016/11/23
668	201510200633.1	一种成骨细胞单细胞激励与检测的MEMS系统	陈涛	发明	机电工程学院	2016/11/30
669	201620477545.6	一种压电驱动夹持器	陈涛	实用新型	机电工程学院	2016/12/7
670	201620267253.X	氧气袋	雷建雄	实用新型	医学部	2016/9/14
671	201620106322.9	一种纳米器件装配装置	孙立宁	实用新型	机电工程学院	2016/9/14
672	201620106354.9	鳍式碳纳米管场效应晶体管	杨湛	实用新型	机电工程学院	2016/9/14
673	201620699229.3	一种密码充电器系统	姜敏	实用新型	电子信息学院	2016/12/7
674	201620511198.4	一种位相编码折衍射元件	王钦华	实用新型	物理与光电·能源学部	2016/12/7
675	201620741204.5	一种用于主河道一侧断头河水连通的拓扑导流墙	赵华菁	实用新型	城市轨道交通学院	2016/12/14
676	201620705579.6	短波红外宽波段复消色差像方远心望远物镜	毛静超	实用新型	物理与光电·能源学部	2016/12/14
677	201620747201.2	一种盾构隧道管片结构及其连接结构	李攀	实用新型	城市轨道交通学院	2016/12/28
678	201620446997.8	弹性限高装置	胡子刚	实用新型	金螳螂建筑学院	2016/12/7
679	201620021289.X	新型救生器具	胡子刚	实用新型	金螳螂建筑学院	2016/12/7
680	201620493494.6	用于对多基站无线能量收集的定位装置	张敏靓	实用新型	电子信息学院	2016/12/7
681	201310381447.3	一种基于结构拓扑的G蛋白偶联受体跨膜螺旋三维结构的预测方法	吕强	发明	计算机科学与技术学院	2016/11/30

续表

序号	专利号	专利名称	第一发明人	类别	学院(部)	授权公告日
682	201310185516.3	一种冰冻透明的组织观测方法	诸葛洪祥	发明	医学部	2016/12/28
683	201410209540.0	一种红外-可见光兼容隐身复合纤维膜及其制备方法	张克勤	发明	纺织与服装工程学院	2016/9/21
684	201410178514.6	一种制备羟基膦酸酯的方法	姚英明	发明	材料与化学化工学部	2016/6/22
685	201410348505.7	一种氮桥连三芳氧基稀土金属化合物及其制备方法和应用	姚英明	发明	材料与化学化工学部	2016/6/29
686	201620502210.5	一种双工况热泵型干燥系统	龚伟申	实用新型	城市轨道交通学院	2016/11/30
687	201410632559.6	一种石墨烯包覆原子力显微镜探针及其制备方法、用途	惠飞	发明	功能纳米与软物质研究院	2016/11/30
688	201310136508.X	一种反轮廓查询方法、装置及系统	赵雷	发明	计算机科学与技术学院	2016/12/28
689	201310290192.X	一种三维图像的生成方法及装置	刘国联	发明	纺织与服装工程学院	2016/12/28

2016年度苏州大学软件著作权授权情况

2016年度苏州大学软件著作权授权情况一览表

序号	软件名称	登记号	证书日期	完成人	学院(部)
1	苏州大学导师制管理平台V1.0	2016SR004891	2016/1/15	杨哲	计算机科学与技术学院
2	深度车牌智能识别系统软件1.0	2016SR021866	2016/1/29	黄鹤	电子信息学院
3	基于MLN的中文事件触发词推理系统V1.0	2016SR037485	2016/2/25	朱少华	医学部

续表

序号	软件名称	登记号	证书日期	完成人	学院(部)
4	自供电传感报警节点微系统软件 V1.0	2016SR037486	2016/2/25	石明慧	电子信息学院
5	多群体演化算法的有限状态机最小面积状态分配软件 V1.0	2016SR037587	2016/2/25	陶砚蕴	城市轨道交通学院
6	智能家居系统软件 V1.0	2016SR037590	2016/2/25	曹洪龙	电子信息学院
7	事件同指消解系统 V1.0	2016SR037452	2016/2/25	滕佳月	计算机科学与技术学院
8	图像滤波进化电路设计软件 V1.0	2016SR041457	2016/3/1	陶砚蕴	城市轨道交通学院
9	基于k近邻模型的行业新闻分类系统 V1.0	2016SR055591	2016/3/17	徐健	计算机科学与技术学院
10	基于词的unigram和bigram的最大熵模型婚姻类型分类系统 V1.0	2016SR056322	2016/3/17	严倩	计算机科学与技术学院
11	基于K-近邻(KNN)模型的职业类型分类系统 V4.0	2016SR056256	2016/3/17	王礼敏	计算机科学与技术学院
12	基于支持向量机回归模型的产品推荐系统 V1.0	2016SR056252	2016/3/17	陈敬	计算机科学与技术学院
13	基于动态图像处理的物理实验智能化测评系统 V1.0	2016SR055581	2016/3/17	崔子璐	计算机科学与技术学院
14	基于主动学习的K近邻情感回归系统 V1.0	2016SR057077	2016/3/18	陈敬	计算机科学与技术学院
15	基于朴素贝叶斯模型的学历类型分类系统 V1.0	2016SR057603	2016/3/18	殷昊	计算机科学与技术学院
16	基于协同训练的时间适应性情感分类系统 V1.0	2016SR056991	2016/3/18	张栋	计算机科学与技术学院

续表

序号	软件名称	登记号	证书日期	完成人	学院(部)
17	基于最大熵模型的性别类型分类系统V1.0	2016SR056987	2016/3/18	殷昊	计算机科学与技术学院
18	基于半监督的时间适应性情感分类系统V1.0	2016SR061523	2016/3/24	张栋	计算机科学与技术学院
19	基于支持向量机模型的学历类型分类系统V1.0	2016SR061514	2016/3/24	殷昊	计算机科学与技术学院
20	基于k近邻模型的婚姻类型分类系统V1.0	2016SR061511	2016/3/24	严倩	计算机科学与技术学院
21	基于最大熵模型的职业类型分类系统V1.0	2016SR061064	2016/3/24	王礼敏	计算机科学与技术学院
22	基于支持向量机时间适应性情感分类系统V1.0	2016SR059848	2016/3/22	张栋	计算机科学与技术学院
23	基于支持向量机回归模型的情感回归系统V1.0	2016SR062133	2016/3/25	陈敬	计算机科学与技术学院
24	基于最大熵模型的婚姻类型分类系统V1.0	2016SR062131	2016/3/25	严倩	计算机科学与技术学院
25	基于SVW模型的行业新闻分类系统V1.0	2016SR062128	2016/3/25	徐建	计算机科学与技术学院
26	基于支持向量机模型的婚姻类型分类系统V1.0	2016SR062407	2016/3/25	严倩	计算机科学与技术学院
27	基于线性回归模型的情感回归系统V1.0	2016SR062405	2016/3/25	陈敬	计算机科学与技术学院
28	基于支持向量机模型的职业类型分类系统V2.0	2016SR062051	2016/3/25	王礼敏	计算机科学与技术学院

续表

序号	软件名称	登记号	证书日期	完成人	学院(部)
29	基于最大熵模型的学历类型分类系统V1.0	2016SR062035	2016/3/25	殷昊	计算机科学与技术学院
30	基于双通道卷积神经网络的情感分类系统V1.0	2016SR062032	2016/3/25	张栋	计算机科学与技术学院
31	基于朴素贝叶斯模型的婚姻类型分类系统V1.0	2016SR062025	2016/3/25	严倩	计算机科学与技术学院
32	基于k最近邻模型的学历类型分类系统V1.0	2016SR062427	2016/3/25	殷昊	计算机科学与技术学院
33	基于朴素贝斯叶模型的职业类型分类系统V3.0	2016SR062421	2016/3/25	王礼敏	计算机科学与技术学院
34	基于K近邻回归模型的情感回归系统V1.0	2016SR063415	2016/3/28	陈敬	计算机科学与技术学院
35	基于神经网络的情感分类系统V1.0	2016SR063473	2016/3/28	张栋	计算机科学与技术学院
36	基于朴素贝叶斯模型的行业新闻分类系统V1.0	2016SR063254	2016/3/28	徐建	计算机科学与技术学院
37	基于最大熵模型的行业新闻分类系统V1.0	2016SR063989	2016/3/29	徐建	计算机科学与技术学院
38	基于主动学习的支持向量机情感回归系统V1.0	2016SR063985	2016/3/29	陈敬	计算机科学与技术学院
39	时间适应性情感分类系统V1.0	2016SR063983	2016/3/29	张栋	计算机科学与技术学院
40	基于主动学习的线性情感回归系统V1.0	2016SR065298	2016/3/31	陈敬	计算机科学与技术学院
41	GPCR形变螺旋数据库系统V1.0	2016SR074561	2016/4/12	罗升	计算机科学与技术学院

续表

序号	软件名称	登记号	证书日期	完成人	学院(部)
42	应用于激光铣削三维测量数据可视化处理软件2.0	2016SR089002	2016/4/28	王明娣	机电工程学院
43	汽车语言驾驶助手软件V1.0	2016SR115645	2016/5/23	陈 慧	电子信息学院
44	基于进化回归的复杂的系统预测建模软件V1.0	2016SR131256	2016/6/4	陶砚蕴	城市轨道交通学院
45	健康管家手机应用软件V1.0	2016SR143542	2016/6/15	韩 冬	计算机科学与技术学院
46	基于肤色分割的非接触式手势识别系统V1.0	2016SR143683	2016/6/15	刘纯平	计算机科学与技术学院
47	苏州大学微信数据分析平台V1.0	2016SR142725	2016/6/15	杨 哲	计算机科学与技术学院
48	苏州大学会议室预约管理系统V1.0	2016SR142745	2016/6/15	杨 哲	计算机科学与技术学院
49	基于SIFT流和strTM结构主题模型的视频建模系统V1.0	2016SR147461	2016/6/20	刘纯平	计算机科学与技术学院
50	Keep Running Mobile Game Software V1.0	2016SR169317	2016/7/6	韩 冬	计算机科学与技术学院
51	电子白板互动软件系统V1.0	2016SR172772	2016/7/8	戴广军	城市轨道交通学院
52	基于Android音乐播放器软件V1.0	2016SR186791	2016/7/20	赵朋朋	计算机科学与技术学院
53	游乐场微信公众平台V1.0	2016SR186793	2016/7/20	赵朋朋	计算机科学与技术学院
54	在线组卷与在线考试系统V1.0	2016SR183281	2016/7/18	姚望舒	计算机科学与技术学院
55	任务权限管理系统V1.0	2016SR183279	2016/7/18	姚望舒	计算机科学与技术学院

续表

序号	软件名称	登记号	证书日期	完成人	学院(部)
56	基于.NET的园林企业项目经理资质信息填报系统 V1.0	2016SR189206	2016/7/21	程宝雷	计算机科学与技术学院
57	电梯摩擦系数测试软件系统 V2.0	2016SR192988	2016/7/26	戴广军	城市轨道交通学院
58	交通场景下的运动车辆检测系统 V1.0	2016SR195755	2016/7/27	谭 敏	城市轨道交通学院
59	《Android应用开发实践教程》助学APP应用软件 V1.0	2016SR198228	2016/7/29	韩 冬	计算机科学与技术学院
60	扩展超立方体可嵌入性质演示系统 V1.0	2016SR198304	2016/7/29	程宝雷	计算机科学与技术学院
61	瑕疵检测软件 V1.0	2016SR198205	2016/7/29	何志勇	机电工程学院
62	基于视觉显著性的行人检测系统 V1.0	2016SR224902	2016/8/18	朱桂墘	计算机科学与技术学院
63	结合新闻和评论文本的双通道LSTM读者情绪分类系统 V1.0	2016SR224763	2016/8/18	严 倩	计算机科学与技术学院
64	基于最大熵模型的问题分类系统 V1.0	2016SR224767	2016/8/18	徐 建	计算机科学与技术学院
65	多特征融合的CNN的中文微博用户性别分类系统 V6.0	2016SR224891	2016/8/18	王礼敏	计算机科学与技术学院
66	基于协同训练的用户职业分类系统 V1.0	2016SR224895	2016/8/18	戴 斌	计算机科学与技术学院
67	基于整数线性规划的用户识别系统 V1.0	2016SR224898	2016/8/18	张 栋	计算机科学与技术学院
68	多特征融合的LSTM的中文微博用户性别分类系统 V3.0	2016SR226869	2016/8/19	王礼敏	计算机科学与技术学院
69	基于Android平台云记事本应用软件 V1.0	2016SR227019	2016/8/19	赵朋朋	计算机科学与技术学院

续表

序号	软件名称	登记号	证书日期	完成人	学院(部)
70	书店微信公众平台的设计与实现软件V1.0	2016SR227230	2016/8/19	赵朋朋	计算机科学与技术学院
71	基于微信公众号的企业活动管理平台V1.0	2016SR227221	2016/8/19	赵朋朋	计算机科学与技术学院
72	基于Android的校园外卖众包平台V1.0	2016SR227185	2016/8/19	赵朋朋	计算机科学与技术学院
73	基于Android平台的五子游戏软件V1.0	2016SR227176	2016/8/19	赵朋朋	计算机科学与技术学院
74	基于Android平台的英语学习软件V1.0	2016SR227024	2016/8/19	赵朋朋	计算机科学与技术学院
75	混合分类与回归模型的用户年龄识别系统V1.0	2016SR226910	2016/8/19	陈敬	计算机科学与技术学院
76	基于动态规划的问答分类系统V1.0	2016SR229344	2016/8/22	张栋	计算机科学与技术学院
77	基于LSTM的用户职业分类系统V1.0	2016SR229226	2016/8/22	戴斌	计算机科学与技术学院
78	基于Stacked LSTM的用户年龄回归系统V1.0	2016SR228762	2016/8/22	陈敬	计算机科学与技术学院
79	基于CNN模型的情绪类型分类系统V1.0	2016SR228638	2016/8/22	殷昊	计算机科学与技术学院
80	基于自训练的用户职业分类系统V1.0	2016SR233571	2016/8/25	戴斌	计算机科学与技术学院
81	基于卷积神经网络的情感分类系统V1.0	2016SR233578	2016/8/25	张栋	计算机科学与技术学院
82	基于句法特征的CNN中文微博用户性别分类系统V5.0	2016SR234262	2016/8/25	王礼敏	计算机科学与技术学院
83	基于双通道Stacked LSTM的用户年龄回归系统V1.0	2016SR234257	2016/8/25	陈敬	计算机科学与技术学院

续表

序号	软件名称	登记号	证书日期	完成人	学院(部)
84	基于标签传播的半监督情感分类系统 V1.0	2016SR236608	2016/8/26	张 栋	计算机科学与技术学院
85	手机弹珠游戏软件 V1.0	2016SR236124	2016/8/26	韩 冬	计算机科学与技术学院
86	基于行人检测的智能视频分析系统 V1.0	2016SR236119	2016/8/26	刘纯平	计算机科学与技术学院
87	基于多层感知器的问答分类系统 V1.0	2016SR236110	2016/8/26	张 栋	计算机科学与技术学院
88	基于评论文本的单通道 LSTM 读者情绪分类系统 V1.0	2016SR238578	2016/8/29	严 倩	计算机科学与技术学院
89	基于 LSTM 模型的情绪类型分类系统 V1.0	2016SR239365	2016/8/30	殷 昊	计算机科学与技术学院
90	基于双通道神经网络的问答分类系统 V1.0	2016SR239354	2016/8/30	张 栋	计算机科学与技术学院
91	基于递归神经网络的用户识别系统 V1.0	2016SR241789	2016/8/31	张 栋	计算机科学与技术学院
92	基于 K 近邻回归模型的用户年龄回归系统 V1.0	2016SR243661	2016/8/31	陈 敬	计算机科学与技术学院
93	基于卷积神经网络（CNN）的情感回归系统 V1.0	2016SR242032	2016/8/31	陈 敬	计算机科学与技术学院
94	基于 K 均值聚类的用户识别系统 V1.0	2016SR242541	2016/8/31	张 栋	计算机科学与技术学院
95	基于概率图模型的情感分类系统 V1.0	2016SR243893	2016/9/1	张 栋	计算机科学与技术学院
96	基于标签传播的半监督用户识别系统 V1.0	2016SR245640	2016/9/2	张 栋	计算机科学与技术学院

续表

序号	软件名称	登记号	证书日期	完成人	学院(部)
97	基于双通道 LSTM 的用户年龄回归系统 V1.0	2016SR246165	2016/9/2	陈敬	计算机科学与技术学院
98	基于 CNN 模型的问题分类系统 V1.0	2016SR245643	2016/9/2	徐健	计算机科学与技术学院
99	基于标签传播的半监督问答分类系统 V1.0	2016SR245941	2016/9/2	张栋	计算机科学与技术学院
100	基于长短时记忆神经网络(LSTM)的用户年龄回归系统 V1.0	2016SR249002	2016/9/6	陈敬	计算机科学与技术学院
101	基于多层感知器的情感分类系统 V1.0	2016SR249006	2016/9/6	张栋	计算机科学与技术学院
102	基于 K 均值聚类的问答分类系统 V1.0	2016SR249952	2016/9/6	张栋	计算机科学与技术学院
103	基于多微博文本类型的半监督用户性别分类系统 V1.0	2016SR249731	2016/9/6	戴斌	计算机科学与技术学院
104	基于卷积神经网络的问答分类系统 V1.0	2016SR252027	2016/9/7	张栋	计算机科学与技术学院
105	基于评论文本的单通道 CNN 读者情绪分类系统 V1.0	2016SR252009	2016/9/7	严倩	计算机科学与技术学院
106	基于双通道神经网络的用户识别系统 V1.0	2016SR251705	2016/9/7	张栋	计算机科学与技术学院
107	基于空间映射算法的微波滤波器快速设计软件 V1.0	2016SR250851	2016/9/7	张敏靓	电子信息学院
108	基于 SVM 模型的问题分类系统 V1.0	2016SR258376	2016/9/12	徐健	计算机科学与技术学院
109	基于多层感知器的用户识别系统 V1.0	2016SR256053	2016/9/12	张栋	计算机科学与技术学院

续表

序号	软件名称	登记号	证书日期	完成人	学院(部)
110	结合新闻和评论文本的双通道CNN读者情绪分类系统V1.0	2016SR258861	2016/9/13	严倩	计算机科学与技术学院
111	基于递归神经网络的问答分类系统V1.0	2016SR258851	2016/9/13	张栋	计算机科学与技术学院
112	基于无线能量收集的来波方向监测系统V1.0	2016SR258544	2016/9/13	严继	电子信息学院
113	基于新闻文本的单通道LSTM读者情绪分类系统V1.0	2016SR259964	2016/9/13	严倩	计算机科学与技术学院
114	基于整数线性规划的问答分类系统V1.0	2016SR259876	2016/9/13	张栋	计算机科学与技术学院
115	基于多层感知机(MLP)的用户年龄回归系统V1.0	2016SR262028	2016/9/14	陈敬	计算机科学与技术学院
116	基于动态规划的问答分类系统V1.0	2016SR262030	2016/9/14	张栋	计算机科学与技术学院
117	基于长短时记忆神经网络(LSTM)的用户年龄分类系统V1.0	2016SR269806	2016/9/21	陈敬	计算机科学与技术学院
118	基于概率图模型的问答分类系统V1.0	2016SR269785	2016/9/21	张栋	计算机科学与技术学院
119	基于多通道LSTM模型的情绪类型分类系统V1.0	2016SR269559	2016/9/21	殷昊	计算机科学与技术学院
120	山楂栽培与病虫害防治专家咨询系统V1.0	2016SR269423	2016/9/21	曲春香	医学部
121	杜鹃栽培与病虫害防治专家咨询系统V1.0	2016SR269311	2016/9/21	王林	计算机科学与技术学院
122	基于新闻文本的单通道CNN读者情绪分类系统V1.0	2016SR268931	2016/9/21	严倩	计算机科学与技术学院

续表

序号	软件名称	登记号	证书日期	完成人	学院(部)
123	基于K均值聚类的情感分类系统V1.0	2016SR268934	2016/9/21	张栋	计算机科学与技术学院
124	甘蔗栽培与病虫害防治专家咨询系统V1.0	2016SR267143	2016/9/20	曲春香	医学部
125	基于概率图模型的用户识别系统V1.0	2016SR264436	2016/9/19	张栋	计算机科学与技术学院
126	基于句法特征的LSTM中文微博用户性别分类系统V1.0	2016SR265417	2016/9/19	王礼敏	计算机科学与技术学院
127	基于递归神经网络的情感分类系统V1.0	2016SR265421	2016/9/19	陈敬	计算机科学与技术学院
128	基于词特征的CNN的中文微博用户性别分类系统V1.0	2016SR264302	2016/9/19	王礼敏	计算机科学与技术学院
129	基于动态规划的用户识别系统V1.0	2016SR264298	2016/9/19	张栋	计算机科学与技术学院
130	基于协同训练的问答分类系统V1.0	2016SR266126	2016/9/19	张栋	计算机科学与技术学院
131	茶梅栽培与病虫害防治专家咨询系统V1.0	2016SR266096	2016/9/19	王林	计算机科学与技术学院
132	基于多通道CNN模型的情绪类型分类系统V1.0	2016SR264266	2016/9/19	殷昊	计算机科学与技术学院
133	基于整数线性规划的情感分类系统V1.0	2016SR266094	2016/9/19	张栋	计算机科学与技术学院
134	甜菜栽培与病虫害防治专家咨询系统V1.0	2016SR270485	2016/9/22	曲春香	医学部
135	基于LSTM的问题分类系统V1.0	2016SR273292	2016/9/23	徐健	计算机科学与技术学院
136	基于CNN的用户职业分类系统V1.0	2016SR273290	2016/9/23	戴斌	计算机科学与技术学院

续表

序号	软件名称	登记号	证书日期	完成人	学院(部)
137	基于线性回归模型的用户年龄回归系统V1.0	2016SR272218	2016/9/23	陈敬	计算机科学与技术学院
138	基于卷积神经网络的用户识别系统V1.0	2016SR272285	2016/9/23	张栋	计算机科学与技术学院
139	牡丹栽培与病虫害防治专家咨询系统V1.0	2016SR272566	2016/9/23	王林	计算机科学与技术学院
140	基于支持向量机回归模型的用户年龄回归系统V1.0	2016SR277612	2016/9/27	陈敬	计算机科学与技术学院
141	基于词特征的LSTM的中文微博用户性别分类系统V1.0	2016SR278215	2016/9/28	王礼敏	计算机科学与技术学院
142	基于多任务学习的问答分类系统V1.0	2016SR278123	2016/9/28	张栋	计算机科学与技术学院
143	榴莲栽培与病虫害防治专家咨询系统V1.0	2016SR281488	2016/9/29	王小宁	计算机科学与技术学院
144	芍药栽培与病虫害防治专家咨询系统V1.0	2016SR280336	2016/9/29	王林	计算机科学与技术学院
145	基于最大熵和集成学习的情绪类型分类系统V1.0	2016SR284921	2016/10/9	殷昊	计算机科学与技术学院
146	基于Stacked LSTM的问题分类系统V1.0	2016SR228762	2016/10/12	徐健	计算机科学与技术学院
147	月季栽培与病虫害防治专家咨询系统V1.0	2016SR289247	2016/10/12	王林	计算机科学与技术学院
148	基于i.MX6的视频播放软件V1.0	2016SR296085	2016/10/18	韩冬	计算机科学与技术学院
149	传感网网络节点配置软件V1.0	2016SR300935	2016/10/20	陈建明	计算机科学与技术学院

续表

序号	软件名称	登记号	证书日期	完成人	学院(部)
150	智慧养老护理管理系统 V1.0	2016SR300928	2016/10/20	陈建明	计算机科学与技术学院
151	数据中心网络 Bcube 性质演示系统 V1.0	2016SR299875	2016/10/20	程宝雷	计算机科学与技术学院
152	基于遗传算法与次优路径补偿的多播树路由软件 V1.0	2016SR316888	2016/11/3	陶砚蕴	城市轨道交通学院
153	星空之下睡眠作息辅助 APP 软件 V1.0	2016SR316885	2016/11/3	韩冬	计算机科学与技术学院
154	基于神经网络集成学习模型的复杂系统建模及预测软件 V1.0	2016SR325615	2016/11/10	陶砚蕴	城市轨道交通学院
155	苏州大学会议室预约管理系统 V2.0	2016SR325857	2016/11/10	杨哲	计算机科学与技术学院
156	苏州大学微信数据分析平台 V2.0	2016SR325853	2016/11/10	杨哲	计算机科学与技术学院
157	塑壳断路器机械寿命测试系统控制软件 V1.0	2016SR331952	2016/11/15	姜小峰	城市轨道交通学院
158	激光传感器互动平台系统 V1.0	2016SR331518	2016/11/15	余雷	城市轨道交通学院
159	基于移动设备的 Triz 矩阵查询软件 V1.0	2015SR266019	2015/12/18	孙涌	计算机科学与技术学院
160	深呼吸环境监测软件 V1.0	2015SR266442	2015/12/18	郑建颖	城市轨道交通学院
161	中国电信运营 Wi-Fi 信息抓取爬虫系统 V1.0	2015SR266821	2015/12/18	贾俊铖	计算机科学与技术学院
162	基于多面体抽象域离自适应离散化强化学习系统 V1.0	2015SR284998	2015/12/18	陈冬火	计算机科学与技术学院
163	迭代划分测试系统 V1.0	2016SR012198	2016/1/18	章晓芳	计算机科学与技术学院
164	基于地理信息的导医 APP 软件 V1.0	2016SR052421	2016/3/14	张宏斌	计算机科学与技术学院

续表

序号	软件名称	登记号	证书日期	完成人	学院(部)
165	警车配置及巡逻调度方案选择平台 V1.0	2016SR033745	2016/2/19	张召	计算机科学与技术学院
166	在线房屋租赁系统 V1.0	2016SR052418	2016/3/14	张超	计算机科学与技术学院
167	教学交流用网络聊天系统 V1.0	2016SR034324	2016/2/19	张超	计算机科学与技术学院
168	文本文件单词提取软件 V1.0	2016SR033837	2016/2/19	张超	计算机科学与技术学院
169	布匹瑕疵匹配系统 V1.0	2016SR034315	2016/2/19	张超	计算机科学与技术学院
170	基于多次匹配机制的单样本人脸识别仿真软件 V1.0	2016SR098672	2016/5/9	张莉	计算机科学与技术学院
171	面向时序约束活动意向的路径推荐系统 V1.0	2016SR098674	2016/5/9	林少坤	计算机科学与技术学院
172	基于定参数的 DS-VDD 的故障检测仿真平台软件 V1.0	2016SR276649	2016/9/27	张莉	计算机科学与技术学院
173	基于歌词文本情感的歌曲推荐系统 V1.0	2016SR276639	2016/9/27	朱晓旭	计算机科学与技术学院
174	科技文献爬虫系统 V1.0	2016SR280145	2016/9/28	孔芳	计算机科学与技术学院
175	基于随机划分的适应性随机测试系统 V1.0	2016SR280142	2016/9/28	陈松	计算机科学与技术学院
176	基于二分划分的适应性随机测试系统 V1.0	2016SR280140	2016/9/28	吴金金	计算机科学与技术学院
177	室内定位系统 V1.0	2016SR276642	2016/9/27	李阳	计算机科学与技术学院
178	大众点评网爬虫系统 V1.0	2016SR245273	2016/9/1	曹佳清	计算机科学与技术学院
179	从轨迹数据挖掘频繁路径系统 V1.0	2016SR245272	2016/9/1	曹佳清	计算机科学与技术学院

续表

序号	软件名称	登记号	证书日期	完成人	学院(部)
180	基于鲁棒半监督学习的手写体英文字符识别软件 V1.0	2016SR285952	2016/10/10	张 召	计算机科学与技术学院
181	基于鲁棒投影的手写体数字识别软件 V1.0	2016SR286329	2016/10/10	张 召	计算机科学与技术学院
182	昕汉进销存系统 V1.0	2016SR286334	2016/10/10	张宏斌	计算机科学与技术学院
183	哲思教育培训 APP 软件 V1.0	2016SR285843	2016/10/10	张宏斌	计算机科学与技术学院
184	YOUTH 健身小助手 APP 软件 V1.0	2016SR285840	2016/10/10	王政权	计算机科学与技术学院
185	伊益进销存管理系统 V1.0	2016SR285616	2016/10/10	李嘉琦	计算机科学与技术学院
186	现代物流运输信息管理系统 V1.0	2016SR285615	2016/10/10	凌兴宏	计算机科学与技术学院
187	网上房屋租赁服务系统 V1.0	2016SR313266	2016/10/31	林凤妃	计算机科学与技术学院
188	收藏品网上交流系统 V1.0	2016SR310484	2016/10/28	李元馨	计算机科学与技术学院
189	基于 Android 的网上超市系统 V1.0	2016SR310502	2016/10/28	葛 娟	计算机科学与技术学院
190	住宅小区物业管理系统 V1.0	2016SR310506	2016/10/28	刘翰林	计算机科学与技术学院
191	通用备件库存管理信息系统 V1.0	2016SR313261	2016/10/31	梁合兰	计算机科学与技术学院
192	隐私保护的高阶矩阵乘法委托计算系统 V1.0	2016SR264574	2016/9/19	朱艳琴	计算机科学与技术学院
193	Openstack 平台网络流量分析系统 V1.0	2016SR296874	2016/10/18	朱艳琴	计算机科学与技术学院
194	Openstack 平台主机监控系统 V1.0	2016SR296871	2016/10/18	朱艳琴	计算机科学与技术学院
195	基于 KL25 的低功耗 PWM 发生器应用软件 V1.0	2016SR176256	2016/7/12	曹国平	计算机科学与技术学院

续表

序号	软件名称	登记号	证书日期	完成人	学院(部)
196	基于 KW01 的无线 RFID 教学演示软件 V1.0	2016SR176663	2016/7/12	曹国平	计算机科学与技术学院
197	多台计算机间同名文件管理系统 V1.0	2016SR178222	2016/7/12	曹金华	计算机科学与技术学院
198	基于 KL25 的手机控制的机器狗软件 V1.0	2016SR176097	2016/7/12	曹金华	计算机科学与技术学院
199	基于 SD-FSL-KL25-EVB 的 KL25 功能综合测试软件 V1.0	2016SR176595	2016/7/12	曹金华	计算机科学与技术学院
200	自来水定时自动开关软件 V1.0	2016SR177472	2016/7/12	曹金华	计算机科学与技术学院
201	基于 KL25 的 TSI 电容式触控键盘软件 V1.0	2016SR176540	2016/7/12	王宜怀	计算机科学与技术学院
202	"互联网+智能制造"技术架构系统 V1.0	2016SR176721	2016/7/12	王宜怀	计算机科学与技术学院
203	SKEAZ128MLK 微控制器功能测试软件 V1.0	2016SR176928	2016/7/12	王宜怀	计算机科学与技术学院
204	基于 KW01 的无线代码更新软件 V1.0	2016sr176855	2016/7/12	王宜怀	计算机科学与技术学院
205	微小型四轴无人机 FC-01 飞行控制软件 V1.0	2016SR176095	2016/7/12	姚望舒	计算机科学与技术学院
206	磁传感器高度阵列测试系统软件 V1.0	2016SR181929	2016/7/15	郑建颖	城市轨道交通学院
207	面向轨道交通的环境参数无线监测软件 V1.0	2016SR190864	2016/7/22	郑建颖	城市轨道交通学院
208	基于钢筋计的结构健康监测实时数据收集软件 V1.0	2016SR357627	2016/12/7	郑建颖	城市轨道交通学院
209	服装真实湿阻的计算及校正软件 V1.0	2016SRI10511	2016/3/25	张成蛟	纺织与服装工程学院

续表

序号	软件名称	登记号	证书日期	完成人	学院(部)
210	基于PHS模型预测人体热应激软件V1.0	2016SRI10547	2016/3/25	张成蛟	纺织与服装工程学院
211	太阳射电频谱仪的实时频谱显控系统软件V1.0	2016SR089585	2016/4/28	窦玉江	电子信息学院
212	数字图像处理与分析虚拟实验平台软件V1.0	2016SR052549	2016/3/14	陈宇	计算机科学与技术学院
213	POMA-MicroRNA生物标志物预测软件V1.0	2016SR125899	2016/5/31	沈百荣	系统生物学研究中心
214	基于大数据分析的旅游推荐系统软件V1.0	2016SR307767	2016/10/26	严建峰	计算机科学与技术学院
215	基于时空数据的用户社交关系预测软件V1.0	2016SR307760	2016/10/26	严建峰	计算机科学与技术学院
216	面向儿童成长的智能助手平台软件V1.0	2016SR307755	2016/10/26	严建峰	计算机科学与技术学院
217	一种智能旅游信息及消费信息推送系统软件V1.0	2016SR307750	2016/10/26	严建峰	计算机科学与技术学院
218	定向大数据采集平台软件V1.0	2016SR369261	2016/12/13	严建峰	计算机科学与技术学院
219	大数据分析平台软件V1.0	2016SR369257	2016/12/13	严建峰	计算机科学与技术学院
220	掼蛋机器人网络训练平台软件V1.0	2016SR341289	2016/11/26	王辉	计算机科学与技术学院
221	嵌入式语音采集与网络传输系统软件V1.0	2016SR077233	2016/4/14	邓晶	电子信息学院
222	烟温一体探测报警器软件V1.0	2016SR077311	2016/4/14	邓晶	电子信息学院
223	基于nRF905的无线射频收发系统软件V1.0	2016SR077241	2016/4/14	邓晶	电子信息学院
224	基于PDIUSBD12的USB接口应用设计软件V1.0	2016SR077308	2016/4/14	邓晶	电子信息学院

2016年度苏州大学承担的省部级以上项目情况

科技项目情况

一、国家重点研发计划项目(含青年项目、国际合作项目)(9项)

序号	项目批准号	项目名称	项目负责人	学院(部)	资助经费(万元)	完成时间
1	2016YFB0400700	OLED照明生产示范线自主设计与国产化制造	廖良生	功能纳米与软物质研究院	3 000	2016.7—2020.6
2	2016YFB1100300	高效高精度多功能激光光内送粉熔覆喷头研发	石世宏	机电工程学院	565	2016.7—2019.12
3	2016YFA0503100	神经干细胞发育和分化过程中关键蛋白质机器的筛选和功能鉴定	陈坚	功能纳米与软物质研究院	500	2016.7—2021.6
4	2016YFC0101200	肿瘤微环境响应性诊疗一体化纳米分子探针	史海斌	医学部放射医学与防护学院	100	2016.7—2018.12
5	2016YFE0101200	中澳乳品未来技术联合研究中心	陈晓东	材料与化学化工学部	376.4	2016.12—2019.09
6	2016YFE0107700	超高分辨光学相干层析成像内窥显微镜及应用的合作研发	王丽荣	电子信息学院	458.4	2016.12—2019.11
7	S2016G5240	具有高指数晶面的金纳米晶体的催化性能研究	张桥	功能纳米与软物质研究院	146	2017.4—2019.3
8	S2016G5239	具有超高光增强性能的纳米等离激元-光子结构及其应用	江林	功能纳米与软物质研究院	138.6	2017.4—2019.3
9	S2016G1427	面向电子商务领域的汉语-葡萄牙语深度机器翻译	段湘煜	计算机科学与技术学院	26.4	2017.4—2019.12

二、国家重点研发计划课题(13项)

序号	项目批准号	项目名称	项目负责人	学院(部)	资助经费(万元)	完成时间
1	2016YFB0401002	热活化延迟荧光机制的有机发光材料设计与制备	李艳青	功能纳米与软物质研究院	650	2016.7—2020.6
2	2016YFC1100402	血液相容材料和器械表界面构筑	陈红	材料与化学化工学部	385	2016—2020
3	2016YFB0400703	大面积照明器件关键技术研究	冯敏强	功能纳米与软物质研究院	725	2016—2020
4	2016YFA0201201	"精确自组装"纳米标记的设计与合成	殷黎晨	功能纳米与软物质研究院	560	2016.7—2021.6
5	2016YFF0100903	体光栅设计与先进激光技术和光束控制研究	张翔	物理与光电·能源学部	150	2016.7—2019.6
6	2016YFF0100902	基于光热敏折变玻璃的体光栅制备技术研究	邹快盛	物理与光电·能源学部	100	2016.7—2019.6
7	2016YFC1402102	浒苔关键生物学特征与绿潮形成的生态学机理	沈颂东	医学部基础医学与生物科学学院	241.92	2016.9—2020.12
8	2016YFC1100203	生物材料力学特性对组织诱导的作用	李斌	骨科研究所	168.75	2016.7—2020.12
9	2016YFA0202402	高稳定钙钛矿太阳电池的关键材料制备	马万里	功能纳米与软物质研究院	679	2016.7—2021.6
10	2016YFC1100105	基于天然细胞外基质的智能人工血管原位再生机制研究	李新明	材料与化学化工学部	250	2016.7—2020.12
11	2016YFC1307302	缺血性卒中二级预防强化降压研究	张永红	医学部公共卫生学院	300	2016.9—2020.12
12	2016YFC1306605	帕金森病生物数据整合和分析	沈百荣	系统生物学研究中心	30	2016.9—2020.12
13	2016YFB1100304	激光熔覆喷头智能控制与系统集成	傅戈雁	机电工程学院	120	2016.7—2019.12

三、杰出青年科学家来华工作计划(1项)

序号	项目批准号	项目名称	项目负责人	学院(部)	资助经费(万元)	完成时间
1	P150U3394	亚非国家杰出青年科学家来华工作计划	李孝峰	物理与光电·能源学部	15	2016.9—2017.9

四、中国—斯洛文尼亚科技合作委员会第11届例会交流项目(1项)

序号	项目批准号	项目名称	项目负责人	学院(部)	资助经费(万元)	完成时间
1	—	中国—斯洛文尼亚科技合作委员会第11届例会交流项目	胡 广	系统生物学研究中心	3.6	2016.11—2017.11

五、国家自然科学基金项目(297项)

序号	项目批准号	项目名称	项目负责人	学院(部)	项目类别	资助经费(万元)	开始日期	结题日期
1	11601359	流形上拉普拉斯算子谱及相关问题研究	王 奎	数学科学学院	青年科学基金项目	19	2017/1/1	2019/12/31
2	11601360	万有Teichmuller空间理论中的若干问题	胡 韵	数学科学学院	青年科学基金项目	18	2017/1/1	2019/12/31
3	11601361	双电层内离子浓度分布:建模,分析与计算	周圣高	数学科学学院	青年科学基金项目	19	2017/1/1	2019/12/31
4	11626014	全国"基础数学"研究生暑期学校	曹永罗	数学科学学院	专项基金项目	70	2016/7/12	2016/12/31
5	11631010	Teichmuller空间理论中的若干问题及其应用	沈玉良	数学科学学院	重点项目	230	2017/1/1	2021/12/31
6	11671285	赋予了对称群作用的辛流形的几何和拓扑	李 慧	数学科学学院	面上项目	47	2017/1/1	2020/12/31
7	11671286	结构空间与代数簇的几何拓扑	张 影	数学科学学院	面上项目	48	2017/1/1	2020/12/31
8	11671287	哈密顿动力系统辛方法的若干问题研究	钱定边	数学科学学院	面上项目	48	2017/1/1	2020/12/31
9	11671288	弱双曲系统的SRB测度、物理测度	杨大伟	数学科学学院	面上项目	48	2017/1/1	2020/12/31
10	11671289	关于不可压缩管道流的若干数学问题	王 云	数学科学学院	面上项目	48	2017/1/1	2020/12/31
11	11671290	试验设计的字次型及其应用	唐 煜	数学科学学院	面上项目	48	2017/1/1	2020/12/31

续表

序号	项目批准号	项目名称	项目负责人	学院(部)	项目类别	资助经费(万元)	开始日期	结题日期
12	21602149	有机半导体材料中激子扩散的定量刻画	陈景润	数学科学学院	青年科学基金项目	20	2017/1/1	2019/12/31
13	11604229	增益-吸收光学系统中的无损耗表面极化激元及其物理机制研究	徐亚东	物理与光电·能源学部	青年科学基金项目	22	2017/1/1	2019/12/31
14	11604230	低维纳米材料光学二倍频效应的应用研究	虞华康	物理与光电·能源学部	青年科学基金项目	24	2017/1/1	2019/12/31
15	11604231	无序介质中量子光场的动力学性质和相干性质研究	王 钢	物理与光电·能源学部	青年科学基金项目	17	2017/1/1	2019/12/31
16	11674235	胶体体系结晶过程的实验研究	张天辉	物理与光电·能源学部	面上项目	72	2017/1/1	2020/12/31
17	11674236	活性杆状粒子体系的相行为和动力学：模拟和运动学方程理论	施夏清	物理与光电·能源学部	面上项目	59	2017/1/1	2020/12/31
18	11674237	钙钛矿太阳能材料的离子扩散及其对稳定性影响的理论研究	尹万健	物理与光电·能源学部	面上项目	61	2017/1/1	2020/12/31
19	11674238	开放量子系统的量子速率极限	徐震宇	物理与光电·能源学部	面上项目	59	2017/1/1	2020/12/31
20	11675116	介观系统中非弹性热电输运的研究	蒋建华	物理与光电·能源学部	面上项目	58	2017/1/1	2020/12/31
21	11675117	甚高频脉冲电负性等离子体的激光解吸诊断研究	辛 煜	物理与光电·能源学部	面上项目	68	2017/1/1	2020/12/31
22	11675118	甚高频等离子体溅射制备类硅烯及生长机制的研究	叶 超	物理与光电·能源学部	面上项目	76	2017/1/1	2020/12/31
23	21601130	聚合物辅助沉积高浓度原位掺杂石墨烯薄膜的研究	戴 晓	物理与光电·能源学部	青年科学基金项目	20	2017/1/1	2019/12/31
24	21603157	"离子插层"赝电容电极材料在钠离子混合电容器上的应用研究	王显福	物理与光电·能源学部	青年科学基金项目	20	2017/1/1	2019/12/31
25	21604060	复杂环境中纳米材料与细胞相互作用的理论模拟研究	丁泓铭	物理与光电·能源学部	青年科学基金项目	20	2017/1/1	2019/12/31
26	21671141	聚合物辅助沉积宽带隙 SiC/GaN 外延薄膜研究	邹贵付	物理与光电·能源学部	面上项目	70	2017/1/1	2020/12/31

续表

序号	项目批准号	项目名称	项目负责人	学院(部)	项目类别	资助经费(万元)	开始日期	结题日期
27	21673153	金属氧化物催化剂氧还原(ORR)和氧析出(OER)电催化机理基础和应用研究	田景华	物理与光电·能源学部	面上项目	65	2017/1/1	2020/12/31
28	21674076	受限空间中高分子玻璃化转变及分子松弛行为研究	胡志军	物理与光电·能源学部	面上项目	65	2017/1/1	2020/12/31
29	21674077	压敏高分子流体的热力学与相行为	徐小飞	物理与光电·能源学部	面上项目	65	2017/1/1	2020/12/31
30	21674078	非平衡粒子浴下高分子链结构和动力学研究	田文得	物理与光电·能源学部	面上项目	65	2017/1/1	2020/12/31
31	51602211	新型稳定无毒的钙钛矿太阳能材料的理论设计	尹万健	物理与光电·能源学部	青年科学基金项目	21	2017/1/1	2019/12/31
32	51622208	储能材料与界面物理化学	晏成林	物理与光电·能源学部	优秀青年科学基金项目	130	2017/1/1	2019/12/31
33	51672181	悬浮石墨烯纳米带电子器件中缺陷与电学性能之间关系的原位透射电镜研究	Mark Hermann Rummeli	物理与光电·能源学部	面上项目	62	2017/1/1	2020/12/31
34	51672182	三维钼基电极的可控制备及其在钠离子电池中的应用	倪江锋	物理与光电·能源学部	面上项目	62	2017/1/1	2020/12/31
35	51672183	双界面调控下高效稳定Si-氧化物光解水光阴极的研究	沈明荣	物理与光电·能源学部	面上项目	62	2017/1/1	2020/12/31
36	61671314	基于超表面和零折射率材料的新型超薄透射隐身衣	赖耘	物理与光电·能源学部	面上项目	60	2017/1/1	2020/12/31
37	61674110	两端纳米器件系统中非平衡态电子的量子纠缠度量研究	王雪峰	物理与光电·能源学部	面上项目	60	2017/1/1	2020/12/31
38	61674112	原子级厚度的机电系统与谷自旋的耦合	Joel Moser	物理与光电·能源学部	面上项目	62	2017/1/1	2020/12/31
39	61675142	基于平面多层结构的热电子光电转换理论与器件研究	李孝峰	物理与光电·能源学部	面上项目	60	2017/1/1	2020/12/31
40	U1630103	基于非线性效应的半导体载流子超快动力学研究	杨俊义	物理与光电·能源学部	联合基金项目	60	2017/1/1	2019/12/31

续表

序号	项目批准号	项目名称	项目负责人	学院(部)	项目类别	资助经费(万元)	开始日期	结题日期
41	11645007	等离子体诊断暑期讲习班	吴雪梅	物理与光电·能源学部	应急管理项目	19	2017/1/1	2017/12/31
42	21602148	金属卡宾串联反应高效构建多环类化合物的研究	徐新芳	材料与化学化工学部	青年科学基金项目	20	2017/1/1	2019/12/31
43	21602150	有机小分子受体材料萘单酰亚胺的合成以及在高开路电压太阳能电池中的应用	张有地	材料与化学化工学部	青年科学基金项目	20	2017/1/1	2019/12/31
44	21603156	离子型微孔聚合物的设计合成用于二氧化碳捕获的研究	徐丹	材料与化学化工学部	青年科学基金项目	20	2017/1/1	2019/12/31
45	21603158	有机材料的多进制电存储机理研究与性能优化	贺竞辉	材料与化学化工学部	青年科学基金项目	20	2017/1/1	2019/12/31
46	21650110445	Synthesis and photoluminescence of novel environment-sensitive N, O-and O, O-chelated boron complexes	Peshkov Vsevolod	材料与化学化工学部	国际(地区)合作与交流项目	34.35	2017/1/1	2018/12/31
47	21671142	基于金属硫族半导体分子筛主客体复合材料的构建以及主体参与的能量和电子转移机制研究	吴涛	材料与化学化工学部	面上项目	65	2017/1/1	2020/12/31
48	21671143	以MOF为载体的顺铂及小干扰RNA的协同运输与定向缓释	张文华	材料与化学化工学部	面上项目	35	2017/1/1	2018/12/31
49	21671144	含多膦配体的银、金簇合物光催化剂的设计合成及其在催化降解水体芳基污染物中的应用	任志刚	材料与化学化工学部	面上项目	62	2017/1/1	2020/12/31
50	21672157	廉价过渡金属或非金属催化条件下利用功能性异腈分子高效、可控、多样性构建杂原子分子方面的研究	纪顺俊	材料与化学化工学部	面上项目	66	2017/1/1	2020/12/31
51	21673147	不同自旋电子态磷烯双自由基的分子结构与光谱解析	曾小庆	材料与化学化工学部	面上项目	65	2017/1/1	2020/12/31

续表

序号	项目批准号	项目名称	项目负责人	学院(部)	项目类别	资助经费（万元）	开始日期	结题日期
52	21673152	离子液体/金属界面水的结构及反应行为的电化学现场拉曼光谱研究	袁亚仙	材料与化学化工学部	面上项目	65	2017/1/1	2020/12/31
53	21674070	胺基桥联双芳氧基稀土金属催化剂催化丙交酯与环酯类单体无规共聚的研究	姚英明	材料与化学化工学部	面上项目	65	2017/1/1	2020/12/31
54	21674071	非共轭双烯单体合成交替共聚物光催化体系的构建	程振平	材料与化学化工学部	面上项目	65	2017/1/1	2020/12/31
55	21674072	基于可逆 Diels-Alder 反应构建复杂拓扑链结构以及分子量/序列明确的聚合物	张正彪	材料与化学化工学部	面上项目	68	2017/1/1	2020/12/31
56	21674073	基于多重脲基的高强度超分子水凝胶的制备、结构与性能	郭明雨	材料与化学化工学部	面上项目	66	2017/1/1	2020/12/31
57	21674074	胚胎干细胞表面的仿生聚合物修饰诱导其定向分化的研究	陈红	材料与化学化工学部	面上项目	70	2017/1/1	2020/12/31
58	21674075	近红外超分子荧光探针	宋波	材料与化学化工学部	面上项目	60	2017/1/1	2020/12/31
59	21675115	基于电化学和光谱技术的多维生物传感检测平台	屠一锋	材料与化学化工学部	面上项目	65	2017/1/1	2020/12/31
60	21676172	体外软弹性大鼠胃仿生消化系统的优化研究	陈晓东	材料与化学化工学部	面上项目	65	2017/1/1	2020/12/31
61	31601513	基于喷雾干燥过程中益生菌细胞损伤历程的载体保护机理研究	傅楠	材料与化学化工学部	青年科学基金项目	20	2017/1/1	2019/12/31
62	51603136	基于给电子侧链取代的高效给体材料的设计、合成以及光伏性能研究	崔超华	材料与化学化工学部	青年科学基金项目	20	2017/1/1	2019/12/31
63	51603138	可逆交联的小尺寸透明质酸纳米载体的设计及肿瘤靶向化疗	孙欢利	材料与化学化工学部	青年科学基金项目	21	2017/1/1	2019/12/31
64	51633005	肿瘤靶向和双硫交联的多功能高分子纳米药物	钟志远	材料与化学化工学部	重点项目	295	2017/1/1	2021/12/31

续表

序号	项目批准号	项目名称	项目负责人	学院(部)	项目类别	资助经费（万元）	开始日期	结题日期
65	51673138	高比功率柔性钙钛矿太阳能电池制备及性能研究	李耀文	材料与化学化工学部	面上项目	62	2017/1/1	2020/12/31
66	51673139	非富勒烯类聚合物太阳能电池中能量损失的研究	周祎	材料与化学化工学部	面上项目	62	2017/1/1	2020/12/31
67	51673140	激光碳化高分子纳米复合膜的研究及多功能柔性传感器件的制备	刘涛	材料与化学化工学部	面上项目	62	2017/1/1	2020/12/31
68	51673141	烷基取代二肽和三肽螺旋自组装行为及在螺旋共价有机骨架材料纳米管制备中的应用	杨永刚	材料与化学化工学部	面上项目	62	2017/1/1	2020/12/31
69	51673142	基于糖肽分子自组装构建新型细胞支架材料和抑菌材料的研究	李新明	材料与化学化工学部	面上项目	61	2017/1/1	2020/12/31
70	61604101	无机电荷传输层改善平面p-i-n型钙钛矿太阳能电池稳定性的研究	刘晓东	材料与化学化工学部	青年科学基金项目	23	2017/1/1	2019/12/31
71	21642004	后过渡金属催化的氢胺化反应机理及化学和区域选择性的理论计算研究	鲍晓光	材料与化学化工学部	应急管理项目	10	2017/1/1	2017/12/31
72	11604228	拓扑绝缘体异质结可控制备及其光电探测器件的研究	张洪宾	功能纳米与软物质研究院	青年科学基金项目	24	2017/1/1	2019/12/31
73	1166113-1002	过渡金属－硫族化合物场效应晶体管的可靠性	王穗东	功能纳米与软物质研究院	国际(地区)合作与交流项目	183.33	2016/1/1	2018/12/31
74	21603155	共轭多孔柔性材料的动态客体包裹	徐来	功能纳米与软物质研究院	青年科学基金项目	21	2017/1/1	2019/12/31
75	21605109	新型硅线阵列多功能芯片构建及其在细菌捕获、拉曼检测与抗菌上的应用	王后禹	功能纳米与软物质研究院	青年科学基金项目	20	2017/1/1	2019/12/31

续表

序号	项目批准号	项目名称	项目负责人	学院(部)	项目类别	资助经费(万元)	开始日期	结题日期
76	2161154-0336	多孔氧化物负载金属纳米颗粒的制备、表征及催化应用	张桥	功能纳米与软物质研究院	国际(地区)合作与交流项目	15	2016/7/1	2018/6/30
77	21622306	表面在位反应	李青	功能纳米与软物质研究院	优秀青年科学基金项目	130	2017/1/1	2019/12/31
78	21673149	基于石墨烯的纳米光催化复合材料的模拟与设计	李有勇	功能纳米与软物质研究院	面上项目	66	2017/1/1	2020/12/31
79	21673150	铂基双金属纳米材料的制备及其在丙烷脱氢制备丙烯中的应用研究	张桥	功能纳米与软物质研究院	面上项目	66	2017/1/1	2020/12/31
80	21673151	基于掺杂有机纳米粒子的新型高效发光生物荧光探针	张秀娟	功能纳米与软物质研究院	面上项目	65	2017/1/1	2020/12/31
81	21673154	结构可控的石墨烯纳米带的表面在位合成及其电子结构的研究	张海明	功能纳米与软物质研究院	面上项目	65	2017/1/1	2020/12/31
82	51603137	基于α螺旋阳离子多肽共聚物的基因和化疗药物同步输送体系在肿瘤治疗中的研究	吕世贤	功能纳米与软物质研究院	青年科学基金项目	20	2017/1/1	2019/12/31
83	51622306	有机微纳单晶材料与光电器件	张秀娟	功能纳米与软物质研究院	优秀青年科学基金项目	130	2017/1/1	2019/12/31
84	51672180	Ⅱ-Ⅵ族纳米结构高效表面电荷转移掺杂及其光电子器件的研究	揭建胜	功能纳米与软物质研究院	面上项目	62	2017/1/1	2020/12/31
85	61604102	基于黑磷/石墨烯异质结的高响应度、长寿命、宽光谱光探测器研究	李绍娟	功能纳米与软物质研究院	青年科学基金项目	20	2017/1/1	2019/12/31
86	61674108	高效可弯折轻便有机-晶硅薄膜太阳能电池的制备及性能研究	孙宝全	功能纳米与软物质研究院	面上项目	65	2017/1/1	2020/12/31
87	61674109	基于微纳结构界面诱导晶化的高效平面异质结钙钛矿太阳能电池	王照奎	功能纳米与软物质研究院	面上项目	60	2017/1/1	2020/12/31

续表

序号	项目批准号	项目名称	项目负责人	学院(部)	项目类别	资助经费(万元)	开始日期	结题日期
88	61674111	高效全聚合物有机太阳能电池的材料设计与器件优化	马万里	功能纳米与软物质研究院	面上项目	62	2017/1/1	2020/12/31
89	61675143	柔性有机薄膜晶体管非易失性存储器:碳基纳米悬浮栅的存储机理及应用	王穗东	功能纳米与软物质研究院	面上项目	60	2017/1/1	2020/12/31
90	21650410656	Influence of Organic Defects in Organometallics	John McLeod	功能纳米与软物质研究院	国际(地区)合作与交流项目	32.86	2017/1/1	2018/12/31
91	61602332	氨基酸变异与神经退化疾病关联性的融合分析模型	杨洋	计算机科学与技术学院	青年科学基金项目	20	2017/1/1	2019/12/31
92	61602333	类超立方体网络上的容错通信性能研究	韩月娟	计算机科学与技术学院	青年科学基金项目	20	2017/1/1	2019/12/31
93	61622209	统计机器翻译	熊德意	计算机科学与技术学院	优秀青年科学基金项目	130	2017/1/1	2019/12/31
94	61672364	多源数据融合的表示与学习方法研究	李凡长	计算机科学与技术学院	面上项目	63	2017/1/1	2020/12/31
95	61672365	面向鲁棒特征学习的稀疏与低秩编码算法研究	张召	计算机科学与技术学院	面上项目	62	2017/1/1	2020/12/31
96	61672366	文本情绪分类的资源建设及关键技术研究	李寿山	计算机科学与技术学院	面上项目	63	2017/1/1	2020/12/31
97	61672367	面向统计机器翻译的适应性学习与应用关键技术研究	姚建民	计算机科学与技术学院	面上项目	62	2017/1/1	2020/12/31
98	61672368	跨语言敏感事件抽取关键技术研究	洪宇	计算机科学与技术学院	面上项目	62	2017/1/1	2020/12/31
99	61672370	基于网络编码的ICN中高效安全内容缓存及分发关键技术研究	王进	计算机科学与技术学院	面上项目	63	2017/1/1	2020/12/31
100	61673289	机器翻译知识的自动增长机制研究	段湘煜	计算机科学与技术学院	面上项目	63	2017/1/1	2020/12/31
101	61673290	汉语篇章话题结构:形式化表示体系、语料库构建及其关键技术研究	周国栋	计算机科学与技术学院	面上项目	65	2017/1/1	2020/12/31

续表

序号	项目批准号	项目名称	项目负责人	学院(部)	项目类别	资助经费（万元）	开始日期	结题日期
102	61601315	面向植入式医疗设备的天线研究	刘昌荣	电子信息学院	青年科学基金项目	19	2017/1/1	2019/12/31
103	61601316	基于稀疏表示理论的宽带信号波达方向估计方法研究	胡 南	电子信息学院	青年科学基金项目	21	2017/1/1	2019/12/31
104	61601317	基于纳米界面电容传感的眼压检测新技术的研究及其在青光眼疾病诊断中的应用	聂宝清	电子信息学院	青年科学基金项目	21	2017/1/1	2019/12/31
105	61622114	医学影像处理与分析	陈新建	电子信息学院	优秀青年科学基金项目	130	2017/1/1	2019/12/31
106	61671313	面向IP over EON多层网络生存性流量疏导机理的研究	沈纲祥	电子信息学院	面上项目	60	2017/1/1	2020/12/31
107	61671315	低功耗远距离无线无源传感网理论与关键技术研究	刘学观	电子信息学院	面上项目	58	2017/1/1	2020/12/31
108	51607118	前端AC-DC开关电源系统的传导电磁干扰特性和滤波器设计方法研究	季 清	机电工程学院	青年科学基金项目	21	2017/1/1	2019/12/31
109	51675358	基于人臂运动特性的柔性双仿人臂点位约束作业规划与关节刚度控制	任子武	机电工程学院	面上项目	62	2017/1/1	2020/12/31
110	51675359	激光光内宽带送粉增材制造光粉耦合机制及分光束预热缓冷效应	石世宏	机电工程学院	面上项目	62	2017/1/1	2020/12/31
111	51675360	基于多波长飞秒激光的层合连接器件精确刻蚀机理研究	王明娣	机电工程学院	面上项目	62	2017/1/1	2020/12/31
112	61601314	非对称半圆弧电极线性离子阱的离子单向出射性能研究	李晓旭	机电工程学院	青年科学基金项目	22	2017/1/1	2019/12/31
113	61673286	基于脑血氧信息的运动状态识别及自适应助行轨迹规划方法研究	李春光	机电工程学院	面上项目	62	2017/1/1	2020/12/31

续表

序号	项目批准号	项目名称	项目负责人	学院(部)	项目类别	资助经费（万元）	开始日期	结题日期
114	61673287	基于微球透镜的超分辨光学成像调控方法与原位检测技术	陈涛	机电工程学院	面上项目	64	2017/1/1	2020/12/31
115	61673288	室内环境中基于流形描述的异构多机器人同时定位与建图研究	孙荣川	机电工程学院	面上项目	62	2017/1/1	2020/12/31
116	51604178	高炉冶炼含钛矿过程渣铁滴落物透焦行为研究	闫炳基	沙钢钢铁学院	青年科学基金项目	20	2017/1/1	2019/12/31
117	51604179	钢液/熔渣—耐火材料界面电润湿机理与动力学研究	王慧华	沙钢钢铁学院	青年科学基金项目	20	2017/1/1	2019/12/31
118	51674172	钢中夹杂物尺寸演变过程的界面特征与调控机制研究	王德永	沙钢钢铁学院	面上项目	62	2017/1/1	2020/12/31
119	11602156	三维整体编织复合材料低速冲击失效多尺度分析	张岩	纺织与服装工程学院	青年科学基金项目	22	2017/1/1	2019/12/31
120	11672198	静电纺纳米多孔材料过程中多相射流的机理研究	徐岚	纺织与服装工程学院	面上项目	60	2017/1/1	2020/12/31
121	51603135	苝酰亚胺分子构筑超分子纳米纤维空间网状结构及其在气体传感器中的应用	胡建臣	纺织与服装工程学院	青年科学基金项目	19	2017/1/1	2019/12/31
122	51603140	新型药物缓释功能复合支架用于结直肠癌的高效治疗及机理研究	李刚	纺织与服装工程学院	青年科学基金项目	20	2017/1/1	2019/12/31
123	51606131	蚕茧内部微结构特征与其隔热性能的关系以及隔热机理研究	宋文芳	纺织与服装工程学院	青年科学基金项目	18	2017/1/1	2019/12/31
124	51673137	含硫(VI)长杂链替代长碳链全氟烷基的基础研究	李战雄	纺织与服装工程学院	面上项目	61	2017/1/1	2020/12/31
125	51605318	基于轮轨界面污染及微观形貌的高速轮轨黏着问题研究	吴兵	城市轨道交通学院	青年科学基金项目	20	2017/1/1	2019/12/31
126	51605319	振荡行为下变转速工况轴承故障特征提取及诊断研究	石娟娟	城市轨道交通学院	青年科学基金项目	20	2017/1/1	2019/12/31

续表

序号	项目批准号	项目名称	项目负责人	学院(部)	项目类别	资助经费(万元)	开始日期	结题日期
127	61672369	面向群智感知的高可靠数据收集与筛选关键技术研究	孙玉娥	城市轨道交通学院	面上项目	64	2017/1/1	2020/12/31
128	71601137	知识管理对员工创新行为的影响:事务存储系统与部门氛围的跨层面作用研究	车通	东吴商学院	青年科学基金项目	18	2017/1/1	2019/12/31
129	71671119	线上线下同价背景下双渠道零售商的定价策略与协调机制研究	王要玉	东吴商学院	面上项目	49.3	2017/1/1	2020/12/31
130	71673196	产业集聚环境效应机理、评价与调控研究	沈能	东吴商学院	面上项目	48	2017/1/1	2020/12/31
131	51608340	《新编鲁般营造正式》中的南方民间建筑体系研究	朱宁宁	金螳螂建筑学院	青年科学基金项目	20	2017/1/1	2019/12/31
132	51611540343	以建筑文化遗产保护与再利用为目的的中韩古建术语比较研究	吴永发	金螳螂建筑学院	国际(地区)合作与交流项目	13	2016/7/1	2018/6/30
133	31600872	任务无关知觉学习的心理物理学及脑机制研究	张功亮	教育学院	青年科学基金项目	20	2017/1/1	2019/12/31
134	11671417	昼夜节律的刺激/反应动力学研究	杨凌	系统生物学研究中心	面上项目	48	2017/1/1	2020/12/31
135	31600670	基于蛋白质起源的蛋白质相互作用网络演化机制的研究	张文宇	系统生物学研究中心	青年科学基金项目	19	2017/1/1	2019/12/31
136	31600671	基于氨基酸接触能网络的蛋白质结合位点分析	严文颖	系统生物学研究中心	青年科学基金项目	19	2017/1/1	2019/12/31
137	31670851	前列腺癌演变过程中的关键基因和模块及其作用机制	沈百荣	系统生物学研究中心	面上项目	60	2017/1/1	2020/12/31
138	11671291	具有交易对手风险的信用衍生品的估值和风险管理问题研究	钱晓松	金融工程研究中心	面上项目	48	2017/1/1	2020/12/31
139	21673148	应用高分辨固体核磁共振方法研究硅量子点光稳定性的受控因素	舒婕	分析测试中心	面上项目	65	2017/1/1	2020/12/31

续表

序号	项目批准号	项目名称	项目负责人	学院(部)	项目类别	资助经费(万元)	开始日期	结题日期
140	31602007	家蚕质型多角体病毒编码的小开放读码框鉴定与功能研究	胡小龙	医学部基础医学与生物科学学院	青年科学基金项目	20	2017/1/1	2019/12/31
141	3162010-3906	脂肪细胞过氧化物酶体对脂肪组织炎症反应和内分泌功能的调节及机制研究	苏雄	医学部基础医学与生物科学学院	国际(地区)合作与交流项目	236	2017/1/1	2021/12/31
142	31670140	沙门菌接合性质粒增强细菌突破肠血管屏障的机制及干预研究	黄瑞	医学部基础医学与生物科学学院	面上项目	60	2017/1/1	2020/12/31
143	31670916	IL-33/ST2途径介导肿瘤浸润T淋巴细胞的聚集、代谢和功能的机制研究	朱一蓓	医学部基础医学与生物科学学院	面上项目	25	2017/1/1	2018/12/31
144	31671216	生物钟在注意力缺陷多动症(ADHD)中的调节机制研究	黄健	医学部基础医学与生物科学学院	面上项目	61	2017/1/1	2020/12/31
145	31672492	基于昼夜节律钟基因突变体的家蚕生物钟与滞育代谢的整合机制研究	徐世清	医学部基础医学与生物科学学院	面上项目	62	2017/1/1	2020/12/31
146	81601111	GPR50调控磷酸化tau蛋白水平的作用和机制研究	夏亦元	医学部基础医学与生物科学学院	青年科学基金项目	22	2017/1/1	2019/12/31
147	81601642	毒品现场检测流动注射-电化学发光免疫技术研究	杨娅	医学部基础医学与生物科学学院	青年科学基金项目	17	2017/1/1	2019/12/31
148	81601643	束缚应激对脑外伤后神经功能的影响及基于ERS-自噬调节通路的相关分子机制研究	王涛	医学部基础医学与生物科学学院	青年科学基金项目	17	2017/1/1	2019/12/31
149	81601784	基于组学的田鼠巴贝虫分泌蛋白预测分析及其诊断抗原免疫高通量筛选	周霞	医学部基础医学与生物科学学院	青年科学基金项目	18	2017/1/1	2019/12/31
150	81622014	痛觉调控及机制	陶金	医学部基础医学与生物科学学院	优秀青年科学基金项目	130	2017/1/1	2019/12/31
151	81671976	沙门菌spvB基因介导巨噬细胞迟发性焦亡及其加重炎症损伤的信号通路研究	吴淑燕	医学部基础医学与生物科学学院	面上项目	50	2017/1/1	2020/12/31

续表

序号	项目批准号	项目名称	项目负责人	学院(部)	项目类别	资助经费(万元)	开始日期	结题日期
152	81672277	lncRNA XIST/miR-367/ZEB2轴促进TGF-β诱导非小细胞肺癌EMT的表观调控机制	张洪涛	医学部基础医学与生物科学学院	面上项目	57	2017/1/1	2020/12/31
153	81673448	骨髓MSCs源exosome lncRNA-18626在多发性骨髓瘤蛋白酶体抑制剂耐药中的作用及机制	庄文卓	医学部基础医学与生物科学学院	面上项目	60	2017/1/1	2020/12/31
154	91642103	肺癌细胞免疫组分子表达特征及其对早期免疫应答的塑型作用与机制	王雪峰	医学部基础医学与生物科学学院	重大研究计划	60	2017/1/1	2019/12/31
155	11605117	硼中子俘获治疗剂量计算优化研究	萧明城	医学部放射医学与防护学院	青年科学基金项目	20	2017/1/1	2019/12/31
156	11605118	软硬调控设计新型铜系选择性配体及其在放射性废液处理中的应用	肖成梁	医学部放射医学与防护学院	青年科学基金项目	27	2017/1/1	2019/12/31
157	11605119	质子成像中用于测量高能质子径迹的厚GEM探测器的研制	王仁生	医学部放射医学与防护学院	青年科学基金项目	24	2017/1/1	2019/12/31
158	11605120	3D凝胶剂量计辐射发光材料研制及性能分析	刘汉洲	医学部放射医学与防护学院	青年科学基金项目	24	2017/1/1	2019/12/31
159	21601131	用于防治核能放射性污染的铜系金属有机骨架材料的设计与合成	王艳龙	医学部放射医学与防护学院	青年科学基金项目	20	2017/1/1	2019/12/31
160	31600597	DNA-蛋白质交联损伤修复蛋白Wss1结构及功能研究	王文佳	医学部放射医学与防护学院	青年科学基金项目	21	2017/1/1	2019/12/31
161	31600674	静磁场下铁元素通过调控线粒体氧化呼吸链影响破骨细胞分化功能	张健	医学部放射医学与防护学院	青年科学基金项目	20	2017/1/1	2019/12/31
162	31600805	基于表面功能化碳纳米角的靶向纳米药物的构建和化疗-光热联合肿瘤治疗研究	赵利	医学部放射医学与防护学院	青年科学基金项目	20	2017/1/1	2019/12/31

续表

序号	项目批准号	项目名称	项目负责人	学院(部)	项目类别	资助经费(万元)	开始日期	结题日期
163	31671032	纳米材料引发细胞炎性响应和自噬流异常的高通量检测研究	李瑞宾	医学部放射医学与防护学院	面上项目	62	2017/1/1	2020/12/31
164	51603139	含放射性碘聚合物纳米药物用于肿瘤早期诊断和靶向治疗	王广林	医学部放射医学与防护学院	青年科学基金项目	20	2017/1/1	2019/12/31
165	81602793	TIGAR 促进 Bmi1$^+$ 干细胞分化在小肠辐射损伤修复中的机制研究	张昊文	医学部放射医学与防护学院	青年科学基金项目	17	2017/1/1	2019/12/31
166	81602794	LncRNA PHL13 靶向 Actin-PC4 通路调控碳离子辐照诱导的细胞凋亡	裴海龙	医学部放射医学与防护学院	青年科学基金项目	18	2017/1/1	2019/12/31
167	81673091	PIG3-DNA-PKcs 信号通路调控电离辐射诱发的有丝分裂灾变机制研究	李明	医学部放射医学与防护学院	面上项目	55	2017/1/1	2020/12/31
168	81673100	PRDX6/Wnt3a 复合物调控 β-Catenin 通路对辐射损伤的影响与机制研究	曹建平	医学部放射医学与防护学院	面上项目	70	2017/1/1	2020/12/31
169	81673101	二甲双胍对放射性肺损伤的防护作用及其机制研究	徐加英	医学部放射医学与防护学院	面上项目	45	2017/1/1	2020/12/31
170	U1632270	碳离子脑部照射对海马认知损害的风险评估及相应神经发生微环境变化的机制研究	杨红英	医学部放射医学与防护学院	联合基金项目	240	2017/1/1	2020/12/31
171	81602840	白杨素调控自噬影响脂肪细胞增殖分化及脂质代谢的作用与机制研究	常杰	医学部公共卫生学院	青年科学基金项目	18	2017/1/1	2019/12/31
172	81602911	GDF10 与缺血性脑卒中病后认知功能障碍关系的研究	尹洁云	医学部公共卫生学院	青年科学基金项目	17	2017/1/1	2019/12/31
173	81673126	氡致肺癌发生中 p53 介导的线粒体复合损伤机制	田海林	医学部公共卫生学院	面上项目	50	2017/1/1	2020/12/31
174	81673150	苹果多酚基于 SIRT1 去乙酰化活性改善肝脏脂肪变性的研究	李新莉	医学部公共卫生学院	面上项目	60	2017/1/1	2020/12/31

续表

序号	项目批准号	项目名称	项目负责人	学院(部)	项目类别	资助经费（万元）	开始日期	结题日期
175	81673203	钟基因在双酚A所致斑马鱼发育毒性中的作用及机制研究	张 洁	医学部公共卫生学院	面上项目	75	2017/1/1	2020/12/31
176	81673251	KIR基因多态性与高血压发病关系的队列研究	王艾丽	医学部公共卫生学院	面上项目	25	2017/1/1	2018/12/31
177	81673263	新发现的高血压相关标志SNPs功能变异及预测研究	张永红	医学部公共卫生学院	面上项目	65	2017/1/1	2020/12/31
178	31670833	泛素连接酶底物受体cereblon及其突变体调控神经发育机制的研究	许国强	医学部药学院	面上项目	65	2017/1/1	2020/12/31
179	31671016	铂类药物蛋白纳米粒的仿生合成及在耐药肿瘤协同治疗中的应用	陈华兵	医学部药学院	面上项目	64	2017/1/1	2020/12/31
180	81600171	转录因子c-Maf去泛素化酶USP5的鉴定及其在多发性骨髓瘤中的功能研究	张祖斌	医学部药学院	青年科学基金项目	18	2017/1/1	2019/12/31
181	81671252	TIGAR与NOX调控线粒体自噬和ROS在神经退行性疾病发病机制中的作用	王 燕	医学部药学院	面上项目	57	2017/1/1	2020/12/31
182	81673388	肝素类药物的糖组学研究	张真庆	医学部药学院	面上项目	51	2017/1/1	2020/12/31
183	81673421	内质网定位的TIGAR调节GRP78在脑预适应中的作用和机制	盛 瑞	医学部药学院	面上项目	54	2017/1/1	2020/12/31
184	U1603124	黑种草子抗炎与抗肿瘤有效成分及其肠道代谢机制研究	刘江云	医学部药学院	联合基金项目	57	2017/1/1	2019/12/31
185	31600133	新型EV71病毒抑制剂靶向病毒3D蛋白的作用机制及其抗病毒功能研究	张 伟	唐仲英血液学研究中心	青年科学基金项目	20	2017/1/1	2019/12/31
186	31671436	HSV病毒蛋白调节细胞程序性坏死的分子机制	何苏丹	唐仲英血液学研究中心	面上项目	60	2017/1/1	2020/12/31

续表

序号	项目批准号	项目名称	项目负责人	学院(部)	项目类别	资助经费（万元）	开始日期	结题日期
187	8162010-8001	血管内皮来源和血源性Sema7A调控动脉粥样硬化斑块形成的机制和转化研究	朱 力	唐仲英血液学研究中心	国际(地区)合作与交流项目	236	2017/1/1	2021/12/31
188	81670133	二硫键异构酶ERp72双重调控血小板与凝血系统活化的作用与机制	周俊松	唐仲英血液学研究中心	面上项目	55	2017/1/1	2020/12/31
189	81670134	新型代谢性心血管疾病模式动物仓鼠血栓模型的建立及其在抗血栓药物筛选中的应用	唐朝君	唐仲英血液学研究中心	面上项目	85	2017/1/1	2020/12/31
190	81670358	血管紧张素II诱导骨骼肌萎缩的机制研究	宋耀华	唐仲英血液学研究中心	面上项目	60	2017/1/1	2020/12/31
191	81671485	子痫前期血液高凝状态的分子机制研究	吴庆宇	唐仲英血液学研究中心	面上项目	60	2017/1/1	2020/12/31
192	81673004	嗜酸性粒细胞介导的CTLA4抗体对乳腺癌的抑制作用	黄玉辉	唐仲英血液学研究中心	面上项目	62	2017/1/1	2020/12/31
193	81673093	细胞自噬对造血干细胞DNA的核辐射保护作用和机制	张素萍	唐仲英血液学研究中心	面上项目	65	2017/1/1	2020/12/31
194	81673096	单核/巨噬细胞Matriptase糖基化活化uPA促进脂质合成调控放射性皮肤损伤的机制研究	杨剑峰	唐仲英血液学研究中心	面上项目	60	2017/1/1	2020/12/31
195	91639116	蛋白酶Corin在心血管稳态调控中的作用和机制研究	吴庆宇	唐仲英血液学研究中心	重大研究计划	100	2017/1/1	2019/12/31
196	91649113	自噬在血液系统抗衰老中的作用	王建荣	唐仲英血液学研究中心	重大研究计划	60	2017/1/1	2019/12/31
197	31600838	SNAPIN介导异常DISC1蛋白转运及清除的机制研究	孙玉慧	神经科学研究所	青年科学基金项目	18	2017/1/1	2019/12/31
198	81601154	脑缺血再灌注后Tet2酶调控IL-6表达起到神经保护作用的机制研究	苗志刚	神经科学研究所	青年科学基金项目	17	2017/1/1	2019/12/31

续表

序号	项目批准号	项目名称	项目负责人	学院(部)	项目类别	资助经费（万元）	开始日期	结题日期
199	81671111	TRIM32在自闭症谱系障碍中的病理作用及机制研究	马全红	神经科学研究所	面上项目	62	2017/1/1	2020/12/31
200	81671145	慢性尼古丁暴露调控miR-21/Pdlim5减轻急性脑缺血血脑屏障损伤及其分子机制研究	金新春	神经科学研究所	面上项目	60	2017/1/1	2020/12/31
201	81671250	多巴胺D2受体（DRD2）对星形胶质细胞自噬的调控及其在帕金森病发病中的作用	刘春风	神经科学研究所	面上项目	52	2017/1/1	2020/12/31
202	81671310	硫化物-醌氧化还原酶促进缺血性脑损伤修复的机制研究	程坚	神经科学研究所	面上项目	65	2017/1/1	2020/12/31
203	21604059	细菌纤维素小口径人工血管的表面修饰及促进内皮化功能的研究	张燕霞	心血管病研究所	青年科学基金项目	22	2017/1/1	2019/12/31
204	81600218	miR-148a对iPSCs的心肌分化能力和心肌梗死治疗效果的调节机制研究	雷伟	心血管病研究所	青年科学基金项目	17.5	2017/1/1	2019/12/31
205	31670888	ZBTB24在生发中心B细胞中的作用及其机制研究	王俊	生物医学研究院	面上项目	60	2017/1/1	2020/12/31
206	31670898	胞外HMGB1协同放大自身DNA诱导自身免疫应答的机制	熊思东	生物医学研究院	面上项目	70	2017/1/1	2020/12/31
207	31670912	胶原蛋白网络调控上皮细胞固有免疫应答的机制研究	张惠敏	生物医学研究院	面上项目	60	2017/1/1	2020/12/31
208	31670930	肠道菌群调节的肠黏膜免疫调控病毒性心肌炎发病的机制	徐薇	生物医学研究院	面上项目	60	2017/1/1	2020/12/31
209	81602472	EZH2的去泛素化调控在乳腺癌发生发展中的作用研究	刘畅	生物医学研究院	青年科学基金项目	19	2017/1/1	2019/12/31
210	31600958	生物节律在限制性饮食调控能量代谢过程中作用的研究	刘志玮	剑桥-苏大基因组资源中心	青年科学基金项目	20	2017/1/1	2019/12/31

续表

序号	项目批准号	项目名称	项目负责人	学院(部)	项目类别	资助经费(万元)	开始日期	结题日期
211	31601022	哺乳动物核受体对生物节律的鲁棒性的增强作用及机制研究	王涛	剑桥－苏大基因组资源中心	青年科学基金项目	19	2017/1/1	2019/12/31
212	31630091	生物钟干预的理论与实践研究	徐璎	剑桥－苏大基因组资源中心	重点项目	282	2017/1/1	2021/12/31
213	31661130151	中英共建突变小鼠干细胞资源库	徐璎	剑桥－苏大基因组资源中心	国际(地区)合作与交流项目	40	2016/3/1	2019/2/28
214	81600380	Vegfr3-Prox1影响淋巴管稳态维持的分子机制研究	周飞	剑桥－苏大基因组资源中心	青年科学基金项目	17.5	2017/1/1	2019/12/31
215	81673151	维生素D代谢关键酶CYP24A1对上皮型卵巢癌增殖和浸润能力的影响	李冰燕	医学部实验中心	面上项目	70	2017/1/1	2020/12/31
216	11602155	YAP在应力调控生长板软骨细胞肥大分化中的作用及机制	杨开祥	附属第一医院	青年科学基金项目	22	2017/1/1	2019/12/31
217	31600736	负性共刺激分子B7-H4在肠道口服耐受和炎性肠病中的作用和机制	吴鸿雅	附属第一医院	青年科学基金项目	20	2017/1/1	2019/12/31
218	31600750	B7家族分子及其受体的同源比对和共进化分析对B7-H3、B7-H4分子未知受体的预测	刘米	附属第一医院	青年科学基金项目	20	2017/1/1	2019/12/31
219	31600790	人外泌汗腺来源iPS细胞向汗腺细胞分化机制的研究	梁含思	附属第一医院	青年科学基金项目	21	2017/1/1	2019/12/31
220	51672184	具备力主动式逻辑控释功能的磷酸钙复合海绵的仿生构建及用于脊柱融合的研究	杨磊	附属第一医院	面上项目	62	2017/1/1	2020/12/31
221	81600076	MXRA7基因在骨髓微环境及造血重建中的作用及机制研究	林丹丹	附属第一医院	青年科学基金项目	18	2017/1/1	2019/12/31
222	81600105	VWF D1区突变导致的血管性血友病发病机制及治疗策略的研究	殷杰	附属第一医院	青年科学基金项目	18	2017/1/1	2019/12/31

续表

序号	项目批准号	项目名称	项目负责人	学院(部)	项目类别	资助经费(万元)	开始日期	结题日期
223	81600106	人外周血来源的过度生长内皮细胞参与血栓性血小板减少性紫癜基因治疗的研究	马珍妮	附属第一医院	青年科学基金项目	18	2017/1/1	2019/12/31
224	81600114	EP300-ZNF384融合基因在急性白血病中发病机制的研究	平娜娜	附属第一医院	青年科学基金项目	18	2017/1/1	2019/12/31
225	81600116	CD146在Ph阳性白血病发生发展中的作用及分子机制研究	曾招	附属第一医院	青年科学基金项目	18	2017/1/1	2019/12/31
226	81600142	Cen端/Tel端KIR2DS5基因在异基因造血干细胞移植中调控杀伤髓系白血病细胞的机制研究	鲍晓晶	附属第一医院	青年科学基金项目	18	2017/1/1	2019/12/31
227	81600217	MicroRNA-326在心脏干细胞移植治疗心肌梗死中的作用及机制研究	张志炜	附属第一医院	青年科学基金项目	17.5	2017/1/1	2019/12/31
228	81600565	LncRNA MALAT1调控高糖引发的肾小管上皮细胞凋亡的机制研究	周玲	附属第一医院	青年科学基金项目	17	2017/1/1	2019/12/31
229	81600796	声电信号对双模式人工耳蜗使用者的言语音乐感知的贡献及二者相互作用机制研究	陶朵朵	附属第一医院	青年科学基金项目	17	2017/1/1	2019/12/31
230	81600815	功能性克隆大前庭导水管综合征耳聋新基因CA2及其分子致聋机制研究	柴永川	附属第一医院	青年科学基金项目	17	2017/1/1	2019/12/31
231	81601007	RIP1介导坏死性凋亡在脑出血后继发性脑损伤中的作用及其机制研究	申海涛	附属第一医院	青年科学基金项目	17	2017/1/1	2019/12/31
232	81601009	内质网应激-自噬途径在脑出血后继发性脑损伤中的调控作用及机制研究	王伟	附属第一医院	青年科学基金项目	17	2017/1/1	2019/12/31
233	81601011	Botch经抑制Notch通路实现缺血性脑卒中模型中神经保护作用及机制研究	朱珏华	附属第一医院	青年科学基金项目	18	2017/1/1	2019/12/31

续表

序号	项目批准号	项目名称	项目负责人	学院（部）	项目类别	资助经费（万元）	开始日期	结题日期
234	81601064	miR-133b修饰的MSCs来源外泌体对脊髓损伤后神经功能恢复的作用及机制研究	陆晓诚	附属第一医院	青年科学基金项目	18	2017/1/1	2019/12/31
235	81601415	紫外线照射诱导的CRT寡聚化在系统性红斑狼疮发展中的作用及机制研究	何觅春	附属第一医院	青年科学基金项目	17.5	2017/1/1	2019/12/31
236	81601522	新型放射性靶向长循环纳米药物对耐药乳腺癌的治疗作用及其机制研究	邓胜明	附属第一医院	青年科学基金项目	17	2017/1/1	2019/12/31
237	81601659	右美托咪定后处理通过抑制HIF-1α及细胞凋亡在心肌缺血再灌注损伤中的作用及机制研究	彭科	附属第一医院	青年科学基金项目	18	2017/1/1	2019/12/31
238	81601666	ACE2对HMGB1的调控在糖尿病心梗后心力衰竭中的保护作用及机制研究	张娟	附属第一医院	青年科学基金项目	18	2017/1/1	2019/12/31
239	81601865	骨改建中HIF-1α对骨细胞凋亡的调控机制研究	张连方	附属第一医院	青年科学基金项目	17	2017/1/1	2019/12/31
240	81601880	聚谷氨酸锶对磷酸钙骨水泥力学性能和体内外降解行为影响的机理研究	高春霞	附属第一医院	青年科学基金项目	17	2017/1/1	2019/12/31
241	81601891	GFOGER改性丝素蛋白/BMP-2微球支架控释体修复骨缺损的作用及机制	顾勇	附属第一医院	青年科学基金项目	17	2017/1/1	2019/12/31
242	81601922	lncRNA MEG3作为ceRNA调控miR-16在骨性关节炎中的作用及机制研究	李立松	附属第一医院	青年科学基金项目	17	2017/1/1	2019/12/31
243	81601966	基于运动学习环路的脑卒中后吞咽障碍发生机制及tDCS调控研究	招少枫	附属第一医院	青年科学基金项目	17	2017/1/1	2019/12/31
244	81601985	GPRC5A缺失促使肺干细胞癌变并诱发肺腺癌的机制	尹荟菁	附属第一医院	青年科学基金项目	17	2017/1/1	2019/12/31

续表

序号	项目批准号	项目名称	项目负责人	学院(部)	项目类别	资助经费（万元）	开始日期	结题日期
245	81602091	炎症微环境通过β-catenin/CCL3通路抑制CD103⁺DC趋化并介导胰腺癌免疫逃逸的机制研究	吴梦瑶	附属第一医院	青年科学基金项目	17	2017/1/1	2019/12/31
246	81602704	TIPE3调控AKT/ERK-GSK3β-β-catenin/Snail轴促肺癌生长、转移的作用	徐春	附属第一医院	青年科学基金项目	17	2017/1/1	2019/12/31
247	81602792	宫颈癌放射治疗所致放射性肠炎的辐射损伤－代谢机制的研究	马辰莺	附属第一医院	青年科学基金项目	17	2017/1/1	2019/12/31
248	81622032	骨科植入性医疗器械	杨磊	附属第一医院	优秀青年科学基金项目	130	2017/1/1	2019/12/31
249	81670132	骨髓微环境ROS作用于巨核重建在HSCT后持续性血小板减少中的调控机制研究	韩悦	附属第一医院	面上项目	57	2017/1/1	2020/12/31
250	81670164	BET蛋白抑制剂防治慢性移植物抗宿主病的作用研究	王荧	附属第一医院	面上项目	55	2017/1/1	2020/12/31
251	81671028	控释瘦蛋白的仿生纳米纤维膜构建及促进口腔黏膜血管化和重建研究	葛自力	附属第一医院	面上项目	51	2017/1/1	2020/12/31
252	81671535	孕期缺氧对胎肝发育及NAFLD的胎源性机制研究	茅彩萍	附属第一医院	面上项目	60	2017/1/1	2020/12/31
253	81671549	研究激活性KIR受体基因在异基因HSCT中分离aGVHD和GVL的不同作用机制	何军	附属第一医院	面上项目	57	2017/1/1	2020/12/31
254	81671641	Tie2⁺巨噬细胞在脉络膜新生血管中的作用及机制	陆培荣	附属第一医院	面上项目	60	2017/1/1	2020/12/31
255	81671743	肿瘤相关巨噬细胞介导的脑胶质瘤术中实时多模态成像与光动力治疗	李勇刚	附属第一医院	面上项目	56	2017/1/1	2020/12/31

续表

序号	项目批准号	项目名称	项目负责人	学院(部)	项目类别	资助经费(万元)	开始日期	结题日期
256	81671880	右美托咪定对缺血再灌注心肌钙超载及CaMKII/HDAC/MEF-2信号通路的调控作用及机制研究	嵇富海	附属第一医院	面上项目	58	2017/1/1	2020/12/31
257	81672213	力学刺激对纤维环源干细胞代谢的调控及其分子机制研究	李 斌	附属第一医院	面上项目	57	2017/1/1	2020/12/31
258	81672220	巨噬细胞与纤维环细胞交互作用中PDGF-C/PDGFR-α导致椎间盘退变的机制研究	邹 俊	附属第一医院	面上项目	60	2017/1/1	2020/12/31
259	81672238	Hedgehog信号通路在磨损颗粒诱导假体周围骨溶解中的作用及机制	徐耀增	附属第一医院	面上项目	57	2017/1/1	2020/12/31
260	81672244	rTMS通过调控自噬应激与HDAC6的交互作用影响脊髓损伤后神经网络重建机制的研究	苏 敏	附属第一医院	面上项目	60	2017/1/1	2020/12/31
261	81672245	脊髓损伤后尿道内括约肌对排尿功能的影响	杨卫新	附属第一医院	面上项目	52	2017/1/1	2020/12/31
262	81672280	B7-H4$^+$巨噬细胞亚群参与构建肺腺癌胸膜预转移小生境及其作用机制的研究	陈 成	附属第一医院	面上项目	57	2017/1/1	2020/12/31
263	81672281	基于循环肿瘤细胞捕获的肺癌早期诊断及CTC亚型的分子特征差异研究	马海涛	附属第一医院	面上项目	50	2017/1/1	2020/12/31
264	81672348	DAB2IP-FANCD2调控通路维持染色体稳定性抑制结直肠癌发生发展的机制研究	何宋兵	附属第一医院	面上项目	52	2017/1/1	2020/12/31
265	81672372	结肠癌微环境中B7-H3对γδT细胞亚群分化的调控及其机制	陈卫昌	附属第一医院	面上项目	53	2017/1/1	2020/12/31
266	81672560	TIMELESS在宫颈癌中的异常表达机制及靶向治疗研究	陈友国	附属第一医院	面上项目	55	2017/1/1	2020/12/31

续表

序号	项目批准号	项目名称	项目负责人	学院(部)	项目类别	资助经费（万元）	开始日期	结题日期
267	81672928	LncRNA LOC85009 通过上调 miR-200b 的组蛋白乙酰化水平逆转肺腺癌化疗耐药的机制研究	陈东芹	附属第一医院	面上项目	58	2017/1/1	2020/12/31
268	81672934	泛素连接酶 TRIM25 介导的 PTEN 非典型多聚泛素化对非小细胞肺癌化学耐药的机制研究	赵 军	附属第一医院	面上项目	57	2017/1/1	2020/12/31
269	81673896	基于调控 SIRT1/NF-KB 信号通路,探讨改良芪归益肾方剂延缓慢性肾脏病进展机制的实验研究	魏明刚	附属第一医院	面上项目	54	2017/1/1	2020/12/31
270	81641165	脂肪干细胞 3D 微组织改善糖尿病勃起功能障碍神经病变的作用及其机制研究	周 峰	附属第一医院	应急管理项目	10	2017/1/1	2017/12/31
271	81600170	BRD4 蛋白靶向降解嵌合分子（PROTACs）在多发性骨髓瘤模型中的作用机制研究	张晓慧	附属第二医院	青年科学基金项目	17	2017/1/1	2019/12/31
272	81600607	miR1470 对青少年起病的成年型糖尿病 3（MODY3）基因表观调控的机制研究及临床意义	方 晨	附属第二医院	青年科学基金项目	17	2017/1/1	2019/12/31
273	81601098	硫氧还蛋白相互作用蛋白对线粒体自噬的调节机制及其在帕金森病中的作用研究	苏存锦	附属第二医院	青年科学基金项目	18	2017/1/1	2019/12/31
274	81601147	胱抑素 C 对脑缺血损伤的保护作用及机制	杨 博	附属第二医院	青年科学基金项目	17	2017/1/1	2019/12/31
275	81602183	PDGF 信号通路在胶质瘤起始细胞诱导宿主脑胶质细胞恶性转化过程中机制的基础研究	陈延明	附属第二医院	青年科学基金项目	17	2017/1/1	2019/12/31
276	81602187	骨髓间充质细胞通过细胞融合参与胶质瘤上皮间质转化和血管生成拟态的作用机制研究	孙 超	附属第二医院	青年科学基金项目	17	2017/1/1	2019/12/31

续表

序号	项目批准号	项目名称	项目负责人	学院(部)	项目类别	资助经费（万元）	开始日期	结题日期
277	81602613	TIGAR通过DNA损伤应答对肿瘤化疗耐受的影响及分子机制	谢佳明	附属第二医院	青年科学基金项目	18	2017/1/1	2019/12/31
278	81603181	肠道胆汁酸代谢失衡在氟喹诺酮类药物致血糖紊乱中的作用及机制	俞蕴莉	附属第二医院	青年科学基金项目	17.3	2017/1/1	2019/12/31
279	81670191	lncRNA-81002通过调控ceRNA网络和自噬活性介导多发性骨髓瘤蛋白酶体抑制剂耐药的机制研究	李炳宗	附属第二医院	面上项目	60	2017/1/1	2020/12/31
280	81670742	EMPs及内涵miR-155在Humanin抗高糖诱导的血管内皮细胞凋亡中的作用	谢莹	附属第二医院	面上项目	58	2017/1/1	2020/12/31
281	81671080	三叉神经节尾加压素II受体在偏头痛中的作用及机制研究	张圆	附属第二医院	面上项目	57	2017/1/1	2020/12/31
282	81671270	Vps35在帕金森病视网膜神经节细胞变性中的作用和分子机制	罗蔚锋	附属第二医院	面上项目	58	2017/1/1	2020/12/31
283	81672970	lncRNA-MALAT1靶向ANKHD1调控Hippo信号通路影响大肠癌放射敏感性的机制研究	邢春根	附属第二医院	面上项目	58	2017/1/1	2020/12/31
284	91649114	衰老及帕金森病的发病过程中生物节律异常的作用研究	刘春风	附属第二医院	重大研究计划	60	2017/1/1	2019/12/31
285	81602054	治疗诱导肿瘤分泌蛋白质组(TIS)介导的肝细胞癌对Sorafenib耐受的机制研究	陈卫波	附属第三医院	青年科学基金项目	17	2017/1/1	2019/12/31
286	81673078	毛囊黑素干细胞激活参与窄波UVB诱导白癜风毛囊复色的分子机制研究	张汝芝	附属第三医院	面上项目	55	2017/1/1	2020/12/31
287	31600695	IFNα诱导ADAR1泛素化降解的机制及其抗病毒效应研究	钱光辉	附属儿童医院	青年科学基金项目	20	2017/1/1	2019/12/31

续表

序号	项目批准号	项目名称	项目负责人	学院(部)	项目类别	资助经费（万元）	开始日期	结题日期
288	31670853	新生儿脓毒症诊断标志物的知识库构建及新型组合标志物的发现	黄洁	附属儿童医院	面上项目	58	2017/1/1	2020/12/31
289	81600391	miRNA-223-3p 靶向线粒体介导川崎病血管炎性损伤的机制研究	徐秋琴	附属儿童医院	青年科学基金项目	17.5	2017/1/1	2019/12/31
290	81602074	负性共刺激分子 B7-H3 调控结直肠癌肿瘤干细胞干性的功能及机制研究	黄莉莉	附属儿童医院	青年科学基金项目	17	2017/1/1	2019/12/31
291	81602181	GD2 靶向温敏胶束联合治疗神经母细胞瘤及抑制耐药的机制研究	赵赫	附属儿童医院	青年科学基金项目	18	2017/1/1	2019/12/31
292	81602192	纳米材料硫化钨（WS2-PEG）诱导 ROS 过度积累促进神经母细胞瘤自噬性死亡的研究	谢翌	附属儿童医院	青年科学基金项目	17	2017/1/1	2019/12/31
293	81602861	生命早期低水平铅暴露诱导造血干细胞衰老的机制及干预研究	蔡世忠	附属儿童医院	青年科学基金项目	18	2017/1/1	2019/12/31
294	81670172	靶向去泛素化酶 USP9x 调抑异体反应性 $CD8^+T$ 细胞干预移植物抗宿主病的策略研究	何珊	附属儿童医院	面上项目	60	2017/1/1	2020/12/31
295	81671532	miR-375-3p 调控 Rasd1 基因介导缺氧缺血性脑损伤后昼夜节律紊乱的新机制	孙斌	附属儿童医院	面上项目	57	2017/1/1	2020/12/31
296	81671967	自噬促进宿主抵抗力和耐受力对脓毒症的保护效应及其机制研究	汪健	附属儿童医院	面上项目	58	2017/1/1	2020/12/31
297	31640051	激活 AMPK 抑制线粒体 P53-亲环蛋白 D 通路抗激素性成骨细胞凋亡作用及其机制研究	王晓东	附属儿童医院	应急管理项目	15	2017/1/1	2017/12/31

六、江苏省自然科学基金项目(54项)

序号	项目编号	项目名称	项目负责人	学院(部)	项目类别	资助经费(万元)	起止时间
1	BK20160006	金属硫族纳米团簇及其超结构的构建与功能化研究	吴涛	材料与化学化工学部	省基金杰青	100	2016.7.1—2019.6.30
2	BK20161211	基于超分子组装的近红外荧光探针	宋波	材料与化学化工学部	省基金面上	10	2016.7.1—2019.6.30
3	BK20161212	基于4位取代三氮唑配体金属-有机骨架化合物的构筑、结构调控和光催化性能	李宝龙	材料与化学化工学部	省基金面上	10	2016.7.1—2019.6.30
4	BK20161214	可见光响应型皮芯结构微纳复合纤维催化剂材料的制备及光催化性能研究	秦传香	材料与化学化工学部	省基金面上	10	2016.7.1—2019.6.30
5	BK20160310	新型环境敏感性的氮氧和氮氮螯合的硼络合物的合成及光致发光研究	Olga Pereshivko	材料与化学化工学部	省基金青年	20	2016.7.1—2019.6.30
6	BK20160322	具高效肿瘤靶向及渗透作用的还原响应性透明质酸纳米抗癌药物	孙欢利	材料与化学化工学部	省基金青年	20	2016.7.1—2019.6.30
7	BK20160318	振荡行为下变工况轮轨车辆轴承故障特征提取和诊断研究	石娟娟	城市轨道交通学院	省基金青年	20	2016.7.1—2019.6.30
8	BK20160320	大型复杂项目综合管线安装中BIM对劳动生产率的影响机理研究	陈丽娟	城市轨道交通学院	省基金青年	20	2016.7.1—2019.6.30
9	BK20160324	基于动态交通模型的高速公路交通突发事件拥堵状况实时预测	王翔	城市轨道交通学院	省基金青年	20	2016.7.1—2019.6.30
10	BK20160326	面向数据中心的虚拟光网络生存性映射机制研究	陈伯文	电子信息学院	省基金青年	20	2016.7.1—2019.6.30
11	BK20161216	基于碳点的双效(ORR/OER)电催化剂设计	康振辉	功能纳米与软物质研究院	省基金面上	10	2016.7.1—2019.6.30
12	BK20160308	高效红光OLED材料的理论设计与器件模拟	熊世云	功能纳米与软物质研究院	省基金青年	20	2016.7.1—2019.6.30
13	BK20160309	胶体粒子的磁控组装、调控与光学应用探索	何乐	功能纳米与软物质研究院	省基金青年	20	2016.7.1—2019.6.30
14	BK20160328	柔性碳纳米管/钙钛矿杂化结构光电探测器研究	徐建龙	功能纳米与软物质研究院	省基金青年	20	2016.7.1—2019.6.30
15	BK20161217	面向智能假肢的脑电与姿态信号融合的下肢运动意图识别研究	张虹淼	机电工程学院	省基金面上	10	2016.7.1—2019.6.30

续表

序号	项目编号	项目名称	项目负责人	学院(部)	项目类别	资助经费(万元)	起止时间
16	BK20160300	不连续型随机微分博弈及其应用	穆蕊	金融工程研究中心	省基金青年	20	2016.7.1—2019.6.30
17	BK20161215	基于POE修正的棱镜薄膜采光循证设计优化研究	田真	金螳螂建筑学院	省基金面上	10	2016.7.1—2019.6.30
18	BK20160319	钴铬合金表面等离子渗碳层组织与腐蚀磨损性能调控研究	罗霞	沙钢钢铁学院	省基金青年	20	2016.7.1—2019.6.30
19	BK20160301	几何不等式与几何流相关问题的研究	王奎	数学科学学院	省基金青年	20	2016.7.1—2019.6.30
20	BK20160302	修正泊松-玻尔兹曼模型:建模,分析与计算	周圣高	数学科学学院	省基金青年	20	2016.7.1—2019.6.30
21	BK20160007	低维材料中的新奇拓扑态及其输运性质研究	江华	物理与光电·能源学部	省基金杰青	100	2016.7.1—2019.6.30
22	BK20161210	非局域等离激元颗粒体系的光调控和调制不稳定性研究	高雷	物理与光电·能源学部	省基金面上	10	2016.7.1—2019.6.30
23	BK20160299	新型环境友好的稳定钙钛矿太阳能电池的理论设计	尹万健	物理与光电·能源学部	省基金青年	20	2016.7.1—2019.6.30
24	BK20160303	无序光子晶体中量子光场的动力学性质和相干性质研究	王钢	物理与光电·能源学部	省基金青年	20	2016.7.1—2019.6.30
25	BK20160323	三维石墨烯气凝胶半导体复合材料的制备及光催化性能研究	彭扬	物理与光电·能源学部	省基金青年	20	2016.7.1—2019.6.30
26	BK20160325	基于激基复合荧光/磷光杂化的叠层有机电致发光器件的研究	周东营	物理与光电·能源学部	省基金青年	20	2016.7.1—2019.6.30
27	BK20160327	薄膜晶体硅光伏器件的光热微纳结构研究	秦琳玲	物理与光电·能源学部	省基金青年	20	2016.7.1—2019.6.30
28	BK20161213	紫外线引发的白内障致病机理及防治研究	杨再兴	医学部放射医学与防护学院	省基金面上	10	2016.7.1—2019.6.30
29	BK20160304	质子放疗系统中的用于束流监测的GEM探测器的研制	王仁生	医学部放射医学与防护学院	省基金青年	20	2016.7.1—2019.6.30
30	BK20160306	质子放疗中靶区外次级中子剂量验证方法研究	屈卫卫	医学部放射医学与防护学院	省基金青年	20	2016.7.1—2019.6.30
31	BK20160307	靶向修饰放射性碘聚合物纳米药物用于乳腺癌早期诊断和治疗	王广林	医学部放射医学与防护学院	省基金青年	20	2016.7.1—2019.6.30

续表

序号	项目编号	项目名称	项目负责人	学院（部）	项目类别	资助经费（万元）	起止时间
32	BK20160311	基于纳米金-多肽-配位金属铱的酶活检测探针的研究	马晓川	医学部放射医学与防护学院	省基金青年	20	2016.7.1—2019.6.30
33	BK20160312	基于放射性污染去除的铜系金属有机骨架材料的设计与合成	王艳龙	医学部放射医学与防护学院	省基金青年	20	2016.7.1—2019.6.30
34	BK20160329	基于表面功能化碳纳米角的肿瘤靶向纳米药物研究	赵 利	医学部放射医学与防护学院	省基金青年	20	2016.7.1—2019.6.30
35	BK20160334	lncRNA PHL13 靶向骨架蛋白对碳离子诱导的细胞凋亡的研究	裴海龙	医学部放射医学与防护学院	省基金青年	20	2016.7.1—2019.6.30
36	BK20161219	ATR 信号通路对肝细胞癌重离子治疗中辐射敏感性影响的研究	薛 莲	医学部公共卫生学院	省基金面上	10	2016.7.1—2019.6.30
37	BK20160316	社会拒斥对自我反思加工的影响	张天阳	医学部公共卫生学院	省基金青年	20	2016.7.1—2019.6.30
38	BK20160333	红木素（bixin）基于 Nrf2 信号通路干预矽肺发生发展的机制研究	陶莎莎	医学部公共卫生学院	省基金青年	20	2016.7.1—2019.6.30
39	BK20160337	MFSD2A 拷贝数变异与缺血性脑卒中病后认知功能障碍关系的研究	尹洁云	医学部公共卫生学院	省基金青年	20	2016.7.1—2019.6.30
40	BK20160336	新型 cathelicidin 分子抗幽门螺杆菌感染的分子机理研究	陈 燕	医学部药学院	省基金青年	20	2016.7.1—2019.6.30
41	BK20160056	智能生物界面材料用于调控细胞行为的研究	潘国庆	骨科研究所	省基金优青	50	2016.7.1—2019.6.30
42	BK20160305	基于剪切波弹性成像的椎间盘退变早期诊断基础研究	徐 浩	骨科研究所	省基金青年	20	2016.7.1—2019.6.30
43	BK20160008	性染色体 LncRNA 在女性食管癌发生发展中的分子机制研究	周翊峰	医学部基础医学与生物科学学院	省基金杰青	100	2016.7.1—2019.6.30
44	BK20161218	骨髓 MSCs 源 exosome lncRNA-18626 在多发性骨髓瘤蛋白酶体抑制剂耐药中的作用及机制	庄文卓	医学部基础医学与生物科学学院	省基金面上	10	2016.7.1—2019.6.30
45	BK20160313	Vegfr3-Prox1 影响出生后淋巴管成熟和稳态维持的分子机制研究	周 飞	剑桥-苏大基因组资源中心	省基金青年	20	2016.7.1—2019.6.30

续表

序号	项目编号	项目名称	项目负责人	学院(部)	项目类别	资助经费(万元)	起止时间
46	BK20160317	生物节律参与限制性饮食调控能量代谢的机制研究	刘志玮	剑桥－苏大基因组资源中心	省基金青年	20	2016.7.1—2019.6.30
47	BK20160332	星形胶质细胞移植在脊髓损伤修复中的作用机制研究	孙玉慧	神经科学研究所	省基金青年	20	2016.7.1—2019.6.30
48	BK20160009	物理损伤诱发上皮细胞固有免疫应答机制研究	张惠敏	生物医学研究院	省基金杰青	100	2016.7.1—2019.6.30
49	BK20160315	类风湿因子相关的IgG N糖结构及功能研究	王艳萍	生物医学研究院	省基金青年	20	2016.7.1—2019.6.30
50	BK20160331	Junctophilin-2对心脏脂中毒过程中内质网应激和细胞凋亡的保护作用和机制研究	黄一帆	生物医学研究院	省基金青年	20	2016.7.1—2019.6.30
51	BK20160314	抗肠道病毒71型的新型化合物的鉴定及其作用机制和抗病毒功能研究	张伟	唐仲英血液学研究中心	省基金青年	20	2016.7.1—2019.6.30
52	BK20160330	巴弗洛霉素A1诱导急性淋巴白血病细胞逆分化为造血细胞研究	袁娜	唐仲英血液学研究中心	省基金青年	20	2016.7.1—2019.6.30
53	BK20160335	靶向Hedgehog通路和凋亡通路的双靶点新型化合物的抗肿瘤机理与功能研究	吴孟	唐仲英血液学研究中心	省基金青年	20	2016.7.1—2019.6.30
54	BK20160321	具有抗血栓功能的小口径人工血管的构建及其表面性质对通畅性影响的研究	张燕霞	心血管病研究所	省基金青年	20	2016.7.1—2019.6.30

七、江苏省产学研前瞻性联合研究项目(7项)

序号	项目批准号	项目名称	项目负责人	学院(部)	资助经费(万元)	完成时间
1	BY2016043-02	注塑模全自动热流道系统的关键技术研究	陈再良	机电工程学院	15	2016.7—2018.6
2	BY2016043-05	基于物联网技术的竞速计时系统研发	雍明	体育学院	30	2016.7—2018.6
3	BY2016043-04	超仿棉涤锦空喷变形混纤关键技术及产品研发	张欢嘉	纺织与服装工程学院	30	2016.7—2018.6

续表

序号	项目批准号	项目名称	项目负责人	学院(部)	资助经费(万元)	完成时间
4	BY2016043-01	可去除环境中甲醛的纳米多功能天然纤维关键技术及产业化	王作山	材料与化学化工学部	15	2016.7—2018.6
5	BY2016043-03	原发免疫性血小板减少症高通量液相检测技术研发与产业化	秦磊	附属第一医院	15	2016.7—2018.6
6	BY2016043-06	雷电直接效应试验测试技术研究	陶智	物理与光电·能源学部	30	2016.7—2018.6
7	BY2016043-07	ADME 表观遗传学研究	张洪建	医学部药学院	30	2016.7—2018.6

八、江苏省重点研发计划(社会发展)项目(3项)

序号	项目批准号	项目名称	项目负责人	学院(部)	资助经费(万元)	完成时间
1	BE2016666	结直肠癌的分子分型及早期精准诊断	李建明	医学部基础医学与生物科学学院	200	2016.7.1—2019.6.30
2	BE2016667	多水平贝叶斯模型应用于高血压风险评估系统的构建	张欢	医学部公共卫生学院	30	2016.7.1—2019.6.30
3	BE2016669	利用 CRISPR/Cas9 技术编辑后的异体间充质干细胞及其外泌体治疗心肌梗死的临床应用研究	李杨欣	心血管病研究所	200	2016.7.1—2019.6.30

九、江苏省重点研发计划(产业前瞻与共性关键技术)项目(1项)

序号	项目批准号	项目名称	项目负责人	学院(部)	资助经费(万元)	完成时间
1	BE2016073	微生物合成聚羟基脂肪酸纤维纺织品开发共性关键技术	眭建华	纺织与服装工程学院	120	2016.7.1—2019.6.30

十、江苏重点研发计划(现代农业)项目(1项)

序号	项目批准号	项目名称	项目负责人	学院(部)	资助经费(万元)	完成时间
1	BE2016322	异育银鲫苗种生产过程中 CyHV-2 的控制技术研究	贡成良	医学部基础医学与生物科学学院	100	2016.7—2019.6

十一、农业部项目(1项)

序号	项目批准号	项目名称	项目负责人	学院(部)	资助经费(万元)	完成时间
1	CY2016-081	太湖主要经济鱼类的放流增殖效果评估和跟踪监测	黄鹤忠	医学部基础医学与生物科学学院	20	2016.1—2016.12

十二、国家文物局项目(1项)

序号	项目批准号	项目名称	项目负责人	学院(部)	资助经费(万元)	完成时间
1	HSZT2016FQ/200	国家文物局不可移动文物认领认养调查与研究项目	吴永发	金螳螂建筑学院	25	2016.6—2017.6

十三、中国纺织工业协会项目(1项)

序号	项目批准号	项目名称	项目负责人	学院(部)	资助经费(万元)	完成时间
1	—	天然纤维织物干法转移印花中转移底物的改性及其构效关系	陈国强	纺织与服装工程学院	20	2016.8—2019.7

人文社科项目情况

一、国家社科科研项目(19项)

序号	项目名称	所属院系	主持人	项目批准号	项目类别
1	中国体育深化改革重大问题的法律研究	体育学院	王家宏	16ZDA225	重大项目
2	当代民粹主义思潮最新发展动态及其社会治理研究	凤凰传媒学院	陈龙	16AZD034	重点项目

续表

序号	项目名称	所属院系	主持人	项目批准号	项目类别
3	儒、道、法的国家治理哲学研究	政治与公共管理学院	周可真	16AZX014	重点项目
4	清代江南文人日常生活与文学创作研究	文学院（敬文书院）	罗时进	16AZW009	重点项目
5	公共信息服务的社会共治及其法治化研究	社会学院（教务部）	周毅	16ATQ001	重点项目
6	政府向社会力量购买公共服务的风险识别与防范研究	政治与公共管理学院	周义程	16BZZ047	一般项目
7	民法典制定中优先购买权制度的体系性建构研究	王健法学院	张鹏	16BFX096	一般项目
8	国际民诉管辖的动态体系研究	王健法学院	张利民	16BFX194	一般项目
9	传媒发展融合中的转换性使用著作权问题研究	王健法学院	李杨	16BFX169	一般项目
10	老年痴呆早期预防路径的社会学研究	医学部公共卫生学院	徐勇	16BSH054	一般项目
11	澳大利亚的后现代实验小说研究	外国语学院	王腊宝	16BWW054	一般项目
12	清末民初日本在华报纸研究（1901—1921）	凤凰传媒学院	曹晶晶	16BXW013	一般项目
13	我国自发性群众体育组织的政府培育研究	体育学院	戴俭慧	16BTY033	一般项目
14	中国武术国际化传播的问题分析与策略研究	体育学院	王国志	16BTY113	一般项目
15	吴门篆刻史论资料整理与研究	艺术学院	陈道义	16BF083	一般项目
16	杨立青音乐创作研究	音乐学院	唐荣	16CD155	青年项目
17	简牍与秦汉土地赋役研究	社会学院	臧知非	16KZS031	成果文库
18	晚清时期中国红十字运动研究	社会学院	池子华	16FZS028	后期资助项目
19	卡夫卡及其现象的现象学研究	外国语学院	张莉	16FWW006	后期资助项目

二、教育部科研项目（11项）

序号	项目名称	所属院系	主持人	项目批准号	项目类别
1	城镇化发展模式的区域比较研究	政治与公共管理学院（城镇化中心）	叶继红	16JJD840006	重点研究基地重大项目
2	我国城镇化进程中产城融合机制与路径	东吴商学院（城镇化中心）	夏永祥	16JJD790043	重点研究基地重大项目
3	新媒介影像传播与文化创新研究	凤凰传媒学院	杜志红	16YJA860004	规划基金项目
4	西班牙"27年一代"女作家自传的记忆书写	外国语学院	归溢	16YJC752006	青年基金项目
5	百年来西班牙文学在中国的译介与接受	外国语学院	周春霞	16YJC752031	青年基金项目
6	威慑型环境执法模式的反思与重构	王健法学院	何香柏	16YJC820010	青年基金项目
7	规则与技术之间的国际强行法：权威、渊源、内容与执行	王健法学院	朱明新	16YJC820058	青年基金项目
8	中小学生社会信任的形成机制研究	教育学院	余庆	16YJC880094	青年基金项目
9	中国近代国立大学校长办学理念的本质内涵及其形成基础研究	教育学院	肖卫兵	16YJC880089	青年基金项目
10	安全动机对员工安全绩效和幸福感的差异化作用：基于自我决定理论的多方法验证	东吴商学院	蒋丽	16YJCZH035	青年基金项目
11	马克思主义学院领导班子建设研究	马克思主义学院	张才君	16JDSZK015	高校示范马克思主义学院和优秀教学科研团队建设项目重点选题

三、江苏省社科科研项目（19项）

序号	项目名称	所属单位	主持人	项目批准号	项目类别
1	乾嘉学派——吴派研究	文学院	曹炜	15ZD006	重大项目
2	吴文化的社会治理理念研究	社会学院	吴建华	15JD025	基地项目
3	江南气候的历史状态与生态环境关系研究	古典文献研究所	袁茹	15JD026	基地项目

续表

序号	项目名称	所属单位	主持人	项目批准号	项目类别
4	江苏新型智库体系建设研究	校办	田晓明	—	重大项目子课题
5	双独夫妻长期照料失能老人研究	王健法学院	张学军	16FXA003	重点项目
6	公共体育服务供给的"江苏模式"研究	体育学院	李井平	16TYA001	重点项目
7	江苏体育社会组织培养路径及机制研究	体育学院	王 政	16TYB004	一般项目
8	坪内逍遥诗学思想中的中国文化要素研究	外国语学院	潘文东	16WWB005	一般项目
9	基于影视剧语言文字分析的媒体语言规范化研究	文学院	姜 晓	16YYB010	一般项目
10	江苏人才优先引领创新发展研究	政治与公共管理学院	宋 典	16ZHB003	一般项目
11	大学生社会信任的现状及发展模式研究	教育学院	余 庆	16JYC006	青年项目
12	"中国文化走出去"战略下的昆曲翻译研究	文学院	朱 玲	16YSC004	青年项目
13	当代中国文学研究的第三空间	文学院	秦 烨	16ZWC004	青年项目
14	全国百位优秀县委书记个体特征、行动策略与行动绩效研究	政治与公共管理学院	沈承诚	16ZZC001	青年项目
15	当代西方行动哲学研究	政治与公共管理学院	郭世平	16ZXD002	自筹经费项目
16	江苏制造业企业创新驱动型低成本战略研究	东吴商学院	朱冬琴	16EYD005	自筹经费项目
17	文化遗产旅游景观意象结构理论与实践	社会学院	周永博	16HQ021	后期资助项目
18	美国霸权形成的历史轨迹研究(从"门户开放"到美元霸权:美国主导下的全球经济机制溯源)	社会学院	金卫星	16HQ031	重大项目
19	江苏省中特中心基地建设项目	马克思主义学院	田芝健	—	基地项目

四、其他省部级项目(16项)

序号	项目名称	所属单位	主持人	项目批准号	项目类别
1	新型城镇化背景下转型社区治理研究	政治与公共管理学院	叶继红	2016MZRL010522	委托课题
2	《新编鲁般营造正式》注释与研究	金螳螂建筑学院	朱宁宁	—	一般项目
3	《湖海诗传》点校	文学院	陆湘怀	—	一般项目
4	江筠《读〈仪礼〉私记》整理	文学院	顾迁	1635	一般项目
5	2022年北京—张家口冬奥会主办城市合同法律问题研究	体育学院	熊瑛子	2353SS16090	青年项目
6	利益博弈视域下我国校园足球政策执行研究	体育学院	邱林	2368SS16105	青年项目
7	社会结构分化对群众体育政策利益整合的影响研究	体育学院	张大志	2369SS16106	青年项目
8	全域旅游视野下长江旅游带生态安全格局构建研究	社会学院	黄泰	16TAAK004	重点项目
9	罗马体育法要论	王健法学院	赵毅	CLS(2016)HQZZ2	后期资助项目
10	国家赔偿法研究述评	王健法学院	上官丕亮	CLS(2016)HQZZ07	后期资助项目
11	损害赔偿法的理论反思与制度更新	王健法学院	黄文煌	CLS(2016)D80	自选课题
12	执行不能法律原理及运行机制研究	王健法学院	张永泉	CLS(2016)D131	自选课题
13	兴奋剂问题的国际法与国内法协同治理研究	王健法学院	郭树理	CLS(2016)D166	自选课题
14	清代州县的司法运作实态研究	王健法学院	汪雄涛	16SFB3007	中青年课题
15	行政争议的中立评估机制研究	王健法学院	施立栋	16SFB5010	专项课题
16	检察建设基本问题研究	王健法学院	胡玉鸿	GJ2016D40	一般项目

教职工队伍结构

教职工人员情况

2016年全校教职工人员一览表　　　　单位：人

类　别	小　计	其中：女
专任教师	3 188	1 263
行政人员	878	438
教辅人员	707	402
科研机构人员	20	8
工勤人员	274	48
校办工厂、农(林)场职工	62	15
其他附设机构人员	68	60
合计	5 197	2 234

专任教师学历结构情况

2016年全校专任教师学历结构一览表　　　　单位：人

	总计	女	正高级	副高级	中级	初级	无职称
博士	2 005	678	708	810	486		1
硕士	844	441	69	274	413	82	6
未获博硕士学位	17	6	5	6	6		
学士	173	74	28	74	67	2	2
研究生肄业							
未获学士学位	146	61	27	60	51	8	
高等学校专科毕业及本科肄业两年以上	3	3		1	1	1	
高等学校本专科肄业未满两年及以下							
合计	3 188	1 263	837	1 225	1 024	93	9

专任教师年龄结构情况

2016 年全校专任教师年龄结构一览表　　　　　单位：人

年龄段	总计	女	正高级	副高级	中级	初级	无职称
30 岁以下	245	118	2	32	139	70	2
31～35 岁	627	271	32	254	326	14	1
36～40 岁	639	280	106	273	257	3	
41～45 岁	517	242	131	229	151	3	3
46～50 岁	399	153	154	160	82	2	1
51～55 岁	515	145	237	222	54	1	1
56～60 岁	194	46	124	55	15		
61 岁以上	52	8	51				1
合计	3 188	1 263	837	1 225	1 024	93	9

教职工中级及以上职称情况

2016 年苏州大学教职工中级以上职称一览表　　　　　单位：人

部门	总计	女	正高	副高	中级
党委办公室	11	3	4		6
校长办公室	23	6	11	2	7
法律事务办公室（挂靠校办）	1	1			
国内合作办公室	2			1	1
纪委、监察处（合署办公）	14	6		9	3
党委组织部	8	4		6	2
党代表联络办（与党委组织部合署办公）	1				1

续表

部　门	总计	女	正高	副高	中级
党校	3	3		2	1
党委宣传部	13	9	1	2	8
新闻中心	2	1		1	1
党委统战部	5	2		1	4
离退休工作部(处)	18	7		4	10
工会	12	6		2	5
团委	9	6			9
机关党工委	3	2	1		2
群团、直属单位党工委	3	1		1	2
发展委员会办公室	11	7		2	6
人事处	24	14	1	3	13
财务处	49	33		12	16
审计处	14	10	1	3	8
教务部	37	22	3	4	22
招生就业处	14	3	1		12
学生工作部(处)	16	6	1	2	10
学生创新创业教育中心[挂靠学生工作部(处)]	3	1		1	2
人武部[与学生工作部(处)合署办公]	8	3		1	6
研究生院	22	8	7	4	11
党委研究生工作部(与研究生院合署办公)	1			1	
科学技术研究部	33	6	1	11	13
"2011计划"办公室(挂靠科学技术研究部)	2			1	1
人文社会科学院	8	4	1	2	5
国有资产与实验室管理处	38	17		9	19
继续教育处(继续教育学院)	23	9		5	12

续表

部　门	总计	女	正高	副高	中级
国际合作交流处(海外教育学院)	40	30	2	9	19
保卫部(处)	65	5	1	1	15
后勤管理处	166	71	1	14	38
校医院(挂靠后勤管理处)	45	37		12	22
医院管理处	2	1		1	1
阳澄湖校区	10	2		5	2
学术委员会秘书处	2	2			1
图书馆	146	99	6	38	71
档案馆	16	14	3	5	7
博物馆	8	4	1		4
信息化建设与管理中心	30	9	1	6	15
分析测试中心	50	36	2	25	19
工程训练中心	36	10		10	13
艺术教育中心	5	3	1	2	1
文学院	85	37	25	23	30
凤凰传媒学院	55	22	8	13	24
社会学院	99	43	28	29	36
政治与公共管理学院	109	39	30	43	32
马克思主义学院	52	27	8	26	17
教育学院	86	42	19	35	27
东吴商学院(财经学院)　东吴证券金融学院	161	75	31	74	50
王健法学院	87	28	26	34	21
知识产权研究院	3	2			1
外国语学院	241	169	19	73	130
金螳螂建筑学院	81	42	13	24	32
数学科学学院	135	44	34	60	33
苏州大学金融工程研究中心(挂靠数学科学学院)	9	5	3	2	3

续表

部　门	总计	女	正高	副高	中级
物理与光电·能源学部	30	16	2	2	15
能源学院	53	13	18	20	13
物理科学与技术学院	104	23	41	37	25
光电信息科学与工程学院	89	25	14	36	38
材料与化学化工学部	245	95	92	77	64
纳米科学技术学院	15	6		2	6
功能纳米与软物质研究院	110	32	33	17	52
计算机科学与技术学院	156	44	28	55	64
电子信息学院	110	39	16	58	34
机电工程学院	164	53	21	76	58
沙钢钢铁学院	36	12	4	16	12
纺织与服装工程学院	86	36	25	35	18
现代丝绸国家工程实验室	20	8	6	6	7
城市轨道交通学院	107	38	9	42	52
体育学院	145	48	16	62	51
艺术学院	119	59	21	31	43
音乐学院	51	26	8	8	26
医学部	49	30	3	8	31
医学部基础医学与生物科学学院	207	96	42	85	71
医学部放射医学与防护学院	91	32	19	33	33
医学部公共卫生学院	57	27	13	30	12
医学部药学院	106	48	29	41	35
医学部护理学院	8	4	1	2	4
医学部实验动物中心	19	10		2	10
医学部实验中心	59	31	1	22	29
医学部第一临床医学院	162	60	44	73	39
医学部第二临床医学院	56	25	24	13	18

续表

部　门	总计	女	正高	副高	中级
医学部儿科临床医学院	39	20	11	14	14
唐仲英医学研究院	1			1	
苏州大学唐仲英血液学研究中心	43	19	12	7	19
苏州大学造血干细胞移植研究所	5	3	1	1	1
苏州大学骨科研究所	27	14	5	4	15
苏州大学神经科学研究所	29	17	8	5	12
苏州大学生物医学研究院	45	29	9	9	24
苏州大学心血管病研究所	16	11	2	5	2
苏州大学转化医学研究院	6	2	1		2
剑桥—苏大基因组资源中心	22	12	4	4	5
苏州大学医学中心	1				1
敬文书院[挂靠学生工作部(处)]	6	4	2		2
唐文治书院	2	2			
文正学院	38	13	3	9	23
应用技术学院	43	15	2	14	22
老挝苏州大学	7	2	1		3
苏州大学实验学校	2			2	
张家港工业技术研究院	2				2
辐照技术研究所	7			1	4
中国特色城镇化研究中心	1	1			
学报编辑部	8	5	2	2	3
出版社有限公司	39	14	10	13	13
教服集团	91	16		4	3
东吴饭店	5			1	3
江苏苏大投资有限公司	3	1		2	1
总计	5 197	2 234	899	1 642	1 916

2016 年获副高及以上技术职称人员名单

一、2016 年获高级职务聘任人员名单

文学院

  正高职：艾立中
  副高职：樊　燕　　姚　尧　　周国鹃

凤凰传媒学院

  副高职：祝　捷

社会学院

  正高职：黄鸿山　　宋　璐　　姚传德
  副高职：胡　宇

政治与公共管理学院

  正高职：黄建洪　　李善良　　施从美

教育学院

  正高职：黄启兵
  副高职：孔　明　　彭彩霞

东吴商学院（财经学院）　东吴证券金融学院

  正高职：陈冬宇　　韩　坚　　权小锋

王健法学院

  副高职：黄文煌　　杨　俊

外国语学院

  正高职：李东军
  副高职：莫俊华

金螳螂建筑学院

  正高职：余　亮
  副高职：孙磊磊　　吴　捷

数学科学学院

　　正高职：吕仁才
　　副高职：杜　锐　　龚　成　　顾莉洁

物理与光电·能源学部

　　正高职：方　亮　　倪江锋　　张晓华
　　副高职：汤如俊　　吴绍龙　　徐亚东　　詹耀辉　　张晓俊

材料与化学化工学部

　　正高职：郭明雨　　李　华　　李娜君
　　副高职：崔超华　　李红坤　　张　建

计算机科学与技术学院

　　正高职：孔　芳
　　副高职：李领治　　李正华　　罗喜召　　张玉华

电子信息学院

　　正高职：侯　嘉　　胡剑凌
　　副高职：曹洪龙　　向德辉　　邹　玮　　梁中洁

机电工程学院

　　正高职：王振华
　　副高职：何志勇　　沈长青　　郁树梅

沙钢钢铁学院

　　副高职：陈　栋　　侯纪新　　王慧华　　章顺虎

纺织与服装工程学院

　　副高职：黄剑莹　　卢业虎　　张德锁　　张　岩

城市轨道交通学院

　　正高职：李　双
　　副高职：蔡改改　　秦菲菲　　沈　铨　　唐永圣　　陶雪慧　　王志强

体育学院

　　正高职：王国志
　　副高职：张大志

艺术学院

　　正高职：毛秋瑾　　张蓓蓓
　　副高职：李　芳　　李琼舟　　李　颖　　孟　琳　　徐　舫　　杨朝辉　　雍自鸿

医学部

　　副高职：李嬿渊　　王爱清　　张于娟

医学部基础医学与生物科学学院

　　正高职：高玉振　　王守立　　王雪峰　　朱一蓓
　　副高职：胡小龙　　姜　智　　罗承良　　潘中华　　周　霞

医学部放射医学与防护学院

　　正高职：第五娟　　许玉杰
　　副高职：陈丹丹　　汪　勇　　王杨云　　朱　然　　杨再兴

医学部公共卫生学院

　　正高职：曹　毅
　　副高职：韩淑芬　　孙宏鹏　　张　欢　　何　艳

医学部药学院

　　正高职：盛　瑞　　应　征　　章　良　　杨　红
　　副高职：邓益斌

生物医学研究院

　　副高职：李　敏　　齐兴梅　　卫　林

心血管病研究所

　　副高职：陈维倩

剑桥—苏大基因组资源中心

　　正高职：何伟奇
　　副高职：董莺莺

医学部第一临床医学院

　　正高职：祁小飞　　祁震宇　　陈　罡
　　副高职：戴海萍　　段鹏飞　　黄海涛　　黄浩岳　　吕金星　　邵新宇　　孙晓欧
　　　　　　王利利　　肖　灿　　赵　鑫　　周　玲　　周秀敏

医学部第二临床医学院

正高职：陈　锐　　李炳宗

副高职：李承龙　　刘国栋　　桑宏飞　　沈丽琴　　吴曙华　　徐卫亭　　杨晓东
　　　　余　勇　　张弘弘　　张艳林

医学部儿科临床医学院

正高职：陈旭勤

副高职：柏振江　　顾　琴　　郝创利　　卢　俊

阳澄湖校区

副高职：殷　盈　　林慧平　　丛培栋　　范小青　　宋彦云　　徐　莹　　王　伟
　　　　吴冬敏　　朱朝晖　　杨胤保　　李娟娟　　王槐生　　王晓玲　　顾晓辉
　　　　王桂娜

财务处

副高职：孔皖容　　沈　军

档案馆

正高职：付双双

信息化建设与管理中心

副高职：韩月娟

分析测试中心

副高职：彭少华　　周秋璇

工程训练中心

副高职：谭　洪

出版社有限公司

副高职：管兆宁

二、2016年获教育管理研究系列高级职务任职资格人员名单

学报编辑部

正高职：江　波

教务部

副高职：韦剑剑

科学技术研究部

  副高职：刘开强

后勤管理处

  副高职：张　楠

艺术学院

  正高职：束霞平

神经科学研究所

  副高职：姚建萍

文正学院

  正高职：吴昌政

图书馆

  副高职：冯　一

江苏苏大投资有限公司

  副高职：陈彦艳

阳澄湖校区

  副高职：何　菊　　李　乐　　芈志坚　　柳建设　　王加华

三、2016年获学生思想政治教育系列高级职务任职资格人员名单

东吴商学院（财经学院）　东吴证券金融学院

  副高职：唐文跃

物理与光电·能源学部

  副高职：龚呈卉

文正学院

  副高职：袁昌兵

2016年聘请讲座教授、客座教授、兼职教授名单

讲座教授

物理与光电·能源学部
  Federico Rosei 加拿大国立科学研究院院士
纳米科学技术学院
  Frank Schreiber 德国图宾根大学教授
  野信雄 日本千叶大学教授(续聘)
  Yeshayahu (Shay) Lifshitz 以色列理工学院教授(续聘)
电子信息学院
  Atam P. Dhawan 新泽西理工大学教授
  李昕欣 中国科学院上海微系统与信息技术研究所传感技术国家重点实验室主任、研究员(续聘)
  Milan Sonka 美国艾奥瓦大学工程学院副院长、教授(续聘)
  龙漫远 美国芝加哥大学教授(续聘)
  王汝海 美国得克萨斯州立拉玛尔大学教授
医学部放射医学与防护学院
  欧阳晓平 湘潭大学材料科学与工程学院院长、院士
  王祥科 华北电力大学教授(续聘)
  周平坤 军事医学科学院放射与辐射医学研究所研究员(续聘)
  于金明 山东省肿瘤医院院长、院士
  高明远 中国科学院化学研究所教授(续聘)
计算机科学与技术学院
  柳成飞 澳大利亚斯文本科技大学计算机科学学院教授
  陶宇飞 澳大利亚昆士兰大学信息技术与电子工程学院教授
材料与化学化工学部
  Luis Echegoyen 美国得克萨斯大学埃尔帕索分校教授
纺织与服装工程学院
  林 童 澳大利亚迪肯大学教授
教育学院
  罗妖嘉 深圳大学脑疾病与认知科学研究中心教授
东吴商学院(财经学院) 东吴证券金融学院
  梁会刚、薛雅炯 美国东卡罗来纳大学商学院教授
医学部基础医学与生物科学学院
  卢斌峰 美国匹兹堡大学医学院免疫学系教授

客座教授

金螳螂建筑学院
  刘少瑜 新加坡国立大学设计与环境学院建筑系教授
物理与光电·能源学部
  Alicja Bachmatiuk 波兰科学院教授
骨科研究所
  钦逸仙 美国纽约州立大学石溪分校生物工程医学系教授
神经科学研究所
  邓文斌 美国加州大学戴维斯分校教授
  申 勇 美国佛罗丽州立大学医学院神经病学系教授
医学部护理学院
  Masataka Kawai 美国艾奥瓦大学教授
医学部基础医学与生物科学学院
  Mann Fung Johnson & Johnson 公司研发中心全球副总裁、博士
  贾延凯 苏州金唯智生物科技有限公司副总经理、博士
转化医学研究院
  Michel William Jeffrey Sadelain 美国纪念斯隆-凯特琳癌症研究中心细胞工程实验室主任、美国基因和细胞治疗委员会主席、博士
音乐学院
  Guil laume Molko 上海交响乐团小提琴首席
  胡清文 上海交响乐团长号副首席
  张小杰 上海音乐学院教授
  吴宏毅 上海音乐学院副教授
  王玉燕 肇庆学院音乐学院副教授
凤凰传媒学院
  姚喜双 教育部语言文字应用管理司司长、教授
附属第一医院
  Donghui Li 美国德州大学 MD Anderson 肿瘤中心教授
计算机科学与技术学院
  李建平 中国科学院自然科学与社会科学交叉研究中心副主任、教授
医学部放射医学与防护学院
  Isao Tanihata 日本大阪大学教授
  Albrecht-Schmitt 美国佛罗里达州立大学放射化学研究中心主任、教授

兼职教授

医学部护理学院
  袁长蓉 第二军医大学护理学院教授

医学部药学院
　　陈耀斌　美国纽约市立大学医学院基础教育学院生理药理神经学系博士
医学部放射医学与防护学院
　　陈　明　浙江省肿瘤医院副院长、放疗科主任医师、教授
　　张洪建　北京小江生物技术有限公司CEO、博士
计算机科学与技术学院
　　刘庆中　美国山姆休斯敦州立大学博士
纺织与服装工程学院
　　施楣梧　中国人民解放军总后勤部军需装备研究所教授
沙钢钢铁学院
　　王福明　北京科技大学教授
　　朱国辉　安徽工业大学教授
附属第一医院
　　余建华　俄亥俄州立大学医学院终生副教授、博士
神经科学研究所
　　余　永　日本鹿儿岛大学教授

院士、博士研究生导师（在职）名单

院士情况一览表

序号	姓名	性别	出生年月	从事专业	备注
1	阮长耿	男	1939.08	内科学（血液病学）	中国工程院院士
2	潘君骅	男	1930.10	光学工程	中国工程院院士
3	李述汤	男	1947.01	材料化学	中国科学院院士 第三世界科学院院士
4	柴之芳	男	1942.09	放射医学	中国工程院院士
5	陈晓东	男	1965.02	应用化学	澳大利亚工程院院士 新西兰皇家科学院院士
6	刘忠范	男	1962.10	物理化学	中国科学院院士
7	李永舫	男	1948.08	材料学	中国科学院院士
8	王志新	男	1953.08	生物学	中国科学院院士 第三世界科学院院士

博士研究生导师情况一览表

序号	姓名	性别	出生年月	专业名称	备注
1	刘锋杰	男	1953.12	文艺学	
2	侯 敏	男	1961.01	文艺学	
3	徐国源	男	1965.01	文艺学	
4	李 勇	男	1967.02	文艺学	
5	徐 山	男	1955.12	汉语言文字学	
6	曹 炜	男	1963.10	汉语言文字学	
7	罗时进	男	1956.04	中国古代文学	
8	赵杏根	男	1956.12	中国古代文学	
9	马亚中	男	1957.10	中国古代文学	
10	马卫中	男	1959.03	中国古代文学	
11	钱锡生	男	1962.04	中国古代文学	
12	刘祥安	男	1957.02	中国现当代文学	
13	王 尧	男	1960.04	中国现当代文学	
14	汪卫东	男	1968.09	中国现当代文学	
15	黄 轶	女	1971.11	中国现当代文学	
16	季 进	男	1965.01	比较文学与世界文学	
17	吴雨平	女	1962.04	比较文学与世界文学	
18	汤哲声	男	1956.08	中国通俗文学	
19	倪祥保	男	1953.04	戏剧影视文学	
20	陈 龙	男	1965.06	戏剧影视文学	
21	王 宁	男	1967.04	戏剧影视文学	
22	马中红	女	1962.12	媒介文化	
23	陈 霖	男	1963.06	媒介与文化产业	
24	张 健	男	1967.07	媒介与文化产业	
25	曾一果	男	1974.09	媒介与文化产业	
26	池子华	男	1961.08	中国近现代史	
27	余同元	男	1962.01	中国近现代史	

续表

序号	姓名	性别	出生年月	专业名称	备注
28	王卫平	男	1962.10	中国近现代史	
29	朱从兵	男	1965.08	中国近现代史	
30	朱小田	男	1963.07	中国史	
31	王宇博	男	1960.02	中国史	
32	周书灿	男	1967.11	中国史	
33	高芳英	女	1956.11	中国史	
34	杨思基	男	1958.02	马克思主义哲学	
35	邢冬梅	女	1964.09	马克思主义哲学	
36	陈 忠	男	1968.02	马克思主义哲学	
37	车玉玲	女	1970.01	马克思主义哲学	
38	庄友刚	男	1971.06	马克思主义哲学	
39	蒋国保	男	1951.06	中国哲学	
40	周可真	男	1958.07	中国哲学	
41	臧知非	男	1958.09	中国哲学	
42	王俊华	女	1954.08	政治学理论	
43	乔耀章	男	1954.09	政治学理论	
44	钮菊生	男	1956.04	政治学理论	
45	王卓君	男	1958.03	政治学理论	
46	金太军	男	1963.06	政治学理论	
47	钱振明	男	1964.12	政治学理论	
48	周 毅	男	1966.01	政治学理论	
49	张劲松	男	1967.09	政治学理论	
50	葛建一	男	1953.12	政治学理论	
51	吴声功	男	1952.02	马克思主义基本原理	
52	方世南	男	1954.06	马克思主义基本原理	
53	田芝健	男	1963.07	马克思主义基本原理	
54	高祖林	男	1957.10	马克思主义基本原理	

续表

序号	姓名	性别	出生年月	专业名称	备注
55	陆树程	男	1956.04	思想政治教育	
56	姜建成	男	1957.07	思想政治教育	
57	陈进华	男	1970.09	伦理学	
58	朱建平	男	1956.09	逻辑学	
59	郭彩琴	女	1963.12	地方政府与社会管理	
60	叶继红	男	1969.12	地方政府与社会管理	
61	夏永祥	男	1955.06	财政学	
62	孙文基	男	1963.01	财政学	
63	贝政新	男	1952.11	金融学	
64	万解秋	男	1955.10	金融学	
65	乔桂明	男	1956.07	金融学	
66	王光伟	男	1960.01	金融学	
67	李晓峰	男	1952.03	企业管理学	
68	邢建国	男	1956.11	企业管理学	
69	罗正英	女	1957.12	企业管理学	
70	赵增耀	男	1963.04	企业管理学	
71	袁勇志	男	1962.06	企业管理学	
72	田晓明	男	1964.09	企业管理学	
73	段进军	男	1968.03	区域经济学	
74	陈立虎	男	1954.10	宪法学与行政法学	
75	孙莉	女	1954.12	宪法学与行政法学	
76	艾永明	男	1957.05	宪法学与行政法学	
77	李晓明	男	1959.06	宪法学与行政法学	
78	黄学贤	男	1963.03	宪法学与行政法学	
79	胡玉鸿	男	1964.02	宪法学与行政法学	
80	王克稳	男	1964.08	宪法学与行政法学	
81	章志远	男	1975.05	宪法学与行政法学	

续表

序号	姓名	性别	出生年月	专业名称	备注
82	上官丕亮	男	1967.01	宪法学与行政法学	
83	朱 谦	男	1964.11	环境与资源保护法学	
84	魏玉娃	女	1963.01	国际法学	
85	贾冠杰	男	1953.07	英语语言文学	
86	顾佩娅	女	1956.09	英语语言文学	
87	朱新福	男	1963.03	英语语言文学	
88	王 军	男	1966.01	英语语言文学	
89	王腊宝	男	1967.01	英语语言文学	
90	赵爱国	男	1955.03	俄语语言文学	
91	周民权	男	1953.01	俄语语言文学	
92	施 晖	女	1967.08	日语语言文学	
93	苏晓军	男	1964.11	外语语言学与应用语言学	
94	王 宏	男	1956.09	外语语言学与应用语言学	
95	刘电芝	女	1955.07	高等教育学	
96	童辉杰	男	1956.07	高等教育学	
97	周 川	男	1957.10	高等教育学	
98	许庆豫	男	1959.11	高等教育学	
99	母小勇	男	1962.09	高等教育学	
100	吴继霞	女	1962.10	高等教育学	
101	崔玉平	男	1964.05	高等教育学	
102	赵蒙成	男	1969.09	高等教育学	
103	冯成志	男	1970.07	高等教育学	
104	黄辛隐	女	1958.05	高等教育学	
105	段锦云	男	1980.10	高等教育学	
106	陈羿君	女	1968.01	高等教育学	
107	李超德	男	1961.06	设计艺术学	

续表

序号	姓名	性别	出生年月	专业名称	备注
108	沈爱凤	男	1963.02	设计学	
109	江 牧	男	1971.09	设计学	
110	罗时铭	男	1953.02	体育教育训练学	
111	王家宏	男	1955.06	体育教育训练学	
112	张 林	男	1956.10	体育教育训练学	
113	王国祥	男	1963.11	体育教育训练学	
114	王 岗	男	1965.09	体育教育训练学	
115	邰崇禧	男	1952.08	体育教育训练学	
116	熊 焰	男	1963.07	体育教育训练学	
117	陆阿明	男	1965.09	运动人体科学	
118	李 龙	男	1970.12	民族传统体育学	
119	钱定边	男	1957.02	基础数学	
120	黎先华	男	1957.04	基础数学	
121	余红兵	男	1962.10	基础数学	
122	黄毅生	男	1962.11	基础数学	
123	唐忠明	男	1963.04	基础数学	
124	陆芳言	男	1966.04	基础数学	
125	沈玉良	男	1967.03	基础数学	
126	张 影	男	1967.10	基础数学	
127	史恩慧	男	1976.02	基础数学	
128	刘长剑	男	1978.05	基础数学	
129	姚林泉	男	1961.01	计算数学	
130	岳兴业	男	1966.10	计算数学	
131	王过京	男	1959.05	概率论与数理统计	
132	余王辉	男	1959.01	应用数学	
133	马欣荣	男	1964.09	应用数学	
134	曹永罗	男	1967.09	应用数学	

续表

序号	姓名	性别	出生年月	专业名称	备注
135	秦文新	男	1967.11	应用数学	
136	季利均	男	1975.10	应用数学	
137	杨凌	男	1971.04	应用数学	
138	陈中文	男	1963.08	运筹学与控制论	
139	周育英	女	1964.06	运筹学与控制论	
140	沈百荣	男	1964.11	系统生物学	
141	狄国庆	男	1957.01	凝聚态物理	
142	晏世雷	男	1958.05	凝聚态物理	
143	吴雪梅	女	1967.02	凝聚态物理	
144	沈明荣	男	1969.02	凝聚态物理	
145	高雷	男	1971.02	凝聚态物理	
146	王明湘	男	1972.03	凝聚态物理	
147	苏晓东	男	1970.07	凝聚态物理	
148	睢胜	男	1978.01	凝聚态物理	
149	戴洁	男	1955.12	无机化学	
150	郎建平	男	1964.06	无机化学	
151	李宝龙	男	1965.06	无机化学	
152	李亚红	女	1968.06	无机化学	
153	胡传江	男	1973.04	无机化学	
154	贾定先	男	1966.04	无机化学	
155	朱琴玉	女	1966.01	无机化学	
156	屠一锋	男	1963.07	分析化学	
157	邹建平	男	1962.08	有机化学	
158	姚英明	男	1968.08	有机化学	
159	孙宏枚	男	1968.11	有机化学	
160	王兴旺	男	1972.10	有机化学	
161	毛金成	男	1978.07	有机化学	

续表

序号	姓名	性别	出生年月	专业名称	备注
162	张松林	男	1964.04	有机化学	
163	万小兵	男	1976.02	有机化学	
164	狄俊伟	男	1964.11	分析化学	
165	邓安平	男	1962.02	分析化学	
166	杨平	男	1953.01	物理化学	
167	郑军伟	男	1964.08	物理化学	
168	姚建林	男	1970.07	物理化学	
169	杜玉扣	男	1966.06	物理化学	
170	高明远	男	1967.03	物理化学	
171	李述汤	男	1947.01	高分子化学与物理	
172	朱秀林	男	1955.10	高分子化学与物理	
173	倪沛红	女	1960.06	高分子化学与物理	
174	邵名望	男	1961.11	高分子化学与物理	
175	程振平	男	1966.01	高分子化学与物理	
176	杨永刚	男	1971.07	高分子化学与物理	
177	钟志远	男	1974.02	高分子化学与物理	
178	严锋	男	1971.11	高分子化学与物理	
179	孟凤华	女	1973.04	高分子化学与物理	
180	朱健	男	1973.10	高分子化学与物理	
181	袁琳	男	1973.05	高分子化学与物理	
182	张正彪	男	1974.11	高分子化学与物理	
183	范丽娟	女	1971.09	高分子化学与物理	
184	张伟	男	1979.11	高分子化学与物理	
185	华道本	男	1974.04	高分子化学与物理	
186	周竹发	男	1956.12	材料学	
187	石世宏	男	1956.09	材料学	
188	戴礼兴	男	1961.02	材料学	

续表

序号	姓名	性别	出生年月	专业名称	备注
189	梁国正	男	1961.03	材料学	
190	黄彦林	男	1966.01	材料学	
191	顾嫒娟	女	1968.12	材料学	
192	李红喜	男	1976.12	材料学	
193	路建美	女	1960.10	应用化学	
194	洪若瑜	男	1966.10	应用化学	
195	顾宏伟	男	1976.01	应用化学	
196	徐冬梅	女	1966.09	应用化学	
197	周年琛	女	1957.07	应用化学	
198	赵优良	男	1975.09	应用化学	
199	徐庆锋	女	1972.06	应用化学	
200	陈宇岳	男	1962.03	纺织工程	
201	冯志华	男	1962.04	纺织工程	
202	李明忠	男	1963.05	纺织工程	
203	陈 廷	男	1974.01	纺织工程	
204	赖跃坤	男	1980.12	纺织工程	
205	左葆齐	男	1957.02	纺织材料与纺织品设计	
206	潘志娟	女	1967.11	纺织材料与纺织品设计	
207	王国和	男	1964.11	纺织材料与纺织品设计	
208	杨旭红	女	1968.03	纺织材料与纺织品设计	
209	芮延年	男	1951.02	纺织化学与染整工程	
210	陈国强	男	1957.11	纺织化学与染整工程	
211	朱亚伟	男	1963.07	纺织化学与染整工程	
212	唐人成	男	1966.01	纺织化学与染整工程	
213	李战雄	男	1970.12	纺织化学与染整工程	
214	邢铁玲	女	1974.12	纺织化学与染整工程	
215	刘国联	女	1953.03	服装	

续表

序号	姓名	性别	出生年月	专业名称	备注
216	陈雁	女	1956.12	服装	
217	许星	女	1958.02	服装	
218	朱巧明	男	1963.07	计算机应用技术	
219	樊建席	男	1965.03	计算机应用技术	
220	吕强	男	1965.04	计算机应用技术	
221	周国栋	男	1967.03	计算机应用技术	
222	刘全	男	1969.10	计算机应用技术	
223	王宜怀	男	1962.02	计算机应用技术	
224	龚声蓉	男	1966.04	计算机应用技术	
225	钟宝江	男	1972.11	计算机应用技术	
226	张书奎	男	1962.08	计算机应用技术	
227	李凡长	男	1964.09	计算机软件与理论	
228	张莉	女	1975.04	计算机软件与理论	
229	顾济华	男	1957.03	光学	
230	方建兴	男	1963.04	光学	
231	宋瑛林	男	1966.12	光学	
232	潘君骅	男	1930.10	光学工程	
233	吴建宏	男	1960.07	光学工程	
234	陈林森	男	1961.01	光学工程	
235	沈为民	男	1963.04	光学工程	
236	王钦华	男	1964.01	光学工程	
237	郭培基	男	1968.07	光学工程	
238	傅戈雁	女	1956.03	光学工程	
239	钟胜奎	男	1974.11	激光制造工程	
240	汪一鸣	女	1956.02	信号与信息处理	
241	王加俊	男	1969.11	信号与信息处理	
242	赵鹤鸣	男	1957.08	信号与信息处理	

续表

序号	姓名	性别	出生年月	专业名称	备注
243	毛凌锋	男	1971.06	信号与信息处理	
244	朱灿焰	男	1962.10	信号与信息处理	
245	陶智	男	1970.12	信号与信息处理	
246	朱忠奎	男	1974.09	智能交通科学与技术	
247	张立军	男	1971.07	智能交通科学与技术	
248	袁银男	男	1959.04	智能交通科学与技术	
				新能源科学与工程	
249	谈建中	男	1957.08	特种经济动物饲养学	
250	张雨青	男	1958.04	特种经济动物饲养学	
251	徐世清	男	1963.10	特种经济动物饲养学	
252	许维岸	男	1964.02	特种经济动物饲养学	
253	贡成良	男	1965.02	特种经济动物饲养学	
254	蔡春芳	女	1967.04	特种经济动物饲养学	
255	夏春林	男	1957.03	人体解剖与组织胚胎学	
256	缪竞诚	男	1952.02	免疫学	
257	顾宗江	男	1956.05	免疫学	
258	邱玉华	女	1957.01	免疫学	
259	洪法水	男	1960.12	免疫学	
260	吴昌平	男	1961.10	免疫学	
261	刘海燕	女	1971.02	免疫学	
262	李云森	男	1975.02	免疫学	
263	蒋敬庭	男	1964.10	免疫学	
264	诸葛洪祥	男	1951.10	病原生物学	
265	黄瑞	女	1960.04	病原生物学	
266	夏超明	男	1962.04	病原生物学	
267	吴士良	男	1951.06	病理学与病理生理学	
268	谷振勇	男	1963.01	法医学	

续表

序号	姓名	性别	出生年月	专业名称	备 注
269	谢洪平	男	1964.03	法医学	
270	陶陆阳	男	1966.06	法医学	
271	朱少华	男	1963.04	法医学	
272	刘芬菊	女	1954.12	放射医学	
273	樊赛军	男	1961.08	放射医学	
274	曹建平	男	1962.05	放射医学	
275	张学农	男	1962.11	放射医学	
276	文万信	男	1964.03	放射医学	
277	涂彧	男	1965.07	放射医学	
278	王祥科	男	1973.03	放射医学	
279	阮长耿	男	1939.08	内科学(血液病学)	
280	张日	男	1955.09	内科学(血液病学)	
281	孙爱宁	女	1956.09	内科学(血液病学)	
282	吴德沛	男	1958.10	内科学(血液病学)	
283	傅晋翔	男	1960.10	内科学(血液病学)	
284	陈苏宁	男	1973.11	内科学(血液病学)	
285	甘建和	男	1958.09	内科学(传染病学)	
286	黄建安	男	1960.10	内科学(呼吸系病学)	
287	陈卫昌	男	1962.09	内科学(消化系病学)	
288	杨向军	男	1963.05	内科学(心血管病学)	
289	成兴波	男	1955.11	内科学(内分泌与代谢病学)	
290	柴忆欢	女	1949.01	儿科学	
291	汪健	男	1963.01	儿科学	
292	古桂雄	男	1954.06	儿科学	
293	倪宏	男	1968.03	儿科学	
294	胡绍燕	女	1967.03	儿科学	

续表

序号	姓名	性别	出生年月	专业名称	备注
295	李晓忠	男	1965.08	儿科学	
296	严春寅	男	1949.12	外科学(泌尿外科学)	
297	温端改	男	1950.11	外科学(泌尿外科学)	
298	单玉喜	男	1952.10	外科学(泌尿外科学)	
299	何小舟	男	1959.09	外科学(泌尿外科学)	
300	侯建全	男	1960.02	外科学(泌尿外科学)	
301	吴浩荣	男	1951.12	外科学(普通外科学)	
302	钱海鑫	男	1955.01	外科学(普通外科学)	
303	李德春	男	1955.02	外科学(普通外科学)	
304	沈振亚	男	1957.09	外科学(胸心血管外科学)	
305	李晓强	男	1962.04	外科学(胸心血管外科学)	
306	赵 军	男	1968.03	外科学(胸心血管外科学)	
307	董启榕	男	1956.07	外科学(骨外科学)	
308	孙俊英	男	1953.09	外科学(骨外科学)	
309	杨惠林	男	1960.03	外科学(骨外科学)	
310	徐又佳	男	1962.03	外科学(骨外科学)	
311	陈 亮	男	1972.02	外科学(骨外科学)	
312	周晓中	男	1970.10	外科学(骨外科学)	
313	张世明	男	1951.02	外科学(神经外科学)	
314	兰 青	男	1964.12	外科学(神经外科学)	
315	田 野	男	1965.01	外科学(神经外科学)	
316	周幽心	男	1964.02	外科学(神经外科学)	
317	王 中	男	1964.03	外科学(神经外科学)	
318	董 军	男	1971.07	外科学(神经外科学)	
319	邢春根	男	1965.02	外科学(泌尿外科学)	

续表

序号	姓名	性别	出生年月	专业名称	备注
320	刘春风	男	1965.02	神经病学	
321	徐兴顺	男	1972.08	神经病学	
322	方琪	男	1965.11	神经病学	
323	徐勇	男	1959.12	流行病与卫生统计学	
324	张永红	男	1960.10	流行病与卫生统计学	
325	邓飞艳	女	1979.10	流行病与卫生统计学	
326	周建华	女	1955.04	劳动卫生与环境卫生学	
327	安艳	女	1969.09	劳动卫生与环境卫生学	
328	张增利	男	1966.04	劳动卫生与环境卫生学	
329	童建	男	1953.05	卫生毒理学	
330	杨世林	男	1953.12	药理学	
331	梁中琴	女	1954.11	药理学	
332	秦正红	男	1955.03	药理学	
333	谢梅林	男	1958.02	药理学	
334	王剑文	男	1964.09	药理学	
335	乔春华	女	1973.01	药理学	
336	张慧灵	女	1965.01	药理学	
337	徐智策	男	1956.01	胚胎生理与围产基础医学	
338	张鲁波	男	1962.05	胚胎生理与围产基础医学	
339	茅彩萍	女	1968.07	胚胎生理与围产基础医学	
340	蒋星红	女	1960.10	医学神经生物学	
341	张焕相	男	1965.07	医学神经生物学	
342	陶金	男	1979.11	医学神经生物学	
343	魏文祥	男	1962.01	医学细胞生物学	
344	周翊峰	男	1976.02	医学细胞与分子生物学	

续表

序号	姓名	性别	出生年月	专业名称	备注
345	沈颂东	男	1968.08	医学细胞与分子生物学	
346	张洪涛	男	1970.03	基因组医学	
347	陆培荣	男	1969.02	眼科学	
348	宋鄂	女	1963.10	眼科学	
349	国风	女	1973.09	肿瘤学	
350	秦立强	男	1970.03	营养与食品卫生学	
351	缪丽燕	女	1966.04	药剂学	
352	陈华兵	男	1978.11	药剂学	
353	吴翼伟	男	1957.02	影像医学与核医学	
354	胡春洪	男	1965.05	影像医学与核医学	
355	倪才方	男	1962.08	影像医学与核医学	
356	杨建平	男	1957.03	麻醉学	
357	嵇富海	男	1968.10	麻醉学	
358	何向东	男	1948.07	马克思主义哲学	西南大学（挂靠）
359	任平	男	1956.10	马克思主义哲学	江苏师范大学（挂靠）
360	韩璞庚	男	1963.12	马克思主义哲学	江苏省社会科学院江海学刊杂志社（挂靠）
361	吴先满	男	1957.09	金融学	江苏省社会科学院（挂靠）
362	聂庆平	男	1961.10	金融学	中国证券业协会（挂靠）
363	何德旭	男	1962.09	金融学	中国社会科学院财贸经济研究所（挂靠）
364	巴曙松	男	1969.08	金融学	国务院发展研究中心金融研究所（挂靠）
365	夏东民	男	1956.01	马克思主义基本原理	江苏技术师范学院（挂靠）

续表

序号	姓名	性别	出生年月	专业名称	备注
366	周 宏	男	1962.06	马克思主义基本原理	常熟理工学院（挂靠）
367	朱永新	男	1958.08	高等教育学	全国政协常务委员（挂靠）
368	于振峰	男	1957.03	体育教育训练学	首都体育学院（挂靠）
369	李颖川	男	1960.01	体育教育训练学	首都体育学院（挂靠）
370	王广虎	男	1956.01	体育人文社会学	成都体育学院（挂靠）
371	梁晓龙	男	1957.01	体育人文社会学	国家体育总局体科所（挂靠）
372	鲍明晓	男	1962.11	体育人文社会学	国家体育总局体科所（挂靠）
373	盛 雷	女	1963.03	运动人体科学	江苏省体育科学研究所（挂靠）
374	丁晓原	男	1958.05	文艺学	常熟理工学院（挂靠）
375	朱志荣	男	1961.02	文艺学	华东师范大学（挂靠）
376	高凯征	男	1949.04	中国古代文学	辽宁大学（兼职）
377	周建忠	男	1955.01	中国古代文学	南通大学（挂靠）
378	梅新林	男	1958.01	中国古代文学	浙江师范大学（挂靠）
379	朱万曙	男	1962.05	中国古代文学	安徽大学（兼职）
380	邓红梅	女	1966.03	中国古代文学	山东师范大学（挂靠）
381	张仲谋	男	1955.01	中国古代文学	江苏师范大学（挂靠）
382	张 强	男	1956.10	中国古代文学	淮阴师范学院（挂靠）
383	方 忠	男	1964.08	中国现当代文学	江苏师范大学（挂靠）

续表

序号	姓名	性别	出生年月	专业名称	备注
384	刘洪一	男	1960.08	比较文学与世界文学	深圳大学(挂靠)
385	宋炳辉	男	1964.08	比较文学与世界文学	上海外国语大学(挂靠)
386	殷企平	男	1955.06	英语语言文学	浙江大学(挂靠)
387	雍和明	男	1963.08	英语语言文学	广东商学院(挂靠)
388	傅黎明	男	1956.07	设计艺术学	吉林大学(挂靠)
389	周新国	男	1951.05	中国近现代史	扬州大学(挂靠)
390	张海林	男	1957.10	中国近现代史	南京大学(挂靠)
391	陆建洪	男	1957.11	中国近现代史	苏州经贸职业技术学院(挂靠)
392	王稳地	男	1957.04	应用数学	西南大学(挂靠)
393	周汝光	男	1965.09	应用数学	江苏师范大学(挂靠)
394	朱林生	男	1962.11	基础数学	常熟理工学院(挂靠)
395	王维凡	男	1955.01	运筹学与控制论	浙江师范大学(挂靠)
396	陈 洪	男	1964.12	凝聚态物理	西南大学(挂靠)
397	马余强	男	1964.11	凝聚态物理	南京大学(挂靠)
398	张解放	男	1959.08	光学	浙江师范大学(挂靠)
399	王怀生	男	1962.12	分析化学	聊城大学(挂靠)
400	顾海鹰	男	1963.05	分析化学	南通大学(挂靠)
401	陶冠红	男	1967.12	分析化学	苏州市科技局(挂靠)
402	史达清	男	1962.04	有机化学	江苏师范大学(挂靠)

续表

序号	姓名	性别	出生年月	专业名称	备注
403	王 磊	男	1962.07	有机化学	淮北煤炭师范学院（挂靠）
404	纪顺俊	男	1958.11	有机化学	苏州市人事局（挂靠）
405	唐 勇	男	1964.09	有机化学	中科院上海有机化学研究所（挂靠）
406	陶福明	男	1960.06	物理化学	美国加州大学（挂靠）
407	罗孟飞	男	1963.03	物理化学	浙江师范大学（挂靠）
408	李金林	男	1963.09	物理化学	中南民族大学（挂靠）
409	张红雨	男	1970.06	物理化学	山东理工大学（挂靠）
410	张瑞勤	男	1963.08	高分子化学与物理	香港城市大学（挂靠）
411	屠树江	男	1957.10	化学生物学	江苏师范大学（挂靠）
412	王 辉	男	1958.11	光学工程	浙江师范大学（挂靠）
413	王相海	男	1965.01	计算机应用技术	辽宁师范大学（挂靠）
414	张 康	男	1959.04	计算机应用技术	得克萨斯大学达拉斯分校（挂靠）
415	崔志明	男	1961.07	计算机应用技术	苏州职业大学（挂靠）
416	梁培康	男	1961.05	信号与信息处理	中国兵器工业集团第214研究所苏州研发中心（挂靠）
417	汤克勇	男	1964.03	纺织化学与染整工程	郑州大学（挂靠）

续表

序号	姓名	性别	出生年月	专业名称	备注
418	吴国庆	男	1957.10	纺织工程	南通大学(挂靠)
419	徐卫林	男	1969.04	纺织工程	武汉纺织大学(挂靠)
420	顾晓松	男	1953.12	人体解剖与组织胚胎学	南通大学(挂靠)
421	邱一华	男	1955.03	人体解剖与组织胚胎学	南通大学(挂靠)
422	彭聿平	女	1955.07	人体解剖与组织胚胎学	南通大学(挂靠)
423	金国华	男	1957.10	人体解剖与组织胚胎学	南通大学(挂靠)
424	丁斐	女	1958.07	人体解剖与组织胚胎学	南通大学(挂靠)
425	王晓冬	男	1958.12	人体解剖与组织胚胎学	南通大学(挂靠)
426	卢斌峰	男	1969.02	免疫学	美国匹兹堡大学(挂靠)
427	高琪	男	1953.01	病原生物学	江苏省寄生虫研究所(挂靠)
428	廖军	男	1957.01	设计艺术学	苏州工艺美术职业技术学院挂靠
429	赵国屏	男	1948.08	病原生物学	中科院上海生命科学研究院(挂靠)
430	王红阳	男	1952.01	病理学与病理生理学	上海东方肝胆外科医院(挂靠)
431	沈敏	女	1955.03	法医学	司法部司法鉴定科学技术研究所(挂靠)
432	周平坤	男	1963.09	放射医学	军事医学科学院放射与辐射研究所(挂靠)
433	吴锦昌	男	1959.04	放射医学	苏州市立医院(挂靠)
434	程英升	男	1966.12	内科学(消化系病学)	上海第六人民医院(挂靠)
435	郭传勇	男	1962.10	内科学(消化系病学)	上海市第十人民医院(挂靠)

续表

序号	姓名	性别	出生年月	专业名称	备注
436	吴庆宇	男	1957.10	内科学(血液病学)	美国克利夫兰Lerner研究所(挂靠)
437	贾伟平	男	1956.11	内科学(内分泌与代谢病学)	上海市第六人民医院(挂靠)
438	章振林	男	1966.12	内科学(内分泌与代谢病学)	上海市第六人民医院(挂靠)
439	王 琛	男	1960.05	内科学(内分泌与代谢病学)	上海市第六人民医院(挂靠)
440	汪年松	男	1966.01	内科学(肾脏病学)	上海市第六人民医院(挂靠)
441	臧国庆	男	1960.09	内科学(传染病学)	上海市第六人民医院(挂靠)
442	刘 璠	男	1957.05	外科学(骨外科学)	南通大学(挂靠)
443	蒋 垚	男	1951.06	外科学(骨外科学)	上海市第六人民医院(挂靠)
444	张晓膺	男	1959.08	外科学(胸心血管外科学)	苏州大学附属第三医院(挂靠)
445	朱健华	男	1956.03	内科学(心血管病学)	南通大学(挂靠)
446	汤锦波	男	1963.11	外科学(骨外科学)	南通大学(挂靠)
447	张长青	男	1962.09	外科学(骨外科学)	上海市第六人民医院(挂靠)
448	吴孟超	男	1922.08	外科学(普通外科学)	上海东方肝胆外科医院(挂靠)
449	杨甲梅	男	1951.12	外科学(普通外科学)	上海东方肝胆外科医院(挂靠)
450	杨广顺	男	1952.01	外科学(普通外科学)	上海东方肝胆外科医院(挂靠)
451	赵玉武	男	1963.03	神经病学	上海市第六人民医院(挂靠)

续表

序号	姓名	性别	出生年月	专业名称	备注
452	白跃宏	男	1958.06	康复医学与理疗学	上海市第六人民医院（挂靠）
453	滕银成	男	1965.10	妇产科学	上海市第六人民医院（挂靠）
454	褚玉明	男	1966.06	基础数学	湖州师范学院（挂靠）
455	李成涛	男	1975.03	法医学	司法部司法鉴定科学技术研究所（挂靠）
456	胡璋剑	男	1957.11	基础数学	湖州师范学院（挂靠）
457	陈 明	男	1965.01	肿瘤学	浙江省肿瘤医院（挂靠）
458	吴为山	男	1962.01	设计艺术学	特聘博士生导师
459	孙晓云	女	1955.08	设计艺术学	特聘博士生导师
460	吴永发	男	1965.01	设计学	特聘博士生导师
461	蒋春山	男	1963.02	信号与信息处理	特聘博士生导师
462	陆安南	男	1959.05	信号与信息处理	特聘博士生导师
463	潘高峰	男	1964.04	信号与信息处理	特聘博士生导师
464	郭述文	男	1955.09	信号与信息处理	特聘博士生导师
465	陈新建	男	1979.05	信号与信息处理	特聘博士生导师
466	陈 康	男	1978.04	凝聚态物理	特聘博士生导师
467	张泽新	男	1977.11	凝聚态物理	特聘博士生导师
468	廖良生	男	1956.07	凝聚态物理	特聘博士生导师
469	王雪峰	男	1969.01	凝聚态物理	特聘博士生导师
470	杨 浩	男	1979.04	凝聚态物理	特聘博士生导师
471	马万里	男	1974.11	凝聚态物理	特聘博士生导师
472	揭建胜	男	1977.09	凝聚态物理	特聘博士生导师
473	孙周洲	男	1976.09	凝聚态物理	特聘博士生导师

续表

序号	姓名	性别	出生年月	专业名称	备注
474	杨朝辉	男	1978.03	凝聚态物理	特聘博士生导师
475	李 亮	男	1979.02	凝聚态物理	特聘博士生导师
476	Steffen Duhm	男	1978.06	凝聚态物理	特聘博士生导师
477	胡 军	男	1981.03	凝聚态物理	特聘博士生导师
478	杨 恺	男	1977.12	凝聚态物理	特聘博士生导师
479	尹万健	男	1983.10	凝聚态物理	特聘博士生导师
480	封心建	男	1976.10	物理化学	特聘博士生导师
481	何 乐	男	1987.03	物理化学	特聘博士生导师
482	胡志军	男	1973.04	高分子化学与物理	特聘博士生导师
483	康振辉	男	1976.03	高分子化学与物理	特聘博士生导师
484	唐建新	男	1979.04	高分子化学与物理	特聘博士生导师
485	王穗东	男	1977.01	高分子化学与物理	特聘博士生导师
486	陈 红	女	1967.10	高分子化学与物理	特聘博士生导师
487	黄 鹤	男	1967.02	高分子化学与物理	特聘博士生导师
488	李艳青	女	1980.10	高分子化学与物理	特聘博士生导师
489	潘勤敏	女	1965.12	高分子化学与物理	特聘博士生导师
490	屠迎锋	男	1976.11	高分子化学与物理	特聘博士生导师
491	蔡远利	男	1967.09	高分子化学与物理	特聘博士生导师
492	陈 康	男	1978.04	高分子化学与物理	特聘博士生导师
493	董 彬	男	1978.01	高分子化学与物理	特聘博士生导师
494	陆 广	男	1974.10	高分子化学与物理	特聘博士生导师
495	张茂杰	男	1982.10	高分子化学与物理	特聘博士生导师
496	刘 涛	男	1969.11	高分子化学与物理	特聘博士生导师
497	靳 健	女	1973.05	高分子化学与物理	特聘博士生导师
498	冯 岩	男	1980.03	等离子体物理	特聘博士生导师
499	刘 坚	男	1975.03	化学生物学	特聘博士生导师

续表

序号	姓名	性别	出生年月	专业名称	备注
500	何 耀	男	1981.05	化学生物学	特聘博士生导师
501	邹贵付	男	1979.09	材料物理与化学	特聘博士生导师
502	杨瑞枝	女	1972.11	材料物理与化学	特聘博士生导师
503	鲍桥梁	男	1979.04	材料物理与化学	特聘博士生导师
504	程建军	男	1970.08	材料物理与化学	特聘博士生导师
505	孙立宁	男	1964.01	光学工程	特聘博士生导师
506	袁 孝	男	1961.09	光学工程	特聘博士生导师
507	彭长四	男	1966.07	光学工程	特聘博士生导师
508	陈 琛	男	1963.11	光学工程	特聘博士生导师
509	李孝峰	男	1979.09	光学工程	特聘博士生导师
510	蔡阳健	男	1977.12	光学	特聘博士生导师
511	陈焕阳	男	1983.08	光学	特聘博士生导师
512	杭志宏	男	1978.10	光学	特聘博士生导师
513	陈 瑶	男	1970.04	材料学	特聘博士生导师
514	高立军	男	1965.02	材料学	特聘博士生导师
515	孙旭辉	男	1970.09	材料学	特聘博士生导师
516	李 斌	男	1974.06	材料学	特聘博士生导师
517	郑洪河	男	1967.07	材料学	特聘博士生导师
518	杨 磊	男	1982.01	材料学	特聘博士生导师
519	耿凤霞	女	1980.05	材料学	特聘博士生导师
520	吕 强	男	1978.04	纺织材料与纺织品设计	特聘博士生导师
521	何吉欢	男	1965.03	纺织材料与纺织品设计	特聘博士生导师
522	王晓沁	男	1969.01	纺织材料与纺织品设计	特聘博士生导师
523	周丁华	男	1965.09	外科学（普通外科学）	特聘博士生导师
524	周宁新	男	1952.12	外科学（普通外科学）	特聘博士生导师
525	邹 练	男	1959.11	外科学（泌尿外科学）	特聘博士生导师
526	罗宗平	男	1961.05	外科学（骨外科学）	特聘博士生导师

续表

序号	姓名	性别	出生年月	专业名称	备注
527	赛吉拉夫	男	1975.02	外科学（骨外科学）	特聘博士生导师
528	张睢扬	男	1955.08	内科学（呼吸系病学）	特聘博士生导师
529	武艺	男	1965.03	内科学（血液病学）	特聘博士生导师
530	周泉生	男	1955.06	内科学（血液病学）	特聘博士生导师
531	朱力	男	1959.08	内科学（血液病学）	特聘博士生导师
532	戴克胜	男	1969.01	内科学（血液病学）	特聘博士生导师
533	何苏丹	女	1980.04	内科学（血液病学）	特聘博士生导师
534	黄玉辉	男	1972.12	内科学（血液病学）	特聘博士生导师
535	夏利军	男	1962.02	内科学（血液病学）	特聘博士生导师
536	李凯	男	1959.11	内科学（呼吸系病学）	特聘博士生导师
537	徐薇	女	1974.08	免疫学	特聘博士生导师
538	张惠敏	女	1979.06	免疫学	特聘博士生导师
539	高晓明	男	1962.02	免疫学	特聘博士生导师
540	杨林	男	1964.08	免疫学	特聘博士生导师
541	熊思东	男	1962.10	免疫学	特聘博士生导师
542	吕德生	男	1962.01	免疫学	特聘博士生导师
543	尹芝南	男	1964.10	免疫学	特聘博士生导师
544	郑春福	男	1968.11	免疫学	特聘博士生导师
545	郑慧	男	1978.12	免疫学	特聘博士生导师
546	周芳芳	女	1979.12	免疫学	特聘博士生导师
547	钱友存	男	1963.09	免疫学	特聘博士生导师
548	张雁云	男	1955.10	免疫学 医学细胞与分子生物学 药理学	特聘博士生导师
549	张毅	男	1964.02	儿科学	特聘博士生导师
550	尹斌	男	1970.06	病理学与病理生理学	特聘博士生导师
551	李建明	男	1970.10	病理学与病理生理学	特聘博士生导师

续表

序号	姓名	性别	出生年月	专业名称	备注
552	徐广银	男	1964.02	医学神经生物学	特聘博士生导师
553	刘耀波	男	1971.12	医学神经生物学	特聘博士生导师
554	王建荣	男	1962.05	医学细胞生物学	特聘博士生导师
555	宋耀华	男	1961.03	医学细胞生物学	特聘博士生导师
556	何玉龙	男	1967.01	医学生物化学	特聘博士生导师
557	苏雄	男	1977.10	医学细胞与分子生物学	特聘博士生导师
558	胡士军	男	1980.02	医学细胞与分子生物学	特聘博士生导师
559	张文胜	男	1968.08	医学细胞与分子生物学	特聘博士生导师
560	陈建权	男	1976.11	医学细胞与分子生物学	特聘博士生导师
561	王志新	男	1958.08	医学细胞与分子生物学	特聘博士生导师
562	吴嘉炜	女	1971.12	医学细胞与分子生物学	特聘博士生导师
563	时玉舫	男	1960.10	免疫学 病理学与病理生理学 医学细胞与分子生物学	特聘博士生导师
564	徐璎	女	1962.04	医学细胞与分子生物学	特聘博士生导师
565	杨金铭	男	1959.12	药理学	特聘博士生导师
566	镇学初	男	1963.07	药理学	特聘博士生导师
567	李浩莹	男	1973.12	药理学	特聘博士生导师
568	陈大为	男	1958.12	药理学	特聘博士生导师
569	毛新良	男	1971.06	药理学	特聘博士生导师
570	王光辉	男	1964.01	药理学	特聘博士生导师
571	许国强	男	1973.12	药理学	特聘博士生导师
572	杨增杰	男	1975.01	药理学	特聘博士生导师
573	张洪建	男	1962.08	药物分析学	特聘博士生导师
574	张小虎	男	1967.11	药物化学	特聘博士生导师
575	龙亚秋	女	1968.11	药物化学	特聘博士生导师
576	雷署丰	男	1975.10	流行病学与卫生统计学	特聘博士生导师

续表

序号	姓名	性别	出生年月	专业名称	备注
577	赵国屏	男	1948.08	病原生物学	特聘博士生导师
578	孙宝全	男	1973.11	物理化学	特聘博士生导师
579	李有勇	男	1975.01	物理化学	特聘博士生导师
580	侯廷军	男	1975.03	物理化学	特聘博士生导师
581	江 林	女	1978.07	物理化学	特聘博士生导师
582	迟力峰	女	1957.10	物理化学	特聘博士生导师
583	刘 庄	男	1982.08	化学生物学	特聘博士生导师
584	张克勤	男	1972.08	纺织工程	特聘博士生导师
585	王 晗	男	1963.07	基因组医学	特聘博士生导师
586	冯 菜	女	1975.01	无机化学	特聘博士生导师
587	吴 涛	男	1976.10	无机化学	特聘博士生导师
588	黄小青	男	1984.08	无机化学	特聘博士生导师
589	陈 坚	男	1981.06	无机化学	特聘博士生导师
590	吴张雄	男	1984.03	无机化学	特聘博士生导师
591	赵 宇	男	1980.05	无机化学	特聘博士生导师
592	李彦光	男	1982.04	无机化学	特聘博士生导师
593	朱 晨	男	1981.07	有机化学	特聘博士生导师
594	马 楠	男	1981.10	分析化学	特聘博士生导师
595	肖 杰	男	1980.03	应用化学	特聘博士生导师
596	王汝海	男	1971.12	信号与信息处理	特聘博士生导师
597	乔东海	男	1965.08	信号与信息处理	特聘博士生导师
598	沈纲祥	男	1975.08	信号与信息处理	特聘博士生导师
599	常春起	男	1972.10	信号与信息处理	特聘博士生导师
600	曾 嘉	男	1980.01	计算机应用技术	特聘博士生导师
601	杨立坚	男	1966.08	概率论与数理统计	特聘博士生导师
602	侯 波	男	1980.05	光学	特聘博士生导师
603	赖 耘	男	1977.11	光学	特聘博士生导师

续表

序号	姓名	性别	出生年月	专业名称	备注
604	倪卫海	男	1979.03	光学	特聘博士生导师
605	汝长海	男	1976.08	光学工程	特聘博士生导师
606	陈立国	男	1974.11	光学工程	特聘博士生导师
607	Joel Moser	男	1973.03	光学工程	特聘博士生导师
608	范韶华	男	1970.10	金融数学	特聘博士生导师
609	毛志强	男	1964.10	金融数学	特聘博士生导师
610	Srdjan Stojanovic	男	1957.05	金融数学	特聘博士生导师
611	陈景润	男	1982.11	计算数学	特聘博士生导师
612	杨周旺	男	1974.11	计算数学	特聘博士生导师
613	卞志村	男	1975.08	金融学	特聘博士生导师
614	袁先智	男	1965.07	金融工程	特聘博士生导师
615	董洁林	男	1959.03	企业管理	特聘博士生导师
616	冯 博	女	1981.10	企业管理	特聘博士生导师
617	赵宇亮	男	1963.02	放射医学	特聘博士生导师
618	周如鸿	男	1966.12	放射医学	特聘博士生导师
619	柴之芳	男	1942.09	放射医学	特聘博士生导师
620	张忠平	男	1965.01	放射医学	特聘博士生导师
621	周光明	男	1970.07	放射医学	特聘博士生导师
622	李瑞宾	男	1982.09	放射医学	特聘博士生导师
623	王殳凹	男	1985.06	特种医学	特聘博士生导师
624	李 桢	男	1976.08	特种医学	特聘博士生导师
625	史海斌	男	1978.03	特种医学	特聘博士生导师
626	陈晓东	男	1965.02	应用化学	特聘博士生导师
627	李永舫	男	1948.08	材料学	特聘博士生导师
628	曾小庆	男	1979.08	物理化学	特聘博士生导师
629	戴宏杰	男	1966.05	物理化学	特聘博士生导师

续表

序号	姓名	性别	出生年月	专业名称	备注
630	张 桥	男	1982.06	物理化学	特聘博士生导师
631	鲍晓光	男	1980.07	物理化学	特聘博士生导师
632	Anandamayee Majumdar	女	1975.06	统计学	特聘博士生导师
633	孔新兵	男	1982.03	统计学	特聘博士生导师
634	Ruben Mercade Prieto	男	1979.10	应用化学	特聘博士生导师
635	张真庆	男	1978.01	药物分析学	特聘博士生导师
636	张 民	男	1970.06	计算机应用技术	特聘博士生导师
637	郑 凯	男	1983.07	计算机应用技术	特聘博士生导师
638	郑朝晖	男	1968.03	计算机应用技术	特聘博士生导师
639	张 明	男	1959.10	高等教育学	特聘博士生导师
640	孙洪涛	男	1979.04	材料学	特聘博士生导师
641	周晓方	男	1963.03	计算机应用技术	特聘博士生导师
642	王宜强	男	1966.05	免疫学	特聘博士生导师
643	储剑虹	男	1980.08	免疫学	特聘博士生导师
644	秦 樾	男	1957.10	免疫学	特聘博士生导师
645	华益民	男	1966.12	医学神经生物学	特聘博士生导师
646	杨大伟	男	1981.10	基础数学	特聘博士生导师
647	李 慧	女	1966.12	基础数学	特聘博士生导师
648	樊 健	男	1975.11	有机化学	特聘博士生导师
649	徐 信	男	1981.01	有机化学	特聘博士生导师
650	徐新芳	男	1981.12	有机化学	特聘博士生导师
651	殷黎晨	男	1982.09	材料物理与化学	特聘博士生导师
652	冯敏强	男	1974.07	材料学	特聘博士生导师
653	王发明	男	1981.07	服装设计与工程	特聘博士生导师

续表

序号	姓名	性别	出生年月	专业名称	备注
654	赵燕	女	1978.12	纺织工程	特聘博士生导师
655	彭天庆	男	1965.12	病理学与病理生理学	特聘博士生导师
656	王志伟	男	1970.06	病理学与病理生理学	特聘博士生导师
657	龙乔明	男	1963.09	医学细胞与分子生物学	特聘博士生导师
658	赖福军	男	1973.09	企业管理	特聘博士生导师
659	尚虎平	男	1974.05	行政管理	特聘博士生导师
660	张晓宏	男	1967.01	材料物理与化学	特聘博士生导师
661	晏成林	男	1980.01	材料物理与化学	特聘博士生导师
662	史培新	男	1975.10	智能交通科学与技术	特聘博士生导师
663	邓昭	男	1978.05	新能源科学与工程	特聘博士生导师
664	彭扬	女	1980.03	新能源科学与工程	特聘博士生导师
665	Mark H. Rummeli	男	1967.10	新能源科学与工程	特聘博士生导师
666	孙靖宇	男	1986.03	新能源科学与工程	特聘博士生导师
667	徐博翎	女	1983.01	智能机器人技术	特聘博士生导师
668	李杨欣	女	1965.06	病理学与病理生理学	特聘博士生导师
669	刘通	男	1980.02	医学神经生物学	特聘博士生导师
670	郭树理	男	1975.04	国际法学	特聘博士生导师
671	曾维刚	男	1974.11	中国古代文学	特聘博士生导师
672	铁爱花	女	1976.03	中国史	特聘博士生导师
673	胡绍燕	女	1967.03	临床医学	专业学位博士生导师
674	季伟	女	1956.11	临床医学	专业学位博士生导师
675	王翎	女	1964.02	临床医学	专业学位博士生导师
676	周幽心	男	1964.02	临床医学	专业学位博士生导师
677	姚阳	男	1956.09	临床医学	专业学位博士生导师

续表

序号	姓名	性别	出生年月	专业名称	备注
678	刘红	女	1963.07	临床医学	专业学位博士生导师
679	陈钟	男	1963.07	临床医学	专业学位博士生导师
680	王晓东	男	1964.09	临床医学	专业学位博士生导师
681	沈宗姬	女	1955.02	临床医学	专业学位博士生导师
682	董选	女	1953.07	临床医学	专业学位博士生导师
683	侯月梅	女	1959.02	临床医学	专业学位博士生导师
684	李勋	男	1962.12	临床医学	专业学位博士生导师
685	荆志成	男	1971.08	临床医学	专业学位博士生导师
686	唐晓文	女	1969.10	临床医学	专业学位博士生导师
687	韩悦	女	1970.02	临床医学	专业学位博士生导师
688	仇惠英	女	1966.09	临床医学	专业学位博士生导师
689	凌春华	男	1965.03	临床医学	专业学位博士生导师
690	陈锐	女	1968.07	临床医学	专业学位博士生导师
691	李惠萍	女	1958.01	临床医学	专业学位博士生导师
692	许春芳	男	1964.03	临床医学	专业学位博士生导师
693	成兴波	男	1955.11	临床医学	专业学位博士生导师
694	施毕旻	女	1965.11	临床医学	专业学位博士生导师
695	卢国元	男	1966.03	临床医学	专业学位博士生导师

续表

序号	姓名	性别	出生年月	专业名称	备注
696	朱新国	男	1970.04	临床医学	专业学位博士生导师
697	程树群	男	1966.02	临床医学	专业学位博士生导师
698	沈锋	男	1962.03	临床医学	专业学位博士生导师
699	徐耀增	男	1961.10	临床医学	专业学位博士生导师
700	沈忆新	男	1960.07	临床医学	专业学位博士生导师
701	姜为民	男	1961.08	临床医学	专业学位博士生导师
702	侯瑞兴	男	1963.03	临床医学	专业学位博士生导师
703	刘锦波	男	1966.01	临床医学	专业学位博士生导师
704	欧阳骏	男	1964.04	临床医学	专业学位博士生导师
705	浦金贤	男	1962.01	临床医学	专业学位博士生导师
706	郑世营	男	1957.10	临床医学	专业学位博士生导师
707	何靖康	男	1966.10	临床医学	专业学位博士生导师
708	赵军	男	1968.03	临床医学	专业学位博士生导师
709	王中	男	1964.03	临床医学	专业学位博士生导师
710	董军	男	1971.07	临床医学	专业学位博士生导师
711	李向东	男	1967.12	临床医学	专业学位博士生导师
712	虞正权	男	1965.01	临床医学	专业学位博士生导师
713	杜彦李	男	1963.10	临床医学	专业学位博士生导师

续表

序号	姓名	性别	出生年月	专业名称	备注
714	赵天兰	女	1963.11	临床医学	专业学位博士生导师
715	董万利	男	1959.08	临床医学	专业学位博士生导师
716	薛寿儒	男	1967.04	临床医学	专业学位博士生导师
717	方琪	男	1965.11	临床医学	专业学位博士生导师
718	罗蔚锋	男	1966.10	临床医学	专业学位博士生导师
719	姜卫剑	男	1960.03	临床医学	专业学位博士生导师
720	张汝芝	女	1968.06	临床医学	专业学位博士生导师
721	倪才方	男	1962.08	临床医学	专业学位博士生导师
722	朱晓黎	男	1971.03	临床医学	专业学位博士生导师
723	李晓忠	男	1965.08	临床医学	专业学位博士生导师
724	冯星	男	1959.10	临床医学	专业学位博士生导师
725	吕海涛	男	1969.01	临床医学	专业学位博士生导师
726	王易	男	1966.07	临床医学	专业学位博士生导师
727	华东	男	1967.01	临床医学	专业学位博士生导师
728	陆雪官	男	1969.11	临床医学	专业学位博士生导师
729	陶敏	男	1962.11	临床医学	专业学位博士生导师
730	周菊英	女	1965.01	临床医学	专业学位博士生导师
731	蒋敬庭	男	1964.09	临床医学	专业学位博士生导师

续表

序号	姓名	性别	出生年月	专业名称	备注
732	凌 扬	男	1960.03	临床医学	专业学位博士生导师
733	周彩存	男	1962.09	临床医学	专业学位博士生导师
734	徐 峰	男	1969.02	临床医学	专业学位博士生导师
735	俞卫锋	男	1963.03	临床医学	专业学位博士生导师
736	何志旭	男	1967.10	临床医学	专业学位博士生导师
737	时立新	男	1962.01	临床医学	专业学位博士生导师
738	孙诚谊	男	1963.03	临床医学	专业学位博士生导师
739	王小林	男	1954.06	临床医学	专业学位博士生导师
740	王季石	男	1958.12	临床医学	专业学位博士生导师
741	伍国锋	男	1963.04	临床医学	专业学位博士生导师
742	程明亮	男	1957.08	临床医学	专业学位博士生导师
743	楚 兰	女	1968.06	临床医学	专业学位博士生导师
744	王艺明	男	1964.04	临床医学	专业学位博士生导师
745	赵淑云	女	1968.02	临床医学	专业学位博士生导师
746	朱晔涵	男	1964.07	临床医学	专业学位博士生导师
747	匡玉庭	男	1963.03	临床医学	专业学位博士生导师
748	葛自力	男	1961.02	临床医学	专业学位博士生导师
749	马海涛	男	1961.06	临床医学	专业学位博士生导师

续表

序号	姓名	性别	出生年月	专业名称	备注
750	陈友国	男	1964.09	临床医学	专业学位博士生导师
751	陆士奇	男	1959.05	临床医学	专业学位博士生导师
752	黄立新	男	1966.07	临床医学	专业学位博士生导师
753	钱忠来	男	1967.02	临床医学	专业学位博士生导师
754	董晓强	男	1966.11	临床医学	专业学位博士生导师
755	崔 岗	男	1967.04	临床医学	专业学位博士生导师
756	谢 燕	女	1967.09	临床医学	专业学位博士生导师
757	谢 红	男	1960.07	临床医学	专业学位博士生导师
758	朱维培	男	1965.07	临床医学	专业学位博士生导师
759	陈勇兵	男	1965.01	临床医学	专业学位博士生导师
760	施敏骅	男	1966.05	临床医学	专业学位博士生导师
761	蒋国勤	男	1966.12	临床医学	专业学位博士生导师
762	沈钧康	男	1961.11	临床医学	专业学位博士生导师
763	陈建昌	男	1966.02	临床医学	专业学位博士生导师
764	刘励军	男	1963.09	临床医学	专业学位博士生导师
765	刘玉龙	男	1966.08	临床医学	专业学位博士生导师
766	邢 伟	男	1965.06	临床医学	专业学位博士生导师
767	江 勇	男	1972.09	临床医学	专业学位博士生导师

续表

序号	姓名	性别	出生年月	专业名称	备注
768	顾伟英	女	1971.11	临床医学	专业学位博士生导师
769	王培吉	男	1967.02	临床医学	专业学位博士生导师
770	严文华	男	1956.03	临床医学	专业学位博士生导师
771	汤继宏	男	1967.01	临床医学	专业学位博士生导师
772	胡桃红	男	1964.02	临床医学	专业学位博士生导师
773	李全民	男	1965.08	临床医学	专业学位博士生导师
774	王之敏	男	1968.01	临床医学	专业学位博士生导师
775	芮永军	男	1963.09	临床医学	专业学位博士生导师
776	谈永飞	男	1962.08	临床医学	专业学位博士生导师
777	朱传武	男	1965.10	临床医学	专业学位博士生导师
778	刘峰	男	1963.07	临床医学	专业学位博士生导师
779	李纲	男	1966.02	临床医学	专业学位博士生导师
780	秦磊	男	1970.02	临床医学	专业学位博士生导师
781	夏飞	女	1962.05	临床医学	专业学位博士生导师
782	杨俊华	男	1959.12	临床医学	专业学位博士生导师
783	管洪庚	男	1965.07	临床医学	专业学位博士生导师
784	沈国良	男	1964.04	临床医学	专业学位博士生导师
785	毛忠琦	男	1964.05	临床医学	专业学位博士生导师

续表

序号	姓名	性别	出生年月	专业名称	备注
786	严 苏	女	1964.11	临床医学	专业学位博士生导师
787	刘济生	男	1966.11	临床医学	专业学位博士生导师
788	庄志祥	男	1962.10	临床医学	专业学位博士生导师
789	薛 群	女	1971.03	临床医学	专业学位博士生导师
790	惠 杰	男	1959.09	临床医学	专业学位博士生导师
791	周 云	男	1961.02	临床医学	专业学位博士生导师
792	秦环龙	男	1965.11	临床医学	专业学位博士生导师
793	毛伟敏	男	1957.12	临床医学	专业学位博士生导师
794	李惠玲	女	1964.11	临床医学	专业学位博士生导师
795	汪小华	女	1962.06	临床医学	专业学位博士生导师

各类人才工程入选人员名单

1. **2016 年度享受政府特殊津贴人员**
   迟力峰　钟志远　侯健全
2. **2016 年"青年千人计划"入选名单**
   孙靖宇　何　乐　陈崧　赵　燕　郑　凯
3. **2016 年度"长江学者奖励计划"青年项目入选名单**
   何苏丹　陈华兵　陈　罡
4. **2016 年人力资源和社会保障部高层次留学人才回国资助人员名单**
   彭　扬
5. **教育部思政司思想政治教育中青年杰出人才培育支持计划人选**
   陈进华
6. **2016 年度地方高校科研"高等学校学科创新引智计划"新建基地负责人**
   张晓宏（光功能纳米材料创新引智基地）
7. **2016 年江苏省有突出贡献中青年专家**
   熊思东　胡绍燕
8. **2016 年江苏特聘教授**
   蔡阳健　刘　庄　郑　凯　Joel Moser　曾志远
9. **江苏省第五期"333 高层次人才培养工程"培养对象**
   第一层次：张晓宏　金太军
   第二层次：刘　庄　陈焕阳　李　亮　邹贵付　王殳凹　钟志远　何　耀
   　　　　　康振辉　曹永罗　张泽新　李彦光　严　锋　李建明　方新军
   　　　　　张劲松
   第三层次：黄启兵　陶玉流　曾一果　江　牧　王　耘　杨　恺　黄小青
   　　　　　曾小庆　季利均　揭建胜　唐建新　熊德意　沈纲祥　何苏丹
   　　　　　刘耀波　李　斌
10. **2016 年度"333 工程"科研项目资助名单**
    张泽新　何　耀　黄小青　曾一果
11. **2016 年度高校"青蓝工程"培养对象**
    优秀青年骨干教师：许小亮　权小锋　黄鸿山　张秀娟　刘长剑
    　　　　　　　　　黄　鹤　张　熠
    中青年学术带头人：钱叶六　杨彩梅　朱建刚　李艳青　万小兵　国宏伟
    　　　　　　　　　王振华　李寿山　陶　金
    科技创新团队：高　雷
12. **2016 年江苏省"六大人才高峰"入选名单**
    刘耀波　龙家杰　赖跃坤　邢铁玲　李　亮　黄小青　Joel Moser　邓　昭
    彭　扬　李艳青　赵　宇　史海斌　陈华兵　郑　慧　揭建胜　杨　林

13. 2016年度江苏省"高层次创新创业人才引进计划"入选名单
　　黄小青　李　桢　周如鸿　耿凤霞　赖福军　胡士军　赛吉拉夫

14. 2016年度江苏省"双创团队"入选名单
　　张晓宏团队　李杨欣团队

15. 2016年度江苏省"双创博士"(境外世界名校创新类)
　　王　珏　何　乐　周　健　徐　来　John Salinas　Lukas Park　Olga Pereshivko

16. 江苏省档案人才"151工程"第三层次培养对象
　　徐云鹏

17. 2016年度苏州市高等院校、科研院所紧缺高层次人才引进资助入选名单
　　杨增杰　尹万健　陈景润　彭　扬　邓　昭　赵　宇　蒋建华　张艳岭　郑　凯
　　周圣高　徐　来　贺竞辉　张燕霞　王　钢　肖成梁　雷　伟　张　伟　王显福
　　孙欢利　崔超华　石娟娟　李红坤　周　飞　龚佑品　丁泓铭　曾剑峰　王艳龙
　　王广林　樊　成　马守宝　吴　兵　刘志玮　武龙飞　车　通　徐　丹　陈　曦
　　常　杰　王　涛　Mark H. Rummeli

18. 第二届"姑苏宣传文化重点人才"
　　曾一果

19. 2016年苏州市"海鸥计划"资助入选名单
　　Dai Hongjie　Tom K. Hei　John Texter　John Law Brash　Jianjun Cheng
　　Sajeev John

20. 2016年苏州工业园区"金鸡湖双百人才"
　　徐　信　赵　宇　李瑞宾　史海斌　李　桢　陈景润　赖　耘　李孝峰

21. 2015年独墅湖科教创新区高端人才集聚工程认定名单
　　科教杰出人才：陈建权　舒啸尘　魏正启　徐　信
　　科教骨干人才：钟志远　李建明　吴和坤　丁治民　张秀娟　方　敏　曾一果
　　　　　　　　　张舒羽　王　青　秦炜炜
　　科教柔性人才：Tom Kwok-hing Hei　Xiao jiang Li

2016年博士后出站、进站和在站人数情况

博士后流动站名称	出站人数	进站人数	2016年年底在站人数
哲学	1	1	2
应用经济学	1	1	9
法学		2	17
政治学	1	1	8
马克思主义理论		3	2
教育学	2	5	8

续表

博士后流动站名称	出站人数	进站人数	2016年年底在站人数
体育学	2	8	17
中国语言文学	4	4	23
外国语言文学	2	1	4
中国史			3
数学	1	4	10
物理学	2	8	28
化学	9	19	37
统计学		3	4
光学工程	4	11	39
材料科学与工程	9	19	67
计算机科学与技术		5	32
化学工程与技术		4	7
纺织科学与工程	3	9	27
畜牧学	1		1
基础医学	7	10	49
临床医学	4	8	43
公共卫生与预防医学		5	17
药学	3	2	15
特种医学	1	15	33
设计学	1	5	8
工商管理		1	6
软件工程		5	6
信息与通信工程		1	2
合计	58	160	524

2016 年博士后在站、出站人员情况

流动站名称	在站人员					出站人员
哲 学	骆海飞	李红霞				朱光磊
应用经济学	程文红 朱 妍	朱新财 崔健波	李 锐 曹旭平	庄小将 蒋薇薇	何 艳	韩 坚
法 学	韩 轶 陈华荣 何香柏 蒋 莉	杨盛达 朱明新 李红润 石肖雪	周海博 蒋鹏飞 程金池	熊赖虎 田红星 熊瑛子	许小亮 吴 俊 李 雪	
政治学	李西杰 盛 睿	林 莉 杨 静	宋效峰 王 静	李优坤	刘素梅	许 悦
马克思主义理论	吴 丹	于 莲				
教育学	王明洲 余 庆	李西顺 古海波	廖传景 王爱君	王 云	管贤强	陈卫东 葛 洵
体育学	范凯斌 谷 鹏 方千华 高 亮	张林挺 张继生 赵 毅 张凤彪	敬龙军 杨 明 邱 林	李 华 霍子文 李留东	杨建营 辜德宏 韩红雨	夏成前 邵伟钰
中国语言文学	陈 芳 高志明 袁 茹 秦 烨 马林刚	刘怀堂 张连义 薛 征 吕鹤颖 周瑾锋	肖模艳 汪许莹 李杰玲 张春晓 朱钦运	迟玉梅 李 一 李 黎 杨君宁	李从云 赵红卫 徐 蒙 杨黎黎	张立荣 姜 晓 彭林祥 曾 攀
外国语言文学	喻锋平	黄爱军	沈鞠明	杨 静		钟再强 宋秀葵
中国史	李学如	韩秀丽	丁义珏			
数 学	孙茂民 毛仁荣	张亚楠 陈少林	李丹丹 王 奎	卢培培 王言芹	唐树安 刘雷艮	潘红飞
物理学	韩 琴 林生晃 齐苏敏 马玉龙 Rafael Gregorio Mendes 吴绍龙	刘家胜 钱 郁 钱 涛 陈 鹏 汤如俊	俞卫刚 石子亮 刘爱芳 王显福 朱 巍	庞 欢 黄丽珍 琚晨辉 吴 飞 赵建庆 姚 铮	窦卫东 倪江锋 刘 琳 唐朝辉 马奔原 虞一青	孙迎辉 王华光

续表

流动站名称	在站人员				出站人员
化　学	万小兵　王晓辉 王会芳　刘小莉 Samikannu Rakesh 杨华军　张　伟 邵智斌　吕世贤 Shahld Iqbal 黎泓波　董慧龙 黄现强　戴　铭	冯　芳 袁　丹 李晓伟 邹　丽 高金波 张　鹏 王　莲 田景华	靳奇峰 张丹丹 邵　莺 陈礼平 尹　玲 王　璐 白树行 朱华君	金子信悟 梁志强 陈小芳 戴高乐 王　翔 李耀文 刘泽柯	姜艳娇　陈艳丽 杨晓明　张艳清 张　英　王后禹 王　坤　曹利敏 张有地
统计学	程东亚　顾莉洁　梁　森　颜　洁				
光学工程	季爱明　王明娣 张　翔　宋茂新 钟博文　靳　鸿 谢　锋　黄文彬 陶雪慧　石震武 伍锡如　周东营 Ibrahim M. M. Nassar 王晓南　罗　杰 王呈栋	郭开波 刘　楠 王　军 樊　成 杨　勇 李相鹏 孙晓燕	丑修建 楼益民 刘丽双 宋　芳 吴兆丰 方　亮 董一鸣 杨　浩	刘艳花 詹耀辉 刘曰涛 徐亚东 金成刚 王文明 常同鑫 高东梁	马锁冬　黄　俊 吴绍龙　许宜申
材料科学与工程	邓明宇　薛　洁 何少波　何金林 刘庆红　陈　栋 黄　慧　张洪宾 许继芳　王慧华 P. Joice Sophia Nabi-Aser Sebastian Aghdassi 舒　婕　王　滋 Shivananju B. N 赵　栋　曹暮寒 于永强　蒋玉荣 翁　凌　尧　华 吴敬华　管清宝 李　灏　刘　兵 Marco Antonio 钱玉敏	邢占文 程　亮 王海桥 John McLeod 徐　勇 苏艳丽 秦传香 韩凤选 钟　南 王燕东 李超然 冯爱玲 文　震 Debabrata Maiti	刘　永 盛敏奇 宋　涛 王照奎 夏志新 崔超华 王海蓉 闫炳基 董尧君 张丙昌 李　华 田　俊	程　亮 伍　凌 林海平 齐　菲 王永光 李永玺 李红坤 王　蕾 黄　洋 陈　昊 张长昆 周言根 冯良珠 黄晓飞	韩志达　徐敏敏 林生晃　袁　超 曾金栋　段小丽 刘晓东　贺园园 Ashish Kumar Yadav

续表

流动站名称	在站人员					出站人员	
计算机科学与技术	姚望舒 李正华 蔡改改 庞 明 张 召 冯 原 石娟娟	仲兆准 高向军 刘冠峰 李 鹏 李春光 成 明 周经亚	王 进 张友军 季 怡 卜令山 乐 德 陈 良	高 瑜 胡海燕 王 莹 王忠海 樊明迪 盛 洁	向德辉 龚 勋 张好明 李直旭 沈长青 何立群		
化学工程与技术	李 娜 吴德波	姜政志 孟金凤	王 洋 王崇龙	M. Rajesh Kumar			
纺织科学与工程	张再兴 何素文 范志海 Mohammad Shahid 陈 娜 马 瑶	谢宗刚 刘红艳 茅泳涛 任 煜 王 萍	王立川 卢业虎 郭雪峰 徐晓静 张 岩 黄 俊	陈玉华 孙启龙 陈 廷 杨歆豪 李 刚	刘 茜 张晓峰 关晋平 邢铁玲 刘宇清	王 萍 黄剑莹	刘福娟
畜牧学	Dhiraj Kumar					胡小龙	
基础医学	徐乃玉 贺丽虹 糜菁熠 李文杰 唐朝君 王泽根 沈 冬 刘 瑶 周 进 马海阔	王 畅 王桃云 梁中洁 庄文卓 解 晴 刘陶乐 王明华 潘志雄 李 扬 孙玉芳	罗 丽 苏媛媛 许弘飞 张 熠 董福禄 卫 林 李立娟 梁 婷 黄一帆 徐晨昶	夏景光 许利耕 姜 岩 罗承良 邢丽娟 闵玮鑫 赵 鑫 黄金忠 黄振晖 何小芹	郭冷秋 朱 旬 王 燕 李 敏 王 望 邱苏赣 孙丽娜 王琳辉 常 新	胡延维 季 成 吴 华 钱光辉	肖 波 王 兰 张 超
临床医学	孙万平 姜 智 焦晴晴 孙 青 马守宝 席启林 蔡辉华 温晓晓 袁 野	缪宇锋 尤万春 刘 蔚 张铁军 周 峰 袁章琴 吴 晨 赵 琳 张柳笛	林 俊 梁 勇 李 吻 刘光旺 张连方 王丹朱 贾鹏张	皮 斌 王羿萌 商冰雪 周 雷 曾 招 吴宝强 霞谢展利	李炳宗 周碧蓉 田璟鸾 韩庆东 龚 拯 燕海姣 林丹丹 张爱梁	张 健 赵 卿	张轶文 严文颖

续表

流动站名称	在站人员					出站人员
公共卫生与预防医学	张 欢 尹洁云 韩丽媛 韩淑芬	信丽丽 陶莎莎 武龙飞 孙宏鹏	柯朝甫 万忠晓 莫兴波	蒋 菲 陈丽华 何 艳	白艳洁 常 杰 李敏敬	
药学	孙佩华 柯亨特 任海刚	周 鼎 王明勇 董晓华	彭少平 金雅康 陈 冬	康乃馨 张明阳 曹 莉	李笃信 邓益斌 胡青松	郑计岳 曹 廷 田 盛
特种医学	汪 勇 陶泽天 何伟伟 代 星 秦粉菊 杨燕美 杨 燚	王杨云 田 健 李 明 王广林 张 健 焦 旸 张 琦	孙自玲 曾剑峰 孟炟宇 裴海龙 徐美芸 陈 龙 王真钰	田 欣 王艳龙 李伟峰 屈卫卫 王璐瑶 王仁生	聂继华 刘汉洲 刘志勇 马晓川 刘 赓 胡文涛	郑 滔
设计学	贾砚农 邰 杰	刘亚玉 徐志华	王 拓 樊子妤	郭恒杰	许光辉	张 琦
工商管理	沈 能 刘 亮	禹久泓	王要玉	陈冬宇	周中胜	
软件工程	程宝雷 周 信	梁合兰	王 喜	贾俊铖	邹博伟	
信息与通信工程	王旭东	胡 广				

2016年人员变动情况

2016年苏州大学教职工调进人员一览表

序号	姓名	性别	调进工作部门、院（部）	调进时间
1	汤晔峥	女	金螳螂建筑学院	2016年1月
2	杨周旺	男	数学科学学院	2016年1月
3	杨 涛	男	唐仲英血液学研究所	2016年1月
4	张学军	男	王健法学院	2016年1月
5	季 礼	女	后勤管理处	2016年1月

续表

序号	姓名	性别	调进工作部门、院(部)	调进时间
6	郭树理	男	王健法学院	2016年1月
7	杨敢峰	男	体育学院	2016年1月
8	朱婷婷	女	造血干细胞移植研究所	2016年1月
9	杨晓勤	男	医学部基础医学与生物科学学院	2016年1月
10	张文宇	男	数学科学学院系统生物学研究中心	2016年1月
11	赵建庆	男	物理与光电·能源学部能源学院	2016年1月
12	熊世云	男	功能纳米与软物质研究院	2016年1月
13	石娟娟	女	城市轨道交通学院	2016年1月
14	刘 涛	男	材料与化学化工学部	2016年1月
15	陆滢竹	女	学术委员会秘书处	2016年1月
16	罗 琪	女	音乐学院	2016年1月
17	金豆豆	女	艺术教育中心	2016年1月
18	席 璐	女	艺术学院	2016年1月
19	房 伟	男	文学院	2016年2月
20	沈校宇	男	艺术学院	2016年2月
21	吴星宇	男	电子信息学院	2016年2月
22	孟 琳	女	艺术学院	2016年2月
23	王仁生	男	医学部放射医学及防护学院	2016年2月
24	金佳祺	女	艺术学院	2016年2月
25	岳益杰	男	艺术学院	2016年2月
26	张舫锴	男	艺术学院	2016年2月
27	Alexander David Brandt	男	纳米科学技术学院	2016年2月
28	倪卫海	男	物理与光电·能源学部物理科学与技术学院	2016年3月
29	严文颖	女	电子信息学院系统生物学研究中心	2016年3月
30	张 璐	女	法律事务办公室	2016年3月
31	任文燕	女	剑桥—苏大基因组资源中心	2016年4月

续表

序号	姓名	性别	调进工作部门、院(部)	调进时间
32	廖 刚	男	数学科学学院	2016年4月
33	赵 越	女	财务处	2016年4月
34	Vincenzo Pecunia	男	功能纳米与软物质研究院	2016年4月
35	黄 敏	男	物理与光电·能源学部光电信息科学与工程学院	2016年5月
36	韩 亮	男	医学部药学院	2016年5月
37	Vladimir Kremnican	男	功能纳米与软物质研究院	2016年5月
38	黄嘉成	女	财务处	2016年5月
39	曾 诚	男	纳米科学技术学院	2016年6月
40	刘晶晶	男	音乐学院	2016年6月
41	陈 威	男	物理与光电·能源学部能源学院	2016年7月
42	铁爱花	女	社会学院	2016年7月
43	曾维刚	男	文学院	2016年7月
44	胡汉坤	男	国际合作交流处	2016年7月
45	张柳笛	女	机电工程学院	2016年7月
46	李 炘	男	附属儿童医院(医学部儿科临床医学院)	2016年7月
47	丁家友	男	社会学院	2016年8月
48	徐建龙	男	功能纳米与软物质研究院	2016年8月
49	王 晶	女	财务处	2016年8月
50	薛 聪	男	电子信息学院	2016年8月
51	崇 羽	男	医学部放射医学与防护学院	2016年8月
52	岳 军	男	凤凰传媒学院	2016年8月
53	王 缘	男	凤凰传媒学院	2016年8月
54	许书源	男	凤凰传媒学院	2016年8月
55	柯朝甫	男	医学部公共卫生学院	2016年8月
56	王雪东	男	功能纳米与软物质研究院	2016年8月

续表

序号	姓名	性别	调进工作部门、院(部)	调进时间
57	陈心哲	女	海外教育学院	2016年8月
58	梁丽菁	女	海外教育学院	2016年8月
59	王呈栋	男	机电工程学院	2016年8月
60	王 刚	男	机电工程学院	2016年8月
61	王爱君	男	教育学院	2016年8月
62	孔 聪	男	金螳螂建筑学院	2016年8月
63	陈 希	女	社会学院	2016年8月
64	杨 青	女	体育学院	2016年8月
65	彭文青	女	外国语学院	2016年8月
66	罗 杰	男	物理与光电·能源学部	2016年8月
67	刘 璐	女	医学部	2016年8月
68	吴常歌	男	政治与公共管理学院	2016年8月
69	魏良君	男	功能纳米与软物质研究院	2016年8月
70	蒋 兰	女	体育学院	2016年8月
71	龚肖兵	男	体育学院	2016年8月
72	杨 浩	男	机电工程学院	2016年8月
73	胡文涛	男	医学部放射医学与防护学院	2016年8月
74	周 亮	男	医学部药学院	2016年8月
75	陆倚晴	女	财务处	2016年8月
76	刘安琪	女	神经科学研究所	2016年8月
77	蔡燊冬	男	外国语学院	2016年8月
78	叶晓婷	女	财务处	2016年8月
79	赵 伟	男	纺织与服装工程学院	2016年8月
80	李小娜	女	审计处	2016年8月
81	张焕然	男	王健法学院	2016年8月
82	刘仕晨	男	城市轨道交通学院	2016年8月
83	陆启凤	女	唐仲英血液学研究中心	2016年8月

续表

序号	姓名	性别	调进工作部门、院(部)	调进时间
84	曹妍	女	王健法学院	2016年8月
85	聂宝清	女	电子信息学院	2016年9月
86	左静蕊	女	功能纳米与软物质研究院	2016年9月
87	袁建宇	男	功能纳米与软物质研究院	2016年9月
88	文震	男	功能纳米与软物质研究院	2016年9月
89	毛晓锟	男	体育学院	2016年9月
90	李思舒	女	学报编辑部	2016年9月
91	朱青	女	幼儿园	2016年9月
92	王后禹	男	功能纳米与软物质研究院	2016年9月
93	申绍杰	男	金螳螂建筑学院	2016年9月
94	丁汉林	男	沙钢钢铁学院	2016年9月
95	田盛	男	医学部药学院	2016年9月
96	陈纯	女	幼儿园	2016年9月
97	David Seath	男	纳米科学技术学院	2016年9月
98	Wonmin Kim	女	音乐学院	2016年9月
99	Valentin Lanzrein	男	音乐学院	2016年9月
100	Rodney Burke	男	纳米科学技术学院	2016年9月
101	李瑞宾	男	医学部放射医学与防护学院	2016年9月
102	王崇龙	男	医学部基础医学与生物科学学院	2016年9月
103	潘一婷	女	金螳螂建筑学院	2016年9月
104	石晓菲	女	外国语学院	2016年9月
105	叶娜	女	医学部药学院	2016年9月
106	王媛	女	医学部药学院	2016年9月
107	毕建新	男	社会学院	2016年9月
108	郝智红	女	人才办	2016年9月
109	邵琪	女	材料与化学化工学部	2016年10月

续表

序号	姓名	性别	调进工作部门、院(部)	调进时间
110	Sam Wilks	男	纳米科学技术学院	2016年10月
111	李万鑫	男	附属第一医院(医学部第一临床医学院)	2016年10月
112	俞 佳	女	功能纳米与软物质研究院	2016年10月
113	潘 妍	女	功能纳米与软物质研究院	2016年11月
114	郭江娜	女	材料与化学化工学部	2016年11月
115	王 雷	男	金螳螂建筑学院	2016年11月
116	王华光	男	物理与光电·能源学部物理科学与技术学院	2016年11月
117	赵晓辉	女	物理与光电·能源学部能源学院	2016年11月
118	冯良珠	女	功能纳米与软物质研究院	2016年11月
119	雷 蕾	女	造血干细胞移植研究所	2016年11月
120	周国艳	女	金螳螂建筑学院	2016年11月
121	郑朝晖	男	计算机科学与技术学院	2016年12月
122	邵智斌	男	功能纳米与软物质研究院	2016年12月
123	冯 超	男	转化医学研究院	2016年12月

2016年苏州大学教职工调出、辞职人员一览表

序号	姓名	性别	离校前工作部门、院(部)	离校时间	调往工作单位
1	Clare Pembroke	男	纳米科学技术学院	2016年1月	辞职
2	黄 轶	女	文学院	2016年1月	上海师范大学
3	李丕旭	男	材料与化学化工学部	2016年1月	辞职
4	潘国庆	男	骨科研究所	2016年1月	辞职
5	张 雷	男	附属第二医院(医学部第二临床医学院)	2016年1月	苏州高新区科技城医院
6	李 华	男	附属第二医院(医学部第二临床医学院)	2016年2月	苏州高新区科技城医院
7	金 兰	女	附属第二医院(医学部第二临床医学院)	2016年2月	辞职
8	周立辉	女	附属第二医院(医学部第二临床医学院)	2016年2月	苏州高新区科技城医院

续表

序号	姓名	性别	离校前工作部门、院(部)	离校时间	调往工作单位
9	高喆	男	附属第二医院(医学部第二临床医学院)	2016年2月	苏州高新区科技城医院
10	徐燕	女	附属第二医院(医学部第二临床医学院)	2016年2月	苏州高新区科技城医院
11	王琛	男	附属第二医院(医学部第二临床医学院)	2016年2月	苏州高新区科技城医院
12	乔世刚	男	附属第二医院(医学部第二临床医学院)	2016年2月	苏州高新区科技城医院
13	李伟	男	附属第二医院(医学部第二临床医学院)	2016年2月	苏州高新区科技城医院
14	赵鑫	男	附属第二医院(医学部第二临床医学院)	2016年2月	苏州高新区科技城医院
15	孙晓鸣	女	附属第二医院(医学部第二临床医学院)	2016年2月	苏州高新区科技城医院
16	宦坚	男	附属第二医院(医学部第二临床医学院)	2016年2月	苏州高新区科技城医院
17	张瑶琴	女	附属第二医院(医学部第二临床医学院)	2016年2月	苏州高新区科技城医院
18	朱文昱	男	附属第二医院(医学部第二临床医学院)	2016年2月	苏州高新区科技城医院
19	赵瑾	女	附属第二医院(医学部第二临床医学院)	2016年2月	辞职
20	邓岩军	男	附属第二医院(医学部第二临床医学院)	2016年2月	苏州高新区科技城医院
21	顾翠霞	女	附属第二医院(医学部第二临床医学院)	2016年2月	苏州高新区科技城医院
22	王颖竹	女	附属第二医院(医学部第二临床医学院)	2016年2月	苏州高新区科技城医院
23	汤云	女	附属第二医院(医学部第二临床医学院)	2016年2月	苏州高新区科技城医院
24	朱倩倩	女	神经科学研究所	2016年3月	辞职
25	董福禄	男	生物医学研究院	2016年3月	辞职
26	杨从文	男	唐仲英血液学研究中心	2016年3月	辞职
27	张君贤	男	体育学院	2016年3月	集美大学

续表

序号	姓名	性别	离校前工作部门、院（部）	离校时间	调往工作单位
28	张咏梅	女	东吴商学院（财经学院）东吴证券金融学院	2016年3月	苏州科技大学
29	吴迪	男	电子信息学院	2016年3月	辞职
30	傅建新	男	附属第一医院（医学部第一临床医学院）	2016年3月	辞职
31	汤东	男	附属第二医院（医学部第二临床医学院）	2016年3月	辞职
32	张琼方	女	附属第二医院（医学部第二临床医学院）	2016年3月	苏州高新区科技城医院
33	马志敏	男	附属第二医院（医学部第二临床医学院）	2016年4月	辞职
34	姜政志	男	功能纳米与软物质研究院	2016年4月	辞职
35	李广豪	男	骨科研究所	2016年4月	辞职
36	赵国栋	男	纺织与服装工程学院	2016年4月	江苏科技大学
37	杨立坚	男	数学科学学院	2016年4月	清华大学
38	吴亚芳	女	附属第一医院（医学部第一临床医学院）	2016年4月	辞职
39	尤丽亚·吉良诺娃	女	外国语学院	2016年4月	清华大学
40	程静娟	女	附属第二医院（医学部第二临床医学院）	2016年4月	苏州高新区科技城医院
41	杨仪	男	附属第二医院（医学部第二临床医学院）	2016年4月	苏州高新区科技城医院
42	朱建兵	男	附属第二医院（医学部第二临床医学院）	2016年4月	苏州高新区科技城医院
43	徐府奇	男	附属第二医院（医学部第二临床医学院）	2016年4月	苏州高新区科技城医院
44	王群伟	男	东吴商学院（财经学院）东吴证券金融学院	2016年5月	南京航空航天大学
45	宋文芳	女	纺织与服装工程学院	2016年5月	辞职
46	杨帆	男	财务处	2016年5月	中核集团苏州阀门厂
47	赵丹丹	女	学报编辑部	2016年5月	辞职
48	吴星宇	男	电子信息学院	2016年5月	辞职

续表

序号	姓名	性别	离校前工作部门、院(部)	离校时间	调往工作单位
49	宋 萍	女	东吴商学院(财经学院)东吴证券金融学院	2016年5月	辞职
50	段金元	男	附属第一医院(医学部第一临床医学院)	2016年5月	辞职
51	刘 慧	女	附属第一医院(医学部第一临床医学院)	2016年5月	辞职
52	汪 益	男	附属第二医院(医学部第二临床医学院)	2016年5月	苏州高新区科技城医院
53	胡 楠	男	附属第二医院(医学部第二临床医学院)	2016年5月	辞职
54	朱 锐	女	附属第二医院(医学部第二临床医学院)	2016年5月	辞职
55	曾 攀	男	海外教育学院	2016年6月	广西师范大学
56	仇谷烽	男	物理与光电·能源学部光电信息科学与工程学院	2016年6月	辞职
57	王发明	男	现代丝绸国家工程实验室	2016年6月	辞职
58	韩 青	男	剑桥—苏大基因组资源中心	2016年6月	辞职
59	邱树卫	男	附属第一医院(医学部第一临床医学院)	2016年6月	南京鼓楼医院
60	张 维	男	附属第二医院(医学部第二临床医学院)	2016年6月	辞职
61	严茹红	女	附属第二医院(医学部第二临床医学院)	2016年6月	辞职
62	姜文华	男	数学科学学院	2016年7月	复旦大学
63	刘 畅	女	生物医学研究院	2016年7月	辞职
64	崔木子	女	艺术教育中心	2016年7月	辞职
65	Alexander Jay Singer	男	音乐学院	2016年7月	辞职
66	王衍伟	男	材料与化学化工学部	2016年7月	辞职
67	王 婷	女	医学部基础医学与生物科学学院	2016年7月	辞职
68	梁 爽	女	音乐学院	2016年7月	辞职

续表

序号	姓名	性别	离校前工作部门、院(部)	离校时间	调往工作单位
69	彭根大	男	附属第一医院(医学部第一临床医学院)	2016年7月	新疆伊犁州霍尔果斯市人民医院
70	曹凯	男	纳米科学技术学院	2016年7月	辞职
71	董尧君	男	功能纳米与软物质研究院	2016年7月	辞职
72	王清	女	凤凰传媒学院	2016年8月	辞职
73	肖颖	女	神经科学研究所	2016年8月	辞职
74	熊飞	男	生物医学研究院	2016年8月	辞职
75	郑彦文	女	唐仲英血液学研究中心	2016年8月	辞职
76	沈鞠明	男	外国语学院	2016年8月	辞职
77	刘玲	女	幼儿园	2016年8月	苏州高新区科技城所属幼儿园
78	董洁林	男	东吴商学院(财经学院)东吴证券金融学院	2016年8月	辞职
79	史志平	男	机电工程学院	2016年8月	苏州高新区城市管理行政执法队
80	Clarkson Eion Quentin James	男	纳米科学技术学院	2016年8月	辞职
81	Olivialympia Annabelle Ghisoni	女	纳米科学技术学院	2016年8月	辞职
82	柴永川	男	附属第一医院(医学部第一临床医学院)	2016年8月	上海交通大学医学院附属第九人民医院
83	郭辉	男	附属第一医院(医学部第一临床医学院)	2016年8月	辞职
84	蔡文锋	男	电子信息学院	2016年9月	辞职
85	张惠娣	女	保卫部(处)	2016年9月	辞职
86	史淇晔	女	财务处	2016年9月	苏州工业园区国库支付中心
87	张洪宾	男	功能纳米与软物质研究院	2016年9月	辞职

续表

序号	姓名	性别	离校前工作部门、院(部)	离校时间	调往工作单位
88	韦晓孝	女	物理与光电·能源学部光电信息科学与工程学院	2016年9月	辞职
89	孟栎舜	女	校长办公室	2016年9月	辞职
90	宋 虎	男	学生工作部(处)	2016年9月	苏州市公安局
91	党维国	男	机电工程学院	2016年9月	苏州工业园区科技招商中心
92	黄国存	男	医学部基础医学与生物科学学院	2016年9月	辞职
93	高鹏飞	男	外国语学院	2016年9月	合同期满
94	吉 光	男	纳米科学技术学院	2016年9月	辞职
95	田保中	男	纺织与服装工程学院	2016年9月	辞职
96	Matthew Christopher	男	纳米科学技术学院	2016年9月	辞职
97	肖蕴祺	女	神经科学研究所	2016年9月	辞职
98	蒋菊香	女	医学部基础医学与生物科学学院	2016年9月	辞职
99	曹晶晶	女	凤凰传媒学院	2016年10月	辞职
100	仝 彤	男	审计处	2016年10月	辞职
101	毛凌锋	男	城市轨道交通学院	2016年10月	北京科技大学
102	陈焕阳	男	物理与光电·能源学部物理科学与技术学院	2016年11月	厦门大学
103	徐 萍	女	人武部	2016年11月	辞职
104	许光辉	男	金螳螂建筑学院	2016年11月	上海师范大学
105	魏良君	男	功能纳米与软物质研究院	2016年11月	辞职
106	夏 菲	女	生物医学研究院	2016年11月	辞职
107	张文宇	男	电子信息学院	2016年11月	辞职
108	楼益民	男	物理与光电·能源学部光电信息学院	2016年11月	浙江理工大学
109	戎建杰	男	附属第二医院(医学部第二临床医学院)	2016年12月	苏州市中医院
110	鲍桥梁	男	功能纳米与软物质研究院	2016年12月	辞职

续表

序号	姓名	性别	离校前工作部门、院(部)	离校时间	调往工作单位
111	王子妍	女	附属第二医院(医学部第二临床医学院)	2016年12月	辞职
112	黄宗杰	男	机电工程学院	2016年12月	辞职
113	刘秀波	男	机电工程学院	2016年12月	中南林业科技大学
114	王兰	女	骨科研究所	2016年12月	无锡职业技术学院
115	刘伟	男	金螳螂建筑学院	2016年12月	湖南师范大学
116	蔡顺兴	男	艺术学院	2016年12月	东南大学

2016年教职工死亡人员名单

序号	姓名	性别	出生年月	工作单位	原职称	原职务	去世时间	备注
1	龚梅芳	女	1920年4月	校医院		科员	2015年12月	退休
2	蒋本炎	男	1938年8月	数学科学学院	副高		2016年1月	退休
3	郭雅英	女	1928年10月	医学部基础医学与生物科学学院	中级		2016年1月	退休
4	赵云生	男	1959年11月	后勤管理处(原教服集团)	高级工		2016年2月	在职
5	范兴娟	女	1986年6月	医学部	中级		2016年2月	在职
6	张元钧	男	1926年8月	外国语学院	副高		2016年2月	退休
7	周自强	男	1916年11月	附属第一医院(医学部第一临床医学院)	副高		2016年2月	退休
8	陈昆良	男	1938年10月	附属第二医院(医学部第二临床医学院)	副高		2016年2月	退休
9	陆家机	男	1928年6月	医学部基础医学与生物科学学院	副高		2016年2月	退休
10	裴道钧	男	1938年2月	教务部		正科	2016年2月	退休
11	廉学荣	女	1925年12月	档案馆		副科	2016年2月	退休
12	程济元	男	1942年11月	阳澄湖校区	副高		2016年2月	退休

续表

序号	姓名	性别	出生年月	工作单位	原职称	原职务	去世时间	备注
13	薛永权	男	1940年11月	附属第一医院(医学部第一临床医学院)	正高		2016年2月	退休
14	朱木兰	女	1935年1月	物理与光电·能源学部	副高		2016年3月	退休
15	张浩	男	1936年9月	凤凰传媒学院(原教育中心)	副高		2016年3月	退休
16	沈萍	女	1926年2月	文学院		副处	2016年4月	离休
17	胡福根	男	1942年5月	物理与光电·能源学部	高级工		2016年4月	退休
18	陈臣忠	男	1933年7月	阳澄湖校区		副科	2016年4月	退休
19	穆荣普	男	1929年7月	医学部基础医学与生物科学学院	正高		2016年5月	离休
20	葛云卿	女	1929年11月	物理与光电·能源学部		正科	2016年5月	离休
21	梁绍琪	男	1925年2月	后勤管理处		正处	2016年5月	离休
22	丁耀良	男	1929年12月	文学院	副高		2016年5月	退休
23	杨宇生	男	1931年11月	政治与公共管理学院	副高		2016年5月	退休
24	卫荣夫	男	1925年10月	教务部	中级		2016年5月	退休
25	陈惠芳	女	1940年10月	教务部	中级		2016年5月	退休
26	王可文	男	1943年10月	图书馆	副高		2016年5月	退休
27	徐远社	男	1932年4月	校长办公室		正处	2016年6月	离休
28	赵桂英	女	1952年7月	东吴饭店	高级工		2016年6月	退休
29	徐缓俊	男	1938年1月	医学部基础医学与生物科学学院	副高		2016年6月	退休
30	邹菊宝	女	1942年5月	保卫部(处)	初级工		2016年6月	退休
31	柳文香	女	1928年11月	阳澄湖校区		正科	2016年7月	离休
32	张淑蕴	女	1926年8月	医学部基础医学与生物科学学院	中级		2016年7月	退休
33	张慎行	男	1912年9月	人事处	正高		2016年7月	退休
34	李淑南	女	1936年11月	人事处	副高		2016年7月	退休

续表

序号	姓名	性别	出生年月	工作单位	原职称	原职务	去世时间	备注
35	吴寿根	男	1927年10月	保卫部(处)	高级工		2016年7月	退休
36	庄百里	男	1928年2月	后勤管理处		副科	2016年7月	退休
37	周俊芳	女	1931年8月	后勤管理处(原教服集团)	中级工		2016年7月	退休
38	程志荣	男	1928年1月	后勤管理处(印刷厂)	高级工		2016年7月	退休
39	王鑫庆	男	1951年1月	体育学院	副高		2016年7月	退休
40	张教根	男	1945年1月	机关党工委		正处	2016年8月	退休
41	姜丕亿	男	1927年1月	阳澄湖校区		副处	2016年8月	离休
42	王炳元	男	1945年6月	东吴商学院(财经学院)	中级		2016年8月	退休
43	周小培	女	1942年11月	附属第一医院(医学部第一临床医学院)	中级		2016年8月	退休
44	朱寿彭	男	1930年6月	医学部放射医学与防护学院	正高		2016年8月	退休
45	马祥瑞	女	1936年12月	医学部放射医学与防护学院	正高		2016年8月	退休
46	宋妙发	男	1941年3月	医学部放射医学与防护学院	副高		2016年8月	退休
47	叶锦霞	女	1919年1月	财务处	中级		2016年8月	退休
48	冯根元	男	1940年11月	后勤管理处(原教服集团)	高级工		2016年8月	退休
49	郑丽莎	女	1955年8月	凤凰传媒学院		正科	2016年8月	退休
50	季惠珍	女	1941年11月	阳澄湖校区	副高		2016年8月	退休
51	华建生	男	1954年9月	物理与光电·能源学部	高级工		2016年8月	退休
52	汤瑞	女	1921年10月	马克思主义学院		副处	2016年9月	离休
53	孙侠菲	女	1942年3月	物理与光电·能源学部	副高		2016年9月	退休
54	王立志	男	1938年12月	附属第一医院(医学部第一临床医学院)	正高		2016年9月	退休

续表

序号	姓名	性别	出生年月	工作单位	原职称	原职务	去世时间	备注
55	曹元福	男	1933年6月	后勤管理处(科教厂)	高级工		2016年9月	退休
56	赵敏	男	1920年2月	文学院		副处	2016年10月	离休
57	王诚培	男	1926年5月	王健法学院		正处	2016年10月	离休
58	徐凤霞	女	1931年11月	文学院		正处	2016年10月	退休
59	盛倬	男	1923年12月	东吴商学院(财经学院)		副处	2016年10月	退休
60	李佩霞	女	1934年8月	附属第一医院(医学部第一临床医学院)	中级		2016年10月	退休
61	沈水宝	女	1938年6月	后勤管理处(原教服集团)	初级工		2016年10月	退休
62	孙永祥	男	1970年10月	后勤管理处	普通工		2016年11月	在职
63	贺野	男	1927年7月	艺术学院		正处	2016年11月	离休
64	蒋华	男	1921年4月	医学部基础医学与生物科学学院		副厅	2016年11月	离休
65	秦和鸣	男	1924年3月	校长办公室		正厅	2016年11月	离休
66	王殿彬	男	1934年5月	附属第一医院(医学部第一临床医学院)	正高		2016年11月	退休
67	马开余	男	1927年10月	后勤管理处(原教服集团)		副科	2016年11月	退休
68	俞玲玲	女	1947年1月	后勤管理处(原教服集团)	高级工		2016年11月	退休
69	周以中	男	1954年4月	工程训练中心	高技师		2016年11月	退休
70	耿幸福	男	1964年10月	城市轨道交通学院	副高		2016年12月	在职
71	唐锦元	男	1926年3月	附属第二医院(医学部第二临床医学院)		正处	2016年12月	离休
72	杨格	男	1919年7月	教务部		正厅	2016年12月	离休
73	陶晨焕	男	1934年9月	外国语学院	中级		2016年12月	退休
74	沈斌	男	1930年11月	体育学院	副高		2016年12月	退休

续表

序号	姓 名	性别	出生年月	工作单位	原职称	原职务	去世时间	备注
75	徐帼英	女	1922年4月	纺织与服装工程学院		正处	2016年12月	退休
76	刘静山	女	1933年8月	医学部基础医学与生物科学学院	中级		2016年12月	退休
77	于志铭	男	1924年12月	医学部基础医学与生物科学学院	正高		2016年12月	退休
78	苏燎原	男	1930年2月	医学部放射医学与防护学院	正高		2016年12月	退休
79	吕俊良	男	1937年11月	机电工程学院	中级		2016年12月	退休
80	周德欣	男	1942年9月	校长办公室		正厅	2016年12月	退休
81	施 刚	男	1924年5月	教务部		副科	2016年12月	退休
82	秦 淦	男	1938年10月	出版社	副高		2016年12月	退休

2016年离休干部名单

姚焕熙	江 静	王春元	丘 晓	陈克潜	李绍元	廖素青
邱 光	王瑞林	牟 琨	黄国忠	江 村	郑玠玉	蒋鉴挺
姜宗尧	王永光	赵经涌	程 扬	虞国桢	袁 涛	迟秀梅
张 枫	周振泰	朱文君	李恩普	薛文焕	沈 萍	郭辉鄂
汤 瑞	黄凤云	陆振岳	曹积盛	赵 敏	蒋 璆	李世达
李秀贞	王诚培	何孔鲁	蒋 麟	陈君谋	李振山	黄一宁
倪 健	杨恒源	吴奈夫	仲济生	卜仲康	章祖敏	李希贤
曹学明	陈禾勤	张佩华	葛云卿	李品新	林 冈	谢文煜
杨宗晋	秦和鸣	金 均	蒋挺先	周毓修	任 志	钟 枚
关 毅	余广通	贺 野	陈耿人	王世英	杨康为	李 贤
孙 叔	王亚平	程元令	徐庆亭	沈 毅	何 践	陈文璋
尤长华	赵 琪	沈慧文	张 诺	刘雅琴	赵梅珍	赵爱科
周衍洛	袁海观	贝 伟	鲍洪贤	鞠竞华	封 兰	姜新民
张德初	张淑庆	于培国	曹 钰	刘涉洛	李维华	徐桂森
沈淑能	陶不敏	唐月清	陈德新	朱 燕	黄德珍	周 鸣
樊志成	樊学华	闻宇平	熊重廉	龚 辉	裘 申	陈赐龄

丁志英	冷墨林	唐锦元	张立中	姚群铨	刘汉祥	吕玉功
戴立干	刘爱清	祝仰进	马云芬	纪一农	黄文锦	刘　林
王生庭	赵爱菊	孙　玲	蒋　华	杨　格	李惠章	孙国山
宗　洛	高延安	李思达	吴　莹	王述谟	翁春林	穆荣普
刘兴亚	刘延祖	陈守谦	梁绍琪	吕去癣	魏振文	黄宗湘
姜卜吴	高　原	徐远社	周旭辉	陆明强	许绍基	徐　利
李　馨	耿　杰	嵇佩玉	陈巾范	严荣芬	赵建群	雷在春
黄　健	孙作洲	周邦业	姜丕亿	柳文香	平醒民	

2016年退休人员名单

汪　良	刘　旭	朱炳元	张国庆	赵合庆	张国栋	高美雯
方汉文	李兰芬	沈卫德	周晓林	蔡　平	葛　英	陆升汉
皇甫菊含	张荣华	黄　欣	陆肇红	孟祥勋	管新海	黄　晖
余建军	孙迎庆	陆志善	许铿年	罗凤莉	潘苏虹	储炳寿
施　玲	叶也平	夏永洁	夏西冰	蒋剑平	洪国云	曹培培
吴建国	沈雅英	齐　明	魏　澄	赵小和	宋晓萍	冯尔琦
王苏红	孙建娅	王宗华	徐重阳	孙彩英	杨桂林	汤明国
何永根	刘　兵	王玉明	周祝和	陈志慧	范巧英	陶文娟
张光强	钟正尧	翟　洁	钱荣根	曹庆建	李　明	陈子兴
肖志辉	吴士良	蒋国保	戚福康	陈志强	宋　辉	马镇亚
张天星	高永晨	王伟明	姚爱珍	周国梁	王富东	范惠康
郭镇宁	丁燕华	陈　音	金召洋	夏敏杰	邱国平	孙　青
许宗祺	薛维源	潘建新	任苏勤	朱福敏	朱财英	滕维芳
陆　鸣	李克夏	刘宇琴	高　玲	卢　伟	戴荣明	朱欣明
陈毓敏	应加林	邹南刚	顾建华	吴　军	薛红珍	顾蓉磊
张惠华	邹苏林	刘合春	刘延凤	刘延弘	吴秀菁	黄　敏
王根福	许建中	朱　维	姜　陵	顾国梁	沈辛宇	陆志伟

办 学 条 件

办学经费投入与使用情况

2016年学校总收入情况一览表

单位:万元

序号	资金来源	部门决算	部门预算	增减数
1	财政补助收入	146 781.20	108 308.35	38 472.85
2	上级补助收入	0.00	0.00	0.00
3	事业收入	108 140.46	75 950.00	32 190.46
4	其他收入	41 878.45	17 127.58	24 750.87
5	附属单位上缴收入	0.00	0.00	0.00
6	经营收入	1 174.89	1 000.00	174.89
	合 计	297 975.00	202 385.93	95 589.07

2016年学校总支出情况一览表

单位:万元

序号	项目	部门决算	部门预算	增减数
1	工资福利支出	75 496.37	68 647.24	6 849.13
2	商品和服务支出	123 669.62	60 791.06	62 878.56
3	对个人和家庭补助支出	60 723.10	48 347.63	12 375.47
4	基本建设支出	0.00	0.00	0.00
5	其他资本性支出	42 376.85	14 500.00	27 876.85
6	债务利息支出	7 661.07	9 100.00	-1 438.93
7	经营支出	825.30	1 000.00	-174.70
	合 计	310 752.31	202 385.93	108 366.38

学校 2016 年与 2015 年总支出情况对比表　　　　　　　　　　　单位:万元

序号	项 目	2016 年度	2015 年度	增减对比	增减/%
1	工资福利支出	75 496.37	65 426.26	10 070.11	15.39
2	商品和服务支出	123 669.62	97 978.16	25 691.46	26.22
3	对个人和家庭补助支出	60 723.10	56 255.92	4 467.18	7.94
4	基本建设支出	0.00	0.00	0.00	—
5	其他资本性支出	42 376.85	34 578.57	7 798.28	22.55
6	债务利息支出	7 661.07	9 642.68	-1 981.61	-20.55
7	经营支出	825.30	744.70	80.60	10.82
	合 计	310 752.31	264 626.29	46 126.02	17.43

2016 年学校总资产情况

2016 年学校总资产情况一览表　　　　　　　　　　　　　单位:万元

序号	项 目	年初数	年末数
1	流动资产	156 026.10	154 029.95
2	固定资产	572 595.41	590 327.36
	（1）房屋	335 914.77	336 368.72
	（2）汽车	1 178.04	918.52
	（3）单价在 50 万元以上的设备	64 643.69	73 021.53
	（4）其他固定资产	170 858.91	180 018.59
3	在建工程	80 752.38	86 691.73
4	对外投资	3 975.84	4 180.90
5	无形资产		
	合 计	813 349.73	835 229.94

学校土地面积和已有校舍建设面积

学校土地面积（单位：平方米）

独墅湖校区	987 706.43（1 481.55 亩）
本部	344 451.65（516.67 亩）
北校区	185 383.4（278.07 亩）
南校区	90 476.6（135.72 亩）
东校区	271 581.9（407.37 亩）
阳澄湖校区	597 291（895.93 亩）
三元坊校区	15 767.4（23.65 亩）
合计	2 492 658.38（3 738.97 亩）

已有校舍建筑面积（单位：平方米）

1. 教室	196 627.05
2. 图书馆	89 188.27
3. 实验室	494 113.69
4. 风雨操场体育馆	24 459.4
5. 会堂	14 538.68
6. 系行政用房	82 028.65
7. 校行政用房	18 891.73
8. 学生宿舍	478 538.76
9. 学生食堂	68 410.81
10. 单身教工住宅	19 818.53
11. 教工食堂	6 750.09
12. 生活福利及其他用房	82 819.39
13. 教工住宅	26 848.04
14. 其他用房	27 637.01
合计	1 630 670.1

全校(教学)实验室情况

全校(教学)实验室情况一览表

单位	实验室数				教学实验室	国家级	部级	省级 (示范中心)	校级
	教学	国家级	部级	省级	校级				
文学院凤凰传媒学院	1				1	传媒与文学实验教学中心				传媒与文学实验教学中心
社会学院	1				1	档案管理实验室				档案管理实验室
政治与公共管理学院	1				1	行政与公共关系实验室				行政与公共关系实验室
东吴商学院(财经学院) 东吴证券金融学院	1				1	经济管理实验教学中心				经济管理实验教学中心
外国语学院	1				1	外语电化教学实验室				外语电化教学实验室
教育学院	1			1		心理与教师教育实验教学中心			心理与教师教育实验教学中心	
体育学院	1				1	体育教育中心实验室				体育教育中心实验室
艺术学院	1			1		艺术设计实验教学中心			艺术设计实验教学中心	
数学科学学院	1				1	数学计算实验室				数学计算实验室
物理与光电·能源学部	4	1		2	1	物理实验教学中心 物理基础课实验教学中心 工程物理实验中心 新能源材料与器件实验教学中心	物理实验教学中心		物理基础课实验教学中心 新能源材料与器件实验教学中心	工程物理实验中心
材料与化学化工学部	3			1	2	化学基础课实验教学中心 工程化学实验中心 材料实验教学中心			化学基础课实验教学中心	工程化学实验教学中心 材料实验教学中心
纳米科学技术学院	1			1		纳米材料与技术实验教学中心			纳米材料与技术实验教学中心	

续表

单 位	实验室数 教学	实验室数 国家级	实验室数 部级	实验室数 省级	实验室数 校级	教学实验室	国家级	部级	省级（示范中心）	校级
纺织与服装工程学院	3		2	1		纺织与服装设计实验教学中心 纺织与服装虚拟仿真实验教学中心 纺织服装实验教学中心	纺织与服装设计实验教学中心 纺织与服装虚拟仿真实验教学中心		纺织服装实验教学中心	
计算机科学与技术学院	2		1	1		计算机基础课实验教学中心 计算机与信息技术实验教学中心	计算机与信息技术实验教学中心		计算机基础课实验教学中心	
电子信息学院	3			1	2	电工电子基础课实验中心 通信实验室 微电子实验室			电工电子基础课实验教学中心	通信实验室 微电子实验室
机电工程学院	2			1	1	机械基础课实验教学中心 自动控制工程教学实验中心			机械基础课实验教学中心	自动控制工程教学实验中心
沙钢钢铁学院	1			1		冶金工程实验教学中心			冶金工程实践教育中心	
医学部基础医学与生物科学学院	3			3		基础医学实验教学中心 临床技能实验教学中心 生物基础课实验教学中心			基础医学教学实验中心 临床技能实验教学中心 生物基础课实验教学中心	
医学部公共卫生学院	1				1	预防医学实验室				预防医学实验室
医学部放射医学与防护学院	1				1	放射医学实验室				放射医学实验室
医学部药学院	2			1	1	药学实验室 药学学科综合训练中心			药学学科综合训练中心	药学实验室
医学部护理学院	1			1		护理学学科综合训练中心			护理学学科综合训练中心	

续表

单位	实验室数					教学实验室	国家级	部级	省级 (示范中心)	校级
	教学	国家	部级	省级	校级					
金螳螂建筑学院	3			1	2	建筑与城市环境设计实践教育中心 园林与园艺实验室 城市规划与管理实验室			建筑与城市环境设计实践教育中心	园林与园艺实验室 城市规划与管理实验室
城市轨道交通学院	5			1	4	车辆工程实验室 电气控制实验室 交通工程实验室 铁道信号实验室 轨道交通实践教育中心			轨道交通实践教育中心	车辆工程实验室 电气控制实验室 交通工程实验室 铁道信号实验室
工程训练中心	1			1		工程训练中心			工程训练中心	
分析测试中心	1				1	分析测试中心				分析测试中心
小　计	46	4	0	20	22					

苏州大学图书馆馆藏情况

苏州大学图书馆2016年馆藏一览表　填表日期:2016年12月30日

类　别	上年积累	本年实增	本年实减	本年积累
中文图书(印刷本)	3 259 377	75 383	106	3 334 654
古　籍	141 906	799	0	142 705
善　本	7 217	0	0	7 217
中文图书(电子本)	1 764 598	0	0	1 764 598
外文图书(印刷本)	227 966	2 196	0	230 162
外文图书(电子本)	69 652	0	3 951	65 701
中文报纸(电子本)	569	0	0	569
中文期刊(电子本)	35 717	4 334	0	40 051
外文期刊(电子本)	22 509	3 493	0	26 002
中文期刊合订本	239 392	5 123	0	244 515
外文期刊合订本	96 859	272	0	97 131
音像资料	20 296	0	0	20 296
缩微资料	573	0	0	573
网络数据库	78	1	1	78
赠　书	18 471	1 126	0	19 597

海外交流与合作

2016年公派出国（境）人员情况

2016年教职工长期出国（境）人员情况一览表

序号	姓名	院（部）、部门	类别	前往学校或机构	外出期限
1	高立雯	外国语学院	任教	美国福尔曼大学	2015年8月—2016年5月
2	高明强	国际合作交流处	担任中方院长	美国波特兰州立大学	2015年12月—2017年12月
3	胡延维	医学部药学院	访问学者	美国新墨西哥大学	2016年1月—2016年12月
4	薛运周	功能纳米与软物质研究院	合作研究	澳大利亚莫纳什大学	2016年1月—2017年1月
5	周小科	计算机学院	访问学者	西班牙巴斯克大学	2016年1月—2017年1月
6	潘向强	材料与化学化工学部	访问学者	比利时根特大学	2016年1月—2017年1月
7	张大鲁	艺术学院	访问学者	台湾师范大学	2016年1月—2016年7月
8	周俊	东吴商学院（财经学院）东吴证券金融学院	访问学者	美国南加州大学	2016年1月—2016年7月
9	李晓科	外国语学院	访问学者	西班牙莱里达大学	2016年2月—2016年7月
10	冒小瑛	音乐学院	访问学者	台湾东吴大学	2016年2月—2016年7月
11	张友军	机电工程学院	访问学者	美国伊利诺理工大学	2016年2月—2017年2月

续表

序号	姓　名	院(部)、部门	类　别	前往学校或机构	外出期限
12	徐玉红	数学科学学院	访问学者	新加坡国立大学	2016年2月—2017年2月
13	汤在祥	公共卫生学院	访问学者	美国阿拉巴马大学	2016年2月—2017年2月
14	孟　斌	附属第一医院	访问学者	美国堪萨斯大学医学中心	2016年2月—2017年2月
15	王大慧	基础医学与生物科学学院	访问学者	新加坡国立大学	2016年2月—2017年2月
16	陈延斌	附属第一医院	访问学者	美国新泽西州立大学医学院	2016年2月—2017年2月
17	袁建军	政治与公共管理学院	访问学者	台湾东吴大学	2016年2月—2016年8月
18	方　亮	物理与光电·能源学部	访问学者	新加坡南洋理工大学	2016年2月—2016年8月
19	李　成	城市轨道交通学院	访问学者	韩国又松大学	2016年3月—2017年2月
20	陈小芳	材料与化学化工学部	访问学者	美国德雷塞尔大学	2016年3月—2017年3月
21	张素萍	唐仲英医学研究院	访问学者	美国阿肯色大学医学院	2016年3月—2017年3月
22	杜玉扣	材料与化学化工学部	访问学者	日本山口东京理科大学	2016年3月—2017年3月
23	徐海东	医学部药学院	博士后	美国艾默里大学医学院	2016年3月—2017年4月
24	白艳艳	基础医学与生物科学学院	合作研究	美国伊利诺伊大学芝加哥分校	2016年4月—2017年4月
25	朱蓉蓉	马克思主义学院	合作研究	日本关西学院大学	2016年5月—2017年3月
26	眭建华	纺织与服装工程学院	合作研究	日本信州大学	2016年5月—2017年5月
27	周义程	政治与公共管理学院	访问学者	台湾政治大学	2016年6月—2016年12月

续表

序号	姓名	院(部)、部门	类别	前往学校或机构	外出期限
28	吴健	计算机科学与技术学院	访问学者	美国圣路易斯华盛顿大学	2016年6月—2017年6月
29	戴家峰	艺术学院	访问学者	台湾艺术大学	2016年6月—2016年12月
30	周永博	社会学院	访问学者	美国罗德岛大学	2016年6月—2016年12月
31	陈重	医学部药学院	访问学者	美国北卡罗来纳州大学教堂山分校	2016年6月—2017年6月
32	宋国胜	纳米科学技术学院	访问学者	美国斯坦福大学	2016年6月—2017年6月
33	胡小君	政治与公共管理学院	访问学者	台湾东吴大学	2016年7月—2017年1月
34	方菁巍	医学部试验中心	培训	美国雪松分析系统责任有限公司	2016年7月—2017年2月
35	孟晓华	政治与公共管理学院	访问学者	美国路易斯安那州立大学	2016年7月—2017年1月
36	刘安	计算机科学与技术学院	访问学者	沙特阿卜杜拉国王科技大学	2016年7月—2017年7月
37	侯波	物理与光电·能源学部	访问学者	香港科技大学	2016年8月—2017年7月
38	周霞	基础医学与生物科学学院	访问学者	美国耶鲁大学医学院	2016年8月—2017年7月
39	高永奇	文学院	访问学者	台湾东吴大学	2016年8月—2017年7月
40	金成刚	物理与光电·能源学部	访问学者	美国普林斯顿大学	2016年8月—2017年8月
41	蒋孝锋	纺织与服装工程学院	访问学者	美国爱荷华州立大学	2016年8月—2017年8月
42	高燕红	外国语学院	任教	美国福尔曼大学	2016年8月—2017年5月
43	庞凌	王健法学院	访问学者	台湾大学	2016年8月—2017年2月

续表

序号	姓名	院(部)、部门	类别	前往学校或机构	外出期限
44	许小亮	王健法学院	访问学者	台湾大学	2016年8月—2017年2月
45	郑晓玲	东吴商学院	访问学者	加拿大维多利亚大学	2016年8月—2017年2月
46	常巍	东吴商学院(财经学院) 东吴证券金融学院	访问学者	加拿大维多利亚大学	2016年8月—2017年2月
47	赵荟菁	纺织与服装工程学院	访问学者	瑞士联邦材料科学与技术研究所	2016年9月—2017年8月
48	陶家骏	文学院	访问学者	香港中文大学	2016年9月—2017年8月
49	徐涛	东吴商学院(财经学院) 东吴证券金融学院	访问学者	美国圣母大学	2016年9月—2017年8月
50	杨彩梅	外国语学院	访问学者	加拿大多伦多大学	2016年9月—2017年8月
51	杨慧	海外教育学院	任教	美国福尔曼大学	2016年9月—2017年6月
52	李明	外国语学院	任教	美国福尔曼大学	2016年9月—2018年8月
53	左步雷	外国语学院	任教	美国福尔曼大学	2016年9月—2018年8月
54	彭彦琴	教育学院	访问学者	美国麻省大学波士顿分校	2016年9月—2017年9月
55	朱光磊	政治与公共管理学院	访问学者	台湾大学	2016年10月—2017年9月
56	陈国安	文学院	访问学者	台湾大学	2016年10月—2017年4月
57	程东亚	数学科学学院	访问学者	美国北卡罗来纳大学教堂山分校	2016年10月—2017年10月
58	吴江	王健法学院	访问学者	台湾辅仁大学	2016年10月—2017年4月
59	周俊松	唐仲英医学研究院	博士后	美国天普大学	2016年10月—2017年10月

续表

序号	姓名	院(部)、部门	类别	前往学校或机构	外出期限
60	季小军	外国语学院	访问学者	俄罗斯莫斯科国立大学	2016年10月—2017年8月
61	曲静	基础医学与生物科学学院	访问学者	新加坡国立大学	2016年11月—2017年11月
62	宋学宏	基础医学与生物科学学院	合作研究	新加坡国立大学	2016年11月—2017年11月
63	尚增甫	放射医学与防护学院	访问学者	美国德州大学西南医学中心	2016年11月—2017年11月
64	潘晓珍	政治与公共管理学院	访问学者	台湾东吴大学	2016年11月—2017年5月
65	蔡改改	城市轨道交通学院	访问学者	美国纽约大学	2016年12月—2017年11月
66	李永玺	功能纳米与软物质研究院	访问学者	美国密歇根大学	2016年12月—2017年12月
67	苏媛媛	功能纳米与软物质研究院	访问学者	美国加州大学圣地亚哥分校	2016年12月—2017年12月
68	赵朋朋	计算机科学与技术学院	访问学者	美国罗格斯大学	2016年12月—2017年12月
69	朱斐	计算机科学与技术学院	访问学者	美国加州大学圣地亚哥分校	2016年12月—2018年1月
70	肖成梁	放射医学与防护学院	访问学者	美国西北大学	2016年12月—2017年12月
71	黄茉莉	基础医学与生物科学学院	访问学者	新加坡国立大学	2016年12月—2017年12月
72	宋典	政治与公共管理学院	访问学者	美国南密西西比大学	2016年12月—2017年12月
73	任勇	应用技术学院	研修	台湾远东科技大学	2016年9月—2017年2月

2016年教职工公派短期出国人员情况一览表

序号	姓名	院(部)、部门	类别	前往国家	外出期限
1	尹斌	唐仲英血液学研究中心	合作研究	美国	2016年1月1日—2016年2月17日
2	张健 陈迪 倪月如	文学院	国际会议	印度尼西亚	2016年1月3日—2016年1月7日
3	杨大伟	数学科学学院	合作研究	法国	2016年1月4日—2016年1月30日
4	文万信 屈卫卫 闫思齐	医学部放射医学与防护学院	合作研究	日本	2016年1月9日—2016年1月16日
5	胡广	电子信息学院	国际会议	日本	2016年1月12日—2016年1月16日
6	陈焕阳	物理科学与技术学院	合作研究	泰国	2016年1月17日—2016年1月30日
7	张洁 陈迪	文学院	国际会议	美国	2016年1月18日—2016年1月23日
8	陈国栋	机电工程学院	合作研究	荷兰	2016年1月18日—2016年2月17日
9	陈隽	外国语学院	访问学者	美国	2016年1月19日—2016年4月20日
10	何玉龙	唐仲英血液学研究中心	合作研究	日本	2016年1月20日—2016年2月15日
11	袁孝	光电信息科学与工程学院	合作研究	美国	2016年1月20日—2016年2月19日
12	邹贵付	能源学院	合作研究	美国	2016年1月20日—2016年2月19日
13	王奎	数学科学学院	合作研究	美国	2016年1月20日—2016年2月20日
14	张影	数学科学学院	国际会议	日本	2016年1月25日—2016年1月30日
15	李挺	数学科学学院	合作研究	美国	2016年1月26日—2016年2月17日

续表

序号	姓　名	院(部)、部门	类　别	前往国家	外出期限
16	侯　嘉	数学科学学院	合作研究	韩国	2016年1月27日—2016年2月7日
17	熊思东 郑　慧 彭天庆	生物医学研究院	学术访问	德国	2016年1月29日—2016年2月3日
18	路建美	材料与化学化工学部	合作研究	美国	2016年1月29日—2016年2月15日
19	郑春福	生物医学研究院	国际会议	加拿大	2016年1月31日—2016年2月5日
20	曹永罗 赵　云	数学科学学院	合作研究	美国	2016年1月31日—2016年2月22日
21	李　慧	数学科学学院	合作研究	美国	2016年2月10日—2016年4月25日
22	徐庆锋	材料与化学化工学部	合作研究	新加坡	2016年2月12日—2016年2月19日
23	孙旭辉	纳米科学技术学院	学术访问	美国	2016年2月14日—2016年2月5日
24	沈刚祥	电子信息学院	国际会议	美国	2016年2月14日—2016年2月19日
25	季　进	文学院	国际会议	韩国	2016年2月19日—2016年2月22日
26	许建梅	纺织与服装工程学院	学术访问	意大利、瑞士	2016年2月22日—2016年2月28日
27	王卓君	党委办公室	工作访问	老挝	2016年2月25日—2016年2月30日
28	黄　兴	国际合作交流处	工作访问	老挝	2016年2月25日—2016年2月30日
29	李彦光	纳米科学技术学院	国际会议	美国	2016年2月27日—2016年3月3日
30	向德辉 陈新建	电子信息学院	国际会议	美国	2016年2月27日—2016年3月3日

续表

序号	姓　名	院(部)、部门	类　别	前往国家	外出期限
31	金　鑫	材料与化学化工学部	国际会议	新加坡	2016年2月27日—2016年3月4日
32	孙迎辉	能源学院	合作研究	新加坡	2016年3月3日—2016年3月8日
33	江　林	纳米科学技术学院	学术访问	新加坡	2016年3月3日—2016年3月8日
34	沈百荣	系统生物研究中心	国际会议	英国	2016年3月6日—2016年3月9日
35	曹建平	医学部放射医学与防护学院	国际会议	日本	2016年3月6日—2016年3月10日
36	于　谦	材料与化学化工学部	国际会议	美国	2016年3月12日—2016年3月17日
37	刘　庄	纳米科学技术学院	国际会议	美国	2016年3月12日—2016年3月17日
38	江　华	物理科学与技术学院	国际会议	美国	2016年3月13日—2016年3月18日
39	陈　雁 潘志娟	纺织与服装工程学院	工作访问	英国	2016年3月13日—2016年3月18日
40	尹万健	能源学院	学术访问	美国	2016年3月13日—2016年4月2日
41	唐忠明	数学科学学院	国际会议	越南	2016年3月19日—2016年3月27日
42	曹建平	医学部放射医学与防护学院	国际会议	印度	2016年3月20日—2016年3月26日
43	胡玉鸿 张学军 史浩明	王健法学院	国际会议	日本	2016年3月25日—2016年3月30日
44	王殳凹	医学部放射医学与防护学院	国际会议	美国	2016年3月27日—2016年4月2日
45	李冰燕	医学部	国际会议	美国	2016年3月28日—2016年4月1日

续表

序号	姓名	院(部)、部门	类别	前往国家	外出期限
46	蒋星红	校长办公室	工作访问	日本	2016年3月29日—2016年4月3日
47	王腊宝	外国语学院	工作访问	日本	2016年3月29日—2016年4月3日
48	陆惠星	国际合作交流处	工作访问	日本	2016年3月29日—2016年4月3日
49	王静	教育学院	国际会议	美国	2016年3月30日—2016年4月6日
50	李直旭	计算机科学与技术学院	合作研究	澳大利亚	2016年4月2日—2016年4月10日
51	狄俊伟	材料与化学化工学部	国际会议	美国	2016年4月3日—2016年4月8日
52	王家宏 陶玉流	体育学院	国际会议	美国	2016年4月4日—2016年4月9日
53	王丽荣	电子信息学院	学术访问	英国、德国	2016年4月10日—2016年4月17日
54	赵朋朋 李直旭	计算机科学与技术学院	国际会议	澳大利亚	2016年4月15日—2016年4月20日
55	朱秀林	材料与化学化工学部	合作研究	加拿大	2016年4月15日—2016年4月23日
56	刘冠峰	计算机科学与技术学院	合作研究	澳大利亚	2016年4月15日—2016年4月30日
57	陈涛 杨湛	机电工程学院	国际会议	日本	2016年4月17日—2016年4月23日
58	胡士军	心血管研究所	国际会议	阿根廷	2016年4月18日—2016年4月24日
59	徐广银	神经科学研究所	合作研究	美国	2016年4月18日—2016年5月4日
60	章小波 孟晓华 吉文灿 骆聘三 张小洪	政治与公共管理学院	工作访问	美国	2016年4月19日—2015年4月25日

续表

序号	姓　名	院(部)、部门	类　别	前往国家	外出期限
61	镇学初	药学院	国际会议	美国	2016年4月26日—2016年5月2日
62	陈新建	电子信息学院	国际会议	美国	2016年4月30日—2016年5月5日
63	孙加森	东吴商学院（财经学院） 东吴证券金融学院	合作研究	美国	2016年5月5日—2016年5月10日
64	章宗长	计算机科学与技术学院	国际会议	新加坡	2016年5月8日—2016年5月14日
65	田晓明	校长办公室	工作访问	美国	2016年5月10日—2016年5月17日
66	赵　阳 尚　书 程　彦	发展委员会办公室	工作访问	美国	2016年5月10日—2016年5月17日
67	任　平	政治与公共管理学院	工作访问	美国	2016年5月10日—2016年5月17日
68	张劲松 施从美	政治与公共管理学院	学术交流	捷克	2016年5月11日—2016年5月16日
69	张　文 陈　曦	骨科研究所	国际会议	新加坡	2016年5月15日—2016年5月21日
70	江作军	党委办公室	工作访问	老挝	2016年5月16日—2016年5月19日
71	孙宁华	党委宣传部	工作访问	老挝	2016年5月16日—2016年5月19日
72	吴　磊 孙宁华	艺术教育中心	工作访问	老挝	2016年5月16日—2016年5月19日
73	马扣祥	能源学院	国际会议	美国	2016年5月16日—2016年5月20日
74	方新军 李中原 赵　毅 周　杰	王健法学院	学术访问	意大利	2016年5月16日—2016年5月20日
75	于　谦 刘小莉	材料与化学化工学部	国际会议	加拿大	2016年5月17日—2016年5月22日

续表

序号	姓名	院(部)、部门	类别	前往国家	外出期限
76	朱彩虹	骨科研究所	国际会议	加拿大	2016年5月17日—2016年5月22日
77	赵颖	基础医学与生物科学学院	学术访问	英国、荷兰	2016年5月18日—2016年5月25日
78	陈卫昌	校长办公室	国际会议	美国	2016年5月20日—2016年5月24日
79	胡博	造血干细胞移植研究所	国际会议	美国	2016年5月21日—2016年5月26日
80	戴俭慧	体育学院	国际会议	土耳其	2016年5月23日—2016年5月29日
81	方汉文	文学院	国际会议	美国	2016年5月28日—2016年6月2日
82	陆少杰 徐涛 张凤琴	东吴商学院(财经学院) 东吴证券金融学院	工作访问	加拿大	2016年5月28日—2016年6月4日
83	谌宁	材料与化学化工学部	国际会议	美国	2016年5月28日—2016年6月7日
84	岳兴业	金融工程研究中心	国际会议	加拿大	2016年5月29日—2016年6月3日
85	吴雪梅 诸葛兰剑 金成刚	物理与光电·能源学部	国际会议	意大利	2016年5月29日—2016年6月4日
86	黄兴 朱苏静	国际合作交流处	国际会议	美国	2016年5月29日—2016年6月5日
87	薛莲	医学部公共卫生学院	合作研究	日本	2016年6月1日—2016年8月31日
88	季进	文学院	合作研究	捷克	2016年6月2日—2016年6月16日
89	刘俪佳	纳米科学技术学院	国际会议	加拿大	2016年6月4日—2016年6月10日

续表

序号	姓名	院（部）、部门	类别	前往国家	外出期限
90	孙旭辉	纳米科学技术学院	国际会议	加拿大、美国	2016年6月4日—2016年6月11日
91	蔡春芳	基础医学与生物科学学院	国际会议	美国	2016年6月4日—2016年6月11日
92	傅菊芬 朱跃 任勇	应用技术学院	工作访问	美国、加拿大	2016年6月5日—2016年6月12日
93	唐人成	纺织与服装工程学院	学术交流	斯洛文尼亚	2016年6月6日—2016年6月11日
94	袁影	外国语学院	合作研究	加拿大	2016年6月6日—2016年8月30日
95	汪维鹏	医学部药学院	工作访问	爱尔兰	2016年6月11日—2016年6月17日
96	缪丽燕	附属第一医院	工作访问	爱尔兰	2016年6月11日—2016年6月17日
97	裴海龙	放射医学与防护学院	合作研究	日本	2016年6月11日—2016年6月19日
98	万建美	医学部	合作研究	日本	2016年6月11日—2016年7月15日
99	熊得意	计算机科学与技术学院	国际会议	美国	2016年6月12日—2016年6月18日
100	钟志远 张建	材料与化学化工学部	国际会议	荷兰	2016年6月14日—2016年6月19日
101	程亮	医学部药学院	国际会议	荷兰	2016年6月14日—2016年6月19日
102	吴鹏	机电工程学院	国际会议	美国	2016年6月14日—2016年6月19日
103	陈琛	机电工程学院	国际会议	美国	2016年6月14日—2016年6月20日
104	方世南	马克思主义学院	国际会议	印度、以色列	2016年6月14日—2016年6月21日

续表

序号	姓　名	院(部)、部门	类　别	前往国家	外出期限
105	贾俊铖	计算机科学与技术学院	合作研究	新加坡	2016年6月16日—2016年6月25日
106	刘春风	神经科学研究所	国际会议	德国	2016年6月17日—2016年6月23日
107	苏晓东	物理科学与技术学院	国际会议	德国	2016年6月19日—2016年6月25日
108	徐兴顺	神经科学研究所	合作研究	美国	2016年6月21日—2016年9月20日
109	王文军	体育学院	访问学者	英国	2016年6月21日—2016年9月20日
110	史培新	城市轨道交通学院	国际会议	美国	2016年6月25日—2016年6月30日
111	曾小庆	材料与化学化工学部	合作研究	日本	2016年6月25日—2016年6月30日
112	梁志强 林海平 李绍娟	纳米科学技术学院	国际会议	希腊	2016年6月25日—2016年7月1日
113	李　青	纳米科学技术学院	国际会议	西班牙	2016年6月26日—2016年6月30日
114	崔京浩	医学部药学院	国际会议	越南	2016年6月26日—2016年6月30日
115	冯　原	机电工程学院	学术访问	美国	2016年6月28日—2016年8月5日
116	马欢飞	数学科学学院	合作研究	美国	2016年6月30日—2016年7月30日
117	贺竞辉	材料与化学化工学部	合作研究	美国	2016年6月30日—2016年8月31日
118	陈高健	材料与化学化工学部	合作研究	英国、加拿大	2016年7月1日—2016年7月20日
119	袁　晶	国际合作交流处	访问学者	加拿大	2016年7月1日—2016年9月29日

续表

序号	姓 名	院(部)、部门	类 别	前往国家	外出期限
120	高明义	电子信息学院	国际会议	日本	2016年7月2日—2016年7月8日
121	徐 丹	材料与化学化工学部	合作研究	西班牙	2016年7月2日—2016年7月31日
122	黄 鹤	电子信息学院	合作研究	卡塔尔	2016年7月4日—2016年9月4日
123	王 尧	文学院	学术访问	英国	2016年7月5日—2016年7月12日
124	徐广银	神经科学研究所	合作研究	加拿大	2016年7月7日—2016年7月17日
125	施 晖	外国语学院	学术访问	日本	2016年7月8日—2016年7月14日
126	沈纲祥	电子信息学院	国际会议	意大利	2016年7月9日—2016年7月15日
127	朱广俊	数学科学学院	合作研究	德国	2016年7月9日—2016年8月22日
128	彭 向	东吴商学院(财经学院) 东吴证券金融学院	访问学者	澳大利亚	2016年7月9日—2016年10月5日
129	陈 红 张正彪	材料与化学化工学部	国际会议	英国	2016年7月10日—2016年7月15日
130	张秀娟	纳米科学技术学院	学术交流	加拿大	2016年7月10日—2016年7月30日
131	潘向强	材料与化学化工学部	国际会议	英国	2016年7月11日—2016年7月15日
132	张峰峰	机电工程学院	国际会议	加拿大	2016年7月11日—2016年7月16日
133	尚笑梅 白秀娥 张克勤 赖跃坤 卢业虎	纺织与服装工程学院	国际会议	澳大利亚	2016年7月12日—2016年7月16日

续表

序号	姓 名	院(部)、部门	类 别	前往国家	外出期限
134	熊思东 曹 健 申淇舟	校长办公室	工作访问	老挝	2016年7月12日— 2016年7月16日
135	孙文基	东吴商学院（财经学院） 东吴证券金融学院	工作访问	老挝	2016年7月12日— 2016年7月16日
136	黄 兴	国际合作交流处	工作访问	老挝	2016年7月12日— 2016年7月16日
137	石 沙	国际合作交流处	短期研修	日本	2016年7月13日— 2016年7月18日
138	陆 询	外国语学院	访问学者	法国	2016年7月13日— 2016年10月7日
139	李孝峰	光电信息科学与工程学院	国际会议	法国	2016年7月14日— 2016年7月19日
140	徐庆锋	材料与化学化工学部	合作研究	美国	2016年7月15日— 2016年8月12日
141	唐忠明	数学科学学院	合作研究	意大利	2016年7月15日— 2016年8月14日
142	赵 亮	能源学院	合作研究	德国	2016年7月15日— 2016年8月25日
143	张 民	计算机科学与技术学院	学术访问	德国	2016年7月15日— 2016年9月12日
144	姚英明 戴 洁 朱琴玉	材料与化学化工学部	合作研究	澳大利亚	2016年7月16日— 2016年7月23日
145	严 锋	材料与化学化工学部	合作研究	葡萄牙、加拿大	2016年7月16日— 2016年8月7日
146	王 璐	纳米科学技术学院	国际会议	毛里求斯	2016年7月17日— 2016年7月23日
147	马中红 陈 霖	凤凰传媒学院	学术访问	英国	2016年7月17日— 2016年7月31日
148	舒啸尘	医学部公共卫生学院	合作研究	瑞典	2016年7月17日— 2016年8月24日

续表

序号	姓名	院(部)、部门	类别	前往国家	外出期限
149	李亮	物理科学与技术学院	学术访问	日本	2016年7月19日—2016年8月12日
150	纪金平	文学院	合作研究	美国	2016年7月20日—2016年8月9日
151	胡月华	唐文治书院	合作研究	美国	2016年7月20日—2016年8月9日
152	李东军	外国语学院	合作研究	日本	2016年7月20日—2016年8月20日
153	郑春福	生物医学研究院	国际会议	美国	2016年7月22日—2016年7月28日
154	刘电芝 王平 吴铁钧 段锦云 疏德明	教育学院	国际会议	日本	2016年7月23日—2016年7月30日
155	周飞 董莺莺 刘志玮 朱文静 朱易辰	剑桥—苏大基因组资源中心	合作研究	日本	2016年7月24日—2016年7月28日
156	张功亮 张阳 张天阳	教育学院	国际会议	日本	2016年7月24日—2016年7月29日
157	周超 徐稼红 潘洪亮 王金才	数学科学学院	国际会议	德国	2016年7月24日—2016年8月1日
158	肖湘东	金螳螂建筑学院	合作研究	泰国	2016年7月24日—2016年8月1日
159	张影	数学科学学院	国际会议	印度尼西亚	2016年7月25日—2016年7月28日
160	周光明	医学部放射医学与防护学院	国际会议	土耳其	2016年7月30日—2016年8月4日

续表

序号	姓名	院(部)、部门	类别	前往国家	外出期限
161	章晓芳	计算机科学与技术学院	国际会议	奥地利	2016年7月30日—2016年8月29日
162	尹成科	机电工程学院	访问学者	德国	2016年7月30日—2016年8月5日
163	张晓晖	能源学院	国际会议	美国	2016年8月1日—2016年8月5日
164	刘汉洲	放射医学与防护学院	合作研究	澳大利亚	2016年8月1日—2016年8月7日
165	杨君杰	心血管病研究所	合作研究	日本	2016年8月1日—2016年8月10日
166	刘冠峰	计算机科学与技术学院	合作研究	澳大利亚	2016年8月1日—2016年8月20日
167	彭扬	能源学院	合作研究	美国	2016年8月1日—2016年8月26日
168	孔新兵	数学科学学院	合作研究	新加坡	2016年8月1日—2016年8月30日
169	文万信	放射医学与防护学院	合作研究	澳大利亚	2016年8月1日—2016年8月31日
170	李建祥	医学部公共卫生学院	合作研究	日本	2016年8月1日—2016年8月31日
171	邹贵付	物理与光电·能源学部	合作研究	美国	2016年8月5日—2016年9月4日
172	黄河	计算机科学与技术学院	国际会议	美国	2016年8月6日—2016年8月12日
173	李正华	计算机科学与技术学院	国际会议	德国	2016年8月6日—2016年8月13日
174	葛建一	附属第一医院	国际会议	美国	2016年8月7日—2016年8月11日
175	张雨青	基础医学与生物科学学院	国际会议	韩国	2016年8月7日—2016年8月12日
176	卢神州	纺织与服装工程学院	国际会议	韩国	2016年8月7日—2016年8月12日

续表

序号	姓名	院(部)、部门	类别	前往国家	外出期限
177	彭 睿 刘 庄	纳米科学技术学院	国际会议	奥地利	2016年8月7日—2016年8月14日
178	周 川	教育学院	合作研究	美国	2016年8月10日—2016年8月23日
179	张坦然	数学科学学院	学术访问	日本	2016年8月11日—2016年8月29日
180	朱耀平	政治与公共管理学院	学术交流	丹麦	2016年8月14日—2016年8月20日
181	张 影	数学科学学院	国际会议	新加坡	2016年8月14日—2016年8月20日
182	柯 征	敬文书院	合作研究	英国	2016年8月14日—2016年8月27日
183	卢 玮	教务部	合作研究	英国	2016年8月14日—2016年8月27日
184	孙旭辉	纳米科学技术学院	合作研究	美国	2016年8月16日—2016年8月30日
185	钟博文	机电工程学院	国际会议	德国	2016年8月20日—2016年8月25日
186	李 丹 于 谦	材料与化学化工学部	国际会议	美国	2016年8月20日—2016年8月25日
187	张舒羽	医学部放射医学与防护学院	国际会议	美国	2016年8月20日—2016年8月25日
188	陈东赟 蒋 军	材料与化学化工学部	合作研究	新加坡	2016年8月20日—2016年8月27日
189	杨瑞枝	能源学院	国际会议	美国	2016年8月21日—2016年8月26日
190	王 俊 徐 薇 岳 艳	生物医学研究院	国际会议	澳大利亚	2016年8月21日—2016年8月27日
191	李有勇 季 晶	纳米科学技术学院	合作研究	英国	2016年8月21日—2016年8月27日

续表

序号	姓　名	院(部)、部门	类　别	前往国家	外出期限
192	张焕相	基础医学与生物科学学院	学术访问	日本	2016年8月21日—2016年8月28日
193	何　乐 陈兰芬	纳米科学技术学院	合作研究	加拿大	2016年8月21日—2016年8月29日
194	王照奎	功能纳米与软物质研究院	国际会议	韩国	2016年8月22日—2016年8月27日
195	娄艳辉	能源学院	国际会议	韩国	2016年8月22日—2016年8月27日
196	何　耀	纳米科学技术学院	合作研究	德国	2016年8月22日—2016年8月31日
197	张　桥 周迎春	纳米科学技术学院	合作研究	美国	2016年8月22日—2016年8月31日
198	唐建新	科学技术与产业部	国际会议	韩国	2016年8月23日—2016年8月27日
199	陈　雁 王立川	纺织与服装工程学院	国际会议	法国	2016年8月23日—2016年8月28日
200	沈百荣	系统生物研究中心	国际会议	荷兰	2016年8月23日—2016年8月28日
201	王穗东	纳米科学技术学院	学术访问	美国	2016年8月23日—2016年9月2日
202	镇学初	医学部药学院	学术访问	日本	2016年8月24日—2016年8月28日
203	姚英明 徐　凡 孙宏枚 徐　信 赵　蓓 徐新芳	材料与化学化工学部	国际会议	韩国	2016年8月27日—2016年8月31日
204	廖良生 高　旭	纳米科学技术学院	国际会议	美国	2016年8月27日—2016年9月2日
205	郁树梅	机电工程学院	国际会议	新西兰	2016年8月27日—2016年9月3日

续表

序号	姓名	院(部)、部门	类别	前往国家	外出期限
206	陈国栋 王振华 高枫	机电工程学院	国际会议	荷兰	2016年8月28日—2016年9月3日
207	刘会聪	机电工程学院	国际会议	新西兰	2016年8月28日—2016年9月3日
208	汤哲声	文学院	国际会议	韩国	2016年8月29日—2016年9月4日
209	张乃禹	外国语学院	国际会议	韩国	2016年8月29日—2016年9月4日
210	胡明宇	凤凰传媒学院	国际会议	韩国	2016年8月29日—2016年9月4日
211	王家宏 罗时铭 王荷英	体育学院	国际会议	巴西	2016年8月30日—2016年9月5日
212	赵优良	材料与化学化工学部	国际会议	韩国	2016年8月31日—2016年9月4日
213	施夏清	软凝聚态物理及交叉研究中心	合作研究	法国	2016年9月4日—2016年9月25日
214	徐岚 邢铁玲 王建南 刘福娟	纺织与服装工程学院	国际会议	葡萄牙	2016年9月5日—2016年9月10日
215	陈兴昌	出版社有限公司	书展	俄罗斯	2016年9月7日—2016年9月11日
216	仇国阳	科学技术与产业部	工作访问	俄罗斯	2016年9月10日—2016年9月16日
217	王殳凹 王艳龙 郑滔	放射医学与防护学院	国际会议	美国	2016年9月10日—2016年9月16日
218	邱林	体育学院	访问学者	法国	2016年9月12日—2016年12月14日
219	陈新	体育学院	访问学者	法国	2016年9月13日—2016年12月17日

续表

序号	姓名	院(部)、部门	类别	前往国家	外出期限
220	刘庄	纳米科学技术学院	国际会议	美国	2016年9月15日—2016年9月19日
221	王殳凹 肖成梁 王亚星	放射医学与防护学院	国际会议	德国	2016年9月16日—2016年9月23日
222	王芬	神经科学研究所	学术访问	美国	2016年9月16日—2016年9月24日
223	孙宝全	纳米科学技术学院	合作研究	法国	2016年9月17日—2016年9月21日
224	尹成科	机电工程学院	国际会议	日本	2016年9月18日—2016年9月24日
225	杨大伟	数学科学学院	合作研究	法国	2016年9月19日—2016年12月9日
226	周升干	外国语学院	研修	日本	2016年9月20日—2016年11月10日
227	王江峰	医学部基础医学与生物科学学院	国际会议	美国	2016年9月24日—2016年10月1日
228	何耀	纳米科学技术学院	国际会议	韩国	2016年9月25日—2016年9月28日
229	余亮	金螳螂建筑学院	工作访问	日本	2016年9月25日—2016年10月1日
230	张民	计算机科学与技术学院	学术访问	新加坡	2016年9月28日—2016年10月9日
231	汪维鹏	医学部药学院	国际会议	美国	2016年10月1日—2016年10月6日
232	赵建庆	能源学院	国际会议	美国	2016年10月1日—2016年10月7日
233	李彦光	纳米科学技术学院	国际会议	美国	2016年10月1日—2016年10月8日
234	尹万健	能源学院	国际会议	美国、日本	2016年10月1日—2016年10月16日

续表

序号	姓名	院(部)、部门	类别	前往国家	外出期限
235	吴昌政 施盛威 周文军 邓小玲	文正学院	工作访问	英国	2016年10月3日—2016年10月9日
236	管清宝	材料与化学化工学部	合作研究	荷兰	2016年10月4日—2016年10月15日
237	崔京浩 乔春华	医学部药学院	学术交流	爱尔兰	2016年10月6日—2016年10月19日
238	郑栋	基础医学与生物科学学院	访问学者	美国	2016年10月8日—2017年1月7日
239	马扣祥	能源学院	研讨会	德国	2016年10月9日—2016年10月15日
240	王卓君 张国华	党委办公室	工作访问	俄罗斯	2016年10月10日—2016年10月15日
241	黄兴	国际合作交流处	工作访问	俄罗斯	2016年10月10日—2016年10月15日
242	季小军	外国语学院	工作访问	俄罗斯	2016年10月10日—2016年10月15日
243	张薇薇	王健法学院	国际会议	挪威	2016年10月11日—2016年10月16日
244	彭扬	能源学院	合作研究	美国	2016年10月14日—2016年11月10日
245	李冰燕 聂晶	医学部	国际会议	美国	2016年10月15日—2016年10月20日
246	陈卫昌	校长办公室	国际会议	奥地利	2016年10月15日—2016年10月20日
247	糜志雄	科学技术与产业部	工作访问	美国	2016年10月15日—2016年10月24日
248	蔡阳健 刘琳	物理科学与技术学院	国际会议	美国	2016年10月16日—2016年10月22日
249	陈新建	电子信息学院	国际会议	希腊	2016年10月17日—2016年10月22日

续表

序号	姓名	院(部)、部门	类别	前往国家	外出期限
250	曹世杰	城市轨道交通学院	国际会议	韩国	2016年10月23日—2016年10月26日
251	方新军 娄爱华 张鹏	王健法学院	国际会议	日本	2016年10月23日—2016年10月27日
252	王永山 袁建新 张方华 汪炜	东吴商学院（财经学院） 东吴证券金融学院	工作访问	澳大利亚	2016年10月23日—2016年10月30日
253	仲宏	文正学院	工作访问	泰国、印度尼西亚	2016年10月24日—2016年10月29日
254	宋元	国际合作交流处	学术交流	日本	2016年10月24日—2016年11月5日
255	曹健	校长办公室	工作会议	罗马尼亚	2016年10月25日—2016年10月30日
256	陈雁 陈国强 关晋平 王立川	纺织与服装工程学院	工作会议	罗马尼亚	2016年10月25日—2016年10月30日
257	王军	外国语学院	国际会议	美国	2016年10月26日—2016年11月1日
258	张民	计算机科学与技术学院	学术访问	新加坡、美国	2016年10月26日—2016年11月7日
259	黎穗琼	电子信息学院	国际会议	美国	2016年10月28日—2016年11月3日
260	冯岩	软凝聚态物理及交叉研究中心	国际会议	美国	2016年10月30日—2016年11月5日
261	李正华 李培峰 熊德意	计算机科学与技术学院	国际会议	美国	2016年10月31日—2016年11月6日
262	杨季文	计算机科学与技术学院	国际会议	美国	2016年10月31日—2016年11月6日

续表

序号	姓名	院(部)、部门	类别	前往国家	外出期限
263	朱巧明	科学技术与产业部	国际会议	美国	2016年10月31日—2016年11月6日
264	朱建刚	文学院	合作研究	俄罗斯	2016年11月1日—2016年12月31日
265	王尧	文学院	国际会议	日本	2016年11月3日—2016年11月11日
266	王萍 刘雨	纺织与服装工程学院	国际会议	日本	2016年11月7日—2016年11月12日
267	曹建平	医学部放射医学与防护学院	国际会议	印度尼西亚	2016年11月7日—2016年11月12日
268	秦飞	东吴商学院(财经学院) 东吴证券金融学院	国际会议	美国	2016年11月11日—2016年11月17日
269	冯原	机电工程学院	国际会议	美国	2016年11月11日—2016年11月17日
270	胡士军	心血管病研究所	国际会议	美国	2016年11月11日—2016年11月18日
271	孙加森	东吴商学院(财经学院) 东吴证券金融学院	国际会议	美国	2016年11月12日—2016年11月17日
272	沈纲祥	电子信息学院	国际会议	日本	2016年11月13日—2016年11月16日
273	唐建新	科学技术与产业部	国际会议	德国	2016年11月13日—2016年11月18日
274	徐广银	神经科学研究所	国际会议	美国	2016年11月13日—2016年11月30日
275	施从美	政治与公共管理学院	国际会议	美国	2016年11月15日—2016年11月20日
276	陈一星	校长办公室	工作访问	英国	2016年11月15日—2016年11月20日
277	缪世林	继续教育处	工作访问	英国	2016年11月15日—2016年11月20日

续表

序号	姓 名	院(部)、部门	类 别	前往国家	外出期限
278	徐雯彦	国际合作交流处	工作访问	英国	2016年11月15日—2016年11月20日
279	杨旭红 朱新生	纺织与服装工程学院	国际会议	德国	2016年11月23日—2016年11月28日
280	陶砚蕴	城市轨道交通学院	国际会议	新加坡	2016年11月25日—2016年11月30日
281	孙旭辉	纳米科学技术学院	学术访问	美国	2016年11月26日—2016年12月3日
282	杨 磊	骨科研究所	国际会议	美国	2016年11月26日—2016年12月3日
283	陆惠星 梅 琳	国际合作交流处	工作访问	日本	2016年11月27日—2016年12月1日
284	陈华兵	医学部药学院	国际会议	日本	2016年11月27日—2016年12月1日
285	黄辛隐	教育学院	合作研究	日本	2016年11月27日—2016年12月2日
286	王泽猛 周玉明 张大鲁 李 忠 张慧子 李 旸	艺术学院	学术交流	韩国	2016年11月28日—2016年12月4日
287	孙洪涛	材料与化学化工学部	合作研究	日本	2016年12月1日—2016年12月6日
288	张正彪	材料与化学化工学部	合作研究	美国	2016年12月1日—2016年12月20日
289	张 桥	纳米科学技术学院	国际会议	新加坡	2016年12月4日—2016年12月8日
290	李 斌	骨科研究所	国际会议	澳大利亚、新加坡	2016年12月4日—2016年12月11日
291	李 娟 张虹淼 李春光	机电工程学院	国际会议	新加坡	2016年12月6日—2016年12月10日

续表

序号	姓 名	院(部)、部门	类 别	前往国家	外出期限
292	徐庆锋 陈冬赟	材料与化学化工学部	国际会议	新加坡	2016年12月7日—2016年12月15日
293	晏成林	能源学院	国际会议	德国	2016年12月10日—2016年12月15日
294	李彦光	纳米科学技术学院	国际会议	新加坡	2016年12月10日—2016年12月15日
295	李 亮	物理科学与技术学院	国际会议	新加坡	2016年12月10日—2016年12月15日
296	邢光晟 骆聘三 翟惠生	政治与公共管理学院	工作访问	美国	2016年12月11日—2016年12月17日
297	朱巧明	科学技术与产业部	国际会议	日本	2016年12月11日—2016年12月17日
298	张 民 熊德意 陈文亮 李培峰	计算机科学与技术学院	国际会议	日本	2016年12月11日—2016年12月17日
299	徐玉红	数学科学学院	国际会议	澳大利亚	2016年12月12日—2016年12月17日
300	周经亚	计算机科学与技术学院	国际会议	西班牙	2016年12月12日—2016年12月17日
301	吕 强	现代丝绸国家工程实验室	合作研究	美国	2016年12月26日—2017年1月11日
302	朱秀林	材料与化学化工学部	合作研究	美国	2016年12月26日—2017年1月25日

2016年教职工因公赴港澳台地区人员情况一览表

序号	姓 名	院(部)、部门	类 别	前往学校或机构	外出期限
1	孔新兵	数学科学学院	合作研究	香港科技大学	2016年1月4日—2016年1月21日
2	鲍桥梁	功能纳米与软物质研究院	学术会议	香港理工大学	2016年1月8日—2016年1月14日
3	陆伟新 杭志宏 赖 耘 徐亚东 蒋建华 陈焕阳	物理科学与技术学院	学术会议	香港科技大学	2016年1月9日—2016年1月16日
4	王 静	教育学院心理中心	学术会议	台湾台北教育大学	2016年1月17日—2016年1月27日
5	李培峰 杨季文 吕 强	计算机科学与技术学院	合作研究	香港城市大学	2016年1月24日—2016年1月31日
6	朱巧明	科学技术与产业部	合作研究	香港城市大学	2016年1月24日—2016年1月31日
7	李 勇 黄晓辉	文学院	工作访问	香港教育学院	2016年3月1日—2016年3月4日
8	陈景润	数学科学学院	合作研究	香港科技大学	2016年3月1日—2016年5月27日
9	李艳青	功能纳米与软物质研究院	合作研究	香港城市大学	2016年3月3日—2016年3月9日
10	马万里	功能纳米与软物质研究院	学术会议	香港科技大学	2016年3月4日—2016年3月7日
11	李永玺	功能纳米与软物质研究院	合作研究	香港科技大学	2016年3月4日—2016年3月8日
12	唐建新	功能纳米与软物质研究院	学术会议	香港城市大学	2016年3月4日—2016年3月8日
13	樊建席	计算机科学与技术学院	合作研究	台湾台北商业大学	2016年3月21日—2016年3月27日
14	张晓宏 刘 庄	功能纳米与软物质研究院	研讨会	台湾"中央"研究院物理研究所	2016年3月22日—2016年3月26日

续表

序号	姓 名	院(部)、部门	类别	前往学校或机构	外出期限
15	张劲松	政治与公共管理学院	学术会议	台湾台北大学	2016年3月22日—2016年3月26日
16	何耀	功能纳米与软物质研究院	学术会议	台湾清华大学	2016年3月24日—2016年3月29日
17	吉文灿 章小波 尹婷婷 宋煜萍 施从美 钮菊生 金太军 骆聘三	政治与公共管理学院	学术会议	台湾铭传大学	2016年3月24日—2016年3月30日
18	陈晓刚	保卫处	学术会议	台湾铭传大学	2016年3月24日—2016年3月30日
19	季进	文学院	学术访问	香港中文大学	2016年3月25日—2016年4月1日
20	熊思东 曹健	校长办公室	工作访问	台湾东吴大学	2016年4月19日—2016年4月24日
21	黄兴	国际合作交流处	工作访问	台湾东吴大学	2016年4月19日—2016年4月24日
22	罗时进	文学院	研讨会	台湾中兴大学	2016年4月21日—2016年4月24日
23	钟俊	功能纳米与软物质研究院	合作研究	台湾淡江大学	2016年5月2日—2016年5月6日
24	顾建平	东吴商学院(财经学院) 东吴证券金融学院	讲学合作	台湾东吴大学	2016年5月15日—2016年6月25日
25	周生杰	文学院	学术会议	台湾东吴大学	2016年5月19日—2016年5月24日
26	王尧	文学院	学术会议	台湾东吴大学	2016年5月20日—2016年5月30日
27	沈长青	机电工程学院	学术会议	台湾国际电机电子工程师学会	2016年5月22日—2016年5月27日
28	吴磊	艺术教育中心	工作访问	台湾东吴大学	2016年6月12日—2016年6月18日

续表

序号	姓名	院(部)、部门	类别	前往学校或机构	外出期限
29	程亚东 顾莉洁 成凤旸 唐煜	数学科学学院	学术会议	香港中文大学	2016年6月25日—2016年7月1日
30	王亚星	医学部放射医学与交叉学科研究院	工作访问	台湾"中央"大学	2016年7月1日—2016年7月16日
31	孙旭辉 徐建龙	功能纳米与软物质研究院	合作研究	台湾同步辐射研究中心	2016年7月4日—2016年7月12日
32	吕强	计算机科学与技术学院	学术访问	香港华为诺亚方舟实验室研究院	2016年7月10日—2016年7月17日
33	许晨	物理科学与技术学院	学术访问	香港中文大学	2016年7月12日—2016年8月9日
34	王钢	物理科学与技术学院	学术交流	台湾清华大学	2016年7月12日—2016年9月12日
35	孔新兵	数学科学学院	学术合作	澳门大学	2016年7月15日—2016年7月30日
36	季利均	数学科学学院	学术访问	台湾"中央"研究院数学所	2016年7月17日—2016年8月16日
37	吴苏珍 蒋秀萍	国际合作交流处	暑期研修	台湾东吴大学	2016年7月18日—2016年8月16日
38	杨季文 陈宇	计算机科学与技术学院	学术交流	香港城市大学	2016年7月21日—2016年7月25日
39	霍跃进 黄水林	保卫处	学术会议	台湾中正大学	2016年7月21日—2016年7月27日
40	肖甫青 孙磊	团委	辩论赛	台湾大学	2016年7月22日—2016年7月28日
41	胡军	物理科学与技术学院	学术会议	香港城市大学	2016年7月24日—2016年7月31日
42	李伟峰	医学部放射医学与防护学院	学术会议	香港城市大学	2016年7月24日—2016年7月31日
43	李挺	数学科学学院	合作研究	台湾东华大学	2016年8月1日—2016年8月15日

续表

序号	姓名	院(部)、部门	类别	前往学校或机构	外出期限
44	秦文新	数学科学学院	学术会议	台湾理论科学研究中心	2016年8月5日—2016年8月19日
45	曹永罗	数学科学学院	学术会议	台湾理论科学研究中心	2016年8月10日—2016年8月25日
46	赵云	数学科学学院	学术会议	台湾理论科学研究中心	2016年8月11日—2016年8月31日
47	王方星	医学部护理学院	学术交流	台湾慈济科技大学	2016年8月15日—2016年8月30日
48	包峰 杨旭敏 冯敏强	功能纳米与软物质研究院	合作研究	香港城市大学	2016年8月21日—2016年8月28日
49	李冰	骨科研究所	学术会议	台湾清华大学	2016年9月1日—2016年9月6日
50	胡寒雨 安子靖	王健法学院	交流活动	台湾政治大学	2016年9月18日—2016年11月1日
51	孙旭辉	功能纳米与软物质研究院	学术会议	台湾同步辐射研究中心	2016年9月19日—2016年9月25日
52	王尧	文学院	学术会议	香港岭南大学	2016年9月28日—2016年10月1日
53	罗正英	东吴商学院(财经学院) 东吴证券金融学院	学术会议	台湾东吴大学	2016年9月29日—2016年10月8日
54	阮长耿	血液研究所	学术会议	台湾血栓与止血学会	2016年10月6日—2016年10月10日
55	王泽猛 赵智峰 范炜炎	艺术学院	交流活动	台湾云林科技大学	2016年10月13日—2016年10月17日
56	尹万健	能源学院	学术会议	台湾交通大学	2016年10月30日—2016年11月3日
57	陈红	材料与化学化工学部	学术会议	台湾交通大学	2016年10月30日—2016年11月6日
58	陈维倩	心血管病研究所	学术会议	香港心脏专科医院	2016年11月2日—2016年11月7日

续表

序号	姓 名	院(部)、部门	类 别	前往学校或机构	外出期限
59	罗时进	敬文书院	学术会议	台湾"中央"大学	2016年11月10日—2016年11月14日
60	周 毅	教务部	校际交流	香港岭南大学	2016年11月13日—2016年11月17日
61	周可真 庄友钢 姚兴富 朱耀平 于树贵 郭世平 曹润生 邢冬梅 田广兰 杨 静 李红霞	政治与公共管理学院	交流活动	台湾东吴大学	2016年11月21日—2016年11月27日
62	王永山 孙文基 韩祥宗 沈 能 方健雯 李文锋 刘 亮 乔桂明 屠立峰 王 俊 张腊娥 张 涛 朱冬梅 朱冬琴	东吴商学院(财经学院) 东吴证券金融学院	学术会议	台湾东吴大学	2016年11月21日—2016年11月25日
63	杨礼富 熊德意 张 召 许佳捷	计算机科学与技术学院	交流活动	台湾东吴大学	2016年11月28日—2016年12月2日
64	阮长耿	血液研究所	学术访问	香港中文大学	2016年12月6日—2016年12月9日
65	迟力峰	功能纳米与软物质研究院	学术交流	香港科技大学	2016年12月10日—2016年12月17日

续表

序号	姓名	院(部)、部门	类别	前往学校或机构	外出期限
66	徐建龙 文震	功能纳米与软物质研究院	学术活动	台湾同步辐射研究中心	2016年12月10日—2016年12月20日
67	石子亮	软凝聚态物理及交叉研究中心	学术会议	香港科技大学	2016年12月11日—2016年12月17日
68	陈康	软凝聚态物理及交叉研究中心	学术会议	香港浸会大学	2016年12月13日—2016年12月18日
69	唐煜	数学科学学院	学术会议	台湾"中央"研究院	2016年12月14日—2016年12月19日
70	尚笑梅	纺织与服装工程学院	学术访问	香港理工大学	2016年12月21日—2016年12月26日
71	刘全	光电信息科学与工程学院	学术会议	香港机械工程师协会	2016年12月28日—2017年1月2日
72	王则斌	东吴商学院(财经学院) 东吴证券金融学院	学术访问	台湾东吴大学	2016年12月29日—2017年1月4日

2016年学生长期出国(境)交流人员情况一览表

序号	姓名	学生人数	类别	去往国家(地区)、院校	外出期限
1	陈晓 陈亦畅	2	1学期交流	加州大学伯克利分校	2016年1月—2016年5月
2	王思雯 张倩楠 崔潇	3	1学期交流	新加坡南洋理工大学	2016年1月—2016年5月
3	韩潇 谌佳文 黄琪 宋宇翔 吴田 丁攀 杨慧 封扬 徐超 谈叶舒	10	1学期交流	加拿大滑铁卢大学	2016年2月—2016年5月
4	郑欣	1	1学期交流	台湾东吴大学	2016年2月—2016年6月
5	陈冬玮 蔡莹 唐鋆 罗皓 王青 马婧怡	6	1学期交流	西班牙莱里达大学	2016年2月—2016年7月
6	陆春燕 王慧 徐海雯 张子韵	4	1学期交流	莫斯科市立师范大学	2016年2月—2016年8月

续表

序号	姓　名	学生人数	类　别	去往国家(地区)、院校	外出期限
7	许佳伦　黄雅静　王璐璐　彭鑫楠　陈怡宁　黄湘雨　徐桐桐	7	研修学习	台湾清华大学	2016年2月—2016年6月
8	欧阳秀琴	1	1学期交流	台湾中华大学	2016年2月—2016年7月
9	李嘉欣	1	1学期交流	台湾云林科技大学	2016年2月—2016年7月
10	瞿茜婷　王晓玉	2	1学期研修	台湾台北市立大学	2016年2月—2016年7月
11	吴卓晓　吴宜纯　郑焱珺　张蓉　吴越　周子孺　林南希	7	1学期交流	台湾东吴大学	2016年2月—2016年6月
12	黄琳惠	1	1学期交流	台湾世新大学	2016年2月—2016年7月
13	李欣冉　高瑞含　闵伟　牟之豫　袁青　姜姝婕　黄靖媛	7	1学期交流	台湾东华大学	2016年2月—2016年6月
14	陈琦	1	1学期交流	韩国建国大学	2016年2月—2016年8月
15	王雪婷　缪沐均	2	1学年交流	韩国梨花女子大学	2016年2月—2016年12月
16	林韵　于晨阳　陈颖　施琦　刘梦轩	5	1学期交流	西班牙莱里达大学	2016年2月—2016年8月
17	张莹莹	1	1学年交流	韩国淑明女子大学	2016年2月—2016年12月
18	徐思颖	1	1学年交流	日本国士馆大学	2016年3月—2017年3月
19	范瑀琼　许诺	2	1学年交流	日本早稻田大学	2016年3月—2017年2月
20	祁烨	1	SAF学期交流	美国加州大学洛杉矶分校	2016年3月—2016年6月

续表

序号	姓　名	学生人数	类　别	去往国家(地区)、院校	外出期限
21	陆　蕙　陶书原	2	研修生	日本上智大学	2016年3月—2017年1月
22	张滢颖　尹玉燕	2	1学年交流	日本明治大学	2016年3月—2017年2月
23	王星澳	1	1学年交流	日本关西学院大学	2016年3月—2017年3月
24	宗　怡	1	1学年交流	日本群马县立女子大学	2016年3月—2017年2月
25	俞晓钰	1	1学年交流	日本京都产业大学	2016年3月—2017年2月
26	沈彤扬　张依舟　唐雪纯　刘彦淞　贡依婷　陈裔宁　杨　莹　毛　豆	8	"3+1+2"项目	澳大利亚新南威尔士大学	2016年7月—2017年7月
27	邓思宇　吕　洁　朱恭博　刘　晓　丁　漪　卞杨奕　李　睿　陈子璇　卢丽婧　李宏煜　章锦程　陈恩奇　刘智威　陈　天　顾丽逸　陈书菲　王雅慧	17	"3+2"项目	新加坡国立大学	2016年7月—2018年5月
28	周灵燕　徐　菲	2	留学	墨西哥(留学基金委互换奖学金项目)	2016年7月—2017年6月
29	吴可欣　杨解霖	2	淡马锡项目	新加坡南洋理工大学	2016年8月—2016年12月
30	胡晗雨　吴昕怡　邰宇航　殷琪媛　林恩宇	5	1学年交流	美国匹兹堡州立大学	2016年8月—2017年5月
31	邵　璇	1	1学期交流	美国巴德学院	2016年8月—2016年12月
32	吴　桐	1	1学年交流	美国纽约州立宾汉姆顿大学	2016年8月—2017年6月

续表

序号	姓　名	学生人数	类　别	去往国家(地区)、院校	外出期限
33	王昱茜	1	留学	澳大利亚新南威尔士大学	2016年8月—2017年8月
34	王永峤	1	1学年交流	韩国淑明女子大学	2016年8月—2017年8月
35	赵煜植　王宇翔　周　玥	3	1学年交流	加拿大(江苏—安大略省大学生交流项目)	2016年8月—2017年5月
36	赵天爱　包梦依	2	本科生国际交流项目	韩国梨花女子大学	2016年8月—2017年7月
37	王晓彤　俞　露	2	1学期交流	韩国建国大学	2016年8月—2016年12月
38	王心宇　刘洁吟　魏红叶　高康正　刘婧君　顾瀚驰　冯润禾　黄钧琪　陆亭彦	9	1学期交流	美国威斯康星大学麦迪逊分校	2016年8月—2017年1月
39	缪海泓	1	1学期交流	英属哥伦比亚大学	2016年8月—2016年12月
40	陈玟妤	1	1学年交流	美国(江苏省国际教育交流协会赴美国大学学年交流项目)	2016年8月—2017年5月
41	刘子惠	1	1学年交流	韩国朝鲜大学	2016年8月—2017年9月
42	周奕彤	1	1学年交流	法国圣太田·莫奈大学	2017年8月—2016年7月
43	陆　意	1	1学期交流	韩国全北大学	2016年8月—2017年1月
44	杨泽哲　刘诗哲　张　岩　刘　洋　林惠颖　王安琪　卞梦朵	7	1学年交流	法国圣埃蒂安大学	2016年8月—2017年5月
45	韩亚男　王惠梓	2	1学年交流	韩国淑明女子大学	2016年8月—2017年5月
46	吴网兰　吴珏蓉　岳　靓	3	1学年交流	法国拉罗谢尔大学	2016年8月—2017年6月

续表

序号	姓　名	学生人数	类　别	去往国家(地区)、院校	外出期限
47	张祺欢	1	1学年交流	日本天理大学	2016年8月—2017年8月
48	王宇星　陈朔原　施佳豪　徐士琪　周兴武　张玥萌　林浩权　韩　练　陶铭阳　李天琪　尹君杰	11	1学年交流	加拿大滑铁卢大学	2016年8月—2017年5月
49	杨　艳　霍　达　陈嘉懿　沈　岚　许式平　吴旭宸	6	"3+2"项目	加拿大维多利亚大学	2016年8月—2018年12月
50	王轶玲	1	1学年交流	西班牙巴塞罗那自治大学	2016年9月—2017年7月
51	邓　荻　马萌芽	2	1学期交流	爱尔兰皇家外科医学院	2016年9月—2016年12月
52	马子婷　吴卓霖　冯昱萱	3	1学期研修	台湾东华大学	2016年9月—2017年1月
53	崔　尧	1	1学年交流	法国圣埃蒂安大学	2016年9月—2017年6月
54	韩楚艺	1	1学年交流	韩国淑明女子大学	2016年9月—2017年6月
55	戴薇郦　邓宇阳	2	SAF学期交流项目	美国加州大学河滨分校	2016年9月—2016年12月
56	王雨婷　陈怡婷　杨依琳　朱梦雪	4	1学年交流	日本早稻田大学	2016年9月—2017年8月
57	钱琰华　朱艺慈　茅　敏	3	1学期交流	俄罗斯联邦社会人文学院	2016年9月—2017年1月
58	尹昱程	1	1学年交流	加拿大滑铁卢大学	2016年9月—2017年5月
59	林艳霞　马怡然　胡乐思	3	1学期交流	台湾辅仁大学	2016年9月—2017年1月
60	霍　璐　陶　磊　李旖旎　童恺宁	4	1学期交流	台湾清华大学	2016年9月—2017年1月

续表

序号	姓　名	学生人数	类　别	去往国家(地区)、院校	外出期限
61	徐文澜	1	1学期交流	台湾科技大学	2016年9月—2017年1月
62	张子涵　钱雨晨	2	1学期交流	台湾东吴大学	2016年9月—2017年1月
63	陈涵宇　刘芳宇　周航宇　杨光耀　黄嘉琦　任心仪　陈静娴	7	1学期交流	台湾世新大学	2016年9月—2017年1月
64	明　洋　刘　鑫　华志翔　黄昕琳　王佳颖　陆佳颖　顾子豪　刘归东　向　虔　戚一帆　黄宇豪　刘欣亚　吴羿瑾　郭晓雨　王跃洋　吴可瑞　邹婷艳　丁　雪　罗亮亮　陈光毅　何一鸣	21	"2+2"项目	英国曼彻斯特大学	2016年9月—2018年6月
65	刘　琴　周雨薇	2	1学期交流	莫斯科市立师范大学	2016年9月—2017年2月
66	章早园	1	1学年交流	日本京都产业大学	2016年9月—2017年8月
67	冯　晶	1	1学年交流	俄罗斯(中俄政府奖学金项目)	2016年9月—2017年6月
68	张莹莹	1	1学年交流	日本宫崎公立大学	2016年9月—2017年8月
69	祁鼎新　王忱桢　葛伟健　李　霞	4	"2+2"项目	英国曼彻斯特大学	2016年9月—2018年6月
70	张　琪	1	1学年交流	俄罗斯(中俄政府奖学金项目)	2016年9月—2017年7月
71	冯天娇	1	1学年交流	日本群马县立女子大学	2016年9月—2017年10月
72	孙　楠	1	1学期交流	台湾台北大学	2016年9月—2017年1月

续表

序号	姓　名	学生人数	类　别	去往国家(地区)、院校	外出期限
73	陆　敏	1	1年交换生	日本神户亲和女子大学	2016年9月—2017年9月
74	潘钊玮	1	1学期交流	美国威斯康星大学麦迪逊分校	2016年10月—2016年12月
75	杨雨童	1	1学期交流	台湾东吴大学	2016年10月—2017年1月
76	樊亦敏　林秋晶	2	1学年交流	俄罗斯(中俄互换奖学金项目)	2016年10月—2017年7月
77	张斯佳	1	1年交换生	日本信州大学	2016年10月—2017年8月

2016年学生公派短期出国(境)交流人员情况一览表

序号	项目名称	交流院校或机构	国家(地区)	人数	外出期限
1	SAF暑期语言文化项目	哥伦比亚大学	美国	8	2016年7月18日—2016年8月12日
2	赴美文化交流项目—OSU大学体验暑期项目	俄亥俄州立大学	美国	22	2016年7月20日—2016年8月9日
3	国际会议	美国电气与电子工程师学会传感器分会	美国	3	2016年10月28日—2016年11月4日
4	暑期语言文化研修项目	天理大学	日本	1	2016年7月7日—2016年7月21日
5	日中文化交流中心暑期语言教育项目	早稻田大学	日本	10	2016年7月8日—2016年7月31日
6	暑期语言文化研修项目	宫崎公立大学	日本	12	2016年7月13日—2016年8月11日
7	暑期日语研修项目	明治大学	日本	2	2016年7月18日—2016年8月4日
8	国际会议	大阪国际会议中心	日本	6	2016年12月11日—2016年12月17日
9	暑期项目	又松大学	韩国	4	2016年8月7日—2016年8月13日

续表

序号	项目名称	交流院校或机构	国家（地区）	人数	外出期限
10	全球汗马交流项目	庆南大学	韩国	4	2016年8月8日—2016年8月25日
11	国际会议	首尔大学	韩国	6	2016年9月25日—2016年9月30日
12	国际会议	华威大学	英国	4	2016年7月10日—2016年7月15日
13	研修项目	剑桥大学	英国	42	2016年8月14日—2016年8月28日
14	赴意大利文化交流	意大利威尼斯大学	意大利	22	2016年7月17日—2016年7月29日
15	暑期实习项目	新加坡国立大学	新加坡	2	2016年7月12日—2016年8月10日
16	国际会议	国际电机电子工程师学会	中国台湾	1	2016年5月22日—2016年5月27日
17	合作研究	台湾同步辐射研究中心	中国台湾	2	2016年6月13日—2016年6月17日
18	"两岸暑期学术交流"活动	台湾清华大学	中国台湾	8	2016年7月3日—2016年8月14日
19	合作研究	台湾同步辐射研究中心	中国台湾	4	2016年7月18日—2016年7月24日
20	"溪城讲堂"暑期研习班	台湾东吴大学	中国台湾	24	2016年7月18日—2016年8月16日
21	第一届台湾大学亦恩盃国际奥瑞冈辩论赛	台湾大学	中国台湾	6	2016年7月22日—2016年7月28日
22	国际会议	台湾清华大学	中国台湾	3	2016年9月1日—2016年9月6日

2016年在聘语言文教专家和外籍教师情况

2016年在聘语言文教专家和外籍教师情况一览表

序号	国籍	姓名	聘期	事由	备注
1	法国	Alexandre Louis Andre Marcellin Salanon	2016年9月—2017年7月	任教	续聘
2	法国	Chianale Nathalie Andree	2016年9月—2017年7月	任教	续聘
3	加拿大	David Charles Hutchens Kindred	2016年9月—2017年7月	任教	续聘
4	加拿大	Brent Darrell Peters	2016年9月—2017年7月	任教	续聘
5	美国	Rebecca Cai	2016年9月—2017年7月	任教	
6	美国	Phillip Edward Cecil	2016年9月—2017年7月	任教	续聘
7	美国	Isabel Akiyo Willetts	2016年12月—2018年6月	任教	
8	日本	Yuko Matsuda	2016年9月—2017年7月	任教	
9	日本	Taeko Matsuda	2016年9月—2017年7月	任教	续聘
10	日本	Masami Hiraki	2016年9月—2018年7月	任教	
11	西班牙	Guillermo Corbalan Matta	2016年9月—2017年7月	任教	
12	西班牙	Raquel Rojo Garcia De Lara	2016年9月—2017年7月	任教	续聘
13	韩国	Gangri Park	2016年9月—2017年7月	任教	续聘
14	菲律宾	Narciso Hayashi Domingo	2016年9月—2017年7月	任教	续聘
15	乌克兰	Iryna Lutso	2016年9月—2017年7月	任教	续聘

2016年苏州大学与国(境)外大学交流合作情况

2016年苏州大学与国(境)外大学交流合作情况一览表

序号	国家或地区	学校名称	协议内容	协议时间	期限
1	韩国	国立全北机械工业高中	合作协议书	2016年8月30日	3年
2	韩国	以友高级中学	合作协议书	2016年9月1日	5年
3	韩国	琴湖工业高中	学生海外教育及实习合作协议书	2016年9月5日	1年
4	加拿大	滑铁卢大学	教学与科研合作备忘录	2016年3月23日	5年
5	加拿大	滑铁卢大学	纳米技术研究、教育、创新与创业合作备忘录	2016年3月23日	5年
6	加拿大	维多利亚大学	合作协议书	2016年10月18日	5年
7	老挝	老挝人民民主共和国科技部	科技合作谅解备忘录	2017年1月11日	5年
8	美国	石溪大学	合作备忘录	2016年6月8日	5年
9	美国	阿克隆大学	合作协议书	2016年11月9日	长期
10	尼日利亚	拉各斯大学	新谅解备忘录	2016年9月21日	5年
11	葡萄牙	埃武拉大学	谅解备忘录	2016年10月25日	5年
12	日本	中京大学	学生交流备忘录	2016年3月24日	长期
13	日本	花园大学	学术交流实施内容协议书	2016年3月31日	1年
14	日本	花园大学	教员交流备忘录	2016年3月31日	长期
15	日本	兵库县立大学	学术交流协议	2016年5月22日	5年
16	日本	奈良先端科学技术大学	延长学术交流协议和学生交流备忘录的备忘录	2016年7月21日	10年
17	中国台湾	台湾慈济科技大学	友好合作意向书	2016年4月8日	3年
18	中国台湾	台湾辅仁大学	学生交流协定书	2016年4月15日	5年

续表

序号	国家或地区	学校名称	协议内容	协议时间	期限
19	中国台湾	台湾辅仁大学	学术交流合作协定书	2016年4月15日	5年
20	中国台湾	台湾东吴大学	人文社会科学研究协作倡议书	2016年4月22日	长期
21	中国台湾	台湾慈济大学	合作备忘录	2016年5月26日	5年
22	新加坡	新加坡国立大学理学院	联合培养数学和统计专业学生协议	2016年1月16日	5年
23	新加坡	新加坡国立大学	苏州大学本科生课程协议	2016年8月6日	5年

2016年举办各类短期汉语班情况

2016年举办各类短期汉语班情况一览表

序号	期限	班级名称	人数
1	2016年1月3日—2016年1月26日	韩国庆南大学	20
2	2016年1月4日—2016年1月29日	韩国祥明大学	32
3	2016年2月1日—2016年6月30日	韩国大真大学	173
4	2016年9月1日—2016年12月31日	韩国大真大学	85
5	2016年9月1日—2016年12月31日	韩国蔚山大学	13
6	2016年2月20日—2016年3月18日	日本宫崎公立大学	30
7	2016年8月7日—2016年9月4日	日本立命馆大学	10
8	2016年8月8日—2016年9月9日	日本关西学院大学	8
9	2016年9月2日—2016年9月23日	日本兵库县立大学	7
10	2016年1月20日—2016年6月30日	法国商科联盟	400
11	2016年9月20日—2016年12月20日	法国商科联盟	171
12	2016年6月10日—2016年8月1日	美国俄亥俄州立大学	41
13	2016年7月9日—2016年8月5日	美国SMU	13
14	2016年9月2日—2016年12月10日	美国福尔曼大学	13
15	2016年9月1日—2017年1月10日	新加坡理工学院	8

2016年教师出版书目

2016年教师出版书目一览表

序号	专著名称	类别	编著译者		出版单位、时间
1	文选何焯校集证	编撰	范志新	编撰	河南大学出版社2016.7
2	书城掇拾	专著	黄镇伟	著	上海科学技术文献出版社2016.4
3	秘书写作教程	编著	吴雨平	主编	暨南大学出版社2016.8
4	探义寻根——徐山文字训诂萃编	专著	徐 山	著	齐鲁书社2016.10
5	"70后"批评家文丛·房伟卷	专著	房 伟	著	云南人民出版社2016.7
6	《太平御览》史话	专著	周生杰	著	国家图书馆出版社2016.9
7	章回体小说的现代历程	专著	张 雷	著	北京大学出版社2016.10
8	论语教读	专著	赵杏根	著	东南大学出版社2016.6
9	孟子教读	专著	赵杏根	著	东南大学出版社2016.6
10	老子教读	专著	赵杏根	著	东南大学出版社2016.6
11	世纪东吴：苏州大学学报论文选萃	编著	田晓明	主编	苏州大学出版社2016.5
12	陆游全集校注(17、18)	校注	陆 游〔宋〕	著	浙江古籍出版社2016.6
			钱仲联马亚中	主编	
13	冯小青戏曲八种校注	校注	王 宁任孝温王馨蔓	校注	黄山书社2016.9
14	书法艺术鉴赏18讲	编著	逢成华	主编	苏州大学出版社2016.1

续表

序号	专著名称	类别	编著译者		出版单位、时间
15	体演苏州	专著	简小滨 [美]王建芬 [美]贾君卿 [美]逢成华	著	苏州大学出版社 2016.5
16	民国经典国文课·人生卷：爱流汐涨	编著	管贤强 郑国民	主编	商务印书馆 2016.4
17	民国经典国文课·成长卷：岁月履痕	编著	管贤强 郑国民	主编	商务印书馆 2016.4
18	民国经典国文课·时代卷：自由信念	编著	管贤强 郑国民	主编	商务印书馆 2016.4
19	现代新儒家文论点评	编著	侯 敏	主编	暨南大学出版社 2016.9
20	新世纪乡土小说的生态批评	专著	黄 轶	著	东方出版中心 2016.8
21	夏志清夏济安书信集(卷二) 1950—1955	编著	王 洞 季 进	主编 编注	台北联经出版事业股份有限公司 2016.10
22	儿科人文与医患沟通	编著	周文浩 李 秋	主编	人民卫生出版社 2016.6
23	全国统一教师资格考试指南·语文学科知识与教学能力(高级中学)	教材	周德藩	主编	江苏凤凰教育出版社 2016.11
24	新媒体·新青年·新文化：中国青少年网络流行文化现象研究	编著	马中红 杨长征	主编	清华大学出版社 2016.10
25	青年亚文化研究年度报告 2015	编著	马中红	主编	清华大学出版社 2016.10
26	杨明义访谈录	专著	马中红	著	苏州大学出版社 2016.6
27	皕宋楼藏书志(全七册)	点校	陆心源[清] 许静波	编 点校	浙江古籍出版社 2016.9
28	电视文化新论	编著	陈 龙 吴卫华	著	国防工业出版社 2016.3
29	网络信息检索	编著	高俊宽	主编	合肥工业大学出版社 2015.11

续表

序号	专著名称	类别	编著译者		出版单位、时间
30	苏州家训选编	编著	王卫平 李学如	主编	苏州大学出版社 2016.10
			王 莉 黄晓燕	副主编	
31	民国奇人程德全*	专著	王玉贵	著	苏州大学出版社 2015.9
32	中国古史学术史论	专著	周书灿	著	河南人民出版社 2016.3
33	世界性的帝国:唐朝	译著	陆威仪 [美]	著	中信出版社 2016.10
			张晓东 冯世明	译	
34	近代中国"打工妹"群体研究*	专著	池子华	著	中国社会科学出版社 2015.12
35	红十字运动:历史审视与现实思考	专著	池子华	著	合肥工业大学出版社 2016.3
36	《红十字运动研究》2016年卷	编著	池子华 王国忠 吴玉林	主编	合肥工业大学出版社 2016.2
37	中国红十字历史编年(2010—2014)	编著	池子华 邓 通	主编	合肥工业大学出版社 2016.3
38	弥足珍贵的红十字文化遗产——《中国红十字会常熟分会民国廿一年纪念册》整理与研究	编著	顾丽华 池子华	主编	合肥工业大学出版社 2016.4
39	红十字青少年理论与实践	编著	王国忠 池子华	主编	合肥工业大学出版社 2016.7
40	中国红十字运动史料选编(第三辑)	编著	池子华 欧贺然	主编	合肥工业大学出版社 2016.8
41	中国红十字运动史料选编(第四辑)	编著	池子华 阎智海	主编	合肥工业大学出版社 2016.8
42	中国红十字运动史料选编(第五辑)	编著	池子华 丁泽丽	主编	合肥工业大学出版社 2016.10
43	中国红十字运动史料选编(第六辑)	编著	池子华 李欣栩	主编	合肥工业大学出版社 2016.11
44	社会主义外交观	编著	郭永虎 张 杨	著	吉林文史出版社 2016.4
45	金刚经 坛经 教读	专著	王新水	著	东南大学出版社 2016.6

续表

序号	专著名称	类别	编著译者		出版单位、时间
46	海德格尔与现象学的本体论转向	专著	朱耀平	著	金琅学术出版社2016.11
47	市民化:农民工向市民角色的转型*	专著	刘方涛 程云蕾	著	光明日报出版社2015.12
48	毛泽东思想和中国特色社会主义理论体系概论创新实践教程	编著	甘剑斌 姜建成	主编	苏州大学出版社2016.5
49	《毛泽东思想和中国特色社会主义理论体系概论》学习指导	编著	甘剑斌	主编	苏州大学出版社2016.7
50	高校马克思主义理论研究向实践转化论	专著	姜建成	著	苏州大学出版社2016.12
51	科学社会主义理论的发展道路	专著	石镇平	著	苏州大学出版社2016.12
52	马克思主义基本原理前沿问题研究*	编著	吴声功	主编	河海大学出版社2015.12
53	心理健康教师指导用书·高中二年级	编著	黄辛隐	主编	南京大学出版社2016.8
54	艾森克心理健康思想解析:校园版	专著	李宏利	著	浙江教育出版社2016.2
55	儿童青少年心理学前沿*	专著	刘文 刘红云 李宏利	著	浙江教育出版社2015.12
56	专业化:中学教师职前教育研究	专著	刘江岳	著	苏州大学出版社2016.11
57	中国基础教育课程政策三十年(1978—2008):基于政策语境视角*	专著	彭彩霞	著	中国社会科学出版社2015.12
58	高级心理测量学的理论与应用	专著	陈羿君等	著	苏州大学出版社2016.9
59	教师职业道德与法规	专著	檀传宝 李西顺	著	北京师范大学出版社2016.6
60	男人错 女人错*	专著	陶新华	著	重庆出版社2015.2
61	心理创伤治疗技术解析	编著	陶新华 吉沅洪	主编	重庆出版社2016.11

续表

序号	专著名称	类别	编著译者		出版单位、时间
62	当教师邂逅学生的问题——心理学的解读与应对*	编著	吴继霞	主编	江苏凤凰教育出版社 2015.10
63	泡泡心理学:成为最好的自己	专著	段锦云等	著	北京大学出版社 2016.5
64	中国文化背景下个体创造力的激发和转化	专著	张光曦 段锦云 李宏利	著	浙江大学出版社 2016.12
65	创造心理学	专著	阎 力	著	华东师范大学出版社 2016.11
66	江苏科技金融发展的探索与创新研究	专著	陈作章 于宝山 姜 帅	著	苏州大学出版社 2016.11
67	个人理财:基础、案例和方法	编著	刘 亮	编著	人民邮电出版社 2016.8
68	苏州上市公司发展报告(2016)	编著	贝政新 吴永敏 薛誉华	编著	复旦大学出版社 2016.9
69	企业伦理与文化案例精选	编著	魏文斌	编著	苏州大学出版社 2016.9
70	苏州本土品牌企业发展报告(信用企业卷)	编著	魏文斌 洪 海	主编	苏州大学出版社 2016.12
71	包容性发展与中国参与国际区域经济合作的战略走向	专著	王 俊	著	苏州大学出版社 2016.12
72	合理化建议活动流程与方法	编著	周华明 范从国	编著	苏州大学出版社 2016.9
73	产业发展与结构转型研究(第四卷)大公司主导变革:我国产业结构战略性调整的新思路、新政策——基于产业链重构视角*	专著	芮明杰 杨 锐	著	上海财经大学出版社 2015.12
74	Regulating Human Embryonic Stem Cell in China—A Comparative Study on Human Embryonic Stem Cell's Patentability and Morality in US and EU	专著	蒋 莉	著	Springer 2016.7

续表

序号	专著名称	类别	编著译者		出版单位、时间
75	Legal Methods of Mainstreaming Climate Change Adaptation in Chinese Water Management	专著	何香柏	著	Springer 2016
76	中国县域法治国情调查报告 宜兴卷	编著	胡玉鸿	主编	法律出版社 2016.6
77	政策对我国司法裁判的影响——基于民商事审判的实证研究	专著	刘思萱	著	中国政法大学出版社 2016.7
78	劳动法域外效力研究	专著	孙国平	著	中国政法大学出版社 2016.4
79	刑法学总论	专著	李晓明	著	北京大学出版社 2016.10
80	城镇化推进与公民社会建设前沿问题研究	编著	胡玉鸿 马长山	主编	苏州大学出版社 2016.9
81	宪法实施问题研究	专著	苗连营 郑磊 程雪阳	著	郑州大学出版社 2016.10
82	自贸区法律制度研究	编著	陈立虎	主编	法律出版社 2016.7
83	罗马法与现代民法（第九卷）	编著	徐国栋 方新军	主编	厦门大学出版社 2016.11
84	教育硕士综合英语教程	编著	郭强	主编	上海交通大学出版社 2016.9
			陈琳 刘敏	副主编	
85	乞力马扎罗的雪·海明威短篇小说选	译著	方华文	译	译林出版社 2016.6
86	刀锋	译著	方华文	译	译林出版社 2016.8
87	睡谷的传说——欧文奇幻短篇小说选	译著	方华文	译	译林出版社 2016.11
88	马丁·伊登	译著	方华文	译	译林出版社 2016.8
89	儿子与情人	译著	方华文	译	江西出版社 2016.8
90	无名的裘德	译著	方华文	译	江西出版社 2016.8
91	雾都孤儿	译著	方华文	译	江西出版社 2016.8
92	蝴蝶梦	译著	方华文	译	花山文艺出版社 2016.1

续表

序号	专著名称	类别	编著译者		出版单位、时间
93	星座号	译著	陆洵	译	人民文学出版社2016.3
94	小王子	译著	林珍妮 陆洵	译	译林出版社2016.9
95	新目标大学英语系列教材：阅读教程4	编著	王腊宝 陶丽	主编	上海外语教育出版社2016.3
96	新目标大学英语系列教材：科技英语教程（学生用书）	编著	王腊宝 陶丽	主编	上海外语教育出版社2016.3
97	中国学生英语口语能力评估模式研究*	专著	王海贞	著	苏州大学出版社2015.12
98	房龙地理	译著	王宏 闫春晓 陶弘扬	译	外语教学与研究出版社2016.2
99	翻译能力研究——中国学生汉译英能力实证分析	专著	杨志红	著	苏州大学出版社2016.9
100	俄罗斯商务环境	编著	周民权 胡明	编者	对外经济贸易大学出版社2016.3
101	跨文化理解与日语教育*	编著	赵华敏	主编	高等教育出版社2015.12
102	有机化学	编著	周年琛 李新	主编	苏州大学出版社2016.1
103	有机化学习题课教程	编著	周年琛 李新	主编	苏州大学出版社2016.1
104	无机及分析化学	编著	周为群 朱琴玉	主编	苏州大学出版社2016.8
105	无机及分析化学习题课教程	编著	周为群 朱琴玉	主编	苏州大学出版社2016.8
106	现代生活与化学	编著	周为群 杨文	主编	苏州大学出版社2016.5
107	Excel 2010 数据处理高级应用	编著	沈玮 甄田甜 徐丽	编著	苏州大学出版社2016.1
108	计算机等级考试试卷汇编与解析（二级 Microsoft Office 高级应用分册）	编著	沈玮 钱毅湘	主编	苏州大学出版社2016.8
109	Visual C++高级编程技术	编著	张志强 张博文	编著	机械工业出版社2016.3

续表

序号	专著名称	类别	编著译者		出版单位、时间
110	Android 应用开发实践教程	编著	韩 冬	主编	电子工业出版社 2016.1
111	数据库原理、应用与实践（SQL Server）	编著	王 岩 贡正仙	编著	清华大学出版社 2016.2
112	C 语言程序设计学习与实验指导	编著	王朝晖 黄 蔚	编著	清华大学出版社 2016.6
113	中文信息处理实验教程	编著	朱巧明	主审	苏州大学出版社 2016.5
			朱晓旭	主编	
114	计算机应用基础教程	编著	李海燕 沈 玮 钱毅湘 徐进华	主编	苏州大学出版社 2016.1
115	C++ 程序设计实验教程	编著	姚望舒	主编	冶金工业出版社 2016.4
116	大规模强化学习	专著	刘 全 傅启明 钟 珊 黄 蔚	著	科学出版社 2016.3
117	多维度协同教育理论与方法	专著	李凡长 赵 雷 王宜怀 孔 芳 刘纯平	著	科学出版社 2016.12
118	逻辑学简明教程	编著	郭 芸 姚望舒	主编	苏州大学出版社 2016.12
119	电磁场与电磁波*	编著	郭辉萍 刘学观	编著	西安电子科技大学出版社 2015.7
120	数字电子技术实验教程	编著	黄 旭 汪一鸣 胡 勇 石明慧 陈 虹 羊箭锋	编著	苏州大学出版社 2016.1
121	机床数控技术	编著	倪俊芳 宋昌才 何高清	主编	科学出版社 2016.1
122	利益博弈视域下我国校园足球政策执行研究	专著	邱 林	著	北京体育大学出版社 2016.10

续表

序号	专著名称	类别	编著译者		出版单位、时间
123	传统射箭史话	专著	罗时铭	著	社会科学文献出版社2016.3
124	球类运动——篮球*	编著	王家宏	主编	高等教育出版社2015.12
125	竞技教练学	编著	王家宏	主审	苏州大学出版社2016.7
			熊焰 王平	主编	
126	奥林匹克学	编著	罗时铭 曹守和	主编	高等教育出版社2016.2
127	田径运动	编著	刘建国等	主编	高等教育出版社2016.6
128	体育社会组织建设与管理	编著	王凯珍 汪流 戴俭慧	主编	高等教育出版社2016.11
129	大学体育理论与实践	编著	王家宏	主审	苏州大学出版社2016.7
			王全法 王政	主编	
130	当代中国体育对外关系史（1949—2008）	专著	罗时铭	著	北京体育大学出版社2016.9
131	中国武术艺术论纲*	专著	吴松	著	北京体育大学出版社2015.12
132	体育科研团队有效性研究	专著	钱志强	著	北京体育大学出版社2016.9
133	篮球文化与篮球市场*	专著	陈新	著	北京体育大学出版社2015.12
134	我国公共体育服务体系研究	专著	王家宏等	著	苏州大学出版社2016.9
135	中国古代染织纹样史	专著	张晓霞	著	北京大学出版社2016.9
136	《韩熙载夜宴图》图像研究	专著	张朋川	著	北京大学出版社2016.4
137	吴门印派	专著	陈道义	著	苏州大学出版社2016.6
138	平面构成创意与设计	编著	李颖	编著	化学工业出版社2016.7
139	现代图案创意与设计	编著	李颖	编著	化学工业出版社2016.8
140	纺织品图案设计与应用	编著	周慧	主编	化学工业出版社2016.9
141	视觉创意与表现	编著	杨文丹	编著	化学工业出版社2016.12
142	图形创意	编著	吴晓兵	编著	中国纺织出版社2016.1
143	中国当代设计全集*	编著	许星 廖军	主编	商务印书馆2015.12

续表

序号	专著名称	类别	编著译者		出版单位、时间
144	东吴名家·艺术家系列——张朋川访谈录	专著	顾亦周	著	苏州大学出版社 2016.12
145	服装画应用技法与服装工艺设计	编著	施建平 张 茵 郑蓉蓉	编著	苏州大学出版社 2016.6
146	施纳贝尔钢琴演奏要旨	译著	汪镇美	译	苏州大学出版社 2015.10
147	南张楼公共艺术研究	专著	张 琦	著	苏州大学出版社 2016.6
148	技术与设计的整合*	专著	陈 镌 赵 群 余 亮 金 倩	著	同济大学出版社 2015.12
149	建筑遗产保护思想的演变	专著	陈 曦	著	同济大学出版社 2016.12
150	人体寄生虫学	编著	夏超明 彭鸿娟	主编	中国医药科技出版社 2016.8
151	法医毒理学实验指导	编著	朱少华	主编	人民卫生出版社 2016.3
152	广义流行病学	编著	张永红	主审	苏州大学出版社 2016.2
			滕国兴 许 锬 张绍艳	主编	
153	中医药学概论	编著	郝丽莉 傅南琳	主编	科学出版社 2016.8
154	养老护理指导手册	编著	李惠玲 王 丽	主编	苏州大学出版社 2016.2
155	生命周期健康管理	编著	李惠玲 景秀琛	主编	上海科学技术出版社 2016.4
156	廿四节气健康养老指导手册	编著	李惠玲 俞 红	主编	苏州大学出版社 2016.8
157	护理人文关怀*	编著	李惠玲	主编	北京大学医学出版社 2015.12
158	放射影像诊断技能学	编著	胡春洪 吴献华 范国华	主编	人民卫生出版社 2016.12
159	临床医学实践案例伦理解析	编著	李振良 李红英	主编	人民卫生出版社 2016.9

续表

序号	专著名称	类别	编著译者		出版单位、时间
160	临床研究伦理审查案例解析	编著	陈旻 李红英	主编	人民卫生出版社2016.7
161	急诊急救护理实践手册	编著	杨惠花 童本沁	主编	清华大学出版社2016.11
162	消化系统疾病护理实践手册	编著	丁蔚 王玉珍 胡秀英	主编	清华大学出版社2016.8
163	护理质量评价体系与考核标准	编著	王海芳 眭文洁 毛莉芬	主编	清华大学出版社2016.11
164	临床护理技术操作流程与规范	编著	杨惠花 眭文洁 单耀娟	主编	清华大学出版社2016.5
165	血液系统疾病护理实践与手册	编著	朱霞明 童淑萍	主编	清华大学出版社2016.11
166	基础药学服务	编著	向敏 缪丽燕	主编	化学工业出版社2016.10
167	血液科临床护理思维与实践	编著	吴德沛 孙爱宁	主审	人民卫生出版社2016.1
			朱霞明 刘明红 葛永芹	主编	
			毛燕琴 汤芳	副主编	
168	铁代谢与骨质疏松	编著	徐又佳	主编	苏州大学出版社2016.10
169	基因编辑	编著	李凯 沈钧康 卢光明	主编	人民卫生出版社2016.1
170	文史合璧·先秦卷	编著	金振华 陈桂声	主编	苏州大学出版社2016.1
			陈桂声 沈董妹	编著	
171	文史合璧·两汉卷	编著	金振华 陈桂声	主编	苏州大学出版社2016.1
			张珊	编著	

续表

序号	专著名称	类别	编著译者		出版单位、时间
172	文史合璧·魏晋南北朝卷	编著	金振华 陈桂声	主编	苏州大学出版社2016.1
			薛玉坤 吴 悦 杜翠云	编著	
173	文史合璧·隋唐五代卷	编著	金振华 陈桂声	主编	苏州大学出版社2016.1
			张浩逊 都冬云 储建明	编著	
174	文史合璧·宋金元卷	编著	金振华 陈桂声	主编	苏州大学出版社2016.1
			钱锡生 雷 雯 蔡 慧	编著	
175	文史合璧·明清卷	编著	金振华 陈桂声	主编	苏州大学出版社2016.1
			张修龄	编著	

注：标"*"者为2015年出版但未列入《苏州大学年鉴2016》的图书。

2016年苏州大学规章制度文件目录

2016年苏州大学规章制度文件目录一览表

	文 号	题 目	日 期
1	苏大委〔2016〕5号	苏州大学学院(部)基层党组织建设工作考核实施办法	2016年1月19日
2	苏大委〔2016〕31号	苏州大学党员领导干部与党外代表人士联谊交友实施办法	2016年6月14日
3	苏大委〔2016〕36号	苏州大学信息公开保密审查规定	2016年7月7日
4	苏大〔2016〕4号	苏州大学关于国内公务接待工作的规定(试行)	2016年3月28日
5	苏大〔2016〕5号	苏州大学外宾接待管理办法(试行)	2016年3月28日
6	苏大〔2016〕7号	苏州大学校长办公会议题征集暂行办法	2016年6月2日
7	苏大〔2016〕9号	苏州大学关于校领导参加公务活动的暂行规定	2016年6月14日
8	苏大办〔2016〕4号	苏州大学党政电子公文处理若干规定(试行)	2016年5月2日
9	苏大人〔2016〕9号	苏州大学中外合作办学聘用外方教师管理办法	2016年1月23日
10	苏大人〔2016〕40号	苏州大学名誉教授和客座教授管理暂行办法	2016年5月7日
11	苏大人〔2016〕41号	苏州大学讲座教授与兼职教授管理暂行办法	2016年5月10日
12	苏大人〔2016〕78号	苏州大学"冠名"教授制度暂行办法	2016年7月19日
13	苏大学术委〔2016〕1号	苏州大学职称评审学术申诉及处理办法(试行)	2016年4月13日
14	苏大研〔2016〕38号	苏州大学博士生导师上岗招生及指标配置的实施办法	2016年10月18日

续表

	文号	题目	日期
15	苏大研〔2016〕39号	苏州大学"申请－考核"制攻读博士学位研究生招生选拔办法(修订)	2016年10月18日
16	苏大学位〔2016〕2号	关于《苏州大学学术性学位研究生指导教师任职资格审核办法》有关论文署名的规定	2016年1月18日
17	苏大学位〔2016〕16号	苏州大学专业学位研究生指导教师评聘办法	2016年10月29日
18	苏大学位〔2016〕17号	苏州大学博士、硕士学位论文抽检评议结果处理办法	2016年1月29日
19	苏大学〔2016〕96号	苏州大学学生爱心互助基金管理办法	2016年12月29日
20	苏大教〔2016〕14号	苏州大学本科专业设置与调整管理办法(试行)	2016年2月27日
21	苏大教〔2016〕52号	苏州大学体育保健生管理办法	2016年7月9日
23	苏大教〔2016〕53号	苏州大学优秀教学成果奖励办法	2016年7月9日
24	苏大教〔2016〕85号	苏州大学本科生转专业实施办法(修订稿)	2016年10月29日
25	苏大审〔2016〕1号	苏州大学全资和控股企业财务收支审计办法(暂行)	2016年4月30日
26	苏大审〔2016〕2号	苏州大学专项经费审计办法(暂行)	2016年10月30日
27	苏大审〔2016〕3号	苏州大学审计档案管理办法(暂行)	2016年10月30日
28	苏大科技〔2016〕16号	苏州大学科技成果转化管理办法(试行)	2016年7月11日
29	苏大科技〔2016〕22号	苏州大学知识产权保护和管理办法	2016年12月22日
30	苏大科技〔2016〕23号	苏州大学自然科学类横向科研项目及经费管理办法	2016年12月22日
31	苏大科技〔2016〕24号	苏州大学国家大学科技园管理办法	2016年12月22日
32	苏大科技〔2016〕25号	苏州大学纵向科研项目经费管理办法	2016年12月22日
33	苏大科技〔2016〕26号	苏州大学企业共建科研平台管理暂行办法	2016年12月22日
34	苏大科技〔2016〕27号	苏州大学校地共建研究院管理暂行办法	2016年12月22日
35	苏大科技〔2016〕28号	苏州大学自然科学类科研奖励办法	2016年12月22日

续表

	文 号	题 目	日 期
36	苏大科技〔2016〕29号	苏州大学纵向科研项目过程管理办法	2016年12月22日
37	苏大科技〔2016〕30号	苏州大学纵向科研项目经费间接费用分配及使用实施细则	2016年12月22日
38	苏大财〔2016〕4号	苏州大学江苏高校品牌专业建设工程专项资金管理办法	2016年1月23日
39	苏大财〔2016〕10号	苏州大学会议管理办法(试行)	2016年3月28日
40	苏大财〔2016〕14号	苏州大学关于落实财务管理领导责任严肃财经纪律的实施办法(试行)	2016年6月14日
41	苏大财〔2016〕24号	苏州大学国内差旅费管理暂行办法	2016年12月29日
42	苏大财〔2016〕25号	苏州大学资金管理办法	2016年12月29日
43	苏大财〔2016〕26号	苏州大学会议费管理暂行办法	2016年12月29日
44	苏大保〔2016〕2号	苏州大学消防监督管理办法	2016年10月21日
45	苏大保〔2016〕3号	苏州大学消防设施、器材管理规定	2016年10月21日
46	苏大保〔2016〕7号	苏州大学校园交通智能化管理办法(试行)	2016年12月14日

2016年市级以上媒体关于苏州大学的报道部分目录

新闻标题	媒体名称	刊发时间
央视《新闻天下》就专业填报问题采访我校	中央电视台《新闻天下》	2016年6月26日
东吴十二钗亮相央视"五月的鲜花"文艺会演节目：《闪亮的青春》	中央电视台综合频道	2016年5月5日
央视就"新环保法实施一年多"采访我校法学院冯嘉老师	中央电视台《新闻直播间》	2016年4月6日
幼儿离世捐出角膜 苏大理想眼科医院为受捐者移植	中央电视台《新闻直播间》	2016年4月6日
央视《新闻直播间》报道我校毕业典礼	中央电视台《新闻直播间》	2016年7月10日
苏大附属理想眼科医院爱心接力助新疆女教师重返讲台	中央电视台《新闻直播间》	2016年9月12日
苏州大学——将传统文化素养融入当代大学教育	中央电视台《中央十分》	2016年12月14日
援建路，一走就十年	《光明日报》	2016年1月28日
"朱永新教育作品"英文版全球首发	《光明日报》	2016年3月1日
苏州大学校长熊思东委员：儿科专业人才培养应"全国一盘棋"	《光明日报》	2016年3月5日
在苏州 杨绛开启求知若渴的青葱年代	《光明日报》	2016年5月26日
朱永新："扩音器"与"共鸣箱"	《中国教育报》	2016年3月4日
六年探索 打造"导师之家"	《中国教育报》	2016年5月20日
一流之道——苏州大学的探索	《中国教育报》	2016年10月8日
苏州大学校企联盟衔接人才培养	《中国教育报》	2016年12月19日

续表

新闻标题	媒体名称	刊发时间
剑桥—苏大基因组资源中心加盟国际联盟	《中国科学报》	2016年1月21日
苏大科研成果入选"2015年度中国科学十大进展"	《中国科学报》	2016年3月3日
研究生教育应服务需求提高质量	《中国科学报》	2016年3月31日
苏大有个"科技镇长团"	《中国科学报》	2016年6月2日
左辰豪：苹果大会的"中国面孔"	《中国科学报》	2016年7月7日
老挝苏州大学首批22名本科生毕业	《中国科学报》	2016年7月21日
苏州大学第24所惠寒学校落户沭阳县	《中国科学报》	2016年7月28日
苏大：26个院部开讲新生第一课	《中国科学报》	2016年9月22日
当兵去，书写别样青春	《中国科学报》	2016年9月28日
苏大连续七年举办校友招聘会	《中国科学报》	2016年10月27日
苏大国内高校中首推"方塔发布"平台	《中国科学报》	2016年11月10日
苏州大学"助学红娘"二十年坚守 帮扶586名寒门学子	《中国科学报》	2016年12月8日
开西服工作室的"梦想家"	《中国科学报》	2016年12月15日
苏州大学推进贵金属催化剂研究	《中国科学报》	2016年12月26日
聚焦习近平治国理政思想 第十届中国社会科学前沿论坛在苏州召开	《中国科学报》	2016年11月7日
掌上药店联合苏州大学开启医疗系统研发之路	《中国医药报》	2016年4月26日
"十佳创业标兵"风采	《新华日报》	2016年1月18日
苏大五女生出战国际模拟法庭赛	《新华日报》	2016年2月18日
苏大附一院启用移植血液净化中心	《新华日报》	2016年3月4日
让春色永驻心田	《新华日报》	2016年3月15日
传承前人留下的物质精神财富	《新华日报》	2016年3月25日
苏州大学产学研服务延伸到乡镇	《新华日报》	2016年4月22日
苏大学生成长展示日 展示社团文化	《新华日报》	2016年5月20日
苏大档案馆记录杨绛求学点滴	《新华日报》	2016年5月26日

续表

新 闻 标 题	媒 体 名 称	刊 发 时 间
苏大文正学院志愿者服务赢得点赞	《新华日报》	2016年6月9日
苏大学子对话创业名人	《新华日报》	2016年6月9日
苏州大学：百年名校以传承和创新探索一流之道	《新华日报》	2016年6月24日
苏大两教授入选"科学中国人年度人物"	《新华日报》	2016年7月4日
苏大学子应邀参加"苹果大会"	《新华日报》	2016年7月12日
走向甘肃沙漠，种植梭梭树建西部绿荫	《新华日报》	2016年8月18日
苏大学子"直播"千里行为湖南贫困学生筹善款	《新华日报》	2016年8月19日
中国社会科学前沿论坛在苏州举行	《新华日报》	2016年11月10日
苏州"情暖心窝"基金资助西部孩子手术	《新华日报》	2016年12月23日
昆曲进苏大	《新华日报》	2016年12月28日
专家对话苏州支招"创新四问" 勇于下大力气突破短板	《新华日报》	2016年12月29日
苏大"数学学霸"是这样炼成的……	《扬子晚报》	2016年4月20日
12位女生央视唱响新苏州评弹	《扬子晚报》	2016年5月4日
让科技服务在基层沃土中释放活力	《扬子晚报》	2016年5月13日
苏大文正学院举办学生成长成才展示日	《扬子晚报》	2016年5月17日
"我们仨"，天堂重聚 钱锺书夫人杨绛北京病逝，享年105岁	《扬子晚报》	2016年5月26日
2016年世界名校龙舟赛 苏大女子龙舟队摘亚军	《扬子晚报》	2016年6月21日
苏大男生开发APP游戏 受邀参加苹果全球开发者大会	《扬子晚报》	2016年6月29日
"创业姑苏"青年精英创业大赛颁奖	《扬子晚报》	2016年7月12日
大学生带山里娃重走长征路	《扬子晚报》	2016年7月28日
苏大学子创新爱心支教课	《扬子晚报》	2016年8月13日
苏大学子骑行15天，为山区留守儿童筹得100多笔善款	《扬子晚报》	2016年8月14日

续表

新 闻 标 题	媒体名称	刊发时间
保鲜膜≠保险膜,苏大学子给出专业解答	《扬子晚报》	2016年8月31日
孙杨 吴静钰 王振东获苏大"校长特别奖"	《扬子晚报》	2016年9月13日
苏大学子夺亚军成"最受媒体关注女主播"	《扬子晚报》	2016年9月30日
《东吴名家》系列丛书在苏首发	《扬子晚报》	2016年11月1日
苏大举办校园马拉松 4 000名校友、市民参赛	《扬子晚报》	2016年11月22日
省党代会提出打造一批高端智库、特色智库,我省社科界反响强烈	《扬子晚报》	2016年11月22日
苏大"助学红娘"20年帮扶586人	《扬子晚报》	2016年12月8日
苏大一学子创业做法巧妙又新奇	《扬子晚报》	2016年12月9日
苏大90后大学生为6对后勤夫妇免费拍婚纱照	《扬子晚报》	2016年12月13日
苏州大学IT校企合作联盟成立	《扬子晚报》	2016年12月13日
首届江苏高校美食节在苏大举办	《扬子晚报》	2016年12月29日
苏大发现克服多发性骨髓瘤新途径	《江苏科技报》	2016年3月11日
苏大金螳螂建筑学院教育发展基金设立	《江苏科技报》	2016年6月8日
江苏13所高校入选ESI国内高校前100位	《江苏科技报》	2016年6月15日
苏大三位教授入选全国高被引学者名单	《江苏科技报》	2016年6月20日
苏大学子受邀参加苹果全球开发者大会	《江苏科技报》	2016年7月1日
苏大教授当选科学中国人年度人物	《江苏科技报》	2016年7月6日
苏大入选国防科工局与江苏省人民政府共建高校	《江苏科技报》	2016年7月11日
苏大教授获纳米科学技术领域国际奖项	《江苏科技报》	2016年8月8日
苏大教授课题组在电催化析氢方面取得突破	《江苏科技报》	2016年8月10日
苏大师生助力"绿丝带"公益活动	《江苏科技报》	2016年8月24日
苏大迎新科技范儿十足	《江苏科技报》	2016年9月14日
苏大连续七年举办校友招聘会	《江苏科技报》	2016年10月26日
苏大周氏教育科研颁奖 已惠及二十五届学子	《江苏科技报》	2016年10月28日
中国社会科学前沿论坛搭建学术交流平台	《江苏科技报》	2016年11月9日

续表

新 闻 标 题	媒体名称	刊发时间
苏大"方塔发布"平台主动亮"家底"	《江苏科技报》	2016年11月11日
苏大合作研究项目 揭示二维铂基纳米催化剂优势	《江苏科技报》	2016年12月23日
以"双一流"建设为契机,办一所有格调的大学	《江苏教育报》	2016年3月23日
苏州设立省内首个校企合作服务平台	《江苏教育报》	2016年4月1日
苏大师生四进沙漠 助力"绿丝带"公益活动	《江苏教育报》	2016年8月12日
苏州大学推出"方塔发布"平台	《江苏教育报》	2016年11月11日
苏州大学举办第四届"U-run"校园马拉松比赛	《江苏教育报》	2016年11月30日
中国第十四届JESSUP国际法模拟法庭比赛在苏大举行	《江苏教育》	2016年2月18日
苏州大学科研成果入选"2015年度中国科学十大进展"	《江苏教育》	2016年3月8日
苏州大学学子获得第七届全国大学生数学竞赛第一名	《江苏教育》	2016年4月20日
全省教育工作会议在苏州大学宣讲	《江苏教育》	2016年5月5日
苏州首家律所和高校合作的研究生工作站揭牌	《江南时报》	2016年1月19日
2015年度苏州十大新闻揭晓	《江南时报》	2016年2月4日
99个项目131名外国专家入选苏州第五批海鸥计划	《江南时报》	2016年2月19日
国际法模拟法庭比赛在苏大开幕	《江南时报》	2016年2月19日
苏州警方向大学生播放微电影防诈骗	《江南时报》	2016年2月26日
苏大附一院新院移植血液净化中心正式启用	《江南时报》	2016年3月11日
苏大附二院应用杂交技术治愈凶险主动脉夹层	《江南时报》	2016年3月11日
吴中"政法大讲堂"首期成功举办	《江南时报》	2016年3月29日
探索公立医院与民营医院合作新模式 苏大附二院集团博爱医院开始试营业	《江南时报》	2016年3月30日
苏大附一院率先推出省内中药快递服务	《江南时报》	2016年3月30日
苏大附二院陆续开设临床多学科门诊	《江南时报》	2016年4月14日

续表

新 闻 标 题	媒 体 名 称	刊 发 时 间
苏大学子救援昏厥乘客获赞	《江南时报》	2016年4月20日
一起考上名校研究生 苏大这间宿舍有点牛	《江南时报》	2016年4月22日
给苏大附一院点赞！全球首例罕见血液病妈妈顺利产女	《江南时报》	2016年4月22日
苏大师生摘"插画奖"双项大奖	《江南时报》	2016年4月25日
苏大12位女生央视献演评弹《闪亮的青春》	《江南时报》	2016年5月4日
苏大星儿关爱协会再行动	《江南时报》	2016年5月18日
杨绛先生在苏大曾被评为球队福星	《江南时报》	2016年5月26日
苏州大学：以高度的责任感和使命感推动高校无偿献血工作	《江南时报》	2016年6月15日
何梁何利基金高峰论坛暨图片展在苏大举办	《江南时报》	2016年6月17日
苏大女将"世界名校龙舟赛"展英姿	《江南时报》	2016年6月21日
苏大学生参加苹果全球开发者大会	《江南时报》	2016年6月29日
苏大音乐学子唱响"军旅之音"	《江南时报》	2016年7月13日
全国16所中学苏城舌战 "东吴杯"全国中学生辩论赛开赛	《江南时报》	2016年7月25日
苏大学子"直播"千里骑行 为贫困山区儿童募集善款	《江南时报》	2016年8月22日
苏大6 500名本科新生相聚开学典礼	《江南时报》	2016年9月21日
好萌好靓！苏大学子首创插画"文玩葫芦"	《江南时报》	2016年9月30日
苏大学子呼吁关注被拐儿童解救后安置	《江南时报》	2016年10月14日
苏大研究生巴基斯坦筹建中国美术馆	《江南时报》	2016年10月24日
全国政协委员、苏州大学校长熊思东	《现代快报》	2016年3月14日
苏大学子今晚亮相央视	《现代快报》	2016年5月4日
南大、东大等6高校承诺 今年江苏招生计划不少于去年	《现代快报》	2016年5月17日
杨绛：大学曾是学校篮球队和排球队成员	《现代快报》	2016年5月26日
苏大附一院血液科新病区启用	《现代快报》	2016年9月13日

续表

新 闻 标 题	媒 体 名 称	刊 发 时 间
苏大院部领导开讲第一课	《现代快报》	2016年9月18日
苏大本科开学,6 500多名学子聆听"文艺范"演讲 校长为16名新生送生日祝福	《现代快报》	2016年9月21日
相二院挂牌苏大附一院分院	《苏州日报》	2016年2月20日
感受美德 大学生办廉洁灯谜会	《苏州日报》	2016年2月23日
苏州医护人员集体献血18年	《苏州日报》	2016年2月24日
"明天计划"手术定点苏大附儿院	《苏州日报》	2016年2月24日
通信网络诈骗盯上大学生家长	《苏州日报》	2016年2月25日
养生达人秀药膳	《苏州日报》	2016年3月3日
捧好精准扶贫的接力棒	《苏州日报》	2016年3月5日
苏大留学生走进"紫兰小筑" 感受园艺文化	《苏州日报》	2016年3月11日
认真学习习近平总书记重要讲话精神 努力开创党的新闻舆论工作新局面	《苏州日报》	2016年3月12日
苏大附一院分院落户东山	《苏州日报》	2016年3月20日
《灵岩山寺志》编撰启动	《苏州日报》	2016年3月20日
画出心中"花花世界"	《苏州日报》	2016年4月11日
102名苏大学生获贷超60万	《苏州日报》	2016年4月16日
专家支招服务机器人产业发展	《苏州日报》	2016年4月17日
公交乘客突发昏厥抽搐 同车小伙救援化险为夷	《苏州日报》	2016年4月20日
全国大学生数学竞赛 苏大男生摘得第一	《苏州日报》	2016年4月20日
研究生学术科技文化节开幕	《苏州日报》	2016年4月25日
苏大学生二度亮相央视"五四"会演	《苏州日报》	2016年5月5日
苏大中国传统文化工作坊在沙溪设校外基地	《苏州日报》	2016年5月9日
苏大师生摘得插画大奖	《苏州日报》	2016年5月9日
苏大学生展示成长风采	《苏州日报》	2016年5月15日
数百苏大校友参加返校日活动	《苏州日报》	2016年5月23日

续表

新 闻 标 题	媒体名称	刊发时间
捐血小板救助陌生患者　苏大学子发起爱心接力	《苏州日报》	2016年5月30日
苏大龙舟队十四女将展英姿	《苏州日报》	2016年6月21日
苏大学子上演毕业红毯秀	《苏州日报》	2016年6月22日
"世界政治经济学学会第11届论坛"在印度召开　苏大方世南获杰出成果奖	《苏州日报》	2016年7月1日
苏大两教授荣膺"科学中国人年度人物"	《苏州日报》	2016年7月2日
第二届国际大学生新媒体节在苏举办	《苏州日报》	2016年7月14日
苏大扩大省内招生计划	《苏州日报》	2016年7月15日
全国16所中学苏城舌战　优秀辩手可获得申报苏大自主招生资格	《苏州日报》	2016年7月17日
苏大"医行大别山"团队开展第八年支教	《苏州日报》	2016年7月29日
自然指数新星百强榜揭晓　40家中国机构上榜　苏大列第九	《苏州日报》	2016年7月30日
苏大师生前往甘肃民勤开展防沙固沙公益活动	《苏州日报》	2016年8月10日
刘锋杰：人文阅读"渡我们到更宽广的世界"	《苏州日报》	2016年8月12日
苏大两名学生从苏州骑行到湖南,6 000多元善款捐赠给留守儿童	《苏州日报》	2016年8月13日
苏大附一院新院启用一周年,诊疗患者超50万人次	《苏州日报》	2016年8月29日
苏大支教团连续三年入陕　为当地学子开设特色夏令营	《苏州日报》	2016年8月30日
苏大6 500余名新生参加开学典礼　男女性别比为1∶1.2	《苏州日报》	2016年9月21日
根植地方沃土建一流大学	《苏州日报》	2016年9月24日
15所著名医学院学生来苏交流	《苏州日报》	2016年10月10日
周氏奖励基金第25年在苏大颁发	《苏州日报》	2016年10月27日
田晓明：《东吴名家》延续百年学府文脉	《苏州日报》	2016年10月28日
张学光书法作品古吴轩展出	《苏州日报》	2016年10月29日

续表

新 闻 标 题	媒体名称	刊发时间
"东吴名家"丛书首发艺术家系列 计划访谈百位苏大名师	《苏州日报》	2016年10月31日
余同元:找回"工匠精神"中的中国信仰	《苏州日报》	2016年11月4日
向经典致敬——张学光书法作品撷英	《苏州日报》	2016年11月4日
坚持为人民做学问 第十届中国社会科学前沿论坛在苏举行	《苏州日报》	2016年11月6日
苏大主动亮出教育教学"家底"	《苏州日报》	2016年11月9日
苏大附儿院完成首例镶嵌治疗复杂先心病	《苏州日报》	2016年11月10日
2015年度复旦版全国百家最佳医院排行榜出炉 苏大附一院跻身第47位	《苏州日报》	2016年11月15日
苏大校园马拉松吸引4 000跑友	《苏州日报》	2016年11月21日
长江学者做客国际教育园"石湖讲坛"	《苏州日报》	2016年11月25日
那些年,他们与祖国共荣辱——十位苏大校友亲历东京审判(一)(三)	《苏州日报》	2016年11月28日
创梦空间打造大学生创业生态链	《苏州日报》	2016年11月29日
苏大学习贯彻十八届六中全会及省第十三次党代会精神	《苏州日报》	2016年12月3日
中国传播学论坛来到苏州	《苏州日报》	2016年12月5日
他们选择与民族共命运——十位苏大校友亲历东京审判(二)	《苏州日报》	2016年12月5日
纪念"一二·九"千余人大合唱	《苏州日报》	2016年12月8日
扎实"练内功"努力打造创新基地	《苏州日报》	2016年12月8日
梁君午:画家要有自信,要做世界的中心	《苏州日报》	2016年12月9日
41家企业与苏大结盟	《苏州日报》	2016年12月10日
九旬苏大教授十年写成这本书	《苏州日报》	2016年12月13日
南京大屠杀死难者国家公祭日 苏大师生雨中降半旗志哀	《苏州日报》	2016年12月14日
林继凡书画作品亮相苏大博物馆	《苏州日报》	2016年12月16日
苏州5位丝绸人获"终身成就奖"	《苏州日报》	2016年12月21日

续表

新 闻 标 题	媒 体 名 称	刊 发 时 间
苏大教授研制出新型铂基催化剂	《苏州日报》	2016年12月24日
"对话苏州创新"13位著名专家学者建言献策	《苏州日报》	2016年12月29日
为创新发展共谋良策	《苏州日报》	2016年12月29日
2016年"专转本"选拔 苏大文正学院新增两专业	《姑苏晚报》	2016年1月20日
苏大15位学者进入高被引学者榜单	《姑苏晚报》	2016年1月20日
洋苏州现场学写中国春联	《姑苏晚报》	2016年1月27日
十佳魅力科技人物出炉	《姑苏晚报》	2016年1月27日
国际法辩论赛进苏大开赛	《姑苏晚报》	2016年2月18日
"廉洁"灯谜进校园	《姑苏晚报》	2016年2月23日
"明天计划"在苏完成首例手术	《姑苏晚报》	2016年2月24日
附一院新院移植血液净化中心启用	《姑苏晚报》	2016年3月3日
熊思东委员：到底是"互联网+医疗"还是"医疗+互联网"	《姑苏晚报》	2016年3月4日
苏州残疾孤儿手术本地就能搞定	《姑苏晚报》	2016年3月4日
雷锋 我们用行动为你点赞	《姑苏晚报》	2016年3月16日
苏州姑娘执教泰国国家武术队	《姑苏晚报》	2016年3月24日
洋学生进社区教英语	《姑苏晚报》	2016年3月25日
中国书法文化传播基地落户苏州大学出版社	《姑苏晚报》	2016年3月26日
苏大附一院分院东山挂牌	《姑苏晚报》	2016年3月30日
苏大学霸获全国数学竞赛第一名	《姑苏晚报》	2016年4月20日
苏大又现"学霸女生宿舍"	《姑苏晚报》	2016年4月22日
大学生支教团队学急救	《姑苏晚报》	2016年4月25日
市运会大学生组乒乓球比赛落幕	《姑苏晚报》	2016年5月17日
大学生走上街头参与城市管理	《姑苏晚报》	2016年5月18日
"洋雷锋"教孩子唱英文歌	《姑苏晚报》	2016年5月20日
苏大老校友雨中回母校	《姑苏晚报》	2016年5月22日

续表

新 闻 标 题	媒体名称	刊 发 时 间
杨绛先生在苏大的那些日子	《姑苏晚报》	2016年5月26日
苏大学子献血小板救助陌生患者	《姑苏晚报》	2016年5月28日
苏大龙舟队获名校龙舟大赛第二名	《姑苏晚报》	2016年6月21日
苏大学子上演红毯毕业秀	《姑苏晚报》	2016年6月22日
苏大学生玩进苹果全球开发者大会	《姑苏晚报》	2016年6月29日
苏大两位教授当选科学中国人年度人物	《姑苏晚报》	2016年7月2日
高校为何新增这些专业	《姑苏晚报》	2016年7月7日
第二届国际大学生新媒体节在苏大举行 青年人遇到新媒体可以怎么玩？	《姑苏晚报》	2016年7月14日
90后大学生与导师抱团创业	《姑苏晚报》	2016年7月15日
大学生为白血病儿童搭建艺术课堂	《姑苏晚报》	2016年7月21日
柴德赓与苏大历史系的创建	《姑苏晚报》	2016年7月22日
苏大学生赴革命老区义诊	《姑苏晚报》	2016年7月24日
大学生和学校员工子女共度夏令营	《姑苏晚报》	2016年7月27日
大学生把创新支教课带给山里娃	《姑苏晚报》	2016年7月29日
苏大"欣长征·彩虹行"团队第11年支教土溪 爱心急救箱 打通大山的"生命之路"	《姑苏晚报》	2016年8月13日
大学宿舍里的小矛盾该如何化解？	《姑苏晚报》	2016年8月22日
苏大文正学院打造"校友智库"	《姑苏晚报》	2016年8月25日
当兵去,书写别样青春 苏大60余学子参军入伍人数创新高	《姑苏晚报》	2016年9月19日
苏大举行2016级本科新生开学典礼 校长熊思东:发现自我,敢于追梦	《姑苏晚报》	2016年9月21日
全球征集委约新乐曲在苏大首演	《姑苏晚报》	2016年10月27日
《东吴名家》丛书首发"艺术家系列"	《姑苏晚报》	2016年10月31日
首届中国华服设计大赛落幕 苏大学生陈丁丁获铜奖	《姑苏晚报》	2016年11月4日
苏大女神代颖获世界模特小姐国际总决赛季军	《姑苏晚报》	2016年11月6日

续表

新闻标题	媒体名称	刊发时间
最新中国最佳医院排行榜出炉 苏大附一院全国排名上升跻身江苏第三	《姑苏晚报》	2016年11月15日
苏大举办中外学生嘉年华	《姑苏晚报》	2016年11月19日
苏大教授李述汤、刘庄入选"全球2016高被引科学家"名单	《姑苏晚报》	2016年11月21日
4 000名选手参加苏大校园马拉松	《姑苏晚报》	2016年11月21日
苏大千名学子参加公益健康跑	《姑苏晚报》	2016年11月27日
苏大老师千里回访入伍大学生 新兵激情昂扬状态好	《姑苏晚报》	2016年11月30日
你愿意拥抱我吗？	《姑苏晚报》	2016年12月2日
苏大新生获省首届"军训之星"称号	《姑苏晚报》	2016年12月3日
这片金色,在摄友朋友圈里刷屏	《姑苏晚报》	2016年12月5日
退休教师帮扶586名寒门学子	《姑苏晚报》	2016年12月6日
苏大成立IT校企合作联盟培养人才	《姑苏晚报》	2016年12月10日
让后勤阿姨大叔做一回"校花""校草" 苏大学生为他们免费拍婚纱照	《姑苏晚报》	2016年12月13日
苏大学生举办创意公益诉讼大赛	《姑苏晚报》	2016年12月15日
苏大研制出燃料电池新型催化剂	《姑苏晚报》	2016年12月24日
苏帮菜名厨走进苏大露绝活	《姑苏晚报》	2016年12月24日
聚力创新——苏州如何引领	《姑苏晚报》	2016年12月29日
袁方：助大学生圆创业梦	《姑苏晚报》	2016年12月30日
苏大文正新增两个招生专业	《城市商报》	2016年1月19日
好医生入选苏州最美人物	《城市商报》	2016年1月25日
Jessup辩论赛中国队选拔在苏大举行	《城市商报》	2016年2月18日
苏大附一院黄埭分院挂牌	《城市商报》	2016年2月21日
"廉洁"灯谜进校园	《城市商报》	2016年2月23日
苏大也建了家长委员会	《城市商报》	2016年2月25日
苏大附一院新院移植血液净化中心启用	《城市商报》	2016年3月3日

续表

新 闻 标 题	媒 体 名 称	刊 发 时 间
2016年江苏11所高校有自主招生	《城市商报》	2016年3月5日
学雷锋青年志愿者在行动 苏大学子活跃在一线	《城市商报》	2016年3月6日
苏大附二院获评全国"模范职工之家"	《城市商报》	2016年3月17日
书旅人微型版画联展亮相苏大	《城市商报》	2016年3月18日
苏大女研究生太湖边学炒茶	《城市商报》	2016年3月20日
东山人民医院挂牌成立苏大附一院分院	《城市商报》	2016年3月20日
苏大附一院神经外科治疗脑动脉瘤 多项手术技术在全国乃至世界领先	《城市商报》	2016年3月28日
大学生很聪明 从分期购物学会"精明"消费	《城市商报》	2016年4月2日
苏大附一院连续三年踞全国地级市医院百强榜首位	《城市商报》	2016年4月11日
苏州大学与高铁新城携手筹建九年一贯制实验学校	《城市商报》	2016年4月19日
公交车上乘客昏厥 苏大学子果断救援	《城市商报》	2016年4月19日
苏大学子勇夺全国数学竞赛头名	《城市商报》	2016年4月20日
走进苏大办专场招聘会	《城市商报》	2016年4月22日
用来支撑管道的手套上画上了一张暖暖的笑脸	《城市商报》	2016年4月29日
市运会大学生组乒乓球赛收拍	《城市商报》	2016年5月17日
老挝苏大 过河之卒的开拓之路	《城市商报》	2016年5月31日
田家炳基金会启动苏州学校改进计划	《城市商报》	2016年6月1日
一条跑题点赞"浮"出一个好医生	《城市商报》	2016年6月2日
金螳螂公司向苏大再捐1500万元	《城市商报》	2016年6月8日
苏大龙舟队十四女将斩获亚军	《城市商报》	2016年6月22日
苏大男生闯进苹果开发者大会	《城市商报》	2016年6月29日
苏大音乐学子为抗洪官兵送来"军旅之音"	《城市商报》	2016年7月13日
苏大本一批次投档线：文科370分、理科371分	《城市商报》	2016年7月15日
老挝苏州大学首批22名本科生毕业	《城市商报》	2016年7月20日

续表

新 闻 标 题	媒体名称	刊 发 时 间
苏大两位教授当选"科学中国人（2015）年度人物"	《城市商报》	2016年7月24日
机器人"老师"来上交通安全课	《城市商报》	2016年7月24日
苏大志愿者心理援助进阜宁	《城市商报》	2016年7月27日
苏大医学生赴革命老区义诊	《城市商报》	2016年7月27日
与机器人零距离	《城市商报》	2016年7月29日
苏大学子支教贵州山区 为留守儿童插上走出大山的翅膀	《城市商报》	2016年8月3日
暑期里的大学生成了社区"小老师"	《城市商报》	2016年8月3日
苏州"法治人物"与苏大师生交流	《城市商报》	2016年8月8日
用金牌正名 让质疑闭嘴 苏大学子孙杨勇夺里约奥运中国游泳首金	《城市商报》	2016年8月10日
苏大师生四进沙漠助力"绿丝带"	《城市商报》	2016年8月10日
苏大贵州支教团队结课归来	《城市商报》	2016年8月17日
苏大学生举办"星儿足球夏令营" 为自闭症儿童建立足球队	《城市商报》	2016年8月24日
进军营读一部别样的书 苏州大学60余学子参军入伍	《城市商报》	2016年9月18日
苏大本科新生"追梦"启航	《城市商报》	2016年9月21日
苏大为新生"传道、授业、解惑"	《城市商报》	2016年9月21日
15所著名医学院学生来苏热聊	《城市商报》	2016年9月26日
拿下国家级主持人大赛亚军 苏大姑娘拼"言值"又拼才华	《城市商报》	2016年10月3日
苏大研究生国外筹建中国美学馆 她将"中国美学"输出国门	《城市商报》	2016年10月19日
苏大举办校友招聘会为毕业生提供岗位两千余个	《城市商报》	2016年10月22日
青年中国行专场汇报会苏大举行 苏大学子项目脱颖而出	《城市商报》	2016年10月26日

续表

新 闻 标 题	媒 体 名 称	刊 发 时 间
留住百年学府文脉 《东吴名家》系列艺术家访谈录首发	《城市商报》	2016年10月31日
苏州十佳魅力科技人物2016年度候选人名单出炉	《城市商报》	2016年10月31日
全球征集委约新乐曲苏大首演	《城市商报》	2016年11月2日
苏大附一院再登中国医院百强榜	《城市商报》	2016年11月15日
苏大校园马拉松热力开跑	《城市商报》	2016年11月21日
苏大老师行千里路 为入伍大学生送温暖	《城市商报》	2016年11月30日
苏大附一院加入中国创伤救治联盟	《城市商报》	2016年12月2日
苏大附一院布局多层次医联体	《城市商报》	2016年12月6日
苏大学子创业"梦想西服"定制	《城市商报》	2016年12月9日
苏大IT校企合作联盟成立	《城市商报》	2016年12月10日
90岁苏大老教授新书问世	《城市商报》	2016年12月14日
"林继凡书画作品展"亮相苏大博物馆	《城市商报》	2016年12月16日
赴27城近40所高校 相城区引智揽才	《城市商报》	2016年12月21日
苏大教授研制新型铂基催化剂	《城市商报》	2016年12月24日
苏大美食节迎来名厨一展手艺	《城市商报》	2016年12月28日
苏州大学构建面向人人的美育工作体系	《省教育厅网站》	2016年12月13日
苏州大学成立IT校企合作联盟 深化校企合作	《省教育厅网站》	2016年12月15日
苏州大学举行大学生标兵宣讲活动	《省教育厅网站》	2016年12月21日

后 记

《苏州大学年鉴2017》将2016年学校的各种信息汇编成集,力求全面地记载学校一年来的主要工作、重大事件、发展特色,全面反映学校各方面发展的成果,供学校各方面查考、借鉴、比较。

《苏州大学年鉴2017》编写体例与往年基本相同,记载的内容主要是2016年学校各方面的工作,主要数据截至2016年12月31日。

《苏州大学年鉴2017》的顺利出版,主要是在学校各单位的大力支持下完成的,在此谨表示衷心感谢。

《苏州大学年鉴2017》在编写过程中,除编委以外,档案馆的袁春荣、付丽琴、高国华、钦春英、付双双、王凝萱、徐云鹏、於建华、张娟、朱明等同志都参加了编写工作,并为此付出了辛勤的劳动,使编辑工作顺利完成。

特别值得一提的是,苏州大学出版社有限公司对《苏州大学年鉴》的出版,数十年如一日,给予大力支持,在此表示衷心感谢!

在编写过程中,我们力求资料翔实、数据准确,但由于面广量大,可能仍有疏漏之处,敬请广大读者批评指正。

编 者
2017.12